저자는 종말론적인 주제인 지복직관(하나님을 뵘)을 성례론적 존재론에 정초하고 이를 다시 기독론에 집중시킨다. 신인 연합이신 그리스도는 중보자로서 창조와 성서와 시간을 성례전적으로 종말이라는 목표로 인도하여 온전한 지복직관에 이르게 하되, 이를 우리가 지금 여기 그리스도 자신 안에서 미리 맛보게 하신다. 그간 한국 개신교회는 지복직관이라는 주제가 신비주의나 동방 정교회 또는 로마 가톨릭 교회의 전유물인 양 배척했다. 저자는 이 주제를 칼뱅, 청교도, 에드워즈, 카이퍼 등에게 새롭게 재해석하는 방식으로 개혁신학의 지평을 확장한다. 성서와 고대 교부로부터 전승되는 이 주제를 향유하고 실제로 지복직관을 맛보면서 한국 개신교회가 공교회적인 신학의 장에 참여하고 성숙하는 계기를 마련하는 데 이 책이 기여하기를 기대한다.

유해무 I 고려신학대학원 교의학 은퇴 교수

이 책은 장구한 기독교 교리의 역사에서 최고봉이었으나 언젠가부터 잊힌 지복직관을 성례전적 존재론의 기획으로 되살려낸 한스 부어스마의 역작이다. 가장 큰 기쁨 속에서 하나님을 대면한다는 지복직관은 근대의 탈성례화로 인해 점차 그리스도인의 사고와 언어와 상상에서 소멸해갔다. 부어스마는 이 책에서 다양한 기독교 전통들의 위대한 신학자들로부터 흩어진 지복직관의 빛을 끌어모아서 증폭시킨다. 그가 되살려낸 지복직관은 피안적인 내세를 향한 초점 잃은 응시가 아니라 하나님과의 대면을 향한 역동적 참여와 신비적인 연합으로 이미 우리 삶 속에 존재하는 성례전적 실재다. 광범위한 문헌을 능숙하게 다루는 부어스마의 박학다식함과 지적인 열정으로 인해 페이지마다 정보와 통찰이 넘쳐난다. 독자들은 낯설고도 아름다운 문장들에 마음을 기울이다 보면 어느새 자신을 향한 하나님의 시선과 눈이 마주치는 경험을 하게 될 것이다.

윤형철 I 총신대학교 신학대학원 조직신학 조교수

"믿음은 들음에서 나며 들음은 그리스도의 말씀으로 말미암았느니라"(롬 10:17). 전통적으로 기독교는 시각보다 청각을 강조해왔다. 하지만 시각이 청각보다 강조되는 성서 구절도 있다. "내가 주께 대하여 귀로 듣기만 하였사오나 이제는 눈으로 주를 뵈옵나이다"(욥 42:5). 우리가 영이신 하나님을 볼 수는 있지만, 온전히 볼 수는 없다. "내 영광이 지나갈 때에 내가 너를 반석 틈에 두고 내가 지나도록 내 손으로 너를 덮었다가 손을 거두리니 네가 내 등을 볼 것이요 얼굴은 보지 못하리라"(출 33:22). 부어스마는 이를 성례전적 존재론이라 부른다. 비가시적인 영적 실재는 가시적인 물질 세계를 통해 드러나기 때문이다. 하지만 역사의 완성인 종말에 우리는 하나님을 온전히 볼 수 있다.

이것이 지복직관이다. "우리가 지금은 거울로 보는 것 같이 희미하나 그때에는 얼굴과 얼굴을 대하여 볼 것이요 지금은 내가 부분적으로 아나 그때에는 주께서 나를 아신 것 같이 내가 온전히 알리라"(고전 13:12), "우리가 다 수건을 벗은 얼굴로 거울을 보는 것 같이 주의 영광을 보매 그와 같은 형상으로 변화하여 영광에서 영광에 이르니 곧 주의 영으로 말미암음이니라"(고후 3:18). 이때 본다는 것은 문자적 의미가 아니라 은유로 받아들여져야 한다고 저자는 주장한다. 동시에 그 은유는 성서의 핵심적 은유다. 말씀이 청각과 관련된다면 성례는 시각과 관련된다. 그런 점에서 저자는 개신교 전통에서 자칫 소홀하게 여겨질 수 있는 성례의 의미와 중요성을 다시 한번 부각시킨다. 저자에 따르면 타락한 상태에서는 듣는 것이 필요하지만 영원히 지속되며 우선하는 것은 보는 것이기 때문이다. 교회에서 시각 예술인 미술이 청각 예술인 음악보다 잘 인정받지 못하는 상황을 고려할 때 일독이 필요한 책이다.

이경직 ❙ 백석대학교 조직신학 교수, 기획산학부총장

들음이 구원을 향한 길임은 물론이다. 그러나 듣는다는 것은 여전히 말이고 또 글이 될 터이다. 보는 것은, 아니 보이는 것은 이를 넘어선다. 직접 보니 직관이라고 했는데 그만큼 더 우리가 다가가는 것이고 그만큼 더 그분이 다가오시는 것이다. 그래서 지복이다. 저자는 신앙의 최종적인 경지인 직관에 대해 기독교 역사를 통시적으로 추림으로써 오늘 우리 자리에서도 입체적으로 더듬어 갈 수 있는 길을 열어주었다. 그러나 직관도 성례전적 상징을 싸안는 은유라고 함으로써 "직접 본다"는 착각에 빠져서는 안 된다는 경고를 잊지 않는다. 범람하는 말로 뒤틀어진 종교와 현실에 대한 교정의 지혜도 기대해볼 수 있는 역작이다.

정재현 ❙ 연세대학교 산학특임교수 / 종교철학

한스 부어스마의 『지복직관』(*Seeing God*)은 케네스 커크의 고전적 작품 『하나님에 대한 직관』(*The Vision of God*) 이후에 이 주제와 관련해 영어로 쓰인 가장 중요하고 신학적으로 포괄적인 논의다. 게다가 부어스마는 커크보다 훨씬 동방 교회와 서방 교회 그리고 정교회와 로마 가톨릭과 개신교 등 서로 다른 기독교 전통을 구분하는 장벽(주로 오해로 인한 장벽)을 깨뜨리는 소중한 서비스를 제공한다. 이것은 가장 계몽적인 종류의 신학적 성찰이다.

데이비드 벤틀리 하트 ❙ *Atheist Delusion*과 *The Beauty of the Infinite*의 저자

전통적으로 기독교 신학은 지복직관을 인간의 궁극적 목적으로 여겨왔다. 그러나 "하나님을 본다"는 것은 무엇을 의미하는가? 만약 그것이 우리의 이해를 넘어선다면, 우리가 어떻게 그런 목적을 추구할 수 있는가? 자신의 전형적인 "성례전적 존재론"에 입각해 한스 부어스마는 우리에게 "하나님 뵙기"라는 인간의 목적이 이 창조 질서 **안에서** 성례전적으로 드러나는 "성례전적 목적론"을 제공한다. 심오하고 중요한 작품이다.

사이먼 올리버 ❙ 더럼 대학교

한스 부어스마만이 이 책을 쓸 수 있었다. 그는 성서와 개혁주의, 개신교, 로마 가톨릭 전통에 대한 훌륭한 지식을 바탕으로 그동안 무시되었던 지복직관이라는 주제를 다시 검토하고 그리스도 안에서 하나님을 본다는 것이 무엇을 의미하는지를 상기시킨다. 오늘날의 최고의 신학자 중 한 사람이 쓴 아주 멋진 책이다.

쟈넷 소스키스 ❙ 케임브리지 대학교

『지복직관』은 기독교적 종말이 단순히 우리가 아는 우주의 개선된 버전일 뿐이라는 개념과 니사의 그레고리오스, 아우구스티누스, 단테, 조나단 에드워즈, C. S. 루이스 같은 기독교적 플라톤주의자들이 모두 완고하게 내세적이었다는 개념에 대한 예민하지만 지속적인 반론이다. 보다 "수직적인" 신학과 영성을 옹호하는 성례전적 존재론에 대한 부어스마의 요약은 이른바 기독교적 유물론자들과 오늘날 종말론에 대한 "갱신된 우주" 접근법을 옹호하는 이들 사이에서 숙고의 대상이 될 만하다.

마이클 맥클리몬드 ❙ 세인트루이스 대학교

한스 부어스마의 『지복직관』은 지복직관의 신학에 관한 풍성하고 포괄적이며 역사적인 설명을 제공한다. 하지만 그것은 또한 하나님을 향한 영원한 진보에 관한 니사의 그레고리오스의 설명과 영원한 최종성에 관한 토마스주의자들의 설명 사이를 성공적으로 중재하며, 또한 그 최종적인 직관이 부활한 육체에서 우발적으로가 아니라 본질적으로 성취되리라고 주장함으로써 아퀴나스를 적절하게 수정한다. 이것은 놀라운 성취다.

존 밀뱅크 ❙ 노팅엄 대학교

이것은 그리스도 안에서 하나님의 얼굴을 응시하는 우리의 최종적 운명에 관한 교회의 오랜 성찰에 대한 부드럽고, 민감하며, 감동적이고, 백과사전적인 여행의 형태로 제공된 놀라운 선언이다. 부어스마는 우리가 뼛속까지 그런 직관을 갈망하도록 지음받았으며 우리의 삶의 질서가 그 목적을 향해 적절하게 맞춰져 있다는 강력한 사실을 웅변적으로 드러낸다.

에프라임 래드너 ㅣ 위클리프 칼리지

지복직관, 즉 최종적으로 하나님을 본다는 교리는 최근의 일부 신학적 논의에서 배제되어왔다. 이 풍요롭고 흥미로운 연구에서 한스 부어스마는 초기 기독교 전통 안에서 일반적이었던 그 교리의 중심성에 대한 이해를 회복한다. 그는 우리가 우리의 삶의 궁극적인 모험, 즉 우리가 하나님이 우리가 되기를 바라셨던 대로 되고 그럼으로써 그분을 온전하게 보게 되기를 기대하는 방식으로 하나님을 아는 모험에 참여하도록 초대한다. 이 책은 아주 놀랍고 가치 있는 위업이다.

리디아 슈마커 ㅣ 런던 킹스 칼리지

Seeing God

The Beatific Vision in Christian Tradition

Hans Boersma

The Beatific Vision in Christian Tradition

SEEING GOD

기독교 전통에서 나타난
하나님에 대한 관조

지복
직관

한스 부어스마 지음 | **김광남** 옮김

새물결플러스

흘끗 봄

처음으로 당신의 달콤하고 은혜로운 눈이
황송하게도 젊은 시절에 그리고 밤중에
죄에서 뒹굴며 누워 있던
나를 바라보아 주셨을 때
나는 나의 마음을 적시고, 향기로 채우며, 압도하는
모든 기술을 사용해 만든 코디얼 주(酒)를 능가하는
달콤하고 낯선 기쁨을 느꼈고
그것을 받아들였습니다.

그 이후로 여러 차례 심한 폭풍이 불었습니다.
나의 영혼은 그것을 느꼈고 심지어 물리칠 수도 있었습니다.
그것은 그 악의적이고 나쁜 의도를 지닌 해로움,
그의 뒤흔듦과 분요였습니다.
그러나 여전히 처음부터 달콤했던 당신이 주시는 기쁨이
당신의 눈으로부터 솟아나와 나의 영혼 안에서 움직였습니다.
슬픔이 솟아나 커져서 그날을 통제하고 장악했을 때 그렇게 했습니다.

만약 당신의 최초의 흘끗 봄이 그렇게 강력해서,
그토록 큰 소동이 일었다가 다시 봉해졌다면,
당신의 온전한 눈길의 사랑을 볼 때
우리는 얼마나 큰 경이를 느끼겠습니까!
당신이 고통 가운데서 우리를 바라보시고
당신의 한쪽 모습이 기쁨을 드러내실 때
저 위 하늘에서는
천 개 이상의 태양이 빛을 비출 것입니다.

목차

머리말

"마음이 청결한 자는 복이 있나니 그들이 하나님을 볼 것임이요"(마 5:8).
주님은 이 지복 선언에서 마음이 청결한 자들에 대한 보상으로 하나님
을 보는 것에 관해 말씀하신다. 그리고 모든 형태의 기독교 전통에서 지
복직관(beatific vision), 즉 가장 큰 기쁨 속에서 하나님을 직접 본다는 것
은 기독교적 삶의 궁극적 목적, 즉 우리의 기독교적 제자도의 실현이다.
아마도 그 안에 너무 많은 의미가 들어 있어서일 텐데, 기독교 전통들 사
이에서 지복직관이라는 개념은 서로 달랐고, 때로는 아주 크게 달랐다.
어떤 기독교 전통은 그것을 신성화(deification)의 측면에서 말하는 반면,
다른 전통은 그것이 어떤 식으로든 창조주와 피조물 사이의 근본적인
구분을 없애는 것으로 여겨 두려워하면서 이런 용어를 피한다. 종종 근
본적으로 영적 경험으로 인식되는 것이 위치하는 몸의 장소는 복잡함을
더한다. 어떤 최종적이고 변화를 초래하는 **직관**(vision, 이 번역서에서 자주
등장할 이 단어는 문자 그대로 "직접 보는 것"을 뜻한다─역자 주)이라는 개념은
기독교 혹은 심지어 유대-기독교 전통에 국한되지 않는다. 대부분의 종
교적 그리고 사실상 철학적 전통은 비록 어쩔 수 없이 잠정적이고 종종
서로 모순되는 용어로 표현되기는 하나 궁극적인 것과의 연합이라는 최
종적 상황을 상상한다. 지복직관이라는 기독교 전통은 이교도 선조들에
게, 특히 한스 부어스마가 이 책의 초반에서 분명하게 밝히듯이 플라톤
전통에 얼마간 빚을 지고 있다.

이 놀라운 책에서 한스 부어스마는 다양한 기독교 사상가들이 최종적 지복직관이라는 개념에 대해 한 말들을 살핀다. 이 책은 기독교 사상 중 지복직관의 역사에 관한 것이 아니라(그런 것은 시도되지 않는 것처럼 보인다) 기독교 역사에서 발견되어야 하는 아주 중요한 방법들—때로는 연계되고 때로는 분화되는—에 관한 설명이다. 검토되는 사상가들과 전통들의 범위는 놀랍다. 그 범위는 플라톤적이고 교부적인 개념으로부터 시작해 중세에 동방과 서방 모두에서 발견되는 놀라울 정도로 다양한 접근법에, 그리고 종교개혁 이후로부터 다시 아주 큰 다양성을 드러내면서 개신교적인 접근법에까지 이른다. 두 명의 시인, 단테와 존 던이 깊게 탐구된다. 부어스마는 그가 다루는 자료에 놀랄 만큼 지적으로 그리고 상상력을 구사하며 공감함으로써 이 거의 믿기 어려운 일을 이뤄낸다. 그는 비판적이지만, 그의 비판은 끈기 있고 박식한 이해에 기초를 두고 있다(종종 지면을 채우는 각주들은 그의 연구의 폭을 분명하게 밝혀준다). 몇 차례 부어스마는 근대 초기의 청교도와 네덜란드 개혁주의 사이에서 발견되는 긴장은 말할 것도 없고 서로 분명히 날카롭게 대비되는 인물들—아퀴나스와 팔라마스, 신신학자 시므온과 십자가의 요한, 보나벤투라와 니콜라우스 쿠자누스—을 비교하는 일에 뛰어든다. 이런 설명은 언제나 조심스럽고 공정하며 아주 많은 것을 알려준다.

이 책에서는 지복직관에 대한 명백한 관심을 바탕으로 또 다른 중심적인 주제 하나가 거듭해서 나타난다. 그것은 고대와 중세 세상의 특징을 이루는 개념으로 부어스마는 그것을 "성례전적 존재론"(sacramental ontology)이라고 부른다. 그 개념에 따르면, 실재는 물질 세계가 그것에 의미를 제공하는 물질을 통해 표현되는 영적 실재를 드러낸다는 의미에서, 그리고 물질, 동물, 인간 세상 전반에 근본적인 영적·물질적 상징주의에 의존하며 모든 창조 질서에 도달하는 일종의 우주적 공감을 드러내는 서로 맞물린 상징주의가 존재한다는 점에서 상징적이다. 모든 것이 어떤 목적을 갖고 있다는 개념은 성례전적 존재론을 창조의 목적은 아니지만 인간의 목적으로서 지복직관과 연결시킨다.

요즘 어떤 이들은 "에큐메니컬 신학"에 관해 말하는데, 그것은 때때로 불일치를 너무 존중하느라 평범해지는 위험에 빠진다. 나에게 한스 부어스마는 한 사람이 행하는 에큐메니컬 운동처럼 보인다. 그는 진기한 재능으로 기독교적 신앙과 소망을 표현해온 다양한 사고방식을 탐색해나간다. 그의 탐색에서 평범한 것은 아무것도 없다. 오히려 그것은 긴장과 차이를 기뻐한다. 이 책을 읽으면서 나는 앙투안 드 생텍쥐페리의 주장을 떠올렸다. "우리가 자신 밖에 있는 어떤 공통의 목표에 의해 우리의 형제[와 자매]에게 연결될 때, 오직 그때만 우리는 숨을 쉰다. 그리고 경험은 우리에게 사랑한다는 것은 서로를 바라보는 것이 아니라 함께 같은 방향을 바라보는 것임을 알려준다." 만약 에큐메니즘이 실제로 그리스도인들 사이에 존재하는 상호 간의 사랑의 열매라면, 그때 그것은 한스 부어스마가 우리에게 권고하듯 "함께 같은 방향을", 즉 마음이 청결한 자에게 약속된 지복직관을 바라봄으로써 성취될 것이다.

앤드류 라우스
영국 더럼 대학교 명예 교수
암스테르담 자유 대학교 명예 교수

감사의 글

이 책은 내가 캐나다 밴쿠버에 있는 리젠트 칼리지, 미국 세인트루이스 대학교(SLU)와 나쇼타 하우스(위스콘신)에서 행한 지복직관에 관한 강의에서 유래했다. 나의 학생들과의 상호작용은 지복직관이라는 주제에 관한 나의 사고를 성숙시키는 데 큰 도움이 되었다. 나는 리젠트 칼리지의 운영위원회와 행정실에 특별한 감사의 말을 전한다. 관대하게도 그들은 내가 온전히 두 해 동안이나 연구와 집필에 몰두할 수 있게 해주었다. 나는 첫 번째 해(2015-2016년)에는 세인트루이스 대학교 신학부의 댄포스 방문 교수로 지내면서 그리고 두 번째 해(2016-2017년)에는 캄펜 신학교(TUK; 네덜란드)에서 안식년을 보내면서 이 책을 썼다. 그것은 내가 가르칠 의무에서 떠나 있는 시간을 늘려주었고 그로 인해 나는 아주 감사하게도 이 책의 주제에 더욱 집중할 수 있었다. 또한 나는 세인트루이스 대학교에 있는 동료들이 나를 댄포스 방문 교수로 초빙함으로써 얼마간 심도 있는 연구를 할 수 있는 놀라운 기회를 준 것에 감사한다. 캄펜 신학교가 나에게 베푼 환대는 놀라웠다. 캄펜이라는 아름다운 중세 도시에서 책을 읽고 쓰면서 시간을 보낼 수 있었던 것은 참된 축복이었다.

여러 가족, 학생, 동료 그리고 친구들이 이 책의 일부를 읽고 교정과 제안을 해주었다. 그들의 도움은 아주 소중했다. 그들은 나를 막다른 골목에서 끌어내고, 간선도로에 머물도록 격려하며, 문제가 될 만한 지름길에 대해 경고하고, 다른 모험을 하도록 부추겼다. 물론 이 책에 대한 책임은 전적으로 나에게 있다. 하지만 나는 내가 다른 이들의 도움을 통해 얼마나 많은 것을 얻었는지는 아주 잘 알고 있다. 내 곁에 나의 원고를 읽고 나와 함께 사고하는 아이들—제럴드, 존, 코린, 조나단 그리고 피트—이 있다는 것은 축복이다. 나는 마이클 알렌, 칼리드 아나토리오스, 실피안 에스프레이, 존 베르, 토드 빌링스, 사라 코클리, 리처드 크로스, 에드인 크리스 밴 드리엘, 사이먼 가인 신부, 제이 하몬드, 조지 해링크, 러셀 힐라드, 매튜 레버링, 도미니크 망가니엘로, 마이클 맥클리몬드, 제럴드 맥디모트, 마크 맥긴로이, 데이비드 메고니, 노미니 프리츠 베네트, 트레이시 거셀, 리디아 슈마허, 톰 스완다, 진 샤미, 오스틴 스티븐슨, 카일 스트로벨, 매튜 토마스 그리고 데릭 위튼이 제공한 조언과 제안에 많은 빚을 졌다. 나의 연구 조교들인 오스틴 스티븐슨과 브라이언 단트는 최고 중의 최고다. 그들의 도움은 의례적인 언급만으로는 모자랄 만큼 컸다. 브라이언이 색인 작업에 들인 기막힌 노력에 감사한다! 마지막으로, 알렉 아놀드에게 특별한 감사의 말을 전한다. 나의 연구 조교로서 그가 수행한 고된 일에 대해, 이 책의 모든 장을 충실하게 읽고 논평해준 것에 대해, 그리고 플라톤의 동굴 그림(이 책 2장에 실려 있음)을 그려준 것에 대해서뿐 아니라 특별히 내가 세인트루이스에 머물 때 (그의 아내 크리스탈과 함께) 그가 베풀어준 관대한 환대에 대해 감사드린다!

몇 차례의 강연을 통해 나의 생각 중 일부를 설명해보았던 것은 특권이었다. 캄펜 신학교의 연례 헤르만 바빙크 강연에 초청받았던 것은 특별한 영광이며 기쁨이었다. 그것은 나에게 지복직관에 관한 아브라함 카이퍼의 신학을 연구할 기회를 제공했다. 또한 나는 채드 레이스가 나를 초대해 존 브라운 대학교의 파라도시스 센터에서 주제 발표를 하도록 해준 것에, 폴 가브리뤄크가 성 토마스 대학교에서 "전승에 대한 재고"라는 훌륭한 콜로키움을 열어준 것에, 키스 반 데어 쿠이가 암스테르담 자유 대학교의 바빙크 개혁 및 복음주의 신학 연구소에서 강연할 기회를 준 것에, 그리고 워렌 스미스와 폴 그리피스가 역사신학에 관한 보스톤 담화에서 듀크 강좌를 하도록 초대해준 것에 대해 따뜻한 감사를 전한다. 또한 나는 제임스 어네스트와 마이클 톰슨 그리고 어드만스 출판사에 있는 그들의 동료들이 이 프로젝트를 후원하고 그 과정 내내 세심하고 전문적인 지원을 해준 것에 감사한다. 그리고 나는 그들이 두 개의 논문 "하나님 앞에서 인간 되기: 지복직관에 대한 니사의 그레고리오스의 끝나지 않는 연구" *IJST* 17 (2015): 131-51과 "축복과 영광: 지복직관에 관한 아브라함 카이퍼의 견해" *CTJ* 52 (2017): 205-41을 재수록하도록 허락한 것에 감사한다.

마지막으로 나의 아내 린다는 이 모든 과정 내내 나를 지원해주었다. 그녀는 내가 세인트루이스에 머무는 동안 나의 장기간의 부재를 인내해주었고 또한 이 책의 원고 전체를 읽고 수많은 제안을 해주었다. 가장 중요하게도 나는 그녀의 얼굴에서 나의 삶에서 빛나는 하나님의 빛을 보고 있는데 나는 그것에 대해 영원토록 감사한다.

약어표

ACQR	*American Catholic Quarterly Review*
ACW	Ancient Christian Writers
Adv. Prax.	Tertullian, *Adversus Praxean*
AncPhil	*Ancient Philosophy*
ANF	*The Ante-Nicene Fathers*
AnM	*Annuale Mediaevale*
Ascent	John of the Cross, *The Ascent of Mount Carmel*
AugStud	*Augustinian Studies*
BBGG	*Bollettino della Badia Greca di Grottaferrata*
Beat.	Gregory of Nyssa, *Homilies on the Beatitudes*
BLE	*Bulletin de littérature ecclésiastique*
CA	Thomas Aquinas, *Catena aurea*
Cant.	Gregory of Nyssa, *In Canticum canticorum* (*Homilies on the Song of Songs*)
CH	*Church History*
Civ. Dei	Augustine, *De civitate Dei* (*On the City of God*)
ClQ	*Classical Quarterly*
Comm.	*Calvin's Commentaries*
Conf.	Augustine, *Confessiones* (*Confessions*)
Cons.	Augustine, *De consensu Evangelistarum* (*Agreement among the Evangelists*)
CTJ	*Calvin Theological Journal*
Dark Night	John of the Cross, *The Dark Night*
De divinis nominibus	Thomas Aquinas, *In librum beati Dionysii De divinis*

	nominibus exposition
Dem.	Irenaeus, *Demonstratio apostolicae praedicationis* (*Proof of the Apostolic Preaching*)
Div. quaest.	Augustine, *De diversis quaestionibus octoginta tribus* (*Eighty-Three Different Questions*)
DN	Pseudo-Dionysius, *The Divine Names*
Doctr. chr.	Augustine, *De doctrina Christiana* (*On Christian Teaching*)
DOP	*Dumbarton Oaks Papers*
DVD	Nicholas of Cusa, *De visione Dei* (*On the Vision of God*)
Eccl.	Gregory of Nyssa, *In Ecclesiasten homiliae* (*Homilies on Ecclesiastes*)
Enarrat. Ps.	Augustine, *Enarrationes in Psalmos* (*Expositions of the Psalms*)
Enn.	Plotinus, *Enneads*
Ep.	Augustine, *Epistulae* (*Letters*)
ET	English translation
Eun. 2	Gregory of Nyssa, *Contra Eunomium liber II* (*The Second Book against Eunomius*)
FC	Fathers of the Church
FcS	*Franciscan Studies*
FirAn	John Donne, *The First Anniuersarie*
FP	*Faith and Philosophy*
FZPhTh	*Freiburger Zeitschrift für Philosophie und Theologie*
Gen. litt.	Augustine, *De Genesi ad litteram* (*The Literal Meaning of Genesis*)
GNO	*Gregorii Nysseni Opera*
GOTR	*Greek Orthodox Theological Review*
Haer.	Irenaeus, *Adversus haereses* (*Against Heresies*)
HLQ	*Huntington Library Quarterly*

Hom.	Gregory Palamas, *Homilies*
HTR	*Harvard Theological Review*
IJST	*International Journal of Systematic Theology*
Inst.	Calvin, *Institutes of the Christian Religion*
Itin.	Bonaventure, *Itinerarium mentis in Deum* (*The Soul's Journey into God*)
ITQ	*Irish Theological Quarterly*
JES	*Journal of Ecumenical Studies*
JHP	*Journal of the History of Philosophy*
JHRP	*Journal for the History of Reformed Pietism*
JMRCul	*Journal of Medieval Religious Cultures*
JPT	*Journal of Psychology and Theology*
JR	*Journal of Religion*
JTS	*Journal of Theological Studies*
J Value Inq	*Journal of Value Inquiry*
L&T	*Literature and Theology*
LCL	Loeb Classical Library
Macr.	Gregory of Nyssa, *Vita s. Macrinae* (*Life of Saint Macrina*)
Metaph.	Aristotle, *Metaphysics*
ModTh	*Modern Theology*
MT	Pseudo-Dionysius, *Mystical Theology*
NB	*New Blackfriars*
NedTT	*Nederlands Theologisch Tijdschrift*
NPNF II	*A Select Library of Nicene and Post-Nicene Fathers of the Christian Church*, Second Series
NTL	The New Testament Library
NV Eng	*Nova et Vetera*, English edition
Op. hom.	Gregory of Nyssa, *De hominis opificio* (*On the Making of Man*)
OSAP	*Oxford Studies in Ancient Philosophy*

PACPhA	*Proceedings of the American Catholic Philosophical Association*
Par.	Dante, *Paradiso*
Perf.	Gregory of Nyssa, *De perfectione* (*On Perfection*)
PG	Patrologiae Cursus Completus: Series Graeca
Phaedr.	Plato, *Phaedrus*
Phys.	Aristotle, *Physics*
Pol.	Plato, *Politicus* (*Statesman*)
ProEccl	*Pro Ecclesia*
Proslogium	Anselm, *Proslogium* (*Proslogion*)
PTMS	Princeton Theological Monograph Series
Purg.	Dante, *Purgatorio*
Quant. an.	Augustine, *De quantitate animae* (*The Greatness of the Soul*)
Red. art.	Bonaventure, *De reductione artium ad theologiam* (*On the Reduction of the Arts to Theology*)
RelS	*Religious Studies*
Rep.	Plato, *Republic*
RSR	*Recherches de science religieuse*
RTAM	*Recherches de théologie ancienne et médiévale*
SA	Studia Anselmiana
ScEs	*Science et esprit*
SCG	Thomas Aquinas, *Summa contra Gentiles*
SecAn	John Donne, *The Second Anniuersarie*
Sent.	Thomas Aquinas, *Scriptum super Sententiis*
Sermons	John Donne, *The Sermons of John Donne*
SJT	*Scottish Journal of Theology*
SMC	*Studies in Medieval Culture*
SP	*Studia Patristica*
ST	Thomas Aquinas, *Summa theologiae*
STC	Alfred W. Pollard and G. R. Redgrave, eds., *A Short-*

	Title Catalogue of Books Printed in England, Scotland, and Ireland and of English Books Printed Abroad, 1475-1640
Super Matth.	Thomas Aquinas, Super Evangelium S. Matthaei Lectura
SVTQ	St. Vladimir's Theological Quarterly
Symp.	Plato, Symposium
TC	Textual Cultures
TDNT	Theological Dictionary of the New Testament
Theaet.	Plato, Theaetetus
Thomist	The Thomist: A Speculative Quarterly Review
Tim.	Plato, Timaeus
TMA	The Merton Annual
Triads	Gregory Palamas, Triads in Defense of the Holy Hesychasts
Trin.	Augustine, De Trinitate (The Trinity)
TS	Theological Studies
TSLL	Texas Studies in Literature and Language
UTQ	University of Toronto Quarterly
VC	Vigiliae Christianae
VCSup	Supplements to Vigiliae Christianae
Vit. Moys.	Gregory of Nyssa, De vita Moysis (The Life of Moses)
VT	Vetus Testamentum
Wing	Donald Goddard Wing et al., eds., A Short-Title Catalogue of Books Printed in England, Scotland, Ireland, Wales, and British America, and of English Books Printed in Other Countries, 1641-1700
WJE	The Works of Jonathan Edwards
WSA	The Works of Saint Augustine: A Translation for the 21st Century
WTJ	Westminster Theological Journal

서론

어째서 지복직관인가?

어째서 지복직관인가? 어째서 하나님을 보는 것이 우리의 삶의 목표라고 주장하는 것인가? 이 질문에 답하는 한 가지 방법은 전통을 환기하는 것이다. 마이클 폴라니(Michael Polanyi)의 용어를 빌려서 말하자면, 우리가 어떤 전통이 가진 내적인 힘을 보는 것은 그 전통 안에 사랑스럽게 "내재함으로써"다.[1] 그러나 한편으로 나는 단순히 기독교 전통에 호소하고 싶지는 않다. 설령 그것이 이 전통을 알리는 성서에 대한 호소를 간접적으로 포함하고 있을지라도 말이다. (전통과 같은) 공식적 권위에 호소하는 것이 그 자체로 모두에게 확신을 줄 가능성은 없다. 우리는 또한 교회사에서 많은 이들에게 인간 실존의 목표로서 지복직관을 매력적인 것으로 만들어주었던 그 교리의 실질적 내용 안에 무엇이 들어 있는지 물어

---

1 *Knowing and Being: Essays by Michael Polanyi*, ed. Marjorie Grene (Chicago: University of Chicago Press, 1969), 148과 *The Tacit Dimension* (Garden City, NY: Doubleday, 1966), 16-18에 실려 있는 언어와 문화적 유산과 도덕적 가르침에 "내재하는 것"에 관한 Michael Polanyi의 논의를 참조하라.

야 한다.

그러나 먼저 우리는 지복직관이 우리의 최종 목적이라는 주장이 무엇을 의미하고 무엇을 의미하지 않는지 살펴보아야 한다. 이 책 전체를 통해 내가 인간의 목적으로서 지복직관에 관해 말할 때, 나는 내가 성서 안에 들어 있기는 하나 인간의 경험으로부터 유래하는 어떤 은유를 사용하고 있음을 잘 알고 있다. 즉 **직관**(vision)은 일상생활로부터 취한 은유다. 우리는 우리가 내세에서 얻기를 바라는 행복에 대해 말하기 위해 그 은유를 사용한다. 내가 이해하는 바 은유는 그것이 다른 말이나 설명과의 관계 속에서, 그리고 그것이 묘사하는 실재와의 관계 속에서 기능하는 방식을 통해 힘을 얻는다.[2] 하나님과 우리의 관계에 관한 은유적 언어는 특별히 복잡하다. 이런 종류의 은유들은 우리가 감각이나 지적 사유라는 추상 작용을 통해 직접 접근할 수 없는 초자연적 실재에 관해 말한다. 따라서 우리의 은유의 신뢰성은 하나님의 계시에 달려 있다. 우리가 하나님과 우리의 관계에 관해 말하기 위해 은유를 사용할 때마다, 은연 중에 우리는, 하나님이 어떤 방식으로든 우리가 문제가 되는 은유를 사용하는 것을 지지하신다고 주장하는 셈이다.

이 책은 "직관"이라는 용어가 하나님과 우리의 종말론적 관계를 온전하게 혹은 적절하게 묘사한다고 주장하지 않는다. 결국 내가 방금 지적했듯이 직관이라는 용어는 우리에게 하나의 은유를 제공할 **뿐**이다. 그것은 부정적인 것이 아니다. 나는 모든 인간의 언어가 은유에 의해 만들어지며 그것을 사용해 우리 주변 세계를 이해한다고 확신한다. 내가

---

2   Hans Boersma, *Violence, Hospitality, and the Cross: Reappropriating the Atonement Tradition* (Grand Rapids: Baker Academic, 2004), 99-114에 실려 있는 은유에 관한 나의 논의를 보라.

이해하는 바에 의하면, 하나님조차 그분이 우리에게 자신을 계시하시기 위해 자신을 낮추실 때 우리 인간이 만든 은유들의 망을 사용하신다. 그러나 우리는 특별히 하나님과 우리의 관계를 묘사하는 일에서 은유―그리고 사실상 모든 인간 언어―가 갖는 한계를 기억할 필요가 있다. 하나님에 대한 우리의 이름짓기가 언제나 유비적인 것이 될 수밖에 없듯이 (하나님은 우리의 언어적 기호의 토대가 되는 인간의 현실을 무한히 초월하시기 때문이다), "직관"과 같은 단어들은 하나님과 우리의 관계를 단도직입적으로 명료하게 묘사하지 못한다. 하나님에 대한 우리의 접근은 늘 간접적이다. 우리는 하나님께, 즉 하나님 자신께 도달하지만, 결국 우리는 그분께 인간의 기호를 통해 간접적으로―성례전적으로―도달할 뿐이다. 따라서 내가 "하나님 뵙기"(visio Dei)라는 말이 하나님에 대한 우리의 궁극적 관계를 묘사하는 데 특별하게 적합하다고 주장할 때, 그것은 내가 우리의 궁극적 목적이 무엇인지를 온전하게 혹은 적절하게 이해한다는 뜻이 결코 아니다.

성서(와 기독교 전통)가 하나님과 우리의 관계의 현실을 가리키기 위해 아주 다양한 은유를 사용한다는 것 역시 사실이다. 예수 자신은 그의 비유들에서 종종 온갖 종류의 은유들을 사용해 다가오는 하나님 나라―그 나라는 그가 그런 이야기를 전하는 것을 통해 일어난다―에 대해 말씀하신다. 마태복음 13장 한 장에서만도 예수는 그 나라가 아주 다양한 방식으로 다가온다고 말씀하신다. 그 나라는 씨를 뿌리는 것과 같은데(마 13:1-9), 원수는 가라지를 뿌리는 것으로 그 나라에 맞선다(마 13:24-30, 36-43). 그 나라는 어떤 이가 그의 밭에 뿌리는 겨자씨와 같다(마 13:31-32). 또 그것은 어느 여자가 밀가루 반죽에 넣은 누룩과 같다(마 13:33). 다시 예수는 그 나라를 밭에 감추인 보화(마 13:33)와 그리고 값진

진주와 비교하신다(마 13:45-46). 보화와 진주는 모두 어떤 이가 소유한 모든 것만큼의 가치를 갖고 있다(마 13:44, 46). 그 나라는 또한 어부가 물고기를 잡기 위해 바다에 던지는 그물과 같다(마 13:47-50). 이것들은 마태복음에 실려 있는 이른바 하나님 나라의 비유들이다. 예수는 다른 비유들에서 종말과 그것에 이르는 사건들을 표현하기 위해 다른 은유들을 사용하신다. 악한 청지기(마 21:33-44; 막 12:1-11; 눅 20:9-16), 혼인 잔치(마 22:1-14; 눅 14:16-24), 싹트는 무화과나무(마 24:32-35; 막 13:28-31; 눅 12:35-48), 충실한 종(마 24:43-51; 마 13:34-37; 눅 12:35-48), 열 처녀(마 25:1-13), 부유한 바보(눅 12:16-21) 그리고 열매 맺지 못하는 무화과나무(눅 13:6-9)의 비유들이 그것들이다. 그 어느 하나의 비유나 그림 혹은 은유도 종말의 현실을 적절하게 혹은 온전하게 묘사하지 않는다.

마찬가지로 성서의 마지막 두 장은 현기증이 날 만큼 다양한 이미지들을 사용해 종말에 관해 말한다. 종말의 현실은 "새 하늘과 새 땅"(계 21:1)으로 표현된다. 여기서 우리는 "거룩한 성" "예루살렘"을 발견하는데 그것은 하늘로부터 내려오고 은유들의 혼합을 통해 "남편을 위해 단장한 신부"(계 21:2, 9-10)라고 불린다. 그 단장한 성은 아주 상세하게 묘사된다(계 21:11-27). 또한 같은 현실이 낙원이라는 이미지를 통해 묘사된다. 생명수의 강이 성을 통과해 흐르고 생명의 나무가 강 양편에서 열매를 맺는다(계 21:1-2). 이 동산 성읍(역시 혼합된 은유다)은 하나님의 백성뿐 아니라 하나님 자신을 모시고 있다. "보라, 하나님의 장막이 사람들과 함께 있다"(계 21:3). 이런 폭넓은 은유들과 요한이 더 작은 세부 사항을 채우기 위해 사용하는 수많은 이미지(여기서 개략하기에는 너무 많다)는 모두 구약성서에 근거를 두고 있다. 요한은 종말의 영광을 "이해하는" 유일한 길이 이미 알려진 수많은 앞선 현실들에 의존하는 것임을 알고 있다. 그는 이런 묘사들을 사용해 종말에 유사한 근사치에 도달한다.

그럼에도 이 모든 은유가 우리의 궁극적 목적을 묘사하는 데 동등하게 적합하지는 않다. 내가 아는 한, 전통을 통틀어 신학자들은 특히 세 가지 이유로 "직관"이라는 은유에 특권을 부여했다.

첫 번째 이유는 그것이 성서의 많은 은유 중에서도 핵심적이기 때문이다. 요한계시록의 마지막 두 장에 등장하는 (우리가 방금 지적한) 다수의 이미지에도 불구하고 빛과 직관이라는 은유는 특별히 핵심적인 역할을 한다. 성 요한은 강조하며 다음과 같이 말한다. "그 성은 해나 달의 비침이 쓸데없으니 이는 하나님의 영광이 비치고 어린양이 그 등불이 되심이라. 만국이 그 빛 가운데로 다니고 땅의 왕들이 자기 영광을 가지고 그리로 들어가리라"(계 21:23-24). 요한은 다음과 같이 말하면서 분명하게 지복직관에 대해 언급한다. "[그들이] 그의 얼굴을 볼 터이요 그의 이름도 그들의 이마에 있으리라. 다시 밤이 없겠고 등불과 햇빛이 쓸데없으니 이는 주 하나님이 그들에게 비치심이라. 그들이 세세토록 왕 노릇하리로다"(계 22:4-5). 더 나아가 우리는 성서의 이 마지막 장들 전체를 통해서 새 예루살렘의 빛남에 대해 깊은 인상을 받는다. 수많은 빛나는 보석들의 "빛"(계 21:11), "수정"(계 21:18)과 같은 순금, 성벽의 주춧돌을 장식하는 수많은 보석(계 21:19-21), 성읍의 거리를 흐르는 "맑은 수정"(계 21:21)과 같은 순금 그리고 "수정같이 맑은" 생명수의 강. 이 모든 이미지는 순수한 광휘라는 특징을 지닌 성읍에 대한 인상을 제공한다. 여기서 내가 성서 전체에 등장하는 하나님을 보는 것에 대한 은유들을 모두 개괄할 수는 없다. 하지만 나는 이 책에서 논의된 신학자들(결론장에서 다뤄지는 성서 구절들은 물론이고)이 성서에서 하나님을 본다는 은유가

얼마나 핵심적인지를 아주 잘 보여줄 것이라고 믿는다.[3]

둘째, 비록 우리의 오감이 하나님에 대한 모종의 이해를 제공하지만, 그것들은 모두 같은 방식으로 기능하지 않는다. 내가 보기에 적어도 어느 의미에서 시각은 다른 것들보다 우월하다. 이를 예시하기 위해 네덜란드의 신칼뱅주의 신학자(언론인 겸 정치인이기도 했다) 아브라함 카이퍼(Abraham Kuyper)가 1891년에 출간한 자신의 『찔레 대신 화석류』(*Voor een distel een mirt*)에서 했던 명상에 대해 생각해보자. 그 책에서 그는 시각과 성례의 관계에 대해 성찰한다. 카이퍼는 하나님이 눈을 귀보다 훨씬 더 아름답게 만드시고 그것을 귀보다 훨씬 더 우월한 위치에 있도록 창조하셨다고 말한다.[4] 낙원에서는 눈이 우월했던 반면, 타락의 결과로 귀가 두드러지게 되었다. 카이퍼는 청각이 중요하지 않다고 주장하는 것이 아니다. 우리는 들음을 통해 구원을 얻는다. 그럼에도 그는 내세에서는 눈이 다시 우월한 지위를 얻게 될 것이라고 주장한다. 왜냐하면 구원

---

3   지복직관에 관한 성찰의 오랜 전통은 주로 신자들이 사후에 하나님을 직접 볼 것이라는 성서의 약속에 기초한다(참조. 욥 19:26-27; 마 5:8; 요 17:24; 고전 13:12; 고후 5:7; 요일 3:2). 또한 구약뿐 아니라 신약 시대의 성도들에 대한 신현에 관한 서술들 역시 중요하다(가령, 주님이 아브라함에게[창 18]; 야곱에게[창 28과 32]; 모세에게[출 33-34; 민 12:7-8; 히 11:27]; 미가야에게[왕상 22:19]; 이사야에게[사 6:1-5]; 에스겔에게[겔 1:4-28; 8:1-4]; 베드로, 야고보, 요한에게[마 17:1-8과 여러 곳]; 바울에게[행 9:3-9; 고후 12:1-4]; 그리고 요한에게[계 1:12-16; 4-5] 나타나시는 일은 아무도 하나님을 볼 수 없다는 성서의 반복적인 주장[참조. 출 33:20; 요 1:18; 딤전 6:16; 요일 4:12]에도 불구하고 일어난다). 하나님 앞에서의 삶을 뵙기나 빛이라는 측면에서 보다 폭 넓게 말하는 구절들 역시 많은 주목을 받았다(가령, 시 27; 36:9; 80:19; 사 26:10; 53:2; 64:4; 66:14; 마 18:10; 요 14:8-9; 고전 2:9; 고후 3:18; 4:6; 계 21:23-24). 니사의 그레고리오스와 디오니시오스의 영향이 우세했던 곳에서 이런 구절들에 대한 성찰은 종종 하나님의 자기 계시를 어둠의 측면에서 말하는 본문들에 대한 관심과 연결된다(참조. 출 20:21; 24:18; 시 18:11; 아 2:3; 5:2, 5-6).

4   Abraham Kuyper, "Hetgeen onze oogen gezien hebben," in *Voor een distel een mirt:Geestelijke overdenkingen bij den Heiligen Doop, het doen van belijdenis en het toegaan tot het Heilig Avondmaal* (Amsterdam: Wormser, 1891), 1213.

받은 죄인들은 하나님을 대면해서 볼 것이라는 약속을 받고 있기 때문이다.[5] 따라서 성례에서 하나님이 우리에게 **말씀하시지** 않고, 대신 우리가 그분을 **보는 것**은 아주 중요하다. 카이퍼는 이처럼 성례에서 하나님을 보는 것을 성막과 성전에서 하나님을 **상징적으로** 보는 것과 내세에서 하나님을 **실제로** 보는 것 사이에 위치시킨다.[6] 지금은 이 둘 중에 어느 것도 가능하지 않기에 하나님은 우리가 성례를 통해 자신을 볼 수 있게 하신다. 카이퍼는 성례의 경이 속에서 "귀는 배경 속으로 이동하고 말은 단지 도움을 제공할 뿐이다. 반면에 눈—그리고 눈을 통해 또한 영혼 자체—은 활발해지며 당신은 당신이 말씀을 통해 경험할 수 있는 것보다 훨씬 거룩하신 생명의 하나님의 만져주심과 같은 무언가를 식별한다"[7]라고 주장한다. 눈은 귀로는 경험할 수 없는 하나님과의 모종의 교제를 허용한다. 요약하자면, 비록 우리가 타락한 상태에서는 듣는 것이 치료적 역할을 수행하지만 우선권을 지니고 영원히 지속하는 것은 보는 것이다.

지복직관이 우리의 종말론적 행복을 묘사하는 데 특별하게 적합한 은유가 되는 마지막 이유는 인간의 눈(과 그것의 능력)과 하나님의 존재 사이에 일종의 조화가 존재하기 때문이다. 나는 이것을 8장에서 단테와 연관시켜 상세하게 다룰 것이다. 단테의 여행은 말(laguage)에서 시작해 직관으로 이동하는 여행이다. 즉 낙원의 영역들을 통과하며 위로 움직일 때, 그는 자신이 보는 것을 말로 묘사하는 데 점차적으로 실패한다. 단테에게 말은 대다수의 세속적인 피조물에 묶여 있다. 그것이 말을 쓸모없

---

5   Kuyper, "Hetgeen onze oogen gezien hebben," 134.

6   Kuyper, "Hetgeen onze oogen gezien hebben," 156.

7   Kuyper, "Hetgeen onze oogen gezien hebben," 17.

는 것으로 만들지는 않는다. 말은 우리를 하나님이라는 실재(*res*)로 이끌어가는 성례(*sacramenta*)와 같다. 그러나 직관은 말과 달리 그것의 대상을 즉각 포착한다. 더 나아가 직관은—고대의 이해에 의하면 확실하게—보는 이와 대상을 하나로 묶는다.[8] 그리고 (단테가 "탈인간화"[transhumanizing]라고 부르는) 변형(transformation)은 하나님과의 그런 연합의 결과일 수밖에 없다. 따라서 시각은 다른 감각들과 다르게 "신 중심적"이다. 지복직관, 즉 그리스도 안에 계신 하나님에 대한 영원한 응시는 다른 어떤 것과도 다르게 그분을 즐거워하는 것에 집중한다. 내가 위에서 인급한 성서의 은유 중 어느 것도—겨자씨, 잔치, 성읍 그리고 심지어 신랑-신부 관계라는 이미지조차—직관이라는 은유에 필적하지 못한다. 이것은 그것들을 불필요한 것으로 만들지 않는다. 다만 그것들은 직관보다 덜 궁극적일 뿐이다. 다른 그 어떤 은유도 인간 안에서 동일하게 철저한 변화, 즉 인간을 하나님처럼 변모시키는 변화를 암시하지 않는다. 또한 다른 어떤 은유도 하나님에 대한 동일하게 지속적인 애착을 암시하지 않는다(비록 이 점에서 신랑-신부 관계의 은유가 가깝기는 하지만 말이다).

역사와 유비

하나님을 보고자 하는 우리의 갈망은 종말론이 우리가 다른 모든 것을 언급한 후 나중에 덧붙인 생각(afterthought)이 될 수 없음을 보장한다. 분

---

8   이에 대한 보다 상세한 논의를 위해서는 이 책의 8장 중 "빛을 발하는 것, 그것이 모든 선의 근원이다" 부분을 보라.

명히 기독교 신앙은 시간의 종말에 절정의 결말로 이어지는 구원사라는 특징을 지닌 역사적 종교다. 한스 슈바르츠(Hans Schwarz)는 자신의 『종말론』(*Eschatology*)에서 기독교 신앙의 독특성이 다음과 같다고 지적한다. 곧 그것은 시간에 대한 순환적 개념보다는 선형적 개념, 즉 "명확한 출발점과 명확한 목표를 지닌 시간 화살표"[9]를 갖고 있다. 오직 한 분의 참된 하나님이 계신다는 믿음(일신론)과 이 하나님이 만물을 창조하시고 구속하신 분이라는 개념(보편구원설)을 결합하면서, 하나님에 대한 유대-기독교적 이해는 그분을 과거의 하나님이 아니라 미래의 하나님으로 간주한다.[10] 슈바르츠는 다음과 같이 말한다. "야웨는 세상의 기원을 제공했다. 그는 그 안에서 활동하며 그것의 구속을 제공할 것이다. 이 진술의 후반부는 나사렛 예수의 역사가 하나님의 결정적인 구속 행위로 이해되었을 때 기독교 신앙 안에서 성취되었다."[11] 슈바르츠는 우리에게 기독교 신앙은 하나님이 시간을 통해 세상을 "새로운 세상"(παλιγγενεσία, 마 19:28)이라는 절정의 구속으로 이끄신다는 확신에 근거한 역사적 신앙임을 유용하게 상기시킨다. 이런 의미에서 에스카타(*eschata*)는 문자적으로 마지막 것들, 즉 역사의 종말에 일어나는 사건들이다.

이 모든 것은 사실이다. 지복직관이 우리의 목표이기에 종말론은 "마지막 일들"을 다룬다. 그러나 이전 세기에 많은 신학자가 우리에게 구원사는 단지 하나의 사건으로부터 다음 사건으로의 점진적인 움직임이 아니라는 것을 상기시켰다. 옳게도 칼 바르트(Karl Barth)는 우리가 종

---

9   Hans Schwarz, *Eschatology* (Grand Rapids: Eerdmans, 2000), 7.
10   Schwarz, *Eschatology*, 10.
11   Schwarz, *Eschatology*, 12.

말을 단지 수평적으로(종말에 일어날 그 무엇으로)만이 아니라 또한 수직적으로(오늘 우리를 심판 속으로 불러들이는 것으로)도 다뤄야 한다고 보았다.[12] 오스카 쿨만(Oscar Cullmann)은 그리스도를 역사의 "중간점"으로 여겼고,[13] 그리스도가 십자가 위에서 이룬 승리를 비록 브이데이(V-Day)까지는 한 차례 더 길고 혹독한 겨울을 기다려야 했으나 1944년 디데이(D-Day)에 연합군이 노르망디에서 교두보를 확보한 것에 비교했다.[14] 쿨만에게 그리스도 사건(D-Day)은 역사의 중반에 종말을 출범시켰다. 위르겐 몰트만(Jürgen Moltmann)은 자신의 출발점을 요한계시록 1:4("이제도 계시고 전에도 계셨고 장차 오실 이[who is and who was and who is to come]로부터 오는 은혜와 평강이 너희에게")에서 취하면서 "장차 오실"(ἔρχομαι)이라는 동사가 "하나님의 존재가 그의 오심 속에 있다"는 것을 의미한다고 주장한다. 왜냐하면 이 문장에서 "있다"보다 "오다"라는 동사가 사용됨으로써 "시간의 선형적 개념이 깨지기" 때문이다.[15] 그에게 종말은 단순한 연대기적 미래(*futurum*)가 아니라 하나님의 도래(*adventus*)의 종말론적 도착이었다.[16]

이 모든 접근법은 나름의 강점과 약점을 갖고 있다. 하지만 그것들

---

12   이와 관련된 Barth의 혁명적인 진술은 그의 책 *Römerbrief*. Karl Barth, *The Epistle to the Romans*, trans. Edwyn C. Hoskyns (Oxford: Oxford University Press, 1968) 2판에 실려 있다. 『로마서』(복있는사람 역간).

13   Oscar Cullmann, *Christ and Time: The Primitive Christian Conception of Time*, trans. Floyd V. Filson, rev. ed. (Philadelphia: Westminster, 1964), 18. 『그리스도와 시간』(나단출판사 역간).

14   Cullmann, *Christ and Time*, 84, 87, 145-46.

15   Jürgen Moltmann, *The Coming of God: Christian Eschatology*, trans. Margaret Kohl (Minneapolis: Fortress, 1996), 23. 『오시는 하나님』(대한기독교서회 역간). 또한 *God in Creation: A New Theology of Creation and the Spirit of God*, trans. Margaret Kohl (San Francisco: Harper and Row, 1985), 133을 보라.

16   Moltmann, *The Coming of God*, 25.

각각은 나름의 방식으로 역사에 대한 선형적 이해가—비록 그것이 내가 아는 한 성서와 광범위하게 일치하지만—우리에게 완전한 그림을 제공하지 않는다는 점을 상기시킨다. 선형적 이해의 불충분함을 지적하는 한 가지 방법은 나선형의 이미지로 그것을 보완하는 것이다. 나선형은 계속 같은 장소로 돌아온다. 또는 적어도 어떤 의미에서 그렇게 한다. 실제로 각각의 순환은 늘 이전보다 조금 높은 지점으로 돌아온다. 따라서 역사에 대한 나선형적 이해는 그것이 과거와 현재의 유사성과 차이점 모두를 인식한다는 점에서 역사에 대한 유비적 견해다. 따라서 역사가 나선형처럼 기능한다고 말하는 것은 역사를 하나의 순환으로 축소시키지 않는다. 순환적 이해 속에서는 사실상 새로운 일은 아무것도 일어나지 않는다. 모든 것은 반복될 뿐이다. 역사에 대한 유비적 혹은 나선형적 견해는 시간 속의 다양한 순간들 사이의 유사성과 차이점 모두를 인식한다.

20세기의 저명한 교부학자 장 다니엘루(Jean Daniélou)는 종종 초기 교회의 이해에서 나타나는 역사의 이런 유비적 기능 혹은 나선형적 기능에 주목한다. 그는 비유사성 안에 있는 유사성에 대한 탐구가 성서적 모형론에 대한 교부적 이해의 배후에 있다고 주장한다.

하나님의 계획이 점진적으로 전개되는 과정 가운데 그분의 연속적인 일들 사이에서—개별적 창조적 행위로서 그것들이 갖는 뚜렷한 자기충족성에도 불구하고—어떤 유비들의 체계가 나타난다. 홍수, 수난, 세례 그리고 최후의 심판은 하나의 패턴 속에서 서로 긴밀하게 연결된다. 각각의 예에는 비록 서로 다른 단계로이기는 하나 사악한 세상에 대한 하나님의 심판이 존재하고 그로 인해 인간이 새 창조의 시작이 되도록 아낌을 받는 하나님의 관용이 존재한다. 여기서 성서의 특징을 이루는 새로운 종류의 상징주의(symbolism)가 나타난다. 그것의 특별한 차이점은 역사성이다. 왜냐하면 그것은 거룩한 역사에 속한 다양한 사건들 사이의 관계를 나타내기 때문이다. 그것은 신약성서의 두 구절의 표현에 근거해 모형론(typology)이라고 불린다. 한 곳에서 아담은 "오실 자의 모형"(τύπος, 롬 5:14)이라고 불리고 다른 곳에서는 세례가 "표"(ἀντίτυπος, 벧전 3:21)라고 불린다.[17]

다니엘루에 의하면, 교부들은 역사 속에서 나타나는 하나님의 연속적인 일들에서 어떤 "유비들의 체계"(혹은 나선형들)를 찾아냈는데, 이것은 그들이 역사를 통해 모형론적 유사성들을 식별했음을 의미한다.[18]

유비 혹은 모형론에 대한 이런 이해는 하나님의 섭리에 대한 높은 관점에 근거한다. 유비의 "유사성 축"(similarity axis)은 역사 속에서 나타나는 하나님의 신실하심의 결과다. 동일한 하나님이 시간을 통해 활동하시는 것을 볼 때, 우리는 우리가 하나님의 신실하신 성품으로부터 유래하는 역사의 선형적 펼쳐짐 안에 존재하는 유사성을 발견하리라고 기대한다. 모형론은 역사적 사건을 하나님의 섭리의 영원한 특성에 기초를 둔 것으로 여기기에 이 세상의 인과 관계를 넘어선다. 매튜 레버링(Matthew Levering)은 탁월한 책이라고 평가를 받는 『참여적 성서 주석』(*Participatory Biblical Exegesis*)에서 만약 우리가 역사가 "하나님의 활발한

---

17   Jean Daniélou, *The Lord of History: Reflections on the Inner Meaning of History*, trans. Nigel Abercrombie (1958; reprint, Cleveland: Meridian/World, 1968), 140.

18   성서 해석에 관한 Daniélou의 견해의 적실성에 관한 상세한 논의를 위해서는 Hans Boersma, *Scripture as Real Presence: Sacramental Exegesis in the Early Church* (Grand Rapids: Baker Academic, 2017), 83-92을 보라.

섭리에 대한 지속적인 참여"[19]라는 것을 진지하게 받아들인다면, 우리는 역사에 대한 원자론적이고 선형적인 이해를 넘어설 수 있다고 주장한다. 역사의 초기 순간들은 모두 하나님의 가장 포괄적인 섭리의 신실한 특성에 근거하기에 이후의 사건들에 대한 모형이나 그것들과 유사한 것이 될 수 있다. 따라서 역사에 대한 유비적 혹은 모형론적 이해는 역사에 대한 현대적이고 순전히 선형적인 이해를 능가하며, 또 그것은 우리가 역사를 통해 하나님의 신실한 성품을 추적할 수 있다는 확신 안에서 그러하다.

19세기 옥스퍼드 크라이스트 처치 출신의 히브리어 학자였던 에드워드 퍼시(Edward Pusey)는 시간 속의 다양한 역사적 순간들의 "유사성 축"에 깊은 흥미를 느꼈다. 보통 그는 (구약 시대의) 예언과 (신약 시대의) 성취 사이의 관계를 모형(type)과 대형(antitype) 사이의 관계가 아니라 모형과 원형(archetype) 사이의 관계로 특징지었다. 그가 그렇게 하는 이유는 역사의 모든 것이 그리스도에게 집중되기 때문이다. 그리스도는 이를테면 역사 속의 다른 모든 유사한 것들이 그것을 따라 형태를 부여받는 모델이다. 그리스도는 하나님의 신실하심을 드러내는 바로 그 인물이다. 역사(혹은 성서)에서 그리스도에 이르는 것으로 발견되는 유사한 것들은 모두 원형으로서의 그리스도를 본받는다. 따라서 비록 연대기적으로 수많은 역사적 모형들이 그리스도 사건보다 앞서 일어날 수는 있으나 존재론적으로 그리스도는 그것들을 앞서며 그것들의 기원(ἀρχή)이다. 이를테면 그는 역사의 모든 것이 그것의 본을 따르는 섭리적 마스터

---

19   Matthew Levering, *Participatory Biblical Exegesis* (Notre Dame: University of Notre Dame Press, 2008), 1.

플랜이다. 조지 웨스트하버(George Westhaver)가 다음과 같이 말하는 것처럼 말이다. "구약성서의 모형들의 의미를 가장 잘 충족시키는 것이고 또한 그 모형들이 그것의 복사본이나 이미지가 되는 근원적인 실재가 되는 것은 원형 혹은 모형의 실체라고 묘사될 수 있다."[20] 그러므로 역사 속의 유사한 것들은 하나님의 신실하심의 원형으로서 혹은 보다 신학적으로 말하자면 하나님 성품의 실체 혹은 본질로서 그리스도 안에 근거를 두고 있다.

따라서 우리는 그리스도(원형)를 다양한 역사적 사건들(모형들)이 성례(sacramenta)로서 거기에 귀속되거나 참여하는 성례전적 실재(res)라고 부를 수 있을 것이다. 퍼시는 그 관계를 다음과 같이 분명하게 밝힌다. "알려진 바에 의하면, 하나님은 이를테면 모형과 원형 사이의 일종의 성례전적 결합을 지정하셨다. 그로 인해 모형은 그것이 무언가를 대표하는 경우가 아닌 한 아무것도 아니었고 원형을 마음에 전달하는 매개체이기에 원형은 오직 모형을 통해서만 전달될 수 있다. 성별된 요소가 성례는 아니지만, 성례 없이 성례의 영혼을 얻을 수는 없다. 하나님은 그것들을 하나로 결합시키셨다. 그러므로 인간은 그것들을 흩뜨릴 수 없으며 그래서도 안 된다."[21] 퍼시에게 하나님의 영원한 말씀의 체현 혹은 그분의 아들이신 그리스도는 성례전적 모형들(sacramenta)이 그 안에서 자신들의 실상 혹은 정체를 얻는 성례전적 실재(res)다.

따라서 성육신에서 종말의 실재가 참으로 도래했다. 참된 인간으로

---

20   George Westhaver, "The Living Body of the Lord: E. B. Pusey's Types and Prophecies of the Old Testament" (PhD diss., Durham University, 2012), 168.

21   Edward Pusey, "Lectures on Types and Prophecies in the Old Testament"(출간되지 않은 강연 내용, 1836), 23. 나에게 Pusey의 강연의 전자 사본을 제공해준 Westhaver에게 감사드린다.

서 그리스도는 역사의 목적이다. 그리스도라는 원형적 실재 안에서 인간은 자신들의 참된 정체성, 즉 그들이 되어야 하는 방식을 발견한다. 그러므로 우리는 그리스도에게 순응할 때만 인간이다. 우리가 점점 더 그리스도처럼 될 때, 우리는 점점 더 우리 자신이 된다. 따라서 우리가 누구인지를 적절하게 알려주는 것은 우리의 과거가 아니라 우리의 미래다. 불완전한 모형으로서 우리의 정체성은 성례전적으로―혹은 우리가 그렇게 말할 수 있다면, 목적론적으로―그리스도 안에 근거를 두고 있다. 일단 우리가 그리스도를 역사의 원형으로 인식한다면, 우리는 역사의 목적론적 동인과 성례전적 특성도 발견한다. 원형의 미래적 실재는 역사의 그림자적 모형들 안에 이미 존재한다.

성례전적 존재론과 지복직관

지복직관에 대한 성례전적 이해는 역사의 목적론적 성격을 진지하게 받아들인다. 성례전적 존재론은 자연과 초자연, 세속의 현실과 하늘의 현실, 이성과 신앙, 구약성서와 복음의 진리를 밀접하게 연결시킨다. 이런 이중어들 각각에서 전자는 후자에 참여하며 후자는 실제로 (혹은 성례전적으로) 전자 안에 존재한다. 성례전적 존재론은 그 쌍들 각각의 첫 번째 요소를 성례(*sacramentum*)로, 그리고 후자를 실재(*res*)로 다룬다. 나는 다른 곳에서 내가 이해하는 성례전적 존재론[22]과 그것이 우리의 성서 해석

---

22   Hans Boersma, *Heavenly Participation: The Weaving of a Sacramental Tapestry* (Grand Rapids: Eerdmans, 2011).

에 대해 갖는 의미를 상세하게 다룬 바 있다.[23] 나는 이 책에서 다음 단계로 "성례전적 존재론이 지복직관에 대한 우리의 이해에 대해 갖는 의미는 무엇인가?"를 질문한다.

보통 우리는 성례전적 존재론이라는 주제를 수직적 혹은 공간적 은유를 사용해 다룬다. 우리가 초자연적인 신적 삶에 참여하는 이 세상의 자연적인 현실에 대해 생각할 때, 우리는 마음속으로 세상의 현실이 위로 올라가는 장면을 떠올린다. 그 여행은 유비적이다(문자적으로 말하면, 상향적이다). 유사하게 우리가 그리스도 안에 계신 하나님이 이 세상에 성례전적으로 임재하신다고 말할 때, 우리는 이 세상에 대한 초자연적 하강에 대해 생각하는 경향이 있다. 하나님은 실제로 창조 질서 안에 임재하신다. 우리가 우리의 상상력을 통해 (참여의 언어를 사용해) 밑으로부터 위로 올라가든 아니면 (실제 임재에 관해 말하면서) 위로부터 밑으로 내려오든, 그 은유는 공간적이거나 수직적이다.

그러나 우리는 지복직관과 관련해 수평적인 혹은 시간적인 범주에서 사고할 필요가 있다. 우리는 우리의 삶의 끝에서 그리고 특히 역사의 끝에서 하나님을 볼 것을 기대한다. 우리의 삶의 궁극적인 목적은 그리스도 안에서 하나님을 보는 것(visio Dei)이다. 따라서 우리는 삶을 거룩한 곳으로의 순례로 해석할 수 있으며 또한—내가 이 책의 마지막 장에서 해석하듯이—역사를 어떤 기량을 얻는 것을 목표로 하는 도제 살이로 다룰 수 있다. 그 거룩한 곳은 하나님 앞이고 그 기량은 지복직관이다. 우리가 이 책을 통해 보게 되겠지만, 교회사 내내 신학자들은 지복직관이 우리가 목표로 하는 궁극적 실재(res)라고 확신해왔다. 그것은 우리

---

23   Boersma, *Scripture as Real Presence.*

의 삶에서 유일하게 적절한 궁극적인 목적이다(물론 우리가 목표로 하는 성
례전적 실재는 **우리의 직관**이 아니라 **그리스도 안에 계신 하나님**이시다. 약간 부적
절하게 말하자면, 우리는 지복직관을 목표로 한다고 말할 수 있다. 이 직관은 그것이
우리를 하나님과 연합시키기에 우리가 지복을 얻도록—문자적으로 우리를 행복하
게—만들 수 있다). 지복직관이라는 교리는 수평적 혹은 시간적 은유들에
주목함으로써 성례전적 존재론에 대한 우리의 이해를 확장시킨다. 우리
는 시간의 끝에서 하나님의 얼굴을 보기를 기대한다. 우리의 삶의 성례
전적 진실(res)이라고 불릴 만한 가치가 있는 유일한 실재는 우리의 삶의
종료점, 즉 그리스도 안에 계신 하나님이시다.

이 연구의 기초를 이루는 가정은 지복직관이라는 궁극적 목적이 우
리 인간의 본성 안에 내재되어 있다는 것이다. 즉 우리는 하나님을 보는
것을 우리의 궁극적 갈망으로 삼을 때 참으로 하나님이 우리를 만드신
방식에 충실하게 된다는 것이다. 일단 우리가 우리 삶의 최종적 혹은 궁
극적 목적에 이른다면, 그때 우리는 참으로 우리 자신이 될 것이다. 우
리는 우리의 참된 존재이신 그리스도—성 아우구스티누스가 일반적으
로 그렇게 부르듯이 **온전한 그리스도**(totus Christus)라는 성례전적 실재—
에 이르게 될 것이다.[24] 나는 1장에서 인간으로서 우리의 본성과 우리의
종말론적 목표로서 그리스도 사이의 이런 목적론적 관계에 대해 설명
할 것이다. 그 과정에서 나는 자연과 초자연 사이의 성례전적 관계에 대
한 앙리 드 뤼박(Henri de Lubac)의 재정의를 통해 영감을 받았는데, 그는

---

24   참조. Michael Cameron, "The Emergence of Totus Christus as Hermeneutical Center
      in Augustine's Enarrationes in Psalmos," in *The Harp of Prophecy: Early Christian
      Interpretation of the Psalms*, ed. Brian Daley and Paul R. Kolbet (Notre Dame: University
      of Notre Dame Press, 2015), 205-26.

그것을 1946년에 나온 자신의 『초자연』(*Supernatural*)에서 잘 표현했다.[25] 나는 드 뤼박의 책을 읽으면서 아주 큰 유익을 얻었고 그가 인간의 최종적 목표인 지복직관이 어떤 식으로든 우리의 본성 안에 내재되어 있다는 사실에 주목한 것도 옳았다고 여긴다(한편 나는 우리의 갈망이 늘 우리의 본성과 일치하지는 않는다는 점을 인정하는 것이 중요하다고 여긴다. 때때로 우리는 비밀리에 다른 것을 우리의 목표로 삼으며 그렇게 함으로써 우리의 본성을 거스른다). 이 책에서 나는 초자연에 관한 로마 가톨릭교회의 논쟁에 대해 상세하게 말하지는 않을 것이다. 대신 나는 자연과 초자연 사이의 성례전적 관계라는 보다 폭넓은 형이상학적 문제를 넘어서 지복직관을 성례전적으로 생각하는 것이 무엇을 의미하는가 하는 문제로 나아갈 것이다. 만약 지복직관이 우리의 궁극적 목적이라면, 그때 하나님의 경륜 (economy)―혹은 내가 이 책 마지막 장에서 그렇게 부르는 바 하나님의 교육(pedagogy)―은 이 궁극적 목적과 어떻게 연관되어 작동하는가? 따라서 나는 특히 미래의 지복직관의 종말이 하나님께서 오늘 이미 우리에게 허락하시는 직관과 어떻게 연결되는지에 특별히 관심이 있다. 성 바울은 "우리는 믿음으로 행하고 보는 것으로 행하지 않는다"(고후 5:7)라고 주장한다. 한편 믿음 역시 일종의 보는 것이다. 비록 우리가 "거울로 보는 것 같이 희미하게"(고전 13:12) 볼 뿐이지만 말이다. 그러므로 우리는 하나님의 교육(하나님이 오늘 우리가 그분을 부분적으로 뵙게 해주시는 선물)이 우리가 미래에 그분을 대면하여 보도록 준비시키는 방식에 관해 물을 필요가 있다.

---

25 Hans Boersma, *Nouvelle Théologie and Sacramental Ontology: A Return to Mystery* (Oxford: Oxford University Press, 2009)에 실려 있는 광범위한 신신학(Nouvelle Théologie)에 대한 나의 논의를 보라.

지복직관을 다루는 신학들은 그 직관의 대상을 어떻게 말할 것인지에 대한 방식의 문제와 씨름해왔다. 하나님을 보기를 바란다고 말할 때 우리가 한 말은 무엇을 의미하는가? 일반적으로 교부들은 우리가 지복직관을 통해 하나님의 본질(essence)을 볼 수 있다고 말하는 것을 피했다. 내가 생각하기에 그것의 이유는 다음과 같은 그들의 두려움 때문이다. 그들은 그러한 말이 결국 우리가 하나님을 철저하게 이해하는 것이 가능하다는 주장으로 결론지어지는 것을 두려워했을 것이다. 그들의 두려움은 타당해 보인다. 비가시성이라는 하나님의 속성—그것은 우리가 하나님을 뵈면 살아남을 수 없다는 성서적 개념에 의해 예시된다(참조. 출 33:20; 요 1:18)—이 교부들로 하여금 우리가 하나님의 본체를 볼 수 있다고 주장하는 것을 막았다. 우리는 단지 하나님의 활동에 참여할 뿐이라는 주장과 함께 그분의 본질과 그분의 활동을 구분하는 동방 교회의 구분 배후에도 유익한 조심성이 있다. 이 책에서 나는 교부들과 동방 정교회와 함께 우리는 결코 하나님의 본성(nature)을 이해하거나 철저히 규명할 수 없다는 점을 강하게 주장할 것이다. 무한한 하나님께는 늘 더 이해해야 할 무언가가 있을 것이다. 그리고 바로 그것이 내가 하나님의 존재 안에서의 "영원한 진보"(epektasis)라는 니사의 그레고리오스의 개념을 지지하는 이유다.

하지만 이 에펙타시스(epektasis)는 하나님의 **존재** 안에서의 진보를 의미한다. 다시 말해 우리가 하나님의 활동이라는 말을 사용하든 사용하지 않든 우리는 지복직관이 그리스도 안에서 계시된 하나님 자신의 성품에 대한 직관이라는 것을 고백할 필요가 있다. 우리가 3장에서 보게 되겠지만, 니사의 그레고리오스만큼 하나님을 보는 것의 의미를 철저하게 기독론적으로 이해했던 신학자는 거의 없다. 만약 우리가 하나님을 보는 것이 영원한 장막 안에서이거나 혹은 하늘의 신랑에게 우리의 눈을 고정시키고서라면—니사의 그레고리오스에 의하면 영원한 장막과 하늘의 신랑은 모두 그리스도의 이미지다—거기에는 우리가 그리스도 안에서 하나님의 참된 혹은 신실한 성품을 보는 것이 수반될 수밖에 없다. 따라서 그리스도 안에서 하나님을 보는 것은 동시에 하나님의 성품이나 본질에 대한 직관이다(결국 성서는 우리가 하나님의 "성품"[φύσεως, 벧후 1:4]에 참여하는 자가 되리라고 미리 암시한다). 실제로 정확하게 **우리는 우리가 그리스도를 보는 한에서 하나님의 참된 성품을 보고 또한 있는 그대로의 그분, 즉 그분의 존재나 본질에 참여한다.** 우리가 하나님의 존재 안으로 아무리 깊게 들어갈지라도—혹은 이 책의 원서 표지가 묘사하듯이 우리가 얼마나 많은 아이콘을 서로 겹쳐서 쌓든 간에—결국 우리는 여전히 그리스도의 얼굴을 마주하는데, 그것은 우리는 오직 그분 안에서만 하나님의 본질을 보기 때문이다.[26] 동방 교회와 서방 교회 사이의 논쟁은 하나님의 본질을 보는 것은 곧 그리스도를 떠나는 것을 의미한다는 (동방 교회 측의) 두려움 때문에 악화되었다. 내가 생각하는 바 하나님

---

26 원서 표지에 나오는 네 개의 원은 (중앙에서 시작해서) 다음과 같은 아이콘들로 이루어져 있다. (1) 12세기의 것으로 알려진 아케이로포이에토스(*acheiropoietos*, "손으로 만들지 않은") 그리스도의 얼굴 아이콘. 이것은 모스크바 크렘린에 있는 성모승천 대성당에서 나왔는데, 현재는 모스크바의 트레티야코프 갤러리가 소장하고 있다; (2) 이스탄불에 있는 하기아 소피아의 디시스 모자이크에 들어 있는 13세기의 작품 "지배자 그리스도"(Christ Pantocrator)의 후광; (3) 시칠리아 세파루 성당의 후진(Apse)에 있는 전능하신 그리스도 모자이크에서 나온—그리스어와 라틴어로 된 복음서 본문과 함께—의 상(ca. 1130); (4) (모스크바 남부) 세르프크호프에 있는 비쇼츠키 수도원이 대략 1387년과 1395년 사이에 콘스탄티노플로부터 받아 현재 모스크바 트레티야코프 갤러리에 소장하고 있는—교회 슬라브어로 된 복음서 본문과 함께—전능하신 그리스도 아이콘의 일부. 마지막 두 아이콘에 실려 있는 복음서 구절은 요한복음 8:12("나는 세상의 빛이니 나를 따르는 자는 어둠에 다니지 아니하고 생명의 빛을 얻으리라")이다. 나는 교회 슬라브어에 대한 Daniel Galadza의 전문지식에 빛을 졌다.

뵙기에 대한 토마스 아퀴나스의 이해에서 나타나는 기독론적 결여를 고려한다면, 나는 이런 걱정을 이해할 만하다. 그럼에도 우리가 단지 이곳 세상에서의 (창조세계, 신현 혹은 성서에서의) 그늘진 성례들만 보든 혹은 미래에 겪게 될 하늘의 현실 자체에 주목하든 어느 쪽으로든 우리는 하나님의 참된 성품 혹은 본질을 그리스도 안에서 본다. 우리가 지금이든 종말에든 하나님을 볼 때마다, 우리는 그분을 그리스도 안에서 본다. 그리고 (이 얼마나 놀라운 자비인가!) 우리가 보아야 할 것이 언제나 무한하게 더 있다.

이 책은 대체로 그 핵심적 문제에 간접적으로 접근한다. 나는 이 책 전체를 통해서 과거에 신학자들이 지복직관에 관해 말했던 것에 관심이 있고 그들이 지복직관을 단지 우리의 목표로서만이 아니라 또한 **어떤 식으로든 이미 우리의 삶 속에 존재하는 성례전적 목표로서** 다루는 것이 그들에게 무엇을 의미하는지에 관심이 있다. 우리는 하나님이 우리를 창조하신 최종적 목적과 일치해서 사는 정도만큼 우리의 매일의 삶을 이루는 지금 이곳에서 하나님을 보는 일에 이미 습관이 들어 있다. 우리가 "지복직관"이라는 말을 궁극적이고 종말론적인 목적을 위해 유보할 수는 있으나, 이 성례전적 실재는 어느 면에서 이미 오늘 우리의 삶 속에 존재하고 있음이 분명하다. 우리의 매일의 삶이 내재적인 원인과 결과로 이루어진 "순전히 자연적인" 세계에 의해 형성되어서는 안 된다. 오히려 지복직관이라는 궁극적 목적이 우리의 우선 순위를 결정하고 우리의 갈망을 형성해야 한다.

따라서 내가 이해하는 바로는, 만약 하나님 뵙기라는 인간의 궁극적 목적이 이곳 세상에서의 묵상의 영성과 아무런 관련이 없다면, 그것이야말로 아주 이상한 일이 될 것이다. 예루살렘으로 순례하는 이들이 성전에 올라가는 노래(시 120-134)를 부르듯이 우리 역시 그리스도 안에서 하나님을 대면해서 보기를 기대하면서 그리스도를 묵상한다. **그러므로 지복직관에 관한 참으로 성례전적인 이해는 우리로 하여금 내세에서 있을 하나님에 대한 지복직관을 기대하면서 현재의 삶에 이미 나타나신 그리스도의 실제적 임재를 인식하도록 만든다.** 이에 대해 청교도 신학자 아이작 암브로즈(Isaac Ambrose)보다 더 적절하게 말한 이는 없다. "예수를 바라보는 것이 하늘의 일임을 고려하라.…만약 우리가 이 일을 좋아하지 않는다면, 우리가 하늘에서는 어떻게 살겠는가?"[27] 암브로즈의 말의 요지는 내가 이 책 전체를 통해 추적하게 될 바로 그것이다. 어느 신학자가 우리에게 우리가 하늘에서 영원히 하게 될 바로 그 일을 좋아하라고 명할 때마다, 우리는 우리가 지복직관에 대한 성례전적 이해를 지닌 신학자를 다루고 있다고 확신해도 좋을 것이다. 이 세상에서의 일은 단지 예비적이고 그림자 같은 성례전적 기대에 불과할 수 있으나 그럼에도 그것은 성례전적이다. 즉 그것은 실재 자체를 미리 기대하는 예비적 실천이다.

각 장에 대한 개요

이 책을 읽는 지름길이 필요한 경우라면, 나는 1장과 13장을 읽으라고 권할 것이다. 내가 지복직관을 성례전적 존재론에 관한 보다 폭넓은 문

---

27   Isaac Ambrose, *Looking unto Jesus a view of the everlasting Gospel, or, the souls eying of Jesus as carrying on the great work of mans salvation from first to last* (London, 1658; Wing A2956), 1.3.7 (p. 46).

제와 어떻게 연관시키는지 알고자 하는, 그리고 혹시 역사적으로 어떤 일이 일어나서 지복직관 교리를 쇠퇴시켰는지 궁금해하는 이들은 1장 ("타당성과 직관")을 읽고 싶어할 수 있을 것이다. 여기서 나는 성례전적 존재론이 어떻게 지복직관을 위한 타당성 구조(plausibility structure)를 제공하는지에 대해 논하고 성 안셀무스의 『프로슬로기온』(Proslogion)을 지복직관에 대한 성례전적 접근법의 한 예로 소개할 것이다. 이어서 나는 스위스의 로마 가톨릭 신학자 한스 우르스 폰 발타자르(Hans Urs von Balthasar)와 네덜란드의 개혁주의자 헤르만 바빙크(Herman Bavinck)를 지복직관 교리를 열외 취급하는 신학자들로 지목해 다룰 것이다. 13장("교육과 직관")에서 나는 지복직관에 관한 나 자신의 이해를 아주 충분하게 설명할 것이다. 거기서 나는 그것을 향한 우리의 여행을 도제 살이의 교육적 과정으로 특징지으면서 지복직관 교리를 다룰 것이다. 나는 내가 생각하기에 이 도제 살이에서 가장 중요한 지복직관의 네 가지 특성에 대해 논할 것이다. 그 특성들은 하나님의 섭리, 목적론, 그리스도 중심성 그리고 변화다. 이 네 가지 특성들 각각은 우리가 그리스도 안에 계신 하나님을 볼 수 있게 하시려는 하나님의 목적에 기여한다. 나는 하나님이 우리의 눈과 마음을 변화시키심으로써 그분의 성품(즉, 그분의 본질)을 보도록 우리를 훈련시키신다고 주장할 것이다.

좀 더 인내심이 있거나 시간이 많은 이들은 그 사이에 있는 장들을 읽을 수도 있을 것이다. 그 장들 각각에서 나는 한 명(혹은 그 이상)의 신학자를 다루면서 지복직관과 직접 관련이 있는 주제에 대해 논할 것이다. 전체적인 설명은 분명하게 통시적일 것이다. 이 책의 3개의 중심부는 초기 기독교 사상(1부), 중세 사상(2부) 그리고 개신교 사상(3부)을 다룰 것이다. 이런 구분은 이것이 지복직관 교리의 역사 전체를 포괄한다는 뜻이 아니다. 내가 알기에 그런 책은 존재하지 않는다. 1928년에 있었던 케네스 커크(Kenneth Kirk)의 뱀턴 강연도, 블라디미르 로스키(Vladimir Lossky)의 『하나님에 대한 직관』(*The Vision of God*)도 사실상 그런 역사를 제공하지 않는다.[28] 기독교 전통에 속한 수많은 신학자가 지복직관을 우리의 최종적 목표로 간주해왔기 때문에 그 주제에 관한 신학적 성찰은 광범위하다. 따라서 이 과업을 적절하게 수행하려면—좁게 지복직관에만 초점을 맞추더라도—영성 신학의 역사에 관한 버나드 맥긴(Bernard McGinn)의 여섯 권짜리 책(*The Presence of God*)과 같은 무언가가 필요할 것이다. 나는 이 책이 지닌 역사적 한계와 간격을 분명하게 의식하고 있다. 내가 할 수 있는 변명은 내가 그 교리의 역사 전체를 저술하려는 척하지 않는다는 것이다.

　　대신 내가 수행한 것은 지복직관에 관한 핵심적 문제들을 개별 신학자들과 짝을 맞춰 다루는 것이다. 이에 대한 한 가지 예외는 (초기 기독교 사상에 관한) 1부의 처음 장이다. 이 장(2장, "철학과 직관")에서 나는 플라톤과 플로티노스에 대해 논할 것이다. 왜냐하면 내 생각에 그들이 지복직관에 관한 나중의 기독교 신앙에 얼마나 긍정적으로 영향을 끼쳤는지를 분석하기 위해 또한 그 교리에 대한 기독교적 접근법과 비교할 때 그들에게서 드러나는 한계와 결점을 논하기 위해 그들의 사상을 다루는 것은 아주 중요하기 때문이다. 이어지는 장들 각각은 지복직관 교리에 중요한 주제와 관련해 한 명 이상의 신학자들을 다룬다. 예컨대 나는 3

28　　Kenneth E. Kirk, *The Vision of God: The Christian Doctrine of the Summum Bonum; The Bampton Lectures for 1928* (London: Longmans, Green, 1932); Vladimir Lossky, *The Vision of God*, trans. Asheleigh Moorhouse, 2nd ed., Library of Orthodox Theology 2 (1963; reprint, Leighton Buzzard, UK: Faith Press, 1973).

장("진보와 직관")에서 니사의 그레고리오스에게 초점을 맞추면서 영원한 진보(epektasis)의 문제를 다룰 것이다. 4장("기대와 직관")에서는 과연 아우구스티누스가 오늘날 어떤 식으로든 지복직관에 참여하는 것이 가능하다고 여겼는지에 대해 자주 논란이 되는 문제를 다룬다.

중세 신학에 대한 2부는 5장("변화와 직관")에서 기독교 사상사의 주요한 주제인 변화를 그레고리오스 팔라마스와 토마스 아퀴나스와 연관시켜 논의하는 것으로 시작된다. 빛을 보는 것이 지복직관에서 핵심을 이루는 것이 분명한 반면 우리는 우리의 삶에서 빛과 어둠을 모두 경험한다. 6장("신비로운 연합과 직관")에서 나는 신신학자 시므온(빛의 신학자)과 십자가의 요한(어둠의 신학자)을 살피면서 그들의 관계에 대해 논할 것이다. 지복직관이 우선적으로 이해의 문제인지 아니면 즐김의 문제인지에 관한 질문—중세 스콜라 신학자들이 의견 일치를 보지 못했던 문제—이 7장("기능과 직관")의 주제다. 나는 보나벤투라와 니콜라우스 쿠자누스를 병치시킴으로써 이 문제를 다룰 것이다. 다음으로 8장("말과 직관")에서 나는 말과의 관계에서 직관의 역할을 논하면서 단테 알리기에리를 살필 것이다. 그가 자신의 『천국편』(Paradiso)에서 그 둘의 각각의 역할에 관해 깊이 있게 성찰하기 때문이다.

개신교 사상에 관한 부분(3부)은 9장에서 장 칼뱅에 관한 논의("적응과 직관")로 시작된다. 사람들은 보통 칼뱅을 지복직관에 대한 그의 이해에 초점을 맞춰 읽지 않으나 그는 그 주제에 관해 신중하게 성찰했으며 그의 교육학적 접근법은 그 주제와 관련해서 굉장한 기여를 했다.[29] 다음

---

29   나는 나에게 지복직관에 관한 칼뱅의 견해를 살피도록 격려해준 James Ernest에게 많은 빚을 졌다.

세기의 "신철학"은 하늘과 땅 사이의 성례전적 연합을 깨뜨리는 데 중요한 역할을 했다. 10장("근대성과 직관")에서 나는 이에 대한 존 던의 구슬픈 인식을 추적하고 그가 그의 시와 설교에서 어떻게 지복직관을 그에 대한 성서적 치료법으로 제시하는지를 논할 것이다. 종교개혁 전통은 결코 균일하지 않다. 따라서 나는 11장("그리스도와 직관")에서 몇 명의 영국인 청교도들을 네덜란드의 신칼뱅주의자인 아브라함 카이퍼와 비교하면서 특별히 어떻게 기독론이 그들 각각의 접근법 안에서 기능하는지에 관한 질문을 제기할 것이다. 12장("묵상과 직관")은 (토마스 아퀴나스와 비교해) 조나단 에드워즈의 신학 안에서 지복직관이 갖는 의미에 대한 설명을 제공한다. 내가 지복직관에 관한 에드워즈의 신학을 발견한 것은 나에게는 이 연구의 절정이었다. 나는 지복직관에 관한 그의 성례전적이고 기독론적인 논의에 대한 나의 감사가 독자들에게까지 전염성 있게 퍼져나가기를 바란다.

1장

타당성과 직관

―――――――

근대성 안에서의 지복직관

성례전적 목적론

인간의 최종적인 목표는 하나님을 보는 것이다. 어떤 이에게 이 진리는 자명해 보일 수 있다. 어떻게 우리가 그보다 더 큰 선을 기대할 수 있겠는가? 그러나 내가 이 책의 모든 독자가 이런 주장에 즉각 공감하리라고 여긴다면, 그것은 무모한 일이 될 것이다. 어떤 독자들은 영생에 대해 하나님 뵙기(*visio Dei*)라는 은유를 사용하는 것의 타당성에 도전하고 싶어 할 수도 있을 것이다. 하나님을 본다는 전망은 교부 시대와 중세 시대의 성서 독자들에게 핵심적인 것이었을 수 있으나 우리로서는 근대 이전 세계관의 여러 요소를 버려야 했던 충분한 이유가 있다. 우리의 평가와 조상들의 평가는 똑같지 않다. 내세 지향성, 물질에 대한 혐오, 금욕적인 자기 부정은 우리 사회가 더는 우리의 것으로 인정하지 않는 견해의 특징을 보여준다. 대신 세상과 그것의 미래 생존력, 세상 모든 거주민의 물질적 안녕 그리고 인간관계에서의 정의가 오늘날의 주된 관심사가 되었다. 사람들의 관심이 천상적인 것에서 세상적인 것으로 변화되면서 "하나님을 본다"(seeing God)라는 개념은 종말을 묘사하는 데 타당하지 않은 은유라는 인상을 줄 수도 있다.

따라서 여기서 나는 지복직관의 타당성을 옹호해야 할 필요가 있다. 나는 지복직관에 관한 전통적인 가르침에 무슨 일이 일어났는지를 묻는 것으로 시작하고자 한다. 어째서 그것은 우리 중 많은 이들에게 익숙하지 않은가? 어째서 우리가 하나님을 대면해서 보리라는 바울의 약속은 도무지 약속처럼 보이지 않는가? 내가 생각하기에 그 질문에 대한 답은 지복직관이 더는 우리의 삶의 광범위한 틀에 적합하지 않기 때문이라는 것이다. 우리가 지복직관을 외면하게 만드는 요소는 우리가 사물(과 사람)을 바라보는 방식과 그것들을 다루는 방식이다. 요약하자면, 지복직관의 교리는 우리 사회의 변화된 타당성 구조(plausibility structures) 안에서 적절하지 않다는 것이다.[1] 더 나아가 나는 우리가 최종적 종말을 지닌 실제 세계를 보지 못하도록 가려왔던 환상적인 산물로서의 현대의 타당성 구조에 도전해야 할 충분한 이유를 갖고 있다고 확신한다.[2]

그렇다면 우리의 변화된 타당성 구조의 어느 부분이 우리가 지복직

---

[1]   내가 이 장에서 자주 사용하는 "타당성 구조"라는 용어는 Peter L. Berger, *The Sacred Canopy: Elements of a Sociological Theory of Religion* (Garden City, NY: Doubleday, 1967), 45에서 가져온 것이다. "각 세계는 그것이 현재의 인간에게 실제적인 세상으로서 계속해서 존재하기 위해 어떤 사회적 '기초'를 요구한다. 이 '기초'는 그것의 타당성 구조라고 불릴 수 있다."

[2]   "타당성 구조"라는 용어를 사용함에도 불구하고 내가 이 주제에 사회학적 관점에서 접근하지 않는다는 것이 분명하게 드러날 것이다. 우리 문화의 타당성 구조는 지복직관이라는 교리를 유지하는 것을 훨씬 어렵게 (혹은 적어도 가능성이 없게) 만들지만, 나는 성례전적 존재론이 수많은 사회적 구성물 중 하나가 아니라 사물이 항상 존재하는 방식과 일치한다고, 따라서 우리가 지복직관의 교리를 회복해야 한다고 확신한다.

관에 대해 등을 돌리도록 만든 것일까? 가장 기본적으로 나는 그것이 **우리가 사물의 목적(*telos*)이 사물 안에 성례전적으로 내재되어 있다는 믿음을 버렸기 때문**이라고 주장한다.[3] 확실히 목표 혹은 목적에 대해 다른 방식으로 생각하는 것은 가능하다. 어떤 이가 사물(혹은 사람) 안에 목적이 성례전적으로 내재되어 있다는 개념을 거부한다는 것이 곧 그가 목적에 관해 더는 말할 수 없음을 의미하지는 않는다. 사물이나 대상 밖에 놓여 있는 목적에 관해 생각하는 것은 적어도 이론적으로는 가능하다. 그러나 이것은 종말을 바라보는 아주 유망한 방식이 아니다. 이 책에서 나는 일단 우리가 어떤 사물의 목적이 그 사물 안에 성례전적으로 내재하는 것이 아니라 외부에 있다고 말한다면 논리적으로 다음 단계는 목적론(teleology)을 완전히 포기하는 것이라고 가정한다. 사정이 그렇게 되는 기본적인 이유는 만약 어떤 사물의 목적이 그것의 본성 안에 들어 있지 않다면, 우리는 그것에 어떤 목적을 할당하거나 부여할 것인지를 자의적으로 결정해야만 하기 때문이다. 만약 어떤 사물의 목적이 객관적으로 그것 안에 존재하지 않는다면, 우리가 할 수 있는 최선의 일은 그것을 주관적으로 할당하는 것이다. 이것이 불가피하게 야기하는 끝없이

---

3   지복직관에 대한 교리적 관심은 급격하게 감소된 반면, 그 주제는 교리사가들 사이에서는 계속해서 관심을 모아왔는데, 의심할 바 없이 그것은 기독교 사상사에 그 교리가 편재해 있기 때문이다. 다음과 같은 작품들을 가장 주목해서 보라. Kenneth E. Kirk, *The Vision of God: The Christian Doctrine of the Summum Bonum; The Bampton Lectures for 1928*, 2nd ed. (London: Longmans, Green, 1932); Vladimir Lossky, *The Vision of God*, trans. Asheleigh Moorhouse, 2nd ed., Library of Orthodox Theology 2 (1963; reprint, Leighton Buzzard, UK: Faith Press, 1973); Christian Trottmann, *La Vision béatifique des disputes scolastiques à sa définition par Benoît XII*, Bibliothèque des écoles françaises d'Athènes et de Rome 289 (Rome: École française de Rome, 1995); Severin Valentinov Kitanov, *Beatific Enjoyment in Medieval Scholastic Debates* (Lanham, MD: Lexington, 2014).

계속되는 갈등은 우리가 종말에 대한 공통의 비전을 포기하는 편이 낫다는 포스트모던적 체념으로 이어졌다. 따라서 오직 물질적 DNA만으로 규정되는 세계는 목적이 없는 세계다.

고대 그리스 철학과 기독교 사상사의 대부분은 최종적 원인—목적 혹은 텔로스라는 개념—이 사물의 본성 안에 내재되어 있다고 주장했다. 다시 말해 사물은 어떤 목적을 위해 존재하며 이 목적은 사물의 본성 안에 성례전적으로 내재되어 있다는 것이다. 아리스토텔레스(Aristotle)는 자신의 『자연학』(*Physics*) 2권 8장에서 다음과 같은 유명한 말을 했다. "만약 거미가 거미줄을 만드는 것이 자연스럽고 또한 그것이 어떤 목적에 봉사한다면, 만약 식물이 잎을 키우는 이유가 열매 때문이고 식물이 그 뿌리를 위가 아니라 아래로 내려 키우는 이유가 양분 때문이라면, 자연적으로 발생하는 사건과 사물들에 이런 유형의 인과 관계가 존재한다는 것은 분명하다."[4] 따라서 아리스토텔레스에 따르면, 모든 자연적인 실재들에는 이를테면 그것들의 목적 혹은 텔로스가 내재되어 있다.[5] 기독교 신학 역시 같은 방식으로 작동한다. 적어도 전통적으로는 그렇다.

---

4   *Phys.* 199a26-32: 인용은 Aristotle, *Physics*. trans. Robin Waterfield, ed. David Bostock (Oxford: Oxford University Press, 1996)으로부터 가져왔다. 물론 나는 아리스토텔레스가 "성례전적"이라는 용어를 기독교적 의미에서 사용했다고 주장하는 것은 아니다. 내가 이해하는 바 기독교적 (교회적) 성례전들은 독특하다. 왜냐하면 하나님은 그것들을 통해 우리에게 구원을 주시기 때문이다. 여기서 나는 "성례전적"이라는 단어를 보다 폭넓고 유비적 의미로 사용한다. 따라서 우리는 아리스토텔레스가 유비적 방식으로 "성례전적"이었다고 말할 수 있다.

5   아리스토텔레스는 형상인과 목적인을 동일시하는 것처럼 보인다(*Phys.* 198a25-26). John A. Vella는 이것을 다음과 같이 설명한다. "인간의 유아를 생각해보라. 그 유아에게는 인간의 형상이 있다. 인간의 형상에는 또한 그 안에 인간 유아의 궁극적 목표, 즉 성숙하고 인간의 번성을 이루는 것이 포함되어 있다. 이 목표는 인간의 형상을 지닌 모든 것에게 공통적이다. 따라서 어떤 중요한 의미에서 어떤 사물의 목적은 그것의 형상의 일부다"(*Atistotle: A Guide for the Perplexed* [New York: Continuum, 2008], 79).

토마스 아퀴나스(Thomas Aquinas)는 "목적인"(final cause)을 "모든 원인 중 으뜸"으로 묘사하고 어떤 원인은 그것이 합리적이든 합리적이지 않든 특정한 목표(finis)를 향해 자연스럽게 기울어진다고 덧붙인다.[6] 아퀴나스는 기독교 사상에서 예외가 아니었다. 그는 내가 그것의 존재론 혹은 형이상학을 성례전적(sacramental)으로 묘사하는 광범위한 기독교 전통을 대변한다.[7] 그것은 창조된 대상들 안에 목적인이 내재되어 있는 형이상학이다. 어떤 주어진 대상의 정체성 혹은 실재(res)는 가장 근본적으로 그것의 텔로스에 들어 있다.[8] 무언가가 궁극적으로 어떤 것인지를 결정하는 것은 우리가 눈으로 보는 외관이 아니다. 오히려 어떤 대상에 그것의 참된 정체성을 부여하는 것은 우리가 오직 영의 눈으로만 접근할 수 있는 숨겨진 현실이다. 우리 자신의 정체성 역시 미래에 놓여 있다. 우리는 우리가 되는 것이다.

지금 우리는 구성주의(constructivism)의 세계에서 살아간다(구성주의는 인간이 자신의 경험으로부터 지식과 의미를 구성해낸다는 이론이다—역자 주). 혹시 우리가 여전히 목표나 목적들에 관해 생각하고 있다면, 우리는 그것을 (인간의 경우에는) 자유로운 선택으로 혹은 (동물, 식물 그리고 다른 대상

---

6   ST I-II, q. 1, a. 2.
7   나는 Hans Boersma, *Heavenly Participation: The Weaving of a Sacramental Tapestry*(Grand Rapids: Eerdmans, 2011)에서 내가 성례전적 존재론이라는 말로 이해하는 것에 대해 보다 상세하게 논한다.
8   이것은 기독교적 이해에서 텔로스의 식별이 항상 쉽다는 것을 의미하지 않는다. 우리는 오직 "거울을 통해 희미하게 볼" 뿐이고(고전 13:12) 또한 진리에 완전히 참여하지 않기에, 참된 목적과 거짓 목적을 구분하는 것은 종종 어렵다. 이 주제와 관련해서는 Hans Boersma, "Analogy of Truth: The Sacramental Epistemology of *Nouvelle Théologie*," in *Ressourcement: A Movement for Renewal in Twentieth-Century Catholic Theology*, ed. Gabriel Flynn and Paul D. Murray (Oxford: Oxford University Press, 2012), 157-71에 실려 있는 나의 의견을 보라.

들의 경우에는) 대상들에 외적으로 부과되는 것으로 여기는 경향이 있다. 다시 말해 우리가 여전히 목적이나 목표에 관해 생각할 경우 우리는 그 것을 사물의 본성 밖에 있는 것으로 여긴다. "목적인"(final cause)이라는 용어는 우리에게 기묘한 인상을 준다. 우리는 목적을 원인이 아니라 결 과로 여긴다. 우리는 목적을 우리가 택하고 쉽게 달라질 수도 있었던 우 발적인 종점으로 여긴다. 그러나 근대 이전의 사고방식에서 목적인은 사실상 하나의 원인이었다. 즉 어떤 사물이나 인간의 최종성은 어떤 식 으로든 그 안에 "내재되어" 있다. 따라서 당신은 텔로스가 사물이나 사 람을 "당겼다"거나 "끌었다"고 말할 수 있다. 따라서 아퀴나스는 (인간에 대해) "이성적 욕구" 혹은 (다른 대상에 대해) "자연적 욕구"라는 용어를 사 용했다.[9] 아퀴나스와 그가 물려 받은 기독교 전통에 따르면, 대상들과 인 간은 그것들의 본성에 내재된 그것들의 최종 목적에 대한 욕구를 갖고 있다.

근대성은 사물의 텔로스가 사물의 본성 안에 들어 있다는 개념을 받아들이는 것을 혐오했다. 프랜시스 베이컨(Francis Bacon)은 자신의 『신 기관』(*Novum Organum*, 1620)에서 특별히 목적인을 경멸했다. 그는 경험 과학을 옹호하면서 우리가 대상들로부터 시작해야 한다고 주장했다. 우 리는 우리 앞에 대상들을 갖고 있고 또한 감각을 통해 그것들에 접근하 기 때문이다. 따라서 베이컨은 목표가 사물들의 본성에 속해 있다는 개 념을 즉각 거부했다. 그에 의하면, 목적인이라는 개념은 "전혀 유용하 지 않다. 사실 그것은 인간의 행동이라는 경우를 제외하고는 과학을 왜

---

9   *ST* I-II, q. 1, a. 2.

곡한다."[10] 르네 데카르트(René Descartes)도 비슷하게 목적인의 유용성에 대해 회의적이었다. 그는 기계론적 우주 안에서 목적인이 어떻게 자리를 얻을 수 있는지 알지 못했다. 데카르트의 인식론적 "겸손"은 그의 『제1철학에 관한 성찰』(*Meditations on First Philosophy*, 1641)에서 나타난다. "이제 나는 나 자신의 본성이 매우 약하고 제한적인 반면에 하나님의 본성은 광대하고, 불가해하며, 무한하다는 것을 알기 때문에 나는 더 이상의 소동 없이 그분이 나의 지식으로는 알 수 없는 원인을 가진 무수히 많은 일을 하실 수 있다는 것도 안다. 그리고 이런 이유 하나만으로도 나는 자연학에서 목적인에 대한 관례적인 연구가 완전히 쓸모없다고, 즉 내가 하나님의 목적을 연구할 수 있다고 여기는 것이 상당히 경솔하다고 생각한다."[11] 따라서 비록 사물이 그 안에 내재된 어떤 최종적인 목적을 갖고 있을지라도 데카르트는 그것이 무엇인지에 대해 추론하는 우리의 능력에 대해 회의적이었다. 우리가 사물의 목적을 결정하려면 실재에 대한 하나님의 시각이 필요하다. 궁극적 원인에 대한 베이컨과 데카르트의 회의주의는 의심할 바 없이 실험 과학과 기술의 지위를 향상시키는 데 기여했다. 그러나 그것은 고대 그리스 철학과 기독교 신학의 전통을

---

10 Francis Bacon, *The New Organon*, Aphorisms 2.2, ed. Lisa Jardine and Michael Silverthorne (Cambridge: Cambridge University Press, 2000), 102.

11 *The Philosophical Writings of Descartes*, trans. John Cottingham, Robert Stoothoff, and Dugald Murdoch, vol. 2 (Cambridge: Cambridge University Press, 1984), 239. 참조. Rene Descartes, *Principles of Philosophy* 1.28, trans. and ed. Valentine Rodger Miller and Reese P. Miller, Synthese Language Library 15 (Dordrecht, Neth.: Kluwer Academic, 1983), 14. "마지막으로, 우리는 자연적인 것들에 관련해서 하나님이나 자연이 이런 것들을 창조하면서 세운 목적을 추론하는 일을 하지 않을 것이다(그리고 우리는 우리의 철학에서 목적인에 대한 탐구를 전적으로 거부할 것이다). 왜냐하면 우리는 우리가 그분의 의도를 확신할 수 있는 사람이라고 생각할 정도로 자만해서는 안 되기 때문이다."

거부하는 것을 의미했다.[12]

성례전적 목적론(sacramental teleology), 즉 (인간을 포함해) 세속적인 것들과 그것들의 최종적 목적 사이에 어떤 내적 연관성이 있다는 믿음에 대한 거부는 사물의 외양과 그것의 목적 사이에 틈이 있음을 의미한다. 달리 말하자면, 17세기의 실험 과학은 지각될 수 있는 것과 그것의 최종적 목표 사이의 내재적인(성례전적인) 연관성에 대한 기독교적 가정을 폐기했다. 베이컨과 데카르트의 철학적 가정과 함께 인간이 지복직관을 위해 **지음받았다**는, 혹은 달리 말하자면 하나님을 보기를 갈망하는 그들의 이성적 욕구가 자연스러운 것이라는 사실을 받아들이는 일은 불가능해졌다. 17세기의 이런 발전이 신학에서 "**순수 본성**"(*pura natura*)이라는 개념의 부상과 더불어 진행된 것은 놀랄 일이 아니다. 그것의 발전에 대해서는 특히 앙리 드 뤼박의 『초자연』(*Surnaturel*, 1946)을 둘러싼 20세기의 논쟁으로 인해 많은 논의가 이루어졌다.[13] 여기서 나는 신토마스주의자들과 신(*nouvelle*)신학자들 사이의 논쟁에 대해 상세하게 말하지는 않을 것이다. 왜냐하면 양측 모두 궁극적 원인을 확신했으며 따라서

---

12 나의 논문보다 훨씬 더 적극적인 관심을 제시하는 유명한 논문으로는 M. B. Foster의 유명한 기고문 "The Christian Doctrine of Creation and the Rise of Modern Natural Science," *Mind* 43 (1934): 446-68을 보라.

13 이 논쟁에 대해서는 예컨대 다음을 보라. John Milbank, *The Suspended Middle: Henri de Lubac and the Renewed Split in Modern Catholic Theology*, 2nd ed. (Grand Rapids: Eerdmans, 2014); David Grumett, "De Lubac, Grace, and the Pure Nature Debate," *ModTh* 31 (2015): 123-46; Steven A. Long, *Natura Pura: On the Recovery of Nature in the Doctrine of Grace* (New York: Fordham University Press, 2010); Bernard Mulcahy, *Aquinas's Notion of Pure Nature and the Christian Integralism of Henri de Lubac: Not Everything Is Grace*, American University Studies 7: Theology and Religion 314 (New York: Peter Lang, 2011). 더 일반적으로 de Lubac에 관해서는 Jordan Hillebert, ed., *T&T Clark Companion to Henri de Lubac* (London: Bloomsbury T. & T. Clark, 2017)을 보라.

어떤 사물과 그것의 목적 사이의 연관성의 중요성을 분명하게 확신했기 때문이다. 대조적으로 근대성은 어떤 사물의 목적이 그것의 본성과 함께 주어진다는 바로 그 개념을 거부하기에 이르렀다. 그리고 이것은 지복직관이라는 개념의 상실을 불가피한 것으로 만들었다. 이제 모든 목적 혹은 목표가 자연 자체 안에 내재되기보다는 인간적으로 "구성되기에" 오늘날 많은 이들은 물질적이고 감각적인 세계가 제공하는 쾌락 너머에 있는 목표를 찾는 것을 기이한 일로 여긴다.

하나님의 얼굴 찾기: 안셀무스의 『프로슬로기온』

근대 이전 사회에서 지복직관이 어떻게 성례전적 목적론의 타당성 구조와 맞아떨어졌는지에 대해 좀 더 깊이 살펴보자. 성 안셀무스(St. Anselm, 1033-1109)는 이에 관해 매우 명료하게 예시한다. 실제로 지복직관 교리를 그만큼 타당하고 설득력 있게 설명한 신학자는 거의 없다. 주로 하나님의 존재에 대한 존재론적 증명으로 알려진 그의 『프로슬로기온』(*Proslogion*, 1078)은 안셀무스가 보여주는 세계의 타당성 구조가 근본적으로 성례전적 목적론의 구조였음을 분명하게 밝혀준다. 안셀무스는 어리석은 불신앙의 유혹에 넘어갈 수도 있었을 것이다. 하지만 그는 자신이 창조된 텔로스에 대한 탐구를 포기하지 않고 『프로슬로기온』 1장에서 다음과 같이 외친다. "나는 당신을 보기 위해 지음을 받았습니다. 그러나 아직 나는 내가 그것을 위해 지음 받은 그 일을 하지 못했습니다."[14] 안셀

---

14   Anselm, *Proslogion* 1. 인용문은 Anselm, *Proslogion*, in *Basic Writings*, trans. S. N. Deane,

무스는 지복직관이라는 텔로스가 자신의 정체성을 구성한다고 생각했다. 우리는 그가 자신의 최종적 목표로서 하나님을 보는 것에 대한 추구를 계속하게 한 것이 바로 그의 성례전적 존재론의 타당성 구조였다고 말할 수 있다. 따라서 지복직관에 관한 안셀무스의 논의는 우리에게 지복직관의 성례전적이며 전근대적인 논의에 대한 한 예를 제공한다.

베크 수도원의 이 베네딕트파 대수도원장은 자신의 『프로슬로기온』 전체를 통해 하나님에 대한 탐구에 몰입한다. 그는 하나님을 묘사하면서 **"그보다 더 큰 것을 생각할 수 없는 존재"**(*aliquid quo nihil maius cogitari possit*)라는 유명한 말을 했다(*Proslogion* 2).[15] 안셀무스는 자신의 논문의 첫 장을 독자들을 부추겨 하나님에 대한 관조(contemplation)로 이끄는 것으로부터 시작한다. "당신의 마음의 내실로 들어가라. 하나님에 대한 생각 외에 모든 생각을 차단하라. 그러면 그것이 당신이 그분을 찾는 것을 도울 것이다. 당신의 문을 닫고 그분을 찾으라. 이제 말하라. 나의 온 마음이여! 이제 하나님께 말하라. 내가 당신의 얼굴을 찾는다고. 주님, 제가 당신의 얼굴을 찾습니다(시 27:8). 그러니 이제 오십시오. 오 나의 주 하나님, 제 마음이 어디서, 어떻게 주님을 찾을 수 있을지 가르쳐주십시오. 어디서, 어떻게 당신을 발견할 수 있을지를 말입니다"(*Proslogion* 1). 시편 27편을 사용해서 안셀무스는 자신의 독자들을 인간 존재의 정점, 즉 하나님과의 대면을 향한 순례의 길로 이끈다.

안셀무스의 탐구는 그가 하나님께서 자신을 계시해주실 것에 대

2nd ed.(Chicago: Open Court, 1962)에서 가져온다.

15 연역 추론으로 말하자면, 하나님이 존재한다는 안셀무스의 존재론적 증명은 다음과 같이 전개된다. "그보다 더 큰 것을 생각할 수 없는 존재"가 우리의 마음 안에 존재한다. 그러나 실제로 존재하는 것이 오직 마음 안에만 존재하는 것보다 더 크다. 따라서 "그보다 더 큰 것을 생각할 수 없는 존재"는 실제로도 존재해야 한다(*Proslogion* 2-4).

한 믿음으로 그분께 탄원하는 방식의 탐구다.[16] 안셀무스는 즉각 하나님을 "가까이 가지 못할 빛"(딤전 6:16)에 거하시는 분으로 알아차린다. 그리고 그로 인해 다음과 같은 긴급한 질문이 발생한다. "누가 나를 이끌어 그 빛 안으로 들어가 그 안에 계신 당신을 뵈올 수 있게 할 수 있을까요?"(*Proslogion* 1) 안셀무스는 감각 세계(sensible world)에서 하나님의 초월적 영역으로 이동하는 방법에 관한 질문과 씨름한다. 때때로 그는 자기가 하나님을 본 적이 없고 무엇을 찾아야 할지도 모르기 때문에 이 거룩한 빛 안으로 들어가는 것에 대해 절망하는 것처럼 보인다. "오 주 나의 하나님, 저는 당신을 뵌 적이 없습니다. 저는 당신의 형상을 알지 못합니다. 오 지극히 높으신 주님, 당신에게서 유배된 이런 인간이 무엇을 해야 할까요?"(*Proslogion* 1) 또한 안셀무스는 자신이 갈망하는 대상이 오직 하나님 자신뿐임을 고백한다. 하나님을 보는 것은 그가 창조된 목적이다. 따라서 안셀무스는 자기가 지음 받은 최종 목표가 지복직관이라는 믿음을 지니고 자신의 탐구를 시작한다.

우리가 빛을 보는 것은 먼저 빛이 우리에게 비출 때만 가능하다. 이 연구의 용어를 사용해 말하자면, 만약 우리가 그것에 참여하려 한다면 궁극적 텔로스라는 성례전적 실재(*res*)가 피조된 형상을 통해 (*sacramentum*) 알려져야 한다. 안셀무스는 하나님의 계시에 대한 이런 의

---

16   안셀무스의 유명한 말을 참조하라. "나는 믿기 위해서 이해를 구하는 것이 아니라 이해하기 위해 믿습니다. 나는 또한 이를 믿습니다. 만약 믿지 않는다면, 이해하지 못한다는 것을"(*Proslogion* 1). Gregory Schufreider가 다음과 같이 말하는 것은 옳다. "우리는 안셀무스의 주장에 기도가 앞서고 뒤따른다는 것이 증거로서 그 주장과 상관이 없다고 가정해서는 안 된다. 또한 우리는 이성이 마치 그것이 기도가 제공하는 서사를 통해 그 자신의 신학적 근거에 기득권을 갖고 있지 않은 것처럼 단지 기독교 신앙을 옹호할 뿐이라고 가정해서도 안 된다"(*Confession of a Rational Mystic: Anselm's Early Writings* [West Lafayette, IN: Purdue University Press, 1994], 100).

존을 인정한다. "제가 당신을 구하도록 가르쳐주십시오. 그리고 나에게 당신을 계시해주십시오"(*Proslogion* 1). 이어서 그는 적절한 이해를 얻게 해달라고 요청한다. "당신이 유익하다고 아시는 한에서 당신이 우리가 믿는 대로 존재하신다는 것을 이해하게 해주십시오"(*Proslogion* 2). 안셀무스는 이 지점에서 하나님에 대한 그의 유명한 "**정의**"(definition)를 제공한다. "그리고 실제로 우리는 당신이 그보다 더 큰 것을 생각할 수 없는 존재라는 것을 믿습니다(*credimus*)"(*Proslogion* 2). 안셀무스는 하나님이 어떤 분이신지를 이성적으로 규명하려고 하지 않는다. 그는 하나님은 참으로 인간의 정신이 상상할 수 있는 그 어느 것도 초월하신다고 고백한다. 이것은 그가 믿음에 근거한다고 인정하는 고백이다. 따라서 이런 하나님이 존재하신다는 안셀무스의 주장과 그분에 대한 그 자신의 개인적 추구는 철저하게 그의 이해에 빛을 비추시는 신적 계시와 하나님 자신에게 의존한다.[17]

그러므로 안셀무스의 연구는 중세 기독교의 다른 많은 신학적 작품들이 그러하듯이 독자들을 하나님에 대한 관조로 이끌려는 목적을 지닌 신비주의적인 안내서다. 안셀무스가 하나님의 존재에 대해 제시하는 이성적인 논증은 오직 하나님이 그런 이해를 밝혀주시고 신자가 그분 자신을 간절히 바라는 관계 속에서만 의미를 갖는다.[18] 사실 안셀무스에게는 이해 자체의 성장이 하나님을 볼 수 있게 해달라는 그의 탄원에 대한 답을 **구성한다.** 따라서 안셀무스의 연구는 "존재론 논증"을 통해 하나님

---

17   Cf. Schufreider, *Confessions*, 109-10.

18   Jacob Holsinger Sherman은 안셀무스의 "경배적 지성"(adorative intellect)이 "우리가 그렇지 않았더라면 비평가들이 더듬거렸을 핵심적이지만 겉보기에 이질적인 특징들을 함께 묶게 하는 열쇠"라고 옳게 주장한다(*Partakers of the Divine: Contemplation and the Practice of Philosophy* [Minneapolis: Fortress, 2014], 76).

의 존재를 확보하려는 자율적이고 이성적인 노력이 아니라 오히려 독자들의 손을 잡아 "하나님에 대한 관조로"(*ad contemplandum Deum*) 이끌어가는 비법 해설의 실행이다. 처음부터 성 안셀무스는 자신이 하나님이 창조하신 피조물의 존재 안으로 들어오는 거룩한 빛이라는 성례전적 실재에 의존하고 있음을 시인한다.

따라서 관조, 즉 인간의 마음을 하나님의 존재에 맞추는 것이 하나님의 존재에 대한 안셀무스의 이성적 논증의 목적이다. 그가 쓴 글의 영적인 목표는 독자들을 목적인, 즉 그들에게 오셔서 안으로부터 그들을 끌어당기시는 분에게로 이끌어가는 데 있다. 관조의 이런 목표는 지복직관의 궁극적 소망과 완전히 일치한다. 안셀무스에 의하면, 성도가 그분의 빛 안으로 들어가 영광 중에 계시는 그분을 뵐 때 인간은 하나님의 존재와 완전하게 연합하게 된다. 따라서 세상에서 **하나님을 관조하는 것**(*contemplatio Dei*)은 **하나님을 보는**(*visio Dei*) 잠정적인 방법 혹은 최초의 방법이다. 그것은 하나님을 보는 것의 궁극적 실재에 대한 성례전적 참여다. 안셀무스가 『프로슬로기온』을 통해 달성하려는 목표는 단지 하나님의 존재에 대한 논증을 제시하는 것이 아니다. 그는 엄격하게 이성적인 논증에 의존하려고 하지 않았다. 왜냐하면 그런 논증은 순수 본성(*pura natura*)이라는 중립적 근거를 전제하기 때문이다. 안셀무스는 만약 기독교 신앙이 유효하고 하나님이 만물을 창조하고 유지하신다면, 하나님의 존재에 대한 이성적 논증은 오직 그 초월적인 하나님이 만물 안에 성례전적으로 임재하신다는 고백의 맥락에서만 의미가 있음을 분명하게 의식하고 있다. "시간 안에서가 아니라면, 어제와 오늘과 미래는 존재를 갖고 있지 않습니다. 그러나 당신은 비록 아무것도 당신 없이는 존재하지 않을지라도 시간과 공간 안에 존재하지 않고, 오히려 모든 것이 당신 안에 존재합니다. 아무것도 당신을 담을 수 없으나, 당신은 모든 것을 담습니다"(*Proslogion* 19). 안셀무스에게 하나님은 모든 것을 담고 계시고 모든 것 안에 계신다. 따라서 하나님 안에 모든 피조물이 참여한다는 이런 믿음은 하나님의 존재에 대한 순전히 이성적인 논증을 배제한다.[19] 하나님에 관한 모든 참된 이해는 하나님에 대한 관조에 속하는데, 이는 결국 하나님을 최종적으로 보는 것에 대한 기대다.

안셀무스는 하나님에 대한 자신의 이해가 아주 부적절하다는 것을 안다. 하나님의 존재에 대한 논증을 제시한 이후에 그는 더 큰 빛을 얻기 위해 계속 여행한다. 아니 오히려 안셀무스는 자신이 거의 아무런 진전도 이루지 못했다는 인상을 준다. 그는 다시 한번 자신의 눈이 멀었음을 고백하면서—"나는 하나님의 빛에까지 올라가려고 했습니다. 그리고 나는 나의 어둠 속으로 다시 떨어졌습니다"(*Proslogion* 18)—시편 27편으로 다시 돌아가 하나님께 탄원한다. "제가 당신의 얼굴을 찾도록 도우소서! 주님, 제가 당신의 얼굴을 찾습니다. 주님, 당신의 얼굴을 제가 찾으리이다. 주의 얼굴을 저에게서 숨기지 마옵소서(시 27:8). 제가 저에게서 해방되어 당신을 찾게 하소서. 당신을 볼 수 있도록 저의 마음의 눈을 깨끗하게 하시고 치유하시며 날카롭게 하시고 밝혀주소서. 저의 영혼이 힘을 회복하게 하시고 그것이 모든 이해력으로 당신을 향해 분투하게

---

19   안셀무스가 표면적으로는 자신이 하나님을 볼 수 없는 것에 대해 좌절감을 표현하지만, 그는 자신이 하나님의 시야라는 빛에 둘러싸임으로써 존재한다는 것을 인정한다. "당신은 나의 시야에서 멀리 떨어져 계시지만, 나는 당신 가까이 있습니다! 당신은 모든 곳에 온전히 임재하십니다. 그리고 나는 당신을 뵙지 못합니다. 나는 당신 안에서 움직이고 당신 안에서 나의 존재를 갖습니다[참조. 행 17:28]. 그러나 나는 당신께 가까이 가지 못합니다. 당신은 내 안에 그리고 내 곁에 계십니다. 그러나 나는 당신을 느끼지 못합니다"(*Proslogion* 16).

하소서. 오 주님, 당신은 어떤 분이십니까, 주님, 당신은 어떤 분이십니까?"(18) 안셀무스는 자신의 이해를 하나님이 존재하신다는 진리와 결합했을 수 있지만, 여전히 하나님이 **어떤 존재**이신지가 아니라 그저 하나님이 **존재하신다**고 고백할 수 있을 뿐이다. 하나님의 얼굴이라는 성례전적 실재를 보고자 하는 시편 저자의 갈망이 여전히 안셀무스의 존재의 모든 조직에 생기를 불어넣는다. 그리고 그것은 그가 연구를 마칠 때까지 그렇게 지속된다.

하나님의 빛이 접근 불가능한 까닭은 그분이 우리의 상상이나 이해 너머에 계시기 때문이다. 안셀무스는 자기가 하나님의 존재를 입증하기 위해 사용해왔던 하나님에 대한 "정의"가 부적절하기에 좌절한다. 그는 하나님이 "더 큰 것을 생각할 수 없는 존재"이실 뿐 아니라 인간의 생각 너머에 계신다는 사실을 시인해야 한다. "따라서 오 주님, 당신은 더 큰 것을 생각할 수 없는 존재이실 뿐 아니라 생각할 수 있는 것보다 더 큰 존재이십니다(*maius quam cogitari possit*)"(15; 번역을 조금 바꾸었음). 안셀무스는—자신보다 앞서 살았던 니사의 그레고리오스나 디오니시오스처럼—하나님이 단지 우리의 마음이 떠올릴 수 있는 가장 큰 존재에 불과하지 않다는 점을 인식한다. 하나님에 관해 참되게 말한다는 것은 하나님에 대한 우리의 적극적이고 긍정적인(*kataphatic*) 말이 부족하다는 것을 시인하고 따라서 우리가 소극적이고 부정의(*apophatic*) 전통을 따라 인간 담화의 실패를 시인하며 하나님의 빛이 우리로서는 접근할 수 없는 것임을 고백하는 것을 의미한다. 하나님은 어둠에 덮여 있다. 안셀무스가 보기에 우리가 충만한 기쁨을 누리는 것은 오직 우리가 하늘에 올라가 삼위 하나님을 꼭 필요한 한 가지(*unum necessarium*, 참조. 눅 10:42)로

즐길 때뿐이다(23).[20] 개빈 오틀런드(Gavin Ortlund)는 다음과 같이 설명한다. "우리가 하늘의 기쁨의 범위를 이해할 수 없는 이유는 이생에서 우리가 저곳에 계신 하나님을 얼마나 알고 사랑하게 될지를 이해할 수 없기 때문이다."[21] 오직 하늘에서만 우리의 이해와 만족의 결여가 완전한 지식, 사랑 그리고 기쁨으로 변할 것이다. 따라서 안셀무스가 참으로 하나님을 보는 성례전적 실재를 향한 자신의 상승이 성공적으로 완성되리라고 생각하는 때는 그가 『프로슬로기온』의 마지막 세 장(24-26장)에서 하늘에서의 이해와 사랑과 기쁨에 대한 전망을 찬양할 때다.

이 책은 지복직관에 대한 안셀무스의 설명을 넘어설 수 없다. 지복직관이 어째서 우리의 최종 목표를 구성하는지를 설명하는 이성적 논증을 제공하는 것은 불가능하다. 그러나 안셀무스의 성례전적 존재론은 그 안에서 꼭 필요한 한 가지(*unum necessarium*)가 지복직관의 텔로스가 되는 (내가 알기로 유일하게 참되고 궁극적으로 지속가능한) 타당성 구조를 제공한다. 그는 우리를 그 나름의 설득력을 지닌 어떤 비밀스러운 순례의 길로 이끌어간다. 나는 내가 수사(rhetoric) 자체가 우리에게 지복직관의 최종성을 확신시킬 수 있다고 제안한다는 오해를 받고 싶지 않다. 안셀무스의 연구가 미학적으로 얼마나 즐거움을 주든 그리고 그에게 아름다

---

20   Gavin Ortlund, "Ascending toward the Beatific Vision: Heaven as the Climax of Anselm's *Proslogion*"(PhD diss., Fuller Theological Seminary, School of Theology, 2016), 218-29에 실려 있는 논의를 참조하라.

21   Ortlund, "Ascending toward the Beatific Vision," 250. Ortlund는 『프로슬로기온』의 마지막 세 장을 하나님을 보는 것에 대한 안셀무스의 탐구의 절정으로 다룬다. Robert McMahon은 유사하게 다음과 같이 말한다. "화자 안셀무스는 그의 탐구의 과정에서 새로운 이해에 이른다. 그는 하나님을 경험하기를 갈망하고, 결국 그는 지복직관과 그것의 넘쳐흐르는 기쁨을 미리 맛보는 데 이른다"(*Understanding the Medieval Meditative Ascent: Augustine, Anselm, Boethius, and Dante* [Washington, DC: Catholic University of America Press, 2006], 161).

움과 조화의 역할이 아무리 중요하든,[22] 그는 궁극적으로 우리를 설득시키는 것은 이 세상의 수사가 아니라 지복직관이라는 초자연적 목표 그 자체임을 인식한다. 결국 안셀무스의 수사는 그것이 참일 때만 설득력이 있다. 우리는 하나님의 계몽적인 계시가 우리에게 흘끗이라도 하나님을 보는 것을 허락할 때만 진리 자체를 인식할 수 있다.[23] 안셀무스는 순수한 자연(*pura natura*)이라는 합리주의와도, 순수한 서사(*pura narratio*)라는 정서주의(emotivism)와 신앙주의와도 거래하지 않는다. 그가 지복직관이 자신의 성례전적 목적을 구성하고 그로 인해 자기에게 자신의 참된 인간성을 제공할 것이라고 확신하게 된 것은 그의 신앙의 눈이 하나님의 얼굴의 빛과 만났기 때문이다.

역동적인 교제: 한스 우르스 폰 발타자르

오늘날 우리는 로마 가톨릭과 개신교 신학 모두에서 성례전적 존재론—과 창조된 피조물들이 가진 미래의 텔로스는 그것들의 본성에 새겨져 있다는 것에 상응하는 의미—의 타당성 구조가 몰락하고 있음을 목격

---

22 안셀무스는 『프로슬로기온』 17에서 조화에 관해 말한다. 또 그는 『인간이 되신 하나님』(*Cur deus homo*)에서 적절한 방식으로 하나님이 그리스도의 구속을 통해 우주적 조화와 아름다움을 회복시키는 것에 깊은 관심을 기울인다(가령, 1.15 [in *Basic Writings*, 208-10]; 1.19 [225-25]). 참조. Stephen M. Garrett, *God's Beauty-in-Act: Participating in God's Suffering Glory*, PTMS 196 (Eugene, OR: Pickwick, 2013), 136-37.

23 하나님의 존재에 대한 자신의 논증을 제시한 후 안셀무스는 다음과 같이 말한다. "은혜로우신 주님, 당신께 감사드립니다. 당신께 감사드립니다. 내가 전에 당신의 은혜로 믿었기에, 이제 나는 당신의 조명을 통해 이해합니다. 만약 내가 당신이 존재하신다는 것을 믿으려 하지 않는다면, 나는 이것이 참되다는 것을 이해하지 못할 것입니다"(*Proslogion* 4).

한다.[24] 타당성 구조의 이런 부재 속에서 지복직관이라는 개념은 점점 더 이상하고 설득력 없는 것으로 간주되어왔다. 나는 이것을 스위스 출신의 로마 가톨릭 신학자인 한스 우르스 폰 발타자르와 네덜란드 출신의 신칼뱅주의자인 헤르만 바빙크의 신학에서 나타나는 지복직관에 대한 비판에 주목함으로써 예시하려 한다. 그러나 지복직관에 대한 그들의 논의를 설명하고 비판하기에 앞서 나는 그 두 신학자를 매우 존경한다는 사실을 분명히 밝혀둔다. 두 사람은 모두 그들 각자의 신학적 전통 안에서 상당한 공헌을 했다. 그리고 비록 내가—그들이 내세를 지나치게 이 세상에 빗대어 묘사하여 지복직관의 성례전적 실재를 손상시키기 때문에—지복직관에 대한 그들의 논의에 의문을 품을지라도 발타자르와 바빙크는 근대성의 문제들에 대해 무지하지 않았다. 사실 우리는 그들의 신학에서 참여적 존재론이나 성례전적 존재론의 상당한 요소를 찾아낼 수 있다.[25] 따라서 내가 생각하기에 발타자르와 바빙크는 모두 자신들이 실제로 말했던 것보다 지복직관에 대해 더 긍정적으로 말할 수도 있었을 것이다. 그럼에도 그 두 사람 모두 이 주제를 긍정하는 전통을 비

---

24 확실히 말씀에 대한 종교개혁의 강조는 어느 정도 직관을 평가절하하는 것을 의미했다. 루터교 신학자 Allen G. Jorgenson은 다음과 같이 제안하기까지 했다. "중세의 사상가들이 지복직관에 매혹되었다면, 루터는 그것 대신에 지복직청(beatific hearing)을 제안했다"("Martin Luther on Preaching Christ Present," *IJST* 16 [2014]: 46). 그러나 이런 일반화에는 상당한 뉘앙스가 필요하다. 그것은 (존 던, 조나단 에드워즈와 아브라함 카이퍼를 포함해) 많은 칼뱅주의자가 직관을 가장 귀한 감각으로 다루는 일에서 아우구스티누스를 따랐기 때문이기도 하고 또한 목적론의 상실(그에 상응하는 지복직관 교리의 쇠퇴)이 로마 가톨릭 신학에도 영향을 주었기 때문이기도 하다.

25 나는 Boersman, *Nouvelle Théologie*, 117-35에서 Balthasar와 관련해 이런 주장을 한 바 있다. Bavinck와 관련해서 Wolter Huttinga가 *Participation and Communicability: Herman Bavinck and John Milbank on the Relation between God and the World* (Amsterdam: Buijten & Scipperheijn Motief, 2014)에서 Bavinck에게서 나타나는 참여의 문제에 관심을 보였다.

판하기로 했다는 사실은 중요한 점에서 그들의 신학이 기독교 전통의 근간을 이루는 성례전적 형이상학과 부합하지 않았음을 보여준다.[26]

한스 우르스 폰 발타자르(Hans Urs von Balthasar, 1905-88)에게 종말론적 미래는 무엇보다도 우리가 그리스도를 통해 삼위 하나님의 인격적 삶에 참여하는 때다.[27] 발타자르는 자신의 『하나님의 드라마』(*Theo-Drama*) 마지막 권에서 성서는 우리가 하나님의 삶에 참여할 것을 우리에게 약속한다고 설명한다. 이 참여는 단지 미래에 이루어질 것에 대한 기대가 아니다. 우리는 오늘 이미 하나님에게서 그분의 자녀로 태어나며 성령을 부여받는다. 발타자르는 요한복음의 고별 강화가 신자들 안에 성부와 성자의 내주에 관해서뿐 아니라(요 14:23) 그들을 모든 진리 안으로 이끄시는 성령의 내주에 관해서도(요 16:13) 말한다고 설명한다.[28] 요한1서는 이처럼 신자들 안에 하나님의 인격이 내주하는 것에 주목한다

---

26   아마도 이것은 그 두 사람이 모두 기독교적 플라톤주의에 대해 보였던 비판적 태도에서 가장 분명하게 드러날 것이다. Balthasar에 관해서는 예컨대 다음을 보라. Edward T. Oakes, "Balthasar and Ressourcement: An Ambiguous Relationship," in *Ressourcement: A Movement for Renewal in Twentieth-Century Catholic Theology*, ed. Gabriel Flynn and Paul D. Murray (Oxford: Oxford University Press, 2012), 278-88. Bavinck는 자신의 『개혁파 교의학』(*Reformed Dogmatics*)에서 영지주의와 비교하면서 신플라톤주의를 신랄하게 비판한다. *Reformed Dogmatics*, vol. 1, Prolegomena, trans. John Vriend, ed. John Bolt (Grand Rapids: Baker Academic, 2003), 122, 148; vol. 2, *God and Creation*, trans. John Vriend, ed. John Bolt (Grand Rapids: Baker Academic, 2004), 103, 105, 327, 431; vol. 3, *Sin and Salvation in Christ*, trans. John Vriend, ed. John Bolt (Grand Rapids: Baker Academic, 2006), 52; vol. 4, *Holy Spirit, Church, and New Creation*, trans. John Vriend, ed. John Bolt (Grand Rapids: Baker Academic, 2008), 72, 706.

27   Hans Urs von Balthasar, Theo-Drama: Theological Dramatic Theory, vol. 5, *The Last Act*, trans. Graham Harrison (San Francisco: Ignatius, 1998), 425-70. Balthasar에 관한 이하의 논의를 위해 나는 Alec Andreas Arnold, "Christ and Our Perception of Beauty: The Theological Aeshetics of Dionysius the Areopagite and Hans Urs von Balthasar" (ThM thesis, Regent College, 2015)를 감사하며 사용한다.

28   Balthasar, *Theo-Drama*, 5:427.

(요일 2:29; 3:9; 4:7; 5:1-4, 18). 동시에 발타자르는 이것이 단지 요한이 요한1서 3:1-2의 유명한 구절에서 말하는 "다가오는 말로 표현할 수 없는 연합의 예비적이고 세속적인 단계"일 뿐이라고 설명한다. 발타자르는 다음과 같이 말한다. "다가오는 것은 어떤 식으로도 하나님에게서 태어나고 하나님의 자녀가 되는 은혜를 대체하지 않을 것이다. 그것은 단지 이런 관계의 진리에 의해 조명될 수 있다. '그가 나타나시면 우리가 그와 같을[homoios] 줄을 아노라'(요일 3:2). 이것은 하나님의 본질이 아니라 그분의 인격적인 사랑의 교환을 가리키는 것이 틀림없다."[29] 발타자르는 하나님의 본질을 보는 것에 대한 토마스주의적 이해(혹은 실제로 하나님의 활동에 참여하는 것에 대한 동방 정교회의 이해)를 고집하기보다 인간이 하나님의 상호교류적인 삼위일체적 삶 안에서 이루어지는 사랑의 자유로운 교환이라는 친교에 자유롭게 참여한다는 보다 인격적인 접근법을 택한다.[30]

지복직관이라는 개념에 대한 발타자르의 첫 번째 반대는 그 개념이 하나님과의 거리를 암시한다는 것이다. 보는 사람들로서 우리는 우리의 **직관**의 대상인 하나님으로부터 멀리 떨어져 있다. 그러하기에 발타자르는 그 개념이 삼위의 역동적이고 상호적인 사랑에 대한 종말론적 참여라는 약속을 공평하게 다루지 못한다고 믿는다. "종말론 개요"(Eschatology in Outline)라는 소논문에서 발타자르는 지복직관이라는 개념이 성서적 근거를 지니고 있으며(마 5:8; 고전 13:12; 요일 3:2; 계 22:4)

---

29   Balthasar, *Theo-Drama*, 5:427(괄호는 원저자의 것이다).
30   삼위일체에 대한 Balthasar의 가르침은 이 장의 범위를 넘어선다. 그러나 그가 삼위일체에 사회적 가르침을 고수한다고 주장하는 것은 적절할 수도 있다. Karren Kilby, "Hans Urs von Balthasar on the Trinity," in *The Cambridge Companion to the Trinity*, ed. Peter C. Phan (Cambridge: Cambridge University Press, 2011), 213을 보라.

종종 기독교 신학 안에서 눈에 띄는 역할을 해왔다고 여긴다. 따라서 그는 우리가 간단하게 "이 '하나님 뵙기'라는 생각을 무시하려고 해서는" 안 된다고 인정한다.[31] 그럼에도 발타자르는 계속해서 구약성서와 고대 그리스 문헌들 모두에서 하나님을 본다는 개념이 신자들을 그 봄의 대상인 하나님으로부터 멀어지게 했다고 설명한다. "두 경우 모두에 어떤 '대조', 즉 하나가 다른 하나에 맞서는 입장이 남아 있었는데 하나님 뵙기라는 기독교적 견해는 그것을 넘어서야 하고 그 단계에서 종료되어서는 안 된다."[32] 그러므로 발타자르는 출발점에서 다른 은유를 취하려 한다. 그 은유는 예수가 사마리아 여인(과 우리)에게 생수를 제공한다는 은유다. "내가 주는 물을 마시는 자는 영원히 목마르지 아니하리니 내가 주는 물은 그 속에서 영생하도록 솟아나는 샘물이 되리라"(요 4:14).[33] 예수는 이 생수가 우리가 다른 이들에게 전해주는 선물이 될 것이라고 주장하기에(참조. 요 7:37), 발타자르에게는 그 은유가 직관이라는 은유보다 유용해 보인다. 생수라는 개념과 함께 "우리는 하나님에 대한 가장 압도

---

31   Hans Urs von Balthasar, "Eschatology in Outline," in *Explorations in Theology*, vol. 4, *Spirit and Institution*, trans. Edward T. Oakes (San Francisco: Ignatius, 1995), 441. Balthasar는 다음과 같은 글에서도 간략하게 유사한 언급을 하면서 지복직관을 시인한다. "Some Points of Eschatology," in *Explorations in Theology*, vol. 1, *The Word Made Flesh*, trans. A. V. Littledale with Alexander Dru (San Francisco: Ignatius, 1989), 258; 그리고 in *The Glory of the Lord: A Theological Aesthetics*, vol. 1, *Seeing the Form*, trans. Erasmo Leiva-Merikakis, ed. Joseph Fessio and John Riches (San Francisco: Ignatius, 1983), 186. 나는 Mark McInroy가 나에게 이런 참고문헌들에 대해 알려준 것에 감사한다.

32   Balthasar, "Eschatology in Outline," 441. 하나님의 삶에 대한 종말론적 참여에 관한 그의 논의의 끝부분에서 Balthasar는 다음과 같이 말한다. "이 장에서 우리는 신학이 아주 통명스럽게 '지복직관'이라고 부르는 것의 깊이를 탐구해왔다. 그것은 하나님 자신의 삶에 대한 참여다. 하지만 그것은 말씀(Logos)의 성육신에서 시작된 무언가의 완성과 마무리다"(*Theo-Drama*, 5:470).

33   Balthasar, "Eschatology in Outline," 441.

적인 경험을 할 수 있는데 그것은 직관보다 훨씬 더한 하나님의 임재에 대한 각성이다. 그것은 하나님의 격동하는 삶에 대한 **참여**다."[34] 따라서 직관이 보는 이와 대상 사이의 거리를 암시하는 반면, 생수는 우리 안에 그리고 우리를 통해 다른 이들 안에 하나님이 임재하신다는 것을 의미 한다.[35] 따라서 발타자르에 의하면 참여와 신성화라는 기독교적 개념들 은 직관 은유보다는 생수 은유를 통해 더 큰 도움을 얻는다.[36]

발타자르의 두 번째 반대는 하나님을 본다는 개념이 정적으로 보 인다는 것이다. 거기에는 인간의 창조적 활동의 종말이 수반된다. 발타 자르는 다음과 같이 말한다. "요한계시록은 새 하늘과 새 땅에 대해 말 한다(계 21:1). 후자를 묘사하는 것은 헛일이 될 것이다. 그러나 하나님의 생명 과정의 절대적 창조성—그것은 이제 피조물의 열린 매개체가 되 었다—은 마치 피조물 자신의 창조성이 활동 없는 직관(a deedless vision) 속으로 추방되기로 되어 있는 것처럼 그것들을 억압하지 않는 것이 확 실하다. 오히려 감지하기 어려운 방식으로 하나님의 창조성이 피조물 의 창조성에 도전해 그 자신을 넘어서게 만든다."[37] 유사하게 발타자르

---

34   Balthasar, "Eschatology in Outline," 442.
35   유사하게 Balthasar는 다음과 같이 쓴다. "하나님 안에서의 영생은 단지 하나님을 '보는
      것'으로 이루어질 수 없다. 첫째, 하나님은 어떤 객체가 아니라 영원하고 늘 새롭게 지
      속되는 생명이시다. 둘째, 피조물은 궁극적으로 하나님에 맞서서가 아니라 그분 안에서
      살도록 되어 있다. 마지막으로 성서는 우리에게 우리가 이 땅에서조차―믿음의 베일 아
      래 숨겨져 있기는 하나―하나님의 내적 삶에 대한 참여를 약속한다. 우리는 하나님 안
      에서 태어나야 하고 그분의 성령을 얻어야 한다"(Theo-Drama, 5:425).
36   우리는 Balthasar가 유한한 존재의 특수성이 그것들이 그 안에 존재하는 영원한 로고스
      의 특수성에 의해 보장된다고 주장함으로써 유한한 존재의 영원한 독특성을 주장하는
      것에 유념해야 한다. Thomas G. Dalzell, *The Dramatic Encounter of Divine and Human
      Freedom in the Theological of Hans Urs von Balthasar*, Studies in the Intercultural History
      of Christianity 105 (Bern: Peter Lang, 2000), 198을 보라.
37   Balthasar, "Eschatology in Outline," 443.

는 다음과 같이 주장한다. "영원한 행복은 단순한 직관만으로 이루어지지 않으며 참된 창조적 활동을 포함해야 한다."[38] 아마도 이런 주장의 이유는 발타자르가 종말에 인간이 자신의 유한한 자유와 개별성을 지닌 채 성자의 영원한 타자성 속으로 받아들여진다고 생각하기 때문이다.[39] 발타자르에 의하면 인간 존재들은 성자의 삶 안에서 무한히 자유로우신 하나님과 대화하면서 그들 자신의 활동적인 삶을 유지한다. 하나님은 "완벽한 순수 행위"(pure-act perfection)가 아니라 "역동적인 사랑의 사건"(dynamic event of love)이기 때문에, "그 사건은 피조물이 단지 그 사건에서 수동적인 구경꾼이 아니라 적극적인 참여자가 되는 방식으로 피조물에게 공간을 제공하는 것으로 간주되어야 한다."[40] 비록 발타자르가 종말에 인간의 지속적인 "창의성"이 무엇으로 구성되는지 상술하지는 않으나[41] 내세에서 그들의 지속적인 역동적 활동은 그에게 명확히 중요하다. 특히 그가 그것을 "활동 없는 직관"과 대조하기에 그러하다.

이 책의 나머지 부분은 기독교 전통을 따랐던 신학자들이 지복직관

---

38 Balthasar, *Theo-Drama*, 5:486. 유사하게 Balthasar는 하늘의 지복 안에서 "자발적이고 자유로우며 창의적으로 사는 것"에 관해 말한다(5:410). Nicholas J. Healy의 설명을 참조하라. "발타자르에 의하면, 지복직관의 의미에 대한 우리의 이해는 하나님과 피조물 사이의 관계의 명확한 형태나 구조로서 사람과 사람 사이의 교제를 통해 인도를 받아야 한다. 상응하여, 참된 교제의 완전에 기여하는 모든 요소—자기 포기, 창의성, 수용성, 신비 그리고 심지어 놀람 같은 요소들—가 지복직관의 구성적 측면이 되어야 한다"(*The Eschatology of Hans Urs von Balthasar: Being as Communion* [Oxford: Oxford University Press, 2005], 180).

39 Dalzell, *Dramatic Encounter*, 198.

40 Dalzell, *Dramatic Encounter*, 201.

41 Balthasar는 식사와 결혼의 은유들에 대해 길게 논하지만, 그것들을 문자적으로 받아들여서는 안 된다는 것을 분명하게 밝힌다. "그것들은 천국이 하나님과의 전적으로 다른 친밀함을 통해 인간적 친밀함의 차원을 성취하는 (그리고 과도하게 성취하는) 것을 묘사하기 위해 '부정의 방식으로'(apophatically) 고양된다"(*Theo-Drama*, 5:470).

을 어떻게 이해했는지를 밝힐 것이다. 그러나 발타자르는 이 전통을 부적절하게 희화화한다. 내가 생각하기에 앨리사 피츠틱(Alyssa Pitstick)이 다음과 같이 주장한 것은 옳다. 발타자르는 "로마 가톨릭 신학 전통 안에서 발전한 지복직관을 가장 친밀하고 생동감 있는 교제 안에서 이루어지는 하나님과 영혼의 결합이 아니라 하나의 영화와 같은 것으로 오해했다."[42] 역사적으로 지복직관 교리는 신성화 및 하나님에 대한 참여의 신학과 관련되었는데, 그 두 가지는 모두 발타자르가 올바르게도 유지하고 싶어 했던 전통의 측면들이다. 발타자르가 그 전통의 많은 부분에 있어서 (지식은 물론이고) 직관이란 보려는 대상과의 연합을 의미한다는 것에 주목하지 못한 것은 이상해 보인다. 여하튼 하나님 뵙기가 그분을 멀리 떨어져 있게 한다는 개념은 그 전통이 지복직관은 하나님의 삶에 참여하는 것을 의미한다고 말하는 상당히 통일된 증언에 비추어볼 때 이상하게 보인다.[43]

발타자르의 두 번째 반대는 그보다 앞선 (특별히 토마스주의적인) 전통과의 실제적인 불일치를 드러낸다. 토마스 아퀴나스에게 지복직관이란 어떤 이가 영원한 안식에 도달하는 것을 의미했다. 그때 성도들은 하나님의 본질을 보기 때문에 하나님의 삶 속으로 나아가는 더 이상의 "움직

---

42 Alyssa Pitstick, *Light in Darkness: Hans Urs von Balthasar and the Catholic Doctrine of Christ's Descent into Hell* (Grand Rapids: Eerdmans, 2007), 172. 또한 Dalzell, *Dramatic Encounter*, 201을 참조하라. Balthasar는 "'지복직관'이 하나님의 본질에 대한 정적인 응시를 암시한다고 여기는 반면 자신의 삼위일체적 역동성이 영생이 신성에 대한 끊임없는 묵상으로 축소될 가능성을 배제한다고 믿는다."

43 Andrew Louth가 플라톤에 대해 한 말을 참조하라. 플라톤에게 이미 "관조(*theoria*)는 단지 성찰이나 이해가 아니라 참된 지식을 가진 참된 대상과의 연합 혹은 그것에 대한 참여다. 그것은 Festugière가 거듭해서 말하듯 '현존에 대한, 곧 직접성에 대한 감정'(un sentiment de présence)이다"(*The Origins of the Christian Mystical Tradition: From Plato to Denys* [Oxford: Oxford University Press, 1981], 3).

임"은 배제된다.[44] 확실히 동방 교회와 개신교의 몇몇 신학자들—예컨대 니사의 그레고리오스, 그레고리오스 팔라마스, 토마스 왓슨 그리고 조나단 에드워즈 같은 이들—은 아퀴나스의 접근법과는 다른 접근법을 취했다. 그들은 모두 신성화를 무한한 하나님의 삶 속으로의 영원한 진보(epektasis)로 여겼다. 그러나 하나님의 본질을 본다는 토마스주의적 이해와 하나님의 삶 속으로의 영원한 진보라는 대안적 견해 모두 인간의 창조성이 그 이상으로 전개되는 것을 추정하지 않았다. 그 이유는 그 두 전통의 견해에서 지복직관은 다른 대상이나 관계에서가 아니라 하나님 안에서 종결되기 때문이다.

발타자르는 종말에 세속적이고 일시적인 요소들이 지속될 여지를 만든다. 특히 그는 매력적이지만 사변적인 유비의 가르침을 통해 그렇게 한다.[45] 그는 그리스도는 존재의 유비라고 주장하고 이로부터 그리스도의 인성—따라서 보다 넓은 의미에서 창조된 존재—이 하나님에 대한 우리의 이해에 포함되어야 한다고 결론을 내린다.[46] 따라서 발타자르에게 삼위의 영원하고 극적인 삶에는 유비적 의미에서 일시적인 생성의 세계라는 존재가 하나님의 삶 안에서 어떤 자리를 얻는 것이 포함된다.[47] 종말론의 관점에서 이것은 생성과 시간의 세계가 하나님의 삶 안

---

44 SCG 3.48.3. Michael Allen은 "The Active and Contemplative Life: The Practice of Theology," in *Aquinas among the Protestants*, ed. Manfred Svensson and David VanDrunen (Oxford: Wiley Blackwell, 2018), 189-206에서 지복직관과 묵상에 관한 아퀴나스의 견해에 대한 유익한 서론을 제공한다.

45 Balthasar는 이 개념을 특히 *A Theology of History*(1963; reprint, San Francisco: Ignatius, 1994)에서 발전시킨다.

46 Healy, *Eschatology*, 93-104의 논의를 참조하라.

47 Angela Franz Franks, "Trinitarian *Analogia Entis* in Hans Urs von Balthasar," *Thomist* 62 (1998): 533-59; Matthew Levering, "Balthasar on Christ's Consciousness on the Cross," *Thomist* 65 (2001): 567-81; Bernhard Blankenhorn, "Balthasar's Method of

에서 어떤 자리를—비록 유비적 의미에서이기는 하나—갖는다는 것을 의미한다. 그러므로 참여와 신성화에 대한 발타자르의 강력한 옹호에도 불구하고 내세에서 지속되는 창조성과 활동성 및 놀람에 대한 강조는 그렇지 않았더라면 분명하게 신중심적이었을 그의 접근법에서 벗어난다. 혹은 적어도 발타자르에게 생성의 세계는 하나님의 존재 안에서 한 자리를 얻는 것처럼 보인다.[48] 단도직입적으로 말하자면, 발타자르가 볼 때 세속적인 대상들이 (성례전적으로) 그것들의 목적인에 의해 특징지어지기보다는 오히려 하나님이 세속적인 것들에 의해 특징지어진다. 특히 하나님의 삼위일체적 삶 안에서 인간의 창조성과 활동이 지속된다는 발타자르의 견해는 지복직관에 대한 그 이전의 이해로부터 크게 벗어난 것으로 보인다.

"용해하는 연합"은 없다: 헤르만 바빙크

네덜란드의 신칼뱅주의는 일반적으로 지복직관에 대한 전통적 가르침에 매혹되지 않았다. 신칼뱅주의자들에 따르면 우리는 하나님의 얼굴을 영원히 응시하기보다는 내세 너머로 우리의 문화적 성취들을 가져갈 것이고 종말에 다양한 종류의 사회적·문화적 활동에 적극적으로 참여할 것이다. 때때로 신칼뱅주의자들은 내세에 관심을 보이는 전통적인 견해들, 즉 피안적이고 천상적인 전망, 영육 이원론 그리고 기독교 플라톤주

Divine Naming," *NV* Eng 1 (2003): 245-68을 보라.

48 Blankenhorn은 Balthasar에게는 "효능 자체가 행위 자체이고 생성 자체가 존재 자체"인 것처럼 보인다고 말한다("Balthasar's Method of Divine Naming," 245).

의적 사고방식에 무지하게 포로 됨을 특징으로 하는 견해를 날카롭게 비난한다.[49] 이와 관련된 보다 일반적인 표현 중 하나는 영원토록 구름 위에서 시편을 노래하거나 수금을 탄다고 말하는, 견딜 수 없는 생각이 다.[50] 신칼뱅주의는 지복직관이라는 전통적 교리를 대체로 무시했고 때로는 명시적으로 거부했다.[51]

아브라함 카이퍼와 함께 네덜란드 신칼뱅주의에 독창적인 신학적 생명력을 제공했던 헤르만 바빙크(Herman Bavinck, 1854-1921)는 기독교 전통 안에 있는 지복직관의 신학에 대해 아주 비판적이었다.[52] 그러나 바빙크의 비판의 방법과 이유에 대해 설명하기에 앞서 나는 그가 지복직관이라는 개념 자체를 반대하지는 않았음을 지적해두고자 한다. 예컨대 그는 종말론적 미래를 "하나님의 자녀들의 상태, 하나님의 본성에 대한 참여, 하나님을 보는 것, 영생 그리고 천국의 축복 등으로" 분명하게 확

---

49   예컨대 J. Richard Middleton, *A New Heaven and a New Earth: Reclaiming Biblical Eschatology* (Grand Rapids: Baker Academic, 2014), 21-34을 보라. 『새 하늘과 새 땅』 (새물결플러스 역간).

50   Anthony A. Hoekema, *The Bible and the Future* (Grand Rapids: Eerdmans, 1979), 274; Middleton, *New Heaven and a New Earth*, 174; N. T. Wright, *Surprised by Hope: Rethinking Heaven, the Resurrection, and the Mission of the Church* (New York: HarperOne, 2008), 105-6. Wright는 신칼뱅주의자가 아니지만, 그는 특히 자신의 종말론에서 신칼뱅주의의 영향을 받았다. 내세에서 수금을 탄다는 개념은 요한계시록까지 거슬러 올라간다(계 5:8; 14:2; 15:2).

51   이와 관련해 James K. A. Smith는 자신의 *How (Not) to Be Secular: Reading Charles Taylor* (Grand Rapids: Eerdmans, 2014), 49-50에서 "천국의 일식"에 대해 옳게 경계했다. 또한 Michael Allen, *Grounded in Heaven: Recentering Christian Hope and Life on God*(Grand Rapids: Eerdmans, 2018)을 보라.

52   Bavinck와 대조적으로 Kuyper는 지복직관 교리를 따뜻하게 수용했다. 이 책의 12장을 보라. Bavinck의 전반적 사상에 대한 서론으로는 James Perman Eglinton, *Trinity and Organism: Towards a New Reading of Herman Bavink's Organic Motif*, T&T Clark Studies in Systematic Theology 17(New York: T. & T. Clark, 2012)을 보라.

언한다.[53] 그러므로 바빙크는 내세에서 우리가 하나님을 대면해서 보리라는 것을 당연하게 여기는 것처럼 보인다. 그러나 사실상 지복직관에 관한 그의 모든 긍정적인 언급들은 모두 그저 지나가듯 하는 말일 뿐이다. 비록 그가 어느 곳에서도 미래에 우리가 하나님을 대면해서 보는 것을 부정하지는 않을지라도 그는 분명히 그것에 대해 길게 논할 생각이 없었다.

그의 책『개혁파 교의학』(*Reformed Dogmatics*)의 마지막 권 중 "구속받은 자들의 축복"이라는 장에서 바빙크는 지복직관에 관해 약간 길게 논한다. 여기서 그는 "관조"(*visio*)와 "이해"(*comprehensio*) 그리고 "하나님을 즐거워함"(*fruitio Dei*)이 "우리 미래의 행복의 본질"을 구성한다고 말하고, 구속받은 자들은 "직접, 즉시, 모호하지 않고 순전하게" 하나님을 볼 것이라고 인정한다.[54] 바빙크는 (여전히 아주 간략한) 이러한 논의를 다음과 같은 말로 결론 내린다. "그들은 그렇게 하나님을 관조하고 소유하면서 그를 즐거워하고 그와의 교제 속에서 복을 받는다. 영혼과 몸과 지성과 의지에서 복을 받는다."[55] 여기서 바빙크는 지복직관을 표현하는 일에서 아주 전통적인 것처럼 보인다. 심지어 그는 직접적이면서도 즉각적으로 하나님을 보는 것을 주장하기까지 한다. 그럼에도 지복직관에 대한 바빙크의 확언들 대부분이 형식적이라는 것은 여전히 사실이다.

---

53   Bavinck, *Reformed Dogmatics*, 2:542. 지복직관에 대한 유사한 확언을 위해서는 1:229; 2:183, 191, 395; 3:225, 347; 4:130, 257, 633, 642, 722을 보라.

54   Bavinck, *Reformed Dogmatics*, 4:722.

55   Bavinck, *Reformed Dogmatics*, 4:722. Bavinck는 미래의 축복이 공식적으로 지식에 의해 구성되는지(토마스 아퀴나스) 아니면 사랑에 의해 구성되는지(둔스 스코투스)에 관한 논의에 대해 언급한다. 그리고 그는 그가 그 둘을 결합한다고 주장하는 보나벤투라의 견해를 취하는 것처럼 보인다(4:822).

대부분의 경우에 바빙크는 지복직관 신학의 전통에 대해 매우 비판적이다. 그는 그 주제에 대한 자신의 언급 대부분을 로마 가톨릭 신학에 맞서는 논쟁적인 문맥에 위치시키며 자신이 그것을 거부하는 이유에 대해 길게 논한다. 그의 우려는 다음 네 가지였다.[56] 첫째, 바빙크는 특별히 내세에서 신자들이 하나님의 본질에 관해 알게 되리라는 개념에 대해 어려움을 겪었다. 그는 교부 중 누구도 하나님의 본질을 아는 것에 관한 전망을 내놓지 않았다고 주장한다.[57] 그는 우리가 하나님의 본질 자체(*per essentiam*)를 보리라는 가르침에 내포된 신성화라는 개념을 로마 가톨릭 전통에 대한 신플라톤주의와 디오니시오스의 개탄스러운 영향의 결과 때문인 것으로 여기며 거듭해서 무시한다.[58] 바빙크는 미래에 하나님의 본질을 보게 되리라는 개념을 거부하면서 다음과 같이 말한다.

그러므로 하나님 뵙기는 언제나 하나님의 겸손(συγκαταβασις)의 행위, 즉 하나님이 스스로 우리에게 내려오셔서 자신을 알리시는 계시를 요구한다. 마태복음 11:27["내 아버지께서 모든 것을 내게 주셨으니 아버지 외에는 아들을 아는 자가 없고 아들과 또 아들의 소원대로 계시를 받는 자 외에는 아버지를 아는 자가 없느니라"]은 하늘에서도 계속 유효하다. 하나님의 본질을 봄으로써 발생하는 결과는 인성의 신성화와 창조주와 피조물 사이에

---

56 Bavinck의 우려에 대한 유사한 목록을 위해서는 Dmytro Bintsarovskyi, "God Hidden and Revealed: A Reformed and an Eastern Orthodox Perspective"(PhD diss., Theologishche Universiteit Kampen, 2018)를 보라.

57 Bavinck, *Reformed Dogmatics*, 2:188.

58 Bavinck, *Reformed Dogmatics*, 2:188, 191, 539; 4:73. 네덜란드의 후기 개혁신학자인 Schilder는 이와 유사한 반대 주장을 제시한다(*Wat is de hemel?*, ed. Koert van Bekkum and Herman Selderhuis, Introduction by Barend Kampuls [1935; Barneveld, Neth.: Nederlands Dagblad, 2009], 186-96).

있는 경계의 소거일 것이다. 그것은 로마 가톨릭교회가 택한 신플라톤주의
적 신비주의와 일치하지만 종교개혁의 신비주의, 특히 개혁교회와 신학의
그것과는 일치하지 않는다.[59]

바빙크의 의혹은 분명하다. 하나님의 본질에 대한 직관은 곧 신성화를
의미하며 다시 그것은 창조주와 피조물의 구분에 대한 부정을 의미한
다.[60]

교황 그레고리오 1세(Gregory the Great), 아퀴테인의 프로스페
르(Prosper of Aquitaine) 그리고 클레르보의 베르나르두스(Bernard of
Clairvaux)를 인용하면서,[61] 바빙크는 이런 가르침이 어떻게 로마 가톨릭
사상 안에서 확립되었고 궁극적으로 피렌체 공의회(1438-1445)에서 공
식적으로 받아들여졌는지를 예시한다. 그는 다음과 같이 설명한다. 그
공의회의 선언에 따르면 성도는 "천국으로 들어가는 즉시 한 분이신 삼
위 하나님을 있는 모습 그대로 분명하게 보게 될 것이다. 그럼에도 그
들의 다양한 공덕에 따라서 어떤 이는 다른 이보다 더 완전하게 보게
될 것이다."[62] 바빙크는 이런 가르침이 육체가 "용해되는 연합"(melting
union),[63] 즉 하나님과 영혼 사이의 "신비로운 융합"(mystical fusion)[64]이나
"실체적인 연합"(substantial union)[65]이라고 주장한다. 그리고 그는 로마

59   Bavinck, *Reformed Dogmatics* 2:190-91(괄호는 원저자의 것임).
60   Cf. R. H. Bremmer, *Herman Bavinck als dogmaticus* (Kampen: Kok, 1961), 191-92.
61   Bavinck, *Reformed Dogmatics*, 2:188-89.
62   Bavinck, *Reformed Dogmatics*, 2:539.
63   Bavinck, *Reformed Dogmatics*, 2:539.
64   Bavinck, *Reformed Dogmatics*, 2:542.
65   Bavinck, *Reformed Dogmatics*, 4:73.

가톨릭교회의 가르침 안에 존재하는 창조주와 피조물 사이의 구별이 사라진 것을 우려한다.[66] 바빙크는 하나님의 본질을 본다는 개념에 대한 자신의 이견을 거듭해서 열정적으로 공들여 표명한다.[67] 따라서 그는 특별히 창조주와 피조물 사이의 구별을 의도적으로 지지했고 로마 가톨릭교회의 가르침이 그것을 적절하게 유지하지 못한다고 확신했다.

둘째, 바빙크는 지복직관이 자연과 초자연의 구분을 지지하는 역할을 하는 방식에 반대했다.[68] 그는 "로마 가톨릭이 말하는 하나님에 대한 관조(*visio Dei*), 즉 인간의 본성은 오직 어떤 덧붙여진 은사(*donum superadditum*)에 의해서만 그 지점까지 고양시킬 수 있는 관조"에 이의를 제기한다.[69] 바빙크는 로마 가톨릭 사상에서 영광의 빛(*lumen gloriae*)이란 인간의 지성을 고양시키며 그 결과 인간으로 하여금 하나님의 본질을 볼 수 있게 하는 창조된 은사의 역할을 하는 것이라고 설명한다.[70] 그는 이런 이해가 영광의 빛이 함축적으로 인간을 "다른 존재"로 바꿀 것이라는 가르침이라고 주장한다.[71] 로마 가톨릭교회가 지복직관에 이르기 위해서는 초자연적인 은혜가 필요하다고 주장하지만, 바빙크는 로마 가톨릭 사상에서 자연적인 은혜가 기능하는 방식에 반대한다. "덧붙여진 은

---

66   Bavinck, *Reformed Dogmatics*, 2:539.
67   Bavinck는 로마 가톨릭 전통 안에서 하나님을 보는 것이 "이해와 동일하지 않다"는 것(그리고 그것이 공적에 따라 다르다는 것)을 인정한다. 하지만 즉각 그는 "그럼에도 이 교리는 인간의 신성화를 낳았다"고 덧붙인다(*Reformed Dogmatics*, 2:189). 또한 Bavinck는 어떤 개혁주의 신학자들은 "그처럼 하나님의 본질을 보는 것은 불가능하지 않다고 여긴다"는 것을 언급하면서 특히 하인리히 불링거, 아만두스 폴라누스와 존 포브스를 언급한다(2:190).
68   특히 *Reformed Dogmatics*, 2:542-48에 실려 있는 자연과 초자연 사이의 구별에 대한 그의 장황한 비판을 보라.
69   Bavinck, *Reformed Dogmatics*, 4:722. 참조. 2:543; 3:577.
70   Bavinck, *Reformed Dogmatics*, 2:189.
71   Bavinck, *Reformed Dogmatics*, 2:191.

사"라는 개념은 우리가 종말에 하나님이 창조하신 자연의 은사들을 뒤에 버려두지는 않을 것을 인식하지 못한다. 바빙크에 따르면, 미래의 삶은 "참으로 자연적인 삶이지만 은혜에 의해 가장 높은 영광과 가장 풍성한 아름다움을 전개한다."[72] 로마 가톨릭 신앙을 자연과 초자연의 엄격한 구분을 가르치는 것으로 나타내는 바빙크의 묘사는 아마도 신토마스주의 입장에서는 이해될 만한 것이다. 하지만 그는—토마스 아퀴나스를 포함하는—보다 넓은 전통에서 확실히 로마 가톨릭의 가르침을 훨씬 더 미묘하게 묘사할 수도 있었다.

셋째, 바빙크는 로마 가톨릭 신앙이 지복직관을—종종 타당한 공로로 이해되는—공덕의 결과로 생각하여 신자들이 지복직관이라는 영원한 보상을 정당하게 "얻을 수" 있는 것으로 간주한 것에 문제가 있다고 생각했다. 그는 다음과 같이 주장한다. 곧 로마 가톨릭 전통에 따르면, 주입된 은혜가 사람으로 하여금 "완전한 공덕으로(*ex condigno*) 영원한 축복, 즉 하나님의 본질 자체(*per essentiam*)를 직관하게 할 만큼의 선한 일을 할"[73] 수 있게 해준다. 우리가 여기서 바빙크의 반대에 대해 어떻게 생각하든 간에 그것은 지복직관에 대한 로마 가톨릭교회의 교리적 설명 자체와는 상관이 없다. 이 지점에서 그는 지복직관 자체에 대해서보다는 신자들이 그것에 **이르는** 방법에 관심을 둔다. 그가 지복직관을 타당한 공적의 결과로 언급하는 빈도를 고려할 때, 그것이 그에게 중요한 문제였음은 분명하다.

마지막으로, 바빙크는 지복직관의 즉각적인 특성을 가르치는 로마

---

72   Bavinck, *Reformed Dogmatics,* 4:722.
73   Bavinck, *Reformed Dogmatics,* 2:539. Cf. 1:152; 2:544; 3:577; 4:241, 635.

가톨릭의 가르침에 대해 우려한다. 분명히 이미 우리는 바빙크 자신도 신자들이 하나님을 "직접적으로, 즉각적으로, 모호하지 않게 그리고 순전하게" 보게 될 직관을 긍정한다는 것을 보았다.[74] 그는 같은 문맥에서 하나님과 우리의 교제가 [하나님과 우리 사이의] "그 어떤 거리로도 방해받거나 성서나 자연에 의해서도 중재되지" 않으리라는 점에서 중재는 말이 안 된다고 주장한다.[75] 하지만 바빙크가 걱정하는 것은 지복직관에 대한 로마 가톨릭의 이해가 그리스도를 뒤에 남긴다는 점이다. "영생은 우리가 이미 이곳에서 누리는 우리의 몫이고 그리스도의 얼굴 안에서 하나님을 아는 것으로 이루어진다(요 3:16, 36; 17:3). 그리스도는 성부께, 즉 하나님에 대한 지식과 직관에 이르는 길이며 그런 존재로 남아 계신다(마 11:27; 요 1:18; 14:6; 요일 3:2b)."[76] 바빙크는 종말론이 "기독론에 근거하고 그 자체로 기독론이다"라고 주장한다.[77] 따라서 그는 성자가 종말에 하나님에 대한 우리의 접근을 계속해서 중재하실 것이라고 주장한다. "성자는 죄로 인한 화해의 중재자(*mediator reconciliationis*)이실 뿐 아니라 죄와 무관하게도 하나님과 그분의 창조세계를 연합시키시는 중재자(*mediator unionis*)이시다."[78] 유감스럽게도 바빙크는 이런 지속적인 중재가 어떻게 하나님 뵙기와 관계되는지에 대해 혹은 만약 이런 직관이 그리스도에 의해 중재된다면 어느 의미에서 우리가 그것이 직접적이거나

---

74   Bavinck, *Reformed Dogmatics*, 4:722.
75   Bavinck, *Reformed Dogmatics*, 4:722.
76   Bavinck, *Reformed Dogmatics*, 2:543. 또한 위에서 인용된 것처럼 2:190에 등장하는 마 11:27에 대한 Bavinck의 언급을 참조하라.
77   Bavinck, *Reformed Dogmatics*, 4:685.
78   Bavinck, *Reformed Dogmatics*, 4:685. 참조. Todd Billings, *Union with Christ: Reframing Theology and Ministry for the Church* (Grand Rapids: Baker Academic, 2011), 85.

즉각적이라고 옳게 주장할 수 있는지에 대해 상술하지 않는다.

아마도 지복직관에 대한 바빙크의 논의에서 가장 두드러지는 점은 다음과 같을 것이다. 곧 비록 그가 로마 가톨릭의 이해를 자주 그리고 아주 상세하게 반대하지만, 그는 그 어디에서도 자신이 그 교리를 명백하게 이해한다는 것에 대해서는 상세하게 설명하지 않는다. 이것은 특별히 이상하다. 개혁파 스콜라 학자(reformed scholastics)와 청교도 신학자들은 모두 바빙크의 반대 중 일부나 전부를 피했을 수 있는 이해에 도달할 수 있는 수단을 그에게 제공했을 것이라는 점을 고려한다면 말이다. 바빙크가 지복직관에 관한 동방 정교회의 논의를 반영하지 않는 것 역시 이상하다(그러나 역사적으로 보면 그다지 놀랍지는 않다). 무엇보다도 디오니시오스(Dionysius, 5, 6세기에 아테네에서 활동했던 기독교 신비주의자—역자 주)의 영향이 하나님의 본질에 대한 직관이라는 개념을 배제했다. 본질과 활동을 구별한 그리스적(팔라마스적[Palamite]) 이해—이것의 기원은 4세기 그리스의 교부들과 어쩌면 2세기의 성 이레나이우스에게까지 추적할 수 있다—는 바빙크가 서방 교회의 중세 전통에서 감지했던 문제들을 교묘하게 회피했다. 동방 교회의 경우에 하나님 뵙기는 창조된 영광의 빛의 결과가 아니었고 그로 인해 두려운 자연과 초자연의 분리는 방지되었다. 정교회의 경우에도 하나님에 대한 이런 직관은 성도가 하나님의 본질을 보게 되리라는 것을 의미하지 않는다. 바빙크로부터 우리가 지복직관의 교리를 얼마나 적극적으로 표현해야 한다고 여기는지에 대해 듣는다면 그것은 흥미로운 일이 되었을 것이다.

그러나 나는 바빙크가 지복직관의 신학을 발전시키는 데 큰 흥미를 보이지 않았던 이유를 다음과 같은 것으로 생각한다. 곧 종말론에 관한 그의 전체적인 경향이 그렇게 하기에는 지나치게 세속적이었다. 그는 "창조세계의 갱신"이라는 장을 성서가 현재 세계의 파멸을 가르치지 않는다고 설명하는 것으로 시작한다.[79] 우리는 "완전히 새로운 창조"를 예상하기보다 "기존 세계의 재창조"를 기대해야 한다. 그리고 바빙크는 다음과 같이 주장한다. "눈에 보이는 세계의 갱신은 미래의 복을 하늘에 국한시키는 심령주의의 편파성을 강조한다."[80] 비록 신양성서가 구약성서에 대한 "얼마간의 영성화"를 포함하고 있으나 우리가 누릴 미래의 행복은 결코 하늘에 국한되지 않는다.[81] 하늘나라는 눈에 보이는 나라가 될 것이다.[82] 바빙크는 우리가 요한계시록 21장과 22장의 이미지들을 문자적으로 취급하지 말아야 한다는 것을 인정한다. 그러나 그는 재빨리 다음과 같이 덧붙인다. "그것들은 환상이나 거짓말이 아니라 다른 세상의 현실에 대한 세속적인 묘사다. 하늘과 땅에 있는 모든 피조물 안에서 참되고, 고귀하며, 정당하고, 순결하며, 기쁨을 주고, 칭찬할 만한 모든 것이 갱신되고, 재창조되며, 가장 높은 영광의 수준으로까지 활성화되어 미래의 하나님의 도성 안에 모여 있다."[83] 바빙크는 이 세상과 다음 세상 사이의 불연속성보다는 연속성을 특별히 강조한다.[84]

---

79   Bavinck, *Reformed Dogmatics*, 4:716-17.

80   Bavinck, *Reformed Dogmatics*, 4:717.

81   Bavinck, *Reformed Dogmatics*, 4:718.

82   Bavinck, *Reformed Dogmatics*, 4:718. "예수가 첫 번째로 오신 것은 영적 의미에서 하나님 나라를 세우시기 위함이었던 반면, 그가 두 번째로 오시는 것은 그 나라에 가시적 형태를 부여하시기 위해서다."

83   Bavinck, *Reformed Dogmatics*, 4:719-20.

84   확실히 Bavinck의 사고의 근간을 이루는 구조는 강력하게 바울적으로 보인다. "애벌레가 나비가 되듯이, 탄소가 다이아몬드로 변화되듯이, 땅에서 죽어가는 밀알이 다른 밀알을 낳듯이, 봄에 자연의 모든 것이 되살아나 멋진 옷을 차려입듯이, 신자들의 공동체가 아담의 타락한 인류로부터 형성되듯이, 부활한 몸이 죽어서 땅에 묻힌 몸으로부터 일어서듯이, 언젠가 새 하늘과 새 땅도 그리스도의 재창조의 능력의 불로 깨끗해진 이 세상의 요소들로부터 나타날 것이다"(*Reformed Dogmatics*, 4:720).

유사하게 바빙크는 안식일이라는 개념이 종말을 묘사하는 성서적 은유임을 인정하면서도 즉각 우리가 이로부터 잘못된 결론을 끌어내지 말아야 한다고 경계한다. 안식이라는 주제는 사람들이 개인적 성품과 개성에 맞춰 다양한 과업을 할당받는 것을 배제하지 않는다.[85] 미래의 쉼은 활동적인 쉼이 될 것이다. 분명히 우리는 미래의 하나님 나라를 "복된 무위"(blessed inaction)로 여겨서는 안 된다.[86] 비록 "하나님을 알고 즐거워하는 것"이 영생의 "핵심이고 중심"일지라도, 바빙크는 기독교 전통이 종종 다음과 같은 것을 간과했다고 경고한다. 곧 하나님과 나누는 그러한 교제는 우리가 "현세에서 하는 활동과 행동보다 오는 시대에 더 많은 활동과 행동을 할 것임을 배제하지 않는다."[87] 바빙크는 안식일에 맛보는 휴식을 맘껏 누리는 종말보다는 오히려 규칙적으로 매주 일하면서 계속되는 종말을 더 편안하게 여기는 것처럼 보인다.

바빙크는 자신의 『개혁교의학』 마지막 권을 마무리하는 지점에 이르러서 종말에 있을 행동과 묵상을 결합하는 일에 대해 설득력 있게 설명한다. "하나님에 대한 섬김, 상호 간의 교제 그리고 새 하늘과 새 땅에 거함은 의심할 바 없이 이런 직무들[예언자, 제사장 그리고 왕의 직무들]의 실행을 위한 풍성한 기회를 제공한다. 비록 그런 수행의 형식과 방식은 우리에게 알려지지 않았을지라도 말이다. 그러나 그런 활동은 쉼과 즐거워함과 동시에 일어난다. 낮과 밤 사이의 차이는 중단되며 안

---

85   Bavinck, *Reformed Dogmatics*, 4:727, 729.

86   Bavinck, *Reformed Dogmatics*, 4:727.

87   Bavinck, *Reformed Dogmatics*, 4:727. *Reformed Dogmatics*의 이 마지막 장 전체에서 그의 논의의 대상은 Bavinck가 "그리스 정교회와 로마 가톨릭교회의 추상적인 초자연주의"라고 부르는 것이다. 그는 종교개혁은 "원칙적으로 삶에 대한 초자연주의적이고 금욕적인 견해를 극복했다"고 주장한다(4:721).

식일과 주중의 차이도 중단된다. 시간은 하나님의 영원성으로 가득하고 공간은 그분의 임재로 가득 찬다. 영원한 생성이 불변의 존재와 짝을 이룬다."[88] 여기서 바빙크는 내세에서 쉼과 일이 어떻게 서로 결합되는지 (혹은 동시에 발생하는지)에 대해 정확하게 설명하지 않는다. 그러나 이런 분석을 통해 분명해지는 것은 바빙크가 새 하늘과 새 땅의 지상적·가시적·세속적 특성을 강조하고자 애쓴다는 점이다.[89] 공식적으로 그는 지복직관이 영생의 "핵심이고 중심"임을 인정하지만, 사실상 그것은 그의 종말론 안에서 실제로 이런 역할을 하지 않는다. 바빙크는 지복직관에 대한 적극적인 표현에 대해 무언가 실제적인 생각을 해보기에는 내세에서의 인간 활동의 소란스러움에 너무 많은 관심을 기울였다.

결론

한스 우르스 폰 발타자르와 헤르만 바빙크는 지복직관의 교리에 직접 도전하지 않았다. 아마도 발타자르가 바빙크보다는 지복직관의 교리에 도전하는 데 더 가까웠을 것이다. 그는 직관이라는 은유가 하나님과 신자 사이의 거리를 만든다고 생각하여 그러한 생각에 문제가 있는 것으로 생각한 것 같다. 하지만 바빙크는 내세에서 지복직관의 핵심적 위치를 적어도 형식적으로는 인정했다. 비록 그 두 신학자 중 어느 쪽도 지복

---

88 Bavinck, *Reformed Dogmatics,* 4:729.
89 Bavinck는 이 장의 요약 부분에서 다음과 같이 말한다. "하나님 나라가 먼저 인간의 마음속에 영적으로 심긴 반면, 미래의 축복은 영적인 것이 되지 않을 것이다. 성육신과 부활에 근거한 성서의 소망은 창조적이고, 세속적이며, 가시적이고, 물리적이며, 육체적인 소망이다"(*Reformed Dogmatics*, 4:715[원저자의 강조는 생략되었음]).

직관 교리에 직접적으로 도전하지는 않았지만, 두 사람은 모두 결국 지복직관을 인간의 텔로스로 여기지 않았다.

어느 면에서 그 두 신학자는 자신들이 표면화한 의구심이라는 측면에서 서로 크게 달랐다. 발타자르는 지복직관이 창조주를 영원히 꼼짝 못하도록 묶어둘 것으로 생각해 그것을 반대했지만, 바빙크는 오히려 지복직관이 창조주와 피조물을 용해할 것이라고 걱정했다. 발타자르는 지복직관이라는 교리에 매료된 적은 없으나 그것이 의미하는 신성화의 신학을 경축했던 반면, 바빙크에게 신성화는 신학자들이 과거에 지복직관을 다뤘던 방식과 관련된 가장 심각한 문제였다. 따라서 몇 가지 점에서 발타자르와 바빙크는 서로 심각하게 다르다. 발타자르는 지복직관에 대한 자신의 의구심을 표명하면서도 삼위 하나님의 위격 간의 사랑에 대한 참여라는 기대 안에서 로마 가톨릭 신자로 남아 있었던 반면, 바빙크는 지복직관의 중심성을 형식적으로 인정하면서도 하나님의 본질에 대한 직관에 반대한다는 점에서 개혁주의자로 남아 있고자 했다.

그럼에도 그 두 신학자는 내가 추측하는 바 그들이 공통적으로 하나님 뵙기(*visio Dei*)를 격하하는 일의 근거를 이루는 감성을 공유한다. 두 사람 모두 무게 중심을 내세를 묘사하는 성서의 다른 은유들로 옮기고 싶어 했다. 두 사람 모두 교제, 활동 그리고 아마도 창의성 같은 요소들을 종말의 삶에서 핵심적인 것으로 우선시했다. 두 사람 모두 다양성과 특수성이 새 하늘과 새 땅에서 적법한 지위를 갖는다고 주장했다. 내가 추측하기에 그 이유는 발타자르와 바빙크가 모두 종말에 세속적이고 일시적인 요소들의 지속을 위해 자신들의 신학 안에 어떤 여지를 만들고 싶어 했기 때문이다. 발타자르는 매력적이지만 사변적인 유비 교리를 통해서 그렇게 했는데, 그것이 그에게―그리스도 안에서 그리고 그리스도를 통해서—하나님의 영원한 삶 안에서 생성과 시간의 세계에 어떤 역할을 부여할 수 있게 해주었다. 바빙크는 종말론적 미래에 대해 유사하게 기독록적이고 삼위일체적인 방식으로 철저하게 검토했던 것처럼 보이지 않는다. 그러나 아마도 발타자르보다는 바빙크가 종말에 있을 창조된 현실의 온전함을 공평하게 다루는 것에 훨씬 더 관심을 기울였던 것으로 보인다.[90]

발타자르와 바빙크는 종말에 대해 동일한 교리적 표현을 제공하지 않았다. 그럼에도 두 사람은 모두 종말의 사회적·역동적·활동적 특성을 강조함으로써 현저하게 세속적인 종말론을 제시했다. 그들은 종말과 하나님의 삶을 기독교 전통이 이전에는 삼갔던 방식으로 인간의 사고로 이해할 만한 것으로 만들었다.[91] 두 경우 모두에서 종말에 관한 이런 근대적 개념으로 인한 희생물 중 하나는 지복직관이라는 교리였다. 다시 말하지만, 나는 비판을 지나치게 과장하고 싶지 않다. 발타자르도 바빙크도 기독교 전통의 신학적 타당성 구조를 거부하지 않는다. 더 나아가 삼위일체 하나님의 거룩한 삶 안에서의 영원한 교제에 대한 발타자르의 관심은 그의 종말론이 바빙크의 견해를 포함해 다른 견해들이 하지 않는 방식으로 하나님 중심적으로 남아 있다. 그럼에도 우리가 활동성과 놀람과 창의성을 내세에 대한 우리의 이해의 핵심으로 삼을 때, 그보

---

90 Balthasar에게 궁극적 관심사는 삼위의 각 위들 사이의 상호적이고 역동적인 교제다. 대조적으로 Bavinck는 창조된 질서의 모든 측면의 다채로운 연속성 쪽으로 훨씬 더 기울어진다. 다시 말해 Balthasar에게 종말론적 축복은 신현인 반면, Bavinck는 창조세계의 갱신 쪽으로 훨씬 더 많이 돌아선다. 혹은 Balthasar에게 창조세계는 종말에 삼위일체의 인격적 교제 안에서만 자리를 갖는 반면, Bavinck는 종말에 창조된 현실을 하나님의 존재와 별개의 것으로 다룬다.

91 Balthasar가 삼위일체의 삶의 내적 작용에 관해 너무 많은 것을 안다는 Karen Kilby의 비판을 참조하라("Hans Urs von Balthasar," 217-18).

다 앞선 전통이 그리스도 안에서 하나님을 보는 것에 대해 가졌던 단일한 관심을 유지하는 것은 훨씬 더 어려워진다. 발타자르와 바빙크는 모두 전통이 하지 않았던 방식으로 자신들의 종말에 관한 신학에 세속적 현실을 도입했다. 그 결과 그 두 접근법 모두에서 지복직관의 교리를 유지하는 것은 더욱 어려워졌다. 그 두 접근법이 가진 결점은 명백하게 (하나님에 초점을 맞추는) 신학적이고 기독론적인 지복직관의 교리를 회복하고 재표현하기 위해 다시 한번 기독교 전통으로 돌아서야 할 충분한 이유를 제공한다.

1부
·
초기 기독교
사상에서의
지복직관

2장
철학과 직관

플라톤과 플로티노스 그리고 기독교 신앙

신학 및 철학 그리고 지복직관

내세에서 하나님을 대면해서 본다는 기독교의 소망은 성서에 근거를 두고 있다. 동시에 그리스도인들이 지복직관에 대한 성서의 가르침을 표현했을 때, 일반적으로 그들은 비기독교 자료들과의 대화 속에서 그렇게 했다. 특히 플라톤 전통이 지복직관 교리의 발전에 영향을 주었다. 기독교 플라톤주의―단연코 기독교 사상사의 다수파다―는 일반적으로 플라톤 전통이 모든 결함에도 불구하고 중요한 방식으로 기독교의 계시를 예견했고 따라서 지복직관의 가르침을 포함해 기독교 신앙의 진리를 표현하는 데 도움이 된다는 가정 위에서 작업해왔다. 기독교 플라톤주의의 이런 전통에 따라 나는 기독교냐 플라톤주의냐, 신학이냐 형이상학이냐 식의 양자택일 방식으로 작업하는 것이 도움이 되지 않는다고 확신한다. 근대 이전 전통에 속한 신학자들은 대체로 자신들의 신앙적 헌신을 그렇게 양자택일 방식으로 다루지 않았다.

이것은 그리스도인들이 신학의 진리 주장을 표현할 때 성서 밖의 범주들을 비판 없이 혹은 순진하게 채택했다는 뜻이 아니다. 모든 철학 체계가 그런 표현에 동등하게 적합하지는 않았다. 그리고 어떤 것들은 기독교 신앙과 완전히 상반되는 것으로 간주되었다. 종종 그리스도인들은 철학이 반드시 세계관, 현실에 대한 이해, 신성에 대한 개념 그리고 인간이 되는 것이 무엇을 의미하는지에 대한 이해와 연관된 포괄적이고 메타내러티브적인 주장들을 포함하고 있음을 인식하면서 특정한 철학 체계가 어떻게 기독교 신앙과 양립할 수 있는지를 다소 직접적으로 물었다. 따라서 기독교 사상가들은 철학자들이 자신들의 가장 깊은 기독교적 확신에 대해 제기할 수도 있는 잠재적 위험을 날카롭게 의식하고 있었다. 그리고 플라톤주의적 전통은 그런 비판적인 평가로부터 결코 예외가 되지 않았다.[1]

실제로 초기 교회의 그리스도인들은 조심스러운 태도를 보여야 할 충분한 이유가 있었다. 유명한 철학자 포르피리오스(Porphry, ca. 234-305)는 고대 후기에 플라톤주의와 기독교 사이에서 나타난 대립의 한 예를 대표한다. 포르피리오스는 『그리스도인들을 반박함』(*Against the Christians*)과 『신탁으로부터 온 철학』(*Philosophy from Oracles*) 같은 책을 통해 기독교에 맞서 전통적인 이교적 종교성과 함께 신플라톤주의를 옹호했다. 포르피리오스는 기독교의 성서에 대해 알고 있었는데 그는 그것

---

1   나는 Hans Boersma, *Heavenly Participation: The Weaving of a Sacramental Tapestry* (Grand Rapids: Eerdmans, 2011), 33-35에서 플라톤의 전통에 관한 위대한 전통의 몇 가지 유보 사항에 대해 개략한 바 있다.

을 카이사레아에서 오리게네스로부터 상세하게 배웠다.[2] 포르피리오스는 자신이 그리스도인들의 "불합리한 신앙"이라고 불렀던 것에 반대했는데, 그는 우리가 그것을 하나님께는 모든 것이 가능하다는 성서의 고백 안에서 관찰할 수 있다고 주장했다. 하나님이 모든 것을 하실 수 있다는 주장은 그분이 자연에 거슬러 행동하실 수 있음을 의미하는데, 분명히 그것은 믿을 수 있을 만큼 합리적인 주장이 아니다.[3] 기독교 신앙—그리고 특히 기독교가 기본적으로 이성보다 권위에 의존하는 것—은 기본적인 단계에서 실재에 대한 헬레니즘적 접근법과 화해할 수 없었다. 실제로 로버트 윌켄(Robert Wilken)은 자신의 『로마인들이 본 그리스도인들』(*The Christians as the Romans Saw Them*)에서 적어도 2세기에 그리스도인들이 일반적으로 이교 철학이 기독교 신앙에 끼칠 수도 있는 부정적 영향에 대해 조심스러워했다고 말한다. "단지 소수의 지성인들만이 그리고 기독교 역사에서 1백 년이 지난 후에야 고대 그리스-로마 세계에서 통용되는 철학적 개념들로 기독교 신앙을 표현하는 모험을 시작했다. 그리스도인 대다수는 그런 시도에 반대했다." 실제로 윌켄은 계속해서 다음과 같이 말한다. "2세기 중반까지 '철학'이 언급되었던 몇 안 되는 초기 기독교의 자료들에서 그 용어는 언제나 경멸적으로 사용되었다."[4] 비록 3세기와 4세기에 들어와서 이런 태도에 어느 정도 변화가 나타나

---

2   포르피리오스와 오리게네스의 교류에 관해서는 Anthony Grafton and Megan Williams, *Christianity and the Transformation of the Book: Origen, Eusebius, and the Library of Caesarea* (Cambridge, MA: Belknap Press of Harvard University Press, 2006), 64-66을 보라.

3   Robert L. Wilken, *The Christians as the Romans Saw Them* (New Haven: Yale University Press, 1984), 161.

4   Wilken, *Christianity*, 79.

기는 했으나 그리스도인들이 헬레니즘의 철학을 순진하게 수용하기에
는 기독교와 헬레니즘 사이의 차이가 너무 컸다.[5]

따라서 초기 교회의 그리스도인들이 플라톤적 혹은 플로티노스적
범주들을 받아들였을 때 그들은 그런 개념들이 포괄적인 기독교 철학,
즉 기독교적 삶의 방식 안으로 유익하게 통합될 수 있었을 때만 그렇게
했다. 야로슬라프 펠리칸(Jaroslav Pelikan)은 1992-1993년에 행한 카파도
키아 신학자들―카이사레아의 바실레이오스, 니사의 그레고리오스 그
리고 나지안주스의 그레고리오스―에 관한 기포드 강연에서 다음과 같
이 주장했다. 그 카파도키아 신학자들이 "정확하게 고전적인 그리스 문
화 전통 한가운데 서 있었고 각각은 동시에 그 전통에 대해 아주 비판적
이었다."[6] 카파도키아 교부들에 대한 펠리칸의 심도 있는 해석은 그 두
측면 모두가 사실임을 분명하게 밝혀주었다. 그들은 분명히 자기들 주
변의 헬레니즘 세계에 의해 (그리고 특히 플라톤 전통에 의해) 형성되었다.
하지만 또한 그들은 그런 세계에 대해 아주 비판적일 수 있었다. 펠리칸
이 그 세 명의 카파도키아 신학자들에 대해 제시하는 주장은 더 넓게는
후기 기독교 전통에도 들어맞는다. 플라톤 전통에 대한 그리스도인들의
이런 복잡한 태도가 지복직관 교리의 발전에 영향을 끼쳤다.[7]

---

5   Jaroslav Pelikan은 복음의 그리스화보다는 "그보다 앞섰던 신학의 '탈그리스화'"에 대
     해 말하기를 좋아한다(*The Emergence of the Catholic Tradition(100-600)*, vol. 1 of *The
     Christian Tradition: A History of the Development of Doctrine* [Chicago: University of
     Chicago Press, 1971], 55). Robert L. Wilken이 "기독교의 그리스화"보다 더 적절한 표
     현은 "헬레니즘의 기독교화"일 것이라고 한 말을 참조하라(*The Spritit of Early Christian
     Thought: Seeking the Face of God* [New Haven: Yale University Press, 2003], xvi).

6   Jaroslav Pelikan, *Christianity and Classical Culture: The Metamorphosis of Natural
     Theology in the Christian Encounter with Hellenism* (New Haven: Yale University Press,
     1993), 9.

7   기독교 전통에서 신학과 철학 사이의 관계에 관한 유익한 설명은 Andrew Davison, *The*

신학자들이 지복직관 교리와 관련해 플라톤 전통의 어느 요소를 어떤 방식으로 전용할지에 대해 늘 완전히 일치하지는 않았다는 것에 대해 우리는 놀라지 말아야 한다. 우리는 다양한 점에서 차이가 출현하는 것을 보기 위해 교리의 발전사 속으로 멀리까지 들어갈 필요가 없다. 그런데도 이 책에서 나는 그런 차이 중 몇 가지를 살펴보고자 한다. 기독교 사상사 대부분을 통해―근대성이 나타나기 전까지―지복직관은 인간 존재의 핵심적 텔로스로 간주되었다. 따라서 기독교 전통은 하나님을 보는 것이 인간의 궁극적 목표라는 것에 대체로 동의했다. 이런 합의가 이루어진 한 가지 이유는 기독교와 플라톤 전통 사이의 유익한 대화 때문이었다. 신학자들은 우리가 하나님을 대면하여 보기를 갈망한다는 성서의 진리를 표명할 방법을 찾기 위해 거듭해서 플라톤과 플로티노스에게 눈을 돌렸다. 사실 여러 세기 동안 기독교 플라톤주의가 기독교 교리와 영성 안에서 지복직관이라는 성서의 가르침을 유지해왔다고 주장해도 무방할 것이다.

플라톤의 『향연』: 디오티마와 아름다움의 광경

아래서 나는 플라톤과 플로티노스가 고대 그리스도인들이 일반적으로 지복직관 교리와 연결시키는 주요한 형이상학적 가르침 중 일부를 이해했던 방식을 아주 간단하게 설명할 것이다. 분명히 말하지만 아래의 설

Love of Wisdom: An Introduction to Philosophy for Theologians(London: SCM, 2013)를 보라.

명은 플라톤주의와 기독교 사이의 틈새 없는 연속성을 보여주려는 것이 아니다. 플라톤과 플로티노스와 관련해 나는 그들의 철학에서 직관과 관조가 갖는 중심성에도 불구하고 또한 플로티노스가 "복된 목격"(ὄψις μακαρία)이라는 용어를 사용하고 있음에도 "지복직관"이라는 표현을 의도적으로 피할 것이다. 따라서 아래서 나는 플라톤주의와 기독교 전통의 연속성뿐 아니라 불연속성도 지적할 것이다. 그 두 가지는 모두 기독교 사상 안에서 지복직관 교리를 이해하는 데 중요하다.

아테네의 철학자 플라톤(Plato, 기원전 428-348)은 특별히 자신의 작품 중 다음 세 작품, 『향연』(특히 사랑에 관한 디오티마의 유명한 연설), 『국가』(태양, 분할된 선과 동굴에 관한 세 가지 비유), 『파이드로스』(날개 달린 영혼에 관한 신화)에서 지복직관이라는 기독교 신앙과 연관된 주제들을 다룬다. 우리는 『향연』(Symposium)에서 어느 멋진 만찬에 참석하는데, 그 만찬은 사랑을 찬양하는 여섯 차례의 연설을 위한 무대가 된다. 다섯 번째 연설에서 잘생긴 젊은 시인 아가톤은 에로스(ὁ Ἔρως)는 가장 아름다우며 모든 신 중 최고이기에 또한 가장 복되다고 주장한다.[8] 아가톤의 연설은 깊은 인상을 남긴다. 왜냐하면 그것은 그때까지—사랑이 우리에게 가져다주는 유익이 아니라—에로스 자체의 탁월함을 진지하게 찬양했던 유일한 연설이었기 때문이다. 그리고 이것은 아가톤을 사랑에 관한 최고의 찬사 때문에 상을 받는 일에서 선두의 자리에 서게 하는 것처럼 보였다.

그러나 이어서 소크라테스가 발언을 시작했는데, 그는 아가톤의 연설을 빠르고 충격적으로 해체했다. 소크라테스는 자기 역시 전에는 아

---

8   *Symp*. 195a. 이후에 이 작품의 참조 번호(reference)는 본문의 괄호 안에 표기될 것이다. 인용문은 Plato, *Symposium*, trans. and ed. Robin Waterfield(Oxford: Oxford University Press, 1994)에서 가져왔다.

가톤과 같은 의견을 갖고 있었음을 분명히 밝힌다. "에로스(사랑)는 위대한 신이고 아름다운 것들에 속한 존재로 간주되어야 합니다"(201e). 그러나 만티네아의 여사제 디오티마가 빈곤과 풍요의 자녀인 에로스는 늘 궁핍한 상태에 있음을 명확히 밝히면서 소크라테스의 의견을 수정했다. 에로스는 본래 불멸의 존재도 필멸의 존재도 아니고, 부유하지도 빈곤하지도 않으며, 지혜롭지도 않고 그렇다고 무지하지도 않다(203e).[9] 즉 에로스는 우리의 사랑의 대상이 될 수 없고(왜냐하면 에로스는 곤궁한 부랑자로 남아 있기 때문이다) 오히려 그 자체가 지혜를 사랑하는 자다(204b-c).[10] 에로스는 인간도 아니고 신도 아니며 단지 다이몬($\delta\alpha\iota\mu\omega\nu$), 즉 신과 인간 사이의 전달자 노릇을 하는 중요한 영일 뿐이다(202d-e).

디오티마가 에로스의 지위를 강등시킨 것은 에로스가 사랑하는 대

9   나는 디오티마가 사실상 플라톤 자신의 견해를 대표한다고 여긴다. 또한 나로서는 Andrea Nye가 "디오티마에게 아름다움은 보편적이지 않다. 그것은 특정한 구체적인 사람에 관한 사실, 즉 그가 공동체를 위해 선한 일을 낳을 창조적인 교제에 영감을 준다는 사실이다"라고 말할 때 그가 오해하고 있는 것으로 보인다("The Subject of Love: Diotima and Her Critics," *J Value Inq* 24 [1990]: 140). 디오티마(그리고 내가 믿기로 플라톤 자신)가 공동의 일에 관심을 갖는 것이 사실일지라도, Nye의 말의 첫 번째 부분은 디오티마가 분명하게 말하는 것과 정반대다.

10   믿기 어려운 움직임으로 소크라테스는 자신을 에로스의 다이몬(daemon)의 지위에 놓으면서 에로스에 대해 다음과 같이 말한다. "그는 피부가 딱딱하고 거칠며 맨발에 집도 없습니다. 늘 땅바닥에서 깔개도 없이 누워 있고 문가와 길섶에서 하늘을 지붕 삼아 잠이 들지요"(*Symp.* 203d). 이 말은 그 연설의 목적이 청자들을 개별적인 인간들로부터 보편적 형상들로 옮겨가게 하려는 것임을 감안한다면 매우 역설적이다. 소크라테스를 유혹하려는 알키비아데스는 자신을 자신이 독특하다고 여기는 한 사람, 즉 소크라테스의 몸의 아름다움을 추구하는 일에 자신을 제한한다. Richard Foley가 알키비아데스를 인용하며 주장하듯이, "도덕적 탁월함을 추구하는 일에 대한 소크라테스의 헌신은 아주 특별한 것이어서 결국 그것이 그를 독특하게 만든다. '그는 과거의 어느 누구와도 현재의 어느 누구와도 같지 않다. 이것이 그의 가장 놀라운 점이다.'"("The Order Question: Climbing the Ladder of Love in Plato's Symposium," *AncPhil* 30 [2010]: 71-72).

상이 누구인지 혹은 무엇인지에 대한 질문을 제기한다. 만약 에로스가 우리가 추구하는 궁극적인 대상으로서 사다리의 꼭대기에 서지 않는다면, 무엇이 에로스 자신이 추구하는 최종적 대상이 될 것인가? 소크라테스는 오락가락하는 논쟁을 통해 결국 "사람들이 사랑하는 것은 자신을 위해 좋은 것을 영원히 소유하는 것"이라는 디오티마의 요약적 진술에 동의한다(206a). 이 좋은 것(τὸ ἀγαθόν)을 영원히 소유할 때, 그것이 인간을 "행복하게"(εὐδαίμων) 한다(204e-205a). 따라서 좋음의 이데아가 우리가 추구해야 하는 사랑의 최종적 대상으로서 에로스의 자리를 대신한다.

그러나 좋은 것에 대한 소크라테스의 강화는 불멸성과 아름다운 것들에 속한 것(τὸ καλόν)에 관한 말로 바뀐다. 처음에 그는 아름다운 것들에 속한 것 역시 우리의 사랑의 최종적 목표가 아니며 대신 우리가 추구하는 것은 아름다운 매개체 속에서 "생식하고 출산하는"것이다. 따라서 아름다움은 도구적인 것이고 부차적인 것이다(206e). 우리는 매력적인 전달자를 통해서—육체적으로 혹은 정신적으로—자녀를 낳기 위해 아름다운 대상을 찾는다. 자녀를 낳으려고 욕망하는 이유는 출산이 우리를 실질적으로 불멸하게 만들어주고 그로 인해 우리가 좋음을 영원히 소유하게 해주며 또한 그로 인해 우리에게 사랑의 궁극적 목적인 불멸성을 제공하기 때문이다(206b-207a). 소크라테스는 연설의 끝부분에서 불멸성이 사랑의 궁극적 목표임을 다시 한번 분명하게 밝힌다. "파이드로스와 나머지 여러분, 바로 이것들이 디오티마가 말한 것들인데 나는 그것들에 설득되었다네. 내가 설득되었기에 다른 사람들도 설득하려 시도한다네. 이 불멸성을 얻는 데 있어서 인간 본성에 협력할 자로서 에로스보다 더 나은 자를 찾기란 쉽지 않으리라고 말일세. 그렇기 때문에 **나는** 모든 사람이 에로스를 존경해야 한다고 주장하며, 나 자신도 에로스의 일들을 높이 평가하고 남다르게 연습하며 남들에게도 그러라고 권유한다네. 그래서 지금도 그렇고 앞으로도 내내 내 힘이 닿는 한 에로스의 능력과 용기를 찬미하려네"(212b). 소크라테스에게 에로스는 "중요한 영", 즉 우리를 우리가 사랑해야 하는 대상인 불멸로 이끌어가는 중재자다.[11]

『향연』이 사랑을 단순한 수단으로 격하시키는 것은 플라톤주의와 기독교의 한 가지 중요한 차이를 보여준다. 그리스도인들은 플라톤과 달리 하나님이 사랑이시라고 여긴다. 성 요한의 첫 번째 서신은 이 사랑을 플라톤의 에로스(ἔρως)처럼 곤궁한 사랑이 아니라 우리가 성육신에서 목격하는 것처럼 자기를 내어주는 아가페(ἀγάπη)로 묘사한다. "사랑하지 아니하는 자는 하나님을 알지 못하나니 이는 하나님은 사랑(ἀγάπη)이심이라. 하나님의 사랑이 우리에게 이렇게 나타난 바 되었으니 하나님이 자기의 독생자를 세상에 보내심은 그로 말미암아 우리를 살리려 하심이라"(요일 4:8-9). 확실히 기독교의 직관은 자기를 내어주는 아가페 사랑을 곤궁한 특성을 지닌 플라톤의 에로스에 맞세우지 않는다.[12] 욕망이라는 에로스적인 사랑이 구속의 경륜 속에서 핵심적 역할을 한다. 왜냐하면 그것이 하나님 뵙기를 향한 기독교적 탐구의 촉매이기 때

---

11   Luce Irigaray는 디오티마가 일관성이 없으며 따라서 그녀의 연설에서 실패한다고 비난한다. Irigaray는 그 연설의 첫 부분에서 사랑이 연인들 사이에서 "중심점 혹은 중재자"의 역할을 하는 반면, 그 이후에 사랑은 단지 "목적을 위한 수단"으로 축소된다고 주장한다("Sorcerer Love: A Reading of Plato's *Symposium*, Diotima's Speech," trans. Eleanor H. Kuykendal, *Hypatia* 3, no. 3 [1989]: 32).

12   이것은 Anders Nygren의 *Agape and Eros: The Christian Idea of Love*, trans. Philip S. Watson(Chicago: University of Chicago Press, 1982)에서 나타나는 기본적인 문제로 널리 인식되고 있다. Nygren의 이분법적인 논의는 교황 베네딕토 16세의 회칙 『하나님은 사랑이십니다』(*Deus caritas est*, 2005)에서 가장 극심하게 비난을 받았다.

문이다. 그럼에도 기독교 전통이 하나님을 사랑(ἀγάπη)이라고 분명하게 확인하는 것은 하나님이 어떤 분이신지 그리고 사랑이 무엇인지에 대한 우리의 이해에 크게 영향을 준다. 만약 하나님의 영원하신 말씀이 인간의 몸을 입고 사랑의 화신이 된다면, 이것은 지복직관을 통해 그 사랑을 즐거워하는 것이 인간의 사랑의 궁극적 목표라는 점을 의미한다.

따라서 플라톤의 사랑—그것은 곤궁한 부랑자라는 소크라테스의 자기 묘사를 통해 인격화된다—은 그 자신을 넘어서 불멸이라는 보다 큰 좋음에 도달하는 반면에 그리스도인들은 그리스도 안에 있는 하나님의 사랑보다 더 큰 것에 대해서는 아무것도 알지 못한다. 그러므로 지복직관에서 드러나는 것이 바로 이 사랑이다. 적어도 나의 이해에 따르면, 지복직관은 무엇보다도 기독론적인 교리다. 예수는 빌립에게 "나를 본 자는 아버지를 보았거늘"(요 14:9)이라고 말씀하신다. 지복직관은 결코 우리를 예수 그리스도 너머로 이끌어가지 않는다. 분명히 기독교 전통에 속한 어떤 이들은 지복직관의 기독론적 성격을 적절하게 강조하지 않을 수도 있다(그러나 우리는 위대한 전통이 지복직관을 분명하게 표현하는 일에서 현저하게 기독론적이었음을 알게 될 것이다). 이 책에서 나는 그 전통 중 내가 보기에 기독론적으로 불충분해 보이는 요소들을 비판할 것이다. 특히 나에게는 우리의 영원한 직관의 "대상"으로서 성육신하신 그리스도를 하나님의 본질로 대체하는 것이 문제로 보인다. 여기서 나는 특히 성 토마스 아퀴나스(St. Thomas Aquinas, 1224/25-74)와 그를 뒤따르는 전통을 염두에 두고 있는데, 그것은 지복직관을 하나님의 본질과 연결시킨다. 그로 인해 내 생각에 기독론은 지복직관 교리에서 충분하게 중심적이 되지 못한다.[13] 나의 이해에 따르면, 그리스도를 보는 것은 하나님의 본질을 보는 것이다.

비록 소크라테스가 불멸이 사랑의 궁극적 목표라고 말할지라도, 그럼에도 디오티마 연설의 마지막 부분에서 가장 두드러지는 것은 아름다운 것—과 우리가 그것을 보는 것—이다. 좋은 것을 소유하는 것이 아름다운 것을 보는 것과 동일시된다.[14] 디오티마는 이전에 아름다운 것(τὸ καλόν)을 단순히 불멸을 낳는 전달자로 묘사했을 수도 있다. 그러나 여기서 그녀는 아름다운 것이야말로 인간이 욕망해야 할 궁극적 목표라고 분명하게 말한다. 그뿐 아니라 그녀는 그 아름다운 것을 보는 것을 인간의 욕망이나 사랑을 충족시켜주는 최종적 만족으로 말한다. 우리는 불멸이 그 자체로 끝이기보다는 좋은 것을 소유하거나 아름다운 것을 보기 위한 영원한 **방식**이라고 말할 수 있을 것이다. 확실히 플라톤에게 그것은 이것이냐/저것이냐(궁극적 목적이 불멸이냐 아름다운 것이냐)의 문제가 아니다. 어쨌거나 디오티마는 이미 에로스를 "죽을" 인간과 "불멸의" 신들 중간에 있는 것임을 분명히 밝힌 바 있다. 따라서 불멸이란 단지 좋은 것을 영원히 소유하는 것(혹은 아름다움을 보는 것)을 말하는 것이 **아니다**. 불멸성을 성취한 것은 인간이 신이 되었음을 의미하며 신이 되는 과정에서 에로스라는 다이몬을 먼지 속에 버려두었음을 의미한다. 따라서 소크라테스는 영혼이 아름다운 것을 보는 것과 영혼이 상승하는 것의 궁극적 목표인 신성화를 연결하는 것처럼 보인다. 플라톤 사상의 이런

---

13   이 책 5장의 "기독교 영성과 지복직관" 단락을 보라.
14   Andrew Louth는 더 나아가 플라톤의 "궁극적 목표는 형상들과 그것들을 넘어서 선과 아름다움이라는 최고의 형상을 보는 것이다"라고까지 주장한다(*The Origins of the Christian Mystical Tradition: From Plato to Denys* [Oxford: Oxford University Press, 1981], 15).

측면은 특별히 기독교 전통에서 유익한 것으로 입증되었다. 또한 거기서 지복직관(과 아름다움의 신학)은 우리가 보게 되겠지만 신성화(theōsis)와 밀접하게 연결된다.

디오티마는 인간이 아름다운 것을 보는 상태에 이르는 것이 여러 가지 단계를 통과해서 가능하다는 점을 분명하게 밝히면서 사람들이 아름다운 것을 보는 것에 대한 연설을 시작한다.[15] 먼저, 우리는 단 한 사람의 아름다움을 사랑하는 것으로 시작한다. 둘째, 우리는 모든 육체의 아름다움이 하나이며 동일하다는 것을 인식함으로써 세상에 있는 모든 아름다운 육체를 사랑할 수 있게 된다. 셋째, 우리는 육체적 아름다움을 평가하는 것에서 정신적 아름다움이 더 크다는 인식으로 나아간다. 넷째, 이제 그것이 우리가 사람들의 육체적 아름다움보다 그들의 활동과 제도들의 매력을 보도록 만든다. 다섯째, 우리는 실제로 사람들이 아는 사물들 안에서 아름다움을 볼 수 있다. 이제 지혜에 대한 사랑이 우리가 아름답고 발전적인 방식으로 추론하고 사고할 수 있는 매개물이 된다. 마지막으로, 이것은 디오티마가 소크라테스(와 플라톤의 독자들)에게 특히 유의하라고 경고하는 관조라는 여섯째 단계로 이어진다.

그녀가 다음과 같이 말했다. "할 수 있는 한 최대의 주의를 기울이도록 노력해보세요." 아름다운 것들을 차례차례 올바로 바라보면서 에로스와 관련

---

15   A.-J. Festugières의 말을 참조하라. "유형적인 것의 무한함으로부터 형상의 독특성으로 직접 이동하는 것이 불가능하다는 점은 분명하다. 따라서 이런 상승은 단계나 정도를 통해 일어난다. 이런 단계들 각각은 보다 영적인 단계에 이르고 눈에 보이지 않는 것에 더 가까이 다가가기 위해 물질로부터 자신을 점점 더 완전하게 축출하려는 노력에 의해 특징지어진다(Contemplation at vie contemplative selon Platon, 2nd ed., Le Saulchoir: Bibliothéque de philosophie 2 [Paris: Vrin, 1950], 165).

된 일들에 대해 여기까지 인도된 자라면 이제 에로스와 관련된 일들의 정점에 도달하여 갑자기(ἐξαίφνης) 본성상 아름다운 어떤 놀라운 것을 직관하게 될 것입니다. 소크라테스, 앞서의 모든 노고의 최종 목표이기도 했던 게 바로 이것입니다. 우선 그것은 늘 있는 것이고 생성되지도 소멸하지도 않고 증가하지도 감소하지도 않는 것입니다. 그다음으로 그것은 어떤 면에서는 아름다운데 다른 면에서는 추한 것이 아니고 어떤 것과의 관계에서는 아름다운 것인데 다른 자들에게는 추한 것이어서 여기서는 아름다운데 저기서는 추한 그런 것도 아닙니다. 또한 그 아름다운 것은 그에게 어떤 얼굴이나 손이나 그 밖에 몸이 관여하는 그 어떤 것과 비슷한 것으로 나타나지도 않을 것입니다. 어떤 이야기(λόγος)나 어떤 앎(ἐπιστήμη)으로 나타나지도 않을 것이며 어디엔가 어떤 다른 것 안에, 이를테면 동물 안에 혹은 땅에 혹은 하늘에 혹은 다른 어떤 것 안에 있는 것으로 나타나지도 않을 것입니다. 오히려 그것은 그것 자체로 그리고 그것 자체만으로(καθ' αὐτὸ μεθ' αὐτοῦ) 늘 단일 형상으로 있는 것이며 다른 모든 아름다운 것들은 다음과 같은 어떤 방식으로 바로 저것에 관여합니다(μετέχοντα). 다른 것들이 생성되거나 소멸할 때 바로 저것은 조금도 많아지거나 적어지지 않으며 아무 영향도 받지 않는 방식으로 말입니다(*Symp*. 210e-211b).

디오티마는 연설의 정점을 향해 나아간다. 그녀는 인간이 여섯 단계를 통해 아름다움을 보는 것에 도달한다는 것을 분명하게 밝힌다. 인간은 그 단계를 통해 특정한 물질적 대상에서 아름다움 자체라는 비물질적 형상(Form)에 이른다. 특정한 물질적 대상과 영원한 형상의 구별은 기독교 전통에서 중요해질 것이다. 비록 그 전통에서 사실상 형상들의 저장소 역할을 하는 존재는 영원한 말씀(로고스)이지만 말이다.[16] 그 결과 기독교 전통에서 모든 인간이 욕망하는 텔로스는 성육하신 그리스도—영화된 그리스도의 육체 안에 있는 아름다움의 형상—를 보는 것이다.

아름다움을 보는 것에 관한 디오티마의 설명에서 세 가지가 눈에 띈다. 첫째, 그것은 갑작스러운 경험이다. 확실히 우리가 보았듯이 영혼은 구별되는 단계라는 수단을 통해 질서정연하게 이 순간을 준비해왔다. 그러나 아름다운 것을 보는 일이 일어날 때, 그것은 그럼에도 "갑자기"(ἐξαίφνης) 이루어진다. 이런 직관은 전혀 예상하지 못했던 것이 아닐 수도 있다. 하지만 그것은 여전히 통제되거나 조작될 수 없는 것이다. 중요한 의미에서 우리는 그것이 외부로부터 거의 선물처럼 다가온다고 말할 수 있다.[17] 우리가 신들의 영역을 넘어서 아름다운 것이나 좋음의 이데아(형상들의 세계)에 도달했음을 고려했을 때 플라톤에게는 이런 직관을 주는 인격적 "수여자"가 없지만 말이다. 그럼에도 직관의 갑작스러운 특성은 그것이 가진 무상적 성격을 나타내준다.

둘째, ("갑자기"라는) 동일한 용어는 직관할 때 맛보는 기쁨에 넘치는 특성이나 황홀경적 특성이다. 이러한 특성은 성서의 내러티브(고후 12:1-4)와 기독교 전통 안에서 증언되는 것이다. 이러한 경험이 가져오는 황홀경적 성격은 이해의 방식에서 분명하게 드러난다. 앞서 언급했던 다

---

16   또한 우리는 비록 유대-기독교 전통에서 물질과 영을 구분하는 것이 중요하지만 물질과 영은 가장 중요한 형이상학적 범주가 아니라는 점을 염두에 두어야 한다. 오히려 여기서는 창조되지 않은 것과 창조된 것 사이의 구분이 가장 중요하다.

17   참조. Louth, *Origins*, 13. "아름다운 것 자체를 최종적으로 보는 일은 얻어지거나 발견되지 않는다. 그것은 영혼에게 다가온다. 그것은 영혼에게 계시된다. 그것은 영혼의 능력 밖에 있다. 그것은 수여되고 받아들여지는 그 무엇이다. 여기서 우리는 무아지경이나 황홀경에 대해 말할 수 있을 것이다."

섯 단계들은 각각 감각 경험이나 이성적 지식의 대상들과 관련이 있었다. 하지만 소크라테스는 이 마지막 단계에서 이 두 가지 지각의 방식을 주의 깊으면서도 분명하게 취소한다. 여기서 우리가 얻는 것은 "어떤 얼굴이나 손이나 그 밖에 몸"과 같은 아름다운 것에 대한 이해가 아니다. 그것은 "어떤 이야기나 어떤 앎"도 아니다. 본성상 아름다운 것에 대한 직관은 감각과 논증적인 지식을 모두 버린다. 물리적 감각도 지성도 우리가 아름다움 자체를 인식할 수 있도록 해주지 못한다. 그런 까닭에 디오티마는 그녀의 초심자들을 평범한 앎의 방식 너머로 이끄는 신비를 가르치는 해설자임이 밝혀진다.

셋째, 이 마지막 단계에서 아름다움 자체를 보는 사람은 그것을 "그것 자체로 그리고 그것 자체만으로"(καθ' αὐτὸ μεθ' αὑτοῦ) 본다. 확실히 디오티마는 아름다움 자체를 "그것 자체로 그리고 그것 자체만으로" 보는 것이 물리적 대상들이나 지적 대상들을 낮게 평가한다고 주장하지 않는다. 오히려 이 궁극적인 직관은 정확하게 말하자면, "앞서의 모든 노고의 최종 목표이기도 했던 것"이다. 물리적 대상이나 지적 대상들은 궁극적 의미를 갖지 않을 수 있다. 디오티마에게 우선권이 있는 장소는 아름다움 자체다. 그러나 아름다움이라는 영원한 형상의 존재는 특정한 아름다운 대상을 의미 없는 것으로 만들지 않는다. 오히려 이전의 모든 단계—와 그것들과 물질 세계의 관계—는 이처럼 아름다움을 "그것 자체로 그리고 그것 자체만으로" 보는 것을 최종 목표로 삼았다. 디오티마는 사실상 모든 아름다운 대상은 어느 의미에서 이 아름다움에 "관여한다"(μετέχοντα)고 주장한다. 물질적 대상과 그것들에 대한 우리의 감각적이고 지적인 이해에 의미를 부여하는 것은 바로 이 관여(또는 참여)라는

가르침이다.[18]

디오티마가 그 여러 단계에 대해 한 번 더 말할 때―이로써 소크라
테스는 천천히 배우는 사람임이 밝혀진다―그녀는 그 과정의 신비적인
(상승하는) 성격을 강조한다. 디오티마는 소크라테스가 이 세상의 것들을
"사다리의 가로대"로 사용해야 한다고 주장한다(*Symp.* 211c). 그 사다리
의 꼭대기에서 참된 아름다움을 보는 것은 아주 놀라운 경험이어서 우
리는 다른 무엇보다도 그것을 소중하게 여겨야 한다.

> 친애하는 소크라테스, 인간에게 삶이 살 가치가 있는 건 만일 어딘가에
> 서 그렇다고 한다면 바로 이런 삶에서일 겁니다. 아름다운 바로 그것 자체
> (αὐτὸ τὸ καλόν)를 바라보면서 살 때 말입니다. 당신이 일단 그걸 보게 되
> 면 황금이나 옷이나 아름다운 소년들이나 젊은이들과는 차원이 다르다고
> 생각하게 될 것입니다. 지금 당신은 그리고 다른 많은 사람들은 이들을 보
> 다가 아주 넋이 나가서는 소년 애인들을 보면서 그들과 늘 함께 지낸다면
> 어떻게든 그렇게 할 수만 있다면 먹지도 마시지도 않고 그저 바라보기만 하
> 면서 함께 지낼 태세가 되어있지요. 그렇다면 순수하고 정결하며 섞이지 않
> 은 아름다운 것 자체를 보는 일이 누군가에게 일어난다면, 즉 인간의 살이
> 나 피부나 다른 많은 소멸해버릴 허접쓰레기에 물든 것을 보는 게 아니라
> 단일 형상인, 신적인 아름다운 것 자체를 그가 직관할 수 있게 된다면 어떠
> 하리라고 우리는 생각합니까?(211d-e)

---

18   참조. Adrian Pabst, *Metaphysics: The Creation of Hierarchy* (Grand Rapids: Eerdmans,
      2012), 32.

디오티마는 소크라테스에게 아름다운 것 자체를 보는 것―그것은 세속에서 보는 그 어떤 것보다도 훨씬 더 큰 가치를 지니고 있다―이 지닌 믿기 어려운 가치를 각인시킨다. 그리고 물론 기독교 전통 전체를 통해 많은 그리스도인 사제들과 목회자가 그 여사제(디오티마)의 웅변을 따랐다. 즉 일련의 단계 혹은 사다리에 관한 이미지는 유명한 것이 되었다. 사실 기독교 신앙의 신비적인 충동(상승하는 추력)은 지복직관 교리를 위해 필수불가결한 지원을 제공한다. 그 사다리 꼭대기에 있는 지복직관의 영광은 지상의 아름다움을 포기하게 할 만큼 탁월한 가치가 있다. 사람이 참된 아름다움을 자신의 최종적 목표로 삼으면 언제나 포기와 자기훈련―심지어 세속적이고 물질적인 것들에 대한 어느 정도의 경멸(contemptus mundi)―이 뒤따른다.

플라톤의 『국가』에 나오는 세 가지 비유: 동굴에서 태양으로

플라톤의 『국가』(Republic)에 등장하는 세 개의 유명한 비유들(태양, 분할된 선과 동굴의 비유)은 세속적인 사물들이라는 비실재적 그림자와 태양빛으로 표현되는 참된 실재 사이의 대조에 초점을 맞춘다. 그 세 가지 비유는 소크라테스가 플라톤의 형인 글라우콘과 대화를 해나갈 때 연속으로 등장한다.[19] 첫 번째 대화에서 소크라테스는 좋음의 이데아(Goodness)를 태양과 비교한다. 그는 글라우콘에게 한편으로는 태양과 시각 및 눈

---

19   John Ferguson은 그 세 가지 비유들이 서로 어떻게 연관되는지에 대해서는 물론이고 동굴의 비유에 끼친 파르메니데스의 영향에 대해서도 유익한 설명을 제공한다("Sun, Line, and Cave Again," CIQ 13 [1963]: 188=93).

으로 이루어진 3개 한 벌과 다른 한편으로는 좋음의 이데아와 이성 및 영혼으로 이루어진 3개 한 벌 사이의 유비에 대해 설명한다. 소크라테스는 물체들이 달과 별보다 태양에 의해 조명을 받을 때, 사람들의 눈은 그것들을 더 잘 본다고 말한다. 마찬가지로 "진리와 실재에 의해 밝게 되었을 때" 영혼은 이성을 갖게 되지만, "그것(영혼)의 대상들에 어둠이 스며들 때" 영혼은 변화하는 의견으로 축소된다.[20] 게다가 태양이 빛과 시각의 원인이듯, 좋음의 이데아(τὸ ἀγαθόν)는 지식과 진리의 원인이다(508e). 더 나아가 빛과 시각이 태양 자체이기보다는 태양과 **유사한 것**이듯 지식과 진리 역시 좋음과 **유사한 것**이지 좋음 자체는 아니다(508e-509a). 마지막으로 태양이 가시성뿐 아니라 성장과 양육을 제공하듯이 좋음의 이데아는 대상에 대한 지식의 원인일 뿐 아니라 또한 그것들의 존재와 본질의 원인이기도 하다. 반면에 좋음 자체는 "지위와 힘에 있어서 존재를 초월한다"(509b).

플라톤이 좋음의 이데아의 본질을 설명하기 위한 비교 대상으로 태양을 선택한 것은 우연이 아니다. 플라톤에게 지식은 조명의 결과다. 좋음의 이데아에 대한 지식은 "빛"에 참여하는 것이다. 진리와 실재가 "눈부시게 빛난다"는 소크라테스의 언급은 유비의 두 용어인 좋음의 이데아와 태양이 밀접하게 연결되어 있음을 의미한다(508d). 소크라테스가 한편으로 좋음의 이데아와 다른 한편으로 지식과 진리를 신중하게 구별하는 것 역시 중요하다. 영원한 이데아 혹은 형상으로서 좋음은 그 자신의 부류에 속한 것으로 보인다. 지식과 진리는 좋음의 이데아의 단계에

20　*Rep.* 508d. 이후에 이 작품의 참조 번호는 본문의 괄호 안에 표기될 것이다. 인용문은 Plato, *Republic*, trans. and ed. Robin Waterfield(Oxford: Oxford University Press, 1998)로부터 가져온다.

이르지 못한다. 마지막으로 소크라테스는 우리가 감각적 관찰을 피해야 한다는 것을 분명하게 밝히는데, 그런 관찰은 우리에게 생성의 세계, 즉 "어둠과 섞여 있는" 영역에 접근하는 것만을 허락할 뿐이다(508d). 오히려 영혼은 "진리와 실재가 눈부시게 빛나는" 형상들로 이루어진 지성 세계(intelligible world)를 바라볼 필요가 있다.

두 번째 비유인 분할된 선의 비유는 보다 직접적으로 보이는 세계(visible world)와 지성 세계를 구분하는 것에 초점을 맞춘다. 그 비유에서 소크라테스는 글라우콘에게 "두 개의 균등하지 않은 부분으로 나뉘고 이어서 보이는 영역의 부분과 지성 영역의 부분을 그 비율과 동일한 비율로 세분하는 선"을 상상해보라고 요구한다(509d). 그러면 다음과 같은 그림이 등장한다.

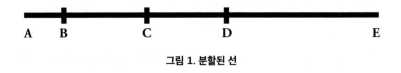

그림 1. 분할된 선

이 분할된 선에서 AC는 보이는 세계를 가리키는 반면, CE는 지성 세계를 의미한다. 우리는 소크라테스가 했던 상세한 설명을 건너뛸 수 있다. 그것들은 지복직관이라는 주제와 직접 상관이 없기 때문이다. 그러나 이렇게 분할된 선의 네 부분이 영혼이 실재에 접근하는 단계들을 대표한다는 점에 주목하는 것이 중요하다. 그것들은 영혼의 다음 네 가지 상태를 대표한다. 첫 번째는 추측(εἰκασία)의 상태다. 추측은 보이는 세계(AB)의 그림자 및 반사와 관련이 있다. 두 번째는 믿음(πίστις)의 상태다. 믿음은 보이는 대상 자체(BC)와 관련이 있다. 세 번째는 이해(διάνοια)의 상태다. 이해는 보이는 물체와 가설들(CD)이라는 수단을 통해 접근하는 수학적 형상의 세계를 가리킨다. 마지막 네 번째는 지식(νόησις)의 상태다. 지식은 선(DE)의 첫 번째 원리와 가장 가까운데, 그것은 그것이 순수하게 추상적이기 때문이다(511d-e). 분할된 선에 관한 플라톤의 비유는 우리에게 감각적 실재가 지성 세계에 도달하기 위해서 꼭 필요하다는 것과 우리는 좋음의 이데아에 이를 때 참된 직관에 이른다는 것 모두를 알려준다. 플라톤의 틀에서 가장 높은 단계의 통찰은 지식(νόησις)인데, 그것은 다른 형상들 너머에 있다. 그것은 평범하고 이성적인 이해(διάνοια)가 아니라 우리를 좋음 자체로 이끄는 지식(νόησις)이다. 이 때문에 기독교 전통은 종종 플라톤의 통찰을 이용하곤 했다. 신학자들은 자주 감각뿐 아니라 이성적이고 논증적인 사상도 하나님과의 경험적 연합을 제공하지 않는다고 주장했다. 그동안 흔히 사람들은 하나님의 빛이 성도에게 비추는 것은 감각과 이해를 넘어서는 마음(νόησις)이라고 생각해왔다.

소크라테스는 앞선 두 개의 비유를 기반으로 자신의 유명한 동굴의 비유를 제시한다. 여기서 플라톤은 철학 교육을 지하동굴에서 죄수들을 석방시키는 것에 비교한다. 어릴 때부터 동굴 벽을 바라보며 묶여 있던 죄수들은 감옥 벽을 울리는 소리를 듣고 벽에 드리워진 그림자를 본다. 이런 소리와 그림자들은 죄수들 뒤에 있는 사람들에 의해 생산된다. 그들은 죄수들 뒤에서 낮은 벽 위로 이런저런 인공물, 작은 조각품과 동물 모양들을 들어올린다. 동굴 입구에서 피어오르는 불 덕분에 그 다양한 물체들은 동굴 벽에 그림자를 만들어낸다. 자기들 뒤에서 무슨 일이 벌어지고 있는지 알지 못하는 죄수들은 이런 그림자들이 참된 실재라고 믿는다.

그림 2. 동굴(알렉 아놀드가 제공)

소크라테스는 우리에게 죄수 중 하나가 풀려나 불빛을 바라보라는 말을 듣는 상황을 상상해보라고 권한다. "그는 너무 눈이 부셔서 자기가 전에 바라보았던 그림자를 만들어낸 물체를 알아보지 못해"(*Rep.* 515c). 따라서 그는 벽 위의 그림자가 지금 자기가 보는 물체보다 더 많은 실재를 포함하고 있다고 확신하고 그로 인해 등을 돌리고 다른 죄수들에게로 달려간다(515d-e). 그 후에 비록 그가 "억지로 끌려나와" 햇빛을 볼지라도(515e), 그는 아무것도 보지 못할 것이다. "그의 눈이 태양 빛에 압도될 것이기 때문이다"(516a).[21] 그가 현실을 있는 그대로 이해할 수 있게 되

---

21   Rachel은 소크라테스가 햇빛 속으로 "억지로 끌려나오는" 것에 관해 말할 때, 우리가 이런 강압을 외적인 폭력 행사가 아니라 성적인 매력의 표현으로 이해해야 한다고 분명하게 밝힌다("*Eros* and Necessity in the Ascent from the Cave," *AncPhil* 28 [2008]: 357-72).

는 것은 새로운 상황에 익숙해진 후에야 가능하다. "그리고 마침내 그는 태양을 식별하고 그것을 즐길 수 있을 걸세. 물이나 다른 곳에 투영된 이미지로서가 아니라 제 위치에 있는 태양 자체를 말일세"(516b).

앤드루 라우스(Andrew Louth)는 상승의 두 단계에 대해 말하면서 플라톤이 지금 묘사한 교육 과정을 상세히 설명한다. 첫 번째 단계는 깨어남의 단계다. "우리가 단지 실재처럼 보이는 것에 몰두하고 있다는 깨달음, 즉 우리의 지식이 단지 의견(*doxa*)일 뿐이라는 깨달음"이다. 두 번째 단계는 "거짓된 실재에서 분리되어 참된 실재를 추구하는 과정, 즉 교육 혹은 교정하는 파이데이아(*paideia*)의 과정"이다.[22] 그것은 "우리가 오직 죽음을 넘어서야 실제로 살 수 있는 삶을 지금 살려고" 노력하는 철학적인 과정이다.[23] 이 과정은 지적일뿐 아니라 도덕적인 정화 중 하나이기도 하다. 그것은 "믿기 어려울 만큼 아름다운 무언가"를 보는 것을 목표로 삼는다.[24] 라우스는 그것의 본질을 설명하기 어려운 이 아름다움은 너무나 영광스러워서 형상들의 영역조차 초월한다고 지적한다.[25] 다시 말하지만, 후기 기독교 전통에 속한 신학자들은 플라톤에게서 나타나는 형언할 수 없는 아름다움을 사도 바울이 자신이 낙원으로 이끌려가서 "말로 표현할 수 없는 말을 들었다"(고후 12:4)고 암시하는 것과 연결하면서 종종 하나님을 보는 황홀한 경험—어쩌면 어떤 이들은 그것을 지금의 삶에서 이미 경험하고 있다—이 합리적인 지성에 종속되는 것이 아니기에 말로 표현할 수 없다고 주장한다.

---

22   Louth, *Origins*, 6.
23   Louth, *Origins*, 7.
24   Plato, *Symp*. 210e.
25   Louth, *Origins*, 11.

유감스럽게도 이후에 동굴로 다시 돌아온 죄수는 동굴에 남아 있던 집단의 나머지 사람들에게 외부자가 될 것이다. 그는 바보가 될 것이다. "그들이 그가 위로 여행했다 돌아오면서 눈이 망가졌고 따라서 그리로 올라가려는 것은 가치가 없는 일이라고 말하지 않겠는가? 그리고 그들은 만약 그들이 그렇게 할 수 있다면 자기들을 석방시켜 그곳으로 데려가려는 이를 붙잡아 죽이려고 하지 않겠는가?"(*Rep.* 517a) 분명히 소크라테스는 우리가 아름다움 혹은 좋음의 이데아를 "형상들의 형상"(Form of Forms)으로 바라보는 것이 함축하는 것에 관해 숙고하기를 바란다.[26] 태양을 바라보는 것은 우리가 태양에 관한 이전의 비유들과 관련해 보았듯이 좋음 자체를 바라보는 것과 같다. 안타깝게도 밝게 빛나는 좋음이라는 지성 세계의 태양을 보았던 철학자 소크라테스는 자신의 생명으로 그것을 본 값을 치르게 될 것이다.

가장자리 보기: 플라톤의 『파이드로스』에 등장하는 날개 달린 영혼

『파이드로스』(*Phaedrus*)에 나오는 날개 달린 영혼에 관한 신화는 기독교 신학에서 보는 것(θεωρία)이 종종 하나님에 대한 관조를 묘사하는 것이지만 플라톤에게 그것은 하나님을 보는 것이 아님을 아주 분명하게 밝혀준다. 그 이유는 플라톤의 체계가 기독교 전통의 체계와 다르기 때문이다. 그 결과 플라톤에게 상승은 다른 목적을 지닌다. 플라톤의 이해에

---

26   나는 의도적으로 좋음의 이데아(와 아름다움 자체)를 "형상들의 형상"으로 부른다. 이 용어는 니콜라우스 쿠자누스 같은 후기 전통에서 거듭해서 나타난다. 앞으로 보게 되겠지만, 쿠자누스에게서도 이 용어는 감각과 논증적 지식 너머에 있는 것을 가리킨다.

따르면, 우리가 직관의 목적으로 삼는 것은 하나님(혹은 신들)이 아니다. 사실 플라톤에 따르면―그가 말하는 우주의 체계에서는 신들이 형상들보다 낮은 곳에 있다―신들 자신이 그들의 궁극적 텔로스인 형상들에 대한 직관을 추구한다.

플라톤은 『파이드로스』에서 영혼이 어째서 불멸하는지를 설명한 이후에 마부와 그가 이끄는 [날개 달린―역자 주] 두 마리의 말이라는 비유를 사용해 몸으로 들어오기 이전의(preincarnate) 영혼의 특성에 대해 논한다. 기독교 전통에서 일반적으로 전용되는 그 비유는 영혼의 세 부분, 즉 두 마리의 말로 대표되는 감정(πάθη)을 통제하는 마부로서의 이성(τὸ λογιστικόν)을 지닌 영혼에 대해 묘사한다. 그 이성의 오른쪽에서는 희고 고귀한 말로 대표되는 성미급한 부분 혹은 기개적인 부분(τὸ θυμοειδές)이 나타나며, 왼쪽에서는 검고 추악한 말로 대표되는 육욕적인 혹은 욕구적인 부분(τὸ ἐπιθυμητικόν)이 나타난다.[27] 흥미롭게도 영혼의 마차는 제우스와 다른 신들이 이끄는 마차의 수행을 받으며 하늘을 난다. 신들의 마차가 하늘의 천장 꼭대기에 닿는 것보다 영혼의 마차가 하

---

27   *Phaedr.* 253d-e. 이후에 이 작품의 참조 번호는 본문의 괄호 안에 제시될 것이다. 인용문은 Plato, *Phaedrus*, trans. and ed. Robin Waterfield(Oxford:Oxford University Press, 2000)에서 가져왔다. 플라톤은 그것들을 영혼의 세 부분이라고 가리키기만 할 뿐 마부와 두 마리 말들이 누구인지를 분명하게 밝히지 않는다. 그러나 『국가』에서 그는 영혼의 세 부분에 대해 상세하게 밝힌다. 그곳에서 그는 그것들을 네 가지 자연의 덕과 연결시킨다. 지혜(σοφία)는 이성적 측면, 용기(ἀνδρεία)는 기개적인 부분, 사려깊음(σωφροσύνη)은 욕구적인 부분, 그리고 정의(δικαιοσύνη)는 영혼의 세 부분에 조화로운 질서를 부여하는 것과 관련이 있다. 또한 *Rep.* 580d-581e를 보라. 참조. Eric Voegelin, *Plato* (1957; reprint, Columbia: University of Missouri Press, 2000), 108-11. J. Warren Smith는 다른 해석을 제시하는데 그에 따르면, 검은 말은 그것의 감각적인 방향에서 육욕적인 기능을, 백마는 같은 욕망의 기능을 지녔으나 이성에 의해 훈련되고 인도되는 것을 의미한다(*Passion and Paradise: Human and Divine Emotion in the Thought of Gregory of Nyssa* [New York: Herder and Herder/Crossroad, 2004], 56-58).

늘의 천장 꼭대기에 닿기가 훨씬 더 어려운 것은 영혼의 마차에는 경쟁하는 검은 말들이 있기 때문이다(247b). 이어서 플라톤은 신들이 행성들이 회전하는 동안 하늘의 바깥쪽 가장자리에 서서 하늘로부터 밖을 응시하는(θεωροῦσι) 것에 대해 묘사한다.

이 영역을 차지하는 것은 색깔도 없고 형태도 없으며 만질 수도 없고 영혼의 키잡이인 지성에 의해서만 볼 수 있고 모든 참된 지식이 관여하는 진정한 실체일세. 신의 마음은 지성과 순수 지식에서 영양분을 섭취하는데, 그 점은 자기에게 알맞은 것을 받아들이고 싶어 하는 모든 영혼의 경우도 마찬가지라네. 그리하여 영혼은 한동안 실재를 보고 진리를 관조하며 흐뭇해하는 가운데 영양분을 섭취하고 행복감을 느끼다가 결국 하늘의 회전 운동에 따라 한 바퀴 돌아 제자리로 돌아온다네. 영혼은 회전 운동에 따라 같이 돌며 정의 자체와 절제 자체와 지식 자체를 보는데, 이 지식은 시작이 있으며 우리가 여기서 실재라고 부르는 것 중 어느 것과 관련되느냐에 따라 달라지는 그런 지식이 아니라 진실로 실재하는 것에 관한 진정한 지식이라네. 그리고 영혼은 다른 실체들도 모두 보고 즐긴 뒤 다시 하늘 안쪽으로 내려와 집으로 돌아온다네(247c-e).

우리가 관조적 직관(contemplative vision)이라고 부를 수 있는 것에 대한 플라톤의 묘사는(직관의 대상으로서의 신들과 함께) 신들**에 대한** 직관이 아니라(직관의 주체로서의 신들과 함께) 신들**에 의한** 직관을 묘사한다.[28] 그들

---

28   플라톤이 테오레오(θεορέω[보다])라는 동사와 테오리아(θεωρία[관조])라는 명사를
      사용하는 방식에 관해서는 Gerald A. Press, *Plato: A Guide for the Perplexed* (London:
      Continuum, 2007), 160을 보라.

은 정의, 자기통제 그리고 지식뿐 아니라 진리를 응시한다. 다시 말해 그들은 플라톤이 그 체계의 사다리 꼭대기에 위치시키는 영원한 형상들 혹은 이데아를 바라본다.

신조차 이런 관조적 직관을 아주 잠깐만 경험할 수 있다. 그 후 그 것은 "하늘의 안쪽으로 내려앉는다." 황홀경적 직관의 순간적 특성─그 것을 붙잡아 두지 못함─은 단지 플라톤의 『파이드로스』의 신들이 경험 하는 그 무엇이 아니다. 우리가 보게 되겠지만, 성 아우구스티누스는 자 신의 『고백록』(Confessions)에서 하나님을 신비롭게 아주 잠깐 경험하는 것에 대해 한탄한다. 또 서방과 동방의 신학자들은 모두 이곳 지상에서 지복직관을 하는 그 어떤 기대도 기껏해야 순간적일 뿐임을 인식했다. 하나님을 온전하게 보는 것─종종 단순하게 "지복직관"이라고 불리는 것─은 내세를 위해 유보된다. 앞선 작품들(특히 『파이돈』과 『국가』)에서 플 라톤은 유사한 견해를 견지했을 수도 있다. 하지만 『파이드로스』에서 그 는 더는 인간의 영혼이 형상들을 영원히 응시할 가능성을 지지하지 않 는 것처럼 보인다.[29] 플라톤의 『파이드로스』에서는 신들조차 오랜 시간 동안 하늘의 바깥쪽 가장자리를 넘어가지 못하기에 인간이 영원한 형상 들을 영원히 응시하는 것에 관해 생각하는 것은 적절해 보이지 않는다.

이미 언급했듯이 원래 육체 안에 갇히기 이전 상태에서 인간 영혼

---

29   Richard Bett는 『파이드로스』에서 "영혼의 진보의 종점은 형상들에 대한 변함없고 영원 한 관조가 아니라 때때로 형상들에 대한 관조가 끼어드는 방식으로 이루어지는 하늘에 대한 영원한 횡단이다"라고 지적한다("Immortality and the Nature of the Soul in the Phaedrus," *Phronesis* 31 [1986]: 20). 더 나아가 플라톤이 존재와 생성 사이의 앞선 구분 (그것은 『파이돈』과 『국가』에서 분명하게 표현되었다)을 유지하기는 하나, 날개 달린 영혼의 신화는 영혼의 참된 본질을 변함없는 것으로 제시하지 않는다("Immortality," 21).

의 마차가 그런 여행을 하는 것은 신들의 마차의 경우보다 훨씬 더 어렵다. 이런 인간 영혼 중 일부는 할 수 있는 한 그 신을 닮으려 노력하면서 신들 중 하나를 따르기 시작하고,[30] 그들은 "마부들의 머리를 바깥 영역으로 들어올린다"(*Phaedr.* 248a). 다른 영혼들은 말들이 억지를 부리는 탓에 오르락내리락하며 "어떤 것들은 보고 어떤 것들은 보지 못하지." 나머지 영혼들은 "모두 고지에 도달하기를 열망하며 뒤따라가지만 능력이 부족해 하늘 아래에서 함께 맴돌며 서로 앞지르려다가 서로 짓밟고 충돌하네"(248a). 플라톤의 생생한 묘사는 인간의 영혼이―육신으로 들어오기 이전 상태에서조차―영원한 형상들을 직관하는 것이 어렵다는 점을 분명하게 밝힌다. 성공한 영혼들조차 어느 정도만, 그리고 아주 짧게만 그럴 수 있을 뿐이다.

어느 지점에서 소크라테스는 다음과 같이 말한다. 인간 마부들이 기억을 통해 신에게 이르러 신에게서 영감을 받으면 "그들은 인간이 신과 함께할 수 있는 범위 내에서 최대한(καθ' ὅσον δυνατὸν) 신에게서 습관과 생활방식을 받아들인다네"(253a).[31] 지복직관에 관한 후대의 기독교적 숙고 중 많은 것은 그 초점을 피조물이 창조주를 보는 것이 어떻게 가능한지에 맞추었다. 이 딜레마에 대한 대응은 다양했다. 동방 교회는 일반적으로 하나님에 대한 인간의 참여를 신적 활동에 대한 참여에 국한시켰고, 서방 교회는 하나님의 본질에 대한 직관에는 그것에 대한 이해

---

30   신성화 혹은 신들에 대한 모방은 플라톤에게도 이미 중요한 주제였다. *Theaet.* 172c-177; *Tim.* 90b-d를 보라. 참조. Julia Annas, *Platonic Ethics Old and New* (Ithaca, NY: Cornell University Press, 1999), 52-71; John M. Armstrong, "After the Ascent: Plato on Becoming Like God," *OSAP* 26 (2004): 171-83.

31   또한 *Theaet.* 176b에서 플라톤은 함께할 수 있는 범위 내에서 "최대한"(κατὰ τὸ δυνατόν) 신처럼 되는 것에 대해 말한다. 참조. Louth, *Origins*, 14.

가 수반되지 않을 것이라고 설명했다. 어떤 접근법을 취했는지와 상관없이 거의 모든 신학자가 인간은 하나님을 오직 "할 수 있는 범위 내에서 최대한" 볼 뿐이라는 플라톤주의의 단서 조항에 유념했고, 그렇게 함으로써 지복직관이 창조주-피조물의 구분을 무효화시키지 않는다는 점을 인정했다.

플라톤은 인간의 영혼이 하늘의 가장자리까지 부지런히 신들의 마차를 따르는 것이 중요하다고 지적한다. 하늘 바깥에서 "진리를 잠깐이라도 본" 영혼은 그것의 날개가 단단해지고 다음번 순환 때까지 상처를 입지 않은 채 남아 있게 될 것이다(248c). 그와 다르게 관조적 직관을 하지 못한 영혼은 날개에 상처를 입거나 날개를 잃어버리고 그로 인해 지상적 육체에 감금되는 상태로 떨어지는 것으로 이어진다.[32] 1만 년 후에—그리고 몇 차례의 심판과 환생(reincarnation) 이후에—바라건대 날개들이 다시 자라날 것이고 영혼은 원래의 육체 이전에 하늘에 있었던 곳으로 돌아갈 수 있을 것이다(248c-249b).

육체 상태에 있는 동안 어떤 이들—특히 철학자들—은 자기들이 형상들을 보았던 것을 "상기"(ἀνάμνησις)한다. 철학자의 영혼은 일종의 광기를 경험하는데, "그것은 어떤 이가 이곳 세상에서 아름다움을 보고 참된 아름다움을 상기할 때 발생한다. 그의 날개가 자라기 시작할 때 그는 새로 난 자신의 깃털을 타고 공중을 날고자 하나 그러지 못한다. 그는 새처럼 위를 바라본다. 그리고 이곳 아래에 있는 것들을 무시하기에 그는

---

32   소크라테스는 육신을 가진 사람들의 아홉 가지 범주를 열거한다. 가장 꼭대기에는
      철학자가 있고(따라서 그들은 가장 우월해 보인다) 가장 아래쪽에는 폭군들이 있다
      (*Phaedr*. 248d-e). 여기서 소크라테스가 영혼이 구체적인 존재로 타락하는 것을 묘사
      하는 최초의 타락을 묘사하고 있다는 견해에 대한 옹호를 위해서는 다음을 보라. D. D.
      McGibben, "The Fall of the Soul in Plato's Phaedrus," *CIQ* (1964): 56-63.

미친 사람처럼 행동한다는 비난을 받는다"(249d). 소크라테스는 광기에 사로잡힌(μετέχων, 문자적으로 "분유하는") 아름다움을 사랑하는 자에 관해 말한다. 정의와 사려 깊음 같은 지상적 실재들이 영원한 형상들과의 "유사성"(ὁμοίωμα)을 갖고 있다는 인식(250a)이 형상들 자체에 대한 직관을 회복하려는 영혼의 욕구를 추동한다.

소크라테스는 파이드로스에게 회귀의 과정에 관해 설명하면서 소년의 육체적 아름다움에 대한 철학자의 욕구에 대해 말한다. 그의 아름다움을 바라보는 것—그리고 밤낮으로 그 소년의 존재에 대한 욕망으로 고통을 당하는 것—이 다시 영혼의 날개가 자라나도록 만든다(251c-e). 마부는 "그가 사랑하는 자의 눈을 보고", 검은 말은 "껑충거리며 거칠게 앞으로 달려나가면서"(254a) 철학자에게 그 소년과 자라고 유혹한다. 철학자는 사랑하는 자의 얼굴 가까이 다가가면서 그 얼굴의 아름다움에 감탄한다. 소크라테스에 의하면, "이것을 보고 마부는 참된 아름다움의 본성을 본 기억을 떠올린다"(254b). 그리고 그것을 본 영혼은 고삐를 당긴다. 다시 한번 훈련되지 않은 말이 마부를 이끌고 백마는 그 아름다운 소년에게 다가간다. 그리고 다시 한번 같은 과정이 펼쳐진다. 만약 격렬한 유혹에도 불구하고 아무런 육체적 접촉이 일어나지 않는다면, 그 철학자와 소년은 자기절제와 인내를 통해 조화로운 삶을 살게 될 것이다(256a-b). 그리고 그들이 죽을 때 그들은 자신들의 회복된 날개로 날아오를 것이다(256b). 그리고 소크라테스는 비록 그들이 관계를 완성할지라도 그들은 우정을 나누는 삶을 통해 이 순간적인 약점을 극복할 것이고 결국 그들의 날개를 되찾을 수 있다고 덧붙인다(256b-e).

플라톤이 말하는 날개 달린 영혼의 신화는 유출(*exitus*)과 회귀(*reditus*)의 과정을 묘사하는데 거기서 기원과 운명은 모두 일종의 관조—

영원한 형상들에 대한 직관—라는 특징을 지닌다. 비록 플라톤이 『파이드로스』에서 관조의 경험이 오랫동안 지속될 수 있다고 기대하지는 않을지라도 말이다. 더 나아가 비록 형상들을 보는 것이 그 여행의 끝을 위해 (그리고 어쩌면 어떤 황홀경의 경험을 위해) 유보되어 있을지라도, 그 여행 자체에 동반되는 직관도 존재한다. 이 직관은 오직 물리적 아름다움에 관한 것이며 그것은 깊은 모호성이라는 특징을 지닌다. 한편으로 그것은 하늘의 천장 너머에 있는 형상들의 영원한 아름다움을 불가결하게 상기시킨다. 철학자의 영혼은 소년의 육체의 아름다움을 보지 않고서는 날개를 되찾지 못한다. 다른 한편으로 육체적 매혹의 경험은 저항을 받을 필요가 있다. 그것의 목적은 영혼에게 그것이 물질적 몸으로 타락하기 이전에 경험했던 직관을 상기시키는 것이다. 지복직관이라는 기독교의 교리는 물질적 아름다움에 대한 플라톤의 입장에 존재하는 이런 긴장으로부터 엄청난 유익을 얻었다. 비록 인간의 시선이 창조 질서의 아름다움을 지나칠 수 없고 지나쳐서도 안 되지만, 그리스도인들은 직관이 오직 그리스도 안에 계신 하나님을 바라볼 때만 행복한 직관—지복직관—이 된다고 믿는다.

플로티노스와 아름다움에 이르는 길로서의 덕

플로티노스(Plotinus, 204-270)의 철학의 중심에도 아름다움에 관한 관조가 있다. 이집트에서 칭송을 받았고 생애의 많은 부분을 로마에서 가르치면서 보냈던 3세기의 이 철학자는 우주와 특히 인간이 참된 아름다움을 관조하여 존재하는 모든 것의 근원으로 돌아가려는 열망에 의해 생기를 얻는다고 여겼다. 플로티노스에게 인간의 모든 행동은 어느 면에서 직관을 통해 그 근원에 도달하려고 추구하는 것이다. 모든 동물과 식물 및 지구 자체는 "관조를 열망하고 그 목적만을 바라본다"(비록 "다른 것들은 다른 방식으로 그것들의 목적에 대해 관조하고 그것들을 달성할지라도 말이다").[33] 피에르 아도(Pierre Hadot)는 플로티노스에게 궁극적 원리인 좋음의 이데아란 지속적인 자기 성찰(self-contemplation)의 행위, 즉 우리가 실재에 관해 말할 수 있는 모든 것을 포괄하는 행위라고 설명한다.[34] 직관은 삶의 기원과 추진력과 목표다. 따라서 관조에 대한 플로티노스의 이해는 그의 전체적인 철학 체계와 밀접하게 연결되어 있다.

그러나 나의 목표는 플로티노스의 철학 전체를 다루는 것이 아니다. 나는 나의 연구를 그의 사상 중 기독교 전통이 지복직관으로 알고 있는 것과 연관된 부분에 국한시킬 것이다. "아름다움에 관하여"(*On Beauty*, 『엔네아데스』[*Enneads*] 1.6)라는 플로티노스의 연구에서 시작하는 것이 좋을 것 같다.[35] 왜냐하면 플로티노스가 볼 때 우리를 매혹하는 것은 아름다움이며 우리의 목표 역시 아름다움이기 때문이다. "그 어떤 눈도 태양과 같이 되지 않고서는 태양을 보지 못했고, 그 어떤 영혼도 아름답게 되지 않고서는 아름다움을 볼 수 없다. 만약 당신이 신과 아름다움을 보고자 한다면 먼저 당신 자신이 신처럼 되어야 하고 아름다워져야 한

---

33   *Enn.* 3.8.1. 이후로 이 작품의 참조 번호는 본문의 괄호 안에 표기될 것이다. 인용문은 Plotinus, *Enneads*, trans. and ed. A. H. Armstrong, 6 vols., LCL 440-445(Cambridge, MA: Harvard University Press, 1966-1988)에서 가져왔다.

34   Pierre Hadot, *Plotinus, or, The Simplicity of Vision*, trans. Michael Chase (Chicago: University of Chicago Press, 1993), 63. 여기서 Haot는 Enn. 6.8.16을 가리킨다.

35   참조. Dominic J. O'Meara, *Plotinus: An Introduction to the Enneads* (Oxford: Clarendon, 1993), 88-110에 실려 있는 이 논문에 대한 도움이 되는 논의(와 아름다움을 다루는 *Enneads*의 다른 부분들). 『플로티노스 엔네아데스 입문』(탐구사 역간).

다"(1.6.9). 여기서 플로티노스는 신성화—"신처럼" 되는 것—라는 주제를 "태양처럼" 혹은 "아름답게" 되는 것이라는 용어로 말한다. 이 두 가지는 모두 분명히 플라톤의 주장을 염두에 두고 있다. 플로티노스가 생각하기에 우리가 신과 아름다움을 보기 위해서는 마땅히 우리가 그들처럼 되어야 한다.

플로티노스는 아름다움을 "아름다운 색깔과 함께 부분들과 전체의 균형(συμμετρία)"을 이루는 것이라고 말한 스토아주의의 정의를 거부한다(1.6.1). 그는 이런 정의가 옳을 수 없다고 주장한다. 그런 정의에 따르면, 전체의 각 부분은 그 자체로 아름답지 않음을 의미하기 때문이다. 또한 그 정의는 부분들이 없는 것들, 즉 색깔, 햇빛, 금, 번개 그리고 별 같은 것들을 배제한다. 더 나아가 그런 정의 위에서는 아름다운 행위와 법률 그리고 지식의 분야들과 연관해서 균형을 말하기가 어렵다. 만약 우리가 "균형"을 탁월함의 정의로 취한다면, 영혼의 탁월함조차 아름답다고 인정되기 어려울 것이다. 그리고 가장 중요하게 플로티노스는 다음과 같이 묻는다. "[스토아 학파의 이론에서] 지성의 아름다움 그 자체는 무엇인가?"(1.6.1)

이 마지막 질문은 플로티노스가 "균형"을 아름다움에 대한 정의로 취하기를 거부하는 가장 중요한 이유를 보여준다. 그것은 아름다움의 참여적 성격을 무시한다. 감각 지각의 대상이 우리에게 아름답다는 인상을 주는 이유는 우리가 그것들 안에서 아름다움의 형상(τὸ εἶδος)을 인식하기 때문이다. 플로티노스는 다음과 같이 주장한다. "우리는 이 세상에 존재하는 것들이 형상에 참여함으로써(μετοχῇ εἴδους) 아름답다고 주장한다." 따라서 아름다움은 "물질적인 것이 하나가 될 때 그 물질적인 것에 자리하고 전체 모두에 자신을 부여한다"(1.6.2). 플로티노스에 따르면, 이것은 아름다움의 형상이 물체의 형태 없는 본성을 지배하여 그것들을 하나로 모을 때, 감각 지각(αἴσθησις)이 그 아름다움의 형상을 인식하는 것을 함의한다(1.6.3). 이것은 물질적 대상들 안에 있는 아름다움을 인식하는 것이 진짜로 가능하다는 것을 의미한다. 그러한 물질적 대상들은 문자 그대로 아름다움의 형상에 의해 형성되었기 때문이다.

이어서 플로티노스는 우리가 어떻게 감각에 의한 인식을 남겨두고 "위로 올라가" "저 너머에 있는 아름다움"을 "관조할 수" 있는가 하는 질문을 제기한다(1.6.4). 그는 이에 대해 덕을 통해서라고 확신 있게 답변한다. 왜냐하면 덕은 아름답기 때문이다. 사람들이 덕이라는 아름다움을 인식할 때, 그들은 "기뻐하고 압도되며 흥분한다." 지금 그들은 참된 아름다움을 파악했기 때문이다. 플로티노스는 그 경험을 성적인 용어를 사용해 묘사한다. "이런 감정들은 어떤 종류의 것이든 아름다운 것, 경이와 기쁨과 열망 및 정념의 충격 그리고 행복한 흥분을 접할 때마다 틀림없이 일어난다. 우리는 이러한 감정을 경험할 수 있다. 특히 모든 영혼이 눈에 보이지 않는 아름다움과 관련해서 그러한 감정들을 경험할 때 가능하다. 말하자면 눈에 보이지 않는 아름다움과 더 열정적으로 사랑에 빠진(ἐρωτικώτεραι) 영혼들이 그것을 경험할 수 있다. 물론 모든 영혼이 눈에 보이지 않는 아름다움에 아주 심각하게 빠지지는 않는다. 하지만 연인(ἐρᾶν)이라고 불리는 어떤 이들은 아주 심하게 빠진다"(1.6.4). (플로티노스가 "영혼의 위대함, 정의로운 삶, 절제, 경외심을 자아내는 용기의 모습과 위엄과 겸양"이라는 용어로 묘사한) 덕스러운 삶은 참된 아름다움의 형상을 인식할 수 있도록 영혼 안에서 격렬하고 성적인 환희를 자극하여 영혼을 일깨운다. 이와 다르게—"무절제하고 부정의하며, 온갖 욕망과 모든 종류의 두려움으로 가득 차 있고, 비겁함 때문에 두려움에 빠져 있으며 옹졸함 때문에 시기심에 사로잡혀 가라앉는…육체적 감각으로 이루어진 삶을 살고 그것의 추함 속에서 기쁨을 발견하는"—"추한 영혼"은 "감각 대상들을 추구하기에" 어둠 속으로 이끌려 내려간다(1.6.5).

　플로티노스는 덕과 악을 구별하면서 육체에 집착하는 것과 일반적으로 물질 세계에 집착하는 것을 강하게 비난했다. 하지만 이것은 육체 자체가 악이라는 뜻이 아니다. 그는 영지주의를 반대한다. 특히 그는 『엔네아데스』(*Enneads*) 2.9에서 육체를 혐오하는 영지주의를 반대한다는 점을 분명하게 밝힌다. 실제로 존 덱(John Deck)은 플로티노스의 견해를 다음과 같이 설명한다. "감각 세계는 아름답다.…영지주의자들처럼 감각 세계를 비판하는 것은 그것이 지성 세계가 되기를 기대하는 것이다. 이것은 어리석다. 감각 세계는 그저 지성 세계를 모방한 것에 불과하다."[36] 이어서 덱은 플로티노스로부터 다음 구절을 인용한다. "확실히 지성 세계에 대한 더 나은 다른 이미지가 있을까? 이곳에 있는 불이 아닌 다른 어떤 불이 지성 세계에 있는 불과 관련하여 더 나은 이미지가 될 수 있을까? 혹은 지성 세계에 있는 지구를 모방한 지금의 지구보다 더 나은 다른 지구가 있을 수 있을까? 지성적인 우주를 포함하는 지성 세계에서 운행하는 것을 모방한 순환 운동에서 [이 우주라는 구보다] 더 정확하고, 더 신적이며, 더 질서 잡힌 구가 있을까? 그리고 지성 세계의 태양을 모방한 어떤 다른 태양이 지금 우리가 보는 태양보다 더 높이 떠 있을까?"(*Enn*. 2.9.4[괄호는 원저자의 것이다]) 따라서 비록 물질로 이루어진 감각 세계가 비존재이고 그러하기에 우리의 욕구의 초점이 되어서는 안

36　John N. Deck, *Nature, Contemplation, and the One: A Study in the Philosophy of Plotinus* (Toronto: University of Toronto Press, 1967), 76-77. Deck은 여기서 *Enn*. 5.8.8에 대해 언급한다.

되는 것일지라도, 이것은 우리가 감각 세계를 경멸해도 된다는 것을 의미하지 않는다. 덱은 다음과 같이 주장한다. "플로티노스는 감각 세계에 존재가 없다고 말하지 않았다. 즉 그는 지성 세계가 감각 세계의 존재라고 말하지 않는다." 오히려 덱은 플로티노스에 따르면 창조세계에는 "감각적인 것으로서"(*qua* sensible)의 존재가 없다고 설명한다.[37] 플로티노스에게 감각 세계는 그것이 더 높이 있는 지성적 실재에 참여하는 한에서만 존재를 갖는다. 그리고 물질 세계에 그것의 의미를 부여하는 것이 바로 이 참여다.

"추한 영혼"은 그것이 제공하는 쾌락에서 만족을 얻기 위해 보다 열등한 것, 곧 물질적인 몸으로 되돌아가면서 잘못된다.[38] 우리가 감각 지각의 대상들에서 돌아설 때, 즉 영혼이 "그것이 아주 많이 어울렸던 육체를 통해 갖고 있던 욕망에서 분리될 때", 우리는 아름다움의 형상을 "보기" 시작한다(*Enn.* 1.6.5). 덕스러운 삶이 그렇게 영혼을 정화할 때, 영혼은 지성(νοῦς)의 차원으로 올라가며 그 결과 아름다움이 증대된다. 플로티노스는 다음과 같이 결론 내린다. "이런 이유로 영혼이 선하고 아름다운 무언가가 되는 것은 곧 그것이 신처럼 되는 것이라고 말하는 것은

---

37   Deck, *Nature, Contemplation, and the One*, 77. Lloyd P. Gerson은 더 나아가 다음과 같이 주장한다. "비록 물질이 형상을 절대적으로 결여하고 있고 존재를 겨우 붙잡고 있을지라도, 그것은 무(nothing)가 아니며, 따라서 그것은 일자를 전적으로 빼앗기지 않는다"(*Plotinus: The Arguments of the Philosophers*, ed. Ted Honderich [New York: Routledge, 1994], 113). 그러나 Dennis O'Brien이 물질을 플로티노스의 악과 연결시키는 것을 비교해보라("Plotinus on Matter and Evil," in *The Cambridge Companion to Plotinus*, ed. Lloyd P. Gerson [Cambridge: Cambridge University Press, 1996], 171-95).

38   비록 때때로 내가 Armstrong이 σῶμα를 "육체"로 번역한 것을 그대로 사용하기는 하지만, 우리의 문맥에서 이 용어는 종종 보다 폭넓게 "대상", 즉 감각 지각으로 알 수 있는 그 무엇을 의미한다.

옳다. 왜냐하면 바로 그 신으로부터 많은 실제 존재가 되는 다른 모든 것이 나올 뿐 아니라 아름다움도 나오기 때문이다"(1.6.6). 덕스러운 삶은 영혼을 아름답게 만든다. 곧 그것은 영혼을 신처럼 만든다. 플로티노스에게 참된 아름다움에 대한 직관은 우리가 덕을 통해 지성의 차원까지 올라갈 때 가능하다.

이 지점에서 영혼은 아직 신 자신의 차원에 도달하지 못했다. 영혼은 단지 감각을 넘어서 눈에 보이지 않는 형상들의 영역으로 고양될 뿐이다. 형상들의 영역 중 하나가 아름다움의 영역이다. 그러나 영혼은 플로티노스가 "일자"(the One, τὸ ἕν) 혹은 "좋음 자체"(the Good, τἀγαθόν)라고 부르는 신에게 닿으려는 희망을 지니고 계속해서 나아간다. 아름다움은 심지어 그것이 지성의 단계에 도달했을 때도 계속해서 영혼을 유혹한다. 왜냐하면 아름다움은 단지 형상들의 지적 단계에 머물지 않고 또한 그것들 너머에 이르기 때문이다. 영혼은 그것이 보이지 않는 형상들 너머에 도달해서 아름다움 자체에 이르고 결국 일자 혹은 선에 이르기까지 쉬지 못한다.

따라서 플로티노스에게 아름다움은 위계의 사다리 맨 꼭대기나 그 부근에 있다. 그래서 때때로 그는 아름다움을 좋음 자체와 동일시하는 것처럼 보이기까지 한다. 예컨대 그는 우리가 좋음 자체를 "첫 번째 아름다움"(τὸ πρῶτον καλόν)이라고 말할 수 있다고 주장한다(1.6.9). 플로티노스는 자신이 그 두 가지를 이렇게 거의 동일시하는 이유가 좋음 자체는 "아름다움을 자기 앞에 영상처럼 갖고 있기" 때문이라고 설명한다. 그러므로 "좋음 자체와 첫 번째 아름다움을 같은 단계에 놓는 것"은 옳다(1.6.9).

그럼에도 플로티노스는 아름다움을 좋음 자체와 아주 동등하게 여기지는 않는다. 그는 자신의 "아름다움에 관하여"라는 논문 종결 부분에서 다음과 같이 설명한다. "형상들의 영역은 지성적인 아름다움이다. 그러나 좋음 자체는 그 너머에 있는 것으로서 아름다움의 '샘이자 원천'이다"라고 설명한다(1.6.9). 따라서 좋음 자체는 예지적 아름다움 너머에 있다. 그 까닭은 우리는 아름다움의 형상을 인식할 수 있지만, 좋음 자체의 완전한 하나 됨(unity)이나 단순성은 우리의 이해 범위를 근본적으로 넘어서기 때문이다. "당신이 그것을 지성이나 신으로 여길 때, 그것은 그 이상이다. 또한 당신이 논증에서 그것을 단순화시킬 때에도 그것의 하나 됨의 정도는 당신이 상상하는 것 이상이다. 왜냐하면 그것은 어떤 다른 우연적 속성도 없이 그 자신으로 존재하기 때문이다"(6.9.6). "지성"과 "신"이라는 용어는 존재하는 모든 것이 유래한 이 근원적 원천의 숭고한 특성을 제대로 묘사하지 못한다. 이 신은 다른 존재들 사이에 있는 어떤 **하나의** 존재가 아니다. 존재하는 모든 것에 앞서며 심지어 형상들의 존재까지도 앞서는 이 만물의 원천은 "모든 것 중 하나가 아니라 모든 것보다 앞선다"(3.8.9). 따라서 우리가 첫 번째 것(τò πρῶτον) 혹은 좋음 자체(혹은 아마도 아름다움의 이데아)에 대해 말할 때, 우리는 일자가 철저히 우리의 명명 너머에 있으며 그러한 점으로 인해서 그것은 우리의 지식으로 이해되지 않는다는 점을 인식해야 한다. 그러므로 이 첫 번째 선 자체, 즉 일자(τò μóνον)는 실제 좋음-너머(τò ὑπεράγαθον)에 존재한다(6.9.6).

따라서 플로티노스는 궁극적으로 부정의(apophatic) 철학자다. "지성"과 "신"이라는 용어는 만물의 근원인 좋음 자체를 적절하게 묘사하지 못한다. 그리고 우리가 일자나 좋음 자체와 같은 용어에 의지할 때조차 그런 이름을 붙이려는 우리의 시도는 실패로 끝난다. 이것은 어째서 플로티노스가 결국 "좋음-너머"(τὸ ὑπεράγαθον)라는 용어에 이르게 되었는지를 설명해준다. 그 표현은 신에 대한 우리의 직접적인 묘사가—긍정적인 것이든 부정적인 것이든—그 형언할 수 없는 일자의 신원을 적절하게 확인해주지 못한다는 인식에서 비롯된 것이다. 기독교 신학자들은 이런 종류의 플로티노스주의자들의 담론에 자주 의지해왔는데, 종종 6세기 시리아의 수사 디오니시오스(Dionysius)를 통해 간접적으로 그런 담론을 전개했다. 그들은 이런 방식으로 하나님의 완전한 초월성을 보호하려 했고 또한 하나님께 이르는 자연적 방법은 없으며 하나님 뵙기는 초자연적 경험의 결과라는 것을 인정했다.[39]

직관을 향하여: 위로 그리고 안으로

플로티노스는 두 개의 공간적 은유를 통해 관조를 향한 영혼의 여행을 묘사한다. 첫 번째 은유는 위로의 상승이고 다른 하나는 내면으로의 움직임이다.[40] 플로티노스는 선 자체를 아름다운 것으로 묘사하면서 다음과 같이 말한다.

> 그러한 일의 성취는 훨씬 높은 세계로 올라가서(ἀναβαίνουσι πρὸς τὸ ἄνω) 그 세계로 되돌아가서는 자신들이 아래로 내려갔을 때 입었던 것을 벗어버리는 이들에게 이루어진다. 그들은 상승해서 신에게 낯선 모든 것을

---

39   이 책 7장에 있는 보나벤투라와 니콜라우스 쿠자누스에 대한 나의 논의를 보라.
40   Louth가 한 말을 참조하라. "플로티노스에게 더 높은 것은 더 멀리 있지 않다. 더 높은 것은 더 안쪽에 있다. 이를테면 우리는 안으로 오름으로써 위로 올라간다"(*Origins*, 40).

지나쳐서는 홀로 있고, 단순하며, 섞이지 않고, 순수한 것, 즉 모든 것이 그것에 의존하며 이것과 관련을 맺어 우리가 보고 존재하며 살고 생각하는 것을 오로지 자기 혼자서만 볼 때까지 나아간다. 왜냐하면 그것은 생명과 마음과 존재의 원인이기 때문이다. 혹여라도 누군가가 그것을 보기만 한다면, 그는 어떤 사랑의 괴로움을 겪고, 어떤 욕망을 느끼며, 그것과 하나고 되고 싶어 하기에 그가 쾌락에 사로잡히지 않겠는가? 그것을 아직 보지 못한 이는 그것을 좋음으로 여기고 욕망하는 데 그치지만 그것을 본 이는 아름다움에 경이를 보내고 기뻐하며 그에게는 즐거움이 가득하고, 그는 참된 사랑과 절절한 그리움을 가지고 사랑하면서 고통이 동반되지 않는 충격을 경험한다(*Enn*. 1.6.7).

다시 한번, 플로티노스는 상승을 묘사하기 위해 성적인 용어를 사용한다. 그러나 이 지점에서 영혼은 단지 아름다운 물체나 아름다운 덕들 안에 있는 아름다움의 형상만 보지는 않는다. 영혼은 지성의 단계보다 더 높이 올라가면서 좋음 그 자체, 즉 "홀로 있고 단순하며, 섞이지 않고 순수한 것"을 응시하는 것처럼 보인다. 더 나아가 직관은 욕망에 대한 만족으로 이어지는 것처럼 보이지 않는다. 반대로 어떤 이가 궁극적 실재 자체를 볼 때, 이것은 단지 그의 정념, 욕망 그리고 욕구에 불을 붙이는 역할을 할 뿐이다. 앞으로 보게 되겠지만, 기독교 전통은 이 점에서 플로티노스의 유산을 평가하는 일과 관련해 일치된 견해를 갖고 있지 않다. 니사의 그레고리오스, 그레고리오스 팔라마스 그리고 조나단 에드워즈 같은 신학자들은 플로티노스를 따르면서 하나님의 무한성은 우리가 지복직관을 경험한 후에라도 하나님에 대한 욕구가 여전히 계속될 것을 요구한다고 지적했다(이 책에서 나는 이런 입장을 공개적으로 지지한다). 하지만 주로 토마스주의 전통에 속한 이들은 하나님에 대한 지복직관으로부터 유래하는 휴식을 강조해왔다.

플로티노스는 좋음과 하나가 되는 것을 "첫 번째"($\pi\rho\tilde{\omega}\tau o\nu$) 아름다움에 대한 직관이라는 측면에서 이야기한다. 또 그는 계속해서 이런 직관을 이루는 일에 따르는 위험에 대해 묘사한다. "영혼들은 좋음을 상으로 삼는 가장 중요하고 궁극적인 전투를 맞이한다. 곧 이 전투에서 생기는 우리의 모든 시련과 어려움은 최고의 직관에 참여하지 못한 채 남겨지지 않기 위한 것이다. 이러한 최고의 직관에 참여한 사람은 복 있는 사람이다. 왜냐하면 그는 '복된 광경'($\mathring{o}\psi\iota\nu\ \mu\alpha\kappa\alpha\rho\acute{\iota}\alpha\nu$)을 보았기 때문이다. 반면에 그 광경을 보지 못한 사람은 불행한 사람이다"(1.6.7).

"복된 광경"이라는 플로티노스의 표현은 내가 알기로는 기독교의 지복직관 교리로 이어지는 전통 안에서 그 용어가 사용된 첫 번째 경우다. 우리가 이미 보았듯이 플로티노스는 이 직관을 언급하면서 신과의 연합, 신처럼 되는 것과 좋음 자체를 성적으로 욕망하는 것에 대해 말한다.

플로티노스가 사용하는 공간과 관련된 두 번째 은유는 내면으로의 이동에 관한 은유다. 그는 우리가 어떻게 "상상도 할 수 없는" 아름다움을 볼 수 있는지 물은 후 이렇게 조언한다. "할 수 있는 자는 안으로 따라 들어가게 하라. 그리고 자신의 눈으로 보는 것에서 떠나고 이전에 보았던 물질적인 화려함으로 돌아가지 마라. 물체가 지닌 아름다움을 볼 때 그는 그것을 뒤쫓지 않아야 한다. 우리는 그것이 이미지, 흔적, 그림자임을 알아야 하고 그것이 모방한 것을 향해 서둘러 나아가야 한다"(1.6.8). 안으로 돌아설 때 우리는 오디세우스처럼 고향을 향한 여정을 시작할 것이다. 플로티노스는 호메로스의 『일리아스』(*Illiad*)의 한 구절을 인용하면서 다음과 같이 말한다. "우리가 사랑하는 나라로 날아가자."[41] 이어서 그는 다음과 같이 말한다. "우리가 떠나온 우리의 나라는 그곳에 있다. 우리의 아버지는 그곳에 계신다. 우리가 어떻게 그곳으로 여행할 것인가? 우리의 탈출구(φυγή)는 어디에 있는가? 우리는 걸어서 그곳에 이를 수 없다. 왜냐하면 우리의 발은 단지 우리를 이 세상의 어디론가로, 즉 한곳으로부터 다른 곳으로 이끌어갈 뿐이기 때문이다. 마차나 혹은 배를 준비해서도 안 된다. 이 모든 것을 버리고 쳐다보지 마라. 눈을 감고(μύσαντα ὄψιν), 모두가 갖고 있으나 아무도 사용하지 않는 다르게 보는 방식(ὄψιν ἄλλην)에 관심을 돌리고 그 방식을 일깨우라"(1.6.8).[42] 이 구절은 몇 가지 이유로 중요하다. 첫째, 플로티노스에게 그 여행의 최종 목표는 우리의 "고향"(πατρίς)인데, 그곳에는 우리의 "아버지"(πατήρ)가 계신다. 신―그것은 또한 이 구절의 보다 넓은 맥락에서 선 자체나 아름다움이라고 불린다―은 우리의 기원이자 우리의 목적지다. 우리는 그 "복된 광경"이 기원으로의 돌아감을 의미한다고 말할 수 있다. 플라톤만큼이나 플로티노스도 유출과 회귀라는 도식을 갖고 작업한다.[43]

둘째, 플로티노스는 우리가 눈을 감고 "또 다른 보는 방식"을 일깨워야 한다고 권한다. 플로티노스는 자신의 독자에게 감각 지각의 방식을 버리고 대신에 지성의 영역에 속한 것을 보는 방식에 의존하라고 요청한다. 이 요청은 기독교 전통의 많은 부분에서 인기가 있는 영적 감각

---

41 인용문은 *Illiad* 2.140에서 가져왔다.

42 영혼이 원을 그리며 움직이는, 그래서 지성을 통해 일자를 향해 안으로 돌아서는 것에 대한 플로티노스의 묘사에서도 안으로의 동일한 움직임이 암시된다(*Enn.* 6.9.8).

43 플로티노스와 관련해 유출에 관해 말하는 것이 부적절한 것은 아니지만(그리고 그는 때때로 "흐름"[ῥέω]이라는 단어를 사용한다), Gerson은 플로티노스에게 일자는 필요에 의해, 즉 외부로부터의 강요에 의해 행동하지 않는다고 지적한다(*Plotinus*, 26-33).

이라는 교리를 예견한다.[44] 플로티노스에게 "복된 광경"은 결코 물리적 광경이 아니다.[45] 그 "복된 광경"과 더불어 영혼은 감각에서 지성으로 이동한다. 그 결과로서 나타나는 지적인 혹은 순수 지성에 입각한 광경은 관조이며 그 안에서 마음의 눈은 참된 아름다움과 선의 완전한 단순성에서 쉼을 얻는다.

다른 종류의 직관

"복된 광경"이라는 플로티노스의 개념에서 직관이라는 용어는 그것이 그렇게 보이는 것만큼 직접적이지 않다. 우리는 이미 그것이 평범한 물리적인 시각이 아님을 지적한 바 있다. 하지만 이것이 우리가 만들 필요가 있는 유일한 제한은 아니다. 비록 그가 영혼이 지성적 직관이라는 방법으로 본다고 믿었던 것은 사실이지만, 하나의 은유로서 "직관"이라는 용어는 영혼이 경험하는 것을 포착하기에는 형편없이 부족하다. 플로티노스는 "아름다움에 관하여" 마지막 단락에서 현명한 질문을 던진다. "그리고 이 내면의 눈은 무엇을 보는가?"(1.6.9) 그는 이 질문에 답하면서 다시 한번 도덕을 형성하는 것에 초점을 맞춘다. 그는 독자들에게 그들의 도덕적 성품을 마치 조각상처럼 자르고 가다듬으라고 촉구한다. 그 결과 마침내 "좋음의 신적 영광이 당신에게 비출 때", 그래서 "척도에

---

44   Paul L. Gavrilyuk and Sarah Coakley, eds., *The Spiritual Senses: Perceiving God in Western Christianity* (Cambridge: Cambridge University Press, 2012)를 보라.

45   비록 기독교 전통의 많은 부분이 플로티노스를 따라 물리적 광경을 지복직관에서 배제하지만 나는 이 책의 13장에서 다른 접근법을 제시할 것이다.

의해서도 측정되지 않는 참된 빛만 보일 때⋯그때 당신은 눈을 갖게 된다. 그때 당신은 당신 자신을 신뢰할 수 있다. 당신은 이미 상승했고 당신을 이끌어줄 누군가가 필요하지 않다. 시선을 집중해서 보라"(1.6.9). 플로티노스에게―그리고 그것은 후기 기독교 플라톤주의 안에서도 대체로 그러하다―아름다움을 **보는 것**은 아름답게 **되는** 과정과 동일하다. 그는 우리가 플로티노스에 대한 우리의 탐구를 그것과 더불어 시작했던 말을 따르면서 이런 의견을 표현한다. "그 어떤 눈도 태양과 같이 되지 않고는 태양을 보지 못했고, 그 어떤 영혼도 아름답게 되지 않고서는 아름다움을 볼 수 없다. 만약 당신이 신과 아름다움을 보고자 한다면 먼저 당신 자신이 신처럼 되어야 하고 아름다워져야 한다"(1.6.9). 아름다움을 보는 것이 우리를 아름답게 만든다. 아름다움과 좋음에 대한 참여가 덕을 이루기 때문이다.

아름다움을 보는 것과 아름답게 되는 것의 이런 동일시는 플로티노스에게 이 "다르게 보는 방식"(ὄψις ἄλλη)이 사실상 그 용어의 평범한 의미에서 보는 것이 아님을 의미한다. 거기에는 물리적 요소가 없다. 그뿐만 아니라 우리가 보는 것에 일반적으로 포함된 분명한 측면들을 적절하게 구별하거나 분석할 수 없다. 우리는 평범한 시각으로 눈과 대상 그리고 눈으로 하여금 물체를 보게 하는 빛을 구분할 수 있다(5.7.5). 이런 요소들을 구별하는 일은 감각 대상이 관련된 상황에서는 의미가 있다. 하지만 일단 영혼이 더 높은 곳으로 올라가서 지성의 단계에 도달하여 어쩌면 좋음 자체를 보는 데까지 이르면 이런 구별은 적용되지 않는다. 일단 영혼이 지성의 영역과 좋음의 영역 안으로 이동한 이후에는 눈과 대상과 보기 위한 수단을 적절하게 구분할 방법이 플로티노스의 설명에 존재하지 않는다. 우리는 좋음과 우리의 연합을 묘사하기 위해 "복된 광경"에 관해 말하고 싶어 할 수 있다. 그러나 광경의 비유는 분명한 한계를 갖고 있다. 플로티노스의 "복된 광경"에서 (기독교의 지복직관에서뿐 아니라) 우리가 보는 것과 보통 연관시키는 다양한 구성 요소를 구분하는 것은 불가능하다.

존 필립스(John Pillips)는 플로티노스가 영혼이 육체의 눈을 버렸을 때도 지속된다고 믿었던 것을 유용하게 묘사한다.[46] 필립스는 육체의 눈이 사라진 다음에는 먼저 "지성적 직관"(intellectual vision)이 일어나고 그 다음에는 "지성을 뛰어넘은 직관"(supraintellectual vision)이 일어난다고 말한다. 필립스에 따르면, 지성적 직관의 단계에서 영혼은 논증적인 추론을 벗어난다. 그러나 이것은 영혼이 이제 일자 혹은 선이라는 순수한 단순성에 이르렀음을 의미하지 않는다. 결국 하나 이상의 지성적 형상이 존재한다. 그 지성적 형상들로 인해 우리는 여전히 다수성과 관련을 맺는다. 따라서 주체와 객체는 여전히 서로 구별된다. 이러한 지성의 단계에서 영혼은 그저 다수성을 벗어나려고 시도할 뿐이다. 필립스는 형상들의 이런 다수성에도 불구하고 "지성과 지적인 영혼은 모두 이를테면 그것의 별개의 특징들에 대한 포괄적 이미지를 형성하는 눈의 능력과 유사한 직관하는 능력(intuitive power) 덕분에 단박에 많은 형상들을 '볼' 수 있다"고 설명한다.[47] 영혼은 "한눈에" 볼 수 있는 이런 능력을 갖고 있는데, 이는 지성적 단계에서 인식은 무시간적이기 때문이다. 그리고 모든 예지적 대상들은 당장에 마음의 눈에 나타난다.

다음 단계, 즉 지성을 넘어서는 직관의 단계에서는 주체와 객체 사

---

46   John F. Phillips, "Plotinus and the 'Eye' of the Intellect," *Dionysius* 14 (1990): 79-103.
47   Phillips, "Plotinus," 84.

이의 구분 자체가 사라진다. 이것은 플로티노스가 앞서 말했던 것처럼 이제 "당신은 시각이 되었다"(*Enn.* 1.6.9)라는 표현대로다. 이 단계에서 좋음 혹은 일자는 보는 능력으로서의 이성(νοῦς) 혹은 지성에 자신을 부여한다. 지성이 일자에 도달해 그것을 보기 위해서는 자아를 초월할 필요가 있다. 그래서 "지성을 초월한 직관"이라는 표현이 나온다. 필립스는 지성의 욕망은 궁극적으로 홀로 있는 일자를 관조하는 것이라고 설명한 후 다음과 같이 덧붙인다.

> 이와 같은 더 높고 더 단순한 직감을 얻으려면, 지성이 순수한 사유(νόησις, 지성적 인식)를 넘어섬으로써 그 자신을 초월할 필요가 있다. 이것이 전적으로 다르고 고유한 방식의 직관이라는 사실은 다음과 같은 플로티노스의 주장으로부터 분명해진다. 곧 우리는 우리를 초월하는 것에 우리의 마음을 적용함으로써 그것을 이해할 수 없다. 오직 순수한 사유만이 우리를 존재와 형상들로 이끌기 때문이다. "오히려 지성(Intellect)은 말하자면 그것 뒤에 있는 것으로 되돌아가서 그것에 자신을 놓아줘야 한다. 왜냐하면 그것은 그 두 가지를 보기 때문이다. 그리고 만약 지성이 그것[즉 일자 혹은 좋음 자체]을 보고자 한다면, 지성은 전적으로 지성이 되면 안 된다"[*Enn.* 3.8.9]. 따라서 지성은 자신의 "눈"을 활발하게 움직여 초점을 맞춤으로써 포괄적으로 보는(ἀθρόα ἐπιβολή) 방식이 아니라 자기포기와 모든 지적인 활동을 중단하는 방식으로 "본다."[48]

다시 말해 플로티노스는 감각과 이성적이고 논증적인 사고의 포기뿐 아

---

48   Phillips, "Plotinus," 89.

니라 형상들의 세계와 순수 지성에 입각한 이해의 포기까지 요구한다.

따라서 여기서 나타나는 좋음 자체 혹은 아름다움에 대한 "직관"
은 일반적 의미의 직관이 아니다. 그 이유는 이 지점에서 눈과 직관의 매
개체로서의 빛과 직관의 대상 사이에 있는 모든 구별이 사라지기 때문
이다. 더 나아가 영혼이 이미 이전 단계에서, 즉 지성적 직관의 단계에
서 사유와 관련된 이성적이고 논증적인 방식을 버렸기에 인간의 이성
과 담론을 사용해 이 지성을 초월하는 "직관"을 적절하게 묘사하는 일이
아주 불가능해졌다. 이 단계에서 영혼이 마주하는 실재는 인간 이성의
능력을 훨씬 앞지른다. "직관"이라는 말은 감각과 이성적 사고라는 낮
은 단계에서 빌려온 것이다. 플로티노스는 이 경험은 "관조가 아니라 또
다른 종류의 봄(ἄλλος τρόπος τοῦ ἰδεῖν), 즉 자기에게서 벗어나 자기를 단
순화하고 포기하며 접촉과 쉼을 향해 나아가는 것"이라고 말한다(*Enn.*
6.9.11). 일자의 단계에서 보는 것에 관한 담론은 전적으로 부적절하다.
아름다움 자체의 "복된 광경"은 (플라톤의 말을 준용하자면) 완전히 형언 불
가능한 경험이다.[49]

그 결과 플로티노스는 반복해서 주체(눈)와 객체(일자)와 매개체(빛)
사이를 구분 짓는 용어를 사용한다. 궁극적으로 영혼은 지성조차도 벗
어나고자 한다고 말하면서 플로티노스는 그 지점에서 영혼이 일자에 대
한 관조에 이른다고 설명한다. "그리고 이어서 그가 바라보면서 눈을 돌
리지 않을 때, 그의 계속되는 관조를 통해 그는 더는 어떤 광경을 보는

---

49   플라톤의 경우만큼이나 플로티노스의 경우도 자신이 낙원으로 이끌려가 "사람이 말하
      기 어려운 말로 표현할 수 없는 말을 들었다"(고후 12:4)는 바울의 보고를 떠올리게 한
      다. 이 지점에서 플로티노스의 접근법과 바울의 접근법 사이의 유사성은 이후 여러 기
      독교 신학자들에게 영향을 주었다.

것이 아니라 자신의 보는 행위를 그가 관조하는 것과 섞는다. 그로 인해 전에 보였던 것이 이제는 그 안에서 광경이 되고 그는 관조의 다른 모든 대상을 잊는다"(6.7.35). 이 단계에서 보는 행위와 대상은 하나다. 한 문단 뒤에서 플로티노스는 다음과 같은 말을 덧붙인다. "일단 자신과 다른 모든 것과 관조의 대상들을 바라본 이는 누구나…더는 그것을 외부에서 바라보지 않는다. 이렇게 될 때 그는 가까이 있고, 좋음 자체가 바로 그 사람 바로 위에 있으며, 이미 아주 가까이 있어서 지성 세계 전체에 빛을 비춘다.…그 직관은 그의 눈을 빛으로 가득 채우고 그것을 통해 다른 무언가를 보지 않게 한다. 오히려 그가 보는 것은 빛 자체다"(6.7.36). 마지막 상승의 순간에 영혼의 변화는 그것을 "신처럼" 만들고 그로 인해 관조하는 영혼과 좋음 자체가 구별되지 않거나 영혼이 좋음 자체를 볼 수 있게 하는 빛과 구별되는 것이 가능하지 않다.[50] 영혼은 그것의 직관의 "대상"과 매우 밀접하게 연합되기 때문에 눈과 직관의 대상 사이에서 중재해야 할 빛을 더 이상 필요로 하지 않는다.

기독교 전통이 플로티노스를 따르기를 꺼렸던 가장 큰 이유는 그의 철학은 바로 이러한 최고 정점을 가르쳤기 때문이다. 결국 이 지점에서 보는 주체와 보이는 객체를 구별하는 것은 그저 **어려운 것**에 그치지 않는다. 플로티노스는 영혼과 일자의 연합을 지나치게 강조하느라 그 둘을 더는 구별하지 않는다. 창조주와 피조물을 구분하는 일에 민감한 기독교 전통은 한편으로 성서가 하나님과 그분의 백성 사이의 참된 연합

---

50 주체와 객체 및 시각의 빛의 구분을 흐리게 하는 유사한 표현은 *Enn* 6.9.3을 보라. 참조. Louth, *Origins*, 50. 이런 구절들은 지성을 초월하는 직관에서조차 "지성(νοῦς)은 그것 자체와는 다른 무언가로서 그것의 원리와 맞선다"는 Phillips의 판단을 받아들이는 것을 어렵게 만든다("Plotinus," 99)

을 약속하는 것을 받아들이면서도 이 지점에서 플로티노스와 갈라선다. 따라서 어떤 이들은 하나님 안에서 그분의 본질과 활동을 구분하면서 인간의 참여는 오직 하나님의 활동에만 해당한다고 주장한 반면(그레고리오스 팔라마스), 다른 이들은 하나님에 대한 지복직관을 중재하는 창조된 영광의 빛(*lumen gloriae*)을 가정해왔다(토마스 아퀴나스). 양쪽 모두는 자기 나름의 방식을 사용하는데, 한편으로는 창조주와 피조물을 동일시하는 범신론과 다른 한편으로는 그 둘 사이를 분리하는 이신론 사이에 존재하는 경계선을 조심스럽게 걸으려고 한다.

결론

우리가 육체를 입고 이 세상에서 살아가는 동안 순수 이성에 입각한 자기 초월의 경험은 드물다. 플로티노스는 몸을 가진 우리의 조건이 "복된 광경"에 이르는 것을 특별히 어렵게 만든다고 확신했다.[51] 더 나아가 우리가 이미 보았듯이 그는 영혼이 지성과의 연합을 통해 물질 세계를 벗어날 때도 좋음 자체는 여전히 일자 혹은 좋음 자체의 형언할 수 없는 초월성 때문에 영혼의 범위 너머에 존재한다고 확신했다. 그 결과 플로티노스에게 일자와의 기쁨에 넘치는 연합의 순간과 그것의 아름다움을 직관하는 순간은 단지 그것으로, 즉 영혼이 얼마간이라도 지속시킬 수 없는 짧은 순간으로 남아 있다. 플로티노스는 자신의 "좋음 혹은 일자에

---

51   특히 이 책의 마지막 두 장에서 분명하게 밝히겠지만, 나는 육체 자체가 지복직관을 가로막는다고 생각하지 않는다. 비록 육체의 타락한 상태가 우리가 하나님을 보는 것을 어렵게 만들기는 하지만 말이다.

관하여"(On the Good or the One)라는 논문에서 영혼은 자신이 일자를 "이해하는 것이 완전히 불가능하다"는 것을 안다고 설명한다. 그것은 일자가 유한한 영혼과 달리 결코 무언가에 속박되지 않기 때문이다. 그 결과 순간적인 직관 이후에 영혼은 "미끄러지고 자신이 결국 아무것도 얻지 못하게 될 것을 두려워한다. 따라서 그것은 이런 종류의 일에 지치고 종종 기꺼이 밑으로 내려와 이 모든 것으로부터 떨어져 지각 가능한 것으로 와서 마치 견고한 땅 위에 있는 것처럼 그곳에서 쉰다"(Enn. 6.9.3). 그 "복된 광경"은 플로티노스가 우리가 오래 지속할 수 있다고 여기는 그 무엇이 아니다.

포르피리오스(Porphyry, 234-305)는 자신의 『플로티노스의 생애』(The Life of Plotinus)에서 자기 스승이 "만물 위에 계신 신"과 연합한다는 목표를 이뤘다고 설명한다.[52] 플로티노스 자신은 이런 경험을 다음과 같이 묘사한다. "종종 나는 몸으로부터 깨어났고 다른 모든 것에서 나와서 나 자신에게로 들어갔다. 나는 놀랍도록 훌륭한 아름다움을 보았고 무엇보다도 내가 더 나은 부분에 속해 있다는 확신을 얻었다. 나는 실제로 최상의 삶을 살았고 신과 하나가 되는 상태에 이르렀다." 그러나 즉시 플로티노스는 불가피한 하강을 시인한다. "신성 안에서 휴식을 취한 후 지성으로부터 논증적 추론으로 내려왔을 때, 나는 내가 어떻게 내려왔는지 그리고 나의 영혼이 어떻게 몸 안에 있게 된 것인지 의아했다"(Enn. 4.8.1). 확실히 플로티노스는 자신의 질문에 대한 답을 알고 있다. 우리는 아직 "이 세상으로부터 완전하게 나오지" 않았기 때문에 영혼은 계속해서 신성의 세계 안에 머물 수 없다(6.9.10).

---

52   Porphyry, On the Life of Plotinus and the Order of His Books, in Plotinus, Enn. 1:71.

이미 나는 날개 달린 영혼에 대한 플라톤의 신화와 관련해 그리스도인들이 이 세상에서 하나님과 연합하는 황홀한 경험이 짧은 것이라고 주장하는 점에서 그를 따랐다고 지적한 바 있다. 플로티노스는 이것에 동의하지만 『파이드로스』에서 플라톤이 했던 것과 달리 "복된 직관"이라는 이 덧없는 경험 너머에 있는 영원한 직관에 대한 소망을 견지한다. 플로티노스는 다음과 같이 말한다. "육체에 의한 그 어떤 방해도 더는 존재하지 않기에 직관이 지속되는 때가 있을 것이다"(6.9.10). 플로티노스는 우리가 이생에서 경험하는 황홀경적이고 순간적인 직관을 영원히 지속되는 직관에 대한 잠깐의 선취로 여기는 것처럼 보인다. 이로써 그는 지복직관에 대한 기독교의 가르침을 주목할 만한 방식으로 예시해주었다.

그러나 플로티노스에게 이런 미래의 희망은 특성상 실체화되지 않은 채 남아 있다. 이 지점에서 기독교는 신플라톤주의를 따르지 못했다. 기독교 신학자들이 마주했던 도전 중 하나는 성육신이나 육체적 부활을 부정하지 않으면서 지복직관에 대한 자신들의 믿음을 표현할 방법을 찾는 것이었다. 기독교적 이해에서는 성육신한 그리스도가 결코 간과될 수 없으며 지복직관 상황에서도 결코 간과될 수 없다. 비록 그리스도인들이 종종 이 근본적인 확신을 표현할 방법을 두고 씨름해왔음에도 말이다. 따라서 플라톤과 플로티노스의 유산은 하나님을 대면해서 보는 것에 대한 기독교적 희망을 형성했을 뿐 아니라 또한 신학자들에게 그들의 믿음에 대한 독특하게 기독교적인 표현을 개발하도록 강요했다.

3장

진보와 직관

니사의 그레고리오스의 끝없는 추구

영적 탐구

우리가 지복직관이라는 주제를 되찾아오고자 할 때 4세기 카파도키아
의 신비주의 신학자 니사의 그레고리오스(Gregory of Nyssa, 335-394)를
다루는 것은 특별히 적절하다. 니사의 주교에게 지복직관은 아주 중요
했다. 그는 거듭해서 그것에 대해 숙고했는데 종종 지나가듯이 그러나
세 차례는 얼마간 상세하게 그렇게 했다. 지복에 관한 그의 여섯 번째 설
교(아마도 370년대 중후반에 쓰였을 것이다)와 그의 책 『모세의 생애』(*Life of
Moses*) 그리고 『아가에 관한 설교들』(*Homilies on the Song of Songs*)[아마도 둘
다 390년대에 나왔을 것이다][1]은 지복직관의 문제를 광범위하게 다룬

---

1   내적 증거를 살펴볼 때 나는 *The Life of Moses*가 *Homilies on the Song of Songs*보다 앞
    서 쓰였다고 생각한다. Hans Boersma, *Embodiment and Virtue in Gregory of Nyssa: An
    Analogical Approach* (Oxford: Oxford University Press, 2013), 231n95을 보라.

다. 더 나아가 신학자 그레고리오스에게 기독교 교리와 성서 해석 및 목회 신학과 개인적인 금욕적 실천은 서로 밀접하게 연결되어 있었다. 이 각각의 분야에서 신학에 대한 그의 신비적 (혹은 상향식) 접근법은 그에게 세속적이고 지상적인 현실로부터 내세적이고 천상적인 현실로 이동하고자 하는 욕구를 불러일으켰다. 지복직관 교리는 성서를 역사로부터 정신으로의 상향 이동으로 해석하는 그의 견해, 영생을 위해 자신의 회중을 준비시키고자 하는 그의 욕구와 기독교적 삶의 목표에 이르는 일에서 구제의 삶과 병자들에 대한 돌봄과 육체적 금욕이 필수 불가결하다는 그의 확신과 아주 잘 맞았다.

따라서 그레고리오스에게 지복직관은 추상적으로 숙고해야 하는 교리가 아니었다. 오히려 그는 그것을 기독교적 삶의 목표로 생각했고 따라서 자기 자신이 실천해야 할 개인적 여정의 목표로 여겼다. 그레고리오스는 죽음의 순간에 지복직관을 경험하기를 분명하게 고대했다. 이 직관이 그가 자신의 전 생애를 통해 추구했던 목표를 구성했고 그런 직관이 삶에 대한 그의 전망 전체를 결정했다. 그레고리오스는 하나님의 얼굴 뵙기를 구하는 것을 자기 존재의 목적으로 삼았던 사람이었다. 그레고리오스에게 이 세상에서의 영적 여행의 목표는 내세에서 하나님을 찾는다는 목표와 같았다. 하늘에서의 미래라는 운명과 일상적 영성의 목표 사이의 이런 일치는 그레고리오스의 신비-신학적 접근법의 핵심에 하나님을 뵙기 위한 추구가 있음을 의미한다. 그에 따르면 하나님은 신현(theophany)이라는 수단을 통해 영적인 삶을 살아가면서 내세에서의 지복직관을 기대하는 신앙심 깊은 신자들에게 자신을 드러내신다. 그러므로 지복직관에 관한 그레고리오스의 성찰은 모세, 바울, 요한(아가의 신부는 물론이고) 같은 성인들이 지상에서 사는 동안에 경험한 영적인 직관과 신현을 통한 직관에 의존한다. 성 그레고리오스는 우리가 이 세상에서 사는 동안 하나님 뵙기를 추구해야 한다는 가정과, 그 과정에서 초래된 신현을 통해 내세에서의 지복직관의 실재를 미리 맛보아야 한다는 가정 위에서 작업했다.

아래서 나는 지복직관에 대한 그레고리오스의 가르침의 특성 중 몇 가지를 강조할 것인데 그런 특성은 성서 본문에 대한 그의 통찰에 근거한다.[2] 나는 성 그레고리오스가 인간의 영혼은 그리스도와 연합함으로써 더 순결해지고 지복직관을 통해 점점 더 성숙해질 때 자신의 텔로스를 발견한다고 믿었다고 주장할 것이다. 그레고리오스는 언제나 그리스도를 찾는 신학자였다. 그리고 비록 그가 자신이 참으로 그리스도를 찾았다고 확신했음에도 그를 보고자 하는 그의 욕구는 그가 그분을 찾아 더 멀리 떠나도록 만들었다. 그레고리오스에게 이런 신학적 욕구는 지복직관에 대한 그의 이해에 근거하고 있었다. 그리스도의 삶 안에서의 지속적인 진보(epektasis)라는 종말론적 미래는 그레고리오스가 이생에

---

2   확실히 그레고리오스는 성서 주해가 철학적 성찰과 상충한다고 여기지 않는다. 지금 나로서는 여기서 그레고리오스가 플라톤 철학에 얼마나 의존하고 있는지와 이것이 어떻게 그의 접근법의 성서적 특성과 연관되는지를 상세하게 논하기 어렵다. 내가 그레고리오스가 무엇보다도 성서 신학자였다고 믿는다고 말하는 것으로 만족하도록 하자. Jaroslav Pelikan은 카파도키아인들이 "정확하게 고대 그리스 문화의 전통 안에 서 있었고 또한 그 전통에 대해 매우 비판적이었다"고 말함으로써 균형을 맞춘다(Christianity and Classical Culture: The Metamorphosis of Natural Theology in the Christian Encounter with Hellenism [New Haven: Yale University Press, 1993], 9). 그러므로 내가 생각하기에 Harold Fredrick Cherniss가 "그레고리오스는 그가 피해갈 수 없었던 몇몇 소수의 정통 교의들을 제외한다면 단순히 플라톤의 가르침에 기독교적 이름을 적용하고 그것을 기독교 신학이라고 불렀을 뿐이다"고 말한 것은 조잡한 과장이다(The Platonism of Gregory of Nyssa [Berkely: University of California Press, 1930], 62). 한편 Jean Daniélou는 그레고리오스에게 플라톤의 형이상학이 갖는 중요성을 지나치게 축소한다(Platonisme et théologie mystique: Doctrine spirituelle de Saint Grégoire de Nysse, rev. ed., Théologie 2 [Paris: Aubier, 1944], 8-9).

서 이미 예수 그리스도 안에서 하나님의 얼굴을 찾기를 원했음을 의미한다. 따라서 그레고리오스에게—마음의 청결함, 모세, 신부라는 성서적 이미지를 통해 묘사되는—영혼의 참된 목표는 영혼이 종말론적 지복직관에 앞서 그리스도 안에서 하나님을 신비롭게 직관하는 것을 통해 실현될 수 있다. 한편 그레고리오스는 중요한 의미에서 이 목표가 언제나 달성하기 힘들다고 확신했다. 왜냐하면 영혼은 언제나 자기가 원하는 욕구보다 더 큰 성취를 추구할 것이기 때문이다. 이러한 사정이 발생하는 이유는 하나님을 보는 것은 그와 동시에 그분을 보지 않는 것을 의미하기 때문이다. 그레고리오스의 이해에 의하면, 영혼은 무한하신 하나님의 본질 혹은 핵심에 결코 이를 수 없다(내세에서조차 말이다).

지복에 관한 설교: 청결함을 가로막는 것들

그레고리오스는 자신의 『지복에 관한 설교』(*Homilies on the Beatitudes*)에서 지복직관에 관해 처음으로 광범위하게 논한다. 그는 후대의 전통에서 나타나는 다른 이들의 여러 가지 접근법을 예견하면서 정경의 증언이 제시하는 명백한 모순을 제기하는 것으로 시작한다. 한편으로 요한과 바울 및 모세는 모두 인간이 하나님을 볼 가능성을 배제한다(요 1:18; 딤전 6:16; 출 33:20).[3] 다른 한편으로 이 세 사람 중 "하나님을 보는 것의 결

---

3   *Beat.* 137.13-22. 이후로 이 작품의 참조 번호는 본문의 괄호 안에 제시될 것이다. 인용문은 *Gregory of Nyssa: Homilies on the Beatitudes; An English Version with Supporting Studies*, trans. Stuart George Hall, ed. Hubertus R. Drobner and Alber Viciano(Leiden: Brill, 2000)에서 가져왔다.

과로서 다가오는 숭고한 복을 얻지 못한"이는 아무도 없다.[4] 이런 모순은 우리가 하나님을 보는 것을 가로막을 수도 있는 두 가지 장애물과 긴밀하게 연결된다. 첫 번째 장애물은 하나님의 본성과 관련이 있다. (마음이 청결한 자가 하나님을 뵐 것이라는) 여섯 번째 복이 제공한 약속은 "복됨의 최후의 한계(ὅρον)를 넘어선다"(*Beat.* 138.9-10). 그레고리오스는 하나님의 본성은 "모든 개념적 이해를 초월한다"고 주장한다(140.16-17). 하나님의 본성은 인간의 한계를 넘어서기에 우리가 그것에 관해 말할 수 있는 유일한 방법은 부정적(apophatic) 진술을 사용하는 것뿐이다. 하나님은 접근하기 어렵고 비길 데 없으며 이해될 수 없고 추적될 수 없다(140.17, 19, 20). 두 번째 장애물은 인간 편에 청결함이 없는 것과 관련이 있다. 그레고리오스는 하나님을 보기 위해 요구되는 청결함을 가로막는 정욕을 날카롭게 의식한다. 정욕이 제기하는 "아주 다루기 힘든 어려움"에 관해 걱정하면서 성 그레고리오스는 다음과 같이 외친다. "우리의 마음을 저 위에 있는 경이로움까지 들어올리고 이 세속의 짐을 떨쳐버리고자 한다면, 우리는 어떤 종류의 야곱의 사다리(창 28:12)와 엘리야 예언자를 하늘로 실어간 것과 같은 불 병거를 발견해야 하겠는가?"(144.22-26)[5] 그레고리오스는 자신의 독자들에게 주님의 약속이 엄청난 장애물과 마주하고 있음을 분명하게 밝힌다.

주님이 주신 말씀의 깊이와 그것이 영적 탐구에 제기하는 다루기 힘든 도전은 모두 그레고리오스의 마음을 "어리둥절하게 만들고" "혼

---

4   그레고리오스는 딤후 4:8; 요 13:25; 출 33:17에 호소한다.
5   정욕과의 싸움이라는 문맥 안에서 그레고리오스가 엘리야의 병거를 언급한 것이 플라톤이 *Phaedr.* 246a-254e에서 이야기하는 마차의 비유를 상기시키지 않는 것을 상상하기는 어렵다.

란스럽게 하며" "휘청거리게 만든다"(137.10; 137:25; 138:26).[6] 실제로 그는 산꼭대기에서 깊은 바닷속을 내려다보는 아찔한 경험에 관해 말하는 것으로 자신의 설교를 시작한다. "어떤 높은 봉우리에서 아래에 있는 넓은 바다를 내려다보는 사람은 아마도 내 마음이 느꼈던 것, 곧 주님의 숭고한 말씀에서 그것들의 의미의 끝 모를 깊이를 보면서 느꼈던 것을 느낄 것이다. 그것은 많은 바닷가 지역에서도 똑같다. 그곳에서 여러분은 반으로 뚝 갈라진 산을 볼 수도 있다. 수직으로 깎아지른 절벽은 꼭대기에서부터 밑바닥까지 바다 쪽으로 향하고, 그 산의 돌출된 봉우리의 맨 윗부분은 바다를 향해 기울어져 있다. 이런 전경을 가진 바닷가 지역에 있는 산의 아주 높은 곳에서 밑바닥을 바라보았던 어떤 이가 느꼈던 것처럼 이제 나의 마음은 주님의 이 위대한 말씀으로 인해 휘청거린다"(136.26-137.11). 여섯 번째 복이 자기에게 끼친 영향을 현기증 경험에 비교하면서 니사의 그레고리오스는 마음의 청결함에 관한 주님의 말씀에 우리가 그 말씀을 설명하는 것을 불가능하게 할 정도의 모순과 난제들이 포함되어 있음을 지적한다.[7] 그는 자기를 감각의 능력과 논증적 추론 너머로 이끌어가는 무아지경 혹은 황홀경 경험에 대해 언급한다.[8]

지복직관을 둘러싼 모순과 장애물들은 그레고리오스로 하여금 그 주제에 관해 침묵하거나 불가지론적 입장을 갖게 하지는 않는다. 눈에

---

6 각 경우에 그레고리오스는 일링기아오(ἰλιγγιάω)라는 동사형과 일링고스(ἵλιγγος)라는 명사형을 사용한다.

7 그레고리오스는 전도서에 관한 그의 일곱 번째 설교에서도 이성적인 지식 너머로 움직이는 것을 묘사하기 위해 현기증이라는 이미지를 사용한다. *Eccl.* 413.5-414.9을 보라.

8 나로서는 그레고리오스가 자신의 현기증 경험을 언급하는 것이 그가 실제로 그의 설교를 쓰거나 말하는 동안 어떤 신비로운 경험을 했다는 것을 의미하는 것으로 보이지 않는다. 그보다 그는 설교를 시작하는 부분에서 설교 주제에 맞추어 수사를 재치 있게 사용한 것으로 보인다.

보이지 않는 하나님을 보는 모순과 그런 직관을 방해하는 장애물은 모두 합리적인 분석의 대상이 될 수 있다. 그레고리오스는 그 난제를 해결하기 위해 몇 개의 단계를 밟아나간다. 그는 하나님의 불가해성이라는 문제와 관련해 하나님의 활동이나 일에서—"세상의 지혜"조차—신적 운영자에게로 이동하는 것이 가능하다고 지적한다(142.2-4). 특히 하나님의 활동은 우리에게 그분의 초월적 지혜, 선함, 권능, 청결함 그리고 불변성에 대해 가르친다(141.8-142.4). 여기서 그레고리오스는 하나님의 본성(φύσις) 혹은 존재(οὐσία)와 그분의 활동(ἐνεργείαι)을 구분한다. (14세기의 헤시카주의 논쟁[Hesychasm Controversy, 헤시카주의는 신비적 정적주의의 일종이다—역자 주]의 결과로서 정교회 신학에서 특별하게 두드러진) 이런 구분은 그레고리오스가 하나님은 (그분의 본질이나 존재의 측면에서는) **보일 수 없으나** (그분의 활동의 측면에서는) **보일 수 있다**고 확언하도록 돕는다. 그레고리오스는 다음과 같이 확언한다. "본질상 눈에 보이지 않으시는 그분은 그분의 활동(ἐνεργείαις)에서 보이게 되시며 어떤 경우에 그분이 소유하신 특성을 통해 우리의 눈에 보이신다"(141.25-27). 이런 구분의 결과로 모순은 조금 덜 지나친 것이 된다. 우리가 창조세계 안에서 하나님을 보는 것은 분명히 가능하다. 하지만 그분은 창조 질서를 초월하시는 한편 눈에 보이지 않는 분으로 남아 계신다.

또한 성 그레고리오스는 하나님을 보는 일은 우리가 "양심적인 삶을 삶으로써" 축적된 죄의 오물을 씻어내거나(143.11-12) 혹은 숫돌이 쇠에서 녹을 벗겨내듯 우리의 마음이 그것의 원형과의 원래적 유사성을 회복할 때(143.13-20) 실재가 된다고 설명한다. 이것은 마치 거울에서 그런 것처럼 우리 자신 안에서 하나님의 아름다움을 보는 것이 가능하다는 것을 의미한다.[9] 그 결과 "설령 당신이 접근 불가능한 빛을 이해하기에는 너무 약할지라도, 만약 처음부터 당신 안에 새겨진 형상의 은총으로 돌아간다면, 당신은 당신 안에 당신이 구하는 것을 갖게 된다. 신성은 청결함과 정욕의 부재 그리고 모든 악과의 단절이다. 만약 이런 것이 당신 안에 있다면, 확실하게 하나님이 당신 안에 계신 것이다"(143.27-144.4). 그레고리오스는 그렇게 우리가 하나님을 보는 것이 무엇을 의미하는지를 두 가지 방식으로 제한함으로써 보이지 않는 하나님을 보는 모순을 "해결한다." 우리는 ("육체의 눈"으로) 창조세계 안에서—그분의 본성이 아니라—그분의 활동만을 볼 뿐이다. 또한 우리는 ("영혼의 눈"으로) 우리의 삶이라는 거울에 비추인 하나님의 본성을 볼 뿐이다.[10] 하나

---

9   Edwart Baert의 말을 참조하라. "따라서 하나님의 이미지가 재출현하는 것—그것은 원래의 상태로의 회귀다—역시 순결한 영혼의 거울을 통해 하나님을 보는 것이다"("Le Thème de la vision de Dieu chez S. Justin, Clément d'Alexndrie et S. Grégoire de Nysse," FZPhTh 12 [1965]: 492). 그레고리오스가 아가 설교에서 "거울" 은유를 사용하는 것에 관한 논의는 Boersma, Embodiment and Virtue, 99를 보라. 비교. 보다 광범위하게는 Daniélou, Platonisme, 210-22을 보라.

10   한편 우리가 보게 되겠지만, 그레고리오스에게 그 "해결책"은 그 모순을 실제로 제거하지 않는다. 그것은 지속적인 진보(epektasis)라는 그의 가르침의 결과로 남아 있다.
     영적 의미에 관한 니사의 그레고리오스의 접근법에 관한 논의는 Boersma, Embodiment and Virtue, 93-100; Sarah Coakley, "Gregory of Nyssa," in The Spiritual Senses: Perceiving God in Western Christiantiy, ed. Paul L. Gavrilyuk and Sarah Coakley (Cambridge: Cambridge University Press, 2012), 36-55을 보라. 이후에 그레고리오스가 자신보다 앞선 플라톤주의자들이 주장한 몸-영혼 이원론에 맞서 돌아섰다고 주장하면서, Coakley는 그레고리오스가 "분리적" 접근법에서 "결합적" 접근법으로 돌아섰다고 주장한다. 그런 접근법에 따르면, 감각 지각 자체가 영적 이해가 될 수 있다. 이런 해석은 그레고리오스가 우리가 감각을 사용해 그것을 초월하는 실재에 닿기를 바랄 때 이런 감각의 "사용"은 일반적으로 감각을 포기하는 형태를 취한다는 점을 간과한다. Coakley는 그레고리오스의 저작 전체를 통해 나타나는 상승과 신비적 해석에 대한 (기독교 플라톤주의적) 강조를 과소평가한다. 그런 강조는 그레고리오스의 후기 신비주의적 주석들에서도 나타난다(비록 그런 것들이 그의 초기 저작 중 일부보다는 철저하게 기독론적이 되는 경향이 있기는 하지만 말이다).

님을 보는 것에 대한 이런 제한들은 모두 인간의 시각으로는 접근 불가능한 무언가가 여전히 남아 있음을 의미한다. 첫 번째 경우에 우리는 하나님의 본성 혹은 존재를 보지 못한다. 두 번째 경우에 우리는 영혼이 그것을 반영하는 한에서만 그분의 빛을 볼 뿐이다. 확실히 우리는 이것이 인간이 실제로 하나님을 보지 못한다는 것을 의미한다고 결론지어서는 안 된다. 왜냐하면 하나님의 활동 혹은 원형과 닮은 것을 목격함으로써 우리는 실제로 하나님 자신을 뵙기 때문이다. 결국 하나님의 활동에 관한 합리적인 결론을 도출함으로써 우리는 어떤 식으로든 하나님을 뵙기에 이른다. 그레고리오스는 다음과 같이 말한다. "각각의 숭고한 개념이 하나님을 시야에 들어오게 한다"(141.17-18). 또 그는 자신의 청중들에게 그들의 원형과의 유사성을 회복하라고 권고한다. 왜냐하면 그 결과 "당신은 당신이 구하는 것을 당신 안에 갖게 되고…하나님이 확실하게 당신 안에 계시게" 될 것이기 때문이다(144.2-4).

그레고리오스에게 일상의 영성—"영혼의 눈"과 우리 마음에 있는 "빛을 발하며 유출되는 신적 본성의 빛"으로 우리 주변의 세상을 살피고 관찰함으로써 하나님이 무엇과 같으신지를 보는 것(144.8-9; 144:12)—은 본질적으로 지복직관과 연결되어 있음을 분명히 해두어야 한다. 하나님을 보는 것은 단지 종말을 위한 그 무엇이 아니다. 지금 이미 우리는 어떤 파생된 형태로 하나님이 가지신 존재의 빛을 응시하기 시작한다. 더 나아가 그레고리오스에게 지상에서 지복직관을 맛보는 것은 단지 황홀경적 신현 경험의 형식만 취하지 않는다. 우리가 보게 되겠지만, 그가 그런 경험들에 대해 논하지만 말이다. 그러나 보다 일상적으로 우리는 하나님이 이 세상에서 일하시는 방식과 우리 자신의 삶에서 그분의 청결함이 반영되는 것을 통해서 하나님의 흔적을 볼 때, 이미 실제적 의미에서 하나님을 보는 것을 경험한다.

　　이런 설명 중 어느 것에서도 그레고리오스는 보이지 않는 하나님을 보는 모순을 실제로 "해결하지" 않았다. 그가 **실제로 한** 일은, 말하자면 보이지 않으시는 하나님의 속성을 평범한 인간의 관찰 너머 있는 하나님의 존재의 내적 측면들에 국한시키면서 이 세상에서 (그분의 활동과 인간의 청결함을 통해) 그분을 뵐 수 있게 만드는 하나님의 임재의 어떤 측면들을 묘사하는 것이다. 반면에 하나님을 보는 것의 두 가지 장애물 중 하나는 어느 정도 그대로 남아 있다. "마음의 청결함"에 대한 요구(따라서 우리가 거울로 보듯 자신 안에서 하나님을 보는 것에 대한 요구)는 거의 달성하기 어려운 일처럼 보일 수 있다. 하나님의 성품은 완전한 청결함이다. 그리고 이 청결함에 대한 단순한 반영은 하나님 뵙기를 위해 요구되는 종류의 청결함으로 보이지 않을 것이다. 그레고리오스가 지금까지 하나님에 대한 인간의 직관을 보장하려고 시도했음에도 불구하고, 그는 아직 피조물과 창조주를 분리시키는 간격을 충분하게 다루지 않았다. 그의 청중이 여전히 하나님 뵙기를 가능케 하는 "마음의 청결함"을 얻을 자신들의 능력에 대해 의구심을 갖는 것은 적절해 보인다.

　　곧 알게 되겠지만, 그레고리오스는 참된 "마음의 청결함"을 얻는 어려움을 아주 분명하게 의식하고 있었다. 그럼에도 여섯 번째 복에 관한 이 설교에서 그는 하나님 뵙기를 가로막는 두 번째 장애물─하나님의 거룩하심과 비교해서 인간의 청결함의 결여─의 문제를 충분하게 해결하지 않는다. 니사의 그레고리오스는 단순하게 주님의 말씀은 경고일 뿐 아니라 약속이며 그런 약속이 성취될 수 있다고 주장할 뿐이다 (145.20-146.2). 그는 마음의 청결함은 달성할 수 없는 것일 수 없다고 설명한다. 그는 주님이 산상수훈의 나머지 부분에서 구약의 율법을 더욱 강화하는 것에 대해 언급한다(마 5:17-28). 또 그는 우리가 이 가르침에서 "우리의 마음 밑바닥에서 죄의 뿌리를 캐내는 쟁기와 같은 날이 선 말씀"을 발견하면서 그리스도의 말씀을 "우리를 우리의 목표로 이끌어가는 가르침"으로 여긴다고 주장한다(147.15-16, 19-20). 그레고리오스는 마음의 청결함이 우리가 닿을 수 있는 범위 안에 있다고 주장하면서 그리스도가 우리에게 하신 요구의 긴박함을 강화한다. 우리는 마음의 청결함이라는 목표를 이룰 수 있는 능력에 대해 설파한 설교자의 낙관직 평가에 대해 그레고리오스의 청중이 어떻게 반응했을지가 궁금하다. 결국 그 구절은 "그러므로 하늘에 계신 너희 아버지의 온전하심과 같이 너희도 온전하라"(마 5:48)는 요구로 마무리된다. 이런 온전함에 대한 그리스도의 "가르침"은 사람들이 실제로 그것을 따를 수 있는 능력을 갖고 있음을 의미하지 않을 수도 있다. 청결함은 여전히 우리의 능력의 범위 밖에 있을 수 있다.

그레고리오스는 자기가 이 지점에서 마주한 주해적이고 교리적인 어려움을 아주 분명하게 의식하고 있었다. 만약 온전함이 성취 불가능하다면, 이것은 마음의 청결함이 우리의 능력 밖의 일임을 의미한다. 그리고 만약 청결함이 소원 섞인 생각(wishful thinking)에 불과하다면, 우리는 하나님의 얼굴을 절대로 보지 못할 것이다. 그레고리오스는 이 특별한 설교에서 그 문제를 미해결 상태로 남겨둔다. 그는 설교 끝부분에서 자신의 회중에게 신성의 모양을 취하는 덕의 삶과 대적의 형상을 취하는 악의 삶 중 하나를 선택하라고 요구한다(148.3-8). 심지어 그는 "자유로운 선택을 통해 어느 쪽으로든 갈 수 있는 힘이 우리에게 제공되기에" 어느 쪽을 선택할지는 우리에게 달려 있다고 덧붙이기까지 한다

(148.15-16).[11] 설교를 이런 식으로 마무리하는 것은 다소 불만족스럽다. 그것은 그레고리오스의 설교를 들었던 회중에게 모든 의도와 목적이 성취 불가능한 것처럼 보이게 하는 청결함에 대한 요구를 남기기 때문이다. 어쩌면 그레고리오스가 청결함을 성취할 가능성이 있는지의 문제를 해결하지 않은 채 남겨둔 것은 설교적인 이유 때문일 수도 있다. 그렇게 함으로써 그는 그 설교를 엄중한 경고로 끝낼 수 있거나 온전함 혹은 청결함을 얻는 것이 무엇을 의미하는지에 대한 긴 논의를 새롭게 시작할 필요가 없기 때문이다. 그레고리오스가 자신의 설교를 그렇게 끝낸 이유가 무엇이든 간에 그는 분명히 마음의 청결함이라는 책임을 청중의 어깨 위에 확실하게 올려놓는다.

『모세의 생애』: 지속적인 욕구로서의 직관

그레고리오스는 자신의 『온전함에 관하여』(*On Perfection*)와 모세와 아가에 관한 그의 두 편의 뛰어난 신비주의적 논설들 모두에서 이 동일한 주제에 대해 신중하게 성찰된 기독론적 응답을 전개한다.[12] 생애 말년에 그

---

11   이 지점에서 그레고리오스에게 펠라기우스주의라는 혐의를 씌워 비난하고 싶어질 수 있으나, 그의 전체적인 신학(과 특히 참여에 대한 그의 기독론적 이해)은 우리에게 이와 관련해 조심할 것을 요구한다. Boersma, *Embodiment and Virtue*, 211-50을 보라.

12   *On Perfection*에서 다루어지는 연대에 관해서는 여러 가지 견해들이 존재한다. (*The Life of Moses*와 *Homilies on the Song of Songs*와 비교해) 이 작품에서 온전함의 문제에 대한 해결책이 덜 발전되고 있는 것을 고려해 나는 (보다 나중 시기를 제안하는 Daniélou의 견해를 받아들이기보다는) 그 작품의 연대를 370-78년으로 잡는 Gerhard May의 견해에 동조하는 편이다. 참조. Jean Daniélou, "La Chronologie des oeuvres de Grégoire de Nysse," *SP* 7 (1966): 168; Gerhard May, "Die Chronologie des Lebens und der Werke des Gregor von Nyssa," in *Écriture et culture philosophique dans la pensée de Grégoire de*

는 온전함(과 함축적으로 청결함)의 명백한 불가능성이라는 문제를 하나님 안에 존재하는 온전함을 향한 무한한 진보라는 측면에서 재정의함으로 써 그것을 해결했다. 따라서 그는 『온전함에 관하여』에서 다음과 같이 말한다. "왜냐하면 이것은 참된 온전함이기 때문이다. 더 나은 것을 향해 성장하기를 멈추지 말고 온전함에 그 어떤 한계도 두지 말라."[13] 그레고 리오스는 『모세의 생애』에서도 유사한 정의를 제공한다. 거기서 그는 다 음과 같이 말한다. "인간 본성의 온전함은 아마도 그것이 선 안에서 성 장하는 것으로 이루어질 것이다."[14] 여기서 그레고리오스는 하나님의 삶 안에서의 끝없는 성장 혹은 진보(*epektasis*)로서의 온전함에 관해 말하는 데, 그것은 그의 생애 말년에 이르기까지 쓰인 그의 신비주의 작품들에 서 나타나는 중요한 주제였다. 니사의 그레고리오스는 그 개념을 빌립 보서 3:13-14에서 가져온다. 거기서 사도 바울은 다음과 같이 말한다. "형제들아, 나는 아직 내가 잡은 줄로 여기지 아니하고 오직 한 일 즉 뒤 에 있는 것은 잊어버리고 앞에 있는 것을 잡으려고(ἐπεκτεινόμενος) 푯대 를 향하여 그리스도 예수 안에서 하나님이 위에서 부르신 부름의 상을 위하여 달려가노라." 루카스 마태오 세코(Lucas Mateo Seco)에 따르면, 그 레고리오스에게 청결함과 온전함에서의 지속적인 성장이 가능한 것은 "우리가 이미 이 선에 실제적인 방식으로 참여하기 때문이다. 무한한 성

Nysse: Actes du colloque de Chevetogne (22-26 septembre 1969), ed. Harl (Leiden: Brill, 1971), 56.

13   *Perf.* 214.4-6 (FC 58:122).

14   Vit. Moys. 1.10.5-6. *The Life of Moses*, trans. and ed. Abraham J. Malherbe and Everett Ferguson (New York: Paulist, 1978). 그레고리오스가 온전함이라는 개념을 설명하는 것에 관한 상세한 논의는 Boersma, *Embodiment and Virtue*, 225, 227, 230-34, 237-38 을 보라.

장은 이 선이 무궁무진하기에 가능하다."[15] 그레고리오스에게 하나님의
삶 안에서의 지속적인 진보라는 개념을 확보해주는 것은 하나님의 무한
한 선이다.

그레고리오스는 에펙타시스(*epektasis*[지속적인 진보])라는 자신의 개
념을 참여(μετοχή 혹은 μετουσία)라는 개념에 밀접하게 연결시키는데 이러
한 연결은 플라톤 전통 안에서 흔한 일이다. 그레고리오스는 창조된 (특
히 지성적으로 창조된) 존재들은 특별히 덕을 실천하는 삶을 통해 하나님
의 존재에 참여한다고 주장한다. 그는 이것을 (그분의 본성 혹은 본질과 대조
되는) 하나님의 활동들에 대한 참여로 여긴다.[16] 그레고리오스는 하나님
이 무한하시기 때문에 인간의 진보 역시 무한해야 한다고 주장한다.[17] 데

---

15   Lucas F. Mateo-Seco, "Epektasis—Ἐπέκτασις" in *The Brill Dictionary of Gregory
      of Nyssa*, ed. Lucas Francisco Mateo-Seco and Giulio Maspero, trans. Seth Cherney
      (Leiden: Brill, 2010), 265. 그레고리오스의 에펙타시스(*epektasis*) 개념에 관한 더 많
      은 논의는 다음을 보라. Daniélou, *Platonisme*, 291-307; Everett Ferguson, "God's
      Infinity and Man's Mutability: Perpetual Progress according to Gregory of Nyssa,"
      GOTR 18 (1973): 59-78; Ronald E. Heine, *Perfection in the Virtuous Life: A Study in
      the Relationship between Edification and Polemical Theology in Gregory of Nyssa's De Vita
      Moysis* (Cambridge, MA: Philadelphia Patristic Foundation, 1975), 63-114; Everett
      Ferguson, "Progress in Perfection: Gregory of Nyssa's *Vita Moysis*," *SP* 14 (1976): 307-
      14; Albert-Kees Geljon, "Divine Infinity in Gregory of Nyssa and Philo of Alexandria,"
      VC 59 (2005): 152-77.

16   참조 David L. Balás, *Μετουσια Θεου: Man's Participation in God's Perfections according
      to Saint Gregory of Nyssa* (Rome: Herder, 1966), 128; Paulos Mar Gregorios, *Cosmic
      Man: The Divine Presence; The Theology of St. Gregory of Nyssa (ca 330 to 395 A.D.)* (New
      York: Paragon, 1988), 110-23; Elie D. Moutsoulas, " 'Essence' et 'energies' de Dieu
      selon St. Grégoire de Nysse," *SP* 18 (1989): 517-28; Verna E. F. Harrison, *Grace and
      Human Freedom according to St. Gregory of Nyssa* (Lewiston, NY: Edwin Mellen, 1992),
      24-60, 88-131; Giulio Maspero, *Trinity and Man: Gregory of Nyssa's* Ad Ablabium
      (Leiden: Brill, 2007), 27-52; Alexis Torrance, "Precedents for Palamas' Essence-
      Energies Theology in the Cappadocian Fathers," *VC* 63 (2009): 47-70.

17   그레고리오스는 하나님의 본질에 대한 인간의 접근을 부정하는 데서 전적으로 일관
      적이지 않았을 수도 있다. 예컨대 그는 다음과 같이 말한다. "우리는 추론을 통해 하나

이비드 발라스(David L. Balás)는 성 그레고리오스의 참여를 다룬 자신의 탁월한 연구 논문에서 다음과 같이 말한다. "그레고리오스의 개념에 따르면, 참여는 즉각적인 변화와 관련이 있으며 심지어 지속적인 변화와도 관련이 있다."[18] 참여가 지속적인 (영원한) 성장을 가능케 한다는 그레고리오스의 개념은 지복직관과 관련한 보다 정적인 관점에 수반되는 것처럼 보이는 문제를 해소하기 위해 주어진 답이다. 만약 하나님을 보는 것이 인간의 욕구를 만족시킨다면, 이런 만족(κόρος[또는 포만 상태])이 내세에서 하나님을 경험하는 것과 관련해 권태로 이어지고 그 결과 어쩌면 또 다른 타락, 즉 이런 지복의 경험에서 반복되는 타락(lapse)으로 이어지지는 것은 아닐까? 이것이 정말로 신학적인 난제라는 사실은 오리게네스(Origen)가 만족이라는 주제에 대해 추론한 것을 통해 분명하게 드러난다. 그리고 그레고리오스가 에펙타시스(*epektasis*)라는 개념을 상정한 것은 바로 오리게네스가 제기한 이런 문제에 대한 응답이었을 가능성이 있다.[19]

니사의 그레고리오스가 청결함(혹은 온전함)과 참여 그리고 에펙타시스라는 주제들을 결합시킨 것은 그가 『모세의 생애』와 『아가에 관한

님의 본성(θείας φύσεως)을 희미하게 약간만 이해한다. 그러나 여전히 우리는 경건하게 사용되는 단어들을 통해 우리의 사소한 능력을 위해 충분한 지식을 모은다"(*Eun.* 2.130.21-130.26, in *Gregory of Nyssa: Contra Eunomium II*, ed. Lenka Karfíková, Scot Douglass, and Johannes Zachhuber, VCSup 82 [Leiden: Brill, 207], 87). 또한 아래에 나오는 그레고리오스의 말(n23과 그것 바로 뒤에 나오는 인용문)을 보라. 거기서 그는 하나님의 본질 혹은 존재에 대한 인간의 참여를 긍정하는 것처럼 보인다. 참조. Torstein Theodor Tollefsen, *Activity and Participation in Late Antique and Early Christian Thought* (Oxford: Oxford University Press, 2012), 77.

18 Balás, *Μετουσια Θεου*, 136.

19 참조. Marguerite Harl, "Recherches sur l'originisme d'Origène: La 'satiété' (κόρος, de la contemplation comme motif de la chute des âmes," *SP* 8 (1966): 373-405; Heine, *Perfection*, 71-97.

설교들』 모두에서 지복직관 교리를 표현하는 방식을 위해 아주 중요하다.[20] 그동안 학자들은 장 다니엘루(Jean Daniélou)를 따라 『모세의 생애』를 모세가 경험한 세 차례의 신현의 측면에서 분석하는 경향을 보여왔다. 하나님은 불타는 떨기나무(출 3:1-6)와 시내산의 어둠(출 20:21)과 반석 틈(출 33:21-22)에서 모세에게 나타나셨다. 그 세 단계는 빛에서 구름을 통해 어둠으로 이동하는 특징을 지녔다.[21] 그러나 사실 모세의 진보에 관한 니사의 그레고리오스의 이해는 세 가지 구별되는 단계를 따라 이처럼 산뜻하게 진행되지 않는다. 그레고리오스는 실제로 출애굽기에 나오는 세 차례의 신현을 따르면서 모세의 상승을 추적한다. 하지만 우리가 무엇이 그것들을 구분하는지를 분석할 때 분명하게 드러나는 것은 에펙타시스라는 개념이 그 상승의 두 번째와 세 번째 "단계들" 사이에 있는 경계를 철저하게 지운다는 점이다. 그 상승에는 오직 하나의 참된 표지가 있을 뿐인데, 우리가 보게 되겠지만 그것은 첫 번째와 두 번째 신현 사이에서 나타난다. 따라서 실제로 영혼의 상승에는 오직 두 개의 주요한 단계가 있을 뿐이다.

불타는 떨기나무―물질적 형태로 이루어진 성육신에 대한 증언[22]―

---

20   Lucas F. Mateo-Seco는 그레고리오스가 『모세의 생애』에서 "정확하게 하나님의 무한성에 관한 말할 때와 그 결과 그가 하나님에 대한 관조 속에서 무한성을 향한 진보의 존재를 긍정할 때, 즉 그가 니사의 성 그레고리오스를 연구하는 학자들이 보통 에펙타시스라고 부르는 것에 관한 자신의 생각을 제시할 때" 고전 13:12을 언급하는 것에 주목한다("1 Cor 13, 12 in Gregory of Nyssa's Theological Thinking," *SP* 32 [1997]: 153-62).
21   Cf. Daniélou, *Platonisme*, 17-23. 나는 (실수로) Hans Boersma, *Heavenly Participation: The Weaving of a Sacramental Tapesty* (Grand Rapids: Eerdmans, 2011), 160-61에서 이런 접근법을 따랐다.
22   니사의 그레고리오스는 자신이 믿기에 출 3장의 이 구절이 성육신에 관해 말하는 여러 가지 방식에 관해 언급한다. Boersma, *Embodiment and Virtue*, 241을 보라.

에서 모세는 감각 지각도 앎도 존재에 대한 참된 접근을 허락하지 않는 다는 사실을 깨닫는다. "내가 생각하기에 신현을 통해 가르침을 받았을 때 위대한 모세는 감각 지각으로 파악되는 것과 이해를 통해 관조되는 것 중 아무것도 실제로는 자존하지 않으며 오직 만물이 의존하는 것, 곧 우주의 초월적인 본질과 원인(οὐσίας καὶ αἰτίας)만이 자존한다(subsist)는 사실을 깨달은 것처럼 보인다."[23] 이어서 니사의 그레고리오스는 존재에 참여하는 방식을 통해 존재하는 창조된 실재들과 "모든 것이 거기에 참 여함에도 그런 참여로 인해 줄어들지 않는" 불변하는 존재 자체, 즉 "참 으로 실재하는 존재(τὸ ὄντως ὄν)"를 구별한다(2.25.8-10).

두 번째 신현은 모세를 산 위의 구름 속으로 이끌어간다(출 20:21). 이 신현은 어둠 속에서 하나님을 뵙는 것이다. 그 이유는 모세가 이 신 현을 통해 "하나님의 본질(θείας οὐσίας)에 대한 지식은 얻을 수 없으 며"(2.163.11-12) 하나님은 "모든 지식과 이해 너머에" 계신다는 것 (2.164.4)을 알게 되기 때문이다. 여기서 그는 "하나님에 대한 지식이 라는 내적 성소(ἄδυτον) 안으로 미끄러지고" "손으로 짓지 아니한 장 막"(2.167.1; cf. 히 9:11) 안으로 들어간다. 그레고리오스는 이 하늘의 장 막을 창조되지 않고 선재하는 그리스도(2.174.9-10)와 동일시하며 (그 분의 교회뿐만 아니라) 성육하신 그리스도를 지상의 장막이라고 말한다 (2.174.5-6; 2.184.3).[24]

(두 번째 단계인) 구름 속에서 이미 "내적 성소"에 도달했으니 모세의

---

23   *Vit. Moys.* 2.24.1-5. 이후에 이 작품의 참조 번호는 본문의 괄호 안에 제시될 것이다.

24   나는 Boersma, *Embodiment and Virtue*, 240-45에서 모세가 장막 안으로 들어가는 것 의 기독론적 성격을 강조한 바 있다. 유사한 분석을 위해서는 다음을 보라. Nathan Eubank, "Ineffably Effable: The Pinnacle of Mystical Ascent in Gregory of Nyssa's De vita Moysis," *IJST* 16 (2014): 25-41.

추가적인 상승은 분명히 구별되는 다른 단계로 나아가는 전진이 될 수 없다. 첫 번째 신현은 그에게 창조된 존재는 오직 참여를 통해서만 존재할 뿐이라는 것을 가르쳐주었다. 그리고 두 번째 신현은 하나님의 존재는 지식을 넘어선다는 점을 분명히 했다. 이 지점에서 (그레고리오스는 물론이고) 모세는 딜레마에 빠진다. 한편으로 "내적 성소" 너머에 이르는 하나님에 대한 지식은 있을 수 없다. 다른 한편으로 모세는 아직 자신이 바라던 상승의 목적지에 이르지 못했다. 그는 자신이 출발한 여행의 정점인 내적 성소 자체에서 자기가 하나님의 존재를 결코 알지 못하리라는 것을 깨달은 듯 보인다. 그런 까닭에 비록 모세가 이미 하나님을 "대면하여" 보았을지라도 그는 여전히 하나님께 자신에게 그분의 영광을 보여달라고 요청한다(33:18; *Vit. Moys.* 2.219.4-9). 그리고 그것은 세 번째 신현으로 이어지는데 이때 모세는 반석 틈에서 하나님의 등을 보도록 허락받는다. 이것은 성 그레고리오스가 그리스도를 반석과 동일시하면서 다시 기독론적으로 설명하는 신적 현현이다(2.244.8). 그레고리오스의 설명에서 그리스도는 결코 소외되지 않는다. 인간은 오직 그분 안에서만 항상 자신의 정체성을 발견한다.

그레고리오스는 에펙타시스에 대한 상세한 논의를 바로 이 지점에서 전개한다(2.219.1-2.555.5). 비록 모세가 이미 구름 속에 있는 장막과 내적 성소인 그리스도에게 이르렀다고 할지라도, 추가적인 진보는 여전히 가능해 보인다. 그러나 그것은 감각과 이해가 (처음 두 신현에서) 오랫동안 뒤에 남겨진 후에 발생하는 진보다. 버려질 필요가 있는 모든 것은 모세가 세 번째 신현을 경험할 즈음 이미 모두 버려졌다. 두 번째 신현에서 이미 그는 신비로운 황홀경, 즉 하나님에 대한 모든 세속적 이해를 버림으로써 오는 현기증 같은 감각을 경험했다. 그럼에도 모세가 여전히 더 높은 곳으로 올라갈 수 있는 이유는 그가 그 "내적 성소" 안으로 들어 간 것이 곧 정적 휴식의 지점에 이른 것을 의미하지 않기 때문이다. 모세 는 자기가 감각과 이해를 넘어서 하나님과 "대면하여" 보았던 것조차(출 33:11) 자기에게 하나님의 "참된 존재"(ὡς ἐκεῖνός ἐστι)에 대한 접근을 허 락하지 않았음을 인식한다(2.230.5-6). 그는 여전히 하나님을 "거울이나 반영을 통해서가 아니라 대면하여" 보기를 바란다(2.232.2-4).

모세가 계속해서 하나님을 대면해서 보기를 원하는 이유는 "하나님 은 그 본성에서 무한하시며 한계에 의해 제한받지 않으시기" 때문이다 (2.236.1-2). 따라서 비록 모세가 실제로 구름 속에서 하나님을 보는 기쁨 에 넘치는 경험을 했을지라도 이것은 그의 욕구를 만족시키지 못한다. "하나님의 후하심은 그(모세)의 욕구를 실현시킬 수 있음을 인정했지만, 그 욕구의 중단이나 만족에 머무르는 것을 약속하지 않았다"(2.232.6-8). 따라서 "마음의 청결함"(인간적 온전함)이 "결코 더 나은 것을 향한 성장 의 중단이나 온전함에 어떤 한계를 지우는 것"을 의미하지 않듯이[25] 지 복직관—그 자체가 참된 청결함 혹은 온전함이다—역시 늘 전진한다. 그러므로 니사의 그레고리오스는 "하나님을 참으로 보는 것은 이것으 로, 즉 하나님을 우러러보는 이가 그 욕구를 결코 중단하지 않는 것으로 이루어진다"(Vis. Moys. 2.233.3-5)라고 논평한다. 그리고 잠시 후에 그는 다음과 같은 것을 추가한다. "이것이 참으로 하나님 뵙기다. 그분을 보고 자 하는 욕구에는 결코 만족함이 없다"(2.239.1-2). 하나님을 보는 것에 대한 그레고리오스의 정의는 청결함에 대한 그의 정의와 거의 동일하 다. 주님의 말씀의 두 요소—청결함과 하나님을 보는 것—모두에 대한

---

25   Perf. 214.4-6 (FC 122).

추구는 결코 끝나지 않는 욕구에 의해 추동된다.

    이 지점에서 그레고리오스는 지복에 관한 자신의 여섯 번째 설교의 결론이 언뜻 보기에 지나친 부담을 청중에게 지운다는 인상에 대해서 목회적인 동시에 신학적인 답을 제공했다. 지복직관에 대한 약속이 청결함의 부족 때문에 현실성이 없어 보인다는 것을 인정하면서 그는 설교를 자신의 청중에게 청결함에 대한 요구를 보다 엄격하게 강조하는 것으로 마무리한다. 그러나 『모세의 생애』에서 그레고리오스는 다른 접근법을 취한다. 그는 우리의 청결함―혹은 우리가 다음과 같이 말할 수 있다면, 우리가 그리스도에게 참여하는 일―에서의 성장은 많은 것을 아쉬운 상태로 남겨둔다는 것을 인정한다. 우리가 청결함의 측면에서 얼마나 상승했든 상관없이 기독교적 삶은 결코 완전하게 성취하는 삶이 될 수 없다. 그것은 언제나 진보의 삶으로 남아 있다. 실제로 그레고리오스에게 청결함의 삶을 정의하는 것은 그런 진보다. 또 그는 모세가 그의 신현 경험의 정점에 이를 때조차 혹은 우리가 우리의 하늘에서의 미래에 이르러 하나님을 대면하여 볼 때조차 하나님 안에서의 성장은―그리스도 안에서 그리고 그리스도를 통해서―여전히 계속되리라는 것을 인식한다. 그레고리오스에게 하나님을 보는 것은 그분을 더 많이 보고자 하는 욕구를 불러일으킨다. 따라서 지복직관은 하나님을 보고자 하는 지속적인 욕구를 의미한다. 너무나 그러하기에 그레고리오스는 직관 자체를 하나님의 얼굴을 보고자 하는 절대로 끝나지 않는 욕구로 규정한다.

『아가에 관한 설교들』: 그리스도를 더 많이 보는 것

성 그레고리오스의 『아가에 관한 설교들』은 청결함(종종 덕으로 논의된다),
참여 그리고 에펙타시스라는 주제들을 혼합함으로써 하나님을 보는 것
에 유사하게 접근한다. 다시 말해 그레고리오스는 비록 형이상학적 구
조 중 많은 부분이 플라톤적이기는 하나 지복직관을 기독론과 분리시키
는 것을 거부한다. 우리의 직관의 대상은 언제나 그리스도다. 신부가 "나
의 사랑하는 자야, 너는 어여쁘고 화창하다. 우리의 침상은 푸르고"(아
1:16)라고 말할 때,[26] 그레고리오스는 이 구절을 그녀(신부)가 그것과 비
교할 때 다른 모든 것—사람들의 인정, 영광, 유명세 그리고 세속적 권
력—이 무색해지는 그리스도의 고귀함을 찬양한다는 것을 의미하는 것
으로 해석한다.

> 이런 것들은 그들의 관심이 감각 지각에 초점을 맞춘 이들에게 고귀함을 과
> 시하려고 한다. 하지만 그것들은 그럴 것으로 생각되는 것과 같지 않다. 어
> 떤 것에 온전한 실재가 빠져 있을 경우 그것이 어떻게 고귀할 수 있겠는가?
> 이 세상에서 높임을 받는 것은 오직 판단을 내리는 사람들의 머리에서만
> 높임을 가질 뿐이다. 그러나 당신은 참으로 아름다우시다. 단지 아름다울
> (καλὸς) 뿐 아니라 아름다움의 본질(αὐτὴ τοῦ καλοῦ ἡ οὐσία)이시며, 그
> 렇게 영원히 존재하면서 매 순간 당신 자신으로 존재하신다. 당신은 적절한

---

26   이 장에서 나는 아가에 대한 번역을 *Gregory of Nyssa: Homilies on the Song of Songs*,
trans. and ed. Richard A. Norris, Writings from the Greco-Roman World 13(Atlanta:
Society of Biblical Literature, 2012)에서 가져온다. (별도의 언급이 없는 경우 번역서에
서는 개역개정판을 사용한다.)

때가 와야 꽃을 피우거나, 제때에 꽃피우는 것을 연기하거나 하지 않고 오히려 당신의 봄철의 화려함을 당신의 삶의 영원함에 맞춰 늘리신다. 당신은 그 이름이 인간에 대한 사랑이신 분이다.[27]

그레고리오스에게 그리스도는 단지 "아름다울"(καλὸς) 뿐 아니라 또한 "아름다움의 본질 자체"(αὐτὴ τοῦ καλοῦ ἡ οὐσία)다. 그레고리오스의 이해에 따르면, 그리스도는 아름다움에 대한 정의 자체다. 이것은 그가 늘 하나님의 아름다우심에 대한 직관을 그리스도의 아름다우심에 대한 직관과 동일시한다는 점을 의미한다.

　『모세의 생애』에서만큼이나 이 설교들에서도 하나님을 인간의 눈에 보이게 하는 핵심적 사건은 성육신이다. 그레고리오스는 다섯 번째 설교에서 신부가 이미 여러 차례의 상승을 경험했음에도 아직 그중 어느 것도 적절하게 말해서 "관조"로 특징지워질 수 없다고 지적한다. 그는 아가 2:8("내 사랑하는 자의 목소리로구나. 보라, 그가 산에서 달리고 작은 산을 빨리 넘어오는구나")에 대해 설명하면서 다음과 같이 말한다. "이 모든 상승은 관조나 진리에 대한 분명한 이해의 측면에서가 아니라 욕구의 대상이 되는 사람의 '음성'과 관련해서 서술된다. 그리고 어떤 음성의 특성은 청각에 의해 확인되는 것이지 이해를 통해 알거나 누릴 수 있는 것이 아니다"(Cant. 138.9-13). "보라, 그가…넘어오는구나"라는 말에서 그레고리오스는 하나님이 육신으로 나타나시는 것에 대한 예언적 선포에 대한 언급을 읽어낸다. 그는 "예언서"의 한 구절을 인용한다. "'우리가

27　　Can. 106.15-107.5. 이후로 이 작품의 참조 번호는 본문의 괄호 안에 표기될 것이다. 인용문은 Gregory of Nyssa: Homilies on the Song of Songs, trans. and ed. Norris에서 가져왔다.

들은 대로 또한 우리가 보았습니다'(시 48:8). **내 사랑하는 자의 음성**. 이 것이 우리가 들은 것이다. **보라, 그가 넘어오는구나**. 이것이 우리의 눈이 본 것이다"(*Cant.* 140.14-17). 예언자들은 그리스도의 오심을 선포한다. 성육신은 그를 인간의 눈에 보이게 만든다.

이에 맞춰 다음 구절에서 그 사랑하는 자가 벽 뒤에 서서 "창으로 들여다보며 창살 틈으로 엿보고" 있을 때(아 2:9), 그레고리오스는 그것 을 오직 주변적인 깨달음만 제공하는 율법과 예언자들에 대한 언급으로 해석한다.[28] 그는 "그 말들의 신비적 의미"가 우리에게 다음과 같은 것을 보여준다고 주장한다.

> 그 말씀은 인간의 본성을 하나님께 맞추는 일에서 어떤 길과 어떤 순서를 따른다. 무엇보다도 그분은 예언자들과 율법의 명령을 통해 그것을 비추신 다. (우리의 해석은 이러하다. 창은 빛을 들여오는 예언자들이고 창살은 율 법의 명령들로 이루어진 그물망이다. 참된 빛의 광선이 그 두 가지를 통해 서 내부로 스며든다.) 그러나 그 후에 빛의 완전한 조명이 오는데, 그때 그 참 빛은 우리의 본성과의 섞임을 통해 어둠과 사망의 그늘에 있는 이들에게 자신을 보여준다(144.19-145.9).

비록 율법과 예언자가 참된 빛으로부터 빌려온 얼마간의 빛을 가져오기 는 하나 실제로 우리가 무언가를 볼 수 있게 해주는 것은 성육신을 통한 그 빛의 완전한 조명이다. 따라서 신부가 그리스도의 임재를 인식하는 것은 그녀가 "바위틈 은밀한 곳"으로 와서 신랑에게 "내가 네 얼굴을 보

---

28   Cf. Boersma, *Embodiment and Virture*, 83.

게 하라"(아 2:14)고 요청할 때다. 그레고리오스는 신부가 다음과 같이 말하는 것을 상상한다. "더는 나에게 예언자와 율법 같은 수수께끼를 사용해 말씀하지 마세요. 내가 볼 수 있도록 당신 자신을 나에게 분명하게 보여주세요. 그러면 나는 율법의 일을 떠나 복음의 바위 안에 있게 될 것입니다"(163.16-20).

그러므로 그리스도와의 만남은 하나님을 대면하여 보고자 하는 욕구를 충족시킨다. 율법은 더는 신부가 "그녀가 욕망하는 이와 연합"하는 것을 가로막지 않는다(168.11-12). 신부가 "내 사랑하는 자는 내게 속하였고 나는 그에게 속하였도다. 그가 백합화 가운데에서 양 떼를 먹이는구나. 내 사랑하는 자야, 날이 저물고 그림자가 사라지기 전에 돌아와서"(아 2:16-17)라고 말할 때, 그레고리오스는 그것을 다음과 같이 풀어서 설명한다. "그녀가 말하길 '나는 영원히 계신 분을 그분의 모습 그대로 대면하여 보았습니다. 나는 그분이 나의 자매인 회당에서 나를 위해 일어서시는 것을 보았습니다. 그리고 지금 나는 그분 안에서 쉬면서 그분의 가족의 일원이 되어가고 있습니다"(168.15-18). 신부는 그리스도 안에서 하나님을 대면하여 본다.

유사하게 니사의 그레고리오스는 훨씬 나중에 열다섯 번째 설교에서 성육신의 신비에 대해 길게 숙고하는데 그때 그는 신랑과 신부의 연합에 관해 언급한다("나는 내 사랑하는 자에게 속하였고 내 사랑하는 자는 내게 속하였으며"[아 6:3]). 그레고리오스는 "우리는 이런 말을 통해 순결한 영혼은 그 안에 하나님 외에는 아무것도 갖지 않으며 다른 아무것도 우러러보지 않는다는 점을 배운다. 오히려 순결한 영혼은 자신에게서 모든 물질적 관심사를 제하여버림으로써 전적으로, 전체적으로, 지적이고 비물질적인 영역 안으로 이동해 스스로를 원형적 아름다움에 대한 최고

수준의 생생한 이미지로 만들게 될 것이다"라고 주장한다(439,6-11). 영혼의 지적 영역으로의 이런 이동은 "그것(영혼)이 그리스도에게 순응함으로써 자신의 아름다움을 회복했음"을 의미한다(439,17-18). 거울이 자기가 반영하는 얼굴의 정확한 모습을 보여주듯이 영혼은 "자기 안에 침범당한 적 없는 아름다움의 순결한 모습을 새겨놓았다"(440,6-7). 따라서 영혼의 거울은 그리스도의 아름다움에 의해 형성되는 것을 자랑스러워한다. "나는 나의 전 존재로 나의 사랑하는 자의 얼굴에 집중하기에 그의 모습의 모든 아름다움이 내 안에서 보인다"(440,8-10).

그레고리오스는 이런 기독론적 하나님 뵙기에 그것이 절대로 끝나지 않는 지속적 진보를 위한 욕구에 의해 촉진된다는 개념을 덧붙인다. 아가에 관한 그레고리오스의 설교들은 이 주제를 『모세의 생애』가 하듯이 계획에 따른 방식으로 발전시키지 않는다. 아마도 그것은 아가 본문이 출애굽기처럼 하나님의 삶 안에서의 **지속적** 성장(*epektatic* growth)이라는 점차적인 진행을 구성하는 세 차례 신현이라는 발판을 갖고 있지 않아서일 것이다. 그러나 아가에서 에펙타시스를 본문상으로 추적하는 것이 훨씬 더 어렵다는 것이 곧 성 그레고리오스가 그 주제를 발전시키는 데 실패했음을 의미하는 것은 아니다. 첫 번째 설교에서 그는 아가서를 여는 문장("나에게 입맞춰주세요, 숨 막힐 듯한 임의 입술로"[아 1:2, 새번역])에 대해 숙고하면서 아가의 처녀가 하는 것과 동일한 방식으로 신랑을 사랑하는 "신부 모세"에게로 돌아가 다음과 같이 설명한다.

하나님이 그에게 허락하신 대면 대화(성서가 그렇게 증언한다[참조. 민 12:8])를 통해 그는 이런 신현들 이후에도 마치 자기가 그분을 결코 본 적이 없는 것처럼 자신의 욕구의 대상을 볼 수 있기를 기도하면서 그런 입맞춤을 더 강렬하게 원하게 되었다. 같은 방식으로 신성한 욕구가 깊이 박혀 있는 이들 중 아무도 그들의 욕구 안에서 안식할 수 있는 지점에 이르지 못했다. 지금 하나님과 연합한 영혼이 그분을 즐거워하며 만족하지 못하는 것처럼 그 영혼이 그분의 아름다움으로 더 풍성하게 가득 차면 찰수록 그것의 욕구는 더욱더 격렬해진다(31.10-32.8[괄호는 원래의 것임]).

모세와 하나님의 대면 접촉은 하나님에 대한 그의 욕구를 충족시키기는 커녕 오히려 강화시킨다.

그레고리오스는 아가서가 이와 동일한 에펙타시스적 형태를 반영한다고 주장한다. 아가서의 다양한 부분은 하나님의 삶 속으로 나아가는 질서 있는 영혼의 상승을 묘사한다. 그래서 다섯 번째 설교를 시작하면서 그레고리오스는 아가가 동시에 욕구(ἐπιθυμία)와 절망(ἀπογνώσις)을 모두 유발한다고 설명한다. "우리가 순결한 영혼이 ─비록 사랑을 통해 상승의 전 과정에서 선에 참여하도록 고양되었을지라도─아직 바울이 말하듯이[빌 3:13] 자기가 구하는 것을 붙잡지 못한 것처럼 보인다고 생각하면서 슬퍼하지 않는 것이 어떻게 가능한가?"(137.8-12) 그래서 그레고리오스는 "이미 완료된 상승"에 관해 숙고하면서 자기가 예전에는 "영혼은 높은 곳을 향해 전진하는 것 때문에 복을 받는다고 선언할" 수 있었다고 말한다(137.3-4). 그러나 이어서 그는 단지 사랑하는 이의 "음성"을 듣는 것과 내가 앞서 논했던 신랑 자신을 "관조하는 것"을 구별한다(138.8-141.5). 신랑에 대한 관조는 에펙타시스적 상승에서 단지 그의 음성을 듣는 것 너머로 움직이는 지점이다.

다음 설교에서 신부는 심지어 "더 좋은 것"을 향해 여행하는데 그것은 그녀가 "보다 명확한 시각을 얻어 말씀의 영광을 식별"하기 때문이다

(176.11-12). 그녀는 그런 완전함에 이르러 다른 이들에게 "같은 목표를 위한 열심"에 대해 가르칠 정도가 된다(177.15). 그러나 이것 역시 그 여행의 끝을 의미하지 않는다. "그럴 경우 그 정도까지 고양된 영혼이 완전의 가장 높은 봉우리에 이르렀다고 말하지 않을 사람이 누구이겠는가? 그럼에도 이미 성취된 일들을 규정하는 한계는 영혼을 그런 일들을 초월하는 실재에 이르도록 이끌어가는 출발점이 된다"(177.17-178.1). 이어서—그리고 여기서 그레고리오스는 신랑이 노루와 사슴의 모양으로 신부에게 나타나는 것에 대해 언급한다(아 2:9)—추가적인 단계로 신부는 "그가 그 자신이 아닌 다른 모습으로 그녀에게 나타날 때 자신이 욕망하는 자를 보기" 시작한다(178.3-4). 그녀는 완전에 점점 가까이 가면서 "자기에게 말을 거는 자의 용모를 보기를 기도하고 또한 더는 중재자를 통하지 않고 그에게서 나오는 말을 받는다"(178.17-19). 신부는 예수 그리스도 안에서 하나님을 직접 관조한다.

아가 2:16에서 신부가 "내 사랑하는 자는 내게 속했고 나는 그에게 속했도다"라고 외칠 때, 그레고리오스에게는 다음 사항이 분명해진다. 이 지점에서 "그 두 관계자는 서로의 안으로 움직인다. 하나님이 영혼 안으로 들어오시고 그에 따라 영혼이 하나님 안으로 들어간다"(179.6-7). 다시 그레고리오스는 신부의 상승이라는 이 새로운 단계를 그녀의 진보의 지속적인 특성에 대해 숙고하는 기회로 삼는다. "그녀는 가장 높은 선에 대한 소망을 달성한 것처럼 보인다. 욕구의 대상인 이 안에 있는 것과 자기 안에 욕구의 대상을 받는 것보다 더 높은 것이 무엇이겠는가? 그러나 이 상황에서도 그녀는 자기에게 여전히 선이 필요하다는 사실로 인해 비통해한다. 아직 자신의 욕구에 해당하는 것을 얻지 못한 자로서 그녀는 당혹스러워하고 불만족스러워한다. 그래서 그녀는 자신의 이야기를 통해 그동안 자기가 추구했던 것을 어떻게 찾았는지를 설명하면서 자신의 영혼이 느끼는 이런 당혹함을 널리 알린다"(179.12-19). 그레고리오스는 신부의 당혹감으로부터 신적 본성(φύσις)의 무한한 위대함은 "아무리 많은 지식도 그것을 구하는 이의 추구를 제한하지 않는다"는 결론을 내린다(180.1-3).[29] 실제로 그레고리오스는 다음과 같은 결론을 내린다. "그것 너머에 있는 것을 추구함으로써 그것의 진로를 상승시키는 지성은 인간의 본성이 얻을 수 있는 모든 지식의 성취가 그보다 높이 있는 것들에 대한 욕구의 출발점이 되는 방식으로 구성된다"(180.4-7).

신부가 연인을 발견해 자기 어머니의 침실로 데려오는 것은(아 3:4) 그녀가 성안을 순찰하는 자들을 만나 그들에게 신랑이 어디에 있는지 묻고 그들을 떠난 후였다(3:3). 성 그레고리오스는 신부로 하여금 내(신부)가 "모든 창조 질서를 떠나고 지성으로 알 수 있는 창조세계 안에 있는 모든 것을 지나치며 모든 개념적 접근법을 뒤에 남기고 떠나자마자 나는 믿음으로 그 사랑하는 자를 찾았다. 그리고 나는 믿음으로 내가 찾은 이를 붙잡고 그가 나의 **침실**로 들어가기까지 그를 놓아주지 않을 것이다"라고 설명하게 한다(*Cant.* 183.5-10).[30] 그레고리오스는 그 침실은 하나님이 창조하셨을 때 원래의 상황으로 돌려놓기 위해 그곳에서 살기 위해 오시는 심장부라고 설명한다.

그레고리오스는 여덟 번째 설교에 이르러 그 상승이 여전히 멈추지

---

29 그레고리오스는 하나님이 "한계"(πέρας)와 경계(ὅρος)에 종속된다는 것을 거듭해서 부인하면서 하나님의 무한성에 대해 언급한다.

30 그레고리오스에게 믿음은 우리가 감각의 한계와 그리스도 안에서 하나님과의 연합(과 지복직관)에 대한 논증적인 지식의 한계를 넘어서도록 만든다. Martin Laird, *Grergory of Nyssa and the Grasp of Faith: Union, Knowledge, and Divine Presence* (Oxford: Oxford University Press, 2004), 100-107을 보라.

않고 있음을 감지한다. 그는 아가 4:8에서 다음과 같은 말을 읽는다. "내 신부야, 너는 레바논에서부터 나와 함께하고 레바논에서부터 나와 함께 가자. 아마나와 스닐과 헤르몬 꼭대기에서 사자 굴과 표범산에서 내려오너라." 신부의 계속되는 움직임은 그레고리오스에게 성 바울이 이미 "삼층천"을 보고 온 **후에**(고후 12:2) 여전히 더 높은 상승을 향한 그 자신의 에펙타시스에 관해 숙고하는 것을 상기시킨다(빌 3:13). 그레고리오스는 하나님을 보는 우리의 능력은 계속해서 증대된다고 주장한다. 그러나 "신성의 무한성과 불가해성은 모든 직접적인 이해 너머에 남아 있다"(246.8-10). 그레고리오스는 "발견된 것의 외적 한계는 보다 고양된 것들에 대한 탐구의 출발점이 되는 반면"(247.11-12), "상승하는 영혼의 욕구는 알려진 것에 만족하지 않는다"(247.14-15)고 다시 한번 단언한다. 이어서 그레고리오스는 신부가 이미 신랑을 동반해 "헤르몬산"(저자가 인용하는 아가 번역문에서 이것은 유향[frankincense]으로 번역된다. 각주 26을 참조하라—역자 주)에 이르렀다는 것(그것은 세례를 통해 그리스도와 함께 죽어서 묻히는 것을 가리킨다)과 또한 그와 함께 "레바논의 언덕"(저자가 인용하는 아가 번역에서 이것은 몰약[myrrh]으로 번역된다—역자 주)에도 이르렀음(그와 함께 새로운 생명과 신성과의 교제로 부활한 것을 가리킨다)을 설명함으로써 아가 4:8의 특별함에 대해 논한다. 이제 그레고리오스는 그녀가 "끝없는 성장"을 통해 더 높은 곳으로 올라갈 준비가 되어 있다고 주장한다 (252.11-12).

마지막으로, 열두 번째 설교에서 성 그레고리오스는 아가 5:3("내가 옷을 벗었으니 어찌 다시 입겠는가?")과 5:7("성벽을 파수하는 자들이 나의 겉옷을 벗겨 가졌도다") 사이의 명백한 모순에 주목한다. 그레고리오스는 신부가 이미 "모든 옷을 벗었다면" 성벽을 파수하는 자들이 그녀에게서 겉

옷을 벗겨 가져가는 것이 어떻게 가능하겠느냐고 묻는다(*Cant.* 360.2). 니사의 그레고리오스는 여기서 에펙타시스에 대한 또 다른 언급을 발견한다. 그는 신부가 청결함에서 성장했기에 "이제 그녀의 것이 된 청결함과 비교할 때 그녀는 그 옷을 벗은 것 같지 않고 오히려 이전의 옷을 벗은 후에도 여전히 더 벗어야 할 무언가를 발견한다"라고 설명한다(360.7-10). 그레고리오스가 보기에, 여기서 신부는 모세가 이미 하나님을 대면하여 보았음에도(출 33:11) 하나님께 그분의 영광을 보여달라고 청했을 때(33:18) 처했던 것과 같은 상황을 마주한다.[31] 하나님의 삶 안으로의 상승─그것은 모세와 그 신부에게 모두 그리스도와의 연합을 의미한다─은 안식의 지점에 이르지 않는 욕구에 의해 추동되는, 곧 하나님의 삶 안에서의 끝없는(에펙타시스적인) 성장이다. 그레고리오스에게 그리스도는 끝없는 즐거움의 근원이다. 따라서 그는 그분 안에서 발견되고자 하는 우리의 욕구를 계속해서 증가시킨다.[32]

---

31   Cf. Boersma, *Embodiment and Virtue*, 91-92, 237.

32   내가 분석한 세 작품에서 그레고리오스는 자기가 하나님의 본질과 하나님의 활동 및 그리스도 사이의 관계를 어떻게 보는지를 분명하게 밝히지 않는다. 한편으로 그는 그리스도를 하나님의 본질 혹은 하나님 자체와 동일시하는 것처럼 보인다. 다른 한편으로 그는 우리가 그리스도 안에 (에펙타시스적으로) 참여한다고 단언하고, 다른 작품에서는 반복해서 그리스도를 덕, 완전함, 청결함, 지혜 등과 동일시하는데 그것은 그리스도와 하나님의 활동 사이의 긴밀한 연관성을 암시하는 것처럼 보인다. 그레고리오스는 어휘를 아주 정확하게 사용하지 않는다.

결론

그리스도 안에서 하나님 뵙기에 대한 그레고리오스의 추구는 우리가 계속해서 그것을 칭찬할 만한 많은 것을 갖고 있다. 첫째, 그레고리오스는 감각과 지성으로 접근 가능한 세속적 실재가 우리의 가장 깊은 욕구를 충족시킬 수 없다고 여기는 사람이었다. 확실히 지복에 관한 그의 여섯 번째 설교는 이 세상에서의 감각적이고 지성적인 이해가 하나님에 대한 이제 막 시작된 직관을 이미 얼마간 포함한다는 것을 분명하게 밝힌다. 그러나 그레고리오스는 마음의 청결함을 지복직관을 얻는 핵심적 요소로 여긴다. 왜냐하면 우리가 하나님의 청결함에 참여하는 것은 청결함에서 성장하는 것을 통해서이기 때문이다. 따라서 우리가 하나님의 삶에 참여하고 그런 까닭에 그리스도의 아름다움에 참여할 수 있게 하는 것은 청결함에서의 성장이다.

둘째, 그레고리오스는 하나님의 무한성과 충족되지 않는 인간의 욕구 사이에 연관성이 있음을 알았다. 따라서 그는 올바른 기독교 영성은 최고 절정에 이르는 어떤 정적인 지점에 이르지 않고 직관의 궁극적 대상과 맺는 관계에서 성장하고 증대되는 직관의 희망을 제공한다는 점을 인정한다. 그레고리오스가 자신의 두 개의 정점에 이른 신비적인 주석 작업에서 우리를 가장 참되게 인간으로 만드는 것에 대해 숙고할 때, 그는 모세와 아가의 신부에게로 돌아선다. 그들은 그들의 순결한 삶을 통해 놀라운 신현에 도달한다. 그레고리오스에게 "내적 성소"(ἄδυτον) 안으로 떠나는 이 여행이 지닌 에펙타시스적 성격은 우리가 이 직관이 마음이 청결한 자가 하나님을 볼 것이라는 주님의 말씀이 가진 모순을 온전하게 해결한다고 생각해서는 안 된다는 것을 의미한다. 그레고리오스에게 그들 둘 모두는 하나님을 볼 것이고 또한 보지 못할 것이다. 만약 완전함이나 청결함이 "그보다 더 나은 것을 향해 성장하기를 그치지 않는 것과 완전함에 어떤 한계를 두지 않는 것이라면",[33] 그리고 만약 "하나님을 참으로 보는 것이 이것, 즉 하나님을 우러러보는 이가 그 욕구를 절대로 중단하지 않는 것으로 이루어진다면",[34] 그때 지복직관을 영광스럽게 만드는 것은 영혼이 그리스도 안에서 자신을 보여주신 보이지 않으시는 하나님의 무한하고 점차 커지는 선물의 제공을 통해 점증하는 강렬함과 친밀함을 즐기는 것이다.

우리가 하나님의 삶에 대한 이런 에펙타시스적 참여를 그분의 본질이나 활동에 대한 참여로 묘사할 것인지의 여부는 아마도 중요한 문제가 아닐 것이다. 그레고리오스는 그런 구별을 인정하지만, 우리는 그가 충분히 일관되지 않다는 점도 보아왔다. 왜냐하면 때때로 그는 우리가 하나님의 존재나 본질에 참여한다고 단언하기 때문이다. 그런 비일관성은 어쩌면 그렇게 놀라운 일이 아닐 것이다. 만약 내적 성소─그리스도 자신─에 대한 참여가 하나님의 존재나 본성에 대한 참여를 수반하지 않는다면 이상할 것이다. 적어도 나에게는 우리가 그리스도와 연합할 때 그로 인해 우리가 하나님의 존재 자체에 참여하는 것으로 보이는데, 그것이 내가 이 책에서 하나님에 대한 **모든** 참여는 그분의 본성에 대한 (다양한 정도의) 참여라고 주장하는 이유다. 따라서 본질과 활동의 구분 자체는 전혀 중요하지 않다. (그것에 대한 어떤 표현들은 심지어 하나님 안에 있는 어떤 구분을 함축하기도 하는데 그것은 하나님의 단순성과 양립하지 않는다.) 내

---

33   *Perf.* 214.5-6.

34   *Vit. Moys.* 233.3-7.

가 보기에 그보다 훨씬 더 중요한 것은 우리가 그레고리오스와 함께 우리가 언제라도 하나님의 무한한 존재와 사랑 안으로 더 깊이 들어갈 수 있다고(그래서 창조주와 피조물의 범신론적 동화에 빠져들지 않는다고), 하나님의 삶에 대한 이런 참여가 바로 그리스도와의 보다 깊은 연합이라고 확언하는 점이다.

셋째, 그리고 다른 무엇보다도 성 그레고리오스는 우리로 하여금 인간 존재들은 자신들이 인간의 초월적 목적에 관한 진지한 숙고를 배세할 경우 자신들의 참된 정체성을 찾을 수 없으며 따라서 번성할 수 없다는 점을 깨닫게 해준다. 인간의 인간 됨은 인간의 텔로스에 의해 규정된다. 인간으로서—개인적인 삶과 우리의 공동생활에서 모두—우리는 오직 우리가 하나님이 우리의 참된 성취로서 우리 앞에 놓으신 지복직관이라는 초자연적인 목표를 분명하게 추구하는 정도만큼만 우리의 정체성을 얻는다(그리고 그런 식으로 온전하게 인간이 된다). 따라서 지복직관을 포기한 근대성에 내포된 환원주의(reductionism)는 처음에 그냥 문제가 있는 정도로 보이지만 그것보다 훨씬 더 문제가 심각하다. 그것은 우리가 무한하신 하나님께 등을 돌리는 것을 의미한다. 하나님은 세속적인 선들을 바라보는 인간의 시선을 올바른 방향으로 돌리고자 그리스도에 대한 직관을 통해 모든 선한 것들을 제공하신다. 인간 존재의 목적인 지복직관을 잃는 것은 그 어느 것으로도 세속적인 인간적 욕구의 밀물과 썰물을 넘어서지 못하는 "영성"으로 이어진다. 그레고리오스는 우리의 욕구가 무한하다는 것을 인식하기에 충분할 만큼 인간의 본성에 대해 잘 알고 있었다. 그런 무한한 욕구가 그것의 적절한 목적, 즉 그리스도 안에서 하나님을 본다는 목적으로부터 멀어질 경우 불가피하게도 그 욕구의 대상이 놀라운 방식으로, 곧 역설적이게도 우리가 자신의 비뚤어진 욕망으로 인해 존재하게 했던 속박의 형식으로 우리의 존재를 내적으로 지배하게 된다. 따라서 어쩌면 지금 우리는 니사의 그레고리오스의 증언이 어느 때보다도 필요하다. 오직 우리가 그레고리오스와 함께 다시 방향을 바꿔 그리스도 안에 계신 하나님을 바라볼 때만 비로소 우리는 우리의 참된 정체성과 목표를 찾을 수 있다.

4장

기대와 직관

신현과 황홀경에 관한 아우구스티누스의 견해

표지와 실재: 성례전적 얽힘?

순례와 그것의 목적지의 관계를 어떻게 보아야 할까? 종말에 있을 **하나
님에 대한 직관**(*visio Dei*)은 너무나 독특해서 이생에서는 아무것도 그것
에 대해 개략적으로라도 알려주지 못하는가? 혹은 종말의 영광이 종종
우리의 평범한 세속적 삶에 빛을 비추는가? 우리는 하나님을 오직 내세
에서만 보는가 혹은 어떤 식으로든 지금 벌써 그분을 보는가? 다시 말해
우리가 예비적인 방식으로 지금 벌써 하나님이 우리를 위해 예비해두
신 직관의 실재(*res*)에 참여하도록 허락하는 어떤 성례들(*sacramenta*)을 지
적하는 것이 가능한가? 성 아우구스티누스는 이런 질문들을 다음 두 가
지 신학적 맥락에서 접했다. 첫째, 신현─특히 구약에서의 하나님의 출
현─이 하나님 자신과 이런 눈에 보이는 현시 사이의 관계라는 문제를
제기했다. 하나님 자신이 실제로 이곳 세상에서 이미 성도 중 몇 사람에

게 나타나셨는가? 둘째, 황홀경적 경험 혹은 신비적 경험의 가능성이 동일한 문제를 단지 다른 각도에서 제기했다. 신자가 믿음의 여행의 일부로서 그런 경험을 기대하는 것이 적절한가? 우리는 이생에서 이미 더없이 복된 방식으로 하나님과 연합하기를 희망할 수 있는가? 다시 말해 믿음은 지금 이미 보는 것과 어우러지는가? 혹은 신비로운 관조는 엄격하게 내세, 즉 믿음이 보는 것에 자리를 내주는 때를 위해 유보되는가?(고후 5:7)

아우구스티누스는 과연 종말론적 실재로서의 하나님에 대한 직관이 지금 이곳에서 우리의 매일의 삶 속으로 들어오는지의 문제를 심도 있게 살피면서 이런 주제를 모두 광범위하게 다뤘다. 확실히 아우구스티누스 자신이 표지(signum)와 실재(res)에 관한 성례전적 담화를 사용해 (한편으로는) 신현과 신비로운 경험 그리고 (다른 한편으로는) 종말론적 지복직관 사이의 관계에 관해 말하지는 않는다. 그럼에도 표지와 실재 사이의 관계에 관한 그의 견해는 그가 신현과 황홀경적 경험을 다루는 방식과 직접 연관된다. 따라서 과연 그 아프리카의 주교가 이런 경험들을 어느 면에서 지복직관에 (성례전적으로) 참여하는 것으로 보았는지에 관해 묻는 것은 유익할 것이다.

표지와 실재 사이의 관계에 관한 아우구스티누스의 이해는 많은 논란이 되고 있다. 어떤 이들은 그가 그 둘을 너무 날카롭게 구분해 세속의 일과 천상의 일이 서로 아무런 필연적 관계도 맺지 않게 한다고 해석한다. 필립 캐리(Phillip Carey)는 아우구스티누스에게 외적 사물들이 갖는 "무력함"을 언급하면서 그 히포의 주교가 플라톤주의적 이원론에서 비롯된 "표현주의 기호학"(expressionist semiotics)을 발명했다고 주장한다. 또 그는 아우구스티누스가 이해하는 바로는 "말은 외적 표지이고…

그것들은 영혼 혹은 내적 자아에 속한 보다 깊은 존재론적 단계에 속한 것들을 표현함으로써 의미를 얻는다"고 주장한다.[1] 캐리는 아우구스티누스에게 외적 표지들은 실제로 우리에게 그것들이 의미하는 내적 대상을 제공하지 않는다고 주장한다. 그래서 그는 아우구스티누스가 "내면으로의 전환"과 더불어 "그리스도의 육신은 말할 것도 없이 복음의 말씀과 교회의 성례전들 같은 외적인 것에서 하나님의 은혜를 발견하는 것에 대한 대안을 서방 교회에 제공한다"고 주장한다.[2] 캐리에 의하면, 문제는 아우구스티누스의 성례전적 표현주의 기호학이다. 그것에 의하면 "우리는 말에서 아무것도 배우지 못한다." 이것은 "아우구스티누스의 새롭고 체계적인 내면과 외면 사이의 구분과 결합하여 우리가 당연하게 여기는 외적인 것은 피상적이어서 내적 깊이를 드러내지 못한다는 인식을 근대성에 유산으로 남긴다."[3] 캐리에 따르면 그 결과는 몸과 영혼에 대한 플라톤적 구분에 근거한 성례전에 대한 "두 갈래 접근"이다.[4]

그와 다르게 마이클 캐머런(Michael Cameron)은 비록 초기의 아우구스티누스가 표지와 사물의 관계의 임의성과 괴리를 강조했을지 모르나 이런 분리적(disjunctive 혹은 직설법적) 접근은 390년대에 『아디만투스를 논박함』(Contra Adimantum; 394)과 『기독교의 가르침에 관하여』(De doctrina Christiana; 396)에 이르러 결합적(conjunctive 혹은 중재적) 접근에 길을 내준다고 주장했다.[5] 캐머런은 아우구스티누스의 이해에 의하면 문자적 표

---

1   Phillip Cary, *Outward Signs: The Powerlessmess of External Things in Augustine's Thought* (Oxford: Oxford University Press, 2008), 17(원저자의 강조는 생략됨).

2   Cary, *Outward Signs*, 4.

3   Cary, *Outward Signs*, 88.

4   Cary, *Outward Signs*, 163.

5   Michael Cameron, *Christ Meets Me Everywhere: Augustine's Early Figurative Exegesis* (New

지는 글자들(*litterae*)을 사용해 실재적인 것들을 암시하는 반면(**나무**[w-o-o-d]라는 글자는 실제 나무를 가리킨다), 다음에는 이 실재적인 것들이 다른 것들을 위한 표지 역할을 할 수 있다고 설명한다(가령 모세가 광야에서 쓴 물을 달게 만들기 위해 사용했던 나무 막대기[출 15:25]는 십자가의 나무[벧전 2:24]를 상기시킨다).[6] 따라서 표지는 문자적인 동시에 상징적일 수 있다. 캐머런은 아우구스티누스에게 영적인 의미 혹은 상징적인 의미는 나중에 외적으로 본문에 추가된 것이 아니라 실제로 그 안에 존재했다고 지적한다. 바울이 맛사와 므리바에서 있었던 사건을 해석할 때(출 17:1-7; 고전 10:1-11), 그는 이스라엘 백성이 "다 같은 신령한 음료를 마셨으니 이는 그들을 따르는 신령한 반석으로부터 마셨으매 그 반석은 곧 그리스도시라"(고전 10:4)라고 말한다. 성 아우구스티누스는 다음과 같이 지적한다. "바울은 '바위가 그리스도를 의미한다'가 아니라 '바위가 그리스도였다'라고 말했다."[7] 따라서 캐머런에 따르면, 그 히포의 주교는 출애굽기 본문에 영적 의미가 이미 존재했다고 믿었다. "그 바위는 기능적으로 이스라엘 백성을 위한 그리스도가 '되었다.' 왜냐하면 그는 그것을 통해 그들에게 자신을 주셨기 때문이다."[8] 캐머런은 다음과 같이 결론짓는다. 아우구스티누스는 "표지와 실재의 **일치**뿐 아니라 그것들의 성례전적 **상호의존**까지 주장했다."[9]

York: Oxford University Press, 2012), 231-38. 참조. Corine Boersma, "A Comparative Analysis of Sacramentality in Augustine and Dionysius" (MA thesis, Regent College, 2016), 14-2.

6　Cameron, *Christ Meets Me Everywhere*, 231-32.

7　Augustine, *Contra Adimantum* 12.5. Cameron, *Christ Meets Me Everywhere*, 235에서 재인용.

8　Camerton, *Christ Meets Me Everywhere*, 235.

9　Camerton, *Christ Meets Me Everywhere*, 234.

아우구스티누스에게서 나타나는 성례성(sacramentality 혹은 그것의 결여)에 관한 이런 불일치에 걸려 있는 것은 단지 우리가 아우구스티누스 자신의 신학을 어떻게 해석해야 하는지에 관한 기술적 문제뿐만이 아니다. 만약 그의 신학이 주로 비성례전적이라면—그리고 만약 그것이 이곳 세상에서 믿음으로 사는 삶과 저곳 하늘에서 봄으로써 사는 미래의 종말론적 삶 사이의 엄격한 구분에서 예시된다면—그때 서구 세속주의가 발흥한 가장 근원적인 신학적 원인으로 히포의 주교를 지적하는 것은 솔깃한 일이 될 것이다. 그 경우에 시간이 흐르면서 독립적이고 자율적인 자연의 영역으로 이어졌던 (자연과 초자연의 구분뿐 아니라) 하늘과 땅의 엄격한 구분은 그것의 기원을 서구 문화의 위대한 원조인 성 아우구스티누스에게서 찾을 수 있을 것이다.[10] 따라서 "순전하게 자연적인"(*pura natura*) 질서의 발흥은 비록 엄격하게 말하자면 16세기의 고안이지만 서구 신학의 아버지 자신에게까지 추적될 수 있다.[11]

우리는 실재에 대한 보다 성례전적 접근에 관해서는 아우구스티누스로부터 돌아서서 대신에 그리스 교부들을 바라보려는 유혹을 받을 수 있다. 결국 우리가 앞 장에서 보았듯이 니사의 그레고리오스 같은 신학자들은 "참여"라는 개념을 자신들의 신학의 최대 관심사로 삼았다. 또 우리는 성례성의 적절한 의미, 즉 자연적인 것과 초자연적인 것이 밀접하게 연결되어 있다는 것에 대한 참된 인식을 유지해온 것은 동방 교회 뿐이었으며, 따라서 오직 동방 교회의 사고방식만이 이생에서 이미 하

---

10   이런 견해에 대한 거부에 대해서는 Michael Hanby, *Augustine and Modernity*(London: Routledge, 2003)를 보라.

11   "순수한 자연"(pure nature)의 역사적 발전에 관한 논의는 Louis Dupré, *Passage to Modernity: An Essay in the Hermeneutics of Nature and Culture* (New Haven: Yale University Press, 1993), 167-81을 보라.

늘에서의 미래를 기대하는 것을 가능케 한다고 주장할 수 있을 것이다. 따라서 우리는 근대성이 서방 교회에 했던 것처럼 동방 교회에 영향을 주지 않은 이유는 동방 정교회가 자연 질서를 자율적인 것으로 다뤘던 서방 교회의 방식을 가져오는 대신 오히려 자연 질서를 그것의 목표로서의 지복직관을 향해 내적으로 방향이 정해진 것으로 간주했기 때문이라고 결론지을 수 있다. 그로 인한 결과는 우리가 이 목표를 이생에서 이미 어떤 의미심장한 방식으로 이루는 것을 기대할 수 있게 된 것이다.

이 장은 하나의 시범 케이스가 될 것이다. 나는 지복직관에 대한 성 아우구스티누스의 가르침을 성례성이라는 질문의 렌즈를 통해 살피면서 다음과 같은 질문을 던질 것이다. 그 아프리카의 주교는 표지와 실재를 **구분했는가** 아니면 표지가 실재에 참여하는 방식으로 그 둘이 성례전적으로 **얽혀 있음**을 알아차렸는가? 나는 후자 쪽으로 기울어진다. 아우구스티누스는 지복직관에 대한 접근에서 참으로 성례전적이었다. 그는 하나님이 구약의 신현들에서 참으로 자신을 분명하게 나타내셨다고 주장했으며 또한 신비적 관조는 오늘날 그리스도인들에게 실제적인 가능성이라고 주장했다. 확실히 아우구스티누스는 지복직관에 대한 종말론적 기대를 확언하는 것을 조심스러워하며 삼갔다. 그리고 훗날 서구의 사상가들이 종말론적 지복직관을 우리의 현세적 믿음의 경험과 더욱 철저하게 분리하는 일에 성 아우구스티누스를 끌어들인 이유를 찾기는 쉽다. 그럼에도 히포의 주교는 우리가 어떤 예비적인 방식으로 오늘 이미 종말론적 지복직관이라는 실재에 참여한다고 확언했다. 이런 결론이 함의하는 것 중 하나는 동방과 서방의 차이가 때때로 그렇다고 생각되는 것만큼 가파르거나 분명하지 않을 수도 있다는 점이다.

편재라는 배경과 참여

성 아우구스티누스가 아마도 410년대에 쓰였을 그의 책 『삼위일체론』 (*De Trinitate*)의 2권에서 구약의 신현들에 관한 논의를 할 즈음에,[12] 그는 이미 그 앞 권에서 삼위일체와 관련된 몇 가지 중요한 문제들에 대해 논한 바 있었다. 우리의 목적상 가장 주목할 만한 것은 그가 성부, 성자, 성령이 동체이고 공존하고 동등하며, 또한 그들이 서로 불가분리하게 일하기 때문에 그 세 위격 중 어느 하나가 하는 일은 그것이 무엇이든 다른 두 위격도 함께하는 것이라고 다소 길게 논했다는 점이다.[13] 히포의 주교는 동질성과 불가분리성의 원리를 인간의 최종 목표 혹은 목적으로서의 지복직관과 연결시킨다. 그는 성자가 나라를 성부에게 바치시고 그것을 성부에게 복속시키시는 것에 관해 말하는 유명한 구절인 고린도전서 15:24-28을 지복직관에 대한 언급으로 해석한다. "사실을 말하자면 지금 **믿음으로** 사는 모든 **의인들**(합 2:4)을 위해 통치하시는 **인간이신 그리스도 예수, 하나님과 사람 사이의 중재자**(딤전 2:5)가 사람들을 하나님을 보는 일, 즉 사도 바울이 그렇게 부르듯이(고전 13:12) 그분을 대면하여 보는 일로 이끌어가실 것이다. 그러니까 **그가 그 나라를 성부 하나님께 넘겨드릴 때**(고전 15:24)는 '그가 신자들을 성부 하나님에 대한 직접적인 관조로 이끌어가실 때'를 의미한다"(*Trin.* 1.8.16).[14] 아우구스티누스에 따

---

12   『삼위일체론』의 저술 연대에 관해서는 Lewis Ayres, *Augustine and the Trinity* (Cambridge: Cambridge University Press, 2010), 118-20을 보라.

13   *Trin.* 1.4.7-1.6.13. 이후에 이 작품의 참조 번호는 본문의 괄호 안에 제시될 것이다. 인용문은 WAS I/5로부터 가져왔다.

14   여담으로 니사의 그레고리오스는 *In Illud: Tunc et ipse Filius*에서 이 구절에 대해 거의 동일한 해석을 제시한다. Hans Boersma, *Embodiment and Virtue in Gregory of Nyssa: An*

르면, 말일에 성자가 나라―즉 신자들―를 성부 하나님께 넘겨드려 그들이 그분의 실체를 관조하게 하실 것이다.

그러나 성자는 성부 안에 계시고 성부는 성자 안에 계시기에 한 분을 보는 것은 또한 다른 분을 보는 것이다(요 14:9-11)(*Trin.* 1.8.17). 아우구스티누스가 말하듯이, "'우리에게 성자를 보여주소서'와 '우리에게 성부를 보여주소서'는 같은 말이다"(1.8.17). 아우구스티누스에게 중요한 것은 하나님의 형상을 한 성자와 종의 형상을 한 성자를 구분하는 것이다. 어떤 성서 본문들은 "하나님의 형상 규칙"을 따라서, 그리고 다른 것들은 "종의 형상 규칙"을 따라서 읽혀야 한다(2.2.4). 후자를 따를 경우 우리는 성자가 성부에게 굴복하게 되리라고 이해해야 한다(고전 15:28). "그는 하나님이시기 때문에 성부와 공동으로 우리를 백성으로 삼으실 것이고, 그는 제사장이시기 때문에 우리와 공동으로 그분에게 굴복하실 것이다"(1.10.20). 결론은 지복직관에 대한 삼위일체적 이해다. 성부를 보는 것은 동시에 성자와 성령을 보는 것을 의미한다. 아우구스티누스는 우리가 내세에서 하나님의 공유된 본질을 보게 되리라고 믿는다. "그분의 본질적 선하심은 마침내 하나님이 마음이 청결한 자에게 자신을 보이시는 방식의 봄 혹은 직관을 통해 얻어진다. 하나님이 참으로 이스라엘 중 마음이 정결한 자에게 선을 행하신다!(시 73:1)"[15]

Anagogical Approach (Oxford: Oxford University Press, 2013), 188-97을 보라.

15   "Secundum illam uisionem bonus est secundum quam uisionem deus apparet mundis corde, quoniam: quam bonus deus israhel rectis corde!"(*Trin.* 1.13.31[WSA I/5:94]). 같은 단락에서 아우구스티누스는 종말에 우리가 "한 분 하나님, 따라서 성부와 성자와 성령을 보게 될 것인데 그분의 나타나심은 오직 기쁨을 의미하며 그것은 의인들에게서 빼앗기지 않을 것"이라고 반복해서 말한다(1.13.31[WSA I/5:94]). 또한 그는 다음과 같이 말한다. "우리가 인간의 눈에는 보이지 않고 오직 성인들에게만 약속된 그분의 변함 없는 본체(*substantiam*)를 보는 하나님에 대한 봄…그 봄만이 우리의 최고선이

삼위일체와 지복직관에 대한 이와 같은 뒤얽힌 이해의 토대 위에서 아우구스티누스는 2권에서 신현이라는 주제로 돌아간다. 그는 자기가 삼위일체 하나님의 영원한 빛이 구원의 경륜 속에 계신 하나님을 보는 것과 연관되는 방식에 관한 심오한 문제와 마주하고 있음을 인식한다. 결정적으로 그 주교는 세상에 하나님이 편재하심을 확언하는 것으로 시작하는데, 그는 성서의 여러 구절에서 그 개념을 추론한다(렘 23:24; 지혜서 8:1; 시 139:7-8). 아우구스티누스에 따르면, 이것은 창조 질서 어느 곳에든 성자와 성령 모두가 존재함을 분명하게 밝혀준다(Trin. 2.5.7). 성자와 성령이 성육신을 통해서와 오순절 때 세상으로 보내지셨을 때, 그들은 자신들이 이미 임재하시던 곳으로 보내지셨다. 그래서 아우구스티누스는 다음과 같이 질문한다. "만약 그때 성자와 성령 모두가 그들이 이미 계시던 곳으로 보내졌다면, 성자와 성령의 이런 보내지심이 정말로 무엇을 의미할 수 있는가 하는 문제가 제기된다. 오직 성부만이 어디론가 보내지신다는 구절을 찾을 수 없다"(2.5.8). 여기서 다시 그 주교는 세 위격의 활동의 불가분리성에 대해 말한다. 우리는 성자가 성부에 의해 보내지셨을 뿐 아니라 그 자신에 의해 보내지셨다고도 말할 수 있다. 왜냐하면 성부는 그분의 말씀으로 그를 보내셨기 때문이다(2.5.9). 만약 그 세 위격 각각이 편재하고 그들이 그들의 경륜적 활동에서 불가분리하다면, 그때—아우구스티누스는 그렇게 확신한다—유사본질론자들(Homoians)처럼 신현 때에는 오직 (종속적인) 성자만 보일 뿐 성부는 끝까지 눈에 보이지 않는 상태에 머물러 있다고 주장하는 것은 잘못임이 틀림없다. 또한 하나님의 편재는 우리가 신현에 관한 아우구스티누스의

다"(1.13.31 [WSA I/5:95-96]).

신학을 하나님이 엄격하게 외적인 방식으로 그분의 존재를 갖지 않는 "순전히 자연적인" 대상들을 통제하시는 것으로 해석해서는 안 된다는 것을 의미하는데, 이것은 아주 중요하다.[16] 하나님과 신현 사이의 그런 분리는 아우구스티누스가 하나님의 편재를 강조하는 것과 배치된다.

더 나아가 말씀(the Word)은 자기 안에 영원히 구원의 모든 경륜을 포함하므로 ─ "그 안에는 지혜가 육신이 되어야 하는 때가 영원히 포함되어 있었다" ─ 성 아우구스티누스는 성육신의 순간 자체가 이미 하나님의 말씀 안에 포함되어 있었다고 주장한다(2,5,9). 그는 시간 속에서 역할을 하는 모든 피조물은 물론이고 모든 역사가 영원한 정신 혹은 하나님의 말씀에 참여한다고 확신할 만큼 철저한 플라톤주의자였다.[17] 만약 모든 시간이 하나님의 영원한 말씀 안에 포함되어 있다면, 이것은 성자를 일시적으로 보내는 것 역시 영원한 말씀 안에 포함되어 있음을 의미한다. 그런 참여적 형이상학 안에서 구약의 신현들을 하나님의 영원한 말씀 혹은 ─ 특히 아우구스티누스의 용어를 빌려서 말하자면 ─ 삼위일체의 각 위격과 하나님의 본체와 구별하는 것은 의미가 없다. 물론 우리가 보게 되겠지만, 아우구스티누스는 신현들에서 구약의 성인들이 하나

---

16   Pace Bogdan G. Bucur, "Theophanies and Vision of God in Augustine's *De Trinitate*: An Eastern Orthodox Perspective," *SVTQ* 52 (2008): 67-93. 나는 나에게 신현에 관한 아우구스티누스의 이해를 해석하는 방법과 관련해 편재에 관한 그의 발언의 중요성을 지적해준 Joshua Schendel에게 빚을 졌다.

17   *Eighty-Three Different Questions*(388/396)의 46번째 질문에서 아우구스티누스는 개별적인 사물들은 영원한 이데아들(*ideae*), 형상들(*formae*), 종들(*species*) 혹은 원리들(*rationes*)을 따라 창조되며 그것이 다시 하나님의 마음(혹은 말씀) 안에 포함된다는 기독교 플라톤주의적 개념을 옹호한다. 아우구스티누스는 이런 플라톤적 개념들은 "그것들이 영원하기에 또한 그것들이 언제나 동일하며 변하지 않기에 그 자체로 참되다"고 말한다. 존재하는 모든 것이 그것이 존재하는 방식대로 존재하는 것은 이런 것들에 대한 참여(*participatione*)를 통해서다.

님의 본체를 보지 못했다고 반복해서 강력하게 단언한다. 우리가 이것이 어떻게 하나님의 본체가 모든 곳에 현존하고 만물이 말씀에 참여한다는 그 주교의 확신과 연관되는지 묻는 것은 당연하다. 그러나 우리가 이 딜레마를 어떻게 다루든 간에 신현에 대한 아우구스티누스의 신학이 하나님과 피조물을 과격하게 분리시키는 신학이 아니라는 점은 분명히 해두어야 한다. 아우구스티누스의 형이상학은 신현에서 우리가 하나님 자신에 대한 모종의 직관을 경험하도록 요구할 것이다. 다시 말해 아우구스티누스의 우주는 우리가 하나님에 대한 직관을 빼앗기는, 환상이 깨진 세속적 우주가 결코 아니다.

삼위일체론과 기독론 논쟁

아우구스티누스는 3세기에 벌어진 삼위일체의 본질에 대한 앞선 논의를 배경으로 구약의 신현에 관해 논한다. 양태론적 혹은 단일신론적 기독론들은 신성의 일치를 강조하면서 이 유일한 하나님이 서로 다른 시간에 서로 다른 "양태"(mode), 즉 성부, 성자 혹은 성령으로 자신을 계시하신다고 주장한다. 예컨대 프락세아스(Praxeas)는 성부와 성자는 하나이며 동일한 위격이라고 주장했다. 그런 주장에는 성부뿐 아니라 성자 역시 눈에 보이지 않는다는 주장이 포함되었다. 하나님의 단일성에 대한 이런 강조에 맞서 아프리카의 테르툴리아누스(Tertullian)와 로마의 노바티아누스(Novatian)는 성부와 성자 사이의 분명한 구분을 주장했는데,

그들은 이를 위해 구약의 신현에 호소했다.[18] 테르툴리아누스가 자신의 『프락세아스를 논박함』(Against Praxeas, ca. 210)에서 주장하는 바에 의하면, 이런 신현은 성자가 (어떤 점에서) 눈에 보이는 반면, 성부는 눈에 보이지 않는 것으로 남아 있음을 가리킨다.[19]

테르툴리아누스는 자기 주장의 출발점을 모순처럼 보이는 성서에서 찾는다. 한편으로 하나님은 모세에게 "나를 보고 살 자가 없음이니라"(출 33:20)라고 말씀하셨다. 다른 한편으로 "하나님은 많은 사람에게 보이셨으나…그분을 본 자 중 아무도 (그렇게 보았을 때) 죽지 않았다."[20] 그 아프리카의 신학자는 이 딜레마를 전자의 진술을 성부에 관한 것으로, 후자의 진술을 성자에 관한 것으로 여김으로써, 즉 눈에 보이지 않는 성부와 눈에 보이는 성자를 분명하게 구분함으로써 해결한다. "따라서 우리는 눈에 보이지 않는 그분을 위엄이 충만하신 성부로 이해해야 한다. 반면에 우리는 성자를 파생된 존재의 분배로 인해 눈에 보이는 분으로 이해한다. 우리가 태양을 하늘에 있는 그것의 본체 그대로 바라보는 것은 허락되지 않는다. 단지 우리는 우리의 눈으로 그것의 광선을 견딜 수 있을 뿐인데, 그것은 태양으로부터 지구에 투사된 이 부분의 온화한

---

18   나는 여기서 노바티아누스에 대해서는 논하지 않는다. 이에 대한 더많은 논의는 Michel René Barnes, "The Visible Christ and the Invisible Trinity: Mt. 5:8 in Augustine's Theology of 400," *ModTh* 19 (2003): 340-42; Kari Kloos, *Christ, Creation, and the Vision of God: Augustine's Transformation of Early Christian Theophany Interpretation*, Ancient Christianity 7 (Leiden: Brill, 2011), 32-44를 보라.

19   Ernest Evans는 *Tertullian's Treaties againt Praxeas*(London: SPCK, 1948)의 서문인 6-22에서 단일신론적 논쟁과 그 논쟁에서의 테르툴리아누스의 역할에 관해 논한다. 신현에 관한 테르툴리아누스의 해석에 대한 논의는 Kloos, *Christ, Creation, and the Vision of God*, 57-62; Gerald P. Boersma, *Augustine's Early Theology of Image: A Study in the Development of Pro-Nicene Theology* (New York: Oxford University Press, 2016), 22-25를 보라.

20   *Adv. Prax.* 14 (ANF 3:609).

상태 때문이다."[21] 비록 테르툴리아누스가 하나님으로서의 성자 자신이 성부와 마찬가지로 눈에 보이지 않는 분이심을 인정하기는 하나, 그럼 에도 그는 구약에서 성자가 환상과 꿈을 통해 수수께끼처럼 나타나셨고 (참조. 민 12:6-8), 그로 인해 예언자들이 거울을 통해 침침하게 혹은 수수 께끼처럼 그분을 보았다고 주장한다(참조. 고전 13:12). 테르툴리아누스는 "이른 시기에 하나님(내가 말하는 것은 성자 하나님이시다)이 예언자들과 족 장들 및 참으로 모세 자신에게도 나타나신 것은 (말하자면) 거울을 통해, 즉 환상과 꿈을 통해서였다"고 결론짓는다.[22] 테르툴리아누스는 신현을 엄격하게 기독론적으로 읽는데, 그는 그것의 근거를 성부와 성자의 구 분에 두고 있다.

니케아 공의회 이전에는 신현에 관한 그런 기독론적 읽기가 교회를 지배했다. 카리 클루스(Kari Kloos)는 유스티누스, 이레나이우스, 테르툴 리아누스, 노바티아누스, 힐라리우스 그리고 암브로시우스 등이 모두 신 현을 성자 하나님의 현현으로 해석했다고 지적한다. 그녀는 그것을 "문 자적인 기독론적 읽기"(literal christological reading)라고 부른다. "2세기와 4세기 사이에 신현 이야기들을 해석했던 거의 모든 그리스도인은 그런 이야기들에서 성자가 나타나셨으며 보이셨다고 주장한다. 이런 '문자적 인 기독론적 읽기'—그것은 그 이야기들에서 그리스도가 상징화되거나 예시되셨던 것이 아니라 실제로 나타나셨다고 상정한다—는 다양한 기 독론적·신학적 견해를 가진 초기 그리스도인 저자들의 해석에 널리 퍼

---

21   *Adv. Prax*, 14 (ANF 3:609).
22   *Adv. Prax*. 14 (ANF 3:609). 테르툴리아누스는 하나님이 모세와 "대면하여" 말씀하시 는 것(민 12:8)을 변화산 사건에서 성취된 약속으로 해석한다.

져 있다."[23] 신현 이야기에 대한 기독론적 읽기는 삼위일체의 각 위의 구별된 위격을 강조함으로써 양태론을 반박하는 데 기여했다. 또한 그런 해석은 눈에 보이시지 않는 하나님을 눈에 보이시는 하나님에 대한 이야기들과 화해시켰다. 마지막으로 이런 접근법은 구약과 신약의 성례전적 일치를 강조했다. 그리스도는 구약의 이야기들 속에 실제로 현존하는 것으로 보였다.[24]

신현 이야기에 대한 이런 식의 기독론적 읽기의 문제는 비록 그런 읽기가 2세기 후반과 3세기에 양태론적 신학을 물리치는 데 도움이 되었을지라도 다음 두 세기 동안 이어졌던 유사본질론자들의 위협 앞에서 친니케아적 신학을 지지하는 데는 덜 효과적이었다는 점이다. 유사본질론자들은 성자의 종속적 지위에 대해 찬성 의견을 말하면서 성자는 단지 성부와 **비슷할**(ὅμοιος) 뿐이라고 주장했다. 말하자면 그들은 성자가 성부와 달리 눈에 보일 뿐 아니라 변할 수도 있다고 주장했다.[25] 그들은 이런 주장을 하면서 테르툴리아누스, 노바티아누스와 다른 이들의 반양태론적 신학에 의지할 수 있었다. 결국 이런 교부들은 성부와 성자를 분명하게 구분했을 뿐 아니라 (성부와 구별되는 분으로서) 눈에 보이는 성자의 속성도 주장했는데, 유사본질론자들에게 이것은 성자가 성부에게 종

---

23 Kloos, *Christ, Creation, and the Vision of God*, 2. Bucur는 신현 이야기에 대한 기독론적 읽기의 기원이 마가복음의 야웨(YHWH) 기독론에 있다고 주장한다.
24 Bucur는 이런 기독론적 주해는 "우리는 그리스도를 성서의 빛 안에서 읽고 있는 것만큼이나 성서를 그리스도의 빛 안에서 읽고 있다. 우리가 십자가에 달리신 분을 영광을 받으시고 시온에서 통치하시는 이스라엘의 왕이자 온 세상의 통치자로 인식할 수 있는 것은 알려지고 기억된 것—위대한 일을 행하시고 우리가 믿음으로 그분께 헌신하는 하나님—의 빛 안에서뿐이다"라는 점을 보여준다고 옳게 주장한다("Theophanies and Vision of God," 73).
25 *Trin.* 2.9.15에 실려 있는 성부와 성자의 이런 구분에 대한 아우구스티누스의 날카로운 비판을 참조하라.

속된다는 것을 암시했다.

그 결과 푸아티에의 힐라리우스(Hilary of Poitiers)와 밀라노의 암브
로시우스(Ambrose of Milan) 같은 4세기의 신학자들은 신현 이야기를 다
루는 일에서 보다 조심스러워졌다. 유스티누스와 노바티아누스의 반양
태론적 담론은 성부와 성자의 구별을 강조했던 반면, 대조적으로 힐라
리우스는 그들의 일치를 강조했고 그로 인한 그들의 동등성을 강조했
다. 클루스가 말하듯이 "힐라리우스는 성부와 성자의 특성을 구별하는
그 어떤 주장도 피하는 반면, 그들의 활동과 직무에서의 차이를 강조한
다. 성부는 명령하고 성자는 세상에서 그 명령을 수행한다. 그러나 힐라
리우스에게 이런 다른 행위는 본질적으로 연결되어 있다. 그래서 성부
와 성자는 이 세상에서 그들의 모든 행위에서 불가분리하게 서로 연합
되어 있다."[26] 암브로시우스는 힐라리우스보다 더 나아갔다. 힐라리우스
는 유사본질론자들이 자신의 그런 주해를 자기들의 종속주의적 목적에
맞추어 사용함에도 불구하고 계속해서 신현을 기독론적으로 읽었다.[27]
그러나 암브로시우스는 유사본질론자들의 위협에 직면해 신적 위격들
의 동등성과 그들의 사역의 일치를 훨씬 더 강조했다. 반면에 그는 대체
로 구약의 신현에 대한 기독론적 읽기를 주장했는데, 크게 보아 그는 창

---

26   Kloos, *Christ, Creation, and the Vision of God*, 87. 또한 Boersma, *Augustine's Early
      Theology of Image*, 31-36을 보라.
27   Kloos는 힐라리우스가 신현 이야기에 대한 기독론적 주해를 어느 정도 제한한다고 설
      명한다. 왜냐하면 힐라리우스는 또한 "그리스도는 모든 이야기 속에서 명시적으로 묘
      사될 필요가 없다. 보다 중요한 계시는 족장들과 가모장(matriarchs)들에 대한 하나님
      의 가시적 현현의 집단적 패턴인데, 그것은 말씀이 육신이 되어 성자 하나님이 사람
      들이 눈으로 볼수 있도록 현현했을 때 정점에 이른다"라고 주장하기 때문이다(*Christ,
      Creation, and the Vision of God*, 88). 우리가 보게 되겠지만, 이런 접근법은 암브로시우
      스와 특히 아우구스티누스의 친니케아적 신현 해석을 예시한다.

세기 18장에 실려 있는 마므레 신현에 관한 핵심적 구절과 관련해 그런 읽기를 시작했다. 아브라함은 세 사람을 보았으나 오직 한 사람에게만 경배했기에(창 18:3, 아브라함은 그들을 향해 "내 주여"라는 단수 호격을 사용한다—역자 주), 암브로시우스는 이것을 "삼위일체의 위격들의 구분과 그 신적 본성의 연합을 상징하는 것"으로 해석했다.[28] 암브로시우스는 자신의 선배 중 누구보다도 세상에서 삼위일체 하나님이 보이시는 행위의 통일성을 강조했다.[29] 분명히 그 밀라노의 주교는 기독론적 해석이 종속론적 기독론을 떠받치기 위해 사용될 수도 있음을 염려했다.

신현 해석에 대한 이런 구약의 배경을 바탕으로 성 아우구스티누스는 연관된 구절들에 대한 자신의 주해를 발전시켰고 『삼위일체론』 2권에서 자신의 삼위일체론적 신학을 명확하게 표현했다. 그의 가장 우선적인 관심사는 성자가 그 자신의 본체로서 눈에 보이는 반면 성부는 눈에 보이지 않는 것으로 남아 있다는 유사본질론자들의 주장을 약화시키는 것이었다(딤전 1:17).[30] 아우구스티누스는 자신의 적대자들이 하나님의 아들이 성육신 이전에 여러 형태로 나타났고 따라서 "그가 육신을 입기 전에도 그의 본체(substantia)가 죽을 인간의 눈에 보였기에 그는 그 자

---

28   Kloos, *Christ, Creation, and the Vision of God*, 93. 나는 *Scripture as Real Presence: Sacramental Exegesis in the Early Church* (Grand Rapids: Baker Academic, 2017), 56-80 에서 마므레 신현(창 8)에 관한 오리게네스와 요안네스 크리소스토모스의 기독론적 읽기에 관해 논한 바 있다.

29   암브로시우스의 『신앙론』(*De fide*)을 둘러싼 상황에 관한 논의를 위해서는 D. H. Williams, "Polemics and Politics in Ambrose of Milan's *De Fide*," *JTS* 46 (1995): 519-31을 보라.

30   *Trin*. 2.9.14-2.9.15. 이후로 이 작품의 참조 번호는 본문의 괄호 속에 제시될 것이다. 인용문은 WSA I/5에서 가져왔다. Cf. Paul A. Patterson, *Visions of Christ: The Anthropomorphite Controversy of 399 CE*, Studies and Texts in Antiquity and Christanity 68 (Tübingen: Mohr Siebeck, 2012), 78-80.

체로 눈에 보이며, 또한 그는 변할 수 있기에 죽음을 면할 수 없다"고 주장하는 것을 직접 비난한다(2.9.15). 아우구스티누스는 자신의 논의 전반에서 그들에게 우리가 신현이 성부, 성자 혹은 성령 중 누구를 가리키는 것으로 이해하든 사람들이 신현에서 육신의 눈으로 보는 것은 하나님의 본체(*substantia*)나(2.14.24; 2.15.25, 26; 2.18.34, 35), "존재하는 그대로의"(*proprie sicuti est*) 하나님이나(2.17.32), 그분의 본질(*essentia*)이 아니다(2.18.35)라고 반복해서 말하는 것으로 대응한다. 하나님의 본체는 육신의 눈으로 볼 수 없다.

피조물 통제와 성례전적 임재

만약 우리가 하나님의 본체를 볼 수 있다면, 그때 신현은 무엇에 관한 것일까? 하나님—세 위격 중 어느 분이라도—이 실제로 나타나시는 것인가? 만약 그렇다면, 어떻게 나타나시는가? 성 아우구스티누스는 자신의 논의의 출발 단계에서 성육신의 독특한 성격을 강조한다. 오직 성육신에서만 말씀이 실제로 육체를 입으신다. 따라서 성령이 비둘기처럼(마 3:16), 바람처럼(행 2:2) 혹은 불의 혀처럼(행 2:3) 나타나실 때, 그것들은 성육신이 아니다.

> 따라서 성령이 나타나실 때 피조물이 취해진 것(*assumpta creatura*)은 동정녀 마리아에게서 육신, 즉 인간의 형태가 취해진(*assumpta*) 방식과 같지 않다. 성령은 비둘기나 격렬한 바람이나 불을 성별하지 않으셨다. 그분은 그것들을 자신과 자신의 위격에 결합시켜 영원한(*in aeternum*) 연합 상

태에 있게 하지 않으셨다. 다른 한편으로 성령은 변할 수 있고 변하는 본성을 갖고 있지 않으시다. 그러므로 이런 현현이 피조물로부터 초래된다기보다는 그분이 마치 물이 얼음으로 바뀌듯 자신을 이런 혹은 저런 것들로 바꾸신다고 보아야 한다. 그러나 이런 현상이 나타난 것은 죽을 인간에게 그분이 상징되고 보여지는 것(*significari et demonstrari*)이 적절했기에 불변하시는 분의 뜻을 따라 피조물이 창조주를 섬기라는(*creatura seruiente creatori*, 지혜서 16:24) 요구를 받고 변화됨으로써 그분을 상징하고 보여주기(*significandum et demonstrandum*) 위함이다(2.6.11).

아우구스티누스는 성령은 마치 말씀이 인간의 육신을 취했던 것처럼 피조물의 형태를 취하지 않았다고 주장한다. 이 주장이 함의하는 것은 비둘기와 바람 및 불은 덧없는 현상이라는 점이다. 그것들은 왔다가 갔다. 그리고 성령은 그 어떤 영속적인 의미로도(*in aeternum*) 자신을 그런 것들과 연합시키지 않으셨다. 다시 말해 하나님은ㅡ창조주를 섬기는ㅡ피조물을 통해 성령의 임재를 상징하거나 보여주셨다.

아우구스티누스는 구약의 신현들의 기능을 성령과 비둘기, 바람과 불의 연관성 위에서 정형화한다. 신현들은 성령의 보내심처럼 성육신과 구별되어야 한다. 반복해서 아우구스티누스는 하나님이 자신을 "어떤 창조된 육체적 실체(*corpoream creaturam*)를 통해"보이시는 것에 관해 말한다(2.9.16). 결국 "이 모든 발생은 창조주를 섬기는 피조물(*creatura seruiente creatori*)[지혜서 16:24]과 거룩한 계획의 요구를 따라 인간의 감각에 자신을 표현하는"(2.15.25) 피조물로 이루어졌다. 이에 부합하게 아우구스티누스는 아마도 아브라함과 모세에게 "그의 통제하에 있는 어떤 변할 수 있고 눈에 보이는 피조물을 통해"(*per subiectam sibi commutabilem atque uisibilem creaturam*) 나타나신 분이 성부였을 것이라고 주장한다 (2.10.17). 마찬가지로 떨기나무에서도(출 3:1-6) 천사가 모세에게 나타났거나 아니면 "어떤 피조물"(*aliquid creaturae*)이 "그 순간의 일을 위해 가시적으로 나타나도록, 그리고 피조물 통제(*per subiectam creaturam*)를 통해 주님의 임재를 전할 귀로 들을 수 있는 음성을 내도록 징발되고" 있었다 (2.13.23). 또한 구름기둥과 불기둥과 관련해 "하나님은 죽을 인간의 눈에 그 자신의 본체로서가 아니라 피조물 통제를 통해서 나타나셨고 그것도 물리적 피조물을 통해서 나타나셨다"(2.14.24). 그 히포의 주교는 2권의 결론 부분에서 다시 "우리는 피조물 통제를 통해 성자와 성령뿐 아니라 성부도 죽을 인간의 감각에 신체적 모습이나 그와 유사한 무언가를 통해 그 자신에 대한 표징을 주실 수 있었다고 믿어야 한다"고 주장한다(2.18.35). 아우구스티누스에 따르면, 하나님은 신현을 통해 나타나시기 위해 피조물들을 사용하셨다.

그렇게 성 아우구스티누스는 성자가 그 자신의 본체에 있어 눈에 보이는 분이라는 유사본질론적 입장에 맞서 신성의 위격 중 하나 혹은 그 이상이 하나님이 천사들 혹은 자신의 통제 아래에 두신 피조물들을 통해 나타났다는 개념으로 대응한다. 이것은 하나님 자신이 그분이 마음대로 사용하실 수 있는 피조물들과 근본적으로 분리되어 계신다는 것을 암시하는 것일 수 있고 따라서 신현에 대한 비성례전적 견해를 의미하는 것처럼 보일 수 있다. 그리고 이것은 (오늘의) 믿음과 (종말의) 봄을 철저하게 구분하는 지복직관에 대한 견해와 함께 서구 세속주의의 전조가 되는 것으로 보일 수도 있다. 바실 스투더(Basil Studer)는 아우구스티누스에 대한 그런 비성례전적 해석을 옹호하면서 그가 하나님의 본체와 창조된 형태를 엄격하게 구분하는 암브로시우스를 따랐다고 주장한다. 스투더는 아우구스티누스가 "하나님이 그 자신의 본성을 토대로 그런 방식으로 현현하셨을 것이며 따라서 그분의 본체가 변할 수 있는 것으로 간주되어야 한다는 견해에 반대한다"고 주장한다. "따라서 아우구스티누스는 하나님의 현현을 그분의 본성과 완전히 구별되는 것으로 다루고 그 둘 사이에 그 어떤 내적 연관성도 배제하고 싶어 한다."[31] 보그단 부쿠르(Bogdan Bucur) 역시 아우구스티누스는 "신현에서 눈에 보이는 것과 눈에 보이지 않는 것의 역설적 공존을 종[species, 피조물]이 더는 본성의 주체(natura) [하나님 자신]에 의해 '소유되지' 않도록 그 둘 사이의 존재론적 연관성을 끊음으로써 해결한다"고 주장한다.[32] 하나님은 자신이 마음대로 할 수 있는 피조물을 사용해(per subiectam craturam) 어떤 눈에 보이는 결과를 내시기 때문에 이 해석에 의하면 그분은 임재하시지 않으면서 눈에 보이도록 하신다.

그러나 내가 보기에 이런 식의 읽기는 아우구스티누스가 하나님이 피조물을 사용해 실제로 이루시는 일이라고 믿었던 것에 충분히 주목하지 못한다. 존 팬텔레이몬 마누사키스(John Panteleimon Manoussakis)는 아우구스티누스가 그의 책 『삼위일체론』 2권 끝에서 "성례전"(sacramenta)이라는 용어를 사용하는 것을 지적하고 아우구스티누스의 견해가 참으로 성례전적이라고 주장한다. "지진, 빛, 불 그리고 나머지 것들은 표지

---

31   Basil Studer, *Zur Theophanie-Exegese Augustins: Untersuchung zu einem Ambrosius-Zitat in der Schrift De videndo Deo* (*ep. 147*), *SA* 59 (Rome: Herder, 1971), 97(번역은 나의 것이다). 우리가 아래서 보게 되겠지만 Studer의 첫 번째 주장, 즉 아우구스티누스에 따르면 하나님의 본성은 변할 수 없다는 주장은 옳다. 그러나 이것이 그가 신적 본성을 신현과 철저하게 구분한다는 것을 의미하지는 않는다.

32   Bucur, "Theophaies and Vision of God," 76. 또한 Barnes, "The Visible Christ," 342-46을 보라.

들—하나님에 대한 단순한 기표—인가? 아우구스티누스의 답은 분명히 부정적이다. 그것들은 표지들 이상이다. 그것들은 '성례전들'이다. 성유의 기름(oil of unction)도 성수의 물(water of holy water)도—성찬의 빵과 포도주는 말할 것도 없이—하나님에 대한 단순한 '표지' 혹은 '상징'이 아니다. 오히려 그것들은 하나님의 은혜를 가져온다. 그리고 구약의 신현 현상 역시 단순한 표지나 상징이 아니라 그것들을 통해 언급되는 분이 그것들 안에 임재하는 효과적인 **표시들**(indications)이다."[33] 마누사키스의 견해에 따르면, 아우구스티누스는 하나님이 신현하실 때 실제로 임재하신다고 믿었다.

내가 생각하기에 마누사키스가 아우구스티누스의 견해가 성례전 적이라고 주장하는 것은 옳아 보인다.[34] 우리는 이미 아우구스티누스가 하나님의 본체는 편재하신다고 주장한 것과 그의 참여적 형이상학이 표지와 실재 사이의 엄격한 구분과 양립할 수 없음을 살펴보았다. 우리는 아우구스티누스가 하나님의 본체와 신현 사이의 관계에 대해 정확하게 무엇을 주장하는지에 주목할 필요가 있다. 비록 그가 반복해서 강하게 신현에서는 아무도 하나님의 본체를 **보지 못했다**고 주장하기는 하나, 사실상 그는 어디에서도 신현에 하나님의 본체가 **부재한다**고 주장하지

---

33   John Panteleimon Manoussakis, "Theophany and Indication: Reconciling Augustinian and Palamite Aesthetics," *ModTh* 26 (2010): 80. Manoussakis는 "표시"(Verflechtung) 라는 용어를 Husserl, Merleau-Ponty 그리고 Balthasar로부터 빌려오면서 표시들은 살아 계신 하나님이 그 사건 속에 현존하신다는 신호 혹은 상징이라고 주장한다.

34   확실히 교회의 성례전과의 유비는 우리가 조심해서 다룰 필요가 있다. 우리는 신현에 대한 아우구스티누스의 이해를 성례전 신학의 어떤 특정한 전통의 정확한 특성 안으로 억지로 밀어 넣어서는 안 된다. 왜냐하면 그것은 동방에서든 서방에서든 여러 세기에 걸쳐 발전되었기 때문이다. 성례전적 임재라는 아우구스티누스의 개념은 아마도 그것이 오늘날 동방 정교회와 로마 가톨릭교회 모두에서 일반적으로 이해되는 방식에 미치지 못할 것이다.

않는다. 종종 간과되는 요점은 우리가 물리적으로 신현을 볼 때 우리 **육체의 눈으로** 하나님의 본체를 보지 않는다고 아우구스티누스가 주장할 뿐이라는 것이다. 우리는 아우구스티누스가 성자의 본체가 육체의 눈에 보이게 되었다는 유사본질론자들의 개념에 맞서는 주장을 하고 있음을 상기할 필요가 있다(우리가 보았듯이 적어도 이것이 그가 그들을 비난했던 이유다). 그렇다면, 만약 우리가 아우구스티누스가 신현에 하나님의 본체가 현존하지 않는다고 여겼다고 결론짓는다면, 그것은 속단이 될 것이다.[35]

나에게는 아우구스티누스가 신현을 하나님의 임재와 연결시키고 있음이 분명해 보인다. 그런 의미에서 그의 견해는 성례전적이라고 불릴 수 있다.[36] 아우구스티누스는 신현에서 하나님과 창조된 수단들 간의 관계를 묘사하기 위해 일반적으로 "보이다"(*demonstrare*), "의미하다"(*significare*), "나타나다"(*apparere*) 그리고 "나타내다"(*ostendere*) 같은 동사들을 사용한다. 이런 동사 중 처음 둘은 하나님을 신현으로부터 멀리

---

35   아우구스티누스의 입장에서 볼 때 하나님은 신현에 실체적으로 개입하지 않으신다는 Colin Gunton의 주장에 대한 Michael Hanby의 대응을 참조하라. "그러나 이것은 아주 많이 잘못된 주장이다. 하나님이 지각 가능한 효과를 내시는 것은 '피조물을 통해서'이지 '그분 자신의 본체를 통해서가'(*per suam substantiam*) 아니라고 단언할 때 아우구스티누스는 '말씀 자체가 예시되는 것은 말씀을 통해서'라는 것을 부인하는 것이 아니다. 이것들은 상호 배타적인 대안들이 아니며 『고백록』을 주의 깊게 읽는 독자라면 누구도 그런 결론에 도달할 수 없다. 오히려 그는 먼저 그리스도의 도래를 알리는 신현들과 위격적 결합 그 자체 사이의 완벽하게 정통적인 구분을, 그리고 다음으로 하나님의 본체는 결코 피조물—그것들이 물질적인 것이든 지적인 것이든—이라는 매개체로 분리되어 '보이지' 않는다는 것을 지적하는데 그 결정적인 사례는 예수 자신이다. 그 결론은 성육신의 필요성을 확증한다"(*Augustine and Modernity*, 15).
36   Kloos 역시 아우구스티누스가 "그것들이 의미하는 것을 현존하게 하는 눈에 보이는 표시로서의 신현"에 대한 이해를 향해 나아갔다고 제안한다(*Christ, Creation, and the Vision of God*, 182). 그녀는 아우구스티누스에게 "하나님은 마치 생각이 말에 의해 표현되듯이 그것(신현)으로 축소되지 않으면서 그 표시와 불가분리하게 그리고 무궁무진하게 결합하듯이 신현 안에서 보이신다"고 말한다(187).

떨어지게 하는 것처럼 보이지만 이것은 아우구스티누스가 전하려는 뜻이 아니다. 신현에서 "나타나거"나 "나타내지"는 존재는 하나님(성부, 성자 그리고/혹은 성령) 자신이다. 따라서 비록 하나님이 "결코 육체의 눈에 자신을 보이지 않으셨다"고 할지라도 이 규칙에는 한 가지 예외(*nisi*)가 있다. 하나님이 자신을 "자신의 마음대로 이용할 수 있는 어떤 창조된 육체적 본체를 통해" 보이실 때가 그러하다(*Trin.* 2.9.16). 아우구스티누스는 "자신의 통제 아래에 있는 어떤 변화할 수 있고 가시적인 피조물을 통해…아브라함과 모세에게 나타나셨던 분이 성부"임을 분명하게 밝힌다(2.10.17). 그가 서로 다른 신현들은 삼위일체의 서로 다른 위격을 나타냈던 것일 수 있다고 말하면서 자신의 주장을 요약할 때, 그는 "성부 하나님이 족장들이나 예언자들에게 눈에 보이는 형태로 결코 나타나신 적이 없다고 말하는 것은 성급한 것일 수밖에 없다"라고 언급한다(2.17.32). 다시 그 주교는 이런 것들은 "그분이 존재하는 그대로"(*proprie siccuti est*)의 현현이 아니라 "상징적인 방식의"(*significatiue*)의 현현이라고 말한다(2.17.32). 또 어느 지점에서 아우구스티누스는 신현에서 하나님의 "임재"(*praesentia*)에 대해 말한다. 떨기나무에서 들리던 음성은 "필요에 따라 피조물 통제를 통해 주님의 임재를 전하기 위해" 가시적으로 나타나는 "어떤 창조된 것"으로부터 왔을 수 있다(2.13.23). 아우구스티누스에게 하나님 자신은 피조물을 통해 현존하셨다.

이 중 어느 것도 아우구스티누스가 하나님을 그분의 임재에 대한 피조물의 표현과 굳이 동일시한다는 것을 암시하지 않는다. 그 이유는 논쟁적인 것이 될 수 있다. 그는 하나님 자신의 본체가 눈에 보이는 형태를 지닌다는 점을 부정한다. 유사본질론자들이 신현에서 성자의 위격 자체―즉 그 자신의 본체―가 육체의 눈으로 실제로 보인다고 주장하는 반면, 아우구스티누스는 그 세 위격 중 **어느 분도** 비록 신현 이야기들에 때때로 그 내러티브에서 그 세 위격 모두가, 다른 때에는 그들 중 하나나 둘이 임재한다고 말해질지라도 그 자신의 본체로서는 눈에 보이지 **않는 다**고 주장한다. 따라서 비록 때때로 마치 아우구스티누스가 신현에 대해 비성례전적 견해를 고수하는 것처럼 보일 수는 있으나 사실상 그는 그저 하나님의 본체가 육체의 눈에 보였음을 부정할 뿐이다. 하나님의 본체는 비가시적으로 남아 있다. 아우구스티누스는 하나님이 나타나실 때 그분은 피조물을 통해 그렇게 하신다고 말할 뿐이다. 그분 자신의 본체는 보이지 않는다.[37]

우리는 성 아우구스티누스가 몇 가지 점에서 그의 입장을 좀 더 분명하게 표명해주었기를 바랄 수 있다. 아우구스티누스는 모세가 창조된 떨기나무를 보았고 아브라함이 세 명의 인간 방문객을 보았으나, 그중 누구도 육체의 눈으로 하나님의 본체를 보지 못했음을 강조한다. 여전히 우리는 이렇게 물을 수 있다. **하나님**이 이런 창조된 방식들로 나타나셨고 그로 인해 아우구스티누스 자신이 인정하듯이 우리가 "주님의 임재"에 관해 말할 수 있을 정도이기에 우리는 하나님의 **본체**가 임재했다

---

37 아우구스티누스의 신현 신학을 성례전적으로 옳게 해석하는 Manoussakis는 다음과 같이 말한다. 아우구스티누스가 피조물(*creatura*)에 대해 말할 때, "그의 관심사는 신현이 만들어진 것인지 만들어지지 않은 것인지를 밝히는 것이 아니라 그것들의 실재를 확언하는 것이었을 수 있다. 따라서 그 성인의 의도에 보다 가까운 '피조물'에 대한 해석은 '실제적인'이 될 것이다. 다시 말해 오직 우리의 마음뿐 아니라 육체적 존재에도 드러나는 감지할 수 있고 경험 가능한 사건이 될 것이다"("Theophany and Indication," 79). 나는 Manoussakis의 주장의 전체적인 취지에 공감한다. 하지만 내가 보기에 그는 아우구스티누스가 신현이 지닌 **피조물의** 특성을 피조물을 통해 물리적으로 보이는 하나님의 **본체**와 병렬시킨다는 사실을 간과한다. 아우구스티누스는 단순히 눈에 보이는 것은 하나님의 본체가 아니라 피조물의 실재라고 말하고 있을 뿐이다. 다시 말하지만—지금 나는 Manoussakis에게 동의한다—아우구스티누스는 하나님이 신현에서 자신을 나타내신다는 것을 부정하지 않는다.

고도 말할 수 있을까? 아우구스티누스는 자기가 이것이 사실이라고 여기는지 아닌지에 대해서는 사실상 말하지 않는다. 그는 단지 하나님의 본체가 육체의 눈에 보일 수 있다는 개념을 논박하는 데 그칠 뿐이다. 그리고 이것은 한 가지 문제를 제기한다. 그가 하나님이 **나타나신다**거나 자기를 **드러내신다**고 주장할 때, 그가 의미하는 것은 하나님의 본체가 현존하시지만 단지 육체의 눈에 보이지 않을 뿐이라는 것인가? 한 가지 대안은 14세기의 신학자 그레고리오스 팔라마스(Gregory Palamas)를 따라서 신현에 다양한 정도로 임재하는 것은 하나님의 본질이 아니라 활동들(energies)뿐이라고 주장하는 것이다. 그러나 아우구스티누스가 본질과 활동을 구분하며 작업하지 않는다는 것을 고려한다면, 그는 전자를 의미할 가능성이 크다. 즉 하나님이 나타나실 때, 그분의 본체가 실제로 임재하지만, 자신을 육체의 눈에 **보이게** 하지는 않으신다. 아우구스티누스가 하나님의 본체는 **눈에 보이지 않**지만 그럼에도 그분은 자신의 본체로서 **임재하신다**고 좀 더 강조했더라면, 그의 견해의 성례성은 훨씬 더 분명해졌을 것이다. 있는 그대로 보자면, 아우구스티누스는 신현에 하나님의 본체가 임재한다고 명시적으로 말하는 것을 피했다. 아마도 그것은 눈에 보이는 성자의 특성에 대한 유사본질론자들의 주장의 결과였을 것이다. (몇몇 동시대의 학자들을 포함해) 후대의 해석자들이 어쩌다가 아우구스티누스의 침묵을 비성례전적 존재론을 시사하는 것으로 오독하게 되었는지는 쉽게 알 수 있다. 그러나 근대성이 하나님의 본체와 창조된 실재를 구분하는 것에 대한 책임을 5세기 히포의 주교에게 묻는 것은 정당하지 않다.[38]

---

38   13세기에 토마스 아퀴나스는 여전히 하나님의 본체가 모든 피조물에 현존한다고 주장

연관된 질문은 하나님의 임재의 방식과 관련이 있다. 만약 하나님이 피조물을 통해(*per subiectam creaturam*) **실제로** 나타나셨다면, 이것은 일반적으로 성찬 신학과 관련해 제기되는 것과 유사한 문제를 일으킨다. 신현에서 우리는 어떤 종류의 실제적 임재를 경험하는가? 아우구스티누스는 이 문제를 정면으로 다루지 않는다. 그는 성자가 그 자체로 (혹은 그분의 본체에 있어서) 눈에 보인다는 유사본질론자들의 주장을 논박하는 것에 만족하는 것으로 보이는데, 그 아프리카 주교는 세 위격 중 누구도 본체에 있어서 눈에 보이지 않는다고 말함으로써 그런 주장에 대응한다. 아우구스티누스는 신현이 하나님을 나타내보였던 **방식**에 관해 숙고하기를 의도적으로 피했던 것으로 보인다. 분명히 그는 창조된 물체들이 하나님으로(혹은 세 위격 중 어느 하나로) 어떻게든 변화(혹은 실체 변화) 되었다고 말하지 않는다. 신현은 천사, 인간 혹은 다른 개체의 형태를 띠었다. 그리고 아우구스티누스의 반유사본질론적 수사는 정확하게 신현이 지닌 진정한 피조물적 형태를 강력하게 주장한다. 그럼에도 하나님과 그분이 자신의 목적을 위해 취하시는 피조물 사이의 밀접한 동일시가 이루어진다.[39] 하나님은 신현을 통해 실제로 나타나신다. 현현은 실제

했다. 그러나 그는 신적 본질이 피조물의 본질을 대신하지는 않는다고 말함으로써 이런 주장을 제한한다. 오히려 아퀴나스는 "그분의 본체는 만물의 원인으로서 그것들에 현존한다"고 주장한다(*ST* I, q. 8, a. 3). 아퀴나스는 인과 관계의 용어를 사용하면서 범신론으로 빠져드는 것을 피하면서도 (하나님의 본체가 창조세계에 현존하신다고 주장하면서) 참여적 존재론을 유지하려고 했다.

39 아우구스티누스는 "비둘기는 성령이라고 불린다"는 점과 불 역시 성령으로 불린다는 점을 인정한다(행 2:3). 그럼에도 이어서 그는 다음과 같이 덧붙인다. "이것은 그 비둘기를 통해서 그런 것처럼 그 불을 통해 나타나신 분이 성령이시라는 것을 가리킨다. 그러나 우리는 성령에 대해, 우리가 성자에 대해 그분이 하나님이자 인간이시라고 말하는 것처럼 그분이 하나님이자 비둘기라고 혹은 하나님이자 불이라고 말할 수 없다"(*Trin.* 2.6.11).

적인 현현이고 임재는 실제적인 임재다. 아우구스티누스에게 신현을 보는 것은 성례전적 형태로 하나님의 임재를 경험하는 것이다. 따라서 아우구스티누스는 신현을 지복직관 자체에 대한 예비적인 예시로 해석했다.

물론 우리는 지복직관 자체는 말할 것도 없고 신현을 신비로운 관조와 동등하게 여겨서는 안 된다. 신현을 경험한 사람은 몸 밖으로 취해지지 않으며 육체적 감각이 작동하지 않게 되는 것도 아니다. 아우구스티누스는 신현에서 창조된 실재를 보는 평범하고 물리적인 특성을 강조했다. 한번은—성자 하나님이 인간의 몸을 입고 이곳에 나타나셨다는—마므레 신현(창 18장)에 대한 유사본질론적 읽기에 대해 다음과 같은 수사학적 질문을 제기하면서 그렇게 했다. "나는 여전히 그들에게 다음과 같은 것, 곧 그들은 그분이 육신을 입기 전에 **인간의 상황에 처해 있었던 것**(빌 2:7)—자신의 발을 씻기게 하고 앉아서 인간의 음식을 먹은 것—을 어떻게 설명할 것인지 물을 수 있다. 그분이 여전히 하나님의 형태로 있는 동안 **하나님과 동등해지는 것을 강도짓으로 여기지 않으면서**(빌 2:6) 이 모든 일이 어떻게 일어날 수 있었을까?"[40] 아브라함이 자신을 방문한 방문객들의 발을 씻기고 그들을 위해 음식을 마련하는 것은 신현이 평범한 물리적 환경에서 발생했음을 분명하게 밝혀준다. 따라서 아우구스티누스에 따르면 하나님은 성례전적으로 신현에 **임재**하셨다. 하지만 그는 그런 성례전적 형태는 우리가 신현이 하나님이 지복직관과 관련해서 약속하시는 대면하여 보는 것(참조. 고전 13:12)과 **동일하다**고 말하는 것을 배제한다고 믿었다.

---

40   *Trin.* 2.11.20.

하나님의 본체를 보고자 하는 모세의 욕구

그러나 아우구스티누스는 이 세상에서 성인들이 때때로 제한되고 억제된 형태의 하나님의 임재 경험 너머로 움직인다고 확신했다. 그는 어떤 경우에는 창조된 실재가 투명해지고, 성례전과 실재 사이의 경계가 아주 얇아지며, 우리가 지복직관 같은 무언가를 경험한다고 믿었다. 비록 아우구스티누스가 성례전(*sacramentum*)을 버릴 가능성에 대해서 조심하기는 했으나, 그럼에도 그는 모세와 바울 같은 성서의 인물들이 "하늘의 하늘"에 들어가 하나님을 뵈었다고 믿었다. 또한 그는 자신의 생애에서 몇 차례 직접 하나님의 임재를 관조하는 신비한 경험을 하기도 했다. 데이비드 메코니(Dvaid Meconi)가 말하듯이 "하늘의 실재(*res*)는 소망(*spes*)을 품은 자들에게 지금이라도 가능하다."[41]

아우구스티누스는 『삼위일체론』 2권 중 신현을 다루는 마지막 부분에서 자기가 하나님의 위엄을 볼 수 있도록 야웨께서 공개적으로 나타나 주시기를 바라는 모세의 요청(출 33:13, 18)에 대해 논한다.[42] 그는 우리가 몇 구절 앞에서 야웨께서 이미 모세와 "사람이 자기의 친구와 이야기함 같이 대면하여"(출 33:11) 말씀하셨다고 들었던 것에 주목한다. 아우구스티누스는 하나님을 보게 해달라는 모세의 새로운 요청이 모세가 그보다 앞서 가졌던 대면 만남에서 하나님의 본체를 보았던 것이 아님을 의미할 수 있다고 지적한다. 그렇지 않다면 하나님의 위엄을 보여 달라

---

41 David Vincent Meconi, "Heaven and the *Ecclesia Perfecta* in Augustine," in *The Cambridge Companion to Augustine*, ed. David Vincent Meconi and Eleonore Stump (Cambridgeg: Cambridge University Press, 2014), 268.

42 참조. Ayres, *Augustine and the Trinity*, 159-70.

는 이 새로운 요청은 난센스가 될 것이다. "그렇다면 우리가 어떻게 지금까지 발생한 모든 일에서 하나님이 그분의 본체로서 나타나셨다고—그것이 이 한심한 자들[즉 유사본질론자들]이 하나님의 성자가 피조물을 통해서뿐 아니라 그 자신으로도 눈에 보인다고 믿는 이유다—가정할 수 있는가?"(*Trin.* 2.16.27) 아우구스티누스는 이로부터 다음과 같은 결론을 내린다. 과거 모세와 야웨의 모든 만남은 단지 "육체적"(*corporaliter*)이었던 반면에—여기서 우리는 의심할 바 없이 피조물을 통한(*per subiectam creaturam*) 신현적 출현에 대해 생각할 필요가 있다—지금 모세는 하나님께 사실상 "나에게 당신의 본체를 보여주십시오"라고 요청하면서 "하나님에 대한 영적 직관"을 요청하고 있다. 그러나 아우구스티누스는 "그가 아무리 그것을 바랐을지라도 이런 은총은 그에게 주어지지 않았다"고 결론짓는다(2.16.27). 모세는 하나님의 본체를 보지 못했다.

히포의 주교는 아마도 413년에 쓰였을 귀족 파울리나에게 보낸 편지인 『서신』 147(*De videndo Dei*)에서 자기는 모세가 하나님의 본체를—물리적인 눈으로가 아니라 영적으로도—보았음을 인정하기를 꺼린다고 거듭해서 말한다.[43] 다른 곳에서처럼 여기서도 그 주교는 하나님을 육체의 눈으로 보는 것이 가능하다는 신인동형론적 개념을 주로 경계한다.[44] 『삼위일체론』에서처럼 아우구스티누스는 여기서도 하나님 자신은 육체의 눈에 보이지 않으신다고 주장한다. 하지만 그는 우리가 육체의 눈으로 하나님의 본체를 보지 못한다고 주장하는 것 이상으로 나아간

---

43   참조. Ferdinand Cavallera, "La Vision corporelle de Dieu d'après Saint Augustin,"
      BLE 7 (1915-1916): 460-71; Studer, *Zur Theophanie-Exegese Augustins*; Frederik Van
      Fleteren, "Videndo Deo, De," in *Augustine through the Ages: An Encyclopedia*, ed. Allan D.
      Fitzgerald (Grand Rapids " Eerdmans, 1999), 869.
44   또한 이 문제에 관해서는 *Ep.* 148을 보라.

다. 그는 "우리는 마치 우리가 천체나 대지 위에 있는 물체들을 보는 것처럼 육체의 눈으로 혹은 **마음의 응시로** 하나님을 보지 못한다"고 말한다. 우리가 마음의 응시로 보는 (혹은 아는) 것은 우리가 살아 있다는 것, 우리가 하나님을 보기를 바란다는 것, 우리가 이것을 추구한다는 것 혹은 우리가 어떤 것들을 알거나 알지 못한다는 것 등이다.[45] 따라서 전반적인 주장은 이생에서 우리는 하나님의 본체를 육체의 눈으로든 마음의 응시로든 보지 못한다는 것이다. 따라서 그 주교는 우리가 비록 우리의 육체적인 혹은 정신적인 직관을 통해 보지는 못하지만 그럼에도 성서(혹은 다른 권위)가 참되다고 주장하는 것을 시각보다는 믿음으로 취해야 한다고 주장한다(*Ep.* 147.1.4-2.7). 예컨대 부활은 우리가 믿음으로 취하는 그 무엇이다. 왜냐하면 아무도 그리스도가 죽음으로부터 일어나는 것을 보지 못했기 때문이다(4.11). 그럼에도 아우구스티누스는 우리가 그런 믿음을 말하기 위해 "지식"이라는 용어를 사용할 수 있다고 주장한다. 왜냐하면 사도 요한이 다음과 같이 말하기 때문이다. "그가 나타나시면 우리가 그와 같을 줄을 아는 것은 그의 참모습 그대로 **알 것이기** 때문이다"(요일 3:2)(5.12[강조는 덧붙여진 것임]). 아우구스티누스는 요한이 미래의 사건을 **아는 것**은 "봄으로써가 아니라 믿음으로써"라고 말한다(5.12).

따라서 아우구스티누스는 이 서신에서 구약의 신현들을 그가 『삼위일체론』에서 다루는 것만큼이나 여러 차례 다루면서 "아무도 하나님 안에 거하시는 신성의 충만함을 보지 못했다"고 주장한다(6.18). 모세 같은

---

45   *Ep.* 147.1.3(강조는 덧붙여진 것임). 이후에 이 작품에 대한 참조 번호는 본문의 괄호 안에 제공될 것이다. 인용문은 WSA II/2에서 가져왔다.

경건한 사람들은 "그분이 원하실 때 나타나시는 방식"을 보는 것에 만족하지 못하고 "그분의 모습 그대로 존재하는" 본체를 보려고 애를 태운다 (8.20). 아우구스티누스는 다음과 같이 말한다.

> 그분의 충실한 종인 성 모세는 그가 친구처럼 대면해서 말하던 하나님께 "내가 참으로 주의 목전에 은총을 입었사오면 내게 주를 보여주십시오"(출 33:13, LXX)라고 말했을 때 그의 이런 욕구의 불꽃을 드러내 보였다. 그렇다면 이것은 무엇을 의미하는가? 그것은 하나님이 아니었던가? 만약 그것이 하나님이 아니었다면, 모세는 그분께 "내게 당신 자신을 보여주십시오"가 아니라 "나에게 하나님을 보여주십시오"라고 말했을 것이다. 그리고 만약 그가 그분의 본성과 본체(*naturam substantiam que*)를 보았다면, 그는 내게 "당신 자신을 보여주십시오"라고 말할 이유가 훨씬 더 적었을 것이다. 따라서 하나님은 그분이 나타나시기를 원하셨던 방식으로 계셨으나(*in ea specie, qua apparere uoluerat*), 그분은 모세가 보기를 바랐던 그분 자신의 본성으로(*in natura propria*) 나타나지 않으셨다. 물론 직관은 내세에서 성도들에게 약속되어 있다. 그러므로 모세에게 제공된 "하나님을 보고 살 자가 없느니라"(출 33:20)라는 답은 참이다. 즉 이생에서 사는 동안은 아무도 그분을 그분의 모습 그대로(*sicuti est*) 볼 수 없다.

여기서 아우구스티누스는 아마도 『삼위일체론』에서보다 훨씬 더 분명하게 신현에서 모세(와 다른 이들)에게 나타나신 분이 하나님 자신이심을 명확하게 밝힌다. 비록 그가 하나님이 그분 자신의 본성으로 나타나지 않으셨다고 덧붙이기는 하지만 말이다. 이것이 제기하는 질문이 무엇이든—가장 분명하게 제기되는 질문은 만약 하나님이 그분 자신의 본성으로 나타나지 않으신다면 그분이 나타나신다는 것은 무엇을 의미하는가 다[46]—신현에 하나님 자신이 임재하셨다는(*ipse...erat*) 개념은 아우구스티누스가 신현에 대한 성례전적 이해를 고수했다는 우리의 앞선 발견을 강조한다.

그러나 그 주교는 모세가 하나님의 본체를 영적으로 보기 위해 창조된 형태 이상을 보여달라고 청했을 때(출 33:18) 하나님이 그 청을 거절하셨다고 반복해서 말한다. 아우구스티누스는 하나님의 본 모습을 보는 것은 미래를 위해 유보된 약속임을 분명하게 밝힌다.

> 많은 이들이 그분을 보았으나 그분의 본성에서 만들어진 것이 아니라 그분의 뜻에 의해 선택된 것을 보았을 뿐이다. 그리고 만약 어떤 이가 그것을 올바르게 이해한다면, 이것은 요한이 "사랑하는 자들아, 우리가 지금은 하나님의 자녀라. 장래에 어떻게 될지는 아직 나타나지 아니하였으나 그가 나타나시면 우리가 그와 같을 줄을 아는 것은 그의 참모습 그대로 볼 것이기 때문이니"(요일 3:1)라고 말했을 때 의미했던 바다. 그것은 인간이 하나님이 원하실 때 그분이 원하셨던 방식으로 그분을 보는 것과 같지 않을 것이고, 그분이 보이실 때조차 자신을 그 안에 숨기셨던 그분의 본성을 따라 보았던 것과 같지도 않을 것이며, 그분이 있는 모습 그대로(*sicut est*) 그분을 보게 될 것이다(8.20).

---

46   나는 아우구스티누스가 하나님이 "그분 자신의 본성으로 나타나지 않으셨다"고 말할 때 그가 의미하는 것은 그의 요청에도 불구하고 모세가 실제로는 비록 하나님이 그분의 본체로 임재하셨음에도 하나님의 본체를 영적으로 보지 못했음을 의미한다고 추측한다(모세는 단지 하나님의 등을 보는 데 국한되었고 비록 하나님의 얼굴이 분명하게 임재했음에도 그것을 **보도록** 허락받지는 못했다).

그 히포의 주교는 요한1서 3:2에 따르면 하나님은 종말 때까지는 있는 모습 그대로(*sicut est*) 보이실 수 없다고 주장한다.[47]

지금까지 아우구스티누스가 모세를 다루는 방식은 하나님을 있는 모습 그대로(*sicut est*) 보는 것이 종말론적 미래에 국한되어 있다고 암시하는 것처럼 보일 수 있다. 그러나 분명하게 아우구스티누스는 파울리나에게 보낸 그의 편지에서도 모세와 사도 바울이 모두 실제로 하나님의 본체를 보았다고 인정한다. 그는 그 『서신』 147의 31장에서 다음과 같은 문제를 제기한다. "다음으로 혹자는 만약 인간의 마음이 이 공통의 죽음에 의해 육신에서 해방되기 전에 하나님에 의해(*diuinitus rapi*) 이생에서 천사들의 삶으로 들어올려질 수 없다면 하나님의 본체 자체가 어떻게 여전히 이생에 있는 어떤 이들에게 보일 수 있는지에 대해 물을 수 있다. 그것은 **나를 보고 살 자가 없음이니라**(출 33:20)라는 모세에게 주어졌던 말씀 때문이다"(*Ep.* 147.13.31). 여기서 아우구스티누스는 인간의 마음이 죽음 이전에라도 "하나님에 의해 이생에서 들어올려져" 하나님의 본체를 볼 수 있다고 인정하는 것처럼 보인다. 그는 고린도후서 12:2-4을 언급하면서 이것이 사도 바울에게 실제로 일어난 일이었다고 주장한다. 그는 사도 바울의 경험은 출애굽기 33:20("나를 보고 살 자가 없음이

---

47   아우구스티누스는 비록 그가 만약 그것이 하나님의 본체가 아니었다면 모세가 하나님의 무엇을 보았던 것인지를 분명하게 밝히지는 않으나 모세가 모종의 영적 직관의 경험을 했다고 주장한다. 일반적으로 아우구스티누스는 모세를 부활 후 그리스도를 믿게 된 유대인 중 한 인물처럼 해석하면서 그 에피소드에 대한 풍유적 해석으로 재빨리 이동한다. 모세가 바위틈에서 하나님의 등을 볼 수 있으리라는, 하나님이 모세에게 주신 약속은 아우구스티누스에 따르면 그리스도의 재림(바위틈 곁을 지나가시는 하나님) 이후에 많은 이스라엘 사람들(모세)이 로마 가톨릭교회(바위) 안에서 하나님의 등(그리스도의 육신 혹은 인간성)을 볼 수 있었고 그로 인해 그분의 신성(하나님의 얼굴)을 믿게 되었음을 의미한다. Augustine, *Trin.* 2.17.28-31 (WSA I/5:121-24); *Ep.* 174.13.32 (WSA II/2:335-36); *Gen. litt.* 12.27.55(ACW 42:218)을 보라.

니라")과 모순되지 않는다고 주장한다. 왜냐하면 바울의 마음은 사실상 "이생에서 철수되었고" 그로 인해 그는 일종의 죽음을 경험했기 때문이다(*Ep*. 147.13.31).

모세와 관련해 아우구스티누스는 민수기 12장이 모세가 하나님의 본성을 보았다는 것에 대해 아무런 의심도 남기지 않는다는 점을 인정한다. 왜냐하면 그 본문은 야웨께서 환상과 꿈으로 자신을 알리시는 것과 그분이 모세에게 "은밀한 말로 하지 아니하며 명백히" 말씀하시는 것을 대조하기 때문이다. 그리고 아우구스티누스는 "야웨께서 또한 덧붙여 말씀하시기를 '**그는 또 여호와의 형상을 보거늘**'(민 12:8)이라고 하셨다"고 말한다(13:32). 그런 성서 본문을 접한 아우구스티누스는 여기서 하나님이 모세에게 그의 충실함 때문에 한 가지 예외(*exceptum*)를 허락하셨다고 시인한다. 그리고 그 예외가 그를 "관조의 때에 가치 있게" 만들어주었다. 즉 "그가 바랐던 대로 그는 하나님을 그분의 모습 그대로(*sicuti est*) 보았고 이것은 종말에 그분의 모든 자녀들에게 약속된 바로 그 관조다"(13:32). 이 지점에서 아우구스티누스는 자기가 같은 편지의 앞부분에서 모세가 하나님의 본체를 보았다는 것을 분명하게 부인했던 점을 잊은 것으로 보인다.

아우구스티누스는 아마도 415년에 완성되었을 자신의 『창세기의 문자적 의미』(*On the Literal Interpretation of Genesis*)에서 하나님에 대한 모세의 직관으로 돌아간다. 거기서 그는 다시 한번 "죽을 몸의 감각에 제시될 수 있는 육체를 가진 피조물의 매개 없이 그분의 거룩한 본체(*substantia*) 안에 계신" 하나님을 보고자 하는 모세의 욕구에 대해 말한다.[48] 다시 아우구스티누스는 민수기 12:6-8을 언급하면서 이것이 "몸의 감각에 제시된 육체적 본체를 가리키는 것으로 이해되어서는 안 된다."고 인정한다.[49] 아우구스티누스는 모세가 육체적 의미에서 죽어야 했다고 주장한다. 왜냐하면 하나님을 보고도 살 자는 없기 때문이다. "이런 직관은 육체를 전적으로 떠나든 아니면 육체적 감각에서 벗어나든 어떤 의미에서 이생에 대해 죽는, 그로 인해 이런 직관으로 이끌릴 경우 자기가 (바울의 말을 빌리자면) 몸 안에 있는지 몸 밖에 있는지 알지 못하는(고후 12:2) 자에게만 허락된다."[50] 따라서 이곳과 『서신』 147 두 곳 모두에서 아우구스티누스는 사람이 하나님을 보고는 살 수 없다는 것(출 33:20)과 모세와 바울이 하나님을 보았던 경우들(민 12:6-8; 고후 12:2-4) 사이의 긴장을 어떤 의미에서 그 성인들이 실제로 죽었다고, 즉 그들이 육체적 감각의 삶으로부터 제거되었다고 설명함으로써 해소한다.[51]

---

48 *Gen. litt.* 12.27.55 (ACW 42.217).

49 *Gen. litt.* 12.27.55 (ACW 42.218).

50 *Gen. litt.* 12.27.55 (ACW 42.2219). Ronald J. Teske는 다음과 같이 옳게 말한다. "『창세기의 문자적 의미』 12권과 『서신』 147에서 아우구스티누스는 모세와 바울이 모두 죽음 이전에 비록 죽음과 같은 상태에 있었지만 하나님의 본체와 하나님의 영광에 대한 직관을 경험했다"고 분명하게 주장한다("St. Augustine and the Vision of God," in *Augustine: Mystic and Mystagogue*, ed. Frederick Van Fleteren, Joseph C. Schnaubelt, and Joseph Reino [New York: Peter Lang, 1994], 298).

51 『창세기의 문자적 의미』 12권은 성 바울의 황홀경 경험을 중심으로 구성되어 있다. 나는 바울의 경험에 관한 아우구스티누스의 설명에 대해 분석하지는 않을 것이다. 다만 그런 설명이 모세가 하나님의 본체를 직관한 것에 대한 그의 해석과 일치한다고만 말하고자 한다. 아우구스티누스에 따르면, 바울이 하나님의 본체를 보았을 때 그는 육체적 감각으로부터 벗어나 있었다.

『영혼의 위대함』에서의 관조

성 아우구스티누스는 과연 모세가 하나님을 보았는지에 관한 문제에서 오락가락한다. 또 그는 몇몇 예외적인 경우에 하나님이 (모세와 바울 같은) 성인들에게 하나님의 본체를 보도록 허락하셨다고 시인하면서 아주 조심스러운 태도를 보인다. 그러나 그 아프리카의 주교는 초기부터 그런 신비로운 경험이 실제로 일어난다고 확신했는데 이런 믿음은 그의 개인적 경험에 근거한 것처럼 보인다. 아우구스티누스는 하나님에 대한 황홀경적 직관을 몇 차례 경험했다.[52] 감각 세계 너머에 이르고 황홀경적 경험을 하려는 그의 욕망은 그가 이른바 플라톤주의자들의 책들(*libri platonicorum*), 즉 플로티노스와 포르피리오스의 책들을 읽었던 386년에 처음으로 시작되었다.[53] 그것들은 아우구스티누스가 내면을 향하도록 부추겼다. 그는 자서전인 『고백록』(*Confessions*)에서 다음과 같이 말한다.

52　John J. O'Meara는 아우구스티누스의 경험에 대해 "황홀경"이라는 용어를 사용하는 것을 거부한다. 그 경험에 신비로운 상태의 특징적 징후가 존재하지 않고 그 경험이 그로부터 오랜 세월이 흐른 후에 부분적으로 신플라톤주의에서 빌려온 언어로 묘사되기 때문이다(*The Young Augustine: The Growth of St. Augustine's Mind up to His Conversion*, 2nd ed. [New York: Alba, 2000], 208). 나는 신비로운 상태의 "특징적 징후"가 정확히 무엇인지에 모두가 동의하는지 확신하지 못한다. 아우구스티누스 자신은 분명히 자신이 육체적 감각의 "죽음"을 경험하고 있으며 또한 모세와 바울이 그랬던 것만큼이나 이 생에서 "크게 기뻐"하고 있다고 생각했다. 더 나아가 아우구스티누스는 바울의 신비로운 경험(고후 12:2-4)을 "황홀경"(*extasis*)이라고 말하는데 그는 그 용어를 다음과 같이 정의한다. "그러나 마음의 흥미가 완전히 사라지고 몸의 감각으로부터 멀어질 때 황홀경(*extasis*)이라고 불리는 상태가 나타난다. 그때는 비록 눈이 활짝 열려 있을지라도 현존하는 그 어떤 육체도 보이지 않는다. 또한 어떤 소리도 들리지 않는다. 영혼 전체는 영적 직관에 존재하는 육체의 이미지에 혹은 육체적 이미지의 이점 없이 지적 직관에 존재하는 무형의 실재들에 몰두한다"(*Gen. litt.* 12.25 [ACW 42:194]).

53　*Conf.* 7.9.13. "플라톤주의자들의 책"에 관한 논의는 Carol Harrison, *Rethinking Augustine's Early Theology: An Argument for Continuity* (Oxford: Oxford University Press, 2006), 27-30을 보라.

나는 나의 영혼 안으로 들어갔고 미약한 영혼의 눈으로나마 나의 영혼의 눈 위와 나의 정신보다 높은 곳에 있는 변하지 않는 빛을 보았습니다. 그것은 누구에게나 분명한 일상의 빛이 아니었습니다. 그것은 이를테면 그것의 방대함으로 훨씬 더 밝은 빛을 제공하고 모든 것을 채우는 종류의 큰 빛이 아니었습니다. 그것은 그런 빛이 아니라 우리가 아는 모든 빛과 다른, 아주 다른 빛이었습니다. 그것은 나의 정신을 초월했는데 그것은 기름이 물 위에 뜨거나 하늘이 땅 위에 있는 방식으로 그런 것이 아니었습니다. 그것이 나보다 우월했던 것은 그것이 나를 만들었기 때문이며 내가 그것보다 열등했던 것은 내가 그것에 의해 만들어졌기 때문입니다.[54]

그 사건이 있고서 십 년이 지난 후 여기서 아우구스티누스는 자신의 내면으로 돌아섬으로써 자기가 자신을 창조했던 빛을 영혼의 눈으로 실제로 보았다고 쓴다.[55] 분명히 그는 즉각 자기가 그 빛을 견딜 수 없었고 따라서 그 경험은 단지 일시적이었다고 덧붙인다. "그리고 당신은 당신의 강력한 빛으로 나의 약한 시각에 충격을 주었습니다. 그리고 나는 사랑과 두려움으로 떨었습니다. 또 나는 내가 당신과 '아주 다른 영역 안에' 멀리 떨어져 있음을 발견했습니다."[56] 그 경험의 일시적인 특성과 아우구스티누스가 사용하는 말들은 플라톤주의 전통의 담화에 빚을 지고 있다.[57] 그러나 존 피터 케니(John Peter Kenney)가 지적하듯이 아우구스티

---

54   *Conf.* 7.10.16; 인용문은 Augustine, *Confessions*, trans. Henry Chadwick (Oxford: Oxford University Press, 1991), 123으로부터 가져왔다.

55   아우구스티누스는 자신의 『고백록』을 397년과 401년 사이에 썼다.

56   *Conf.* 7.10.16.

57   황홀경의 일시성에 관한 플라톤과 플로티노스의 견해는 이 책의 2장을 보라. "아주 다른 영역"(*regio dissimilitudinis*)이라는 표현은 플로티노스(*Enn.* 1.8.13)를 거쳐 플라톤

누스는 이 단계에서 이미, 여전히 밀라노에 있는 동안 내면의 관조를 통해 성서의 하나님을 발견했다.[58] 결국 아우구스티누스는 계속해서 자기가 "높은 곳에서부터 들려오는 당신의 음성, 즉 '나는 성인들을 위한 음식이다. 성장하고 나를 먹으라. 그러면 너는 나를 네 몸이 먹는 음식처럼 너로 변화시키지 않을 것이고 오히려 네가 나처럼 변화될 것이다'라는 음성을 들었습니다"라고 쓴다.[59] 플라톤주의자들의 책은 아우구스티누스가 자신의 정신을 초월해 자기를 창조한 빛을 볼 수 있게 해주었다.

아우구스티누스가 플라톤주의자들의 책을 읽고 세례를 받았던 이 듬해 혹은 그 이듬해인 387년 혹은 388년에 쓴 『영혼의 위대함』(Greatness of the Soul)은 그가 그리스도인으로서 하나님께로의 상승(ascent)을 어떻게 보았는지를 처음으로 분명하게 설명했던 책이다. 여기서 그는 영혼의 위대함을 7단계(gradus)로 묘사한다. (1) 생기(animatio)는 식물들처럼 사는 삶이다. (2) 감각(sensus)은 동물들과 공유하는 감각적인 삶이다. (3) 기술(ars)은 인간의 창조적이고 문화적인 성취와 관련이 있다. (4) 덕(virtus)은 도덕적 정화와 관련이 있다. (5) 고요(tranquillitas)는 기쁨과 확신을 제공한다. (6) 입장(ingressio)은 영혼이 진리와 완전함을 이해하려는 열렬한 욕구를 갖는 처소다. (7) 관조(contemplatio)는 진리에 대한 직관과 명상을 하는 삶이다.[60]

(Pol. 273d)까지 거슬러 올라간다.

58 John Peter Kenney, *Contemplation and Classical Christianity: A Study in Augustine* (Oxford: Oxofrd University Press, 2013), 86. 또한 Frederick Van Fleteren이 "이 '변치 않는 빛'은 하나님 자신이다"라고 말했던 것을 참조하라("Mysticism in the Confessiones —a Controversy Revisited," in Van Fleteren, Schnaubelt, and Reino, *Augustine: Mystic and Mystagogue*, 312).

59 *Conf.* 7.10.16.

60 나는 이 일곱 단계에 대한 명칭을 Kenney, *Contemplation and Classical Christianity*, 97-

도덕적 정화라는 요소가 영혼의 궁극적 목표에 도달하기 위한 조건으로서 중요한 역할을 한다. 네 번째 단계에서 영혼은 "불굴의 노력"을 하고 있으며 "이 세상의 성가신 일들과 유혹거리는 격렬하게 경쟁하는 강력한 투쟁에 참여한다."[61] 일단 "모든 부패로부터 해방되고 모든 얼룩으로부터 정화되면", 영혼은 기뻐하며 확신을 지니고 하나님을 향해 나아간다.[62] 여섯 번째 단계를 논하면서 아우구스티누스는 다시 한번 정화가 없이는 빛을 계속해서 응시할 수 없다고 경고한다. "자기들이 깨끗해지고 치유되기 이전에 그렇게 하고 싶어 하는 이들은 그 빛 앞에서 움찔한다."[63] 하나님께서 자기 속에 정한 마음을 창조하시고 자기 안에 정직한 영을 새롭게 해주시기를 바라는 다윗의 기도(시 51:10; LXX 50:12)에 호소하면서 아우구스티누스는 다음과 같이 주장한다. "먼저 그의 마음이 깨끗해지지 않는다면, 즉 그가 먼저 자신의 생각을 통제하고 거기서 애착의 찌꺼기로부터 부패할 수 있는 것들까지 모든 것을 빼내지 않는다면 그 사람 안에서 영은 진실로 '새롭게 되지' 않는다."[64] 따라서 아우구스티누스에게 영혼을 "더는 어떤 단계(gradus)가 있지 않고 사실상 그런 단계들을 통해 도달하는 거처(mansio)가 있는"[65] 일곱 번째이자 마지

100에서 얻었다.

61 *Quant. an.* 33.73 (ACW 9:102).
62 *Quant. an.* 33.74 (ACW 9:103).
63 *Quant. an.* 33.75 (ACW 9:103).
64 *Quant. an.* 33.75 (ACW 9:104).
65 아우구스티누스가 그리스도의 겸손에 주목한 것이 그가 정화 과정에서 하나님의 은총의 필요성을 점점 더 의식하게 했는데, 그것은 나중에 펠라기우스 논쟁으로 이어졌다. 그럼에도 아우구스티누스는 계속해서 오직 "마음이 청결한 자"만이 하나님을 볼 것이라고 주장했다. 『삼위일체론』을 여는 단락에서 그는 이렇게 말한다. "그 형언할 수 없는 실재가 우리의 정신에 의해 형언하기 어려운 방식으로 보일 수 있기 전에 우리의 정신이 정화될 필요가 있다. 그리고 그것을 이해할 수 있도록 우리를 적합하게 만들기 위하여, 우리는 더 참을 만한 길을 따라 인도되며, 아직 필요한 정화를 얻지 못한 한 믿음으

막 단계로 이끌어가는 것은 정화인데, 그것은 하나님의 은총의 행사일 뿐 아니라 위대한 투쟁의 행사이기도 하다.

어떤 이들은 여기에 묘사된 것을 이생에서 이미 하나님에 대한 직관(visio Dei)에 이르는 자신의 능력에 대한 어느 젊은 기독교인 플라톤주의자의 다소 낙관적인 견해로 해석한다. 그 견해에 의하면, 영혼은 여섯 번째 단계에서 그것의 "최고의 직관"에 도달하며,[66] 일곱 번째 단계에서는 하나님의 평화를 영원히 즐기는 것으로 해석되는 그것의 실제 거처(mansio)에 도달한다.[67] 이런 해석에 의하면, 아우구스티누스는 나중에 하나님에 대한 영원한 직관이 이생에서 이미 가능하다는 초기의 낙관적 견해를 포기했을 것이다.[68] 나는 『영혼의 위대함』에서 아우구스티누스가 때때로 그렇게 주장되는 것처럼 낙관적이었는지 확신하지 못한다. "거처"(mansio)라는 단어가 반드시 영구적인 임재를 의미하는 것은 아니다. 그것은 단지 아우구스티누스가 영혼이 궁극적으로 거기에 속한다고 확신하는 장소를 가리키는 것일 수도 있다. 즉 설령 영혼이 하나님이 거주하시는 곳을 **잠깐** 보았을 뿐이라고 할지라도 그럼에도 영혼은 자신의 집을 보았던 것이다. 또 아우구스티누스는 "위대하고 비할 데 없는 영혼들"은 실제로 이 일곱 번째 단계에 이르렀다고 말한다. 여기서 그가 염

로 양육된다"(Trin. 1.1.3).

66   *Quant. an.* 33.75 (ACW 9:103).

67   Van Fleteren은 여섯 번째와 일곱 번째 단계들 사이의 차이는 "단지 여섯째 단계에서는 영혼이 그것의 시선을 던지는 반면, 일곱째 단계에서는 영혼이 환상적인 광경을 영원히 본다는 것이다"라고 주장한다("Mysticism in the *Confessiones*," 311). 또한 Kenney, *Contemplation and Classical Christianity*, 100-101을 보라.

68   Frederick Van Fleteren, "Augustine and the Possibility of the Vision of God in This Life," in *SMC*, vol. 11, ed. John R. Sommerfeldt and Thomas H. Seilder (Kalamazoo, MI: Medieval Institute/Western Michigan University, 1977), 9-16.

두에 두는 인물이 사도 바울(고후 12:2-4)인지, 플라톤인지 아니면 플로티노스인지는 중요치 않다. 그 셋 중 그 누구도 이생에서 이미 어떤 영원한 의미에서 자신의 최종적인 거처를 점유하는 것에 관해 쓰지 않는다.[69] 마지막으로 아우구스티누스가 여섯 번째와 일곱 번째 단계를 모두 "직관"이라는 측면에서 묘사한 것은 분명한 사실이다. 따라서 우리는 그 마지막 단계를 영원한 직관이라고 말하고 싶은 유혹을 받을 수 있다. 하지만 그는 끝에서 두 번째 단계의 직관을 "진리와 완전을 이해하려는 열렬한 욕구(*appetitio*)"로 묘사한다.[70] 나는 아우구스티누스가 여섯 번째 단계를 황홀경 상태 안으로 들어가는 순간으로 여겼던 반면, 일곱 번째 단계를 그것의 지속 기간에 대해서는 아무것도 암시하지 않으면서 "진리에 대한 직관과 관조" 자체로 다뤘던 것이 아닌가 생각한다.[71] 아우구스티누스는 위대한 영혼이 이생에서 이미 하나님에 대한 직관에 이르는 것이 가능하다고 믿기는 했으나 그보다 앞서 어려운 도덕적 분투가 있을 것이며 그런 직관이 오래 지속될 수 없음을 분명히 했다.

---

69   플라톤과 플로티노스는 모두 황홀경적 직관이 특성상 단지 일시적일 수 있다고 믿었기에 아우구스티누스가 (400년에 쓰인) *Agreement among the Evangelists*에서 우리가 불변의 진리의 빛을 "계속해서 변함없이 고수할 수 있다"는 개념을 거부한 것은 플라톤주의 전통에 부합하며 그의 입장이 변했다는 것을 입증해주지 않는다(*Cons.* 4.10.20 [WSA I/15:331]); Van Fleteren, "Augustine and the Possibility of the Vision of God," 16)에게는 미안한 말이지만 말이다.

70   *Quant. an.* 33.75 (ACW 9:103).

71   *Quant. an.* 33.76 (ACW 9:104).

성령의 첫 열매

아마도 아우구스티누스가 우리가 이생에서 하나님에 대한 영원한 직관을 경험할 수 있다고 믿었다는 것을 의심하는 가장 중요한 이유는 그 자신의 경험이 달랐기 때문일 것이다. 그는 『고백록』에서 자신이 회심하기 직전 해에 경험했던 상승에 대해 두 번째로 말하면서 특히 이것에 대해 다음과 같이 분명하게 설명한다. "나는 당신의 아름다움 때문에 당신에게 사로잡혔다가 나의 무게 때문에 곧 당신으로부터 찢겨 나왔습니다. 나는 탄식하면서 열등한 것 안으로 추락했습니다(*ruebam*). 그 무게는 나의 성적 습관이었습니다. 그러나 나에게는 당신에 대한 기억이 남아 있었습니다. 나는 내가 누구에게 매여 있어야 하는지에 대해 의심하지 않았으나 다만 그렇게 할 수 있는 상태에는 있지 못했습니다."[72] 아우구스티누스는 자신의 상승을 몸으로부터 영혼까지, 거기서부터 그것의 내적 힘에까지, 그리고 이어서 추론과 지성의 능력을 통해 빛 자체에까지 이르는 것을 "단계별로" 묘사하는데 그렇게 그것은 "눈 깜짝할 사이에 존재 자체에 이르렀다"(7.17.23). 그럼에도 아우구스티누스는 자기가 이룬 최소한의 성공에 대해 한탄한다. 그 빛에 대한 직관은 단지 순식간의 경험이었다. 아우구스티누스에 따르면, 그 이유는 자신의 덕이 부족했기 때문이었다.

분명히 아우구스티누스는 중재자이신 예수 그리스도와 연계함으로써 적어도 그의 회심과 세례 이전에 계속해서 그를 괴롭혔던 한계 중

---

[72]   *Conf.* 7.17.23. 다음 단락의 묘사를 참조하라. "그러나 나는 계속해서 바라볼 힘을 갖고 있지 못했습니다. 나의 약함이 다시 나타났고, 나는 나의 습관적 상황으로 돌아갔습니다"(*Conf.* 7.17.23). 이후에 이 작품의 참조 번호는 괄호 안에 제시될 것이다.

일부를 극복했다. 혹은 적어도 그것들에 대해 다른 관점을 얻었다.

> 나는 당신을 즐거워하기에 충분할 만큼의 힘을 얻기 위한 길을 찾아보았습니다. 그러나 나는 내가 "하나님과 사람 사이의 중재자이시고 사람이신 그리스도 예수"(딤전 2:5), 곧 "만물 위에 계셔서 세세에 찬양을 받으실 하나님"(롬 9:5)이신 분을 모실 때까지 그것을 찾지 못했습니다. 그분이 나를 불러 "나는 길이요 진리요 생명이니라"(요 14:6)라고 말씀하셨습니다. 내가 너무 약해서 받아먹을 수 없었던 음식을 그분이 "말씀이 육신이 되심"(요 1:14)으로써 육체와 섞으셨고 그로 인해 유아와 같은 우리가 만유를 창조하셨던 당신의 지혜로부터 젖을 빨아 먹을 수 있게 되었습니다. 나의 하나님이신 겸손하신 예수를 모시기에 나는 아직도 충분히 겸손하지 않았습니다. 나는 그분의 약하심이 우리에게 무엇을 가르치려 했던 것인지 몰랐습니다(7.18.24).

아우구스티누스는 자신의 문제가 자기가 성육신이 만들어낸 심원한 차이를 알아차리지 못했던 것이었음을 인정했다. 그는 그리스도를 "그저 아무도 비길 수 없는 탁월한 지혜를 가진 사람"으로 여겼다(7.19.25). 오만하게도 그는 자신이 최고 인간의 한 예인 그리스도를 따를 수 있다고 생각했고 그분이 육신을 입으면서 보여주셨던 겸손을 인식하는 데 실패했다. 그로 인해 아우구스티누스는 다음과 같이 쓴다. "나는 지식으로 교만해져서(고전 8:1) 마치 내가 전문가인 양 재잘거렸습니다"(7.20.26). 아우구스티누스는 다음과 같이 묻는다. "나에게 겸손의 기반이신 그리스도 예수 위에 세워진 사랑이 있었습니까? 플라톤주의자들의 책들이 언제 나에게 그것에 대해 가르친 적이 있었습니까?"(7.20.26)[73] 비록 그런 책들이 아우구스티누스를 그 길의 일부 과정에서 그가 초월적인 하나님의 빛을 경험하도록 하면서 그를 이끌기는 했지만, 결국 그것들은 우리가 하나님의 빛 안에서 참된 안정을 발견하는 일이 성육신한 그리스도의 겸손에 참여함으로써만 가능하다는 점을 인정하는 데 실패했기에 그를 실망시켰다.[74]

따라서 아우구스티누스가 387년에 있었던 자신의 세례 직후에 자기 어머니 모니카와 함께했던 황홀경에 대한 경험은 더욱더 중요하다. 『고백록』 7권에서 묘사된 것과 유사한 경험을 한 이는 그리스도의 겸손으로 회심한 젊은 아우구스티누스였는데, 이번에 그 경험은 그의 회심에 의해 영향을 받았다. 『고백록』 9권에서 아우구스티누스는 어머니 모니카와 자기가 항구 도시 오스티아에서 "어느 집안의 정원이 내다보이는 창가에 기대고 서 있었던" 장면을 묘사한다(9.10.23). 그 두 사람은 영생과 관련해 친밀한 대화를 나눴는데 그 대화는 "이 물리적 세상의 빛이 아무리 즐겁고 환할지라도 육체적 감각의 쾌락은 영생과 비교해보면 고려할 만한 가치조차 없어 보인다"는 결론에 이르렀다(9.10.24). 아우구스티누스에 의하면, 그 두 사람은 대화를 통해 "점차 모든 육체적 대상들과 하늘 자체를 넘어 훨씬 더 높은 곳으로 올라갔고" 마침내 "우리 자신

---

73   다른 곳에서 아우구스티누스는 스스로의 힘으로 자신들을 정화할 수 있으며 따라서 진리의 빛에 도달할 수 있다고 여겼던 포르피리오스 같은 플라톤주의자들의 교만을 공격한다(Trin. 4.15.20).

74   John Peter Kenney의 말을 참조하라. "아우구스티누스의 견해에 의하면, 플라톤주의자들은 자신들을 현명하다고 평가하는데 이것은 자신들의 인지적 성취에서 나오는 잘못된 자부심(superbia)에 근거한 영적인 허세다"(Contemplation and Classical Christianity, 91).

의 마음 안으로 들어갔다." 그 결과 그들은 다음과 같은 것을 획득할 수 있었다.

> 당신이 진리의 음식으로 영원히 이스라엘을 먹이시는 다함이 없이 풍요한 지역(regionem ubertatis indeficientis)에 이를 수 있었습니다. 그곳에서의 삶은 모든 피조물, 즉 존재했던 것과 존재하게 될 모든 것을 존재하게 하는 지혜입니다. 그러나 지혜 자체는 창조된 것이 아니라 전에 있었던 방식과 늘 있게 될 방식으로 존재할 뿐입니다. 더 나아가 이 지혜 안에는 과거도 없고 미래도 없이 오직 존재만 있습니다. 지혜는 영원하기 때문입니다. 우리가 그것에 대해 말하고 그것을 갈망했을 때, 우리는 우리의 마음을 온전하게 집중하는 순간에 어느 정도 그것을 접촉했습니다. 그리고 한숨을 쉬고 "성령의 첫 열매"(롬 8:23)를 그보다 높은 세상에 묶어 남겨둔 채(reliquimus) 문장에 시작과 끝이 모두 있는 인간 언어의 소음 속으로 돌아왔습니다 (remeavimus). 그러나 무엇이 우리의 생명의 주님이신 당신의 말씀과 비교될 수 있겠습니까? 그 말씀은 늙지 않으며 당신 안에 거하고 모든 것을 새롭게 하십니다(9.10.24).

아우구스티누스는 모니카와 자기가 시간으로부터 영원으로 옮겨갔음을 분명하게 밝힌다. 결국 그들은 지혜가 과거나 미래 없이 영원히 거하는 "다함이 없이 풍요한 지역"으로 들어갔다. 그들은 성례전적 징표의 세계 너머, 곧 과거와 미래의 세계 너머로 나아갔다. 그리고 "성령의 첫 열매"라는 종말론적 현실에 이르렀다.

우리는 아우구스티누스가 세례 이전과 세례 이후에 겪었던 신비로운 경험들의 차이를 과장할 필요가 없다. 그 두 경험은 모두 아우구스티누스의 마음을 뒤에 남겼고, 둘 다 하나님의 초월적인 빛에 도달했으며, 둘 다 덧없었다.[75] 그리고 아우구스티누스는 그 둘 모두에 대해 플로티노스를 떠올리게 하는 언어를 사용한다.[76] 실제로 두 경우 모두에서 아우구스티누스가 과거와 미래를 버렸고 그것과 함께 인간 언어의 논증적인 특성도 버렸기 때문에, 그는 오스티아에서의 직관이 앞선 것들과 얼마나 다른지에 대해 거의 말할 수 없었다. 빛에 대한 두 경험 모두 엄격하게 부정을 통해서 알아갈 수 있었을 뿐이다. 그럼에도 『고백록』 9권에서 그 경험에 대한 그의 **해석**은 기독론적이고 종말론적이 되었다. 오스티아에 도착했을 즈음에 아우구스티누스는 다른 견해에 이르러 있었고 자신의 경험을 그리스도의 겸손에 비추어 해석했고, 따라서 그것을 하나님의 지혜 안으로 들어가는 것으로 해석하게 되었다.

따라서 케니(Kenney)는 아우구스티누스가 오스티아에서 영원한 지

---

75   확실히 아우구스티누스는 세례 후의 직관과 관련해 얼마간 다른 언어를 사용한다. 이번에 그는 그 경험의 짧음을 연약함 혹은 그의 성적 습관의 결과로 인해 열등한 것 속으로 "추락한다"(*ruebam*)는 말로 묘사하지 않는다. 그는 단지 자신의 어머니와 자기가 성령의 첫 열매를 "남겨두고"(*reliquimus*) 인간 언어의 소음 속으로 "돌아왔다"(*remeavimus*)고 쓸 뿐이다. 그러나 그는 유감스러워하는 말을 덧붙인다. "그것이 지속될 수 있고 다른 아주 많은 종류의 열등한 다른 직관이 제거될 수 있다면!"(*Conf.* 9.10.25). 그리고 10권에서 그는 다음과 같이 말한다. "그리고 때때로 당신은 내가 낯선 달콤함을 지닌 특별한 깊이의 감정 속으로 들어가게 하십니다. 만약 그것이 내 안에서 완성된다면, 그것은 이생에서 모든 것을 넘어서는 경험이 될 것입니다. 그러나 나는 나의 비참한 짐에 눌려 내가 늘 하던 방식 속으로 다시 떨어집니다. 나는 나의 습관적인 일들에 다시 흡수됩니다. 나는 그것들에 사로잡힙니다. 나는 슬피 울지만, 여전히 그것들에 사로잡힙니다. 그럴 정도로 습관의 힘은 강합니다"(10.40.65). Cf. 또한 *Trin.* 8.2.3.

76   *Conf.* 9.10.14의 설명은 얼마간 플로티노스의 *Enn.* 5.1.3.4-6의 그것과 유사하다. 이것은 아우구스티누스가 모니카와 자신의 경험을 플로티노스의 그것과 같은 것으로 다뤘음을 의미하지 않는다. 플라톤주의자들의 자부심에 대한 그의 유보는 이 시점에서 이미 분명하게 드러난다. 그런 유사성은 단지 그가 "플라톤주의자들의 책들"이 자기를 영원한 지혜의 관조에 대한 독특하게 기독교적인 견해로 이끄는 데 얼마간 유용했다고 믿는다는 점을 의미한다.

혜와 마주한 것에 관해 말할 때 그가 그것을 "하늘의 하늘"(caelum caeli) 자체―아우구스티누스는 그것을 하나님의 집, 영원하고 피조된 지혜의 장소로 해석한다―와 연결시킨다고 지적한다.[77] "성령의 첫 열매"에 대한 언급은 케니가 옳게 주장하는 대로 오스티아에서 아우구스티누스가 하나님의 집에 들어가는 것을 종말론적 하나님에 대한 직관에 최초로 참여하는 것으로 여겼음을 분명하게 보여준다. "창조된 영혼들을 위한 영원한 삶은 영원한 지혜에 대한 지속적인 관조의 상태가 될 것이다. 영혼은 주님의 즐거움 속으로 들어가 혼돈, 산만함 혹은 중단 없는 거룩한 관조에 흡수될 것이다. 그리고 12권에서 그것은 하늘의 하늘이 지닌 특성 혹은 상황이다. 모니카와 아우구스티누스가 오스티아에서 영적으로 상승하며 들어간 것은 하나님의 집, 하늘의 하늘, 함께 모인 영혼들이 지속적인 관조를 행하는 하늘의 장소다."[78] 하나님의 지혜를 관조하기 위해 "하늘의 하늘" 안으로 들어감으로써 아우구스티누스는 자기가 현세적인 표지와 성례전의 세상을 떠났으며 이미 중재되지 않은 하나님에 대한 직관에 참여하게 되었다고 믿었다.

참여라는 말조차 아우구스티누스가 자신이 경험했다고 믿었던 것을 아주 정확하게 포착하지 못할 수도 있다. 결국 그는 모세와 바울과 자기 자신마저 다가올 종말론적 실재를 실제로 공유하게 되었다고 여

---

77   "하늘의 하늘"은 『고백록』 12권에서 중요한 역할을 한다. Kenney, *Contemplation and Classical Christianity*, 137-51을 보라. Kenney는 그것을 다음과 같이 말한다. 이 "하늘의 하늘"(caelum caeli)은 "무한한 경험의 단계에서 하나님의 완전하심을 독특하게 대표하는…창조의 첫 번째 산물"이며(138) 그런 것으로서 그것은 하나님의 영원하심에 참여한다(139; 참조. *Conf*. 12.9.9). 그러므로 "아우구스티누스에게 하늘의 하늘은 우리가 소망하는 보이지 않는 장소다(롬 8:23). 그것은 영혼들이 이제 그것들이 도달한 영원한 지혜 앞에서 영원히 거하기를 소망하는 장소다"(Kenney, 148).

78   Kenney, *Contemplation and Classical Christianity*, 149.

졌다. 마누사키스는 옳게도 다음과 같이 말한다. 그리스도의 변용 안에서 우리가 "기대된다"(anlicipaled)라는 말로 의미하는 것이 단지 '예상된다'(expected)라는 뜻이라면, 종말은 기대되는(anticipated) 것이 아니라 오히려—마치 우리가 그 뒤에 있는 나라를 들여다볼 수 있게 하려고 시간의 베일이 순간적으로 걷히듯—계시되어야(revealed) 한다. 우리는 베일의 이쪽에서 그 나라를 기다리고 있으나 그것 자체는 이미 존재하며 펼쳐지고 있다."[79] 이에 부합하게 아우구스티누스는 오스티아에서의 직관을 종말론적 지복직관에 대한 최초의 참여로 간주했다. 그 참여 안에서 종말, 즉 "하늘의 하늘"에서 이루어지는 영원한 지혜에 대한 직관의 성례전적 실재는 비록 오직 순간적이기는 하나 이미 달성되었다.

결론

신현과 신비한 경험 및 지복직관에 관한 아우구스티누스의 신학을 분명하게 정의하는 것은 쉽지 않을 수 있다. 이것은 부분적으로는 그의 저술이 지닌 우발적 성격 때문이다. 우리는 그의 신학적 표현을 낳은 역사적 배경에 늘 유념해야 한다. 유사본질에 관한 논쟁 상황이 아우구스티누스가 하나님의 본체와 구약의 신현에 연관된 피조물들을 대조하는 것에 많은 빛을 비춰준다.[80] 이런 역사적 맥락에 주목함으로써 우리는 그 히포

---

79   Manoussakis, "Theophany and Indication," 86.

80   비록 나의 해석은 몇 가지 점에서 Michel René Barnes의 해석과 다르지만, 그는 반유
     사본질론(anti-Homoian) 변증을 『삼위일체론』의 처음 몇 권을 해석하는 데 핵심적인
     것으로 옳게 강조한다("Exegesis and Polemic in Augustine's *De Trinitate* I," *AugSud* 30
     [1999]: 43-59; Barnes, "The Visible Christ and the Invisible Trinity").

의 주교가 구약의 성인들이 신현에서 하나님의 본체를 보았음을 부정하는 것이 곧 그가 그런 신현에 하나님 자신이 임재하셨다는 것을 부정하려는 것이 아니었음을 알 수 있다. 비록 아우구스티누스가 유사본질론의 위협을 고려해 이것을 모호하지 않게 혹은 분명하게 긍정하는 것에 조심했을 수도 있고 또한 신현에서의 하나님의 임재를 자기가 정확하게 **어떻게** 이해하는지를 굳이 표현하지는 않았다고 할지라도 말이다. 신현에 관한 아우구스티누스의 신학은 성례전적이다. 그는 하나님이 이런 출현들 속에 참으로 임재하신다고 믿었다.

그뿐 아니라 아우구스티누스는 또한 베일이 걷히고 하나님이 단순히 육체의 눈으로 볼 수 있는 표지로만 임재하시는 게 아니라 영적인 눈에 그분 자신의 본체를 보이시는 때가 있다고 믿었다. 비록 그가 모세가 바위틈에서 하나님을 본 것(출 33:18-23)과 관련해 이것을 인정하는 것을 주저하기는 하나, 그 주교는 다른 몇 곳에서 그렇게 했고 또한 성 바울이 낙원으로 이끌려갔던 것(고후 12:4-6)과 관련해서도 같은 것을 인정했다. "문장에 시작과 끝이 모두 있는 인간 언어"를 버렸던 아우구스티누스 자신의 경험은 의심할 바 없이 그가 때때로 우리가 지금 이미 성도를 비추고 있는 지복직관의 빛을 볼 수 있다는 것을 인정하는 데 도움이 되었다.

이 장의 목적은 신현과 황홀경 경험에 대한 아우구스티누스의 견해가 모든 면에서 규범적이라고 주장하는 것이 아니다. 비록 내가 믿기로 우리가 그의 견해로부터 얻을 수 있는 것이 아주 많을지라도 말이다. 다만 나의 목표는 히포의 주교가 그 어떤 단순한 형식으로도 믿음을 보는 것과 분리시키지 않았으며, 오히려 우리가 지금 이미 어떤 중요한 방식으로ー신현 같은 창조된 표지들 안과 그것들을 통해서, 그리고 보다 직접적으로 신비로운 경험 안에서—하나님을 본다고 주장했음을 지적하는 것이다. 따라서 히포의 주교는 동방의 신학과 서방의 신학 모두를 위해 순전히 현세적이고 자연적인 실재들에 대한 현대의 집착에 맞서는 일에서 하나의 자산으로서의 역할을 할 수 있다.[81] 성 아우구스티누스에게 있어 하나님이 이생에서 이미 자기를 현현하시는 것은 그의 시선을 삼위일체 하나님에 대한 영원한 직관으로 향하게 하는 유인이었다.

---

81 확실히 지복직관에서 하나님의 본체(*substantia*)를 보는 것에 대한 아우구스티누스의 담론—그것은 후기 서방 신학의 많은 부분을 차지한다—은 동방 정교회의 신학과 상충한다. 여기서 나는 동방과 서방의 차이에 관해 쓸 생각이 없다. 나의 주장의 요지는 지복직관에 대한 아우구스티누스의 신학이 자연과 초자연을 나누는 현대적 구분이라는 렌즈를 통해 읽혀서는 안 된다는 점과 이생에서의 직관과 종말의 직관 사이의 연속성이라는 그의 의식은 에큐메니컬적 중요성을 갖는다는 점이다.

2부

·

중세
사상에서의
지복직관

5장

변용과 직관

토마스 아퀴나스와 그레고리오스 팔라마스

변용과 근대성

가장 이른 시기의 기독교 신학자들은 변용(transfiguration)에 관한 공관복음의 설명(마 17:1-9; 막 9:2-8; 눅 9:28-36)이 몇 가지 핵심적인 기독교 진리들과 연결되어 있다고 여겼다. 특히 변용이 그리스도 안에 있는 하나님의 영광과 그분의 종말론적인 나라를 계시했다는 확신은 초기 교회에게 아주 중요했고,[1] 그로 인해 기독론과 종말론이 변용에 관한 대부분의

---

1   John Anthony McGuckin은 2세기 말 이레네이우스를 시작으로 동방과 서방의 교부들이 행한 변용에 관한 성찰을 추적한다(*The Transfiguration of Christ in Scripture and Tradition* [Lewiston, NY: Edwin Mellen, 1986]). McGuckin은 변용에 대한 교부들의 해석 전통에서 나타나는 다음 세 가지 주제를 핵심적인 것으로 강조한다. (1) 신현으로서의 변용, (2) 구원론적 사건으로서의 변용, (3) 새 시대의 출현으로서의 변용(99-128). 또한 다음 논문들이 설명하는 교부들의 견해를 참조하라. Kenneth Stevenson, "From Origen to Gregory of Palamas: Greek Expositions of the Transfiguration," *BBGG*, ser. 3, vol. 4 (2007): 197-212; Christopher Veniamin, "The Transfiguration of Christ in

신학적 성찰에서 핵심적 역할을 했다. 변용은 그 세 명의 제자에게 그리스도의 신성과 종말이 모두 임재한 것으로 보였다. 그 사건은 그 자체로부터 하나님의 영광과 그분이 가져오시는 미래의 나라를 가리키는 상징 역할을 했던 것이 아니라 다볼산 위에 있던 제자들에게 하나님 자신과 그분의 미래의 나라를 임재하게 했던 성례전이었다. 따라서 비록 어느 면에서 미래의 나라가 여전히 베일에 가려져 있기는 할지라도 많은 이들이 변용 이야기를 통해 하나님이 예수 그리스도 안에서 자신을 가장 온전하고 영광스럽게 드러내시는 방식으로 나타나셨던 것에 관한 설명과, 그렇게 하심으로써 제자들을 자신의 지복의 빛 속으로 또한 그러하기에 그분의 영원한 나라 안으로 이끄시면서 그들을 변화시키시거나 신성화시키셨던 것에 대한 설명을 얻었다.[2] 더 나아가 변모의 신현적 성격은 그것을 다볼산에 있던 세 명의 제자들에게서뿐 아니라 후대의 그리스도인들에게도 특성상 변혁적인 것으로 만들었다. 그 결과 오랜 세월 동안 변용은 동방과 서방의 전통 전체를 통해 묵상과 성찰 및 토론의 주

Greek Patristic Literature: From Irenaeus of Lyons to Gregory Palamas" (PhD diss., University of Oxford, 1991).

2   Cory J. Hayes는 그레고리오스 팔라마스에 관한 그의 박사학위 논문에서 그것을 다음과 같이 유용하게 말한다. "변용은 세 가지의 상호연관된 측면들을 지닌 신현이다. 첫째, '그분의 성부의 영광'으로서 그것은 그가 그것을 통해 제자들에게 자신을 보여주시는 하나님에 관한 초자연적 계시 혹은 드러냄이다. 둘째, 이런 신성의 드러남은 동시에 '그분 자신의 나라'에 대한 계시다. 그 계시는 그것이 '다가올 현현'에서 온전하게 실현될 하나님 안에 있는 인간의 궁극적 운명에 대한 시연 혹은 기대라는 점에서 종말론적 특성을 지닌다. 셋째, 사도들이 '눈에 보이지 않는 것을 볼 수 있었던' 것은 오직 '성령의 능력' 때문이다"("Deus in se et Deus pro nobis: The Transfiguration in the Theology of Gregory Palamas and Its Importance for Catholic Theology" [PhD diss., Duquesne University, 2015], 11). 다시 말해 Hayes에 의하면, 변용의 현현 혹은 신현에는 계시와 종말과 신성화(deification)라는 세 측면이 포함된다. 여기서 Hayes는 특히 그레고리오스 팔라마스의 변용에 관한 이해에 대해 말하지만, 그의 설명은 교부들과 (내가 분명히 밝히기를 소망하는 바) 서방 신학과 관련해 보다 넓은 적용 가능성을 갖고 있다.

제가 되었다.

현대의 주석(특히 역사적·비평적 형태의 주석)은 종종 변용 이야기에 그것이 그보다 앞선 전통에 대해 가졌던 중요성을 부여하지 못했다.[3] 비록 사정이 그렇게 된 이유가 다양하고 복잡하지만 현대의 주석이 변용을 이처럼 무시하는 상황의 핵심에는 앞선 전통의 성례전적 존재론에 대한 유명론의 거부가 있다.[4] 앞선 기독교 전통 중 많은 부분이 가진 신비적(수직적)이고 종말론적(수평적)인 지향은 사람들이 변용 사건에서 하나님 자신의 임재와 미래의 하나님 나라의 도래(궁극적으로 그것들은 하나이자 동일한 것을 말하는 두 가지 방법일 뿐이다)를 모두 보도록 만들었다. 대조적으로 현대에 들어와서 우리는 역사를 단지 세속적인 원인과 결과에 의해 결정되는 사건들의 전개로 다루게 되었고 그 결과 우리 일상의 삶을 형성하는 의미 있는 지평으로서의 영원과 종말을 무시하게 되었다.[5] 근대

3　　Dorothy Lee의 말을 참조하라. "대체로 계몽주의 이후에 성서학자들은 변용의 신학적 위상을 최소화시키면서 그것에 별다른 관심을 기울이지 않았다"(*Transfiguration*, New Century Theology [London: Continuum, 2004], 1-2). 아마도 교의학은 성서 주석보다 상황이 더 나쁠 것이다. 나는 어느 정도의 분량으로든 변용을 다루는 교의학 핸드북을 알지 못한다.

4　　유명론이 형이상학에 끼친 발전과 영향에 관한 논의는 Hans Boersma, *Heavenly Participation: The Weaving of a Scaramental Tapesty*(Grand Rapids: Eerdmans, 2011)를 보라.

5　　물론 신약성서 주석가들은 변용 사건에 대한 다양한 해석에 이르렀다. Rudolf Bultmann의 제안을 따르는 어떤 이들은 그것을 예수의 삶에 맞춰 변경된 부활 이야기로 여긴다. Bultmann, *The History of the Synoptic Tradition*, trans. John Marsh(Oxford: Blackwell, 1963), 259을 보라. 참조. Craig A. Evans, *Mark 8:27-16:20*, Word Biblical Commentary 34B (Nashville: Nelson, 2001), 33-34. 예컨대, M. Eugene Boring은 마가의 이야기가 "부활절 이후의 신앙을 부활절 이전의 장면에 투사한 것"이라고 주장한다(*Mark: A Commentary*, NTL [Louisville: Westminster John Knox, 2006], 261). 물론 그 이야기가 그리스도의 종말론적 영광을 드러낸다고 주장하는 이들은 여전히 그 사건의 정확한 존재론적 지위에 관한 문제에 직면한다. 그것은 단지 (아마도 다양한 구약성서 구절들로부터의 유형론적 메아리를 통한) 종말에 대한 문학적 언급일 뿐인가? 아니면 하

성의 형이상학은 하나님의 영원한 말씀이 인간의 형태로 현존하는 것이나 그로 인해 이 세상에 종말이 현존하는 것을 설명하지 못한다. 그 둘모두의 타당성은 신적 실재와 미래의 실재가 이 세상의 사건들 안에 현존하고 그것들에 영향을 준다는 인식과 함께 실재에 대한 성례전적 견해에 달려 있다.

주목할 만한 여담으로 신약학자 N. T. 라이트(Wright)는 최근에 우리의 세상 안에 하나님이 임재하시는 것에 대한 보다 확고한 인식을 요구했는데, 그는 이와 관련해 변용 이야기가 교훈적이라고 확신한다. 그는 하나님의 성령이 이 세상에 "실제로 현존하며",[6] 우리가 변용 이야기에서 보는 것은 세상에 대한 하나님의 목적이 "인간의 형태를 취했다는 것"이라고 주장한다. 또한 그는 "연관된 사람이 하늘에서처럼 땅에서 이루어지는 하나님 나라에 대해, 마침내 하나가 되는 하나님의 공간과 인간의 공간에 대해, 짧지만 강력한 기간에 서로 만나 하나가 되는 하나님의 시간과 인간의 시간에 대해 말하는 일들을 행하며 다니고 있었다"라고 주장한다.[7] 라이트는 니콜라스 모토빌로프(Nicholas Motovilov)가 교리 강사인 사로프의 세라핌(Seraphim of Sarov, 1754-1833)을 찾아가 그 수도

늘과 땅이 실제로 변화산에서 교차했는가? Luke Timothy Johnson은 "구름과 빛과 음성과 산이라는 상징적 표현"에 관해 말하면서 주로 문학적 단계에 머문다(*The Gospel of Luke*, Sacra Pagina Series 3 [Collegeville, MN: Glazier/Liturgical Press, 1991], 155). Morna D. Hooker는 자신이 그 사건의 존재론적 지위에 관해 확신하지 못한다고 고백한다. "모종의 역사적 '사건'이 구약에 대한 암시와 함께 해석되었을 가능성이 있다"(*A Commentary on the Gospel according to St. Mark*, Black's New Testament Commentaries [London: A. & C. Black, 1991], 214).

6   N. T. Wright, *Simply Jesus: A New Vision of Who He Was, What He Did, Why It Matters* (London: SPCK, 2011), 141.

7   Wright, *Simply Jesus*, 140.

승을 뒤덮고 있는 빛에 삼켜졌던 것에 관한 이야기를 인용한다.[8] 라이트는 이 이야기가 변용 이야기는 물론이고 우리에게 예수가 "하나님의 세상과 우리의 세상이 만나는 곳, 하나님의 시간과 우리의 시간이 만나는 곳"임을 보여준다고 주장한다. 따라서 여기서 우리는 다가오는 새 창조에 관한 "일련의 새로운 표지판들, 예수 모양의 표지판들"을 얻는다.[9] 전반적으로 라이트는 다수의 다른 현대의 주석가들보다는 앞선 전통의 해석에 훨씬 더 가깝다.

근대성이 앞선 시기의 성례전적 존재론을 약화시켰다는 말로써 내가 의미하고자 하는 것은 서방의 전통 중 많은 부분을 포함해 근대 이전의 전통이 성례전적인 견해를 취했다는 점이다. 앞 장에서 보았듯이 이런 주장은 논쟁의 여지가 없이 확실하다. 때때로 아우구스티누스로부터 시작해서 서방 교회가 세상적이고 현세적인 실재들을 성례전적 렌즈로 보지 못했다는 주장이 제기되었다. 또한 때때로 그 히포의 주교로부터 시작해 구약의 신현들이 시간과 공간 안에서 하나님의 성자의 실제적 (혹은 성례전적) 임재로서가 아니라 우리에게 자신에 관해 가르치시기 위해 인간 피조물을 사용하시는 하나님에 대한 단순한 상징으로 취급될 뿐 그분은 그 어떤 형이상학적으로 중요한 방식으로도 이런 피조물과 연계하지 않으신다는 주장도 제기된다. 그렇게 해서 후자는 신적 특

---

8   Wright, *Simply Jesus*, 141. Wright는 사로프의 세라핌에 관한 이야기가 우리에게 변용이 "그 자체로 그의[즉, 그리스도의] '신성'에 대한 '증거'가 아니라는 것"을 알려준다고 말한다. 왜냐하면 모세와 엘리야 역시 변모되었기 때문이다(141). 그러나 우리가 보게 되겠지만, 보다 이른 시기의 전통에서 기독교 신자들의 변모는 예수의 신성에 대한 참여로 간주되었고, 그들의 변모는 그렇게 그분의 변용에 근거를 두고 있었다. 따라서 사로프의 세라핌의 이야기 같은 이야기들에서 핵심적인 것은 칼케돈 신조의 기독론이다.

9   Wright, *Simply Jesus*, 142.

성을 잃은 "순전히 자연적인" 지위를 갖는 것으로 끝난다. 창조된 "유사성"(similitudines)을 초자연적 실재와 분리함으로써 아우구스티누스적 전통은 근대성의 비성례전적 형이상학을 위한 길을 닦는 것으로 보인다.

이런 계보와 관련된 설명은 대체로 토마스 아퀴나스(Thomas Aquinas, 1224/25-74)를 단순히 성 아우구스티누스에 의해 시작된 길을 따르는 것으로 묘사한다. 전해지는 바에 따르면 그 천사 박사(Angelic Doctor)는 구약의 신현과 변용 사건을 하나님의 실제적 임재보다는 단지 피조물을 통한 상징으로 여겼다. 그 문제의 진실은 나에게는 좀 더 미묘해 보이는데, 나는 그 점을 토마스 아퀴나스와 그레고리오스 팔라마스(Gregory Palamas, 1296-1359)를 비교함으로써 명확하게 밝힐 것이다. 오직 팔라마스(와 아마도 함축적으로 동방 정교회)만 변용 사건을 성례전적으로 해석했고 따라서 우리가 아퀴나스(와 보다 일반적으로 서방 신학)에서는 비성례전적 설명을 발견하게 되리라는 주장은 사실이 아니다. 이 장의 처음 두 부분은 변용 사건에 대한 아퀴나스와 팔라마스의 해석이 매우 유사하다는 주장과, 둘 다 다볼산에 그리스도의 신성이 실제적으로 임재했고 종말이 참으로 도래했다고 인정했다는 주장에 할애될 것이다.[10]

나는 아퀴나스와 팔라마스의 설명을 인위적으로 조화시킬 생각이

---

10   Hayes는 아퀴나스와 팔라마스의 차이를 과장한다. Hayes는 팔라마스에게 "계시적 신현으로서의 변모는 일종의 초성례전(hyper-sacrament)으로 간주될 수 있다. 내가 '초' 성례전이라고 말하는 이유는 변모의 경우에 '표지'(signum, 그리스도의 인성)가 그것을 전할 때 의미 대상(res signficate, 그리스도의 신성)을 감추지 않기 때문이다. 오히려 변용은 의미 대상에 완전하게 투명해지는 기표를 보여준다"라고 주장한다("Deus in se et Deus pro nobis," 91). 대조적으로 Hayes는 "토마스에게 그리스도의 투명함(claritas)은 원칙적으로 태양의 물질적인 빛과 유사한 방식으로 평범한 시각에 보이는 그리스도의 지복직관에 대한, 창조된 물질적 효과다"라고 주장한다("Deus in se et Deus pro nobis," 197). 우리가 보게 되겠지만, 그런 대조는 이런 설명이 제공할 수 있는 것보다 다소 미묘하다.

없다. 변용 이야기에 대한 그들의 해석의 양상은 서로 다르다. 그리고 이런 비유사성은 팔라마스가 그 두 신학자 중 보다 성례전적이었다는 것을 암시한다. 그러나 다시 말하지만, 이런 해석의 차이는 상대적으로 사소하다. 그 두 신학자가 가장 날카롭게 이견을 보이는 것은 그들이 변용 자체를 이해하는 방식에서가 아니라 변용이 영성 신학이라는 측면에서 기능하는 방식에서다. 그리고 우리가 이 장의 세 번째 부분에서 보겠지만, 그 두 사람 사이의 차이가 가장 분명하게 나타나는 것이 바로 여기서다. 우리가 아퀴나스에게서 이생과 내세의 분리 및 자연과 초자연의 분리의 시작을 감지할 수 있는 것은 그의 근본적인 영성 신학에서다. 팔라마스가 제자들이 다볼산에서 하나님의 활동에 참여한 것을 훗날의 그리스도인들이 신적 삶을 경험하는 방법을 예증하는 것으로 여겼던 반면, 아퀴나스에게 변용 사건의 가장 중요한 역할은 그것이 박해와 순교 앞에 선 신자들에게 제공하는 격려다. 요약하자면 아퀴나스는 변용 자체에 대해 비성례전적 이해를 갖고 있었던 것이 아니다. 그가 제자들의 특별한 경험이 우리의 것이 될 수도 있다는 기대에 대해 경계하고자 했던 이유는, 그가 그 변용 사건에서 종말의 신적 빛의 임재를 **인식했기** 때문이다. 성 토마스는 (신앙에 근거한) 여행자들(*viatores*)의 순례와 여행을 마친 자들(*comprehensorres*)의 종말론적 휴식(신적 본질에 대한 지복직관)을 그레고리오스 팔라마스가 했던 것보다 훨씬 더 날카롭게 구분하면서 작업을 해나갔다. 그 결과 비록 성 토마스가 변용의 성례전적 성격을 인정하기는 했으나 그것은 (그것이 팔라마스에게 그랬던 것처럼) 우리가 "변용 신학"이라고 부를 수 있는 무언가로 바뀌지 않았다.

그 두 신학자를 비교하기에 앞서 우리는 무엇이 변용 이야기에 대한 성례전적 읽기를 구성하는지를 보다 상세하게 논할 필요가 있다. 이

장의 나머지는 세 가지 요소를 중심으로 구성될 것이다. 나는 성례성
(sacramentality)의 처음 두 가지 특성이 아퀴나스와 팔라마스 모두에게서
관찰될 수 있는 반면, 세 번째 요소는 오직 팔라마스에게서만 나타난다
고 주장할 것이다.

첫째, 성례전적 이해와 관련해 변용은 신현(θεοφάνεια), 곧 아마도
세상에 대한 하나님의 임재를 보여 주는 **바로 그** 신현일 것이다. 구약이
수많은 신현에 관한 설명들―니케아 전통 이전에 그것들은 불가피하게
성육신 이전에 하나님의 아들의 현현으로 해석되었다―을 제시하는 반
면, 다볼산에서 제자들은 하나님의 아들의 신적 본질의 영광에 접근할
수 있었다. 따라서 변용은 전례가 없는 영광의 신현이다. 왜냐하면 하나
님의 영원한 아들의 신성이 밝은 빛 속에서 제자들에게 계시되었기 때
문이다. 그러므로 성례전적 읽기는 제자들이 그리스도를 봄으로써 하나
님 자신을 본다고 확증한다.

둘째, 만약 제자들이 하나님의 아들의 신성을 본 것이 사실이라면,
이것은 분명히 하나님 나라가 다볼산에 임했음을 의미할 수도 있다. 성
자의 신성에 대한 직관은 제자들을 종말론적인 나라 안에 위치시킨다.
따라서 변용에 대한 성례전적 이해는 하나님 나라가 제자들의 경험에
참으로 임재함을 진지하게 다룬다. 그리스도는 오리게네스가 인정했듯
이 나라 자체(αὐτοβασιλεία)다.[11] 하나님의 아들이 임재하는 곳에 하나님
나라 역시 영광 중에 임했다.

이런 두 가지 특성은 (그리스도의 신성과 종말이라는) 성례전적 실재가

---

11   Origen, *Spirit and Fire: A Thematic Anthology of His Writings*, ed. Hans Urs von
      Balthasar, trans. Robert J. Daly (Washington, DC: Catholic University of America Press,
      1984), 362.

제자들의 경험 안에 실제로 임재함을 강조한다. 그러나 비록 이런 주장이 아무런 도전을 받지 않을 것 같지는 않으나 아마도 세 번째 요소가 여기에 추가되어야 할 것이다. 내가 이해한 바로는 변용에 대한 성례전적 읽기는 그리스도라는 실재가 다볼산의 제자들에게 임재했다(그들은 길에서[in via] 지복직관을 미리 맛보게 되었다)는 것을 의미할 뿐 아니라 또한 변용의 신현적 특성이 오늘날의 교회 안에서 계속되며 영원까지 계속된다는 것을 의미하기도 한다. 즉 하나님은 예수 그리스도의 인성 안에서와 그것을 통해서 늘 그리고 영원히 자신을 드러내신다. 성례전적 존재론은 변용이 오늘(길에서[in via])과 미래(고향에서[in patria])에 모두 계속해서 기독교적 영성을 위한 핵심적 패러다임이 되는 것을 의미한다. 그러므로 내세에 우리는 지복직관 상태에서 그리스도의 인성 안에서와 그것을 통해 그분의 신성을 볼 것이다. 그리스도의 인간적 본성ー하늘에서 우리가 갖는 (변화되고 신성화된) 몸ー은 영원히 무한하신 하나님에 대한 투명한 유리창이다. 그것이 아퀴나스와 팔라마스가 가장 분명하게 갈라지는 지점이다.

그리스도 안에 있는 하나님의 영광

성 토마스 아퀴나스는 네 개의 서로 다른 경우에 변용에 대해 논했다.[12] 그는 1250년대 중반에 『명제집에 관한 주석 3권』(*Scriptum super Sententiis*

---

12 Édouard Divry, *La Transfiguration selon l'Orient et l'Occident: Grégoire Palamas-Thomas d'Aquin vers un dénouement oecuménique*, Croire et Savoir 54 (Paris: Téqui, 2009), 251-65; Aaron Canty, *Light and Glory: The Transfiguration of Christ in Early Franciscan and*

III)에서 처음으로 그 문제에 대해 상술했다. 여기서 그는 그리스도의 변화된 몸의 투명함이 실제였는지 아니면 상상이었는지(아퀴나스는 전자를 옹호한다), 그리고 그것이 영광스러운 것이었는지(그는 그것을 긍정한다)의 문제를 다룬다.[13] 그는 1260년대 중반에 교황 우르바노 4세(Urban IV)의 요청으로 『황금 사슬』(*Catena aurea*)이라고도 알려진 『사복음서에 관한 주석』(*Commentary on the Four Gospels*)을 쓰면서 다시 변용의 문제로 돌아갔다. 여기서 그는 서방과 동방에서 교부들이 복음서에 대해서 언급했던 수많은 언급을 취합했는데, 그것은 변용에 관한 그의 신학적 성찰을 크게 심화시켰다. 파리 대학에서 가르치던 두 번째 기간에 아퀴나스는 『마태복음에 관한 주석』(*Super Evangelium S. Matthaei Lectura*; 1269-70)을 통해 세 번째로 변용에 관해 논했다. 아퀴나스는 본문을 상세하게 풀이하면서 변용 이야기가 복음의 가르침의 종말로서 미래의 영광을 드러낸다고 설명한다.[14] 마지막으로 『신학대전』(*Summa theologiae*)은 3부 45번째 질문에서 변용에 대해 논하는데 거기서 아퀴나스는 다음 네 가지 질문을 제기한다. (1) 그리스도가 변용하는 것이 적절한 일이었는가(1항), (2) 변용으로 인한 투명함은 영광의 투명함이었는가(2항), (3) 변용에 대한 증인

Dominican *Theology* (Washington, DC: Catholic University of America Press, 2011), 196-244을 보라.

13 *Sent.* III, d. 16, a. 1-2; 인용문은 달리 표기하지 않는 한 Thomas Aquinas, *Scriptum super Sententiis: An Index of Authorities Cited*, ed. Charles H. Lohr(Avebury, NY: Fordham University Press, 1980)에서 가져왔다.

14 *Super Matth.* 17, lect 1, n. 1417; 인용문은 Thomas Aquinas, *Commentary on the Gospel of Matthew*, trans. Jeremy Holmes, ed. Aquinas Institute, Biblical Commentaries 34 (Lander, WY: Aquinas Institute for the Study of Sacred Doctrine, 2013)에서 가져왔다. 참조. Jeremy Holmes, "Aquinas' *Lectura in Matthaeum*," in *Aquinas on Scripture: An Introduction to His Biblical Commentaries*, ed. Thomas G. Weinandy, Daniel A. Keating, and John P. Yokum (London: T. & T. Clark, 2005), 73-97.

들은 적절하게 선택되었던가(3항), (4) "이는 내 사랑하는 아들이다"라는 성부의 음성에 대한 증언은 적절하게 덧붙여졌던 것인가(4항).

그 천사 박사는 거듭해서 그리스도의 인간적 본성과 신적 본성 사이의 긴밀한 관계에 대해 성찰한다. 제자들이 변용 사건에서 본 것은 단지 인간이 아니었다. 오히려 그들은 모종의 방식으로 하나님 자신의 영광을 보았다. 물론 여전히 아퀴나스는 『명제집에 관한 주석』에서 그리스도의 몸에 나타난 영광스러운 투명함을 특성상 하나님이 외부에서 기적적으로 개입하신 탓으로 돌린다. 여기서 아퀴나스는 그리스도가 영광의 투명함을 자기 안에 본래부터 갖고 있었던 것이 아니라고 주장한다. 오히려 이 투명함은 거룩한 기적으로서 초자연적으로 그에게 왔다.[15] 아퀴나스는 다음과 같이 말한다. "그러므로 이 투명함이 그리스도의 몸 안에 존재하는 영화된 몸의 어떤 특성으로부터 왔다고 여겨서는 안 된다. 오히려 그것은 어떤 기적적이고 거룩한 방식으로 그리스도의 몸 안으로 들어왔다."[16] 아퀴나스의 이런 초기 이해에서 그리스도의 몸의 투명함은 하나님이 외부에서 (기적으로) 일으키신 행위의 결과였다.

이에 관한 아퀴나스의 견해를 변화시킨 것은 아마도 교부들에 대한 그의 독서였을 것이다. 일반적으로 교부들은 그리스도의 몸의 영광스러운 빛을 설명하기 위해 하나님의 기적적인 행위에 호소하지 않았다. 오히려 그들은 주로 그런 설명을 위해 위격적 연합(hypostatic union)에 호소했다. 존 맥거킨(John McGuckin)은 다음과 같이 말한다.

---

15   이것은 아퀴나스가 그의 훗날의 이해에서 더는 변용을 기적적인 것으로 생각하지 않았다고 말하는 것이 아니다.

16   *Sent.* III, d. 16, a. 2.

의심할 바 없이 변용에 대한 교부들의 주석의 주된 원리는 현현(ephiphany)을 예수가 제자들에게 자신의 신적 지위를 드러내신 것으로 해석하는 것이다.…동방과 서방의 교부들 모두가 자신들이 여기서 발견한다고 동의하는 것은…영원한 로고스로서의 그분의 존재의 **본질적인 영화**(essential glorification) 혹은 영광이다. 그런 영원한 영광은 펼쳐지는 경륜의 단계들에 의해 영향을 받지 않으며 오직 그에게만 해당된다. 이것은 그 본문을 다루는 거의 모든 교부 주석가들이 지지하는 기독론적 예측이다. 그 산 위에서 빛나는 예수의 놀라운 현현은 외부로부터 예수에게로 흘러오는 영광으로서가 아니라 내부로부터 흘러나오는 영광으로 보인다.[17]

맥거킨에 따르면, 동방과 서방의 교부들은 변용을 예수의 신적 본성을 제자들에게 드러내 보이는 것으로 다루는 일에서 하나가 되었다.[18] 이런 관찰 주장이 중요한 것은 특히 다른 여러 면에서 맥거킨이 변용과 관련해 동방과 서방의 중요한 차이들을 지적하기 때문이다. 변용 사건에서 변화된 것은 그리스도가 아니라 제자들이었고 그로 인해 그들이 하나님의 영원한 아들의 빛을 볼 수 있었다는 견해는 교부들 사이에서 만장일치로 이루어진 합의였던 것으로 보인다.

토마스 아퀴나스가 『황금 사슬』을 쓰기 위해 준비하면서 변용에 관한 교부들의 견해를 연구했을 때, 그는 그리스도의 몸의 투명함의 근원에 관한 교부들의 이런 합의를 회피할 수 없었다. 변용에 관한 성 누가의

---

17 McGuckin, *Transfiguration*, 110.
18 McGuckin은 클레멘스, 오리게네스, 나지안주스의 그레고리오스, 위-아우구스티누스, 교황 레오 1세, 크리소스토모스, 힐라리우스, 히에로니무스, 콘스탄티노플의 프로클루스, 위-아타나시오스, 시나이의 아타나시오스, 고백자 막시무스, 다마스쿠스의 요안네스 그리고 그레고리오스 팔라마스를 언급한다(*Transfiguration*, 110-13).

설명과 관련해 아퀴나스가 다마스쿠스의 요안네스(John of Damascus ca. 675-ca. 749)가 쓴 『변용에 관한 연설』(*Oration on the Transfiguration*)로부터 긴 문장을 인용하는 것은 특히 주목할 만하다.

사실 모세는 외부로부터(*extrinsecus*) 온 영광을 입고 있었다. 반면에 우리의 주님은 신성한 영광의 내재적 투명함으로부터 나오는(*ex innato gloriae divinae fulgore*) 영광을 입고 계셨다(출 34:29). 위격적 연합 안에 말씀과 육의 하나이자 동일한 영광이 있기에, 그분은 자기가 아니었던 것을 받으면서가 아니라 자신의 제자들에게 자기였던 것을 드러내 보이면서 변용하신다. 따라서 마태에 따르면, 그분은 그들 앞에서 변용하셨고 그분의 얼굴은 해처럼 빛났다(마 17:2). 태양이 감각의 일들에서 갖고 있는 지위를 하나님은 영적인 일들에서 갖고 계신다.[19]

다마스쿠스의 요안네스는 그리스도의 몸의 투명함을 "외부로부터"(*extrinsecus*)가 아니라 신성한 영광의 "내재적 투명함으로부터"(*innato... fulgore*) 나오는 것으로 설명한다. 요안네스가 위격적 연합에 호소하는 것은 그가 변용을 적절하게 이해하기 위해서는 칼케돈 공의회의 기독론이 필요하다고 여겼음을 분명하게 밝혀준다.[20] 아퀴나스에게 그리스도의 몸에 나타난 투명함이 단순히 하나님의 외부적이고 기적적인 개입의 결

---

19   *CA* 3.319-20, Thomas Aquinas, *Catena Aurea: Commentary on the Four Gospels, Collected out of the Works of the Fathers*, trans. John Henry Newman, 4 vols. (Oxford: Parker, 1841-1845)에 수록된 글.

20   아퀴나스가 다마스쿠스의 요안네스에게 의존하는 것과 관련해서는 Canty, *Light and Glory*, 211-13; Marcus Plested, *Orthodox Reading of Aquinas* (Oxford: Oxford University Press, 2012), 81-82을 보라.

과가 아닐 수도 있을 가능성을 알려준 것은 교부들과 아마도 그중에서
도 다마스쿠스의 요안네스였을 가능성이 있다.

그러나 아퀴나스는 그리스도의 신성과 인성 사이의 연관성을 살펴
면서 자신만의 길을 열어나간다. 그는 그리스도의 몸에 나타난 투명함
이 그분의 신성으로부터 유래한다고 주장하면서 단순히 다마스쿠스의
요안네스를 따르지 않는다. 오히려 그는 『마태복음에 관한 주석』과 『신
학대전』 모두에서 자신의 신성한 본성을 보는 그리스도의 영혼의 구별
된 역할에 주목한다. 아퀴나스는 그리스도는 수태의 순간부터 하나님
의 본질에 대한 지복직관을 경험하셨다고 주장한다.[21] 물론 아퀴나스
에 따르면, 그리스도 역시 여행자(*viator*) 혹은 순례자이셨다. 그는 고난
에 종속되셨고 그의 몸은 죽을 수밖에 없었다.[22] 그러나 어느 중요한 점

---

21 아퀴나스의 입장에 대한 옹호는 Simon Francis Gaine, *Did the Savior See the Father?
    Christ, Salvation, and the Vision of God*(London: Bllomsbury T. & T. Clark, 2015)을
    보라. 아퀴나스는 다마스쿠스의 요안네스가 실제보다 자신에게 더 가까이 있다고 생
    각했을 수도 있다. 왜냐하면 그가 다음과 같이 쓰고 있기 때문이다. "다마스쿠스의 요
    안네스가 말하듯이(*De Fide Orthod.* iii), 그리스도가 가지신 인간의 마음은 하나님에
    게 올라갈 필요가 없었다. 왜냐하면 그것은 인격적 존재와 복된 직관 모두에 의해 하나
    님과 영원히 연결되어 있기 때문이다"(*ST* III, q. 21, a. 1: 이 장에서 사용되는 인용문은
    Thomas Aquinas, *Summa Theologica*, trans. Fathers of the English Dominican Province,
    5 vols[1948; reprint, Nortre Dame: Christian Classics, 1981]에서 가져왔다). 나는 이 통
    찰을 Simon Gaine 신부와의 서신 교환을 통해 얻었다.
22 아퀴나스는 다음과 같이 말한다. "수난을 당하기 전에 그리스도의 마음은 하나님을 온
    전히 보았다. 또한 그로 인해 그는 영혼에 합당한 것과 관련해 지복을 경험했다. 그러나
    지복은 다른 모든 것과 관련해서는 부족했다. 왜냐하면 위에서 분명하게 알 수 있듯이
    (A. 4; Q. 14, AA. 1, 2) 그의 영혼은 감수성이 강했고 그의 몸은 감수성이 강하고 죽을
    운명이었기 때문이다. 따라서 그는 그가 영혼에 적합한 지복을 경험했다는 점을 고려한
    다면 지복직관자(comprehensor)였고, 동시에 그가 자신의 지복에 부족한 것과 관련해
    지복으로 기울어짐을 고려한다면 나그네(wayfarer)였다"(*ST* III, q. 15, a. 10, 아퀴나스
    에게 몸의 필멸성은 (영혼의 감수성은 물론이고) 어떤 중요한 점에서 그리스도가 이곳
    세상에서의 순례자였음을 의미한다.

에서 그리스도는 결코 순례자가 아니었다. 그는 자신의 영혼이 늘 하나님에 대한 완전한 복된 직관을 경험했다는 점에서 처음부터 **지복직관자**(comprehensor)였다. 사실 아퀴나스는 그리스도의 영혼은 다른 피조물보다 훨씬 분명하게 하나님의 본질을 보았다고 주장한다.

> 이제 그리스도의 영혼은 그것이 말씀과 직접 연합되어 있기 때문에 다른 그 어떤 피조물보다도 하나님의 말씀과 밀접하게 연결되어 있다. 따라서 그것은 다른 그 어떤 피조물보다 말씀 자신이 그 안에서 하나님을 보는 빛을 온전하게 받는다. 그리고 그런 까닭에 다른 모든 피조물보다 더 완전하게 첫 번째 진리 자체, 곧 하나님의 본질을 본다. 그러므로 기록되었으되(요 1:14), **"우리가 그의 영광을 보니 아버지의 독생자의 영광이요 은혜와 진리가 충만하더라."**[23]

다마스쿠스의 요안네스처럼, 아퀴나스도 그리스도가 하나님을 볼 수 있었던 이유를 설명하기 위해 위격적 연합에 의지한다.

그러나 아퀴나스의 입장은 요안네스의 그것보다 훨씬 진전되었다. 아퀴나스는 특별히 말씀과 연합된 것이 그리스도의 **영혼**이라고 강조한다. 이어서 그는 그리스도의 영혼이 하나님의 본질을 볼 수 있는 것은 말씀과의 연합됨을 통해서라고 설명한다. 다시 말해 신적 본질에 대한 **그리스도의** 직관은 신적 본질에 대한 **말씀의** 직관에 의존한다.[24] 아퀴나스가 그리스도의 영혼이 "그 안에서 하나님이 보이는 빛"(*luminis in quo*

---

23   *ST* III, q. 10, a. 4.
24   아퀴나스는 여기서 그리스도의 영혼이 하나님의 "본질"을 본다고 주장하는 반면, 다마스쿠스의 요안네스는 하나님의 본질에 대한 직관에 관해 말하지 않는다.

Deus videtur)을 받는다고 말할 때 그가 염두에 두는 것은 영광의 빛(*lumen gloriae*)인데, 그는 그것이 하나님이 사람들이 자신의 본질을 볼 수 있도록 초자연적으로 수여하시는 빛이라고 주장한다.[25] 창조된 매개체로서 영광의 빛은 (창조된 예지적인 종[species]처럼) 우리가 **그것에 의해**(*quo*) 보는 그 무엇도 아니고 (표현되는 것으로 이어지는 형상처럼) 우리가 **그 안에서**(*in quo*) 보는 그 무엇도 아니다. 오히려 그것은 (물리적인 빛이 물리적인 직관을 완전하게 하듯이, 보는 시각을 완전하게 하는 그 무엇처럼) 우리가 **그 아래서**(*sub quo*) 보는 그 무엇이다.[26] 그러므로 아퀴나스에게 그리스도의 영혼이 언제나 하나님의 본질에 대한 지복직관을 경험하는 것은 창조된 영광의 빛에 의해서다.

아퀴나스가 『마태복음에 관한 주석』과 『신학대전』에서 변용에 관해 설명하는 내용은 그리스도의 지복직관에 대한 그의 전반적인 이해에 부합한다. 아퀴나스는 마태복음이 그리스도의 "얼굴이 해같이 빛났다"라고 쓰는 것에 대해 다음과 같이 말한다. "여기서 그는 미래의 영광을 계시하셨다. 그곳에서 몸은 빛나고 화려해질 것이다. 그리고 이런 광채는 [그의 몸의] 본질로부터가 아니라 투명함으로 가득 찬 내면의 영혼의 광채(*ex claritate interioris animae*)로부터 나왔다. **그리하면 네 빛이 새벽같이 비칠 것이고 이어서 여호와의 영광이 네 뒤에 호위할 것이다**(사 58:8). 따라서 그의 몸에는 어떤 찬란함이 있었다. 그리스도의 영혼이 그의 수태 때부터 모든 광채를 넘어서 하나님을 보고 있었기 때문이다. **그리고 '우리는 그의 영광을 보았다'**(요 1:14)."[27] 여기서 그 천사 박사는 그리스

---

25   *ST* I, q. 12, a. 5.
26   *ST* Suppl., 1. 92, a. 1, resp. 15.
27   *Super Matth.* 17, lect. 1, n. 1424.

도의 영혼이 "그의 수태 때부터" 지복직관을 경험했다는 자신의 입장을 되풀이하는데 이것은 변용에서 그 영혼이 그의 몸에 이런 투명함을 전했음을 의미한다.[28]

『신학대전』에서 아퀴나스가 변용 사건에서 그리스도의 몸에 나타난 투명함이 영광의 투명함이었는지에 대해 물을 때, 그는 주로 긍정적으로 답한다.[29] 또 그는 아우구스티누스와 다마스쿠스의 요안네스라는 두 명의 권위자들에게 호소한다. "영화된 몸의 투명함은 아우구스티누스가 말하듯이(*Ep. ad Diosc.* cxviii) 영혼의 투명함에서 비롯된다. 또한 같은 방식으로 변용 사건에서 그리스도의 몸에 나타난 투명함은 다마스쿠스의 요안네스가 말하듯이(*Orat. de Transfig.*) 그의 신성과 그의 영혼의 영광으로부터 비롯되었다."[30] 여기서 아퀴나스는 변용 사건에서 나타난 빛의 성격을 설명하면서 전통적 방식으로 위격적 연합에 호소하기 위해 다마스쿠스의 요안네스에게 호소한다(아퀴나스는 『황금 사슬』에서도 그를 인용한 바 있다). 또한 그는 그 투명함이 그리스도의 신성으로부터 나와서 영혼의 매개를 통해 그의 몸에 이르렀다는 자신의 주장을 위해 아우구스티누스에게 호소한다.[31] 그리스도의 영혼이 영화되었기에(즉 지복직관

---

28 Aaron Canty는 아퀴나스의 『마태복음에 관한 주석』에 동방의 권위자들이 나타나지 않는다고 지적한다(*Light and Glory*, 222). 그 이유가 무엇이든 이를 통해 분명해지는 것은 아퀴나스가 그리스도의 몸에 나타난 투명함을 그의 신성과 연결시킨다는 점에서 (다마스쿠스의 요안네스를 포함해) 보다 앞선 전통과 연계하고 있다는 점이다. 그와 동시에 그는 이 투명함을 몸에 전가시킴에 있어서 그리스도의 영혼의 지복직관의 특별한 역할을 강조함으로써 이 전통을 넘어선다.

29 분명히 아퀴나스는 다음과 같이 말한다. "그리스도가 그의 변용 사건 때 취했던 투명함은 그 본질에 있어서는 영광의 투명함이었으나 존재의 방식에 있어서는 그렇지 않았다.

30 *ST* III, q. 45, a. 2.

31 참조. Canty, *Light and Glory*, 243-44.

을 경험했기에) 그의 몸이 그것의 투명함을 공유할 수 있게 되었다.[32]

아퀴나스는 그리스도의 몸이 육체적 특성에 걸맞은 방식으로 이런 영광의 투명함(*claritas gloriae*)을 공유했다고 주장한다. 그는 성도의 부활한 몸에 관해 말하면서 그것의 "투명함은 영혼으로부터 몸 안으로의 영광의 흘러넘침(*redundantia*)에 의해 야기될 것"이라고 말한다. "무언가를 안으로 받아들인 것은 유입되는 방식으로가 아니라 그것을 받는 것의 방식으로 받아들인 것이다. 그러므로 영적인 것으로 영혼 안에 있는 투명함은 물질적인 무언가로서(*ut corporalis*) 몸 안으로 받아들여진다."[33] 그리스도의 몸은 영혼의 영광의 투명함을 물질적인 방식으로 공유했다. 따라서 아퀴나스는 그리스도가 변용 사건에서 드러내 보였던 투명함은 "제자들의 영화되지 않은 눈에 보였다. 그러므로 영화된 몸의 투명함 역시 영화되지 않은 눈에 보일 것이다"라고 제안한다.[34] 우리는 토마스 아퀴나스가 그리스도의 몸에 나타난 투명함을 비록 그것이 그의 영혼을

---

32 아우구스티누스는 약 410년경 알렉산드리아의 주교 디오스코로스(Dioscorus)에게 쓴 『서신』(*Ep.* 118)에서 그리스도의 지복직관에 대해 말하지 않는다(아우구스티누스는 그것을 분명하게 가르치지 않았다). 대신에 그 히포의 주교는 부활에서 성도가 누리는 복에 대해 언급하는데, 그는 그것이 그들의 영혼으로부터 그들의 몸으로 흘러갈 것이라고 주장한다. "그러나 몸의 완벽한 건강함은 모든 인간의 최종적 불멸이다. 하나님은 영혼을 아주 강력한 본성으로 만드셨기 때문에 또한 종말에 성도들에게 약속된 완전한 행복으로부터 그것을 누리고 이해하는 자에게 적절한 행복이 아니라 건강의 충만함 곧 불멸의 힘이 열등한 본성 안으로, 즉 몸 안으로 흘러갈 것이다"(*Ep.* 118.3.14 [WSA II/2:112-13]). 아퀴나스는 부활에 있을 영혼과 몸의 관계에 대한 이런 아우구스티누스의 견해를 변용 사건에서 그리스도에게 적용한다(아우구스티누스가 그리스도 안에 있는 지복직관과 같은 무언가를 언급하는 것일 수도 있는 몇 구절은 Gain, *Did the Savior See?*, 54-59을 보라).

33 *Sent.* IV, d. 44, q. 2, a. 4, qc. 1.

34 *Sent.* IV. d. 44, q. 2, a. 4, qc. 2. 또한 아퀴나스는 여기서 "영화된 몸의 투명함은 영화되지 않은 눈에 자연스럽게(*naturaliter*) 보일 수 있다"고 말한다. 참조. Hayes, "*Deus in se et Deus pro nobis*," 193.

통해 그의 신성으로부터 그의 몸으로 왔을지라도 본질상 물질적인 것으로 여겼다고 합리적으로 결론지을 수 있다.[35]

아퀴나스는 그리스도의 몸의 투명함을 그의 영혼의 투명함과 **다른** 무언가로 다루지 않는다. **하나이자 동일한 투명함**이 양쪽 모두에 있었다.[36] 그의 영혼과 몸에서 다른 것은 투명함의 **방식**뿐이다. 아퀴나스에게 그리스도의 몸은 간접적이기는 하나 그의 영혼이 지복의 상태에서 하나님의 본질을 응시할 때 갖는 투명함을 공유했다. 성 토마스는 영혼의 투명함과 몸의 투명함이라는 두 종류의 투명함에 대해 말하지 **않는다**. 이것은 그가 그리스도의 변화된 몸에 나타난 투명함을 단순히 우리에게 하나님의 창조되지 않은 빛을 **상기시키는**, 외부적인 창조된 **상징**으로 여기지 않았음을 의미한다(이것은 우리가 곧 살펴보겠지만 팔라마스의 대적이었던 발람[Barlaam]이 견지하는 입장이다). 물론 아퀴나스는 변용의 빛의 투명함을 단순히 하나님 자신의 영광의 빛에 대한 육체적인 (그런 의미에서 창조된) 참여로 간주했다.[37] 그러나 그것은 언제나 하나님의 영광에 대한

35   Édouard Divry가 한 말을 참고하라. "게다가 토마스주의적 실재론은 동방 교회 신자들에게는 충격적인 방식으로 다볼산에서 보였던 빛이 물질적으로 보인다는 점에서 자연의 빛의 방식과 다르지 않다고 주장한다"(*Transfiguration*, 297).

36   아퀴나스는 창조된 은총의 습관이라는 은사에도 불구하고 신자 안에 깃들고 그를 신성화하는 이는 성령 자신이라고 주장할 때 신성과 인간 사이에 유사한 연결 고리를 가정한다(*ST* I, 1. 43, a. 3; I-II, q. 3, a. 1; I-II, q. 110, a. 3; I-II, 1. 114, a. 3; III, q. 1, a. 2). 참조. Bruce D. Marshall, "Action and Person: Do Palamas and Aquinas Agree about the Spirit?" *SVTQ* 39 (1995): 387-90.

37   나로서는 Marcus Plested가 "토마스는 변용의 문제를 창조된 빛과 창조되지 않은 빛 사이의 선택이라는 측면에서 다루지 않으며, 본질과 활동의 구별이라는 측면에서는 더더욱 아니다"(*Orthodox Readings of Aquinas*, 80)라고 말하는 것은 아주 정확해 보이지는 않는다. 아퀴나스는 그리스도의 몸에 나타난 빛을 하나님 자신의 빛의 투명함에 대한 육체적인 (따라서 창조된) 공유로 여긴다. 제자들은 그리스도의 인성을 통해 그의 신성을 보았기에, 우리는 그것이 하나님의 본질에 대한 (육체적) 직관이었다고 결론지어야 할 것이다. 아퀴나스는 이 마지막 요점을 설명하지 않으며 유감스럽게도 상술하

참여다. 그리스도의 몸이 참으로 신성화되었던 것은 그의 영혼의 지복직관의 영광이 그의 몸 안으로 흘러들었고 그로 인해 그의 몸 역시 변화시켰기 때문이다. 따라서 아퀴나스는 그리스도 자신의 지복직관의 투명함(그 안에서 그리스도는 하나님의 본질을 본다)과 제자들이 변용 사건에서 보았던 육체적 빛을 날카롭게 분리하지 않는다. 아퀴나스는 적어도 이 점에서는 하늘과 땅 그리고 자연과 초자연을 서로 긴밀하게 연결시키려는 의도를 지닌 것처럼 보인다.

아퀴나스는 다음과 같은 신학적 구조를 염두에 두고 있었다. (1) 말씀은 하나님의 본질, 즉 하나님 자신의 빛을 인지한다. (2) 위격적 연합을 통해 그리스도의 몸은 이 동일한 빛에 대해 (비록 영적이기는 하나) 피조물적 방식으로 지복직관을 소유했다. (3) 이 동일한 투명함이 물리적인 방식으로 그리스도의 몸 안으로 흘러 들어갔다. 이 마지막 주장은 중요한 반대를 불러일으킨다. 우리가 보았듯이 아퀴나스는 제자들이 영광의 투명함을 **물리적인 방식으로** 직관한 것은 그들이 이 영광의 투명함을 영화되지 않은 자연의 눈으로 볼 수 있음을 의미하는 것이라고 믿었다. 이것은 동방의 관점에서 보자면 받아들이기 어려울 것이다. 실제로 그레고리오스 팔라마스는 영광스러운 투명함을 직관하기 위해서는 적어도 육체적 눈의 초자연적 변화가 필요하다고 반박할 수 있었는데, 내가 보기에 그것은 아주 정당한 일이었다.

그러나 아퀴나스는 영혼을 통해 그리스도의 몸 안으로 흘러 들어

지도 않는다. 일반적으로 하나님을 보는 것(*visio Dei*)에 관한 (그리고 특별히 하나님의 본질 혹은 활동이 보이는지의 문제에 관한) 아퀴나스와 팔라마스 사이의 차이에 대한 유용한 설명은 Nicholas J. Healy, *The Eschatology of Hans Urs von Balthasar: Being as Communion* (Oxford: Oxford University Press, 2005), 163-76을 보라.

가는 것은 신적 영광의 투명성 자체라고 주장하므로, 변용에 대한 그의 이해는 겉으로 보이는 것만큼 팔라마스의 이해로부터 멀리 있지는 않다. 팔라마스의 『헤시카스트를 옹호하는 3부작』(*Triads in Defense of the Holy Hesychasts*, 1330년대 말)과 변용에 관한 그의 두 편의 설교(34편과 25편, 1350년대)는 모두 하나님의 활동의 **창조되지 않은** 특성—거기에는 변용의 빛이 포함된다—을 옹호하면서 변용을 논하는 것에 초점을 맞춘다.[38] 아퀴나스에게도 빛은 신성한 영광의 빛 자체였다. 비록 제자들이 그것에 육체적인 (따라서 창조된) 방식으로 참여했고 그로 인해 그것이 지언의 눈에 보였기는 했지만 말이다. 이 마지막 요점은 팔라마스에게 골칫거리였을 것이다. 그러나 우리는 그 두 신학자가 모두 변용을 하나님의 영광의 빛이 나타난 표현으로 다뤘음을 잊지 말아야 한다. 우리가 아퀴나스의 개념을 어떻게 생각하든 그는 그 빛을 단지 외부에서 온 거룩한 영광의 상징으로 해석하지 않았다.

팔라마스와 이탈리아의 인문주의자 수사였던 칼라브리아의 발람(Barlaam of Calabria, 1290-1348) 사이에 벌어진 논쟁의 핵심에 놓여 있는 것이 바로 이 마지막 요점—변용에 대한 순전히 상징적인 해석—이다. 변용의 빛을 단순히 하나님 자신의 영광에 대한 자연적인 상징으로 여기는 이런 해석은, 팔라마스에 따르면, 변용의 성례전적 특성을 약화시켰다.[39] 다음의 여러 인용문들이 팔라마스가 겨냥했던 것이 발람의 상징

---

38 *Triads*와 두 편의 설교들의 작성 연대와 관련해 나는 Brian E. Daley, ed., *Light on the Mountain: Greek Patristic and Byzantine Homilies on the Transfiguration of the Lord* (Crestwood, NY: St. Vladimir's Seminary Press, 2013), 352에 의존한다.

39 A. N. William은 다음과 같이 올바르게 말한다. "그레고리오스의 견해로 보자면, 변용 사건에서 나타난 빛은 성례전적이다. 그것은 단지 신적 행위의 과거와 미래를 지적할 뿐 아니라 또한 인간의 역사와 운명이 현재를 신성하게 하기 위해 연합하는 공간을 창

주의였음을 보여준다.

성도들은 이 위격적인 빛을 영적으로 보는데, 그들은 경험을 통해 그들이 우리에게 말하듯이 그것이 존재한다는 것과 단지 상징적으로만 존재하지 않는다는 것(μὴ συμβολικὸν τοιοῦτον)을 안다.[40]

그러나 그런 조명과 그런 빛의 적들은 또한 하나님이 성도들에게 나타내신 모든 빛은 단지 상징적인 환영(συμβολικὰ εἶναι φάσματα), 비물질적이고 예지적인 실재들에 대한 암시일 뿐이라고 주장한다.…우리는 이 빛, 다가올 영원한 시대의 빛이 단지 어떤 상징, 환상, 참된 존재를 갖고 있지 않은 그 무엇(σύμβολον καὶ φάσμα καὶ ἀνυπόστατον)이라고 말하려는 것인가? 우리가 여전히 이 빛을 사랑하는 자들로 남아 있는 한 그것은 분명히 아니다 (2.3.20).

오는 시대에 우리가 어째서 이런 종류의 더 많은 상징들(σύμβολα), 더 많은 거울들과 더 많은 수수께끼들을 가져야 하는가? 대면을 통한 직관은 여전히 소망의 영역에 남아 있을 것인가? 실제로 만약 하늘에도 여전히 상징들(σύμβολα), 거울들, 수수께끼들이 있다면, 그때 우리는 우리의 소망에

조한다. 다볼산에서 사도들에게 계시되었던 직관은 나타났다가 사라지는 **상징적인** 빛이 아니었다. 오히려 그것은 그리스도의 재림의 가치를 갖고 있다([*Triads*] I.3.26)"(*The Ground of Union: Deification in Aquinas and Palamas* [New York: Oxford University Press, 1999], 116[강조는 덧붙여진 것임]).

40   *Triads* 2.3.8. 이후로 이 작품에 대한 참조 번호는 본문의 괄호 안에 제시될 것이다. 인용문은 Gregory Palamas, *The Triads*, trans. Nicholas Gendle, ed. John Meyendorff(New York: Paulist, 1983)에서 가져왔다.

속아서 궤변에 빠진 셈이다. 약속이 우리가 참된 신성을 얻게 할 것이라고 생각하면서도 우리는 신성에 대한 직관조차 경험하지 못한다. 감각적인 빛이 이것을 대신하는데, 그것의 본성은 하나님께는 완전히 낯선 것이다. 이 빛이 어떻게 상징(σύμβολον)이 될 수 있는가? 그리고 만약 그렇다면, 어떻게 그것이 신성이라고 불릴 수 있는가? 남자에 대한 그림은 인성이 아니고, 천사에 대한 상징(σύμβολον)도 천사의 본성이 아니다(3.1.11).

어떤 성인이 이 빛을 창조된 상징(σύμβολον κτιστον)으로 말한 적이 있던가? 그 신학자 그레고리오스는 "신성이 그 산 위에 있던 제자들에게 드러난 것은 빛으로서였다"라고 말한다. 따라서 만약 그 빛이 참으로 참된 신성이 아니라 그것의 창조된 상징(κτιστὸν σύμβολον)이라면, 우리는 드러난 신성이 빛이었다고 말해야 할 것이 아니라 빛이 신성이 나타나게 했다고 말해야 할 것이다(3.1.12).

접근 불가능하고, 비물질적이며 창조되지 않고, 신성화하며, 영원한 이 신비로운 빛, 신적 본성의 이 광휘, 신성의 이 영광, 하늘나라의 이 아름다움은 감각 지각으로 접근 가능한 동시에 그럼에도 그것을 초월한다. 그런 실재가 실제로 당신에게 감지할 수 있는 창조된 신성에 이질적인 상징(ἀλλότριόν... εότητος, αἰσθητόν τε καὶκτιστὸν σύμβολον)처럼 보이고 "공기라는 매개체를 통해 보이는가?"(3.1.22)

그러므로 이질적인 상징이 아니라 자연의 상징을 통해서(οὐκ ἀλλοτρίῳ ἀλλα φυσικῷ συμβόλῳ) 하나님을 본 사람은 참으로 그분을 영적인 방식으로 본 것이다. 나는 감각으로 보거나 들을 수 있으며 공기라는 매개체를 통해 활성화되는 평범한 상징일 뿐인 것을 하나님의 자연적인 상징(φυσικὸν...σύμβολον)으로 여기지 않는다. 그러나 보는 눈이 평범한 눈으로서가 아니라 성령의 능력으로 열린 눈으로서 볼 때, 그것은 이질적인 상징을 통해서(ἀλλοτρίῳ συμβόλῳ) 하나님을 보는 것이 아니다. 그리고 그때 우리는 감각을 초월하는 감각을 통한 인식에 관해 말할 수 있다(3.1.35).[41]

성 그레고리오스 팔라마스는 성도가 빛을 보는 것은 엄격하게 상징적일 것이라는 개념을 반복해서 공격한다. 그는 이 개념을 상상적 존재, 이해할 수 있는 실재에 대한 단순한 언급, 순전히 인간적인 지식 그리고 따라서 그리스도의 신성한 빛으로부터의 분리와 연결시킨다. 발람이 빛을 단순히 상징적인 것으로 해석한 것을 공격함으로써 팔라마스는 본질적으로 특성상 비성례전적인 그의 신학을 비난한다.

그레고리오스는 무엇보다도 경험적인 신학자였다.[42] 그는 특히 우리가 가진 유일한 지식은 감각 지각에서 비롯되며 따라서 우리가 하나님에 대한 그 어떤 지식을 얻는 것은 오직 감각에 의해 인식되는 대상에 대한 이성적 성찰을 통해서뿐이라는 발람의 주장에 반대했다. 존 메이

---

41 Meyendorff는 팔라마스에게 하나님을 나타내는 자연의 상징은 태양과 그것의 광선 사이의 불가분리한 관계와 유사하게 "타고나는 것이고 하나님과 공존한다"고 설명한다. "그것들이 상징하는 것의 본질에 참여하지 않는 상징은 상징되는 것과 별도의 존재를 갖거나(가령, 모세와 섭리) 혹은 하나의 삽화처럼 오직 개념적으로만 존재한다(가령, 군사 공격에 대한 상징으로서 대화재)"(*Triads*, 139n34). 단순히 상징적인 것으로서의 빛에 대한 추가적인 언급은 *Triads* 1.3.5; 2.3.37; 3.1.14, 17, 19을 보라.

42 Joost Van Rossum의 말을 참조하라. "팔라마스의 신학은 무엇보다도 철학적 신학이나 어떤 '체계'보다는 '경험 신학'으로 간주되어야 한다"("Deification in Palamas and Aquinas," *SVTQ* 47 [2003]: 368).

엔도르프(John Meyendorff)는 다음과 같이 설명한다. "발람은 자신의 유명론적 입장을 옹호하면서 '피조물로부터 시작하는' 유비적인 지식과 구별되는 것으로서 이곳 세상에서 하나님에 대한 초자연적 지식을 얻을 가능성을 부인했다."[43] 따라서 발람은 감각과 지성적 지식을 넘어서 다볼산의 빛에 대한 경험적 직관에까지 이동하는 것은 불가능하다고 믿었던 것으로 보인다. 그 결과 그는 예수의 기도 및 그것과 연관된 신체적 자세, 특히 옴팔로프시코이(*omphalopsychoi*, 문자적으로 배꼽에 자신들의 영혼을 가진 사람들)의 끊임없는 "배꼽 응시"와 같은 아토스 성산(동방 정교회의 수도원들의 발상지―역자 주) 수도사들의 헤시카스트적 관습(hesychast practices, 말을 하지 않고 고요하게 기도하는 방식―역자 주)을 날카롭게 공격했다.[44] 따라서 발람에게 팔라마스파(Palamites)는 자연의 눈, 곧 육체적인 눈으로 하나님을 보는 것이 가능하다고 믿었던 4세기의 메살리아파(Messalians)와 유사했다.[45]

---

43   John Meyendorff, *A Study of Gregory Palamas*, trans. George Lawrence (Crestwood, NY: St. Vladimir's Seminary Press, 1998), 157. Anita Stezova의 말을 참조하라. "발람은 창조된 이미지들에 반영된 하나님의 본질 안에 존재하는 창조되지 않은 신적 개념들과, 그런 개념들의 존재와 그것들에 대한 성찰에 근거해 하나님에 관한 지식에 도달하는 유비적 방법을 주장했다"("Doctrinal Positions of Barlaam of Calabria and Gregory Palamas during the Byzantine Hesychast Controversy," *SVTQ* 58 [2014]: 181-82).

44   참조. Russel Murray, "Mirror of Experience: Palamas and Bonaventure on the Experience of God―a Contribution to Orthodox-Roman Catholic Dialogue," *JES* 44 (2009): 436n11; Meyendorff, introduction to *Triads*, 16. Meyendorff는 팔라마스의 작품들 대부분은 이 호흡법을 언급하지 않으며 "그는 단지 발람에 맞서 그것을 옹호하기 위해 그것에 관해 말했을 뿐이다"라고 설명한다(*Study of Gregory Palamas*, 140).

45   Norman Russell, *The Doctrine of Deification in the Greek Patristic Tradition* (Oxford: Oxford University Press, 2004), 304; Strezova, "Doctrinal Position," 196, 231. 팔라마스파는 메살리아파와 아무런 관계도 원하지 않았다. "하나님의 본질은 절대적으로 나눌 수 없고 이해할 수 없으며 다른 그 어떤 존재도 크게든 작게든 그것을 받을 수 없다. 오직 저주받은 메살리아파만이 달리 생각하면서 하나님의 본질이 그들 중 가치 있는 자들의 눈에 보일 수 있다고 주장한다"(*Hom.* 35.17, in *The Homilies*, trans. and ed.

메살리아주의에 대한 발람의 비난은 어떤 중요한 의미에서 잘못 되어 빗나갔다. 팔라마스는 감각은 신성한 빛을 볼 수 없다고 거듭해서 말한다. 그레고리오스는 『설교』 34에서 변용 사건에서의 빛이 창조되지 않은 빛이었음을 증명하려 했는데 거기서 그는 다음과 같이 분명하게 말한다. "이 빛을 인식하지 못하고 지금 그것을 모독하는 자들은 그 선택된 사도들이 그들의 창조된 시각의 능력으로(αἰσθητικῇ τε καὶ κτισῇ δυνάμει) 주님의 변용의 빛을 보았다고 여긴다. 그리고 이런 방식으로 그들은 단지 그 빛―하나님의 권능과 나라―만이 아니라 그것을 통해 거룩한 것이 가치 있는 이들에게 드러나는 성령의 능력까지 창조된 대상(κτίσμα)의 단계로까지 끌어내리려 노력한다."[46] 그레고리오스는 이 말에 이어 다음과 같이 말한다.

우리 시대에는 이교적인 그리스의 학식과 이 세상의 지혜를 자랑하는 이들이 있다. 그들은 성령의 문제들과 관련해서 영적인 사람들에게 불순종하며 그들에게 반대하는 쪽을 택한다. 그들이 그 산 위에서 주님의 변용의 빛이 사도들의 눈에 보였다는 말을 들을 때, 그들은 즉시 그것을 눈에 보이고 창조된 빛(τὸ αἰσθητὸν…καὶ κτιστὸν)으로 축소시킨다. 그들은 우리의 감각(αἴσθησιν)뿐 아니라 우리의 마음(νοῦν)까지도 넘어서는 비물질적이고 결코 설정되지 않는 영원 이전의 빛을 끌어내린다. 왜냐하면 그들 자신이 낮은 수준에 있고 세속적인 것 이상의 그 무엇도 상상할 수 없기 때문이다. 그럼에도 이 빛을 비추신 분은 그것을 하나님 나라라고 지칭함으로써 그것이

Christopher Veniamin [Waymart, PA: Mount Thabor Publishing, 2009], 280; 팔라마스의 *Homilies* 34와 35의 그리스어 본문은 *PG* 151:432-50을 보라.

46   *Hom.* 34,8; 그레고리오스의 설교들의 인용문은 Veniamin의 번역에서 가져왔다.

창조되지 않았음(ἄκτιστον)을 미리 입증하셨다.[47]

팔라마스에게 변용의 빛은 참으로 신성한 것—하나님의 영원한 활동 중 하나—이기 때문에 그것은 창조되지 않은 것이어야 하고, 또한 그러하기에 감각으로 접근할 수 없는 것이어야 한다.

어느 시점에 그리스도의 빛이 창조되지 않았다고 여기는 팔라마스파에 의해 설득된 것처럼 보이는 반헤시카스트들은 만약 그것이 창조되지 않았다면 그것은 그 자체가 하나님의 본질임이 틀림없다고 주장하기 시작했다. 이로부터 그들은 다볼산에서 제자들이 하나님의 본질을 보았다고 결론지었다. 그 결과 그들은 이제 변용의 빛은 창조된 빛이 아니라 하나님의 본질이라고 주장했다.[48] 그러므로 『설교』 35에서 성 그레고리오스는 다볼산의 빛은 창조되지 않은 활동이지만 하나님의 본질 자체는 아니라고 주장하기 시작한다. 그리고 그는 자신의 적수들을 그들이 자기에게 퍼부었던 것과 동일한 비난, 곧 그들이 볼 수 있는 눈으로 하나님을 보는 것이 가능하다고 주장한다며 비난한다. "그들은 그 빛이 우리가 하나님과 신학자들에게 가르침을 받았던 것처럼 하나님의 신성한 영광, 하나님 나라, 그분의 아름다움, 그분의 은총 혹은 그분의 광휘가 아니라고 말한다. 오히려 그들은 자신들이 전에 눈으로 볼 수 있고 창조되었다고 주장한 것이 하나님의 본질이라고 확언한다."[49] 팔라마스는 비록 하나님의 활동에 참여하고 변용의 빛을 보는 것이 가능할지라도(활동은

---

47   *Hom.* 34.12.
48   여기서 나는 Gregory Palamas, *The Homilies*, 595n545에 실려 있는 Christopher Veniamin 의 주장을 따른다.
49   *Hom.* 35.14.

어떤 식으로든 하나님 자신과 분리되지 않기에), 이 직관은 참여가 불가능하고 따라서 하나님의 초월을 표현하는 하나님의 본질에 접근하지 못한다고 주장한다.

따라서 성 그레고리오스 팔라마스에 따르면, 변용의 빛은 물리적인 눈으로 자연스럽게 접근할 수 없으며 합리적 추론을 통해 도달하지도 못한다. 팔라마스는 계속해서 감각과 지성은 모두 이 영광스러운 빛을 파악할 수 없다고 주장한다. "이것이 그들의 직관이 감각(αἴσθησις)이 아닌 이유다. 왜냐하면 그들은 감각(αἰσθητηρίων)을 통해서 그것을 받지 않기 때문이다. 또한 그것은 사고(νόησις)도 아니다. 왜냐하면 그들은 그것을 추론(λογισμῶν)이나 그로 인해 오는 지식(γνώσεως)을 통해서가 아니라 모든 정신적 활동(νοερᾶς ἐνεργείας)이 중단된 후에 발견하기 때문이다."[50] 팔라마스에게 변용의 빛은 오직 초자연적인 은총을 통해서만 접근 가능한데, 그 은총은 인간을 변화시켜 하나님의 활동에 참여할 수 있게 한다.[51]

팔라마스에 따르면, 이처럼 변용의 빛을 보는 것은 물리적 감각의 변형에 달려 있다. 팔라마스는 "주님을 따랐던 그 최초의 제자들은 우

---

50   *Triads* 1.3.18. 참조. 1.3-17. "그리고 직관 자체가 오직 선택된 제자들에게만 나타나고, 황홀경에 의해 감각이나 지성(αἰσθητῆς καὶ νοερᾶς)에 의한 모든 인식으로부터 해방되며, 그들이 보기를 그쳤기에 참된 직관으로 인정되고, 알지 못하는 것에 굴복함으로써 초자연적 감각을 부여받을 때(ὑπὲρ φύσιν τὴν αἴσθησιν), 나는 이 연합에 관해 무엇을 말해야 하는가?" 참조. 3.2.14. "그러므로 하나님의 본질과 다른 영원한 빛이 존재한다. 그것은 본질 자체가 아니다—그것과는 거리가 멀다!—오히려 그것은 초본질적인 것(the Superessential)의 활동이다. 시작이나 끝이 없는 이 빛은 적절한 의미에서 감각적(αἰσθητόν)이지도 않고 이해할 수도(νοητὸν)없다. 그것은 그것의 초월성의 측면에서 다른 모든 피조물과 달리 영적이고 신성하다. 감각적(αἰσθητόν)이지도 않고 이해할(νοητὸν)수도 없는 그런 감각들(αἰσθήσει ἦ αἰσθήσει)의 범위와 그 자체로 고려되는 지적 능력(νοερᾷ δνάμει καθ' αὑτήν)의 범위에도 들지 않는다."

51   참조. Meyendorff, introduction to *Triads*, 13-15.

리가 배운 대로 성령이 그들 안에서 일으킨 그들의 감각을 변형해서(τῇ ἐναλλαγῇ τῶν αἰσθήσεων) '육체로부터 영으로 나아갔고', 그로 인해 그들은 성령의 능력이 그들에게 그렇게 하도록 허락할 때와 허락하는 정도만큼 그 형언할 수 없는 빛을 보았다"[52]라고 언급한다. 앞선 전통에 부합하게 팔라마스는 그 빛이 그리스도가 전에 갖고 있지 않았던 그 무엇인 것처럼 보이지 않는다고 주장한다("그런 불경한 생각은 버려라!").[53] 또한 팔라마스는 다음과 같이 주장한다. 그리스도 안에서는 아무것도 바뀌지 않았으나 그가 "제자들에게 있는 모습 그대로 계시되었고 그들의 눈을 열어 그 눈먼 자들에게 시각을 부여했다. 자연의 시각을 가진 눈(οἱ κατὰ φύσιν ὁρῶντες ὀφθαλμοί)은 그 빛을 보지 못한다는 것에 주목하라. 그것은 눈에 보이지 않으며 그것을 보는 이들은 단지 그들의 육체의 눈으로 보는 것이 아니라 성령의 능력에 의해 변화된(μετασκευασθεῖσι) 눈으로 보는 것이다."[54] 오직 변화된 눈만이 성육신하신 주님 안에 늘 임재해 있는 변용의 빛을 볼 수 있다.

그러므로 팔라마스는 변용의 빛을 "신의 빛"(the light of the Godhead)이라고 주장한다.[55] 요한계시록 21:23 ─ "하나님의 영광이 비치고 어린 양이 그 등불이 되심이라" ─ 이 전하는 새 예루살렘의 빛에 대해 언급하

---

52   *Hom.* 34.8.
53   *Hom.* 34.13.
54   *Hom.* 34.13. 참조. *Triads* 3.1.22. "제자들은 전에 소유하지 못했던 눈을 먼저 받지 않았다면 상징(σύμβολον)도 보지 못했을 것이다. 다마스쿠스의 요안네스가 말하듯이 '눈먼 자들이었던 그들이 보기 시작했다.' 그리고 이 창조되지 않은 빛을 관조하기 시작했다. 따라서 그 빛은 그들의 눈으로, 그러나 자연의 시각(ὑπὲρ ὀφθαλμοὺς)보다 우월한 방식으로 보는 눈으로 접근 가능하게 되었고 영적인 빛의 영적인 능력을 얻게 되었다." 또한 팔라마스는 "감각을 초월하는 감각에 의한 인식"(αἴσθησιν ὑπὲρ αἴσθησίν)에 관해 말한다(*Triads* 3.1.35).
55   *Triads* 3.1.22.

면서 팔라마스는 여기서 요한이 "또한 우리에게 다볼산에서 신처럼 변화된 예수를 가리키고 있다. 예수의 빛은 그의 몸이고 또한 그는 태양 빛 대신에 산 위에서 자기와 함께 왔던 자들에게 계시된 신성의 영광을 갖고 있다"고 말한다.[56] 미래의 성읍에서는 양초나 빛이 필요하지 않을 것이고 그곳에는 밤도 없을 것이기에(계 22:5), 팔라마스는 수사학적으로 다음과 같이 묻는다. "변함도 없고 회전하는 그림자도 없는(약 1:17) 이것은 어떤 빛인가? 이 변하지 않으며 설정되지 않은 빛은 무엇인가? 그것은 신성한 빛이 아닌가?"[57] 팔라마스가 보기에 이 신성한 빛을 보기 위해 물리적 눈의 자연적 시각은 분명히 부적절하고 우리의 감각이 변화될 필요가 있다. "따라서 우리가 이 위대한 광경을 우리의 내적인 눈으로 볼 수 있다(τοῖς ἔνδον ὀφθαλμοῖς)."[58]

팔라마스는 감각도 지성도 하나님의 영원한 빛을 파악할 수 없다고 믿었기에 그에게 영적 직관은 단지 감각적 이해로부터 지적인 이해로의 이동을 의미하지 **않았다**. 오히려 그는 감각이 실제로 **변화된다**고 믿었다(물리적인 눈으로부터 영적인 눈으로의 이동).[59] 팔라마스에 따르면, 눈 자체는 계속해서 이 과정을 통해 기능한다. 그러므로 그는 산 위에서 제자들의 직관이 평범하고 물리적인 지각이었던 것처럼 보이는 언어를 사용할 수 있었다. 팔라마스는 자신의 『3부작』(*Triads*)에서 제자들이 "훗날 그들 안에 거하게 될 성령의 동일한 은총을 보았다. 왜냐하면 성부와 성자와 성령이 주시는 오직 하나의 은총만 있을 뿐이기 때문이다. 또 제자들

---

56   *Hom.* 34.15.
57   *Hom.* 34.15.
58   *Hom.* 34.18.
59   팔라마스가 앞선 교부적 전통 특히 고백자 막시무스(Maximus the Confessor)에게 의존하는 것에 관한 논의는 Hayes, *"Deus in se et Deus pro nobis,"* 129-32을 보라.

은 자기들의 육체의 눈으로(σωματικοῖς εἶδον ὀφθαλμοῖς) 그것을 보았지만, 그들은 눈이 멀어서 보지 못하는 눈이 아니라 볼 수 있도록 열려 있던 눈으로 그것을 보았다"라고 주장한다.[60] 조금 후에 그는 영적 직관을 다음과 같이 묘사한다.

하나님과 연합하고 신성화되었으며 자신들의 눈을 신성한 방식으로 그분께 맞춘 이들이 우리가 보듯 보지 않는다는 것을 당신은 이해하지 못하는가? 기적적으로 그들은 감각을 넘어서는 감각으로, 마음을 넘어서는 마음으로 보는데, 그것은 영의 힘이 그들의 인간적 능력을 관통하고(ταῖς ἀνθρωπίναις ἕξεσιν ἐγγινομένης) 그들로 하여금 우리 너머에 있는 것들을 볼 수 있게 하기 때문이다. 따라서 감각을 통한 직관에 대해 말할 때 우리는 그것이 초자연적일 뿐 아니라 모든 표현을 넘어선다는 것을 분명하게 보이기 위해 이것이 감각을 초월한다(ὑπὲρ αἴσθησιν)고 덧붙여야 한다.[61]

발람이 헤시카스트들이 하나님을 육체의 눈으로 보는 것이 가능하다는 메살리아적 개념을 가졌다고 비난하는 이유는 쉽게 알 수 있다. 팔라마스에게 그 빛에 대한 영적 직관은 실제로 "감각을 통한" 직관이었고, 따라서 제자들은 그 빛을 "그들의 육체의 눈으로" 보았다. 그러나 결정적으로 팔라마스는 사람들이 이런 육체적이지만 영적인 직관을 경험할 때 하나님의 성령이 "그들의 인간적 능력"을 관통해 그것들을 변화시키며 그로 인해 "감각을 통한" 이 영적 직관은 또한 "감각을 초월한다"고 주

---

60   *Triads* 3.3.9.
61   *Triads* 3.3.10.

장했다. 그리고 더 나아가 이 영적 직관은 감각을 넘어설 뿐 아니라 "마음도 넘어선다." 감각과 지성은 모두 가치가 있다. 그러나 성령은 그 둘을 사용해 그 둘 모두를 초월한다.[62]

아퀴나스(그의 후기 저작에서)와 팔라마스 두 사람은 모두 제자들이 빛을 본 것을 위격적 연합과 연결시켰다. 따라서 두 사람은 모두 그리스도의 몸이 이 연합을 통해 그의 것이었던 빛을 비췄다는 교부들의 통찰을 따랐다. 그러므로 빛이 단지 상징이라는 것은 발람이 주장하는 것처럼 아퀴나스의 견해가 아니었다. 아퀴나스에게 그리스도의 몸이 영광의 투명함으로 빛날 수 있었던 이유는 그리스도의 영혼이 수태의 순간부터 지복직관(과 그로 인해 하나님의 본질에 대한 직관)을 경험했기 때문이다. 팔라마스는 동일한 주장—변용 사건에서 그리스도의 빛이 위격적 연합의 결과였다는—의 근거를 보다 직접적으로 그리스도의 신성과 인성 사이의 연합에서 찾았다. 그리스도의 전 존재(몸과 영혼)는 언제나 이미 신의 빛에 의해 변화되었다. 따라서 아퀴나스와 팔라마스는 모두 그 빛의 신적 특성을 인정했다. 우리는 그 두 사람이 모두 적어도 그들이 변용의 빛을 그리스도의 신성과 밀접하게 연결시켰다는 점에서 성례전적이었다고 말할 수 있다. 기독론(위격적 연합)이 그들 두 사람 모두가 그리스도의 신적 영광을 제자들이 다볼산에서 보았던 빛과 분리하는 것을 막아주었다. 그 두 사람은 모두 변용의 빛을 하나님의 말씀과 관련이 없는 순전히 자연적인 것으로 다루는 네스토리우스적 견해를 거부한다. 그들은 그리

---

62   참조. John Meyendorff, "인간 존재의 이런 완전함에는 감각뿐 아니라 육체도 포함된다. 이로부터 성서에 묘사된 그리스도의 변용이 한 예가 되는 그 놀라운 신비, 곧 창조된 눈을 통한 창조되지 않은 빛에 대한 직관이라는 신비가 나온다"(*Study of Gregory Palamas*, 173). 인간에 대한 팔라마스의 이해와 그의 구원론에서 육체적 삶이 중요하다는 연관된 요점은 *Study of Gregory Palamas*, 142-46을 보라.

스도의 신성이 변화산 위에 실제로 임재했다고 확신했다.

그러나 아퀴나스가 그리스도가 이 빛을 받는 물리적인 방식을 강조했다는 것은 사실이다. 그리고 그는 누구라도 자연의 눈으로 그리스도의 변화한 몸에 나타난 투명함을 볼 수 있었을 것이라고 주장하기까지 했다. 이것은 아퀴나스를 이상한 위치에 놓는다. 그는 본질과 활동을 구분하지 않았기 때문에 제자들이 물리적인 방식으로 자연의 눈을 사용해 그리스도의 신성 —신적 본질— 의 영광을 보았다고 효과적으로 주장할 수 있었다.[63] 대조적으로 팔라마스는 비록 제자들이 신성한 본질 자체에는 결코 이르지 못했을지라도 성령이 제자들의 눈과 마음을 변화시킨 것이 그들이 직접 하나님의 영광의 영원한 빛을 보도록 허용했고 그로 인해 하나님의 활동에 참여하도록 했다고 주장했다.

그리스도 안에 있는 하나님 나라의 영광

아퀴나스와 팔라마스는 모두 그리스도의 몸의 투명함이 그리스도의 위격적 연합으로부터 유래했다고 확신했다. 따라서 두 사람은 모두 바로 그 투명함이 종말의 실제적 임재에 대한 증언이었다고 주장했다. 그러

63　물론 아퀴나스는 제자들이 (물리적인 방식으로) 신적 본질을 보았다고 분명하게 진술한 적이 없다. 그러나 우리가 보았듯이 아퀴나스에게 그리스도의 신성한 본질의 빛은 그리스도의 온전하게 시복된 영혼을 통해 그의 몸에 전해졌다. 또 아퀴나스는 제자들이 위격적 연합의 결과로 영광의 투명함을 보았다고 주장한다. 아퀴나스는 본질과 활동을 구분하지 않기에, 그의 인성을 통해 그리스도의 신성을 보는 것은 또한 신성한 본질에 대한 직관을 암시하는 것일 수밖에 없다. 나로서는 아퀴나스가 제자들이 존재의 물리적인 방식으로 영광의 투명함을 볼 수 있었다는 자신의 입장을 어떻게 펼쳐나갈 수 있을지 분명하지 않다(참조. *ST* III, q. 45, a. 2).

나 나로서는 아퀴나스보다는 팔라마스가 이 종말론적 틈입에 대해 보다 공정했다고 보이는데, 그것은 무엇보다도 팔라마스가 변용 이야기를 아퀴나스는 그렇게 하지 않은 방식으로 동시대의 그리스도인들의 경험과 연결시켰기 때문이다.

아퀴나스는 자신의 저작 전반에서 변용 사건에 종말이 실제적으로 임재한 것에 주목한다.『명제집에 관한 주석』에서 그는 그 이야기의 목적이 우리에게 몸의 종말론적 성격에 관해 가르치는 것임을 강조한다. 아퀴나스는 그리스도의 변화된 몸에 나타난 투명함은 성도가 미래에 얻게 될 투명함에 대한 표상(*figura*)이라고 주장한다.[64] 그는 그리스도의 변화된 몸에 나타난 투명성이 영광스러웠다(*gloriosa*)고 분명하게 주장한다. 아퀴나스는 빌립보서 3:21 — 그 구절은 그리스도가 "우리의 낮은 몸을 자기 영광의 몸의 형체와 같이 변하게 하시리라"고 말한다 — 에 대해 숙고하면서 난외주 하나를 인용하는데, 그것에 따르면 "우리는 그가 변모 때 가졌던 투명성에 동화될 것이다." 그리고 그는 다음과 같이 덧붙인다. "그러나 우리는 영광스러운 투명성에 동화될 것이다. 따라서 그때 그는 영광스러운 투명성을 갖고 있었다."[65] 비록 그리스도의 몸이 징벌에 굴복했을지라도 그럼에도 그것은 부활의 영광을 나타냈다. "영광스럽지 않은 투명성은 부활의 영광을 나타내지 않는다. 그러나 그리스도는 지금껏 말해왔던 것처럼 정확하게 부활의 영광을 나타내도록 변화되었다. 그러므로 그 투명성은 영광스러운 것이었다."[66] 그리고『마태복음에 관한 주석』에서 아퀴나스는 변용 사건에서 그리스도가 "미래의 영광을 드

---

64   *Sent.* III, d. 16, a. 1.
65   *Sent.* III, d. 16, a. 2.
66   *Sent.* III. d. 16, a. 2.

러냈는데, 그때에는 몸이 놀랍도록 찬란해질 것이다"라고 다시 말한다.[67]

분명히 아퀴나스는 그리스도의 변화된 몸에 나타난 투명성이 성도의 부활체의 그것과 동일하다는 이 일반적인 주장을 두 가지 방식으로 제한한다.[68] 첫째, 그는 다양한 방식으로 영광의 투명성이 이를테면 그리스도의 몸의 영원한 특성이 아니었다고 주장한다. 또한 아퀴나스는 부활체의 네 가지 이른바 종말론적 은사들(dotes)이 그리스도가 가진 지상의 몸 안에도 은사로서 존재했으리라는 주장—그는 그것이 생빅토르의 위그(Hugh of Saint Victor)로부터 왔다고 잘못 생각했다—을 분명하게 불편하게 여긴다. 위그에 따르면, 그리스도는 그의 생애의 여러 단계에서 이 네 개의 종말론적 은사들을 취했다. 동정녀의 태로부터 나왔을 때는 섬세함(subtilitas)을, 바다 위를 걸었을 때는 민첩함(agilitas)을, 부활 때는 투명함(claritas)을, 그리고 나뉘지 않은 채 먹도록 제자들에게 자신의 몸을 내주었을 때는 무감각(impassibilitas)을 취했다.[69] 『명제집에 관한 주석』에서 아퀴나스는 비록 위그가 그리스도가 이런 특성들 혹은 은사들을 취했다고 주장했을 수도 있지만, 그리스도 안에서 그것들은 적절하게 말하자면 은사(dotes)로서 존재하지 않았다고 말한다.

결국 그리스도는 고통을 당할 수 있는 몸을 갖고 있었고, 이런 종말론적 은사들이 고통을 당할 수 있는 몸에 영원히 존재하는 것은 부적절해 보인다. 그러므로 아퀴나스는 그리스도가 세상에 있을 때 그의 몸이 아직 영광스러운 몸의 자질이나 습성(qualitates sive habitus)을 갖고 있지

---

67   *Super Matth.* 17, lect. 1, n. 1424.
68   이 동일한 두 개의 경고와 관련해서는 Canty, *Light and Glory*, 205-8; Hayes, "*Deus in se et Deus pro nobis*," 170-72을 보라.
69   *Sent.* III, d. 16, a. 2.

않았다고 주장한다. 오히려 그는 오직 위에서 언급한 네 가지 특성의 행위(*actus*)를 했을 뿐이다. 또 그는 그것들을 "내재적인 그 무엇으로부터 (*ex aliquo inhaerente*) 나오는 것으로서가 아니라 신적 기적을 통해 초자연적으로" 가졌다.[70] 『마태복음에 관한 주석』에서 아퀴나스는 더욱 단정적이다. 어떤 이들이 그리스도가 네 개의 은사를 갖고 있었다고 주장하는 반면, 그 천사 박사는 다음과 같은 말로 이를 반박한다. "나는 이것을 믿지 않는다. 왜냐하면 은사는 영광 자체의 특정한 속성이기 때문이다."[71] 변용 사건에서 그리스도의 몸의 투명함은 "신적 능력"(*virtute divina*)의 결과다. 그리스도의 몸은 단순히 영광스러운 몸과 "어떤 유사성"(*aliquam similitudinem*)을 가졌을 뿐이다.[72]

『신학대전』에서 아퀴나스는 영광의 투명함은 미래에 부활체 안에 임재하게 될 것과 같은 방식으로 그리스도의 변화된 몸 안에 임재하지 않았다고 다시 설명한다. 그 이유는 영혼의 투명함은 다른 방식으로 몸 안으로 흘러 들어가기 때문이다. "그리스도의 변용에서 투명함은 그의 몸에 영향을 주는 어떤 내재적인 특성으로서(*per modum qualitatis immanentis*)가 아니라 오히려 대기가 태양에 의해 밝혀지는 것과 같은 일시적인 열정의 방식을 따라서(*per modum passionis transeuntis*) 그의 영혼 안으로 들어왔다. 따라서 당시에 그리스도의 몸에서 나타났던 광휘는 기적적인 것이었다."[73] 비록 아퀴나스가 영광의 투명함이 변용에 임재했다고 주장할지라도, 그것은 "내재적인 특성"으로서가 아니라 단지 "일시

---

70   Sent. III, d. 16, a. 2. 우리가 이미 보았듯이, 아퀴나스는 나중에 이와 관련해서 자신의 마음을 바꾸면서 그리스도의 몸의 투명함을 그의 신성과 연결시켰다.

71   *Super Matth.* 17, lect. 1, n. 1426.

72   *Super Matth.* 17. lect. 1, n. 1426. 참조. Canty, *Light and Glory*, 219.

73   *ST* III, q. 45, a. 2.

적인 열정"으로서였다.[74]

아퀴나스의 두 번째 단서 조항은 그가 투명성의 강렬함이 그리스도의 변화된 몸에서보다 부활체 안에서 훨씬 더 커질 것이라고 믿는다는 것이다. 한편으로 그리스도의 영혼이 그것의 지복직관 안에서 참으로 영광스럽게 되었기 때문에 그리스도의 변화된 몸의 투명성은 성도의 부활체의 그것과 동일한 것이었다. 다른 한편으로 후자는 전자보다 더 완벽할 것이다.[75] 아퀴나스는 그리스도의 변화된 몸의 행위가 습관적인 방식으로 동일한 영광을 갖게 될 부활체와 "화려함에 있어 비슷할" 뿐이라고 주장하기 위해 행위와 습관의 구별을 사용한다.[76]

이런 두 가지 단서 조항에도 불구하고, 아퀴나스에게 그리스도의 몸에서 나왔던 빛이 부활체의 특성이 될 빛과 다른 종류가 아니라는 것은 분명하다. 그리스도의 변화된 몸은 (비록 제한적이지만) 어떤 실제적인 방식으로 종말의 영광에 참여했다. 그런 아퀴나스의 견해는 참으로 성례전적이다. 변용은 단지 부활을 가리켰던 것이 아니라 실제로 언젠가 성도의 특성이 될 동일한 빛에 대한 참여였다. 따라서 종말은 그렇게 실

---

74   참조. Canty, *Light and Glory*, 238. 혹자는 투명함의 임재가 만약 이 투명함이 아퀴나스의 이해대로 그리스도가 잉태되었을 때부터 갖고 있던 지복직관으로부터 직접 유래하는 것이라면 어떻게 그것이 단순히 어떤 "행위" 혹은 "일시적인 열정"일 수 있는가 의아해 할 수 있다. *ST* III, q. 45, a. 2에서 아퀴나스가 제시한 그 질문에 대한 해결책은 하나님이 신적 섭리를 통해 (변용의 시간을 제외하고) 그리스도의 몸에서 지복직관의 투명함이 빛나는 것을 막으셨다는 것이다. 참조. Canty, 219, 232-244. 예외에 대한 예외로서의 변용의 빛이라는 아퀴나스의 개념은 지나치게 기발한 것처럼 보일 수 있다. 하지만 그것은 그의 전반적인 주장으로부터 논리적으로 흘러나온다.

75   *Sent.* III, d. 16, a. 2. 참조. Canty, *Light and Glory*, 207. 이 지점에서 우리는 아퀴나스와 팔라마스 사이의 분명한 차이를 보게 된다. 제자들이 다볼산에서 하나님의 활동 자체를 보았다고 믿었던 팔라마스는 성도들의 부활체가 변용 사건에서의 그리스도의 몸보다 빛날 것이라고 결코 주장하지 않았다.

76   *Sent.* III, d. 16, a. 2.

제적으로 변화산 위에 임재했다.

그레고리오스 팔라마스는 변용의 종말론적 특성을 아주 유사한 방식으로 묘사한다. 『설교』 34에서 그가 누가복음에서 변용이 "이 말씀을 하신 후 팔 일쯤 되어"(눅 9:28) 발생한 반면, 마태복음에 따르면 그 사건이 "엿새 후에"(마 17:1) 발생했다고 지적할 때 팔라마스는 단지 어떤 평범한 설명("누가복음은 그 말씀이 발설되었던 날과 주님이 변화되었던 날을 포함한다")을 제공할 뿐 아니라,[77] 또한 종말에 대한 언급으로서 팔 일의 신비한 의미에 대해 성찰한다. "주님이 변화하여 밝은 빛으로 나타나신 위대한 모습은 팔 일째, 즉 오는 시대의 신비인데, 그것은 엿새 동안에 만들어진 이 세상이 중단되고 우리가 우리의 감각으로 여섯 가지 활동을 하는 것이 초월된 후에 나타난다. 우리에게는 다섯 개의 감각이 있다. 하지만 만약 당신이 거기에 한 가지를 추가해야 한다고 말한다면, 그것은 우리의 감각을 여섯 가지 방식으로 작용하는 것으로 만든다. 가치 있는 자들에게 약속된 하나님 나라는 우리의 감각뿐 아니라 우리의 말도 넘어선다."[78] 팔라마스에게 변용은 우리를 팔 일의 신비로 인도한다. 이것은 교부들과 동방 신학자들 사이에서 흔히 볼 수 있는 비유다.[79]

따라서 팔라마스는 변용을 "여기 서 있는 사람 중에는 죽기 전에 하나님의 나라가 권능으로 임하는 것을 볼 자들도 있느니라"(막 9:1)라고

77　*Hom.* 34.5.

78　*Hom.* 34.6.

79　Jean Daniélou, "La Typologie de la semaine au IVe siècle," *RSR* 35 (1948): 382-411; Jean Daniélou, *The Bible and the Liturgy*, Liturgical Studies 3 (Notre Dame: University of Nortre Dame Press, 1956), 262-86; Hans Boersma, *Scripture as Real Presence: Sacramental Exegesis in the Early Church* (Grand Rapids: Baker Academic, 2017), 288-90.

말한 예수의 약속이 성취된 것으로 여긴다.[80] 팔라마스는 이 권능이 성령의 권능이며 그것은 오직 "주님과 함께 선 자들, 그분에 대한 믿음 안에 세워진 자들, 즉 베드로와 야고보와 요한 같은 사람들"을 위한 것이다.[81] 그러므로 팔라마스에 따르면 변용의 빛이 평범한 (창조된) 빛이 될 수 없는 한 가지 분명한 이유는 하나님 나라—바로 그것이 변용이다—가 평범한 빛을 갖고 있지 않기 때문이다. "평범한 빛이 어떻게 성부와 성령의 영광과 나라가 될 수 있겠는가? 오는 시대에, 즉 공기와 빛과 장소 혹은 그런 종류의 어떤 것도 필요하지 않고, 사도에 따르면 하나님이 우리를 위해 모든 것이 되시는 때에(참조. 고전 15:28) 그리스도가 어떻게 그런 종류의 영광과 나라를 입고 오실 수 있겠는가? 분명히 만약 그분이 우리를 위해 모든 것이 되신다면, 그분은 또한 우리의 빛이 되실 것이다."[82] 코리 헤이스(Cory Hayes)는 팔라마스에게 변용은 "그리스도의 재림과 만유가 회복되는 모든 형식과 내용에 대한 기대이자 모델이었다"고 옳게 말한다.[83] 팔라마스는 변용과 관련해 놀랍게도 종말을 인식했다. 제자들이 산 위에서 본 빛은 종말론적 하나님 나라를 그들의 실제 삶의 경험의 일부로 만들었다. 하나님 나라는 실제로 다볼산에 임했다.

팔라마스가 하나님 나라의 종말론적 성격에 가한 유일한 제한은 변용 사건에서 그것이 아직 **충분하게** 나타나지 않았다는 점이다. 초막 셋을 세우게 해달라고 요청하는 베드로는 자기가 무슨 말을 하는지 알지

---

80   *Hom.* 34.7.
81   *Hom.* 34.7.
82   *Hom.* 34.15.
83   Heyes는 변용과 종말의 차이를 다음과 같이 요약한다. "팔라마스에게 있어 변용에서 현재 나타난 하나님 나라와 '다가올 현현'의 하나님 나라 사이의 차이는 정도('덜' 대 '더'의 문제)와 방식('부분'과 '전체'의 문제)의 차이이다"(*"Deus in se et Deus pro nobis,"* 32).

못했다(참조. 막 9:6). 팔라마스는 다음과 같이 말한다. "모든 것이 회복될 시간은 아직 오지 않았다. 그러나 그런 시간이 올 때도 우리에게는 손으로 만든 초막이 필요하지 않을 것이다."[84] 팔라마스에게는 비록 제자들이 참으로 영광의 종말론적 빛에 참여했다고 할지라도 이 창조되지 않은 빛에 대한 그들의 참여는 재림 이후에 깊어질 것이다.[85] 더 나아가 팔라마스는 아퀴나스와 달리 신적 본질이 인간의 범위를 넘어서 영원히 남아 있다고 확신했기에 그는 또한 영원한 진보(*epektasis*)라는 개념을 고수했다. 창조되지 않은 빛에 대한 성도의 참여는 영원토록 진행될 것이다.[86] 팔라마스는 다음과 같이 말한다. 직관을 경험하는 자는 "언제나 추가적인 진보(ἐπὶ τὰ πρόσω)로 나아가고 훨씬 더 눈부신 관조를 경험한다. 그때 그는 이 직관이 무한한 것은 그것이 무한하신 분에 대한 직관**이고** 또한 자기가 그 광채의 한계를 보지 못하기 때문임을 이해한다. 하지만 무엇보다도 그는 빛을 받는 자신의 능력이 얼마나 미약한지 안다."[87] 하나님의 무한성은 비록 변용 사건에서 제자들이 참으로 종말론적 빛을 보았고 또한 (오늘날 많은 성도가 그렇게 하듯이) 참으로 하나님의 활동에 참여했다고 할지라도 그들이 신처럼 되는 일에서나 하나님에 대한 참여에서 영원히 추가적인 진보를 이루리라는 것을 의미한다.

여러 가지 점에서 아퀴나스와 팔라마스의 접근법은 유사하다. 두 사

---

84   *Home.* 35.9. Cf. Hayes, "*Deus in se et Deus pro nobis*," 33.

85   Hayes, "*Deus in se et Deus pro nobis*," 31.

86   영원한 진보(*epektasis*)에 대한 팔라마스의 개념은 3장 "『모세의 생애』: 지속적인 욕구로서의 직관" 부분에서 논의된 그것에 대한 니사의 그레고리오스의 이해와 비슷하다.

87   *Triads* 1.3.22. Cf. 2.3.35. "이런 관조에는 시작이 있다. 그리고 이 시작부터 다소 어둡거나 분명한 무언가가 뒤따른다. 그러나 그것의 진보(πρόοδος)는 계시의 환희가 그러하듯 무한하기에 거기에는 끝이 없다.

람은 모두 변용을 종말론적 하나님 나라에 대한 선견(proleptic anticipation)으로 보았다. 두 사람은 모두 하나님 나라가 변화산 위에 참으로 계시되었고 참으로 임재했다고 확신했다. 그리고 그 결과 그들은 모두 그리스도의 변화된 몸의 투명성과 빛을 종말의 영광의 임재로 여겼다. 두 신학자가 모두 제기한 제한들 역시 비슷했다. 아퀴나스에 따르면, 변용의 영광은 일시적이었고 부활체의 영광보다는 덜 완벽했다. 팔라마스가 보기에 하나님 나라의 온전함은 아직 이르지 않았고 다볼산에서 제자들이 빛을 본 것은 그들이 하나님의 삶 속으로 영원히 진보하면서 영원히 심화될 경험이었다.

한편 나로서는, 아퀴나스의 경우에는 제자들이 변용에서 종말론적인 하나님 나라에 **어떻게** 참여했는지를 설명하는 것이 팔라마스의 경우에서처럼 쉽지 않았던 것으로 보인다. 팔라마스는 변용에 대한 직관과 부활 이후의 지복직관을 하나의 연속체로 여겼다. 왜냐하면 지금과 내세 모두에서 신자들은 신적 활동에 참여하기 때문이다(비록 그들이 오는 세대에 훨씬 더 강렬하게 그렇게 할 것이지만 말이다). 제자들이 이런 활동을 공유할 수 있는 것은 그들의 지성뿐 아니라 육체의 눈도 그리스도의 영광의 종말론적 실재와 어울리도록 변화 혹은 변용되었기 때문이다. 대조적으로 아퀴나스는 제자들이 (간접적으로 위격적 연합과 신적 본질에 대한 그리스도 자신의 지복직관을 통해) 그리스도의 신성한 본성의 영광을 보았다고 주장하면서도, 다른 한편으로 그는 제자들이 이 빛을 육체적인 방식으로, 즉 평범한 육체의 눈으로도 보았다고 주장했다. 즉 아퀴나스가 보기에 제자들은 감각과 지성의 변화를 경험하지 않았다. 아퀴나스는 제자들이 어떻게 평범한 물리적인 방식으로 영광의 투명함을 볼 수 있었는지를 분명하게 밝히지 않는다. 따라서 우리로서는 그레고리오스 팔라마스가 어떤 면에서 토마스 아퀴나스에게 부족한 일관된 접근법을 보인다고 결론짓는 것이 타당하다.

기독교 영성과 지복직관

특별히 아퀴나스와 팔라마스를 서로에게서 갈라놓는 것은 변용의 **영성**이다. 성 토마스는 변용의 기능을 주로 역사적 맥락에서 제자들을 위한 격려라고 보았다. 그는 『신학대전』에서 다음과 같이 주장한다. "우리의 주님은 제자들에게 자신의 수난에 대해 미리 말씀하신 후에 그들에게 자신의 수난의 길을 따르라고 권면하셨다(마 16:21-24). 이제 누구든 똑바로 길을 가려면, 그는 종말에 대한 얼마간의 지식을 가져야 한다. 이를테면 궁수는 먼저 목표물을 보아야 활을 쏠 수 있다."[88] 아퀴나스에게 변용의 목적은 제자들을—그리고 아마도 훗날의 그리스도인들을—순교를 위해 준비시키는 것이었다. 실제로 애런 캔티(Aaron Canty)는 다음과 같이 말한다. "영광의 **현현으로서** 변모는 그들[제자들]이 그들의 무시무시한 순교를 넘어서 그 너머에 있는 하나님 나라의 온전함을 볼 수 있도록 그들의 지상 체류 기간에 등대 역할을 한다."[89] 아퀴나스가 보기에, 종말론적 하나님 나라를 미리 맛본 제자들은 그들의 주님을 따라 수난과 죽음이라는 어려운 순례를 해나가도록 적절하게 준비가 되었다.

따라서 아퀴나스는 다볼산의 빛이 그리스도인들이 그들 자신의 믿

---

88   *ST* III, q. 45, a. 1.

89   Canty, *Light and Glory*, 228.

음의 여행에서 경험하기를 기대할 수 있는 그 무엇이라는 말을 하지 않는다. 아마도 그 이유는 그 천사 박사가 우리는 보는 것을 통해서가 아니라 믿음으로 산다(참조. 고후 5:7)는 것을 강조하는 경향이 있기 때문일 것이다. 우리는 이생에서는 은총의 빛(*lumen gratiae*)을 통해 그리고 내세에는 영광의 빛(*lumen gloriae*)을 통해 신성한 빛에 참여한다.[90] 아퀴나스에게 변모의 영광이 오늘 우리의 것일 수 있다고 말하는 것은 부활의 영광이 오늘 이미 우리의 것이라고 주장하는 것이 될 것이다. 마치 우리가 더는 순례의 길 위에 있지 않고 더는 믿음의 빛을 따라 살 필요가 없는 것처럼 말이다. 바로 그것이 아퀴나스가 변용을 종말에 대한 독특한 참여로 여기고 우리가 그 이야기를 우리의 삶에 전용하는 방식에 조심하기를 바라는 이유다. 역설적이게도 그가 변용 이야기를 오늘날의 여행자들(*viatores*)을 위한 변용의 영성으로 번역하지 못하게 하는 것은 변용에 대한 그의 성례전적 이해—종말의 실제적 임재에 대한 그의 지식—다. 아퀴나스에게 말씀의 영원한 빛은 실제로 제자들의 직관에 임재했다. 그리고 종말 역시 그들의 경험에 실제로 임재했다. 아퀴나스는 오늘날 평범한 신자들이 그런 경험을 기대할 수 있다고 믿지 않았다. 그가 보기에 변용의 경험은 종말의 화려함으로 가득 차 있기 때문에 우리가 감히 그

---

90   아퀴나스는 믿음의 대상이 보이는 그 무엇이 아니라는 것을 분명하게 밝힌다. 오히려 그는 "믿음은 믿어지는 것에 대한 지성의 동의를 의미한다"고 주장한다(*ST* II-II, q. 1, a. 4). 확실히 그는 "믿음의 빛은 우리가 자신이 믿는 것을 보게 한다"라고 덧붙인다(II-II, q. 1, a. 4). 그럼에도 은총의 빛(*lumen gratiae*)은 믿음과 이생과 상관이 있는 반면, 영광의 빛(*lumen gloriae*)은 지복직관과 내세와 상관이 있다. 따라서 아퀴나스에게 예수는 믿음을 갖고 있지 않았다. 왜냐하면 그는 늘 지복직관을 경험했기 때문이다(ST III, q. 9, a. 2). 또한 David L, Whidden, "The Theology of Light in Thomas Aquinas"(PhD diss., Southern Methodist University, 2011)를 보라.

것을 우리의 평범한 일상의 영성에 전용해서는 안 된다.[91]

아퀴나스가 모세와 바울 역시 하나님에 대한 독특한 직관을 경험했다(참조. 민 12:8; 고후 12:1-4)고 시인했음은 잘 알려져 있다. 실제로 아퀴나스가 이해한 바로는 그들은 하나님의 본질을 보고서 넋이 빠졌다.[92] 그들의 경험은—적어도 아퀴나스의 견해로는—변용보다 훨씬 더 영광스러웠다. 제자들은 육체의 눈으로 보았던 반면, 모세와 바울은 삼층천으로 붙들려 올라가 영적 황홀경을 경험했다.[93] 제자들은 영혼의 투명함의 흘러넘침을 공유하는 몸을 보았던 반면, 모세와 바울은 하나님의 본질에 대한 직관을 경험했다. 그럼에도 아퀴나스에게 제자들의 직관과 모세와 바울의 직관 사이의 차이는 절대적이지 않았다. 양쪽 모두 신자의 경험에 종말이 임재하게 했다. 실제로 아퀴나스는 그 두 종류의 직관 모두를 묘사하면서 유사한 말을 사용한다.[94] 그는 두 종류의 경험 모두를 선택된 소수에게 국한시키는 경향이 있었다. 그러므로 그는 모세와 바울의 경험이 많은 사람에게 접근 가능하다는 것을 받아들이기를 거부했

---

91 Joot Van Rossum은 다음과 같이 옳게 말한다. "토마스 아퀴나스의 경우에 이 지상의 삶기간에 인간이 그렇게 실제적으로 변화할 가능성을 헤시카스트들이 경험한 것처럼 가정하는 것은 불가능하다. 왜냐하면 그에게 그런 일은 범신론을 의미할 것이기 때문이다"("Deification in Palamas and Aquinas," 380-81). 그러나 Van Rossum은 자신의 주장을 과장하면서 이렇게 덧붙인다. "토마스에게 신과 인간은 범신론적 신성화 개념을 방지하기 위해 깔끔하게 구별되어야 한다"(381). 신성화에 대한 아퀴나스의 가르침은 그가 Van Rossum이 인정할 준비가 되어 있는 것보다 팔라마스에게 더 가깝다는 것을 의미한다. 참조. n 36.

92 *ST* I, q. 12, a. 11; II-II, q. 175, a. 3.

93 *ST* II-II, q. 175, a. 4. 아퀴나스는 또한 바울이 삼층천으로 붙들려 올라간 것은 "육체적인 그 무엇에 대한 직관"이 아니었음을 아주 분명하게 밝힌다(II-II, q. 175, a. 3).

94 아퀴나스는 바울이 붙들려 올라갔던 것 역시 "일시적인 열정"(*passio transeuns*)이었고, 따라서 그는 습관적인 방식(*habitualiter*)으로 복을 받은 것이 아니라 단지 그 복됨의 행위(*actus*)를 경험했을 뿐이라고 설명한다.

기 때문에 변용의 영성을 발전시키는 것을 거부했다.

이 점에서 성 그레고리오스 팔라마스의 영성이 [아퀴나스의 영성과] 달랐다는 점은 정교한 설명이 거의 필요하지 않다. 그에게 변용 이야기는 본래 순교의 도상 위에 있던 제자들을 격려하는 역사적 사건이 아니었다. 오히려 그것은 무엇보다도 가치 있는 성도들이 창조되지 않은 부활의 빛을 공유할 수 있음을 예시하는 이야기였다.[95] 다시 말해, 팔라마스가 보기에 그 이야기는 우리가 예수 그리스도의 신성하게 하는 빛에 의해 변화되도록 고무한다. 그 결과 팔라마스는 변용 이야기에서 신자들의 경험으로 쉽게 옮겨간다.[96] 어느 지점에서 그는 수사학적인 질문을 던진다. 하나님의 아들이 자신을 우리의 본성과 연합시키시고 우리와 한 몸이 되셨는데, "그가 다볼산에서 제자들의 몸을 조명하셨을 때 어떻게 그가 그들의 영혼을 비추시면서 우리 안에 있는 그의 몸의 신적인 광선과 가치 있게 교감하지 않으실 수 있겠는가? 변용의 날에 은총의 빛의 근원인 그분의 몸은 아직 우리의 몸과 연합하지 않았다. 그 몸은 가치 있게 그것에 접근한 사람들에게 밖에서(ἔξωθεν) 빛을 비췄다. 그러나 이제 그것은 우리와 섞이고 우리 안에 있기에 그것은 안에서(ἔνδοθεν) 영혼에게 빛을 비춘다."[97] 팔라마스에 따르면, 제자들의 경험과 우리의 경험 사이의 유일한 차이는 제자들에게 빛이 외부에서 왔다면 우리에게

---

95   팔라마스의 경우에 그리스도인들이 변용의 빛을 공유할 수 있는 방식은 이 장의 논의의 범위를 넘어선다. 여기서는 그의 저작들이 자주 기도와 순종 모두를 강조한다고 말하는 것으로 충분할 것이다.

96   참조. A. N. Williams가 한 말을 참조하라. "[팔라마스에게] 변용은 역사적 사건으로서뿐 아니라 인간이 하나님을 만나는 방식에서의 극적인 변화를 선언하는 사건으로도 이해된다"(The Ground of Union, 112; cf. 173).

97   Triads 1.3.38. 참조. Meyendorff, Study of Gregory Palamas, 151.

빛은 안에서 온다는 것뿐이다. 하나이고 동일한 빛(위격적 연합의 결과)이 그 세 제자를 신성화시켰고 훗날의 신자들을 조명한다.[98] 코리 헤이스가 말하듯이 "다볼산에서 제자들이 형언할 수 없는 신성의 빛을 보게 했던 은총은 [하나의] 고립된 사건이 아니라 하나님에 대한 직관이 그리스도 인의 신비적인 경험의 필수적 일부라는 성서의 증거로서 구원사 속에서 나타난 하나의 표식 역할을 한다. 변용은 신비로운 경험과 신성화에 의해 점점 더 하나님처럼 되어가는 사람의 기독교적 삶의 본질에 대한 패러다임이다."[99] 팔라마스에게 다볼산에서 있었던 제자들의 직관은 참된 변용의 영성의 기준점 역할을 한다.

그 결과는 신앙과 직관 사이의 선이 아퀴나스보다는 팔라마스에게 서 훨씬 더 유동적이 되었다는 것이다. 팔라마스 자신이 사용하지 않았 던 용어를 사용해 말하자면, 우리는 그에게 지복직관은 오늘 이미 시작 된다고 말할 수 있을 것이다. 그리스도가 성령을 통해 오늘 이미 우리 안 에 내주하시기 때문에 우리는 이미 감각과 지성을 초월하는 빛을 경험 할 수 있다. 따라서 지복직관은 그리스도가 자신의 성도들에게 나타나 실 때마다 현실이 된다. 그것이 구약의 신현들이든, 복음서가 전하는 변 모든, 혹은 종말에 있을 그리스도에 대한 최종적 직관이든 말이다. 그러 므로 변용에 대한 팔라마스의 신학의 특징을 이루는 성례전적 견해는

---

98 참조. *Triads* 1.3.43. "신성한 빛이, 그것이 사도들이 다볼산에서 보았던 것이든 혹은 정 화된 영들이 지금 보는 것이든, 혹은 다가오는 영원한 복됨의 현실의 것이든 간에 늘 하 나이고 동일하다(ἐν καὶ τὸ αὐτό)는 것은 분명하지 않은가? 바로 그것이 카이사레아의 바실레이오스(the great Basil)가 우리 주님이 변모하실 때 다볼산을 비추었던 빛을 재 림 때 나타날 그리스도의 영광의 전주곡이라고 불렀던 이유다." 번역문은 Meyendorff, *Study of Gregory Palamas*, 194에서 가져왔다.

99 Hayes, "*Deus in se et Deus pro nobis*," 39.

또한 그리스도인의 삶에 대한 그의 이해를 형성했다.

팔라마스가 보기에 하나님이 자신을 눈에 보이도록 드러내실 때마다 그분은 또한 예수 그리스도 안에서 그렇게 하신다. 이것은 지복직관이 단지 오늘 이미 실제적 의미에서 시작될 뿐 아니라 또한 철저하게 그리스도 중심적이라는 점을 의미한다. 헤이스가 옳게 지적하듯이 팔라마스에게 변용은 "구원의 경륜 안에 있는 모든 앞선 신현들의 성취이자 원인이다."[100] 따라서 구약의 신현들은 변용의 패턴을 따랐고 그런 것으로서 그것들은 이미 히니님의 영원한 아들에 대한 계시였다. 팔라마스는 신현의 이런 기독론적 특성이 내세에까지 계속된다고, 따라서 지복직관 자체의 특징을 이룬다고 보았다. 헤이스는 다음과 같이 말한다. "변용은 구약의 신현들이 가리키는 **것을 향하는데** 그것은 종말의 신현이 변용이 가리키는 **것을 향하기** 때문이다."[101] 다시 말해 팔라마스에게 종말론적 지복직관은 성격상 신현적인 것이 될 것이다. 우리는 위격적 연합 안에 계신 예수 그리스도를 봄으로써 하나님이 우리가 그분의 신적 활동에 참여할 수 있게 하시는 정도까지 하나님을 보게 될 것이다.[102]

아퀴나스와 팔라마스의 이런 차이들은 지복직관에 대한 서로 다른 이해로 이어진다. 그리고 내가 보기에 그것은 지복직관에 대한 아퀴나스의 신학이 드러내는 기독론적 부족함을 드러낸다. 물론 이 마지막 요점에 대해 모든 이가 동의하지는 않을 것이다. 최근에 사이먼 게인(Simon Gaine)은 만약 아퀴나스가 『신학대전』의 세 번째 부분을 마칠 수 있었더

---

100   Hayes, "*Deus in se et Deus pro nobis*," 151.
101   Hayes, "*Deus in se et Deus pro nobis*," 151.
102   참조. Meyendorff, *Study of Gregory Palamas*, 177-84; Williams, *The Ground of Union*, 116-19.

라면, 지복직관에 관한 그의 논의는 제3부의 초점이 기독론인 한, 성격상 기독론적인 것이 되었을 것이라고 주장했다.[103] 게인은 아퀴나스가 종말에 그리스도의 인성은 더 이상 인간과 하나님의 접촉을 위한 매개체가 되지 않을 것이라고 주장한다는 점을 인정한다. 그러나 게인에 따르면 이것은 아퀴나스 신학에서 지복직관의 그리스도 중심적 특성을 손상시키지 않는다. 게인은 결국 아퀴나스에게 하나님의 본질에 대한 직관에는 지식의 부차적 대상으로서 그리스도의 인성의 구원하는 역할이 포함된다고 주장한다.[104]

더 나아가 게인은 비록 아퀴나스가 그리스도를 우리가 그를 통해 하나님을 보는 매개체로 보지는 않았으나, 그는 그리스도를 우리가 그곳으로부터 직접 하나님의 본질을 볼 수 있는 "장소"로 여겼다고 주장한다. 따라서 비록 그리스도의 인성이 더는 직관의 **수단**이 되지는 않을 것이지만, 머리와 지체들 사이의 연합은 우리가 하나님의 본질을 보는 일이 그럼에도 **그리스도 안에서**라는 것을 의미한다. 게인은 다음과 같이 쓴다. "요점은 이 영광의 빛이 은혜처럼 머리에 의해 몸의 지체들에게 중재되고 성도들의 영광의 빛이 머리가 누리는 영광의 빛에 대한 참여라는 것이다. 다시 말해 성도의 지복직관은 그리스도 자신의 지복직관에 대한 참여다."[105] 게인은 아퀴나스가 보기에 그리스도는 영광의 빛을 누린다고 옳게 주장한다. (사실 아퀴나스에 따르면, 그리스도는 수태의 순간부터 이 지복직관을 경험했다.)[106] 아퀴나스가 (우리의 구원의 가장 적절한 수단으로

---

103   Simon Francis Gaine, "Thomas Aquinas and John Owen on the Beatific Vision: A Reply to Suzanne McDonald," *NB* 97 (2016): 434–35.

104   Gaine, "Thomas Aquinas and John Owen," 436.

105   Gaine, "Thomas Aquinas and John Owen," 439.

106   Gaine은 *ST* III, q. 9, a. 2에 옳게 호소한다. 비록 여기서 아퀴나스가 그리스도가 성육신

서) 성육신이 얼마간 필요하다고 주장하는 것 역시 사실이다. 왜냐하면 그리스도가 우리의 인성을 취하심으로 말미암아 우리가 하나님의 본성을 공유할 수 있기 때문이다.[107] 그러나 아퀴나스는 **우리가 그리스도의** 지복직관에 참여함으로써 지복직관을 경험한다고 제안하지 **않는다**. 분명히 그런 견해는 아퀴나스의 전체적인 입장과 일치할 수도 있다. 하지만 그는 어느 곳에서도 그것에 대해 상술하지 않는다. 그리고 이것이 그의 실제 입장이었다면, 그는 지복직관 일반과 그리스도 자신의 지복직관 모두에 관한 자신의 상대적으로 많은 저술 중 어느 지점에서 그것에 대해 분명하게 언급했을 것이다.

그러나 아퀴나스가 성도가 그들의 지복직관을 경험하는 것은 그리스도의 지복직관에 참여함으로써라고 **실제로** 믿었다고 가정해보자. 그런 견해는 매우 기독론적인 것이 되겠지만, 그것은 여전히 그레고리오스 팔라마스의 견해와 아주 동일하지는 않다. 팔라마스에게 있어 우리가 그리스도의 신성을 보는 것은 초감각적이고 초지성적인 방식으로 그의 인성, 즉 그의 몸과 영혼을 보는 것을 통해서다. (그리스도가 지복직관을 경험한다는 개념은 팔라마스의 성찰의 범위를 넘어선다.) 다시 말해, 성도들이 그리스도의 인간적 본성의 빛을 볼 수 있게 되는 것은 눈과 지성 모두의 변화를 통해서다. 그리고 또한 그들이 그의 신적 본성을 보는 것은 그의 인간적 본성에 대한 그들의 직관을 통해서다. 다시 말해 팔라마스에게 있어 지복직관은 성격상 신현적이다. 본질과 활동에 대한 그의 구분

의 순간부터 경험한 지복직관에 대해 말하기는 하지만 말이다. 아퀴나스는 여기서 종말을 특별하게 다루지 않는다.

107 Gaine은 *ST* III, q. 1. a. 2을 언급하는데, 나는 그가 우리는 성육신을 통해 그리스도의 신성에 참여한다는 아퀴나스의 개념을 염두에 두고 있다고 추측한다.

은 우리가 하나님의 본질을 **결코** 보지 못하리라는 것을 의미한다. 우리는 늘 신성화된 그리스도만 보게 될 것이다. 그리고 우리가 그를 볼 수 있는 한 하나님을 보는 것은 우리의 변화된 눈과 지성으로 그의 몸과 영혼을 보는 것을 통해서다. 비록 아퀴나스가 성도들이 그리스도의 지복직관에 참여함으로써 하나님을 본다고 주장하기는 했으나, 여전히 그것은 그가 또한 우리가 종말에 하나님을 보는 것이 **그리스도에 대한 우리의 직관을 통해서**라고 믿었다는 것을 의미하지는 않는다. 아퀴나스에게 있어 하나님의 계시의 신현적 특성은 하나님의 본질에 대한 직관을 위한 길을 만든다. 팔라마스에게 있어 하나님의 계시의 신현적 특성은 변용에서, 즉 **성육신한 그리스도의 영광에 대한 직관**에서 절정에 이른다. 팔라마스파의 관점에서 보자면, 토마스주의적 입장은 불충분한 기독론으로 간주될 수 있을 뿐이다. 아퀴나스에게 지복직관은 그리스도에 대한 직관이 아니라 하나님의 본질에 대한 직관이다.

결론

변용에 대한 아퀴나스와 팔라마스의 해석의 유사성은 사소한 것이 아니다. 우리가 그 두 해석에서 다소간 서로 다른 영적 신학이 작용하고 있음을 알아차린다면 우리는 그런 유사성을 별 것 아닌 것으로 무시할 수 없다. 확실히 아퀴나스와 팔라마스가 모두 변용을 성례전적으로 읽었다는 것은 아주 중요하다. 두 사람은 모두 다볼산에 영광의 신적 투명성이 실제로 임재했다고 주장하기 위해서 위격적 연합에 관한 교부들의 합의에 주목했다. 그들의 확신에 따르면 그리스도의 몸이 투명해진 것은 단지 빛이 한순간에 기적으로 바뀐 것이 아니었다. 두 사람 모두에게 그 빛은 외부가 아니라 내부에서 왔고, 그런 것으로 그것은 그리스도의 신성에 대한 과시였다. (우리가 보았듯이 그 두 신학자는 제자들이 신성한 빛을 볼 수 있었던 것에 대해 서로 다른 이유를 제시한다.) 그럼에도 그들이 변용의 빛에 대한 신학적 토대로서 위격적 연합에 공동으로 몰두하는 것은 중요하다. 그들 중 아무도 변용을 단순히 상징적인 것으로 혹은 외부에서 발생하는 어떤 우발적인 변화로 다루지 않는다. 아퀴나스와 팔라마스 두 사람 모두 변용에서 신성이 인간적 형태로 임재한 것을 인식할 수 있었다.

더 나아가 아퀴나스와 팔라마스가 변용은 종말론적 하나님 나라에 대한 담보물―초기의 실현―이었다고 주장했을 때, 그들은 그 나라가 제자들의 눈에 성례전적으로 임재했음을 암시했다. 다시 말하지만, 이것은 그 두 접근법이 동일하다는 뜻이 아니다. 아퀴나스는 제자들이 그리스도의 변화한 몸을 본 것을 지복직관의 영광과 구별하면서 전자는 단지 일시적인 열정이었을 뿐이고 그 빛은 종말론적인 영광의 투명함과 화려함의 측면에서만 유사할 뿐이라고 설명한다. 팔라마스는 변용의 빛과 우리가 미래에 신성한 빛을 공유하는 것의 차이를 다루면서 영원한 진보(*epektasis*)라는 개념에 호소한다. 그리스도 안에서 하나님의 신현적 출현에 대한 우리의 직관은 영원히 진보하므로 그것은 내세에서 더욱 깊어질 것이다. 그 두 신학자 사이의 이런 차이에도 불구하고 나로서는 그 두 사람 모두가 종말이 우리의 시간과 공간 안으로 실제로 틈입할 수 있으며 다볼산에서 제자들에게 그런 일이 일어났다고 주장했다는 사실이 아주 중요해 보인다. 그들이 미래가 지금 이곳에 실제로 임재할 가능성을 주장했기 때문에 그 두 신학자는 모두 메이엔도르프가 발람의 "유명론적" 관점, 즉 변용에 대한 순전히 상징적 이해―그 견해에서 다볼산은 해석학적으로 하늘과 미래의 영광으로부터 봉인된 채 남아 있다—라고 부르는 것을 거부했다. 아퀴나스와 팔라마스는 모두 시간에 대한 근대적이고 엄격하게 연대기적인 관점에 대해 건강한 해독제를 제공한다.

여전히 우리는 그 둘 사이의 차이를 무시해서는 안 된다. 내가 이해하는 바 주된 차이는 그 두 신학자가 신현 자체에 대한 자신들의 견해를 표현하는 방식이 아니다(비록 우리가 보았듯이 어느 면에서 팔라마스가 변용 이야기에 대해 보다 강고한 성례전적 읽기를 고수하고는 있지만 말이다). 가장 중요한 차이는 동시대의 기독교적 영성이라는 측면에서 변용 이야기가 기능하는 것과 상관이 있다. 아퀴나스는 그리스도가 제자들(그리고 훗날의 독자들)을 순교의 길을 위해 준비시키는 것에 주석의 초점을 맞춤으로써 변용에 대한 제자들의 경험이 우리가 반복을 기대해서는 안 되는 단발성 사건이었다고 암시하는 것처럼 보인다. 그는 변용에 대한 자신의 성례전적 이해를 동시대의 신자들의 영적 삶으로까지 확대시키지 않았다. 그리고 우리가 그 천사 박사 안에서 훗날의 자연과 초자연의 구분의 조짐을 볼 수 있는 것은 바로 이 지점에서다.

대조적으로, 팔라마스에게 변용은 성화와 신성화에 대한 그의 이해의 핵심에 놓여 있다. 우리가 변용의 신현에 참여하는 것은 우리가 하나님의 삶 안으로 보다 깊이 들어가 그리스도의 영광을 볼 때다. 다시 말해 팔라마스는 동시대의 그리스도인들이 그들의 세상에서의 순례 기간에 이미 변용의 신성하고 종말론적인 빛에 참여하리라는, 그리고 그로 인해 오늘날 그리스도의 지복직관의 실제적 현존을 경험하리라는 전망을 열어놓았다.

6장

신비로운 연합과 직관

신신학자 시므온과 십자가의 요한

빛과 어둠의 신학

신신학자 성 시므온(Saint Symeon the New Theologian, 949-1022)은 빛의 신학자로 알려져 있다. 그는 신성한 빛에 대한 자신의 개인적 직관에 대해 이야기하는 것을 즐겼다. 대조적으로 십자가의 성 요한(Saint John of the Cross, 1542-1591)은 영혼의 어두운 밤에 대해 말했다. 아무것도 아닌 상태가 된 그는 자신의 욕구의 대상을 보지 못했다. 기본적인 단계에서 이 두 신비가들에 의해 대표되는 두 가지 형태의 영성은 서로 양립할 수 없는 것처럼 보일 수 있다. 예컨대 이것은 블라디미르 로스키(Vladimir Lossky)가 십자가의 요한에 대한 자신의 숙고에서 이끌어낸 결론이었다. "동방 교회의 영성에서 무미건조함, 즉 영혼의 어두운 밤의 상태는 서방에서와 동일한 것을 의미하지 않는다. 하나님과의 점점 더 긴밀한 연합안으로 들어가는 사람은 빛 바깥에 머물 수 없다. 만약 그가 자신이 어둠 속에서 거꾸러져 있음을 발견한다면, 그것은 그의 본성이 죄에 의해 어두워졌거나 아니면 하나님이 그의 열정을 증진시키기 위해 그를 시험하고 계시기 때문이다."[1] 신교부적 종합을 이루겠다는 로스키의 신학적 프로젝트가 언제나 서방의 교리와 영성에 대해 우호적인 것은 아니었다.[2] 십자가의 요한에 대한 최근의 동방 교회의 해석은 그 가르멜회 수도사의 영성에 관해 훨씬 더 긍정적이었다. 하지만 그 과정에서 그들은 요한에 대한 로스키의 해석을 (때때로 아주 날카롭게) 비판했다.[3] 요한의 신학에 대한 이런 재평가는 동방과 서방 사이의 화해라는 중요한 관심사에 기여하는데, 나는 그것에 깊이 공감한다.

이 장에서 나는 시므온이 제기한 빛의 신학과 요한이 제기한 어둠의 신학의 양립 가능성에 대해 논할 것이다. 그 두 사람에 대한 나의 읽기는 나로 하여금 비록 그들이 유사한 관심사를 공유하고 있으나 우리가 그들 사이의 차이를 무시해서는 안 된다는 결론에 이르게 했다. 시므온이 빛의 신학자로, 그리고 요한이 어둠의 신학자로 알려진 것은 충분한 이유가 있어서다. 실제로 나는 이런 차이가 동방과 서방의 더 넓은 신학적 차이를 표면화한다고 생각하지 않을 수 없다. 요한이 제시한 십자

1   Vladimir Lossky, *The Mystical Theology of the Eastern Church* (1957; reprint, Cambridge: Clarke, 2005), 225. Lossky는 계속해서 신신학자 시므온의 말을 길게 인용한다. 그 후에 그는 다음과 같이 결론짓는다. "두 가지 서로 다른 교리적 개념은 두 가지 서로 다른 경험, 즉 서로 거의 닮지 않은 성화의 두 가지 방식에 해당한다"(226).

2   Aristotle Papanikolaou, "Personhood and Its Exponents in Twentieth-Century Orthodox Theology," in *The Cambridge Companion to Orthodox Christian Theology*, ed. Mary B. Cunningham and Elizabeth Theokritoff (Cambridge: Cambridge University Press, 2008), 232-45을 보라.

3   Andrew Louth, "Patristic Mysticism and St. John of the Cross," in *The Origins of the Christian Mystical Tradition: From Plato to Denys* (Oxford: Oxford University Press, 1981), 179-90; 그리고 David Bentley Hart, "The Bright Morning of the Soul: John of the Cross on Theosis," *ProEccl* 12 (2003): 324-44.

가의 어둠은 자연과 초자연 사이의 괴리와 신비로운 연합과 지복직관 사이의 괴리에 근거한다. 결과적으로 그는 오늘날 우리의 삶 속에 종말론적인 하나님 나라가 실제로 임재하는 것을 인정하는 데 어려움을 겪는다. 시므온의 접근법에 들어 있는 몇 가지 문제들에도 불구하고, 시므온이 이생에서의 직관과 내세에서의 직관 사이의 연속성을 근본적으로 강조하는 것은 요한이 이생에서의 신비로운 연합과 내세에서의 지복직관을 날카롭게 구별하는 것보다 지복직관을 이해하는 보다 성례전적인 방식을 제공한다.

나는 십자가의 요한이 오늘날 이미 우리가 지복직관의 은사를 예비적으로 맛본다는 것을 전혀 인정하지 않는다고 주장하지 않을 것이다. 영혼의 어두운 밤에 대한 그의 영성은 그런 일차원적인 결론을 허용하기에는 너무나 디오니시오스적(생몰연대가 확실치 않으나 6세기 초반에 활동한 것으로 보이는 디오니시오스[Dionysius]는 위[僞] 디오니시오스[Pseudo-Dionysius] 혹은 디오니시오스 아레오파기타[Dionysius Areopagita]라고도 불리며 신플라톤주의의 영향을 많이 받은 인물이다—역자 주)이다. 그리고 따라서 성격상 너무나 모순적이다. 그럼에도 우리로서는 요한이 십자가가 요구하는 포기를 강조하는 반면, 시므온은 부활의 새로운 삶을 강조한다고 말하는 것이 적절하다. 나는 어떤 식으로도 동방과 서방 사이의 신학적 충돌을 재점화할 생각이 없다. 그럼에도 우리는 시므온과 요한이 여러 면에서 각각 동방과 서방의 신학적 강조점들을 대표한다는 것을 인식할 필요가 있다. 실제로 아마도 시므온이 요한의 접근법에 어떤 교정책을 제공한다는 서방의 인식은 그 자체로 일종의 에큐메니컬적 개방을 제시할 수도 있다.

아래의 논의에서 나는 먼저 시므온의 빛의 신학과 요한의 어둠의 신학을 아주 간단하게 소개할 것이다. 나로서는 두 사람 중 어느 신학자든 그들의 모든 작품을 공정하게 다룰 수는 없기에 나는 특히 시므온의 『교리문답 강화』(*Catechetical Discourse*[거기서 그는 빛에 대한 자신의 개인적 직관에 관해 말한다])의 몇 구절과 요한의 『갈멜산에 오름』(*Ascent of Mount Carmel*[거기서 그는 특별히 영혼의 어두운 밤에 초점을 맞춘다])의 몇 구절에 집중하는 쪽을 택했다.[4] 그 후에 그들의 사상을 비교 분석할 것인데, 나는 그것을 통해 몇 가지 중요한 유사성에도 불구하고 요한의 신학이 자연과 초자연 사이, 그리고 신비로운 연합과 지복직관 사이의 성례전적 연관성을 적절하게 인식하는 데 실패한다는 결론을 내릴 것이다.

시므온의 빛에 대한 환상들

신신학자 시므온은 자신의 접근법에서 아주 직접적이고 경험적이다. 그는 빛에 대한 자신의 개인적 환상들에 대해 얼마간 길게 이야기하고 그런 사건들을 둘러싼 영적이고 정서적인 경험들에 대해 상세하게 설명한다. 조지 말로니(George Maloney)는 "시므온 이전의 그 어떤 그리스도인 저자도, 심지어 성 아우구스티누스조차도 시므온만큼 독자 청중에게 예수 그리스도와 내주하시는 삼위일체에 대한 자신의 내적 경험을 열어 보이지 않았다"라고 쓴다.[5] 감정적이고 개인적인 문체가 시므온의 작품

---

4   또한 나는 이 두 신학자에 대한 일방적인 그림을 피할 필요가 있는 곳에서 그들의 다른 작품 중 몇 가지로부터 나온 자료들을 분석했다.

5   George Maloney, introduction to *The Discourses*, by Symeon the New Theologian, trans. C. J. de Catanzaro (Mahwah, NJ: Paulist, 1980), 13. 참조. Robert Penkett의 말. "동방정교회의 작가들 중 자전적 스타일에서 서방의 아우구스티누스(354-430)에게 그보

의 특징을 이룬다. 그리고 그 결과 아주 뚜렷한 그림이 나타나는데, 그것은 단지 그가 빛의 신학을 **이해한** 방식에서뿐 아니라 그가 그 빛을 **경험한** 방식에서도 그러하다.

시므온이 자신의 주관적인 영적 경험에 쏟았던 명백한 관심이 그에게 굉장한 슬픔을 야기했다. 그런 경험에 관심을 집중하고 그것들이 다른 이들에게도 규범적이라고 주장함으로써 시므온은 성 마마스 수도원의 수도사들 사이에서 반발을 샀다. 그 수도사들은 그의 지도력에 반기를 들었다(995-998).[6] 그 갈등의 흔적들이 시므온이 성 마마스 수도원의 수도원장이었을 때 쓴 『교리문답 강화』에서 나타난다. 교회의 교부 중 아무도 그처럼 오만한 주장을 하지 않았다는 고발에 직면한 그 수도원장은 그에 대해 다음과 같이 비난한다. "이런, 당신들은 자신을 속이고 있습니다! 오히려 사도들과 교부들은 나의 말에 부합하는 것들을 말했고 심지어 그보다 더한 말을 했습니다.…우리가 진리를 말함으로써 그것을 밝히면, 사람들은 즉각 우리가 오만하다고 비난하고 거룩한 사도들이 말한 것을 무시합니다. 그들은 무엇이라고 말했던가요? '우리가 그리스도의 마음을 가졌느니라'(고전 2:16)라고 했습니다. 나는 그들에게 묻습니다. 당신들의 판단에는 이것이 지나친 오만함인가요?"[7] 시므온의

다 더 가까운 이는 없고, 작가 자신이 보고 경험한 것에 대한 영적이고 신학적인 성찰의 풍부함이라는 측면에서 아우구스티누스의 『고백록』에 그의 작품보다 더 가까운 다른 작품도 없다"("Symeon the New Theologian's Visions of the Godhead," *Phronema* 15 [2000]: 99).

6 Niketas Stethatos, *The Life of Saint Symeon the New Theologian*, trans. Richard P. H. Greenfield, Dumbarton Oaks Medieval Library 20 (Cambridge, MA: Harvard University Press, 2013), chaps. 38-41(pp. 82-89)을 보라. 또한 Maloney, introduction to *The Discourses*, 9을 보라.

7 Symeon, Disciourses 34:7; 인용문은 Symeon the New Theologian, *The Discourses*, trans. C. J. de Catanzaro(New York: Paulis, 1980)에서 가져옴. 여기서는 352-53. 그리스

강력한 성격이 빛에 대한 환상을 경험했다는 그의 대담한 주장과 결합해 그의 수도원 공동체 안에서 날카로운 반대를 야기했다.

시므온은 자신의 반대자들에게 굴복할 수 없었다. 그가 평생에 걸쳐 본 환상은 너무 실제적이었을 뿐 아니라 그에게 그것들은 그 안에서 역사하는 성령에 대한―그리고 따라서 그가 그 수도원 공동체 안에서 정당한 권리로 갖고 있던 영적 권위에 대한―논쟁의 여지가 없는 증거이기도 했다.[8] 첫 번째 환상은 시므온이 스무 살쯤에 콘스탄티노플에 있는 황제의 궁정에서 일할 때 일어났다.[9] 시므온은 "게오르기오스"(George)라는 예명을 사용하면서 자신이 십 대 중반에 유명한 수도사

어 본문은 Symeon the New Theologian, *Catéchèses*, trans. Joseph Paramelle, ed. Basile Krivochéine, 3 vols., Sources Chrétiennes 96, 104, 113(Paris: Cerf, 1963-1965)을 참조했다.

8　John Anthony McGuckin은 환상들과 자신의 권위를 강화하려는 시므온의 시도 사이의 관계를 강조한다. "모든 자서전들처럼 그것 역시 주인공 자신에게 그의 삶에서 무슨 일이 일어나고 있었는지를 분명하게 알려주고 또한 독자들에게 지금 주인공이 예시한다고 주장하는 영적 권위에 대한 충성을 명령하기 위해 고안된 정교한 논증의 연결 고리 중 일부로서 그 이야기를 제시하는 이중의 역할을 한다"("The Luminous Vision in Eleventh-Century Byzantium: Interpreting the Biblical and Theological Paradigms of St. Symeon the New Theologian," in *Work and Worship at Theotokos Evergetis, 1050-1200: Papers of the Fourth Belfast Byzantine International Coloquium, Portaferry, Co, Down, 14-17 September 1995*, ed. Margaret Mullet and Anthony Kirby, Belfast Byzantine Texts and Translations 6. 2 [Belfast: Belfast Byzantine Enterprises, 1997], 122.)

9　나는 세 개의 구별된 환상들에 관한 전통적인 설명을 따른다. 이 연대기는 시므온의 추종자이자 전기작가인 Niketas Stethatos의 설명에 근거한다(그리고 그것은 George Maloney, introduction to *The Discourses*, 28-30과 Penkett, "Symeon the New Theologian's Visions of the Godhead"에 의해 채택된다). 그러나 나는 이것이 모든 면에서 정확하게 사건들의 연대적 순서를 포착한다고 주장하지 않는다. 『담론』에 등장하는 다양한 이야기가 환상적인 사건들을 어느 정도까지 융합하고 있는지를 추적하는 일은 불가능하다. 의심할 바 없이 McGuckin이 신현적 사건들에 대한 시므온의 설명은 "단순히 '그에게 일어난 일을 말한다'는 단순하고 순진한 의미에서 자전적인 것과는 거리가 멀다. 여기에 수사학적으로 훈련을 받은…그리고 자신의 기술과 지식(특별히 성서에 관한)을 사용해 자신의 종교적 자서전을 구성하는 과정에서 효과를 내는 사람이 있다"고 주장하는 것은 옳다("Luminious Vision," 121-22).

였던 스투디오스의 시므온(Symeon the Studite)을 만났는데 그 수도사가 자기에게 은둔자 마가(Mark the Hermit)가 쓴 책을 주었다고 전한다.[10] 그 결과 젊은 시므온은 성령의 역사를 경험하기를 바라면서 계명들을 신중하게 따르기 시작했다. 그는 "그분에 대한 사랑과 욕구 때문에 상처를 입었고" 매일 저녁 "탄식과 눈물로" 하나님의 어머니께 기도할 때 눈에 눈물이 그렁그렁한 채로 더욱 열렬히 기도하기 시작했다(22.3).

이처럼 열렬한 영적 기대 상태에서 시므온은 969년경에 처음으로 빛에 대한 환상을 경험했다.

어느 날 그가 일어서서 "하나님이여, 불쌍히 여기소서. 나는 죄인이로소이다"(눅 18:13)라고 입이 아니라 마음으로 말했을 때, 갑자기 신성한 광휘의 물결이 위로부터 나타나 온 방을 채웠다. 그 일이 일어났을 때, 그 젊은이는 [자기 주변에 대한] 모든 의식을 잃었고 자기가 어느 집에 있는지 혹은 어느 지붕 아래에 있는지를 잊었다. 그는 자기를 둘러싼 빛 외에는 아무것도 보지 못했고 자기가 땅 위에 서 있는 것인지조차 알지 못했다. 그는 넘어지는 것을 두려워하지 않았다. 그는 세상에 관심이 없었고 인간과 육체적 존재에 관한 어떤 것도 그의 마음에 들어오지 않았다. 오히려 그는 전적으로 비물질적인 빛 안에 있었고 스스로 빛으로 변한 것처럼 보였다. 세상 모든 것을 잊은 그는 눈물과 형언할 수 없는 기쁨과 즐거움으로 가득 찼다. 이어서 그의 마음은 위로 올라가 또 다른 빛을 보았다. 그것은 가까이 있는 것보다 더욱 분명했다. 놀라운 방식으로 그 빛 가까이 서 있던 그에게 우리가 말

---

10   Symeon, *Discourses* 22.2. 이후로 이 작품의 참조 번호는 본문의 괄호 안에 제시될 것이다.

했던 그 성인, 천사들과 동등한 노인이 나타났다. 그 노인이 그에게 계명과 책을 주었다.…환상이 끝나고 그 젊은이가―그가 나에게 말한 것처럼―정신을 차렸을 때 그는 기쁨과 놀라움으로 감격했다. 그는 눈물로 범벅이 되었고 눈물 뒤에 달콤함이 따라왔다. 마침내 그는 침대 위로 쓰러졌다(22.4).

시므온은 두 차례의 연속적인 단계로 빛을 본 것처럼 보인다. 처음에 그 빛은 방으로 쏟아져 들어왔고 그로 인해 그는 자기가 어디에 있는지에 대한 의식을 잃었다. 그 빛이 그를 변화시켰을 때(그는 "스스로 빛으로 변한 것처럼 보였다"), 그의 마음은 위로 올라갔고 또 다른 빛, 심지어 더 밝은 빛을 보았다. 그 빛 곁에 그가 아주 많이 존경했던 그의 영적 아버지인 스투디오스의 시므온이 서 있었다.[11] 그 후에 그 환상은 끝났고 시므온은 자기가 방금 경험한 것 때문에 기쁨의 눈물을 흘렸다.[12]

시므온은 그 후로도 7년간 궁정에 머물렀는데 그는 그 시절을 부정적으로 회고한다. "나는 나의 이전의 죄로 혹은 그보다 나쁜 죄로 빠져들었다"(35:6).[13] 그가 976년에 스투디오스 수도원에 들어갔을 때, 그는 곧 빛에 대한 두 번째 환상을 경험했다.[14] 그는 자기와 이름이 같은 노인과 그 도시에서 한나절을 보낸 후 그날 저녁에 수도원으로 돌아왔다. 시

---

11   스투디오스 시므온은 986년 혹은 987년 훨씬 이후에 죽었으므로 그 환상이 나타났을 때는 여전히 살아 있었다. 이것은 Symeon, *Discourses* 35.5에 실려 있는 유사한 설명을 이해하게 해준다.

12   시므온은 이 첫 번째 환상 경험을 *Hymn* 25(Symeon the New Theologian, *Hymns of Divine Love*, trans. and ed. George A. Maloney [Denville, NJ: Dimension, 1975], 135-38)에서도 언급하는 것처럼 보인다.

13   Cf. McGukin, "Luminous Vision," 109.

14   Niketas Stethatos는 16장에 나오는 환상을 별개의 사건으로 다루지만, John McGuckin은 그것이 36.11에서 이야기되는 마지막 환상과 같다고 여긴다("Luminous Vision," 115).

므온은 자신의 영적 아버지의 성화에 머뭇거리면서도 먹고 마셨다. 그는 자신이 어느 때보다도 "열정으로 불타오르고 있었다"고 말한다. "예리한 마음으로 나는 한순간에 나의 모든 죄를 떠올렸고 눈물을 쏟았다"(16.2). 비록 자신이 "무가치하다"고 확신했으나, 그는 하나님의 은총을 신뢰했고 자기 방으로 향했으며 그곳에서 삼성송(Trisagion)[15]을 암송하기 시작했다. 그러자 즉시 빛에 대한 환상이 뒤따랐다.

> 즉시 나는 크게 감동해 눈물을 흘렸고 하나님에 대한 사랑 어린 욕구로 가득 차 그때 내가 느꼈던 기쁨과 즐거움을 말로 표현할 수 없을 정도가 되었다. 나는 바닥에 엎드렸고, 즉시 큰 빛이 무형으로 나에게 비추면서 나의 온 마음과 영혼을 사로잡는 것을 보았다. 나는 예기치 못했던 경이로움으로 충격을 받았고, 이를테면 황홀경(ἐν ἐκστάσει)에 빠져들었다. 더 나아가 나는 내가 어디에 서 있는지, 내가 누구인지 잊었고 단지 "주님, 자비를 베푸소서"라고 외칠 수 있었을 뿐이다. 그래서 제 정신이 돌아왔을 때 나는 자신이 이것을 암송하고 있음을 발견했다(16.2).

시므온은 그때 자기가 몸 안에 있었는지 밖에 있었는지 알지 못했다고 고백하면서(참조. 고후 12:2) 자기가 그 빛과 대화를 나눴다고 보고한다. 그것은 그에게서 그의 사지를 "느릿느릿하게 감각이 없도록" 만들었던 "모든 물질적 밀도와 육체적 무거움"을 몰아냈다. 시므온은 "마치 내가 부패의 옷을 벗는 것" 같았다고 덧붙인다(16.3). 그러나 빛이 희미해졌을

---

15   동방 정교회의 삼성송—"거룩하신 하나님, 거룩하신 전능자, 거룩하신 불멸자이시여, 우리에게 자비를 베푸소서"—은 사 6:3에 나오는 스랍들의 노래에 근거한다.

때 시므온은 "슬픔"과 "격렬한 고통"에 잠겼다(16.4).

시므온은 자기를 감쌌던 빛이 "별과 같았다" 혹은 "태양처럼 빛났다"고, 또한 자기가 "모든 피조물이 그것에 휩싸인 것"을 보았다고 보고한다(16.5). 또한 그 빛은 그와 소통했다. "나는 지붕과 벽에 둘러싸여 있으나 그것은 나에게 하늘을 열어준다. 나는 분별 있게 나의 눈을 들어 올려 높은 곳에 있는 것들을 관조하고 또한 모든 것을 이전처럼 본다. 나는 일어난 일에 놀란다. 그리고 높은 곳에서 은밀하게 나에게 말하는 목소리를 듣는다. '이것들은 단지 상징들과 예비적인 것들(αἰνίγματά... καίπροοίμια)에 불과하다. 왜냐하면 너는 네가 육신을 입고 있는 한 완전한(τέλειον) 것을 보지 못할 것이기 때문이다. 그러나 정신을 차리고 너에게서 위에 있는 것들을 빼앗아가는 아무것도 하지 않도록 조심하라'"(16.5).[16] 그 사건의 결과로 시므온은 자신의 독자들에게 "통회하는 마음, 겸손한 영혼 그리고 눈물과 회개를 통해 모든 죄의 얼룩과 더러움으로부터 순결한 마음을 얻으라"고 격려한다. 그러면 "지금 이곳에서라도 우리는 비록 완전하지는 않으나 최소한 부분적으로라도, 그리고 우리가 할 수 있는 정도까지라도 거룩한 빛의 형언할 수 없는 복을 보고 누릴 수 있을 것이다"(16.5).

세 번째 환상은 시므온이 성 마마스 수도원에 있을 때 나타났다. 그때 그곳에서 그는 980년경부터 시작해 여러 해 동안 수도원장 노릇을 하고 있었다. 우리는 다시 그 환상에 앞서 어떤 도덕적 타락이 있었다

---

16   Basil Krivochéine이 시므온에 대해 한 말을 참조하라. "그 환상과 하나님과의 연합은 이곳 세상에서 시작된다. 그러나 그것들은 오는 시대에, 즉 부활 후에 그것의 완전함을 얻는다"(*In the Light of Christ: Saint Symeon the New Theologian (949-1022); Life—Spirituality—Doctrine*, trans. Anthony P. Gythiel [Crestwood, NY: St. Vladimir's Seminary Press, 1986], 204).

고 읽는다. 시므온은 자신을 수치스러운 생각과 행위라는 "심연의 구덩이와 진흙"에 던졌다(36.2).[17] 그는 다음과 같이 고백한다. "내가 물을 얻기 위해 샘을 더듬어 찾았을 때 종종 나는 땅을 헤집고 먼지를 일으켰다. 그리고 나는 물을 볼 수 없었기 때문에 마치 그것이 물인 것처럼 진흙으로 나의 얼굴을 문질렀고 내가 얼굴을 아주 깨끗하게 씻고 있다고 여겼다"(36.4). 그러나 하나님의 은혜가 그의 저항을 극복했다. "당신이 나의 머리칼을 낚아채 강력하게 나를 그곳에서 끌어올리셨습니다"(36.3). "당신이 내게로 오셔서 나의 머리채를 잡아 물속에 담가 내가 보다 분명하게 당신의 얼굴의 빛을 보게 하셨습니다(참조. 시 4:7, 89:16)"(36.6). 하나님은 시므온의 얼굴을 물로 씻기 시작하셨고 그로 인해 그는 다시 보는 법을 배웠다. "나는 나를 비추는 번개와 물과 섞인 당신의 얼굴의 광선을 보았습니다. 그리고 나는 내가 빛나는 물로 씻김을 받는 것을 보았을 때 깜짝 놀랐습니다"(36.7).

어느 시점에 하나님은 시므온을 한 시간 동안 하늘로 이끄셨다. "당신이 하늘로 돌아가셨을 때 당신은 나를 취해 데려가셨습니다. '나는 그때 내가 몸 안에 있었는지 몸 밖에 있었는지 알지 못했습니다'(고후 12:2). 오직 당신만이 아셨는데 그것이 당신이 하시는 일이었기 때문입니다!"(36.8) 자기가 본 것을 "형체가 없는 태양과 같은 빛"이었다고 설명하면서 시므온은 자기가 여전히 하나님이 어떤 분이신지를 알지 못했다고 시인한다. 그리고 하나님의 이런 숨으심 때문에 그는 계속해서 그

---

17   이런 도덕적 타락—그것들이 무엇이든—이 필연적으로 시므온이 성 마마스 수도원에 있었을 때 일어난 것일 필요는 없다. 여기서도 그가 자신의 다양한 경험을 융합하고 있을 가능성이 아주 크다. 이 문단과 다음 두 문단에서 나는 하나님 어머니의 성상 앞에서의 세 번째 환상으로 이어지는 점차적으로 진화하는 사건들을 요약한다. 참조. McGuckin, "Luminious Vision," 111-12.

분을 찾았다. "나는 당신의 형체를 보고 당신이 어떤 분이신지를 의식적으로 알기를 바랐습니다. 그러므로 나는 당신을 향한 나의 사랑의 열정과 불길로 인해 계속해서 울었습니다"(36.8). 하나님은 반복해서 시므온에게 자신을 숨겨진 방식으로 보여주셨다. "그래서 나는 당신을 전혀 볼 수 없었습니다. 그러나 나는 전에 물에서 그랬던 것처럼 당신의 섬광과 당신의 얼굴의 광휘를 보았습니다"(36.9). 하나님은 계속해서 "환상을 증대시키시면서" 시므온의 마음을 씻어내셨다. 그로 인해 결국 "움직이지 않으시는 당신이 오신 것처럼 보였고 더 커지고 형태를 갖추시는 것처럼 보였습니다"(36.9). 이런 식으로 하나님은 마침내 시므온에게 보이셨다. 그리고 그 성인은 다음과 같이 고백한다. "당신은…나에게 모양을 넘어서는 당신의 형태의 윤곽을 보게 하셨습니다. 그때 당신은 나를 이 세상 밖으로 데려가셨습니다."[18] 시므온에게는 자신이 몸 밖에 있었다는 것이 어느 때보다도 분명해 보였다(참조. 고후 12:2). 이 시점에 시므온은 하나님의 음성을 들었다. 그리고 그들은 서로 친구처럼 대화를 나눴다. 주님은 시므온에게 그의 경험이 아직은 종말론적인 지복직관 자체가 아님을 상기시키셨다. "다가올 복과 비교할 때, 이것은 손에 쥔 종이 위에 적혀 있는 천국에 대한 묘사와 같다. 왜냐하면 이것이 실재보다 열등한 정도로, 앞으로 계시될 영광(롬 8:18)은 네가 지금 본 것보다 비교할 수 없을 만큼 크기 때문이다"(36.10).

그의 마음이 몸으로 돌아왔을 때, 시므온은 먼저 기뻐서 울었으나 이어서 "다시 슬픔에 빠졌고 그래서 나는 다시 당신을 보기를 열망했습

---

18 하나님이 자신에게 하나님의 모습을 보여 주셨다는 시므온의 말과 관련해 Krivochéine 는 다음과 같이 말한다. "형태가 없이 남아 있는 동안 하나님은 상상할 수 없는 방식으로 어떤 형태를 취하시고 자신을 시므온의 마음에 위치시키신다"(*In the Light*, 206).

니다"라고 말한다(36.11). 하나님의 어머니의 성상을 숭배하기 위해 돌아설 때, 그는 전보다 훨씬 더 완전하게 변모되었다. "당신 자신이 나의 가련한 마음 안에서 나에게 나타나셨습니다. 마치 당신이 그것을 빛으로 변화시키신 것처럼 말입니다. 그리고 나는 내 안에 당신이 계신다는 것을 알게 되었습니다. 그 후로 나는 당신을 사랑했는데, 그것은 당신과 당신을 둘러싸고 있는 것을 회고함으로써도 아니고 그런 것들에 대한 기억 때문도 아닙니다. 오히려 나는 참으로 내 안에 당신이, 즉 실체적인 사랑이 계신다는 것을 믿었습니다. 오 하나님, 당신은 참으로 사랑이십니다(요일 4:8, 16)"(36.11). 로버트 펜키트(Robert Penkett)가 옳게 지적하듯이 "이번에 그 환상은 스투디오스 수도사의 중재가 아니라 하나님의 어머니인 마리아의 중재의 결과였다."[19] 그리고 가장 중요하게도 이번에 시므온은 몸 밖의 황홀경 경험을 했던 것이 아니었다. 오히려 그리스도 안에 계신 하나님이 그의 안에 영원히 거주하기 위해 오셨다.

그리스도와의 연합으로서 직관

하나님이 계속해서 시므온에게 나타나셨고 이후에 그 안에 내주하신 것은 그리스도 안에서였다는 마지막 요점은 강조될 필요가 있다. 시므온에게 빛은 언제나 그리스도의 빛이었다.[20] 어느 시점에 한 목소리가 빛으로부터 시므온을 향해 말한다. "나는 너를 위해 인간이 된 하나님이다.

---

19   Penkett, "Symeon the New Theologian's Visions," 107.
20   참조. Krovochéine, *In the Light*, 239. "시므온에게 그리스도는 모든 것이다." Krovochéine
      는 시므온의 환상에서 그리스도의 중심성에 한 장 전체를 할애한다(239-58).

네가 너의 온 영혼으로 나를 찾았으니, 보라, 이제부터 너는 나의 형제(참조. 마 12:50; 막 3:35; 눅 8:21), 나의 동료 상속자(참조. 롬 8:17)와 나의 친구(참조. 요 15:14-15)가 될 것이다"(35.10).[21] 시므온에게 빛에 대한 환상은 오직 그 신비가가 그리스도와 연합할 때만 일어난다. 따라서 시므온은 자신을 아가의 신부로 묘사한다. 그 신부는 신랑을 따르고 자신의 연인이 떠날 때 신음하며 운다.

> 그는 내 가까이 다가왔습니다.
>
> 그를 보고 나는 펄쩍 뛰었습니다.
>
> 그리고 그를 붙잡기 위해 앞으로 나아갔습니다.
>
> 그러자 그는 즉각 달아났습니다.
>
> 나는 힘차게 달렸습니다.
>
> 그리고 종종, 그렇게 달리면서
>
> 그의 옷자락을 붙잡는 데 성공했습니다.
>
> 그는 잠시 멈췄습니다.
>
> 나는 큰 기쁨으로 가득 찼습니다.
>
> 그리고 그가 내게서 벗어나면
>
> 나는 다시 그를 뒤쫓았습니다.
>
> 그래서 그는 사라졌다가 다시 돌아왔습니다.
>
> 그는 숨었다가 다시 나타났습니다.[22]

---

21   그의 환상에서 두 번 시므온은 하나님을 "오만으로부터 자유로운 하나님"(*Discourses* 35.8) 혹은 "오만하지 않은 분"(36.6)이라고 부른다. 참조. Krovochéine, *In the Light*, 241-42.

22   Symeon, *Hymn* 29, in *Hymn of Divine Love*, 154. 참조. Krovochéine, *In the Light*, 244.

시므온은 빛에 대한 자신의 환상—과 그것의 철수와 뒤이은 귀환—을 신랑에 대한 신부의 관계에 비교한다. 시므온이 추구하는 목표는 언제나 그리스도와의 연합이다.

신자는 그리스도와의 이런 연합 안에서 그의 고난과 죽음과 부활에 참여한다. "나는 참회와 순종을 통해 그리스도의 고난을 모방하지 못하고 그분의 죽으심에 참여자가 되지 못한 자들은…그분의 영적 부활에 참여하는 자가 되지도 못하고 성령을 받지도 못할 것이라고 말하고 앞으로도 계속해서 그렇게 말할 것이다"(*Discourses* 6.10).[23] 성 시므온은 그리스도의 모범을 따르고 그렇게 함으로써 그분의 고난과 죽음에 참여해야 할 필요에 대해 감동적으로 말한다.

> 보라, 당신들은 함께 당신들의 길을 걷는다. 어떤 이가 삶의 길 위에서 당신을 만난다. 그가 당신의 주인의 얼굴을 때린다. 그는 당신에게도 그렇게 한다. 당신의 주인은 말대답하지 않는데, 당신은 저항하는가?…당신이 그분의 수치스러운 죽음에 참여하는 자(συγκοινωνὸς)가 되기를 거부할 경우, 어떻게 당신이 그분의 영광에 참여하는 자(συγκοινωνὸς)가 되겠는가?(벧전 5:1) 그분이 당신에게 명령하신 대로 당신이—모든 시련의 공격을 감내하는 것을 의미하는—자신의 십자가를 지려고 하지 않을 경우, 당신이 세상을 등지는 것은 헛된 일이다. 따라서 당신은 삶의 길 위에서 버려졌고 당신의 가장 온화한 주인과 당신의 하나님으로부터 비참하게 분리되었다! (27.11)[24]

---

23   참조. Krivochéine, *In the Light*, 243.
24   참조. Krivochéine, *In the Light*, 243-44.

시므온에게 있어 우리가 그리스도의 부활에 참여하는 것은 오직 그분의 죽음에 참여하는 것을 통해서뿐이다.

시므온에 따르면 그리스도와의 이런 연합은 정확하게 우리가 그분의 거룩한 빛을 보게 되는 것을 의미한다. 『교리문답 강화』 13("그리스도의 부활에 관하여")에서 시므온은 그리스도의 부활이 단순한 역사적 사건이 아니었음을 분명하게 밝힌다.

> 우리가 매일 입에 올리는 가장 거룩한 공식은 "그리스도의 부활을 **믿었다**"가 아니라 "그리스도의 부활을 **보았으니** 홀로 죄가 없으신 거룩하신 분 주 예수님께 경배하자"이다. 그렇다면 성령은 어떻게 우리에게 우리가 보지 못한 "그리스도의 부활을 **보았으니**"라고 말하라고 촉구하시는 것일까? 그리스도가 천 년 전에 단번에 부활하셨고 그 후로는 아무도 그것을 본 사람이 없음에도 마치 우리가 그것을 본 것처럼 말이다. 분명히 성서는 우리가 거짓말하는 것을 원치 않는다. 그렇지 않은가? 분명히 그러하다! 오히려 그것은 우리가 진리, 즉 그리스도의 부활이 믿는 우리들 각자 안에서 발생하고 한 번만이 아니라 매시간 말하자면, 주인이신 그리스도가 우리 안에서 눈부시게 빛나면서(참조. 시 93:1), 그리고 맑음과 신성의 번개로 빛을 내면서 일어나실 때 발생한다는 진리를 말하도록 촉구한다(13.4).

시므온에게 그리스도의 부활은 단지 믿음의 문제가 아니라 봄의 문제다. 그 이유는 부활은 단지 "천 년 전에"만 발생한 것이 아니라 신자들 안에서 "매시간" 발생하기 때문이다. 그러하기에 시므온은 그리스도를 보는 이들은 실제로 부활의 종말론적 삶에 참여하게 된다고 주장한다.[25] 그는 부활절이 "그것의 신비를 아는 이들 안에서 매일 그리고 영원히 발생한다"고 주장한다(13.1). 부활은 "언제나 우리 안에서 신비롭게 발생한다"(13.2). 그리스도의 부활을 공유하고 그의 신성을 봄으로써 우리 자신이 신적 본성에 참여하게 된다.[26]

이로써 나타나는 전체적인 그림은 그리스도와 신자 사이의 멋진 교환(*admirabile commercium*)이다. "일단 그분이 우리의 것을 전용하시면, 그분은 자신이 우리 안에서 하시는 일을 자신에게 돌리신다"(13.3). 시므온은 그리스도는 "자신을 우리의 영혼과 연합시키시고 비록 그것이 의심할 여지 없이 죽었을지라도 그것을 일으켜 세우신다. 그 후에 그리스도와 함께 부활한 이에게 그가 그분의 신비로운 부활의 영광을 보도록 허락하신다"라고 설명한다(13.2). 그리스도와의 이런 연합 이전에 우리는 눈먼 자보다도 상태가 나쁘다. 왜냐하면 눈이 먼 사람은 적어도 자신이 돌부리를 차면 그것을 **느끼기** 때문이다. "그러나 영적인 일에서는 만약 마음이 생각 이상의 것들에 대해 숙고하지 않는다면 그것은 신비로

---

25   Demetri Stathopoulos가 한 말을 참조하라. "거룩한 빛의 빛남을 통해 종말론적 성취가 계속해서 임재한다. 비록 인간은 그의 지상의 존재라는 한계에 국한되어 있기는 하나 그럼에도 그는 이미 다가오는 시대에서 살기 시작했다"("The Divine Light in the Poetry of St. Symeon the New Theologian(949-1025)," *GOTR* 19 [1974]: 107).

26   시므온은 반복해서 자기가 빛을 보았을 뿐 아니라 빛이 되었다고, 따라서 하나님에 대한 자신의 환상이 신성화하는 직관이었다고 주장한다. 예컨대 그는 다음과 같이 말한다. "하나님은 빛이시다(요일 1:5). 그리고 그분과의 연합 안으로 들어간 자들에게 그분은 자신의 밝음을 나눠주심으로써 그들이 정화되게 하신다"(*Discourses* 15.3). 그 빛에 순응함으로써 환상을 본 자는 "입양에 의한 신"이 된다(15.3). 이것은 그를 "복된 하나님의 복된 지체"로 만들어준다(35.3). Krivochéine은 시므온에게 "신성화는 성부와 성령과 함께 행동하시는 그리스도와의 연합의 결과다"라고 말한다(*In the Light*, 384). 또한 Norman Russell, *The Doctrine of Deification in the Greek Patristic Tradition* (Oxford: Oxford University Press, 2004), 301-3을 보라.

운 활동을 인식하지 못한다"(13.3).[27] 오직 우리가 그리스도와 그분의 부활에 연합할 때만 영광 가운데 계신 그분을 보는 것이 가능하다. "그리스도가 부활하셨을 때 빛을 주셨던 이들에게 그분은 영적으로 나타나셨다. 그분은 그들의 영적인 눈에 보이셨다"(13.4). 시므온은 자신의 담화를 계명에 순종하라는 권고로 마무리하는데 이것은 그의 저작 전체에 스며 있는 특징이다. 신앙과 행위는 언제나 함께 가기 때문에 우리는 그리스도가 우리와 함께 그분의 집을 만들게 하기 위해 계명을 지켜야 한다(참조. 요 14:21, 23). 이런 식으로 그리스도는 그의 오심을 통해 "죽은 자들로부터 신앙을 얻은 자를 일으키시고 그에게 생명을 주시며 또한 그에게 그 안에서 부활하시고 그를 일으켜 세우신 분을 보도록 허락하신다"(13.5). 오직 우리가 인내하면서 하나님의 계명을 지킬 때만, 우리는 그리스도의 빛을 보기를 기대할 수 있다. "그러므로 나는 여러분에게 촉구한다. 온 힘을 다해 하나님의 계명을 지키자. 그러면 우리는…현재와 미래의 복, 즉 그리스도에 대한 직관을 즐기게 될 것이다"(13.5). 시므온은 계명을 지키는 일이 우리를 정화시켜줄 것이고 그러면 우리는 참으로 그리스도와 연합하고 그분을 보게 될 것이라고 믿었다.[28]

---

27   아래의 논의에서 나는 십자가의 성 요한이 자연과 초자연을 분리하는 것을 비판할 것이다. 그리스도와 연합하기 이전의 우리는 눈이 먼 자보다 나쁘다는 시므온의 언급은 또한 그의 신학이 적어도 어느 정도는 이중성에 의해 특징지어진다는 것을 분명하게 밝혀 준다. Noble의 말을 참조하라. "그런 경험들에 대한 시므온의 설명은 그가 세속적인 것과 성스러운 것, 세상과 하나님에 반대하는 방식에 의해 뒷받침된다"("Religious Experience—Really or Illusion: Insights from Symeon the New Theologian and Ignatius of Loyola," in *Encountering Transcendence: Conributions to the Theology of Christian Religious Experience*, ed. Lieven Boeve, Hans Geybels, and Stijin van den Bossche, Annua Nuntia Lovaniensia 53 [Leuven: Peeters, 2005], 389).

28   빛을 받기 위한 조건으로서 계명을 지키는 것에 대한 강조는 시므온의 작품 안에 만연해 있다. 그러나 그는 자신의 무가치함과 도덕적 실패에도 불구하고 하나님의 빛이 자기에게 오는 것에 관해서도 말한다. 그러므로 McGuckin은 시므온에게 "환상은 그것이

산을 오름: 요한의 스케치와 시

가르멜회의 수사이자 신부였던 십자가의 요한(John of the Cross)은 톨레도에 있는 감옥에서 탈출하고(1578년) 7년이 지난 시점인 1580년대 초에 『갈멜산에 오름』(The Ascent of Mount Carmel)이라는 작품을 썼다. 이 글에서 그 스페인의 신비가는 그리스도인의 순례에 관한 긴 설명을 제시한다. 그는 그 작품을 "그 산에 관한 스케치"(Sketch of the Mount)[29]에 기초를 두고 자신이 지은 "어두운 밤"(The Dark Night)[30]이라는 시에 대한 주석 형식으로 썼다. 그 스케치와 시는 모두 성 요한의 신학과 영성에 관한 분명한 통찰을 제공하므로 나는 『갈멜산에 오름』에 대해 상세하게 논하기에 앞서 그것들에 대해 간략하게 소개하려 한다. 요한은 『갈멜산에 오름』의 시작 부분에 스케치 한 장을 배치하고 베아스에 있는 가르멜회 수녀들 각각에게 그것의 사본을 한 장씩 제공했다.[31] 그 스케치 맨 아래에 요한은 시 한 편을 제시하는데 그것은 산에 오르는 방법에 관한 지침을 제공한다.

모든 것에서 만족에 이르기 위해

씻기고, 조명하며, 결합하는 신비적 수덕(askesis)이라는 고전적 신비주의 구조 안에서 그러는 것처럼 필연적으로 필요한 정도의 회개 '이후에' 일어나지 않는다. 오히려 그것의 본질에서 자비로운, 공로 없이 찾아오는 빛나는 방문이 그것의 도래를 통해 회개를 이끌어내고 정화를 야기한다"("Luminous Vision," 121).

29 (이 장 끝에 있는) 그림 3과 4를 보라. 그 그림들은 The Collected Works of Saint John of the Cross, trans. Kieran Kavanaugh and Otilio Rodriguez, rev. ed. (Washington, DC: ICS, 1991), 110–11에서 가져왔다.

30 Kavanaugh, John of the Cross, 143.

31 Kavanaugh, "Introduction to The Ascent of Mount Carmel," in The Collected Works of Saint John of the Cross, 101.

아무것에서도 만족을 바라지 말라.

모든 것에 대한 지식에 이르기 위해

아무것에 대한 지식도 바라지 말라.

모든 것에 대한 소유에 이르기 위해

아무것에 대한 소유도 바라지 말라.

모든 것이 되는 것에 이르기 위해

아무것도 되기를 바라지 말라.

네가 갖고 있지 않은 것을 누리기 위해

너는 네가 누리지 않는 방식으로 살아가야 한다.

네가 갖지 않은 지식에 이르기 위해

너는 네가 알지 못하는 방식으로 살아가야 한다.

네가 갖지 않은 소유에 이르기 위해

너는 네가 소유하지 않는 방식으로 살아가야 한다.

네가 아닌 것이 되기 위해

너는 네가 아닌 방식으로 살아가야 한다.

네가 무언가에서 늑장을 부릴 때

너는 모든 것을 향한 돌진을 멈추는 것이다.

모든 것으로부터 모든 것으로 가기 위해

너는 모든 것의 모든 것을 부인해야 한다.

네가 모든 것에 대한 소유에 이를 때

너는 아무것도 원하지 않으면서

그것을 소유해야 한다.

이런 벌거벗음 속에서 영혼은

그것의 고요함과 쉼을 발견한다.

아무것도 탐내지 않는 상태에서는

아무것도 그것을 억지로 끌어올려서

피곤하게 만들지 않고

아무것도 그것을 억지로 밀어내려서

억압하지 않는다.

그것이 겸손의 중심에 있기 때문이다.

그 시는 자기 부인과 금욕의 느낌을 물씬 풍긴다. 우리 욕구의 모든 대상
이 포기되어야 한다. 아무것도 아닌 것(nada)이 추구되어야 한다. 만족도
지식도 소유도 추구되어서는 안 된다. 따라서 누림과 지식 및 소유의 길
은 삼가야 하며 비존재(no res)의 길로 대체되어야 한다. 그 어떤 늑장도
패배를 의미한다. 오직 완전한 자기 부인만이 쓸모가 있다. 그리고 일단
순례자가 "모든 것"(todo)에 도달하면 그는 그것을 소유욕 없이—어떤
식으로든 그것을 욕구하지 않으면서—소유해야 한다. 영혼은 오직 "벌
거벗음"(desnudez)의 겸손 안에서만 쉼을 발견한다. 역설적으로 우리가
모든 것(todo)을 얻는 것은 아무것도 아님(nada)에서인 것처럼 보인다.

　　스케치 자체는 이런 견고한 금욕주의를 갈멜산에 오르는 길이 "아
무것도 아님"(nada)의 길이라는 7중의 주장으로 강화한다. 그 산의 정상
에서조차 "아무것도" 발견되지 않을 것이다. 그 길을 따라가면서 여행자
는 세속적인 것과 천상적인 것 모두, 소유, 기쁨, 위안 및 쉼을 향한 모든
욕망을 던져버린다. 이런 유익들에 대한 요한의 태도는 명백하다. (1) 그
가 그것들을 구하려면(혹은 소유하려면) 할수록, 그는 그것들을 더 적게 얻

었다. 그리고 (2) 그는 그것들을 최소한으로 바라기에(혹은 더는 바라지 않기에), 그는 그것들을 모두 갖고 있다. 그러므로 우리가 모든 것을 얻는 것은 아무것도 바라지 않으면서 모든 것을 버리는 것을 통해서다. 위를 향한 순례에 동반하는 덕들―경건, 자선, 불굴의 용기, 정의, 평화, 기쁨, 행복 그리고 즐거움―은 산 정상에 있는 지혜 안에서 정점에 이른다. 요한은 그 스케치의 여백에서 독자들에게 고난도 영광도 자기에게는 어떤 점에서도 중요하지 않다고 상기시킨다. 완전의 산꼭대기에서 원의 형태를 이루는 문장은 다음과 같이 말한다. "내가 너를 갈멜의 땅으로 이끈 것은 그 땅의 열매와 그것의 아름다운 것을 먹게 하기 위함이다(렘 2:7)." 그리고 그 원 안에서 요한은 다음과 같이 말한다. "이 산에는 오직 하나님의 명예와 영광만이 거한다."

『갈멜산에 오름』이라는 논문 뒤에 실려 있는 요한의 시 "어두운 밤"(1578년 혹은 1579년)은 포기의 길이 어두운 밤으로 이어지는 길임을 분명하게 밝힌다. 갈멜산의 아무것도 아님(nada)은 동시에 어두운 밤(noche oscura)이다.

어두운 밤
(영적 부정의 길을 통해
하나님과의 연합인
완전의 높은 상태에 도달함을 기뻐하는
영혼의 노래들)

1. 사랑의 긴급한 욕구로 불타오르는
어두운 밤

─아, 순전한 은총이여!

나는 눈에 띄지 않게 나갔네,

나의 집은 이제 아주 고요하다네.

2. 어둠 속에서 안전하게

은밀한 사다리로, 변장하고서

─아, 순전한 은총이여!

어둠과 숨김 속에서 나갔네,

나의 집은 이제 아주 고요하다네.

3. 아무도 나를 보지 않았고

기뻤던 그날 밤에

나도 아무것도 보지 않았네.

다른 아무런 빛이나 안내자도 없었다네,

내 가슴 안에서 불타오르던 것 외에는.

4. 이것이 나를

정오의 빛보다 더 확실하게 이끌었네.

그가 나를 기다리고 있는 곳으로

─내가 아주 잘 아는 그가 있는 곳으로

그곳에는 아무도 나타나지 않았다네.

5. 오 안내하는 밤이여!

오 새벽보다 훨씬 더 사랑스러운

밤이여!

오 연인을 그가 사랑하는 자와

연합시키면서

그 사랑받는 자를 변화시키는 밤이여.

6. 내가 오직 그만을 위해

지켜온 나의 꽃피는 가슴 위에

그가 잠들어 누워 있네.

그리고 나는 그를 애무하네,

부채질하는 백향목으로부터

불어오는 산들바람 속에서 말이지.

7. 작은 탑으로부터 산들바람이 불어왔을 때

내가 그의 머리칼에 가르마를 타자,

그것이 부드러운 손길로

나의 모든 감각을 멈추게 하면서

나의 목에 상처를 냈다네.

8. 나는 내 사랑하는 자에게 얼굴을 묻고

자신을 포기하고 잊었네,

모든 것이 그쳤네.

나는 내 자신에게서 빠져나갔네,

나의 근심을

백합들 사이에서 잊어버린 채.[32]

이 시는 영혼이 이미 하나님과의 완전한 연합에 이른 상태에서 행한 어두운 밤에 대한 회고적 성찰이다. 성 요한이 "어두운 밤"(noche oscura)에 대해 말하면서 보이는 격정은 그것이 근본적으로 감사와 기쁨의 대상이 되는 그 무엇임을 보여준다. 어두운 밤은 "기쁜 밤"(noche dichosa)이고 "안내하는 밤"(noche que guiaste)이다. 그 밤의 어둠은 시인이 "눈에 띄지 않게"(sin ser notada) 밖으로 나갈 수 있게 해주었다. 그 어둠은 그의 마음 안에서 불타오르는 빛이 "정오의 빛"(la luz del mediodía)보다 나은 안내자였음을 감안할 때 장애가 아니다. 실제로 이 밤은 "새벽보다 훨씬 더 사랑스럽다"(amable más que el alborada).

신부와 신랑 사이의 연합이 완성되는 것은 정확하게 밤의 어둠 속에서다. 성 요한은 영혼의 어두운 밤이 일반적으로 그것들로 인해 알려지는 박탈, 포기, 메마름 혹은 공포에 대한 그 어떤 감각도 생략한다. 물론 우리가 보게 되겠지만, 이런 요소들이 어두운 밤에 대한 요한의 전체적인 이해의 필수적인 부분을 이루는 것은 사실이다. 하지만 하나님과 영혼 사이의 완전한 연합이라는 관점에서 보자면, 이 모든 것은 잊힌다. 대신에 그 시인이 아가를 여러 차례 되울리는 것이 어둠을 무언가 부정적인 것으로가 아니라 긍정적인 특징을 지닌 것으로 변화시킨다.[33] 사랑하는 자를 그의 연인과 "연합시키고"(juntaste) 그녀를 "변화시

---

32   *The Collected Works of Saint John of the Cross*, 50-52.
33   참조. Adam Johnson, "The Crucified Bridegroom: Christ's Atoning Death in St. John of the Cross and Spiritual Formation Today," *ProEccl* 21 (2012): 392-408.

켜"(transformada) 그와 하나가 되게 하는 것은 어둠이다.[34] 시의 마지막
세 연은 영혼의 어두운 밤에 사랑하는 자와 그의 연인 사이의 신성하게
하는 연합을 묘사하기 위해 아가서의 알레고리를 연상시키는 에로틱한
이미지들에 관해 길게 논한다.

영혼의 어두운 밤

요한은 갈멜산 정상으로의 여행을 분석하면서 어두운 밤이 세 개
의 밤(혹은 세 개의 측면)으로 나뉠 수 있다고 설명한다.[35] 여기서 성 요
한은 본질적으로 디오니시오스를 따라 순례를 정화(purgation), 조명
(illumination) 그리고 연합(union)으로 나눈다.[36] 첫 번째 단계는 출발점과
관련이 있다. 그곳에서 "개인들은 자신들에게서 세속적 소유에 대한 욕
구를 박탈해야 한다"(1.2.1). 요한은 이것을 "감각의 밤"(noche del sentido)
이라고 부르는데, 그것은 이 단계에서 감각적 욕구가 정화되어야 하기
때문이다(1.2.5; 참조. 1.1.4). 두 번째 단계는 신앙과 관련이 있다. 왜냐하

---

34   Cristóbal Serrán-Pagán y Fuentes는 다음과 같이 말한다. "역설적으로, 그 어두운 밤이
      기쁜 밤인 것은 연인들이 밤의 사랑으로 인해 연합하고 변화되기 때문이다"("Mystical
      Vision and Prophetic Voice in St. John of the Cross: Towards a Mystical Theology of
      Final Intergration" [PhD diss., Biola University, 2003], 137).
35   *Ascent* 1.2.1. 이후로 *The Ascent of Mount Carmel*의 참조 번호는 본문의 괄호 안에 제시
      될 것이다. 인용문은 *The Collected Works of Saint John of the Cross*에서 가져왔다. 스페인
      어판은 Juan de la Cruz, *Obras completes*, ed. José Vincente Rodriguez and Frederico Ruiz
      Salvador, 3rd ed.(Madrid: Editorial de Espiritualidad, 1988)을 참조했다.
36   한 장 앞에서(*Ascent* 1.1) 요한은 감각의 밤과 영혼의 밤에 관해 말하면서, 또한 그 둘 모
      두가 능동적 측면과 수동적 측면을 갖고 있다고 주장하면서 어떤 다른 분석을 제시했
      다. 감각과 영혼의 정화에서 인간의 노력과 하나님의 역사 모두가 작용한다는 것이다.

면 지성은 신앙의 빛을 어두운 밤으로 경험하기 때문이다(1.2.1). 마지막으로 세 번째 밤은 도착점으로서의 하나님과 관련이 있다. "하나님은 또한 이생에서 영혼에게 어두운 밤이시다"(1.2.1).[37] 성 요한은 이 세 개의 소위 밤들이 실제로 하룻밤의 세 부분이라고 설명한다. "첫 번째 부분인 감각의 밤은 이른 저녁을 닮았다. 그것은 사물들이 시야에서 흐릿해지기 시작하는 황혼의 시간이다. 두 번째 부분인 믿음의 밤은 한밤중처럼 완전하게 어둡다. 하나님을 나타내는 세 번째 부분은 날이 밝기 직전의 이른 새벽과 같다"(1.2.5).

요한은 특별히 2권에서 믿음—두 번째 밤—의 역할을 다룬다. 그리고 아래의 논의에서 나는 그가 여기서 표면화하는 몇 가지 핵심 주제들을 강조할 것이다. 전체적으로 그는 신앙을 "어두운 밤"의 두 번째 연에서 언급된 "은밀한 사다리"로 여긴다. 그 은밀한 사다리가 믿음을 나타내는 이유는 "믿음의 모든 단계와 조항들이 감각과 지성 모두에게 은밀하게 감춰져 있다"(2.1.1)는 데 있다. 그 시는 집이 "이제 아주 고요하다네"라고 묘사하는데, "왜냐하면 일단 영혼이 하나님과의 연합을 이루고 나면 자연의 능력과 영적인 부분의 충동과 근심들이 쉼을 얻기 때문이다"(2.1.2). 이때쯤에 감각의 밤—첫 번째 연의 주제—이 지나갔다. 이제 우리는 "영혼의 밤"(*noche del espíritu*) 안으로 들어가는데(2.12.1) 그곳에서 부정되어야 하는 것은 더는 감각이 아니라 "영적 능력과 만족감과 욕구"다(2.1.2). 이런 자기 부인은 영혼을 그것이 사랑하는 존재와의 연합으

---

37   나중에 요한은 그 새로운 태양 빛이 하나님과 비교되어야 한다고 설명한다. "밤—그것은 자연적 관점에서 영혼에게 밤이다—의 이 세 부분이 지나갔을 때 하나님이 초자연적으로 영혼에게 그분의 신성한 빛의 광선을 비추신다. 이 빛은 세 번째 밤 후에 나타나는 완전한 연합의 원리다"(2.2.1).

로 이끌어갈 것이다. 영혼의 이 어둠은 앞선 감각의 어둠보다 훨씬 더 짙다. 왜냐하면 이제 "영적인 밤 곧 믿음이 지성과 감각 모두에서 모든 것을 제거하기 때문이다"(2.1.3). 이제 어두운 밤은 이성의 빛을 어둡게 한다(2.2.2). 그로 인한 경험은 영적 메마름이다. 그 안에서 영혼은 하나님의 가까우심에 관한 모든 감각을 잃어버리며 그 자신의 죄와 영적 공허함 때문에 절망할 수도 있다.[38]

이 영혼의 어둠 안에서 신자는 그리스도의 고난과 죽음을 공유하기에 이른다. 성 요한은 마태복음 7:14, "생명으로 인도하는 문은 얼마나 좁고 협착한가! 그것을 찾는 자가 적다(*Quam angusta porta et arcta via est quae ducit ad vitam! Et pauci sunt qui inveniunt eam*)"에 관한 명상적 여담을 통해 이것에 대해 숙고한다(2.7.2). 요한은 자신의 독자들이 특별히 얼마나 (*quam*)라는 과장 표현에 주목하기를 바란다. "그것은 이렇게 말하는 것과 같다. 참으로 그 문은 아주 좁다, 네가 생각하는 것보다 훨씬 더." 요한은 "그리스도의 문은 감각의 밤이다"라고 설명한다. 거기에는 "모든 감각적이고 현세적인 것들을" 남기고 떠나는 것이 포함된다(2.7.2). 다음으로 예수가 "협착한" 길에 관해 말할 때 그는 영혼의 영적인 혹은 이성적인 부분과 관련된 장애물들을 염두에 두고 있었다(2.7.3). 이것이 영혼의 밤이다. 그리고 요한은 그의 독자들에게 너무 빨리 자신들의 포기의 성공에 만족하지 말라고 경고한다(2.7.5). 그 좁은 길에는 "(우리의 구세주께서 확언하시듯) 자기 부인과 십자가를 위한 여지만 있을 뿐이다"(2.7.7).

---

38 John H. Coe는 "영적 메마름, 하나님과의 거리, 좌절, 도덕적 실패에 대한 의식, 외로움, 영적 무능함 그리고 세상과 자기 혹은 하나님에 대한 충성에 대한 혼란"에 대해 언급한다("Musing on the Dark Night of the Soul: Insights from St. John of the Cross on a Developmental Spirituality," *JPT* 28 [2000]: 302).

"협착한 길"(arcta via) 위에서의 진보는 전적으로 그리스도를 본받는 것(imitatio Christi)에 달려 있다. 요한은 "나는 달콤하고 편안하게 걷기를 원하고 그리스도를 본받는 것으로부터 달아나는 그 어떤 영성도 가치 있는 것으로 여기지 않는다"라고 쓴다(2.7.8). 이런 제한이 무엇을 수반하는지를 설명하면서 그는 그리스도가 "민감한 부분"에 대해 죽었을 뿐 아니라—머리 둘 곳이 없고(참조. 마 8:20) 자연스러운 죽음을 죽는 것(2.7.10)—또한 성부가 그를 "아무런 위안이나 구조 없이"(참조. 마 27:46) 내버려 두셨을 때 "그의 영혼이 멸절되었다(aniquilado)"고 주장한다(2.7.11). 실제로 그리스도는 "빚을 온전하게 갚고 사람들을 하나님과의 연합으로 이끌기 위해 아무것도 아닌 것이 되셨다(resuelto...en nada)." 그리스도가 자기를 완전하게 비웠던 까닭은 그들의 "소멸"(aniquilare) 속에서 신자들 역시 "아무것도 아닌 것이 되도록"(resuelto en nada), 그리고 그로 인해 하나님과의 영적 연합을 이루도록 하기 위해서다. 요한이 보기에, 신자들이 실제로는 오직 "감각적이고 영적이며 외적이고 내적인 십자가의 살아 있는 죽음 속에서"만 하나님과의 영적 연합을 이룰수 있는데도 "위안, 즐거움, 영적인 느낌"을 추구하는 것은 타당하지 않다(2.7.11). 물론 영혼의 어두운 밤이 단순히 그리스도 자신이 경험했던 어둠과 같지는 않다. 신자들에게 그 어둠은 단지 특성상 정화적인 것으로서 그들의 죄를 씻고 그로 인해 그들이 하나님과 연합하도록 준비시킬 뿐이다.[39] 실제로 요한이 자신의 시에서 어두운 밤을 "기쁜 밤"(noche dichosa)과 "안내하는 밤"(noche que guiaste)이라고 묘사하는 것은 그리스도가 십자가 위에서 우리의 구속을 이루셨기 때문이다.

---

39   참조. Johnson, "The Crucified Bridegroom," 399.

성 요한은 믿음의 본질과 영혼의 어두운 밤에 관해 논하면서 "빛나는 어둠"이라는 디오니시오스적 역설에 의지한다. 그는 태양이 다른 빛들을 어둡게 하고 눈의 시각을 "압도하고 멀게 하며 빼앗듯이" 믿음의 빛이 지성의 빛을 "능가하고 압도한다"고 설명한다(2.3.1). 믿음이 영혼의 눈을 멀게 하는 이유는 "그것이 우리에게 우리가 그 자체로든 혹은 그것과 유사한 것으로든 결코 보거나 알지 못했던 문제들에 대해 알려주기 때문이다. 사실 그것들과 같은 것은 아무것도 존재하지 않는다"(2.3.3). 따라서 믿음은 이해에 관한 한 어두운 밤이다. 그와 동시에 믿음은 그 자신의 빛을 제공한다. "그것이 그들에게 더 많은 어둠을 가져오면 올수록 그것은 그 자신의 빛을 비춘다"(2.3.4). 결국 모든 이스라엘 사람이 홍해에 이르렀을 때 어두운 구름이 그 밤을 밝혔다(출 14:20). 성 요한은 70인역 시편 18:3(개역개정 시 19:2; "낮은 낮에게 말하고 밤은 밤에게 지식을 전하니")에 호소하면서 어둠 속에 있는 사람은 오직 다른 어둠으로부터 계몽을 받을 뿐이라고 주장한다. 이어서 그는 다음과 같은 말을 덧붙인다.

보다 분명하게 표현하자면, 이것이 의미하는 것은 다음과 같다. (그곳은 낮인 지복 속에 계시는) 하나님이신 낮은 천사들과 이제 낮인 복된 영혼들에게 그분의 아들이신 말씀을 전하고 선포하신다. 그리고 그분이 이렇게 하시는 것은 그들이 자신에 대한 지식을 얻고 자신을 즐거워하게 하기 위함이다. 밤은 믿음이며, 그 믿음은 여전히 밤인 전투적 교회(Church Militent)에 존재하면서 교회와 결과적으로 모든 영혼에게 지식을 드러낸다. 이 지식은 영혼에게는 밤이다. 왜냐하면 영혼들은 아직 명백한 지복의 지식을 갖고 있지 않기 때문이고 또한 믿음이 그들 자신의 자연의 빛에 대해 눈을 멀게 하기 때문이다(2.3.5).

여기서 요한은 믿음의 지식이 밤인 까닭은 그것이 **지복직관의 신앙**과 비교할 때 **어둡기** 때문만이 아니라, 또한 믿음의 빛이 너무 **밝아서** 그것이 자연적 이해를 어둡게 하기 때문이라고 설명한다.

그러나 우리는 성 요한이 믿음과 이성 혹은 자연적 이해와 초자연적인 믿음의 선물의 관계를 어떻게 이해했는지에 대해 좀 더 깊이 탐구하고 싶을 수 있다. 그는 그가 "실질적인 연합"(unión sustancial)과 "유사성의 연합"(unión de semejanza)이라고 부르는 것을 날카롭게 구별한다(2.5.3). 전자는 자연적 연합이다. 그리고 그런 의미에서 모두가 하나님과 연합한다. 왜냐하면 하나님이 실질적으로 모든 영혼 안에 거주하시기 때문이다. "하나님과 피조물 사이의 이런 연합은 언제나 존재한다. 그분은 그것으로 피조물들의 존재를 보존하신다. 따라서 만약 그 연합이 끝나면 그들은 즉각 소멸되고 존재하기를 그친다." 후자는 초자연적인 연합인데 그것은 오직 "사랑의 유사성"(semejanza de amor)이 있을 때만 발생한다(2.5.3). 이 후자의 연합 혹은 유사성은 정도를 고려한다. 왜냐하면 하나님이 자신을 더 전달하시는 것은 "사랑에서 훨씬 더 진전되고 하나님의 뜻에 더욱 순응하는 영혼에게"이기 때문이다(2.5.4). 성령이 역사하시는 중생은 사람들을 순결함에서 더욱더 하나님을 닮게 만든다. 요한은 이런 식으로 "순전한 변화는 연합의 참여(participación de unión)를 통해—비록 본질적으로는 아니지만—영향을 받을 수 있다"고 주장한다(2.5.5). 그로 인한 결과는 영혼이 "참여에 의해 하나님"(Dios por participación)이 되는 것이다(2.5.7). 믿음의 은사는 "유사성의 연합"을 낳고 그로 인해 신성화를 낳는다.

자연으로부터 은총으로의―혹은 "실질적 연합"으로부터 "유사성의 연합"으로의―이행에 영향을 주는, 성령을 통한 이런 중생은 요한에게는 지성뿐 아니라 영혼의 다른 능력들에 대한 급진적인 포기를 의미한다. 영혼이 눈이 멀어야 한다는 요구는 사람들이 더는 "이해, 감정, 상상의 산물, 의견, 욕망 혹은 그들 자신의 방식에" 집착해서는 안 된다는 것을 의미한다(2.4.4). 요한은 디오니시오스 풍으로 "그들이 모든 것을 넘어 알지 못하는 것(unknowing)으로 나아가야 한다"(sobre todo se ha de pasar al no saber)고 주장한다(2.4.4).[40] 그 이유는 창조주와 피조물 사이의 완전한 비유사성 때문이다. 인간의 지성과 하나님 사이에는 비례성이 없다.[41] 전통적인 유비 교리에 대한 이러한 거부는 지성과 관련이 있다. 왜냐하면 지성은 감각적 관찰이나 상상력과 환상의 능력에 제시된

---

40   요한은 그 뿌리가 디오니시오스까지 올라가는 감성적인 프란치스코파 영성 정통의 상속자였다. Luis Girón-Negrón은 16세기 초 스페인에서 나타난 은둔(recogidos) 운동이 급진적으로 부정의 방식을 지닌 신비주의(apophatic mysticism)를 촉진하는 일에서 6세기 시리아의 수도사에게 의존했던 감성적인 영성을 옹호했다고 설명한다("Dionysian Thought in Sixteenth-Century Spanish Mystical Theology," *ModTh* 24 [2008]: 693-706). 그렇게 해서 요한은 지성과 기억 및 의지에 대한 엄격한 포기를 옹호하기 위해 디오니시오스의 부정의 방법을 통해 알지 못하는 것에 이르는 것으로 돌아섰다. 이에 대한 추가적인 역사적 배경은 David B. Perrin, "The Unique Contribution of John of the Cross to the Western Mystical Tradition," *ScEs* 51 (1999): 199-230을 보라.

41   예컨대 요한은 "우월한 것이든 열등한 것이든 모든 피조물 가운데 하나님의 존재와 닮거나 그와 가장 가까이 연합하는 것은 아무것도 없다. 신학자들이 말하듯이 비록 참으로 모든 피조물이 하나님과의 어떤 관계(certa relación)와 그분의 흔적(그들의 존재의 완전함의 정도에 따라서 크거나 적은)을 갖고 있다고 할지라도, 그럼에도 하나님은 그들과 그 어떤 관계도(ningún respecto) 본질적 유사성도(semejanza esencial) 갖고 계시지 않다. 오히려 그분의 신적 존재와 그들의 존재 사이의 차이는 무한하다. 그 결과 천상의 혹은 지상의 피조물을 통한 하나님에 대한 지적인 이해는 불가능하다. 그 어떤 비율의 유사성도 존재하지 않는다(no hay proporción de semejanza)"라고 쓴다(*Ascent* 2.8.3). 유사하게 요한은 "지성이 이해할 수 있고 의지가 즐기고 상상력이 그리는 모든 것은 하나님과 가장 다르고 균형이 맞지 않는다(muy disímil y desproporcionado)"라고 주장한다(2.8.5).

이미지를 통해 작동하기 때문이다.[42] 성 요한에 따르면, 디오니시오스, 바룩(Baruch), 아리스토텔레스와 바울은 모두 하나님과 지성 사이의 이런 근본적인 모호성에 동의한다.[43] 영혼은 "그 자신에게서 피조물과 관련된 모든 것과 그것의 (이해, 만족 및 감정의) 행동과 능력을 벗겨내야 한

---

42   그러므로 나는 십자가의 요한이 존재의 유비를 가르친다는 Karol Wojtyla의 주장에 동
      의할 수 없다. *Ascent* 2.8에 대해 분석하면서 Wojtyla는 요한이 단지 본질과 관련해 창조
      주와 피조물 사이의 유사성을 거부한다고 주장한다. "그것의 본질에 대해 생각할 때, 그
      어떤 피조물도 심지어 가장 완벽한 피조물도 하나님의 본질과 비교될 수 없다"(*Faith
      according to St. John of the Cross*, trans. Jordan Aumann [San Francisco: Ignatius, 1081],
      40). Wojtyla는 창조주와 피조물 사이의 본질에서의 무한한 차이를 상정하면서도 요한
      의 접근법이 기본적으로 토마스 아퀴나스의 제4차 라테라노 공의회의 그것이라고 주
      장한다(40-41). 그러나 이것은 요한이 어느 곳에서도 창조주와 피조물 사이의 그 어떤
      비례적 유사성도 적극적으로 인정하지 않는다는 사실을 무시하는 것이다. 그는 단지 지
      속적으로 창조주와 피조물 사이의 차이를 인식시킬 뿐이다. Hans Urs von Balthasar 역
      시 십자가의 요한이 존재의 유비를 가르친다고 잘못 주장한다(*The Glory of the Lord: A
      Theological Aesthetics*, vol. 3, *Lay Styles*, trans. Andrew Louth et al., ed. John Riches [1986;
      reprint, San Francisco: Ignatius, 2004], 140, 149).
43   요한은 관조가 지성에 대해 숨겨진 "신비로운 신학"이라고 불리며 따라서 디오니시
      오스는 그것을 "어둠의 빛"이라고 부른다고 설명한다(참조. *MT* 1000A, in *Pseudo-
      Dionysius: The Complete Works*, trans. Colm Luibheid, ed. Paul Rorem [Mahwah, NJ:
      Paulist, 1987], p. 135); 예언자 바룩은 아무도 지혜의 길을 알지 못하며 자신의 길에 대
      해 생각하지 못한다고 설명한다(바룩 3:23). 아리스토텔레스는 "태양이 박쥐의 눈에는
      완전한 어둠이듯이 신 안에 있는 가장 밝은 빛이 인간의 지성에는 완전한 어둠이다"라
      고 주장한다(비교. *Metaph.* 2.1). 그리고 바울 역시 "하나님 안에 있는 가장 높은 것은 인
      간에게 가장 덜 알려져 있다"고 가르친다(참조. 롬 11:33). 요한이 이런 자료들을 사용
      하는 것은 기껏해야 일방적인 것이다. 아리스토텔레스는 *Metaph.* 4.2(1003a33-b5)에
      서 존재의 유비에 대해 논한 것으로 유명한데, 그것은 훗날 아퀴나스가 그것에 대해 자
      신의 입장을 밝힐 때 중요한 자료가 되었다. 더 나아가 요한이 디오니시오스의 부정 신
      학을 전용한 것은 디오니시오스에게 부정의 길이 하나님과 유사한 것으로서의 피조
      물에 대한 앞선 긍정에 기반한다는 사실을 무시한다. 예컨대 그는 다음과 같이 말한다.
      "우리는 우리가 하나님의 일들에 대해 우리가 할 수 있는 모든 적절한 상징을 사용한다.
      우리는 이런 유비를 통해 마음의 직관의 진실, 즉 단순하고 하나인 진실을 향해 위로 올
      라간다"(*DN* 592C, in *Pseudo-Dionysius: The Complete Works*, 53). 참조. Alec Andreas
      Arnold, "Christ and Our Perception of Beauty: The Theological Aesthetics of Dionysius
      the Areopagite and Hans Urs von Balthasar" (ThM thesis, Regent College, 2015), 13-
      45.

다"(2.5.4). 그런 능력들—이해와 기억 및 의지—각각이 영혼의 밤 안으로 들어가야 한다. 이런 정화는 능력의 변화를 의미하지 않는다. 오히려 밤의 어둠 속에서 그것들에 대한 완전한 포기와 거부를 요구한다. 그런 능력들은 완전히 비워져야 한다. 성 요한은 이해와 기억 및 의지를 각각 믿음, 소망, 사랑과 연결시키면서 다음과 같이 말한다. "우리가 말했듯이 이런 덕들은 능력들을 무효로 만든다. 믿음은 지성의 분야에서 어둠과 공허를 낳고, 소망은 기억의 분야에서 소유의 비움을 낳으며, 사랑은 하나님이 아닌 모든 것에서 감정과 기쁨의 벌거벗음과 비움을 낳는다"(2.6.2).[44] 요한에게 은총이 본성을 완벽하게 하기보다는 파괴하는 것에 가깝다는 결론을 피하기는 어렵다.[45]

상상의 환상

영혼의 어두운 밤의 급진적인 성격 때문에 요한은 이 어둠을 약화시키려는 목적을 지닌 영적 경험들에 대해 깊은 의혹을 품는다. 그는 참된 영성은 하나님으로부터 "달콤함과 즐거운 소통을" 추구하지 않는다고 주장한다. 계속해서 그는 "참된 영성은 하나님 안에서 아주 매력이 넘치는 것보다는 불쾌한 것을 찾고, 위안보다는 고통을 향해 기울어지며, 소유를 향해서보다는 하나님을 위해 아무것도 없이 지내는 쪽으로, 그리고

---

44   요한은 이런 능력들 각각의 비움에 관해 길게 설명한다(*Ascent* 2.6.2-4).
45   이 점과 관련해 십자가의 성 요한에 대한 보다 긍정적인 평가는 Denys Turner, *The Darkness of God: Negativity in Christian Mysticism* (Cambridge: Cambridge University Press, 1995), 246; 그리고 Hart, "Bright Morning," 339-40을 보라.

달콤한 위안보다는 메마름과 고난을 향해 기울어진다"고 말한다(2.7.5). 그리스도인의 여행은 "위안과 즐거움과 영적 감정이 아니라 감각적이고 영적이며 외적이고 내적인 십자가의 살아 있는 죽음으로 이루어진다"(2.7.11). 외적인 감각을 사용하기보다는 초자연적으로 유도된 "상상의 환상"(visiones imaginrias)은 환상의 능력을 통해 지성에게 이미지들을 제시하며(2.16.2), 요한은 하나님과 마귀가 모두 이 능력을 사용해 영혼에게 환상들을 제시할 수 있다고 경고한다(2.16.3-4). 사람들은 환상들이 신적 기원을 갖고 있든 악마적 기원을 갖고 있든 간에 그런 것들로 "자신들을 먹이거나 억눌러서는" 안 된다(2.16.6).

요한이 그런 경고를 하는 가장 근본적인 이유는 마귀의 계획이 사람들을 속일 수 있기 때문이 아니다.[46] 오히려 근본적인 신학적 이유는 환상의 형태와 이미지들을 초월하시는 하나님의 단순성과 관련이 있다. "지성이 거기에 연합해야 하는 하나님의 지혜는 유형이나 방식을 갖고 있지 않다. 그것은 한계도 갖고 있지 않고 구별되고 독특한 지식과도 상관이 없다. 왜냐하면 그것은 전적으로 순전하고 단순하기 때문이다"(2.16.7).[47] 결국 성서는 시내산에서 하나님이 불 속에서 이스라엘 백성에게 말씀하셨을 때 그들이 "하나님 안에서 그 어떤 형태도 보지 못했고"(참조. 신 4:12) "그 어떤 형상 안에서도 하나님을 보지 못했다"고 분명하게 밝힌다(Ascent 2.16.8). 유사하게 요한은 모세가 "비교나 유사성이나 형상을 통해 하나님을 보지 않았다"고 설명한다(비교. 민 12:6-8)(2.16.9).

---

46   요한은 상상의 환상을 둘러싼 위험들에 대해 길게 곱씹고, 심지어 그것들이 신적인 기원을 갖고 있을 때조차 그것들에 의해 오도되기가 쉽다고 설명한다(Ascent 2.18-19).

47   A. N. Williams, "The Doctrine of God in San Juan de la Cruz," ModTh 30 (2014): 504-7에 실려 있는 하나님의 단순성에 관한 논의(거기에는 Ascent 2.16.6-7에 관한 통찰력 있는 숙고가 포함되어 있다)를 참조하라.

베드로는 비록 그가 변용 사건에서 그리스도의 영광을 보았을지라도 자신의 독자들이 이것에 의존하는 것을 원치 않았고 오히려 그들에게 "어두운 곳에서 빛나는 등불처럼 너희가 잘 활용해야 할 그리스도에 대한 예언자들의 증언의 말"을 가리켰다(참조. 벧후 1:19)(2.16.15). 의미심장하게도 그 가르멜회의 신비가는 이런 말을 덧붙인다. "분명히 이 높은 상태의 연합에서 하나님은 영혼에게 자신을 그 어떤 상상의 환상, 유사성 혹은 형상의 변장을 통해 알리시는 게 아니라―그것은 가능하지 않다―입에서 입으로, 즉 하나님(사랑 안에 계신 하나님의 입)의 순전하고 적나라한 본질(esencia pura y desnuda)이 영혼(하나님의 사랑 안에 있는 영혼의 입)의 순전하고 적나라한 본질(esencia pura y desnuda)과 함께하는 식으로 알리신다"(2.16.9). 우리는 오직 모든 "상상의 환상, 형태, 형상 혹은 특정한 개념들"을 포기하고 피함으로써만 이런 사랑의 "본질적 연합"(unión esencial)에 이른다(2.16.10). 그러므로 요한에 따르면 성서는 하나님의 단순성이 상상의 환상을 통해 그분과 연합하는 것을 불가능하게 만든다는 것을 보여준다.

환상과 계시에 대한 추구는 요한을 특별히 괴롭힌다. 왜냐하면 그는 그런 추구가 그리스도 안에서 나타나는 하나님의 궁극적인 자기 계시를 우회한다고 확신하기 때문이다. "지금 하나님에 대해 질문하고 무언가 환상이나 계시를 받고자 하는 이들은 어리석은 행동 때문이 아니라 그들의 눈을 전적으로 그리스도께 고정시키지 않고 무언가 색다른 경험에 대한 욕망을 지니고 살아가는 것 때문에 유죄다"(2.22.5). 하나님은 그런 이들에게 오직 다음과 같이 주장하시며 대응하실 수 있을 뿐이다. "만약 내가 이미 나의 말, 곧 나의 아들을 통해 모든 것을 너희에게 말했다면, 그리고 만약 나에게 다른 말이 남아 있지 않다면, 내가 그것을 능가하는 어떤 답이나 계시를 줄 수 있겠는가? 너희의 눈을 오직 그에게 고정시키라. 왜냐하면 그 안에서 내가 모든 것을 말하고 계시했으며, 그 안에서 너희는 너희가 묻고 욕망하는 것보다 훨씬 더 많은 것을 발견할 것이기 때문이다.…왜냐하면 그는 내가 이미 너희에게 형제, 동료, 주인, 몸값 그리고 보상으로 그를 제공함으로써 너희에게 말하고, 답하며, 드러내고 계시했던 나의 모든 발화(locution)이고 반응이며 환상이고 계시이기 때문이다." 요한은 다볼산에서 들려왔던 성부의 말씀에 호소한다. "이는 내 사랑하는 아들이요 내 기뻐하는 자니 너희는 그의 말을 들으라"(마 17:5). 요한은 환상이나 계시를 욕망하는 것은 두 번째 성육신을 요구하는 것이라고 주장한다(2.22.5). 그는 그리스도 안에 있는 하나님의 계시의 탁월한 특성이 우리가 환상이나 계시를 통한 위안을 얻고자 하는 것에 대해 조심하게 해야 한다고 확신했다.

분명히 요한은 모든 상상의 환상을 명확하게 거부하지는 않았다. 하나님은 그분이 원하시는 이들에게, 그분이 원하시는 때에 그것들을 제공하신다. 그리고 인간은 그 과정에서 수동적이다(2.16.11). 우리는 그런 환상을 **추구하지** 말아야 하는데, 그것은 그런 환상에는 지성에 제시되는 다양한 특별한 이미지들이 포함되기 때문이다. 그러나 요한은 하나님이 사람들에게 그들의 영적 여행의 필수적인 일부로서 그런 환상을 제공하신다는 사실을 부정하려고 하지는 않는다. 하나님은 먼저 (설교, 미사, 성물, 물리적 포기 등을 사용하여) 육체적인 감각들을 완전하게 하신다(2.17.4). 이어서 그분은 (성인이나 성물에 대한 환상, 달콤한 향기, 발화 등을 통해) 초자연적으로 소통하신다. 하나님은 또한 ("성찰, 묵상 그리고 거룩한 추론"을 통해) 상상력이나 환상을 자연스럽게 사용하여 내면의 육체적 감각을 완전하게 하신다. 가장 주목할 만한 것은 더 나아가 하나님께서는

"영이 그것을 통해 주목할 만한 유익을 얻는 초자연적인 상상의 환상들"을 통해 사람들을 계몽하신다는 점이다(2.17.4). 그분은 영혼을 자기와 연합시키시는 과정에서 상상의 환상들을 사용하신다.

그러나 그런 초자연적인 환상들조차 단지 성례전적 수단일 뿐이다. 그런 이미지들은 "그것들이 담고 있는 영적 재화들을 가리는 커튼이나 베일과 같다"(2.16.11). 우리는 감각적이고 외부적인 수단들에 초점을 맞춰서는 안 된다. 하나님이 그것들을 주신 것은 "그런 지각할 수 있는 것들—그것들은 그 자체로 선하다—의 껍질(corteza)을 통해서 영이 특별한 행위에서 진보를 이루고 소량의 영적 소통을 얻으면서 영적인 일에서 어떤 습관을 형성하며 모든 감각에 낯선 영의 실제적 본체(substancia)에 이르게 하기 위함이다"(2.17.5). 성 요한은 고린도전서 13:11("내가 어렸을 때에는 말하는 것이 어린아이와 같고 깨닫는 것이 어린아이와 같고 생각하는 것이 어린아이와 같다가 장성한 사람이 되어서는 어린아이의 일을 버렸노라")에 호소하면서 감각적인 것들에 대한 집착에 대해 경고한다. "감각(어린아이)의 껍질(corteza)에 집착하는 사람들은 결코 영(완전한 성인)의 본체(sustancia)에 이르지 못할 것이다"(2.17.6). 따라서 주님은 그런 것들이 인간의 본성에 유익하기에 환상 같은 외적 수단들을 사용하시지만 우리는 그런 "감각을 위한 사소한 것들"에 만족해서는 안 된다(참조. 시 147:17).

성 요한은 다음과 같이 말하면서 자신의 입장을 요약한다. "개인들은 자신들의 영혼의 눈을 외부의 감각에 초자연적으로 부여된 형상과 물체의 껍질(corteza)에 고정시켜서는 안 된다. 청각으로 접근 가능한 발화와 말들, 시각으로 접근 가능한 성인에 대한 환상과 아름답게 눈부신 빛, 후각으로 접근 가능한 향기, 미각으로 접근 가능한 맛나고 달콤한 것들, 그리고 영적인 사람들의 경우에 더 흔한, 보통 영으로부터 유래하고 촉각으로 접근 가능한 다른 기쁨들 같은 것들에 말이다. 그들은 자신들의 눈을 내부의 상상의 환상들에 맞춰서도 안 된다. 오히려 그들은 이 모든 것들을 포기해야 한다"(2.17.9). 요한이 가장 우려하는 것은 영혼이 외적인 성례들(*sacramentum*)에 초점을 맞추느라 내적인 실재(*res*)를 놓치게 되는 것이다. 지성은 감각이라는 다양한 외적 성례들을 포기함으로써 어둠 안으로 들어가며, 오직 그렇게 함으로써만 신적 단순성이라는 내적 실재에 도달할 것이다.[48]

마지막으로 그리고 아마도 이 장에 가장 중요하게도, 요한은 이생에서 하나님의 본질을 볼 가능성을 단도직입적으로 거부한다. 그가 무형의 실체들(천사와 영혼들)에 대한 영적 직관에 관해 말할 때, 그는 그런 일들이 이생에서 죽을 몸에서 일어나지 않는다고 분명하게 말한다(2.24.2). 이어서 그는 신적 본질을 볼 가능성에 관해 논하는데, 그러면서 독자들에게 성서가 하나님의 본질에 대한 직관을 죽음과 연관시키고 있음을 상기시킨다. 모세는 하나님을 보고 살 자가 없다는 말씀을 들었다(출 33:20). 이스라엘 백성은 자기들이 하나님을 보면 죽게 될까 봐서 두려워했다(출 20:19). 삼손의 아버지 마노아는 자기와 자기 아내가 하나님을 보았다고 여겼기에 죽을 것을 두려워했다(삿 13:22)(*Ascent* 2.24.2). 이어서 요한은 아퀴나스가 쓴 저술 중 관용어에 관한 책으로부터 한 쪽

---

48 따라서 우리는 요한이 존재의 유비(*analogia entis*)를 거부함에도 불구하고 그에게는 하나님과 믿음 사이에 어떤 비례적 관계가 성립한다고 말할 수 있다. 일단 믿음을 통해 인간의 능력이 그 다양한 내용을 완전하게 비우고 나면, 그것들은 완전하게 단순하신 하나님과의 거룩한 연합에 적합하게 된다. 그러므로 Wojtyla는 믿음은 "연합의 비례적인 수단이며 따라서 그것은 하나님과 본질적 유사성을 지니고 있다"고 주장한다(*Faith*, 42). 나는 믿음의 역할에 대한 Wojtyla의 설명에 동의한다. 그러나 우리는 성 요한이 갈멜산 위에서 하나님과의 연합을 묘사하기 위해 "비례성"이나 "본질적 유사성" 같은 말들을 사용하지 않는다는 것에 유념해야 한다.

을 인용하면서 그런 직관은 "어떤 드문 경우가 아니라면 그리고 일시적인 방식(por vía de paso)이 아니라면" 이생에서 일어나지 않는다고 말한다(2.24.3).[49] 그는 바울(고후 12:2-4)과 모세(출 33:22) 및 엘리야의(왕상 19:11-13) "실질적인 직관"을 "비록 일시적이기는 하나 아주 드물지만 오직 소수의 사람에게만 일어나는" 직관의 예들로 언급한다(2.24.3). 하나님의 본질에 대한 직관은 거의 엄격하게 내세를 위해 유보된 그 무엇이다.[50] 이생에서 우리는 하나님이 자신과의 연합을 추구하는 이들에게 주시는 믿음의 빛이라는 어둠으로 만족해야 한다.

결론

신신학자 시므온과 십자가의 요한은 서로의 맞수가 아니다. 두 사람 모두 믿음의 경험—혹은 그런 경험의 부재—을 궁극적으로 중요하게 여겼던 감성적인 신학자들이었다. 비록 십자가의 요한이 시므온보다 훨씬 더 교조적인 신학자이기는 했으나, 그 두 신비가 모두에게 영혼이 하나

---

49 이 지점에서 요한의 논의는 적어도 부분적으로는 토마스 아퀴나스의 *Quodlibetum* I, q. 1에 의존하는데, 요한은 앞 문단에서 그것을 분명하게 언급한다(*Ascent* 2.24.1). *Quodlibetum* I, q. 1에서 아퀴나스는 성 베네딕투스가 그가 전 생애 동안 보았던 환상에서 신적 본질을 보았는지에 대해 묻는다. 아퀴나스는 우리가 우리의 죽을 몸에 묶여 있는 동안에는 신적 본질을 볼 수 없다는 것에 근거해 그 질문에 대해 부정적으로 답한다.

50 David Bently Hart는 비록 십자가의 요한이 본질과 활동에 대한 팔라마스적 구분을 했던 것은 아니지만, 그럼에도 "그가 '권능', '영광', '불' 그리고 '행동' 같은 용어들을 사용하는 것은 활동적인 연합에 관해 적절하게 말해질 수 있는 것과 말해질 수 없는 것(가령, '공동 본질성') 사이의 일반적인 구분을 묘사한다"고 주장한다("Bright Morning," 338). 내가 보기에 요한은 팔라마스보다는 토마스에게 더 가깝다. 요한은 이생에서 신비로운 연합에서 신적 본질을 보는 것은 불가능한 반면, 지복직관에서 우리는 하나님의 본질에 도달**할** 것이라고 주장한다.

님과 맺는 관계가 믿음을 표명하는 일에서 가장 중요했다. 그리고 비록 시므온이 종종 자전적이었고 요한은 대체로 보다 교훈적이었기는 하나, 그것이 그 두 사람 모두의 신학이 신비주의적 특성을 지녔음을 부정하는 것은 아니다.

더 나아가 시므온과 요한에게 믿음의 순례는 여러 면에서 비슷하다. (적어도 감각과 관련한) 포기는 (비록 요한이 시므온보다 그것을 훨씬 더 강조하기는 했으나) 양자 모두에게 중요했다. 두 사람은 모두 하나님 앞에서 자신들의 무가치함과 회개와 정회의 필요성을 깊이 인식했다. 그들은 하나님과의 연합을 목표로 삼았고 신성화를 영적 여행의 궁극적 목표로 여겼다. 두 사람은 모두 신비로운 연합에 대한 추구를 묘사하면서 아가의 신부가 보여준 신비주의에 의존했다. 그들은 연합에 이르는 길 위에 온갖 종류의 장애물들이 흩뿌려져 있으며 자기기만의 위험이 많고 심각하다는 것을 알고 있었다. 아마도 요한보다는 시므온이 이에 대해 훨씬 더 불편하고 날카롭게 말했을 것이다. 아마도 그것은 그가 자신의 수도사 중 몇 사람에게서 받았던 거센 반대 때문이었을 것이다. 그 두 명의 영적 거장들은 모두 그 여행 길 위에 있는 영적 위험들을 날카롭게 의식하고 있었고 자신의 독자들을 그리스도 안에서 하나님과의 연합으로 이끌어가고자 했다

또한 우리는 시므온이 실제로 **어둠**의 신학자였고 요한이 실제로 **빛**의 신학자였던 방식들을 정당하게 다뤄야 한다. 시므온은 종종 그리스도의 부재에 대해 한탄했다. 그는 빛이 떠난 것을 두고 슬픔의 눈물을 쏟았다. 또 그는 자기가 주님의 영광을 본 후에도 신앙을 잃어버렸던 것

을 시인했다.[51] 또한 우리가 지적했듯이 시므온에게는 그리스도의 부활에 참여하는 것뿐 아니라 그의 고난과 죽음에 동참하는 것 역시 중요했다. 역으로 비록 요한이 디오니시오스를 인용한 것이 고작 네 차례뿐이기는 하나, 그는 그 6세기 수도사가 가르친 부정 신학의 신비주의에 의해 깊이 형성되었다. 요한에게 영혼이 어두운 밤에서 겪는 괴로움과 고통은 정확하게 빛을 견딜 수 없는 영혼의 무능함에서 나온다.[52] 그는 어둠을 **단지** 어둠으로 보지 않았다. 또 그는 **단지** 그것을 십자가와 연결하지도 않았다. 그것은 영혼이 마주한 어두운 밤에 있는 단지 한 측면일 수 있다. 그러나 우리는 눈이 멀게 하는 빛이라는 디오니시오스적인 특성, 곧 모순적인 특성을 공평하게 다룰 필요가 있다.

그렇지만 그 두 신학자는 환상적 경험에 대한 각각의 평가에 있어서 서로 크게 달랐다. 시므온은 계속해서 빛에 초점을 맞추고, 이 빛이 제공하는 긍정적인 경험을 깊이 욕구하며, 그것을 볼 수 있는 능력이 그리스도인의 경험의 필수적인 요소를 이룬다고 주장했다. 시므온은 만

---

51 Hart는 다음과 같이 옳게 관찰한다. "신신학자 시므온은 그의 시에서 원칙적으로 자신의 황홀경에 대해 말했을지 모른다. 하지만 그의 논문은 그의 영적 고양에 대한 에피소드들 사이에 낙담과 불행의 긴 간격이 있음을 의심하지 않는다"("Bright Morning," 326).

52 예컨대 요한은 다음과 같이 말한다. "관조의 신성한 빛이 아직 완전히 조명되지 않은 영혼을 칠 때, 그것은 영적 어둠을 야기한다. 왜냐하면 그것은 단지 자연적 이해를 넘어설 뿐 아니라 또한 영혼에게서 이런 행위를 빼앗고 그것을 어둡게 하기 때문이다. 이것이 성 디오니시오스와 다른 신비주의 신학자들이 이 주입된 관조를 아직 조명되고 정화되지 않은 영혼을 위한 '어둠의 광선'이라고 부르는 이유다. 이 위대한 초자연적인 빛은 시선을 제압하고 그것에서 그것의 자연적 활기를 빼앗는다"(*Dark Night*, 2.5.3 in *The Collected Works of Saint John of the Cross*, 402). 참조. *Dark Night* 2.5.5 (pp. 402-3); 2.12.5 (p. 423); 2.17.2 (p. 436). 참조. 또한 Girón-Negrón, "Dionysian Thought," 700-702; Andrew Louth, *The Origins of the Christian Mystical Tradition: From Plato to Denys* (Oxford: Oxford University Press, 1981), 184-85.

약 우리에게 그런 능력이 없다면 우리는 우리의 회개와 믿음의 참된 특성에 대해 의문을 가져야 한다고 말했다. 대조적으로 요한은 "상상의 환상"과 다른 영적 경험들의 위험에 대해 아주 확실하게 경고했다. 요한에게 그것들은 그리스도인의 순례의 궁극적 목표를 구성할 수 없다. 그리고 그것들은 아마도 그리스도가 아닌 자기 자신에 대한 명백한 집중을 의미할 것이다. 따라서 시므온이 우리를 부활하신 주님의 빛 속으로 이끄는 곳에서 요한은 우리가 십자가의 어둠 안에서 피난처를 얻을 것을 요구한다. 시므온이 그리스도와의 만남이라는 위안을 구했던 반면, 요한은 그런 환상이 실제로는 그분을 간과할 위험이 있다고 확신했다. 시므온에게 그리스도에 대한 환상이 성령의 은사 주심에 대한 필수적인 증거였던 반면, 요한은 그런 것이 자기만족을 위할 욕망을 가리킬 수 있다고 믿었다 "상상의 환상"이 바람직한 것인지를 판단하는 이 기본적인 단계에서 그 두 신학자는 분명히 서로 양립하지 않는다.

그 두 사람 사이의 차이는 간단하게 무시되어서는 안 된다. 시므온에게 그리스도의 빛을 보는 것에 대한 지속적인 강조는 종말론적인 빛의 나라의 실제적 임재가 지금 이미 신자들의 삶에 침투해 있다는 확신으로부터 나온다. 시므온은—동방의 다른 신학자들처럼—빛의 현현을 다가올 훨씬 더 큰 영광의 시작을 알리는 (우리가 그렇게 말할 수 있다면, 성례전적인) 표시로 여긴다. 예수 자신이 시므온에게 그의 두 번째 환상에서 다음과 같이 상기시키신다. "이것들은 단지 상징들이고 예비적인 것들일 뿐이다. 왜냐하면 너는 육신을 입고 있는 한 완전한 것을 보지 못할 것이기 때문이다."[53] 요한은 내세에서 우리가 하나님의 본질을 볼 것

---

53   Symeon, *Discourses* 16.5. 또한 예수가 시므온에게 말씀하셨던 그의 환상이 "손에 쥔 종

이라고 확신했기에—그리고 이 점에서 그는 서방 신학의 전형적인 대표자다—지금의 십자가의 어둠과 다가올 영광의 빛의 괴리를 더욱 강조한다. 눈이 멀게 하는 빛이라는 요한의 디오니시오스적 역설은 그 두 신학자 사이의 차이를 완화시킬 수 있을 것이다. 하지만 그것이 그 차이를 제거할 가능성은 거의 없다.

그 비잔틴의 신비가가 (아직) 빛의 환상을 보지 못하고 그것을 그리스도인의 경험의 핵심으로 간주하지도 않는 이들을 책망할 때, 그는 나에게 그다지 매력적으로 보이지 않는다. 그러나 우리는 시므온의 거친 말들을 전적으로 무시해서는 안 될 것이다. 그런 말들에는 중요한 진리의 요소가 포함되어 있을 수 있기 때문이다. 결국 그의 빛의 신학이 가져오는 한 가지 중요한 귀결은 종말론적인 영광의 빛이 어떤 식으로든 이미 오늘 우리의 삶 속에 임재해 있다는 점이다. 내가 보기에 십자가의 요한은 우리의 삶 속에 이처럼 종말이 성례전적으로 임재하는 것을 충분하게 인정하지 않았던 것으로 보인다.[54] 영혼의 어두운 밤은 발생한다. 하지만 그것이 기독교 영성의 모든 것도 아니고 최종적인 것도 아니다. 따라서 아마도 요한은 (이 세상의 가능성으로서의) 변용의 빛과 종말의 지복직관의 관계를 지나치게 경시했던 것일 수 있다.

그의 디오니시오스적 성향을 고려할 때, 요한이 영혼의 어두운 밤과 종말론적 지복직관을 그토록 날카롭게 구분하는 것은 이상해 보인다. 결국 그의 사상에 있는 디오니시오스적 측면은 눈이 멀게 하는 신성

이에 적힌 하늘에 대한 묘사와 같다"는 말을 떠올려보라(*Discourses* 36.10).

54 우리가 보았듯이 성 요한은 우리가 영의 본체(sustancia)를 위해 감각의 껍질(corteza)를 버려야 한다고 주장하면서 성례전적 담화를 사용한다. 그러나 그가 여기서 말하는 본체는 하나님과의 신비로운 연합의 본체인데 그것은 그가 내세에 하나님의 본질을 보는 것과 분명하게 구분하는 그 무엇이다.

한 빛이 오늘 이미 사람들에게—단지 모세나, 엘리야나, 바울에게만이 아니라—이르고 있음을 의미한다. 자신의 독자들을 모두 영혼의 어두운 밤 속으로 이끄는 것이야말로 요한이 추구했던 영적 지도의 목표였다. 우리는 이것을 종말이 우리의 삶 속으로 그 빛을 비춘다는 것과 그렇게 함으로써 우리에게 성례전적으로 임재한다는 것을 의미하는 것으로 여긴다. 그러나 요한은 신비로운 연합(디오니시오스적 어두운 밤)과 지복직관 (하나님의 본질에 대한 종말론적 봄)을 날카롭게 구분했기에 전자를 후자에 대한 참된 표시로 여기지 못했다. 만약 그것이 오늘 이미 우리를 부정 신학이라는 어둠 속으로 던져넣는 하나님의 빛이라면, 신적 본질에 대한 영광스러운 직관이 어떻게 내세에서 지복직관을 위해 유보될 수 있겠는가? 하나님의 본질을 보는 것에 대한 요한의 접근법은 어두운 밤에 대한 그의 이해의 보다 넓은 디오니시오스적 윤곽에 부합하지 않는다. 일관성을 위해서 요한이 자기 신학의 특징을 이루는 불운한 이원론, 즉 자연과 초자연은 물론이고 신비로운 연합과 지복직관의 이원론을 포기했더라면 좋았을 것이다. 내가 볼 때 이것은 우리가 이 점에서 요한이 우리에게 물려준 유산의 부족함을 바로잡아야 한다는 교리적 함의를 가진다. 어느 면에서 우리는 지금 이미 우리의 삶의 목적, 즉 그리스도 안에 계시는 하나님에 대한 직관에 참여하고 있다. 이에 대한 확고한 인정은 십자가의 요한이 제시했던 것보다 더한 지복직관에 대한 성례전적인 이해로 이어질 것이다. 그 과정에서 우리는 영성 신학의 중요한 점에서 나타나는 동방과 서방의 분열을 해소하게 될 것이다.

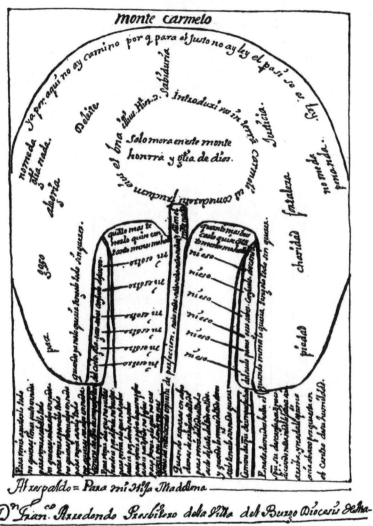

그림 3. 십자가의 성 요한이 그린 갈멜산에 대한 스케치
John of the Cross: Selected Writings, ed. Kieran kavanaugh(Classics of Western Spirituality series, ed. Dr. John Farina)에서 가져옴. Paulist Press의 허락을 받아 재수록.

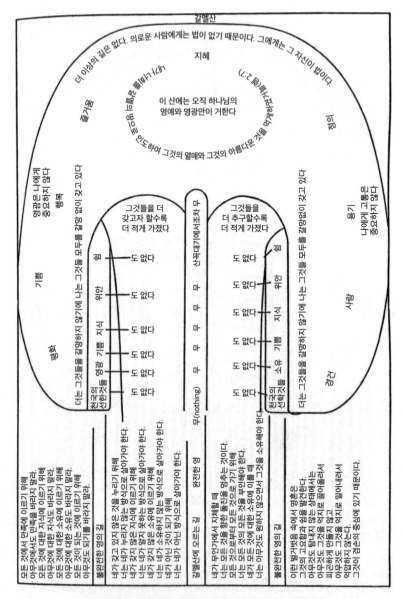

그림 4. 십자가의 요한의 원래의 그림에 있는 용어를 사용한 번역
John of the Cross: Selected Writings, ed. Kieran Kavanaugh(Classics of Western Spirituality series, ed. Dr. John Farina)에서 가져옴. Paulist Press의 허락을 받아 재수록.

7장
능력과 직관

보나벤투라와 니콜라우스 쿠자누스

지식과 사랑의 결합

지식과 사랑이 서로 어떻게 관계되고 그것들이 기독교 신앙의 핵심적 대상인 그리스도와 어떻게 관계되는가의 문제는 오랜 세월 동안 신학자들을 사로잡아왔다. 신학자들은 자신들이 받아들인 우선 순위에 맞춰서 종종 지식과 사랑, 지성과 의지에 등급을 매겼다. 둘 중 어느 하나가 앞서야 하는 것처럼 보였다. 아마도 대부분의 경우에 신학자들은 지성을 그중 첫 번째로 꼽았을 것이다. 동방과 서방 모두에서 여러 대표적인 신학자들은 우리가 그 의지의 대상이 사실상 우리가 추구할 만한 가치가 있을 정도로 선하다는 지적인 판단을 이미 내렸을 경우에만 우리가 무언가를 하기로 작정할 수 있다고 주장했다. 특히 기독교 플라톤주의 안에서 성행하는 이런 주지주의적(intellectualit) 입장은 대체로 하나님을 보는 것(*visio Dei*)을 하나님에 대한 지식과 동일하게 여기는 지복직관 교리를 낳았고 그로 인해 의지의 행위로서 이 직관을 즐기는 것(*fruitio*)은 두 번째 단계, 즉 지복직관 자체를 뒤따르는 그 무엇으로 간주된다.[1] 대조적으로 주의주의(voluntarism) 접근법은 인간은 욕망에 의해 추동된다고, 또한 지성이 그것을 뒤따르게 하고 싶어 하도록 만드는 것은 의지(*voluntas*)의 욕망이라고 강조하는 경향이 있다.[2] 중세 말 이후 점차적으로 철학과 신학의 주류가 되어온 주의주의는 궁극적으로 하나님에 대한 직관을 낳는 것은 지식이 아니라 사랑이라고 주장하고 우리가 하나님과의 영원한 교제를 통해 얻는 기쁨에 초점을 맞춘다.[3]

이 장에서 나는 지식과 사랑의 구분이 예수 그리스도와의 순례라는 신성화시키는 연합(deifying union) 안에서 해소된다고 주장할 것이다. 그리스도의 죽음과 부활에 연합하는 것에는 시간과 영원의 만남 그리고

---

1   토마스 아퀴나스는 이 점에서 가장 분명한 예다. 그는 지복직관을 사색적 지성의 행위로 다룬다. 성 아우구스티누스에게 호소하면서 아퀴나스는 "행복의 본질은 지성의 행위로 이루어진다. 그러나 행복으로부터 비롯되는 기쁨은 의지와 상관이 있다"(*ST* I-II, q. 3, a. 4, in *Summa Theologica*, trans. Fathers of the English Dominican Province, 5 vols [1948; reprint, Notre Dame: Christian Classics, 1981]). 그 천사 박사는 기쁨이 직관보다 앞선다는 개념을 거부하고 대신 하나님을 보는 것이 기쁨을 야기하며 따라서 의지는 나중에 쉼의 기쁨을 경험한다고 주장한다(*ST* I-II, q. 4, a. 1). 또한 아퀴나스는 이 기쁨이 행복보다 밑에 있다고 주장하는데, 그것은 원인(직관)이 결과(기쁨)보다 크기 때문이다. 그는 의지는 휴식을 위해 행복이라는 선을 추구하지 않는다고 주장한다. 따라서 기쁨은 직관과 더불어 오는 완전함이지 직관을 완전하게 하는 완전함이 아니다(*ST* I-II, q. 4, a. 2).

2   Severin Valentinov Kitanov는 특히 1277년에 행해진 주교 Stephen Tempier의 유명한 아리스토텔레스주의 비난의 결과로서 서방의 주류 신학 전통 안으로 "주의주의적 심리학"이 들어왔다고 지적한다(*Beatific Enjoyment in Medieval Scholastic Debates* [Lanham, MD: Lexington, 2014], 75-75).

3   "지복직관"이라는 용어는 사랑(그것은 어떤 이가 행복하다[*beatus*]고 표현할 수는 있으나 직접 직관에 관해 말하지는 않는다)보다는 지식(그것은 조명과 통찰과 상관이 있다)과 보다 자연스럽게 연결된다. 대부분의 현대적 사고가 갖고 있는 주의주의적 틀을 고려한다면, 현대 시대에 지복직관 교리가 쇠퇴를 겪고 있는 것은 놀랄 일이 아니다.

자연과 초자연의 만남이 포함된다. 지복직관을 낳는 것이 지식이나 사랑 둘 중 하나라고 주장하는 것은 형언할 수 없는 신비를 이성적 수단을 통해 포착하려는 시도다. 분명히 여러 면에서 나는 나 자신을 주의주의적이기보다는 주지주의적이라고 여긴다. 나로서는 기독교 플라톤주의가 사랑이 지식을 의미한다고 또한 우리는 오직 우리가 그것에 대한 사전 지식을 갖고 있는 것만을 갈망할 수 있다고 주장하는 것이 옳아 보인다.[4] 이런 일반적인 법칙에 대해 내가 가하는 유일한 제한은 그것이 하나

4   플라톤에 따르면 우리가 선을 인식할 때 욕망이 선을 뒤따른다.『향연』에서 소크라테스는 에로스가 신들 사이에서도 가장 위대하다는 아가톤의 주장을 날카롭게 반박한다. 그는 여사제 디오티마가 자기에게 에로스는 언제나 선 그 자체에 대한 영원한 소유를 욕망하는 매개적 다이몬에 불과하다고 가르쳤다고 설명한다(Symp. 206a). 소크라테스와 디오티마의 대화 과정에서 디오티마는 에로스가 무지와 지식 사이의 매개체라고 주장한다. "지혜는 그야말로 가장 아름다운 것에 대한 사랑(에로스)이지요. 그래서 에로스는 필연적으로 지혜를 사랑하는 자일 수밖에 없고, 지혜를 사랑하는 자이기에 지혜로운 것과 무지한 것 사이에 있을 수밖에 없습니다"(Symp. 204b, in Symposium, trans. and ed. Robin Waterfield [Oxford: Oxford University Press, 1994]). 그러므로 플라톤에 따르면 에로스는 그것의 대상에 대한 (선에 대한) 지식을 갖고 있다. 물론 욕구는 플라톤에게 아주 중요한 범주다. 이것은 특히『파이드로스』에서 나타나는 날개 달린 영혼의 신화를 통해 분명하게 드러난다. 거기서 그는 어느 사랑하는 자와 그의 아름다운 소년 사이의 육체적 끌림에 관해 길게 이야기한다(Phaedr. 250c-257a). 그러나 플라톤은 에로틱한 욕구가 마부의 자리에 앉아서는 안 된다는 것을 분명하게 밝힌다. 영혼이 갖고 있는 욕구 혹은 욕망의 부분(τὸ ἐπιθυμητικόν)은 검은 말인데, 그것은ㅡ흰말, 즉 영혼의 기개의 부분이나 욕구의 부분(τὸ θυμοειδές)과 함께ㅡ이성이라는 마부(τὸ λογιστικόν)에 의해 안내를 받고 통제되어야 한다. 마부는 그가 하늘의 궁창 꼭대기를 목표로 삼을 때 올바른 방향으로 말들을 이끌고 그곳에서 플라톤이 진리 혹은 참된 존재라고 부르는 것을 응시한다(Phaedr. 247c-d).
        플로티노스도 유사하게 의지의 욕구를 지식의 대상 안에서 인식되는 선에 복속시킨다. "그러면 우리는 욕구하려는 결정을…영혼에 넘기고, 이 영혼의 경험을 신뢰하면서 이것이 욕구하는 것이 선하다고 주장하고, 어째서 그것이 욕구하는지에 대해 묻지 말아야 할까? 그리고 우리는 각각의 모든 것이 무엇인지를 보여주지만 선을 욕구에 맡길 것인가? 그러나 우리는 이것에서 여러 가지 부조리한 것들을 본다"(Enn. 6.7.45; 인용문은 Plotinus, Enneads, trans. and ed. A. H. Armstrong, 6 vols., LCL 440-45 [Cambridge, MA: Harvard University Press, 1966-88]에서 가져옴). 좀 더 밑으로 내려가서 플로티노스는 다음과 같이 묻는다. "선은 선한가 그리고 그것이 그런 이름을 가진 것은 그런

님 자신(그분 안에서 지식과 사랑은 하나이자 동일하다)이나 그리스도에 대한 우리의 신성화시키는 참여(deifying participation, 이것은 영생과 동일한데 거기서 **이전**과 **이후**라는 범주는 분명히 그 어떤 직접적이고 현실적인 의미와 관련이 없다)와는 관련이 없다는 것이다. 따라서 신성화와 내세에서의 하나님에 대한 지복직관에 관한 한, 우리는 지적인 능력들과 욕구하는 능력들의 우선 순위를 정하는 것은 말할 것도 없고 그것들을 구분하는 것이 가능하다고 여겨서도 안 된다.

이 장은 중세에 나온 다음 두 개의 논문이라는 렌즈를 통해 지식과 사랑의 관계를 살핀다. 하나는 프란치스코 수도회의 총회장으로 잘 알려진 바뇨레지오의 보나벤투라(Bonaventure of Bagnoregio, 1221-1274)가 쓴 『영혼의 하나님 안으로의 여행』(Itinerarium mentis in Deum)이고, 다른 하나는 독일의 신학자이며 교회법 학자이자 추기경이었던 니콜라우스 쿠자누스(Nicholas of Cusa, 1401-1464)가 쓴 『하나님을 보는 것에 관하여』(On the Vision of God)다. 그 두 저작 사이에는 거의 2백여 년의 세월이 존재한다. 보나벤투라는 『영혼의 하나님 안으로의 여행』을 1259년에 썼고, 니콜라우스는 『하나님을 보는 것에 관하여』를 1453년에 썼다. 그럼에도 우리는 그 둘을 비교하여 유익을 얻을 수 있다. 두 논문은 모두 6세기의 유명한 수도승인 디오니시오스의 신비 신학에 많이 의존하고 있는데, 보나벤투라와 니콜라우스 두 사람은 모두 디오니시오스를 사도

이름을 받을 만해서인가 아니면 우리가 그것을 선으로 말해서인가?" 플로티노스는 "확실히 욕구의 대상 자체는 그것을 이렇게 부르는 게 옳을 만큼 그런 본성을 갖고 있어야 한다"라고 답한다(6.7.24). 마찬가지로 그는 다음과 같이 주장한다. "따라서 선은 바람직한 것이어야 하지만, 바람직함으로써 선해지는 것이 아니라 선함으로써 바람직해져야 한다"(6.7.25).

행전 17장이 언급하는 바울이 회심시킨 자로 여긴다(비교. 행 17:34).[5] 그러나 보나벤투라는 버나드 맥긴(Bernard McGinn)이 "감정적인 디오니시오스주의"(affective Dionysianism)라고 불렀던 것의 초기 단계에 서 있는 반면, 니콜라우스는 특히 지성과 의지의 분리에 맞서기 위해 『하나님을 보는 것에 관하여』를 썼고, 아마도 맥긴이 "지성적인 디오니시오스주의"(intellective Dionysianism)라고 부르는 것의 본보기로 해석될 수 있을 것이다.[6] 두 신학자는 모두 디오니시오스의 영향 아래서 지복직관에 대한 그들의 이해를 발전시켰다. 보나벤투라는 그 동방의 신학자를 보다 프란치스코식(주의주의적) 방향으로 해석하고, 니콜라우스는 그를 보다 도미니코적(주지주의적) 사상에 맞춰 읽는다.

이 두 신학자들을 비교하면서 내가 갖는 관심은 이중적이다. 첫째, 나는 신앙과 이성, 지식과 사랑을 함께 유지하는 일에 관심이 많다. 현대에 들어와 의지와 인간의 욕망에 대한 점증하는 강조의 결과로서 나타난 그 둘의 분리는 날카로운 비판의 대상이 되었다.[7] 그리고 나는 의지

---

5   William J. Hoye는 보나벤투라와 니콜라우스 쿠자누스가 모두 디오니시오스를 규범적인 인물로 여기며 인용한다고 적절하게 말한다. 그는 다음과 같은 말을 덧붙인다. "보나벤투라의 작품 하나[즉, 영혼의 하나님 안으로의 여행]는 쿠자누스가 학생이었을 때부터 그의 소장품으로 있었다"("Die Vereinigung mit dem gänzlich Unerkannten nach Bonaventura, Nikolaus von Kues und Thomas von Aquin," in *Die Dionysius-Rezeption im Mittelalter. Internationales Kolloquium in Sofia vom 8. bis 11. April 1999 unter der Schirmherrschaft der Société internationale pour l'étude de la philosophie médiévale*, ed. Tzorcho Boiadjiev, Georgi Kapriev, and Andreas Speer, Rencontres de Philosophie Médiévale 9 [Turnhout, Belgium: Brepols, 2000], 485 [번역문은 나의 것이다).

6   Bernard McGinn, *The Flowering of Mysticism: Men and Women in the New Mysticism— 1200-1350*, vol. 3 of *The Presence of God: A History of Western Christian Mysticism* (New York: Crossroad Herder, 1998), 79; Bernard McGinn, *The Harvest of Mysticism in Medieval Germany*, vol. 4 of *The Presence of God: A History of Western Christian Mysticism* (New York: Herder and Herder, 2005), 449.

7   다음 문헌들을 보라. John Milbank, *Theology and Social Theory: Beyond Secular Reason*,

의 현대적 구체화에 관한 의혹을 공유한다. 일단 인간의 욕망이 운전석을 차지하고 인간의 존재 목적을 결정하게 되면, 하나의 신학적 범주로서의 지복직관이 사실상 상실되는 것은 불가피해 보인다. 따라서 오늘날 우리가 지복직관을 무시하는 것은 적신호로 간주되어야 한다. 그것은 현대 신학이 아무런 제약을 받지 않는 서구 사회의 주의주의에 고도로 적응하고 있음을 의미한다. 이런 변화의 결과는 의도하지 않은 것이 될 수 있다. 하지만 그것들은 실제적이고 심각하다. 욕망의 지시를 선한 삶을 구성하기 위한 출발점과 지침으로 취하는 문화는 서로 다른 의지들의 격렬한 충돌로 끝날 수밖에 없다.

그러나 보나벤투라를 프란치스코적 욕망의 악당으로 바꾸고 니콜라우스를 도미니코적 지성의 옹호자로 떠받드는 식으로 그들을 풍자하는 것은 별 도움이 되지 않는다. 그 두 사람은 모두 신앙과 이성이 서로 긴밀하게 얽혀 있음을 인정하기 때문이다. 따라서 우리는 보나벤투라를 단순히 근대 말기의 인간의 합리성에 대한 중독이라는 렌즈를 통해 읽는 것에 저항해야 한다. 그럼에도 보나벤투라는 지식에 대한 욕망에 일관되게 반대하기 때문에 그의 정서적 디오니시오스주의는 지식과 사랑의 연관성을 한계점까지 잡아 늘인다. 대조적으로 니콜라우스의 주지주의적 디오니시오스주의의 경우 적극적 담론과 부정적 담론 사이의 변증

2nd ed. (Malden, MA: Wiley-Blackwell, 2006); 『신학과 사회이론』(새물결플러스 역간). Louis Dupré, *Passage to Modernity: An Essay in the Hermeneutics of Nature and Culture* (New Haven: Yale University Press, 1993); Brad S. Gregory, *The Unintended Reformation: How a Religious Revolution Secularized Society* (Cambridge, MA: Belknap Press of Harvard University Press, 2012); Thomas Pfau, *Minding the Modern: Human Agency, Intellectual Traditions, and Responsible Knowledge* (Notre Dame: University of Notre Dame Press, 2015).

법은 지성의 역할에 한계를 둔다. 왜냐하면 긍정적 담론과 부정적 담론은 모두 하나님에 대한 신비로운 경험과 더불어 끝나기 때문이다. 다시 말해 비록 니콜라우스가 지성을 강조하지만, 그는 그 두 능력 중 어느 것이 지복직관을 낳는지에 대해 숙고하기를 거부한다.

둘째, 두 신학자의 작품에 디오니시오스적 사고 패턴이 퍼져 있음을 감안할 때, 두 사람에게 모두 제기되는 질문은 과연 그들이 그리스도의 역할을 공평하게 다룰 수 있는지와 그리고 어떻게 다루느냐는 것이다. 디오니시오스는 부정과 모순 및 무지의 신학자다. 그리고 디오니시오스적 부정 신학(apophaticism)의 어두운 그림자를 고려할 때, 하나님에 대한 실제적 직관은 거의 불가능해 보일 수 있다. 인간의 지식과 불가해한 하나님 사이의 간격은 지복직관을 우리의 손이 닿지 않는 곳에 위치시키는 것처럼 보일 수 있다. 따라서 우리는 과연 우리가 디오니시오스적 부정 신학을 우리가 성서에서 만나는 예수 그리스도에 대한 긍정적인 초점과 결합시킬 수 있는지 물어야 한다. 혹은 디오니시오스가 자신의 독자들을 그리로 이끌어가는 "무지"는 불가피하게 하나님의 계시를, 특히 그리스도의 중심성을 경시하는가? 즉 디오니시오스 안에서—"빛나는 어둠"이라는 모순적인 표현과 함께 인간의 무지에 초점을 맞추는—구름 은유가 갖는 중요성은 우리로 하여금 그리스도 안에서 나타나는 하나님의 적극적인 자기 계시를 하나님께서는 신성에 대한 그런 제한된 표현들 너머에 계신다는 통찰에 이르는 단순한 디딤돌로 여기도록 유혹할 수도 있다. 그런 이해에 따르면 그리스도는 여전히 중재할 수 있으나—그는 여전히 디딤돌이다—그의 목적은 자신 너머에 있는 어떤 (부정 신학적인) 실재를 가리키는 것이다. 우리는 그리스도가 여전히 어떤 표지—아마도 심지어 어떤 성례—가 될 것이나 그가 가르치는 실재는 영원히 우리가 눈으로 볼 수 있는 범위 너머에 있을 것이라고 말할 수 있다.

그리스도와 지복직관을 그런 식으로 다루는 것은 결코 상상이 아니다. 지복직관에 대한 디오니시오스적 접근법을 형성하도록 도왔던 신플라톤주의적 전통은 철저하게 부정 신학적이다. 플로티노스에게 선의 연합 혹은 단순성은 그것을 급진적으로 우리의 시야 너머에 위치시킨다. "당신이 그를 지성 혹은 신으로 생각할 때 그는 그 이상이다. 그리고 당신이 그를 당신의 생각 안에서 통일시킬 때 여기서 또한 그가 당신의 생각을 초월하는 그 통일의 정도는 당신이 상상했던 것 이상이다. 왜냐하면 그는 아무런 부수적 속성 없이 혼자이기 때문이다."[8] 지성(νοῦς)과 "하나님"(θεός) 같은 용어들은 이 근원의 "지점"(point of origin)이 지닌 숭고한 특성을 충분히 발휘하지 못하게 한다. 결국 플로티노스에게 선(τὸ ἀγαθόν) 혹은 일자(τὸ ἕν)는 다른 존재들 가운데 있는 **하나의** 존재가 아니다. 존재하는 모든 것, 심지어 형상들의 존재보다도 선행하는 모든 것의 근원은 만유보다 우선하기에 "만유는 그것과 다를 것이고, 그것은 만유와 다를 것이다."[9] 따라서 우리가 첫 번째 것(τὸ πρῶτον)에 대해 말하든 선(혹은 어쩌면 아름다움)에 관해 말하든, 우리는 일자가 우리가 명명하는 것을 완전히 넘어서며 따라서 우리의 지식의 대상이 되지 않는다는 점을 인식해야 한다.[10] 그러므로 이 기본적인 선, 일자(the Alone, τὸ μόνον)는

---

8   *Enn. 6.9.6.*

9   *Enn. 3.8.9.*

10   Andrew Louth는 플로티노스에게 일자는 "절대적으로 단순하고, 그 어떤 이중성도 넘어서며, 따라서 그것에 대해서는 아무것도 말할 수 없다. 그것이 일자인 것은 그것이 이중성을 넘어서기 때문이다. 그것이 선인 것은 그것이 다른 아무것도 필요로 하지 않기 때문이다. 그것은 모든 것의 근원이고 모든 존재 너머에 있다. 참으로 일자에 관해서는

실제로는 선-너머(τὸ ὑπεράγαθον)에 있다.[11]

아름다움—플로티노스는 그것에 대한 찬양에 몰두하지만—은 일
자의 완전한 초월을 아주 잘 표현하지는 않는다. 아름다움은 그것이 플
로티노스에게 영향을 주는 문제와 너무 긴밀하게 연결되기 때문에 그
것을 선과 동일시하기는 어렵다.[12] 아름다움과 달리 형언하기 어려운 일
자는 형상들의 범위 너머에 남아 있다.[13] 선조차 일자의 단항적(monadic,
무엇으로도 나눌 수 없는 궁극적 실재—역자 주) 특성을 아주 잘 포착하지는
못한다. 왜냐하면 더 낮은 단계의 지성(νοῦς)이 선에 참여할 수 있기 때
문이다. 그래서 플로티노스는 일자의 완전한 초월성을 강조하기 위해
"선-너머"(Beyond-Good)라는 용어를 사용한다. 플로티노스의 선-너머
는 성육신한 그리스도에 초점을 맞추는 신앙의 구체적이고 특정한 윤곽
과는 거리가 먼 것처럼 보인다.

내가 방금 개관한 플로티노스의 설명 대부분은 디오니시오스와 그
에게 기반한 전통 안에서 되울린다. 그러나 한 가지 중요한 예외는 플로
티노스의 "선-너머"인데, 전통은 그것을 기독교 신앙에 비추어 변경한
다. 디오니시오스는 자신의 『신비 신학』(Mystical Theology)을 다음과 같은
외침으로 시작한다. "삼위일체시여! 그 어떤 존재보다, 그 어떤 신성보
다, 그 어떤 선보다 높으신 분이시여!"[14] 비록 디오니시오스가 자신이 궁

아무것도 단언할 수 없다"라고 말한다(The Origins of the Christian Mystical Tradition:
From Plato to Denys [Oxford: Oxford University Press, 1981], 38).

11 Enn. 6.9.6.
12 Enn. 5.5.12.
13 Dominic J. O'Meara, Plotinus: An Introduction to the Enneads (Oxford: Clarendon,
1993), 97-99.
14 MT 997A. 이후로 이 작품의 참조 번호는 본문의 괄호 안에 제시될 것이다. 인용문은
Pseudo-Dionysius: The Complete Works, trans. Colm Luibheid, ed. Paul Rorem (Mahwah,

정과 부정 모두 너머에 있다고 주장하는 하나님의 삼위일체적 특성에 대해 상술하지는 않으나, 그럼에도 그는 "선-너머"를 삼위일체와 동일시함과 자신의 논문을 이 삼위일체 하나님을 개인적으로 부르는 것으로 시작함으로써 플로티노스를 넘어선다.

확실히 디오니시오스는 플로티노스의 사상을 계승하는 참된 계승자다. 그는 긍정도 부정도 삼위일체를 적절하게 식별하지 못한다고 주장한다. 왜냐하면 긍정적인 언어와 부정적인 언어는 모두 이 세상의 개념에 묶여 있기 때문이다. 7 두 종류의 담론 중 어느 것도 하나님을 적절하게 포착하지 못한다. 실제로 디오니시오스가 다음과 같이 말하는 것처럼 말이다.

사실 우리가 더 높이 올라갈수록, 우리의 말은 더욱더 우리가 형상화할 수 있는 개념들에 국한된다. 따라서 지금 우리가 지성 너머에 있는 어둠 속으로 거꾸러질 때, 우리는 우리가 그저 말이 부족한 것이 아니라 사실상 할 말이 없으며 무지의 상태에 있음을 알게 될 것이다.…이제 나의 주장은 아래에 있는 것으로부터 초월까지 올라간다. 그리고 그것이 더 높이 오르면 오를수록 언어는 더욱더 흔들린다. 그리고 그것이 오르막길을 지나고 넘어설 때, 그것은 완전히 침묵에 빠진다. 왜냐하면 마침내 그것이 묘사될 수 없는 분과 하나가 될 것이기 때문이다(1033B-C).

그 시리아의 수도자는 "모든 부정 너머에 있는 것을 부정하기 위해" 하나님에 대한 긍정적인 명명과 부정적인 명명을 모두 넘어서고자 한다

NJ: Paulist, 1987)에서 가져옴.

(1033C).

　중요한 측면에서 이런 신학적 접근법은 단지 플로티노스가 시작한 궤적을 계속해나간다. 그럼에도 디오니시오스는 그 신플라톤주의 철학자에 대한 중요한 수정을 시작한다. 디오니시오스가 말한 오르막길의 정상에서 어둠과 침묵이 나타나는 이유는 삼위일체가 인간의 담화 너머에 있는 신비이기 때문이다. 긍정적인 것이든 부정적인 것이든 우리가 말하는 그 무엇도 삼위일체가 무엇과 같은지를 포착하지 못한다. 우리는 오직 우리가 그 "미지의 어둠"(1001A)이 유일하게 "그 어떤 존재보다도, 그 어떤 신성보다도, 그 어떤 선보다도 높은"(997A) 삼위일체 하나님을 가리킨다는 것에 유념할 때만 디오니시오스의 신비주의를 적절하게 이해할 수 있다. 디오니시오스가 "모든 존재와 지식 너머에"(997B) 있는 이를 찾아 나서는 것은 삼위일체 교리에 대한 확고한 믿음을 지닌 기독교 신학자로서다. 우리가 보게 되겠지만, 보나벤투라와 니콜라우스는 이런 디오니시오스적 접근법을 각자 나름의 창의적인 방식으로 따른다. 비록 그들이 디오니시오스를 서로 다른 방식으로 전용하기는 하나, 보나벤투라와 니콜라우스는 모두 자신들의 디오니시오스적 신학을 예수 그리스도에 대한 깊은 개인적 믿음과 결합시키는데, 바로 그것이 그들이 하나님에 대한 자신들의 지복적 경험에 관해 말하는 방식을 형성한다.

보나벤투라, 『영혼의 하나님 안으로의 여행』

성 보나벤투라(1217-74)는 디오니시오스에게 대체로 암시적으로 남아 있던 삼위일체 신학을 얼마간 상세하게 발전시켰다. 더 나아가 그 프란치스코회 신비가는 지복직관에 대한 디오니시오스의 접근법에 대해 놀랄 만한 기독론적(심지어 십자가 중심적) 방향 전환을 시도했다. 그리고 그는 독자들의 열망을 그리스도께 집중시키도록 의도했던 논문을 통해 그렇게 했다. 잘 알려진 바와 같이 『영혼의 하나님 안으로의 여행』(*The Soul's Journey into God*) ─ 보나벤투라는 그 책을 프란치스코 수도회의 총회장으로 임명된 2년 후인 1259년에 썼다 ─ 은 그가 토스카나에 있는 라베르나 산을 방문한 것에 의해 깊게 형성되었는데, 프란치스코는 35년 전에 바로 그 산에서 여섯 날개가 달린 천사를 보았다. 프란치스코가 보았던 천사 ─ 그것은 십자가에 달린 그리스도의 형상을 갖고 있었다 ─ 는 프란치스코의 손과 발에 흔적과 그의 옆구리에 상처를 남겼다. 프란치스코가 본 환상과 그가 고난당하는 예수를 강조했던 것이 보나벤투라의 신학적 접근법에 심대하게 영향을 주었다. 따라서 하나님을 보는 것(*visio Dei*)에 대한 보나벤투라의 이해에서 디오니시오스의 동방 교회적 신비주의는 아우구스티누스적(특히 프란치스코적) 전통이라는 서방 교회의 영향과 결합했다.

『영혼의 하나님 안으로의 여행』이 지닌 가장 매력적인 측면은 아마도 그 책 전반에서 나타나는 기독론일 것이다. 윌리엄 함리스(William Harmless)는 다음과 같이 말한다. "어떤 신학을 보나벤투라의 그것보다 더 자의식적으로 그리스도 중심적이라고 부르는 것은 어렵다."[15] 데니스 터너(Denys Turner)는 이에 동의한다. "핵심적인 신학적 비전은 기독론적이다. 『여행』은 그리스도와 함께 시작하고 끝난다. 수단도 그리스도다.

---

15   William Harmless, "Mystic as Cartographer: Bonaventure," in *Mystics* (New York: Oxford University Press, 2008), 102.

의미도 그리스도다."[16] 실제로 우리는 그리스도를 세상이 그것을 통해 하나님으로부터 오기도 하고 그분에게 돌아가기도 하는 성례전적 요체라고 말할 수 있다. 보나벤투라는 그것을 다음과 같이 말한다.

하나님이 모든 것의 시작이자 끝이시기에, 하나님 안에 오직 생산만 하는 사람과 오직 생산되기만 하는 사람이 아니라 생산하기도 하고 생산되기도 하는 중간적 존재가 있도록 **신적 본성**을 가진 중간적 인물을 상정할 필요가 있다. 또한 사물의 나감(*in egressu*)과 귀환(*regressu*) 안에 어떤 중간(*medium*)을 위치시키는 것이 필요하다. 즉 나감 안에는 생산적 원리[즉, 성부]에 더 가까운 어떤 중심을, 그리고 귀환 안에는 돌아오는 것에 가까운 어떤 중간을 말이다. 따라서 피조물이 하나님의 말씀에 의해 하나님으로부터 나갔을 때(*exierunt*), 완전한 돌아옴(*reditum*)을 위해 **하나님과 인간 사이**의 중재자는 하나님일뿐 아니라 또한 인간일 필요가 있다. 그래야 이 중재자가 인간을 하나님께 다시 인도할 수 있을 것이기 때문이다.[17]

보나벤투라에게 그리스도는 삼위일체의 삶과 인간의 창조와 구원 모두에서 매개체 역할을 한다. 창조의 나감은 물론이고 귀환도 그 안에서와 그를 통해서 발생한다.[18]

---

16 Denys Turner, "Hierarchy Ineriorised: Bonaventure's Itinerarium Mentis in Deum," in *The Darkness of God: Negativity and Christian Mysticism* (Cambridge: Cambridge University Press, 1995), 117.

17 Red. art 23 (in vol. 1 of *Works of Saint Bonaventure*, trans. and ed. Zachary Hayes [Saint Bonaventure, NY: Franciscan Institute, 1996], 59).

18 Paul Rorem은 보나벤투라가 디오니시오스의 신비적인 "향상"을 레둑티오(*reductio*, 도로 데려옴)라는 라틴어로 표현하고 있음을 보여준다("Dionysian Uplifting [Anagogy] in Bonaventure's *Reductio*," FcS 70 [2012]: 183-88).

보나벤투라는 디오니시오스보다 훨씬 더 십자가에 달린 그리스도에게 초점을 맞춘다. 그가 보기에 우리가 황홀경적 관조에 이르는 것은 오직 그리스도를 통해서만 가능하다. 보나벤투라는 프란치스코가 보았던 여섯 날개가 달린 천사를 "피조물에서 시작해서 십자가에 달리신 이를 통하지 않고서는 아무도 적절하게 접근할 수 없는 하나님에게로 이어지는 여섯 단계의 조명에 대한 상징"으로 여긴다.[19] 조명의 여섯 단계는 세 개의 주된 접근법을 통해 진행된다. 밖으로의 여행은 감각 세계의 흔적을 통해서(per), 그리고 그 안에서(in) 하나님에 대한 관조(speculatio)를 통해 발생한다. 다음으로 안으로의 여행에는 인간에게 새겨진 이미지를 통해서, 그리고 그 안에서 이루어지는 하나님에 대한 관조가 포함된다. 마지막으로, 위로의 여행은 하나님 자신의 존재(일치)와 선(삼위일체)에 대한 관조다. 처음 두 단계에서는 감각(sensus)과 상상력(imaginatio)이 관여되는 반면, 다음 두 단계에서는 첫째로 이성(ratio)이, 그다음으로 이해(intellectus)가 필요하고, 마지막 두 단계에서는 마음이 그것의 지성(intelligentia)을 사용해 그것의 정상(apex mentis)에 도달한다. 이 여섯째 단계에 도달한 후에 마음은 일곱째이자 마지막 지점에 이르는데 거기서 황홀경은 마침내 평안과 쉼을 발견한다.[20]

관조는 최종 단계를 위해서만 유보되지 않는다. 그 단계에서 이해가 쉼(requies)에 이르고 감정이 하나님께로 넘어가는 것은 사실이다. 그

---

19   *Itin*. prol. 3. 이후로 *Itinerarium mentis in Deum*(The Soul's Journey into God)에
      대한 참조 번호는 본문의 괄호 안에 제시될 것이다. 인용문은 vol. 2 of *Works of St.*
      Bonaventure, trans. Zachary Hayes, ed. Philotheus Boehner(Saint Bonaventure, NY:
      Franciscan Institute, 2002)에서 가져옴.

20   다양한 단계들에 관한 유익한 차트는 McGinn, *The Flowering of Mysticism*, 107; 그리고
      Harmless, "Mystic as Carthographer," 89에서 찾을 수 있다.

럼에도 그 세라핌 박사(Seraphic Doctor, 보나벤투라의 별명이다—역자 주)는 관조라는 용어를 그 일곱 단계 각각에 적용한다. 하나님을 보는 것은 감각을 통한 인식에서 시작된다. 보나벤투라는 창조 질서를 **통해서**뿐 아니라 그 **안에서** 하나님을 보는 것에 대해 말한다. 하나님은 "그것들[즉, 감각적인 것들]을 **통해서**뿐 아니라 하나님이 본질과 권능 및 현존을 통해 그것들 안에 임재하시는 한 그것들 **안에서도**" 관조되실 수 있다(*Itin.* 2.1). 지각할 수 있는 대상들에 대한 직관은 이미 하나님에 대한 직관을 의미한다. 터너는 보나벤투라가 "통하여"(*per*)와 "안에서"(*in*)라는 용어를 사용하는 것을 가리키면서 "통하여"라는 전치사는 단순히 하나님을 계시하는 복제품을 암시하는 반면, "안에서"라는 전치사는 단지 "하나님을 계시할 뿐 아니라 그분을 임재하게 만드는" 실재들을 암시한다고 주장한다.[21] 다시 말해 우리가 세상의 흔적들 **안에서**와 그분의 형상인 인간들 **안에서** 하나님을 볼 때, 우리는 그것들 안에 성례전적으로 임재하시는 그분을 본다.

　보나벤투라는 우리가 육체적 직관을 성자의 영원한 발생과 연결시킬 때, 우리는 하나님의 이런 임재를 인식한다고 주장한다. 감각적인 물체가 우리의 마음에 (종들[species]의 형태로) 자신의 모습을 새기듯 영원한 빛이신 성부는 자신의 아들의 영원한 모습을 발생시키신다(2.7). 따라서 감각적인 물체에 대한 우리의 지각은 성부와 성자의 관계에 대한 결론으로 이어질 수 있다. 우리의 마음 안에 형성된 종의 모습 안에 아름다움과 달콤함 및 완전함이 있듯이 성자의 영원한 모습 안에서도 아름다움과 달콤함 및 완전함이 발견될 것이다(2.8). 더 나아가 (추상을 통해) 감

21　Turner, "Hierarchy Interiorised," 109.

각적인 것들에 대해 판단을 내리는 것은 우리가 오류가 없는 법들을 따를 때만 의미가 있기 때문에 이런 법들은 불변하고 부패하지 않으며 영원해야 한다. 다시 말해 그것들은 창조되지 않고 "모든 아름다운 것들이 그것으로부터, 그것을 통해, 그리고 그것과 일치해서 형성되는 영원한 예술 안에 영원히 존재한다"(2.9). 우리가 감각 인식을 통해 내리는 판단을 위한 영원한 기준이 되는 것은 바로 이 "영원한 예술"(eternal Art)—성부에 의해 잉태된 영원한 말씀—이다. 다시 말해 보나벤투라는 감각적인 것들을 하나님의 영원한 예술의 "그림자와 메아리 및 그림들"로 묘사한다(2.11).

따라서 보나벤투라에게는 육체적 눈으로 피조된 물체를 보는 단순한 행위조차 관조의 한 형태다. 육체적으로 보는 것이 이런 관조적 성격을 갖는 것은 성자의 영원한 발생이 모든 인간이 경험하는 인식의 패턴이기 때문이고 하나님의 영원한 말씀이 우리가 감각적인 것들을 이해하는 표준 혹은 규칙이기 때문이다. 보나벤투라는 하나님이 우리 주변의 창조세계 안에 임재하신다고 여긴다. 다시 말해 보나벤투라에게 관조는 동방의 신학자들이 자연적 관조(θεωρία φυσική)라고 불렀던 것이다. 물리적 영역 안에서 우리는 하나님의 임재, 즉 성부의 "영원한 예술"을 본다.[22] 지복직관은 그것의 기원을 창조된 것들에 대한 물리적 인식에 두고 있다.

보나벤투라는 네 번째 단계를 다루면서 자신의 논의의 핵심에 이

---

22   환경철학에 관한 자연적 관조의 함의는 Bruce V. Foltz's reflections on Maximus the Confessor in "Seeing Nature: *Theōria Physikē* in the Thought of St. Maximos the Confessor," in *The Noetics of Nature: Environmental Philosophy and the Holy Beauty of the Visible* (New York: Fordham University Press, 2014), 158-74에 수록된 Bruce V. Foltz 의 고백자 막시무스에 관한 숙고를 보라.

른다. 여기서 그는 자연의 이미지로부터 초자연적인 이미지로 혹은 그가 다른 곳에서 그렇게 부르는 것처럼 형상으로부터 유사성으로 넘어간다.[23] 그는 자신의 형상인 우리 안에 성례전적으로 임재하시는 하나님을 보는 우리의 능력의 핵심으로 성육신을 가리킨다. 또 그는 "우리의 영혼이 만약 그리스도 안에서 인간의 모습을 취하는 진리가 아담 안에서 깨진 첫 번째 사다리를 수리하기 위한 사다리가 되지 않는다면 감각적 실재로부터 그 자체와 그 자체 안에 있는 영원한 진리를 보기 위해 완전하게 고양될 수 없을 것"이라고 주장한다(*Itin.* 4.2). 영혼이 낙원의 진리를 즐기고 생명나무이신 그리스도에게서 먹을 수 있는 것은 오직 그리스도의 중재(*mediante Christo*)를 통해서뿐이다. 믿음과 소망과 사랑이라는 미덕들—그것들 각각은 우리를 "정화하고, 조명하며, 완전하게 하는"(4.5) "최고의 계층"이신 예수 그리스도에게 집중된다—의 주입을 통해 정신은 그것의 내면으로 돌아가는데 그곳에서 그것은 "**성도의 영광** 안에 계신 하나님을 본다[LXX 시 109(MT 110):3]"(4.6).

여섯째 단계에서 영혼은 삼위일체 하나님의 역설적 특성에 놀란다. 이 관조는 보나벤투라가 위격적 연합의 기적을 응시하도록 만든다. 마음은 그것이 창조의 여섯째 날에 그랬던 것처럼 예수 그리스도 안에서 "하나님의 형상을 따라 만들어진 인간"을 보기에 이른다(6.7). 여기서 마음은 그것의 정상(*apex mentis*)에 이른다. 왜냐하면 이제 그것은 그것이 동시에 "처음과 마지막, 가장 높은 것과 가장 낮은 것, 원주와 중심, 알파와 오메가[계 1:8], 결과와 원인, 창조주와 피조물, 즉 안팎에 글이 쓰인 책[겔 2:9(10)]"을 보는 것처럼 "그리스도 안에서 형언할 수 없을 만큼 연

---

23   Turner, "Hierarchy Interiorised," 111을 보라

합된" 우리 인간을 관조하기 때문이다(6.7).

그 여행의 많은 부분은 기독론에 토대를 두고 있다. 마음은 창조 안에 있는 하나님의 흔적 안에서, 은총에 의해 개혁된 하나님의 형상 안에서, 그리고 특별히 정상에서 그것이 하나님의 삼위일체적 성품과 위격적 연합에 대해 숙고할 때 하나님의 아들을 관조한다. 그러나 이 모든 것은 중요한 의미에서 단지 준비에 불과하다. 감각과 이해 및 심지어—동방 신학이 일반적으로 지성(nous)이라고 부르는—마음 자체도 사람을 단지 어느 지점까지만 이끌 수 있을 뿐이다. 결국 하나님에 대한 지복직관은 오직 마음이 황홀경의 순간에 초월될 때만 발생한다. 이 중요한 신비로운 이동(excessus mysticus)의 순간에 마음은 그 자신마저도 초월한다(7.1). 『여행』의 일곱째 단계에서 하나님 안으로 "넘어가는" 이 순간에 대한 보나벤투라의 설명은 그것이 경건과 그리스도의 십자가를 결합시키는 것(기독교 신앙 중 가장 단호하게 긍정 신학의 요소)과 침묵과 어둠에 관한 디오니시오스적 담화를 포용하는 것(상상할 수 있는 가장 급진적인 부정 신학) 때문에 굉장히 아름답다. 보나벤투라에게 그 둘은 서로 아주 잘 들어맞는다. 왜냐하면 십자가, 즉 그리스도와 함께 죽는 것에서 모든 감각 지각과 지성적 활동이 뒤에 남겨지기 때문이다(7.4). 보나벤투라는 이것을 경험하는 사람은 "그리스도와 함께 파스카(Pasch), 즉 유월절을 축하한다(hoc est transitum, cum eo facit)"고 주장한다(7.2). 이 지점에서 신자는 그리스도와 함께 낙원 안으로 들어가고(눅 23:43) 거기서 숨겨진 만나를 맛본다(계 2:17). 그러나 인식과 지성이 모두 뒤에 남겨지기 때문에 보나벤투라는 디오니시오스의 『신비 신학』의 첫 단락을 인용함으로써 낙원을 묘사하는데 "아주 분명하고 완전한 모호함 속에서" 가르치는 "눈부신 어둠"의 언어로 그렇게 한다(Itin. 7.5).

보나벤투라는 "나를 보고 살 자가 없음이니라"(출 33:20)는 개념을 그렇게 아주 문자적으로 취한다. 그 세라핌 박사는 우리가 성부 하나님을 볼 수 있는 것은 오직 우리가 그리스도와 함께 죽음으로써 우리의 생명을 잃을 때뿐이라고 주장한다(*Itin.* 7.6).[24] 따라서 그는 자신의 논문 끝에서 독자들에게 다음과 같이 권한다. "따라서 죽어서 이 어둠 속으로 들어가자. 우리의 모든 근심과 욕구 및 상상력을 침묵시키자. 십자가에 달리신 그리스도와 함께 **이 세상으로부터 성부께로** 넘어가자(*transeamus*) [요 13:1]. 그러면 성부께서 우리에게 보이실 때 우리는 빌립과 더불어 다음과 같이 말할 수 있을 것이다. **우리에게 족하나이다**[요 14:8]"(7.6). 보나벤투라가 확실하게 인식했듯이, 예수는 자기가 성부 하나님을 볼 수 있게 해달라는 빌립의 요청에 자기 자신을 가리키심으로써 응답하셨다. "나를 본 자는 아버지를 보았거늘 어찌하여 아버지를 보이라 하느냐?"(요 14:9) 보나벤투라의 주장은 우리가 예수를 봄으로써-그리고 보다 특별하게 그의 십자가형과 죽음에 대해 숙고함으로써-성부 자신에 대한 지복직관(*visio beatifica*)으로 넘어간다는 것이다.

우리가 보게 되겠지만, 보나벤투라는 욕구를 십자가를 향한 여섯

---

24   보나벤투라의 주석은 아우구스티누스에게까지 거슬러 올라가는데, 아우구스티누스는 아무도 하나님의 얼굴을 보고는 살지 못하는 이유에 대해 두 가지 가능한 설명을 제공한다. 아우구스티누스가 제시하는 두 번째 선택지는 "지금 이생에서조차 우리가 영적인 방식으로 만물이 그로 말미암아 지은 바 된(요 1:3) 하나님의 지혜를 인지하는 한, 우리는 육체적이고 물질주의적인 애착에 대해 죽는다. 그리고 이 세상이 우리에 대해 죽는다고 생각하면서 우리 자신은 이 세상에 대해 죽고 사도가 했던 말, 즉 세상이 나를 대하여 십자가에 못 박히고 내가 또한 세상을 대하여 그러하니라(갈 6:14)라는 말을 되풀이한다. 그는 이런 종류의 죽음에 대해 다른 곳에서 다음과 같이 말한다. '너희가 세상의 초등학문에서 그리스도와 함께 죽었거든 어찌하여 세상에 사는 것과 같이 규례에 순종하느냐?'(골 2:20)"(*Trin.* 2.17.18, in *The Trinity*, trans. Edmund Hill, ed. John E. Rotelle, 2nd ed., WSA I/5 [Hyde Park, NY: New City Press, 2012]).

단계의 과정을 따라 움직이는 데 있어서 중요한 요소로 여겼다. 그러나 우리는 『여행』을 아주 철저한 주의주의의 한 예로 묘사하지 않도록 조심해야 한다. 보나벤투라의 발언은 결코 지성을 간단하게 거부하지 않는다.[25] 사실 그는 이해가 황홀경을 향한 여행에서 불가결하다고 여겼다. 우리가 이미 보았듯이 오르막의 여섯 단계는 영혼의 능력의 여섯 단계에 상응하는데, 그것은 우리를 일시적인 것으로부터 영원한 것으로 이동할 수 있게 해준다. 보나벤투라는 그것들을 "감각, 상상력, 이성, 이해, 지성 그리고 마음의 고점 혹은 양심의 불꽃"이라고 말한다(*Itin.* 1.6). 따라서 마음이 하나님 안으로 들어가는 여행은 주로 지성이 아주 많이 개입되는 여행이다. 그것은 이해를 추구하는 믿음의 여행이다. 보나벤투라는 믿음과 이성 혹은 지식과 사랑을 간단하게 분리하지 않는다.

그럼에도 『영혼의 하나님 안으로의 여행』에서 감정이 수행하는 두드러지는 역할은 처음부터 아주 분명하게 드러난다. 그가 자신이 라베르나산으로 물러났던 것을 묘사할 때, 보나벤투라는 자기가 "황홀경적 평안"(*Itin.* prol. 1)을 "헐떡거리는 정신으로"(*anhelo spiritu*)(prol. 2) 구했다고 말한다. 그는 마음의 황홀경은 오직 욕망의 사람(*vir desideriorum*)에게만 찾아온다는 것을 분명하게 밝힌다(prol. 3). 그러므로 보나벤투라는 자신의 독자들을 "기도의 탄식"으로 이끈다(prol. 4). 그는 그 논문 전체를 통해 사랑과 별개인 헌신과 지식이 결여된 배움에 대해 경고한다. "종교

---

25   Zachary Hayes는 보나벤투라를 잘 요약한다. "보나벤투라에게 중요한 문제는 무엇보다도 사랑, 즉 하나님에 대한 사랑과 동료 인간에 대한 사랑을 향한 영적 여행에 통합된 지식이다. 보나벤투라가 지적인 삶에 대해 높은 존경심을 가졌음은 분명하다. 그러나 그는 결코 지식을 인간이 최종적으로 갖는 유일한 목표, 즉 하나님과 나누는 사랑의 연합과 상관없는 것으로 여기지 않았다"(*On the Reduction of the Arts to Theology*, by Bonaventure, in *Works of Saint Bonaventure*, 1:9에 붙인 서문).

적 열정 없는 독서, 헌신 없는 사색, 감탄 없는 탐구, 환희 없는 신중함, 경건 없는 근면함, 자비심 없는 지식, 겸손 없는 지성, 신의 은총이 없는 연구, 신적 지혜의 영감이 없는 거울이 충분하다고 생각하지 말라"(prol. 4). 오직 겸손과 경건만이 하나님의 은총을 위한 적절한 성향을 만들어 내기 때문에 보나벤투라는 독자들에게 "지성의 지시(*eruditio intellectus*) 보다는 감정의 자극(*exercitio affectus*)에 더" 주의를 기울이라고 요청한다 (prol. 5). 오늘날 우리가 믿음의 문제에 대한 순전히 학문적인 접근이라고 부르는 것에 대한 보나벤투라의 비판은 두드러지며, 그는 그것을 사랑과 경건 및 감정에 대한 강력한 강조와 결합시킨다.

보나벤투라의 주의주의는 특별히 그가 마지막 장에서 디오니시오스의 『신비 신학』의 첫 단락을 길게 인용할 때 표면화된다(*Itin.* 7.5). 그 프란치스코회 신학자는 그 인용문을 우리의 감정(*affectus*)이 하나님으로 변화될 수 있도록 모든 "지적 활동"을 포기하라고 권하는 탄원의 문맥 안에 위치시키는데, 그러기 위해서 우리는 "성령의 불"이 필요하다 (7.4). 보나벤투라는 다음과 같이 주장한다. "연구보다는 종교적 열정을 더 중요하게 여겨야 한다. 말하기보다는 내면의 기쁨에, 말이나 글이 아니라 하나님의 은사 곧 성령을 가장 중요하게 여겨야 한다"(7.5). "신성한 어둠의 가장 본질적인 광채"를 향한 상승에 관해 말하는 디오니시오스의 문장을 길게 인용한 후 보나벤투라는 즉시 자신의 상투적인 표현으로 돌아가 이 "눈부신 어둠"(7.5) 안으로 들어가는 유일한 길이 있다고, 또한 그것은 이해보다는 갈망을 통해서라고 주장한다. "이제 만약 당신이 이 모든 일이 어떻게 발생하느냐고 묻는다면, 영적 열기를 통해 그리고 가장 격렬하게 불타오르는 감정을 갖고서 교리가 아니라 은총을, 지성이 아니라 욕구를, 학구적인 독서가 아니라 기도의 신음을, 주인이 아니라 배우자를, 인간이 아니라 하나님을, 명확함이 아니라 어둠을, 빛이 아니라 우리를 완전히 불태워 하나님 안으로 이끌어가는 불을 구하라"(7.6).[26] 디오니시오스에 대한 보나벤투라의 결론적 호소는 지성이 의지와 인간의 욕망에 복속됨을 강조하는 역할을 한다. 우리가 그 여행을 하도록 적절하게 준비시키는 것은 의지의 욕망이다. 그리고 결국 우리를 하나님 안으로 데려가는 것은 마음의 정상(apex mentis)에서 경험하는 감정이다.[27]

어느 면에서 보나벤투라가 디오니시오스에게 호소하는 것은 아주 적절하다. 그 동방의 신비가는 지성의 한계를 인정한다. 그러하기에 그는 황홀경의 순간을 묘사하기 위해 역설을 사용하면서 지성이 하나님을 적절하게 명명할 수 없음을 지적한다. 그러나 디오니시오스는 감정이

---

26   Joseph Ratzinger는 보나벤투라가 "지성(intellectus)보다는 감정(affectus)에 더 높은 가치를 부여하는 그의 프란치스코적 견해 때문에" 보는 것보다는 사랑을 선호하는 쪽으로 기울었을 수 있다고 쓴다(The Theology of History in St. Bonaventure, trans. Zachary Hayes [Chicago: Franciscan Herald Press, 1989], 90).

27   Lydia Schumacher는 보나벤투라의 본질주의적(essentialist) 형이상학(그것은 아우구스티누스의 단순히 참여적 형이상학과 반대된다)은 인간의 마음이 피조물들을 정확하게 그것들이 하나님의 마음 안에 있는 모습대로 볼 수 있는 인식론을 의미한다고 주장한다(Divine Illumination: The History and Future of Augustine's Theory of Knowledge [Malden, MA: Wiley-Blackwell, 2011], 143-45). 따라서 단순히 안쪽으로 돌아섬으로써, 인간의 마음은 신적 존재를 그것이 마음 안에서 주관적으로 드러나는 것처럼 찾을 수 있다. Schumacher는 이런 주관적인 전환은 우리가 그리스도가 겸손하고 희생적으로 사랑했듯이 사랑할 때 발생한다고 주장한다. 이것은 지성의 포기로 이어진다. "보나벤투라는 참으로 그리스도에 대한 사랑으로 불타는 이는 하나님의 사랑과의 황홀경적인 연합을 수반하는 자기포기라는 궁극적 경험을 통해 알 수 있는 존재들의 영역을 초월하게 되어 있다고 결론짓는다.…하나님을 향한 상승의 정점에 대한 이런 이해는 아우구스티누스의 그것과 놀랍게 대조를 이루는데, 그에게 이생에서의 인간의 '초월'은 이성의 영역 너머로의 문자적 도약을 수반하지 않으며 자기의 소멸은 말할 것도 없다"(Schumacher, 150).

지성이 금지된 곳에 들어갈 수 있다고 주장하지 않았다.[28] 반어적으로, 나에게 보나벤투라가 감정을 강하게 선호하는 것은 어떤 근본적인 숨겨진 이성주의적 가정, 즉 우리를 하나님께로 데려가는 것은 인간의 능력 중 하나―지성이나 감정 둘 중 하나―라는 가정에 입각한 것으로 보인다. 나는 우리가 하나님의 삶으로 들어가는 것이 그런 식으로 설명될 수 있다고 확신하지 않는다. 하나님의 단순성을 감안할 때, 지식과 사랑은 하나님 안에서 하나다.[29] 지복직관―이 직관을 예시하는 황홀경적 기쁨은 물론이고―은 지식이나 사랑 중 하나가 주도하는 경험일 수 없다. 만약 그 둘 중 하나가 순간적으로라도 뒤에 남는다면, 그 황홀경적 경험은 하나님의 지식과 사랑에 대한 참여로 끝나지 못할 것이다. 나로서는 마음이 하나님의 삶 안으로 들어가는 것에 관해서는 주지주의와 주의주의 사이에서 선택하기를 거부하는 것이 훨씬 더 적절해 보인다.

---

28   Bernard McGinn은 훗날의 프란치스코회 신학자인 Thomas Gallus의 감정적 디오니시오스주의가 "잘못된 읽기에 근거하고 있으나, *corpus dionysiacum*에 근거가 없는 것은 아니다"라고 말한다. "하나님께로의 상승에 관한 디오니시오스의 설명에는 사랑에 관한 말이 거의 없다. 그러나 *Divine Names*의 네 번째 장에서 사랑(*erōs*)의 초월적이고 우주적인 본질은…그에게 적어도 그의 해석을 위한 몇 가지 기초를 제공해주었다"(*The Flowering of Mysticism*, 81). 참조. Bernard McGinn, "God as Eros: Metaphysical Foundations of Christian Mysticism," in *New Perspectives on Historical Theology: Essays in Memory of John Meyendorff*, ed. Bradley Nassif (Grand Rapids: Eerdmans, 1995), 189-209.
29   참조. *SCG* 1.45.1-7; 1.73.1-5; Michael M. Waddell, "Aquinas on the Light of Glory," *Tópicos* 40 (2011):126-27.

니콜라우스 쿠자누스, 「하나님을 보는 것에 관하여」

보나벤투라의 기념할 만한 논문이 나오고 거의 2백 년이 지난 후에 독일
의 신비주의 신학자이자 교회법 학자인 니콜라우스 쿠자누스(Nicholas of
Cusa, 1401-1464)가 지복직관에 관한 논문을 썼다. 보나벤투라의 『여행』
과 마찬가지로 쿠자누스의 『하나님을 보는 것에 관하여』(*On the Vision of
God*, 1453) 역시 디오니시오스의 『신비 신학』에 크게 영향을 받았다. 그
러나 그 프란치스코회 신학자가 보다 감정적인 디오니시오스적 접근법
을 받아들였던 반면, 쿠자누스의 디오니시오스적 신비주의는 특히 존
스코투스 에리우게나(John Scotus Eriugena, 815년경-877년경)와 마이스터
에크하르트(Meister Eckhart, 1260-1328)가 쿠자누스의 저작에 끼친 영향
을 통해 알 수 있듯이 특성상 보다 지성적이었다.[30]

그럼에도 그의 사색적 성향이나 신플라톤주의적 경향도 그의 신학
에서 감정의 역할을 제거하지는 않았다. 그 추기경이 쓴 『하나님을 보는

---

[30]   참조. Louis Dupré, "The Mystical Theology of Nicholas of Cusa's *De visione Dei*,"
in *Nicholas of Cusa on Christ and the Church: Essays in Memory of Chandler McCuskey
Brooks for the American Cusanus Society*, ed. Gerald Christianson and Thomas M. Izbicki
(Leiden: Brill, 1996), 208-12; Bernard McGinn, "Seeing and Not Seeing: Nicholas of
Cusa's *De visione Dei* in the History of Western Mysticism," in *Cusanus: The Legacy of
Learned Ignorance*, ed. Peter Casarella (Washington, DC: Catholic University of America
Press, 2006), 34-37. 니콜라우스는 에크하르트가 자신의 사상에 긍정적으로 영향을 주
었다는 것을 (설득력 없이) 부인했다. 다음을 보라. Meredith Ziebart, "Laying Siege to
the Wall of Paradise: The Fifteenth-Century Tegernsee Dispute over Mystical Theology
and Nicholas of Cusa's Strong Defense of Reason," *JMRCul* 41 (2015): 46, 61n31. 참
조. Stefanie Frost, *Nikolaus und Meister Eckhart: Rezeption im Spiegel der Marginalien
zum Opus tripartitum Meister Eckharts*, Beiträge zur Geschichte der Philosophie und
Theologie des Mittelalters, n.s., 69 (Münster: Aschendorff, 2006).

것에 관하여』는 아주 경건한 논문이다.[31] 그가 이 책을 통해 이루고자 한 것은 테게른제(오늘날의 바이에른 소재)의 베네딕토회 수도사들을 "경험 적으로(*experimentaliter*) 가장 신성한 어둠 속으로" 이끌어 그들이 하나님 의 빛의 "임재를 느끼고" 그로 인해 영원한 행복의 향연을 미리 맛보게, 즉 "맛있게 시식하도록" 하는 것이었다(pref. 1). 쿠자누스의 작품이 지 닌 경건한 성격은 특히 그가 몇 마디의 머리말을 한 후에 자신의 동료 관 조가들에게 자기가 그 논문과 함께 그들에게 준 "하나님의 성상"—그리 스도의 얼굴에 대한 묘사—앞에 자리를 잡도록 요구할 때 분명하게 드 러난다(pref. 2).[32] 이어서 그 독일의 추기경은 기도를 통해 수도사들을 이 끈다. "주님, 당신의 이 형상 안에서 이제 저는 어떤 분별할 수 있는 경험 을 통해 당신의 섭리를 봅니다. 당신이 세상에서 가장 악한 저를 포기하 시지 않는다면, 당신은 아무도 포기하지 않으실 것입니다"(4.9). 그 논문 의 나머지는 비록 그것이 분명하게 깊은 신학적 성찰을 포함하고 있기 는 하나 전적으로 기도의 형식으로 쓰였는데, 그 안에서 여전히 성상 앞

---

31 쿠자누스는 자신의 독자들을 "어떤 경건한 운동을 통해 신비 신학으로" 고양시키
    려 한다(*DVD* pref. 4, in *Nicholas of Cusa: Selected Spiritual Writings*, trans. and ed. H.
    Lawrence Bond [Mahwah, NJ: Paulist, 1997], 237). 쿠자누스의 라틴어 작품들은 온라
    인에서 찾아볼 수 있다. 〈www.cusanus-portal.ed〉. 이후로 『하나님을 보는 것에 관하여』
    (*De visione Dei*)의 참조 번호는 본문의 괄호 안에 제시될 것이다. 인용문은 *Nicholas of
    Cusa: Selected Spiritual Writings*에서 가져옴.
32 쿠자누스는 그리스도의 얼굴 성상이 Rogier van der Weyden(1399년경-1464)이 그
    린 것과 유사하고 또한 그의 코블렌츠 채플에 있는 베로니카의 형상과 비슷하다고 쓴
    다(*DVD* pref. 2; 참조. Johannes Hoff, *The Analogical Turn: Rethinking Modernity with
    Nicholas of Cusa* [Grand Rapids: Eerdmans, 2013], 27-29). Jean-Luc Marion은 문제
    의 성상은 그리스도 자신의 얼굴을 묘사한다고 확신 있게 주장한다("Voir, se voir vu:
    L'Apport de Nicolas de Cues dans le *De visione Dei*," *BLE* 117, no. 2 [April 2016]: 14-
    15). 성상의 역할에 관한 추가적인 논의는 이 책 13장의 "니콜라우스 쿠자누스와 조나
    단 에드워즈의 교육과 섭리" 단락을 보라.

에 서 있는 베네딕토회 수도사들은 다음과 같이 탄원하면서 결론에 이른다. "주님, 나를 이끄소서. 당신이 이끌지 않으신다면 아무도 당신께로 갈 수 없기 때문입니다. 당신께로 이끌린 저는 이 세상에서 절대적인 존재가 되고 절대적인 하나님이신 당신과 연합해 영광스러운 영원한 삶을 살게 될 것입니다. 아멘"(25.120). 그러므로 쿠자누스의 책은 독자들을 하나님을 보는 경험 속으로 이끄는 것을 목표로 하는 신비주의적 성격을 지닌 논문이다.

1452년에 시작되어 1460년까지 지속되었던 이른바 테게른제 논쟁(Tegernsee Debate)의 많은 부분은 과연 지성이 하나님을 보는 것을 향한 여행에서 필수적인 역할을 하는지의 문제와 관련이 있다.[33] 테게른제 수도원의 대수도원장인 카스파르 아인도르퍼(Kaspar Ayndorffer)는 쿠자누스에게 "경건한 영혼이 지적인 지식 없이 혹은 그 어떤 앞서는 혹은 동반하는 생각 없이 오직 감정(*affectus*)만으로, 혹은 사람들이 양심[*synderesis*]이라고 부르는 마음의 고점을 통해 하나님께 이르고 즉시 그분 안으로 이동하거나 이끌릴 수 있는가"라는 질문을 던졌다.[34] 이 중세 후기의 논쟁에서 이른바 **옛 방식**(*via antiqua*)의 대표자인 쿠자누스는 보다 전통적인 토마스주의적인 접근법을 취했다. 즉 사랑은 선에 대한 지식에 의해 영향을 받아야 한다는 것이었다. 토마스 갈루스(Thomas Gallus)와 발마의 휴(Hugh of Balma)의 **새 방식**(*via moderna*)의 옹호자인 카르투시오회 수도원 원장인 아그스바흐의 빈센트(Vincent of Aggsbach)는

33　역사적 배경에 관한 나의 논의는 특히 Bernard McGinn, *Harvest of Mysticism*, 448-56; Jacob Holsinger Sherman, *Partaker of the Divine Contemplation and the Practice of Philosophy* (Minneapolis: Fortress, 2014), 170-73; Ziebart, "Laying Siege to the Wall of Paradise"에 의존한다.

34　McGinn, *Harvest of Mysticism*, 452에서 인용됨.

그의 토마스주의적 주지주의와 아리스토텔레스 철학에 대한 의존 및 신학에 대한 그의 전반적인 학문적 접근법 때문에 쿠자누스를 공격했다. 빈센트의 유명론적(nominalist) 성향이 그가 지식과 사랑의 구분을 받아들이도록 이끌었다. 그리고 그는 디오니시오스의 신비주의를 특성상 감정적인 것으로 해석했다. 빈센트에 따르면, 우리는 지성에 의존하지 않고 단지 사랑을 통해서도 마음의 정상(apex mentis)에 도달할 수 있다. 그는 "지혜(sapienti)는 인지적 단계를 통과한 후에야 사랑 안에서 완성된다"는 개념에 반대했다.[35]

사랑과 욕망이 그 신비로운 여행에서 수행하는 중요한 역할을 부정하지 않으면서 쿠자누스는 그럼에도 지성이 그 여행에 필수적이라고 주장했다.[36] 비록 그 여행이 믿음의 맥락에서 시작하지만―한 무리의 베네딕토회 수도사들이 성상 앞에 선 채 기도를 드렸다―지성이 그 여행에 전체적으로 관여한다. 성상은 지적 성찰을 요구한다. 그것이 불러일으키는 기도는 마음을 사로잡는다. 그리고 수도사들은 자기들이 본 것에 관해 다른 이들과 더불어 이성적인 논의를 시작한다. 이성과 믿음 그리고 지성과 의지의 상관성을 강조함으로써 그 추기경은 사랑의 길은 그것이

---

35   Ziebart, "Laying Siege," 53. M. Führer는 쿠자누스의 『하나님을 보는 것에 관하여』가 1100년쯤에 중세 안으로 들어온 주체-객체 위기에 대한 응답이며, 그것은 안셀무스가 자신의 『프로슬로기온』에서 자기가 이성적 논증을 통해 하나님에 대해 아는 것을 직관적으로 혹은 직접적으로 경험하지 않는 것을 한탄하는 것에서 발견될 수 있다고 주장한다("The Consolation of Contemplation in Nicholas of Cusa's *De visione Dei*," in Christianson and Izbicki, *Nicholas of Cusa on Christ and the Church*, 224-28).

36   William J. Hoye는 다음과 같이 말한다. "보나벤투라에게 미지의 것과의 연합은 지적인 능력의 다른 편에서 발생한다. 그에 따르면 이 연합은 그것이 감정적이라는 의미에서 '알지 못하는 것'[unknowing]이다. 그러나 지성에 대한 그런 제한은 니콜라우스 쿠자누스를 만족시키지 못했다. 그는 그의 사고의 가장 높은 단계를 의미하기 위해 '신비 신학'이라는 표현을 사용했다"("Vereinigung," 489).

시간과 공간 안에서 만나는 실재를 우회하지 않는다는 것을 분명하게 밝힌다. 믿음의 공동체, 성상의 물질적 대상, 믿음의 합리적 실천은 모두 지성이 그것의 순례 과정에서 사용하는 수단들이다. 그런 의미에서 우리는 지복직관에 대한 쿠자누스의 접근법을 성례전적인 것이라고 부를 수 있다. 하나님께로 가는 길은 처음부터 불합리한 것은 말할 것도 없이 비이성적인 것에 빠져 있지 않았다.[37]

지성에 대한 니콜라우스의 높은 관점은 그가 성상의 인물과 그 앞에 있는 수도사들 사이의 상호 응시에 내포된 것에 대해 성찰하기 시작할 때 분명하게 드러난다. 비록 그가 축약된 혹은 제한된 형태로 성상 안에 나타난 하나님의 얼굴을 육체적으로 보지만, 니콜라우스는 하나님의 진짜 얼굴은 "모든 축약[혹은 제한]으로부터 독립되어 있다"는 것을 분명하게 밝힌다. "그것은 양도 질도 갖고 있지 않으며 시간과 공간에도 속하지 않는다. 왜냐하면 그것은 얼굴 중의 얼굴인 절대적 형태이기 때문이다"(DVD 6.17). 그러므로 우리는 하나님의 얼굴을 "육체의 눈"으로가 아니라 오히려 "마음과 정신의 눈"으로 본다. 그럼에도 하나님의 얼굴은 우리 주변의 세상으로부터 분리되어 있지 않다. 오히려 하나님의 절대적인 얼굴, 즉 "얼굴 중의 얼굴"(6.17)—쿠자누스는 또한 그것을 "축약 중의 축약"(2.7), "본질 중의 본질"(9.34) 그리고 "형태 중의 형태"(14.60)라고 부른다—은 모든 특별한 얼굴에서 보일 수 있다. 왜냐하면 하나님의 시각(그분의 본질)은 "모든 것을 관통"하기 때문이다(9.35).

---

37   Johannes Hoff는 다음과 같이 말한다. "쿠자누스의 실제 형상(vera icona, 예수의 형상을 가리킨다—역자 주)은 예술 이미지의 특징을 갖고 있지 않다." 오히려 그것은 "세속 교회의 전례적 모임과 신적 영광의 온전함 사이를 인간과 신성의 차이를 흐리지 않으며 중재하는 성례전적 문턱과 같은 다양한 구체적인 관점들로부터 동시에 접근할 수 있는 전례적 이미지의 특성을 갖고 있다"(The Analogical Turn, 32).

하나님은 모든 것 안에 임재하시기 때문에 우리가 우리 주변의 세계를 바라볼 때, 그리고 심지어 우리 자신을 바라볼 때 우리는 하나님을 본다.[38] 쿠자누스의 경우에 우리는 우리가 사랑하는 하나님을 우리의 환경을 통해서 안다. 그분에 대한 우리의 욕구를 자극하는 것은 세상 안에 하나님이 임재하시는 것에 대한 우리의 점증하는 지적인 지식이다. 따라서 메러디스 지바트(Meredith Ziebart)가 다음과 같이 주장하는 것은 옳다. "성상에 대한 관조는 욕망의 대상과 그리고 필연적으로 그에 대한 얼마간의 지식 모두의 우선권에 대한 인식을 낳는데, 그것이 없으면 무엇보다도 애초에 사랑 안에서 그것을 향해 돌아서는 일도 없었을 것이다."[39] 쿠자누스에게 지성은 하나님을 보는 것을 향한 여행에서 중요한 역할을 한다.

감각 지각과 영원한 형상들에 대한 지적인 이해의 중요성에도 불구하고, 감각 자체나 지성 자체도 우리가 바라는 하나님에 대한 직관을 우리에게 제공하지 않는다. "본질 중의 본질"에 대한 직관 자체만이 이 욕구를 만족시킬 수 있다. 그리고 감각이나 지성은 이 "형상 중의 형상"에 미치지 못한다. 지성이 우리를 어디로 이끌어가든 그것의 지식의 대상은 결코 하나님 자신이 아니다. 쿠자누스는 이것이 우리가 지적 무지

---

38 쿠자누스는 다음과 같이 말한다. "따라서 당신의 얼굴을 볼 자격이 있는 누구라도 모든 것을 공개적으로 보며 그런 이에게는 아무것도 숨어 있지 않습니다. 오 주님, 당신을 가진 이는 누구나 모든 것을 알고 모든 것을 갖고 있습니다.…그리고 만약 당신이 동시에 나에게 하늘과 땅 및 그 안에 있는 모든 것을 주지 않으신다면, 당신이 어떻게 나에게 당신 자신을 주시겠습니까? 그리고 더 나아가 만약 당신이 또한 나에게 나 자신을 주지 않으신다면, 어떻게 당신이 나에게 당신 자신을 주시겠습니까?"(DVD 7:25) 에크하르트의 영향을 보여주는 이런 종류의 말들은 아주 분명하게 범신론을 의미하지 않습니다. 오히려 쿠자누스는 하나님과 신자의 동일시 및 그 반대의 경우를 극단적으로 밀어붙인다.

39 Ziebart, "Laying Siege," 52.

와 모호성을 포함하는 "모든 목적, 모든 한계 그리고 모든 유한한 것 위로 올라갈" 필요가 있음을 의미한다고 주장한다. "따라서 지성은 만약 그것이 당신을 보고자 한다면 무지한 것이 되어야 하고 어둠 속에서 자리를 잡아야 합니다. 그러나 나의 하나님이여, 만약 학습된 무지가 아니라면 무지 속에 있는 지성이란 무엇입니까?…지성은 그것이 당신에 대해 무지하다는 것을 압니다. 왜냐하면 그것은 당신이 오직 미지의 것이 알려질 수 있을 때, 보이지 않는 것이 보일 수 있을 때, 그리고 접근할 수 없는 것이 접근 가능해질 때만 알려질 수 있음을 알기 때문입니다"(*DVD* 13.52). "학습된 무지"(*docta ignorantia*)라는 쿠자누스의 표현은 여행자가 자신의 인식 능력이 한계에 도달했음을 보여주는 여러 가지 역설적인 표현 중 하나다.[40]

이 지점에서 쿠자누스는 지상에서의 삶과 하늘의 낙원을 구분하는 벽에 도달한다. 그는 그것을 "낙원의 벽"(*murus paraisi*)이라고 부른다. 이 벽은 무지와 지식, 가능성과 필연성, 어둠과 빛, 눈에 보이는 특성과 눈에 보이지 않는 특성, 가능태와 현실태, 운동과 쉼, 시간과 영원, 다수성과 단일성 같은 "반대되는 것들의 동시 발생"(*coincidentia oppositorum*)을 포함한다. "저는 당신이 드러난 장소가 모순되는 것들의 동시 발생으로 둘러싸여 있음을 알게 되었습니다. 이것은 낙원의 벽입니다. 그리고 당신은 바로 낙원의 그곳에 계십니다. 그 벽의 문 앞에는 이성이라는 가장 높

---

40   Clyde L. Miller는 이 지점에서 쿠자누스의 주장을 다음과 같이 요약한다. "하나님의 무한성이 이성(*ratio*)의 한계를 넘어서는 것처럼 보인다는 것은 우리가 모순 앞에서 이성의 혼란을 인정하고 신성에 대한 우리의 무지와 직면하도록 도와준다. 오직 논증적이고 변증법적인 이성이 제쳐질 때만 직관이라는 하나님의 선물이 나타날 수 있다"("The Icon and the Wall: *Visio* and *Ratio* in Nicholas of Cusa's *De visione Dei*," PACPhA 64 [1990]: 95-96).

은 영이 보초를 서고 있습니다. 그리고 만약 그것이 제압되지 않는다면, 그 안으로 들어가는 길은 결코 열리지 않을 것입니다"(*DVD* 9.37). 논증적인 이성은 그 순례자의 여행에서 아주 가치 있는 역할을 한다. 그러나 낙원의 문에서 그것은 불가피하게 모순되는 것들의 벽과 부닥친다. 니콜라우스에게 신앙의 지적인 추구는 이 벽에서 종결된다. 순례자를 벽과 경쟁시키고 그를 낙원 안으로 이끌어가는 것은 바로 이 통찰, 즉 지성은 부족하며 우리를 우리가 간절히 열망하는 낙원으로 데려갈 수 없다는 통찰이다. 그러므로 우리가 그 벽을 제압하고 낙원 안으로 들어가게 하는 것은 침묵에 대한 지성의 항복이다.[41]

그 추기경은 자기가 벽 뒤에, 즉 낙원 안에서 보는 것에 아주 긴 부분을 할애한다(17-25장). 놀랍게도 여기서 그는 삼위일체와 그리스도에 대해 얼마간 상세하게 말한다. 그는 아우구스티누스의 방식을 따라 하나님을 "무한하게 사랑스러우신 분"으로 묘사하고 다음과 같이 말한다. "따라서 나의 하나님이시며 사랑이신 당신은 사랑하시는 사랑, 사랑스러운 사랑, 그리고 사랑하시는 사랑과 사랑스러운 사랑의 결합이신 사랑이십니다"(17.71). 하나님은 사랑의 삼위일체인 하나님이시다. 그분 안에서 인간의 지성은 절대적이고 수축되지 않는 사랑을 인식하는데, 니콜라우스는 그것을 "사랑하시는 사랑"(성부), "사랑스러운 사랑"(성자), 그리고 "사랑하는 사랑의 결합"(성령)이라고 서술한다. 그 추기경은 낙원의 벽 안에서 이 삼위일체 사랑을 보는 것이 어떻게 가능한지에 대해 설명하지 않는다. 우리는 지성이 이 신비를 포착하지 못한다는 것을

---

41 그의 앞선 작품인 *On Learned Ignorance*(1440)에서 쿠자누스는 하나님을 반대되는 것들의 동시 발생과 동일시했던 반면, *The Vision of God*에서 그는 하나님이 반대되는 것들의 벽 너머에 계신다고 주장한다(McGinn, *Harvest of Mysticism*, 448).

이미 알고 있다. 왜냐하면 "그 벽은 모든 지성의 힘을 차단하기" 때문이다(17.75). 눈은 낙원 안을 들여다볼 수 있을지 모른다. 그러나 그것은 자기가 보는 것을 "명명하거나 이해하지" 못한다(17.75). 그럼에도 니콜라우스가 "이 직관의 달콤함으로부터 떠날 때" 그는 하나님의 삼위일체 사랑을 회상하는데, 그는 그것이 자신의 존재 안에서 재생되기를 바란다(17.76).

마지막 장들인 21-25장은 그 논문의 가장 중요한 부분을 형성한다. 여기서 그 추기경은 예수에 대해 말하는데, 그는 벽의 다른 쪽, 즉 낙원 안에 있는 예수를 본다. "오 선하신 예수님, 당신은 기쁨의 낙원에 있는 생명의 나무이십니다. 아무도 당신의 열매로부터가 아니면 그 바람직한 생명에 의해 양식을 공급받지 못합니다. 오 예수님, 당신은 낙원에서 쫓겨나 자기들이 수고하는 땅에서 살아갈 수단을 구하는 아담의 모든 후손들에게 금지된 열매이십니다"(21.92). 따라서 행복은 예수와 연합하는 것으로부터 온다. 쿠자누스는 다음과 같이 외친다. "오 예수님, 자비를 베푸소서. 그리고 저에게 가리개 없이 당신을 보게 하소서. 그러면 저의 영혼이 구원을 얻겠나이다!"(21.93) 예수는 참된 하나님이시자 참된 인간이시기에, 하나님이 우리가 보도록 우리에게 자신을 제공하시는 것은 우리가 인간 예수를 보는 때다. "오 하나님, 선 자체이신 당신은 당신의 무한한 긍휼과 관대함을 당신 자신을 우리에게 주시지 않고는 충족시키실 수 없습니다! 이것은 더 적절하게, 즉 당신이 우리의 본성을 취하셨던 것 이상으로 우리가 받는 것이 더 가능한 방식으로 이루어질 수는 없는데, 그것은 우리가 당신에게 접근할 수는 없기 때문입니다. 따라서 당신은 우리에게 오셨고 영원히 복된 구세주이신 예수라고 불리셨습니다"(23.106). 니콜라우스에 따르면, 우리를 낙원의 벽까지 이끌어가고 이어서 우리가 하나님을 보도록 허락하는 것이 지성인 이유는 지성 안에서 낙원의 말씀을 찾을 수 있기 때문이다.[42]

낙원의 벽 뒤에서 하나님을 보는 것에 대한 니콜라우스의 설명은 아주 놀랍다. 우리는 동시 발생의 벽에 도달하면 그 추기경이 디오니시오스의 침묵에 빠질 것이라고 생각할 것이다. 그러나 실제 사정은 그렇지 않다. 오히려 거기서 그는 삼위일체와 그리스도의 위격에 대한 확대된 논의를 시작한다. 비록 그가 이것들이 숭배되어야 하는 신비이지 풀어야 할 지적인 퍼즐이 아니라는 것에 대한 날카로운 의식을 드러내기는 하나, 그럼에도 그는 우리가 벽 너머 낙원에서 만나는 분은 사랑이신 삼위일체 하나님과 생명의 나무이신 그리스도임을 강조한다.

우리는 삼위일체와 하나님을 보는 것의 대상으로서의 그리스도와 관련된 이렇게 명백하게 긍정적인 가르침을 어떻게 이해해야 하는가? 지성이 낙원의 벽에 남겨진 후에조차 기독교 신앙의 긍정적인 내용이 그렇게 두드러지게 나타나는 것이 어떻게 가능한 것인가?[43] 계속해서 쿠자누스 신학의 배후에 있는 디오니시오스는 긍정과 부정 사이의 변증법이 단지 우리를 여기까지만 데려간다는 것을 인식했다. 그러나 어떤 이들은 여전히 긍정적인 진술을 부정함으로써 하나님에 대한 특별한 무언가를 안다고 주장한다. 예컨대 하나님이 "지혜롭지 않으시다"라고 말

---

42 한편 쿠자누스는 재빨리 지성이 말씀에 접근하는 것은 믿음을 통해서라고 덧붙인다. 그리고 그는 심지어 지성을 말씀과 연합시키는 것이 사랑이라고 시인하기까지 한다 (*DVD* 24.113).

43 Peter Casarella는 쿠자누스의 책 *On Learned Ignorance*와 그의 설교 20에서 나타나는 부정 신학과 예수의 이름 사이의 관계에 관해 논한다("His Name Is Jesus: Negative Theology and Christology in Two Writings of Nicholas of Cusa from 1440," in Christianson and Izbicki, *Nicholas of Cusa on Christ and the Church*, 281-307).

하는 것은 여전히 평범한 인간의 담화의 궤도 안에 머물러 있는 것이다. 참으로 하나님은 오직 마음이 이런 변증법을 추월해 그것 너머로 옮겨 갈 때만 알려지신다. 디오니시오스에게 "미지의 것을 통해서 오시는 하나님에 대한 가장 신성한 지식은 마음 훨씬 너머에서의 연합을 통해 성취되는데, **그때 마음은 모든 것으로부터, 심지어 그 자신으로부터도 돌아선다.**"[44] 바로 이것이 디오니시오스가 존재 너머에 계신 하나님을 "가장 거룩하신 분", "왕 중의 왕", "신 중의 신"[45] 그리고 궁극적으로 "완전하신 분"이자 "일자"라고 부르며 끝을 맺는 이유다.[46] 대조적으로 삼위일체와 그리스도에 대한 쿠자누스의 세밀한 묘사는 그의 마음이 참된 디오니시오스적 방식으로 그 자신으로부터 돌아선 어떤 이에 대한 인상을 거의 제공하지 않는다. 쿠자누스에게는 일단 디오니시오스적 변증법이 우리를 낙원의 벽을 지나게 하고 나면 기독교 신앙의 기본적인 진리가 밝혀지는 것처럼 보인다.

쿠자누스는 우리에게 이런 접근법을 위한 타당한 이유를 제공하지 않는다. 확실히 그는 자기의 논문의 긴 마지막 부분이 디오니시오스적인 변증법을 넘어선다는 것을 인식하고 있었음이 분명하다.[47] 여전히 우리는 디오니시오스조차 그의 『신비 신학』을 "삼위일체시여! 그 어떤 존재보다, 그 어떤 신성보다, 그 어떤 선보다 높으신 분이시여!"라고 외치

---

44   *DN* 872A, in *Pseudo-Dionysius: The Complete Works*, 109(강조는 덧붙여진 것임).
45   *DN* 969A.
46   *DN* 977B-980C.
47   Hoff의 말을 참조하라. "디오니시오스를 따르면서 쿠자누스는 '헬레네를 약탈하는 것'(Despoiling the Hellenes)에 관한 아무런 불안도 느끼지 않았다. 그러나 그는 자기의 활동의 궁극적 목적, 즉 '예수의 이름'을 성서적으로 부르기 위한 청력을 얻는 것에 대한 시각을 결코 놓치지 않았다"(*The Analogical Turn*, 14).

는 것으로 시작했음을 염두에 두어야 한다.[48] 사실 그의 간략한 논문은 삼위일체나 그리스도에 대해 더 이상의 논의를 제공하지 않는다. 그 논문의 결론은 단지 긍정과 부정이 모두 하나님이 어떤 분이신지를 표현하는 데 부족하다고 진술할 뿐이다.[49] 그럼에도 디오니시오스의 설명을 시작하는 그 외침은 그 논문 전체에서 울린다. 그리고 쿠자누스는 낙원의 벽 너머에 계신 하나님이 다름 아닌 우리가 예수 그리스도 안에서 보는 삼위일체 하나님이라는 그의 주장을 위해 적절하게 디오니시오스에게 호소할 수 있었다.[50] 나는 쿠자누스가 (그 이전의 디오니시오스의 경우처럼) 기독교 신앙의 상징들―그리스도 안에서 계시된 삼위일체 하나님―이 낙원의 벽 너머에 계신 하나님에 대한 형언할 수 없는 직관과 일치한다는 것을 인정했는지 의심한다.[51] 다시 말해 디오니시오스나 니콜라우스 쿠자누스 모두 기독교 신앙의 내용을 자신들의 급진적인 부정 신학으로 불안하게 하는 경향을 보이지 않았다. 그들은 여행자가 하는 여행의 긍정적 단계와 부정적 단계 모두를 아주 진지하게 다뤘다. 그리고 지

---

48   *MT* 997A.

49   *MT* 1048B.

50   더 나아가 또한 *The Divine Names*에서 디오니시오스가 결론 부분에서 하나님을 "일자"(One)로 묘사할 때, 그는 반복해서 삼위일체에 대해 언급한다. 일자는 삼위일체 너머에서 발견되지 않는다. "우리는 사실 모든 이름을 넘어서는 것을 위해 삼위일체와 하나라는 이름을 사용하면서 그것을 모든 존재를 초월하는 존재라고 부른다"(*DN* 981A [p. 129]).

51   Clyde Miller는 이 점을 잘 이해하기에 다음과 같이 쓰고 있다. "예수와 별개로 우리가 유한한 것을 초월하는 것을 얼마간 인지적으로 취득할 수 있는 기초에 관한 상징적 혹은 개념적 척도나 비율은 존재하지 않는다. *De visione Dei*의 첫 번째 부분은 이런 인간의 한계 너머에 계신 하나님, 즉 기껏해야 이성과 담화가 뒤에 남겨질 때 어스레한 직관을 통해 홀끗 볼 수 있는 하나님을 가리킨다. 두 번째 부분에 남아 있는 것은 신경 (*symbola fide*), 즉 믿음의 눈에 계시된 삼위일체와 성육신의 신비들이다"("Icon and the Wall," 98).

복직관의 현실이 하나님에 대한 이 세상의 지적 이해와 얼마나 다르든 간에, 쿠자누스에게(그리고 나는 디오니시오스에게도 마찬가지라고 생각한다) 이것은 예수 그리스도 안에서 나타난 하나님의 자기 계시를 불안하게 만들지 않았다.[52]

디오니시오스와 쿠자누스는 모두 자기가 낙원으로 붙들려 올라갔을 때 "말로 표현할 수 없는 말을 들었으니 사람이 가히 이르지 못할 말이로다"라고 했던 성 바울의 말을 이해한다.[53] 두 신학자는 모두 바울이 겪었던 경험의 형언할 수 없는 성격을 강조했다. 하지만 그들은 또한 관조는 행동으로 이어져야 한다는 것과, 관조는 그것이 아무리 표현하기 어려운 것일지라도 자신이 겪었던 경험의 풍부함을 나누는 과업과 함께 온다는 것을 인식하고 있었다.[54] 그러므로 테게른제에 있는 베네딕토회 형제들을 위한 쿠자누스의 논문 역시 그러하다. 관조의 열매를 나누는 유일한 길은 성서의 긍정적인 언어와 교회의 기본적인 교리, 즉 하나님은 자신이 그리스도 안에 계심을 나타내신 분이시라는 교리로 돌아가는 것이다.

---

52   나는 엡 3장에서 비슷한 무언가가 일어나고 있다고 여긴다. 거기서 바울은 "믿음으로 말미암아 그리스도께서 너희 마음에 계시게 하시옵고 너희가 사랑 가운데서 뿌리가 박히고 터가 굳어져서 능히 모든 성도와 함께 지식에 넘치는 그리스도의 사랑을 알고 그 너비와 길이와 높이와 깊이가 어떠함을 깨달아 하나님의 모든 충만하신 것으로 너희에게 충만하게 하시기를 구하노라"라고 기도한다(엡 3:17-19). 한편으로 그리스도의 사랑은 "지식을 초월한다"(ὑπερβάλλουσαν τῆς γνώσεως). 다른 한편으로 성도는 그리스도의 이 사랑의 넓이와 길이와 높이와 깊이를 "깨닫도록"(καταλαβέσθαι) 촉구된다.

53   니콜라우스 쿠자누스는 *DVD* 17.79에서 이 구절을 인용한다.

54   니사의 그레고리오스의 신학도 비슷한 패턴을 따른다. Martin Laird, "Apophasis and Logophasis in Gregory of Nyssa's *Commentarius in Canticum Canticorum*," *SP* 37 (2001): 126-32을 보라.

결론

우리는 디오니시오스의 신비주의의 감정적 요소와 지적인 요소 사이의 차이를 무시할 수 없다. 보나벤투라에게 지성의 포기는 순례를 추동하며 궁극적으로 지성을 앞지르고 하나님에 대한 직관으로 이어지는 것은 감정적 욕구다. 쿠자누스에게 우리가 낙원 안으로 들어가 생명나무의 열매를 먹도록 허락하는 것은 지적 추구다. 그리고 주목할 만하게도 우리가 모순되는 것들의 벽에서 절정에 이를 때 맛보는 것은 지적 추구의 실패다. 물론 그 두 신학자는 모두 우리가 지복직관에 이르는 방식에 관해 신중하게 미묘한 차이가 나는 논의를 제공한다. 보나벤투라는 감각 지각과 지성의 역할을 경멸하지 않는 반면에 쿠자누스의 신비주의는 사랑과 감정에 호소한다. 그러나 결국 보나벤투라는 사랑과 지식을 함께 묶는 데 어려움을 겪는 것처럼 보인다. 이미 순례 그 자체가 주로 욕구에 의해 유지되기 때문에 우리는 그 수도회 총회장이 신앙의 신비에 대한 지성적 이해를 지나치게 경시하는 것은 아닌지 하는 의문을 품는다. 내가 보기에는 니콜라우스 쿠자누스가 모든 과정에서 지식과 지식을 함께 유지하는 것처럼 보인다. 순례자는 언제나 이미 자신의 욕구의 대상을 마음에 두고 있으며, 그 욕구는 언제나 기독교 신앙의 특수성들에 의해 추동된다.

지금쯤이면 보나벤투라와 쿠자누스는 모두 그들의 차이에도 불구하고 자신들의 디오니시오스적 신비주의를 예수 그리스도에 대한 깊고 인격적인 신앙과 결합했음이 분명하게 드러날 것이다. 보나벤투라에게 있어 순례자가 감각 지각과 지적 이해의 세계로부터 우리가 하나님을 보는 낙원으로 넘어가는 것은 그가 십자가에서 죽으신 그리스도와 연계함으로써다. 니콜라우스 쿠자누스는 낙원의 생명나무로서의 그리스도에 대해 말하는데, 그의 위격적 연합은 비록 그것이 지적 이해를 넘어서는 형언할 수 없는 방식으로 이루어지지만 낙원의 벽에 있는 지적 모순들의 문제를 "해결한다."

보나벤투라가 우리에게 고난당하는 주님과 연계하라고 요구하는 것은 분명히 옳다. 우리가 그분의 부활을 공유하고 그로 인해 우리를 신성화시키시는 하나님에 대한 직관을 경험하는 것은 그리스도의 고난과 죽음에 대한 참여를 통해서다. 신약학자 마이클 고먼(Michael J. Gorman)은 최근에 성 바울의 핵심적 메시지가 "너희는 십자가를 본받으라. 왜냐하면 내가 십자가를 본받기 때문이다"라는 구절로 포착될 수 있다고 주장했다.[55] 고먼에 따르면 인간이 그리스도의 거룩에 참여할 때 그는 거룩해진다.[56] 그런 것으로서 거룩은 우리가 그리스도의 자기 비움적 삶과 죽음 및 따라서 삼위일체의 거룩한 삶을 공유하도록 허락한다. 고먼은 이런 "그리스도화" 혹은 신성화를 다음과 같이 요약한다. "신성화(theosis)는 성령의 능력 주심을 통해 성육신하고, 십자가에 달리며, 부활하고/영화된 하나님의 형상이신 그리스도께 성령의 능력 주심을 통한 일치를 통해 하나님의 자기 비움적이고 십자가에 순응하는 성품에 변혁적으로 참여하는 것이다."[57] 따라서 우리는 그리스도의 고난에 참여함으로써 하나님의 삶을 공유하기에 이른다. 보나벤투라는 유사한 접근법을 취한다. 그의 신학의 매력은 그리스도의 고난과 죽음에 대한 우리의 동일시가

---

55   Michael J. Gorman, *Inhabiting the Cruciform God: Kenosis, Justification, and Theosis in Paul's Narrative Soteriology* (Grand Rapids: Eerdmans, 2009), 105-28.

56   Gorman, *Inhabiting the Cruciform God*, 112.

57   Gorman, *Inhabiting the Cruciform God*, 125.

그의 신학에서 수행하는 핵심적 역할에 있다. 우리가 우리를 신성화시키는 하나님에 대한 직관에 이르는 유일한 길은 십자가의 어둠과 죽음을 통해서다.

그럼에도 보나벤투라와 쿠자누스 사이에는 미묘한 차이가 있다. 그 세라핌 박사가 지성이 지성의 어둠 없이는 성부 하나님에 대한 직관으로의 이동(*transitus*)을 경험할 수 없다고 잘 주장하는 반면, 그는 사랑이 이런 포기를 우회할 수 있다고 가정하는 것처럼 보인다. 보나벤투라는 우리가 성부를 보기 위해 십자가에 달리신 그리스도와 함께 넘어갈 수 있는 것은 "영적인 열정"과 "가장 불타는 감정"으로 불타오를 때라고 주장한다.[58] 확실히 보나벤투라는 하나님의 은총이 감정을 추동한다는 것과 "불을 붙이시는 분은 그리스도"라는 것을 분명하게 밝힌다.[59] 그는 우리가 마침내 그분을 볼 수 있는 것은 하나님 자신의 주도권 덕분이라고 분명하게 주장한다. 그럼에도 우리는 여전히 어째서 지성이 십자가와의 만남을 통해 위를 향해 올라가는 일에서 좌절을 경험하는지, 반면에 어째서 욕구가 그런 자기 부인 없이 계속 나아갈 수 있는지 물어야 한다. 보나벤투라가 욕구에 그런 특권을 부여하는 것은 적어도 인간 안에 십자가의 정화를 경험할 필요가 없는 무언가가 있다고 가정하는 위험을 감수하는 것 아닌가? 내가 보기에 **전인**―지성**과** 감정 모두―은 보나벤투라가 말하는 십자가에 순응하는 방식으로 그리스도와 동일시되는 것을 통해 우리를 신성화시키시는 하나님에 대한 직관을 경험한다. 감정을 포함해 영혼의 그 어느 측면도 십자가의 포기를 피할 수 없다.

---

58   *Itin*. 7.6.
59   *Itin*. 7.6.

아마도 우리는 주의주의-주지주의 논쟁의 핵심적 가정 중 하나, 즉 황홀경적 기쁨과 지복직관을 허락하는 것이 의지인가 아니면 지성인가에 대해 다시 생각해보아야 할 것이다. 우리가 그리스도와 연합함으로써 그분의 고난과 죽음에 들어가는 것은 이어서 우리로 하여금 그분의 부활을 경험하도록 허락한다. 그리스도에 대한 이런 참여는 지식과 사랑 사이의 우선 순위를 정하는 것을 통해 분석될 수 없다. 정확하게 그리스도와의 연합은 이 세상의 삶으로부터 종말론적 존재 방식으로의 이동을 이루기에, 하나의 능력이 다른 능력을 앞서는 것은 불가능하다. 지성과 의지 사이에서 우선 순위를 정하는 것은 더는 가능하지도 않고 우리를 신성화시키시는 그리스도와의 연합이라는 신비 안에서 더 이상 그 어떤 의미도 갖지 못한다. 또한 지식과 사랑이 신성화된 신자 안에서 연합하는 것은 그것들이 하나님 안에서 하나이기 때문이다. 우리가 하나님을 볼 수 있게 하는 것이 지식이거나 사랑이거나 둘 중 하나라고 주장하는 것은 인간의 눈이 하나님의 얼굴을 보는 것이 어떻게 가능한지를 설명하려는 인간의 능력들에 대한 이성주의적 구체화(rationalist reification) 속으로 빠져드는 것이다. 하나님의 얼굴이 인간의 시선을 만나는 곳에서 지식과 사랑 사이의 모든 구분은 극복된다.

8장

말과 직관

인간의 조건을 초월하는 단테의 여행

어휘와 현상

오감(five senses)은 각각 우리가 우리 주변 세계에 접근하도록 하면서 하나님께 더 가까이 가게 하는 독특한 역할을 한다. 청각, 시각, 후각, 미각 그리고 촉각 등 물질적이고 감각적인 능력은 모두 종교적 경험과 긴밀하게 연결되어 있다. 우리 주변의 자연 세계가 하나님을 계시하는 것인 한, 그분은 그런 물리적 감각들을 모두 사용하여 우리를 자신의 현존 안으로 이끄신다. 이 책은 특히 시각을 다루는데, 자연적 관조(θεωρία φυσική)에는 하나님이 우리를 자신의 현존 안으로 이끄시는 중요한 수단인 시각이 포함된다.[1] 그러나 영적 감각에 관한 비옥한 기독교 전통은 우

---

[1] 관조에 해당하는 그리스어(θεωρία) 자체는 "응시하다, 바라보다"(θεάομαι)라는 동사로부터 나온다. 참조. *TDNT* 5:318. 자연적 관조라는 개념은 Bruce V. Foltz, *The Noetics of Nature: Environmental Philosophy and the Holy Beauty of the Visible* (New

리에게 오감 중 아무것도 그것 자체로는 하나님이 우리에게 자신을 계시하시는 방법과 우리가 그분에게 이끌리는 방법을 온전하게 설명하지 못한다는 것을 상기시킨다.[2] 각각의 감각은 하나님과 우리의 관계에서 독특한 역할을 한다. 그리고 우리가 하나님과 맺는 관계에서 감각들이 어떤 기능을 하도록 의도되었는지에 관한 견고한 그림을 얻는 것은 오직 우리가 그것들에 대해 한꺼번에 성찰할 때만 가능하다.

성서와 기독교 전통 전체를 통해 특별히 중요한 것은 하나님의 말씀에 응답하는 청각 혹은 듣기라는 개념이다.[3] 창세기 1장에서 하나님은 **말씀하심으로써** 세상을 존재하게 하신다. 그리고 요한복음은 하나님이 그분의 영원한 말씀을 통해 그렇게 하신다는 것을 분명하게 밝힌다. "태초에 말씀이 계시니라. 이 말씀이 하나님과 함께 계셨으니 이 말씀은 곧 하나님이시니라. 그가 태초에 하나님과 함께 계셨고 만물이 그로 말미암아 지은 바 되었으니 지은 것이 하나도 그가 없이는 된 것이 없느니라"(요 1:1-3). 창조는 하나님의 말씀하심의 결과다. 따라서 창조된 현실이 그것들의 참된 정체성에 도달하는 것은 말씀 안에서와 말씀을 통해서다. 성서에서 말씀하심과 듣기의 이런 핵심성은 쉐마(Shema)가 유대교와 기독교 전통 모두에서 수행해온 핵심 역할을 설명해준다. "이스라엘아, 들으라. 우리 하나님 여호와는 오직 유일한 여호와이시니 너는 마

York: Fordham University Press, 2014); Norman Wirzba, "Christian *Theoria Physike*: On Learning to See Creation," *ModTh* 32 (2016): 211-30을 보라.

2   영적 감각에 관한 교리의 역사에 대해서는 Paul L. Gavrilyuk and Sarah Coakley, eds., *The Spiritual Senses: Perceiving God in Western Christianity* (Cambridge: Cambridge University Press, 2012)를 보라.

3   참조. Klaus Bockmuehl, *Listening to the God Who Speaks: Reflections on God's Guidance from Scripture and the Lives of God's People*, ed. Kathryn Yanni (Colorado Springs: Helmers and Howard, 1990).

음을 다하고 뜻을 다하고 힘을 다하여 네 하나님 여호와를 사랑하라. 오늘 내가 네게 명하는 이 말씀을 너는 마음에 새기라"(민 6:4-6). 요한계시록은 그리스도를 계시적 연설의 시작이자 끝으로 묘사한다. 그는 "알파와 오메가요 처음과 마지막이요 시작과 마침이다"(계 22:13; 참조. 21:6). 하나님이 자신을 위해 그들의 창조주와 구속주인 그리스도를 순종적으로 따르는 이들을 모으시는 것은 구약성서의 율법과 신약성서의 복음의 선포를 통해서다.

선포에 대한 개신교의 강조는 전통적으로 하나님의 말씀(그리고 인간의 순종적 경청이라는 반응)을 강조해왔다. 그리고 때때로 그것은 로마 가톨릭(그리고 아마도 정교회)의 시각에 대한 강조—그것은 성례에 대한 숭배와 형상들 앞에서 절하는 것과 성상과 함께 기도하는 것에서 나타난다—와 대조되게 그렇게 해왔다.[4] 루터교 신학자 로버트 젠슨(Robert W. Jenson)은 다음과 같이 쓰면서 말과 환상(vision)을 날카롭게 대조한다.

서방의 지적 역사는 대부분 그리스 전통을 계속 이어나갔다. 이 그리스 전통은 "존재하는 것"이 형상을 지니지 않으면 안 되었기 때문에 그것은 육체의 눈으로든 마음의 눈으로든 볼 수 있고 보여질 수 있는 것을 가르쳤다. 그러나 분명히 거기에는 또 다른 가능성이 있다. 존재하는 것은 들리는 것(heard of)을 의미하는 것이다. 그리고 창조 교리가 요구하는 것이 바로 이런 해석이다. 그런 해석 안에서 우리는 직접 만난 실재들을 "현상들"(phenomena), 곧 "눈으로 본 것들"로 이해하는 대신 그것들을 "어휘

---

4   참조. J. M. F. Heath, *Paul's Visual Piety: The Metamorphosis of the Beholder* (Oxford: Oxford University Press, 2013), 21-28.

들"(*legomena*)로, 즉 "말해지는 것들"로 이해할 것이다. 사물들은 우리가 제 3자로부터 혹은 그것들 자체로부터 들은 바와 같다.[5]

이 장이 분명하게 밝히겠지만, 나는 현상과 어휘에 대한 젠슨의 대조가 과장되었다고 믿는다.[6] 그리고 부분적으로 이 장의 목표는 단테의 『신곡』 중 「천국편」(*Paradiso*) 전체를 통해 드러나는 것처럼 말보다 직관을 분명하게 우선시하는 것의 장점을 주장하는 것이다. 그럼에도 우리는 단테의 작품에서 드러나는 직관에 대한 이런 설명을 시작하면서 한 가지 단서 조항을 두어야 한다. 그것은 우리가 앞으로 보겠지만 단테 자신에게도 중요한 것이었는데 다름 아니라 말이 구원의 여행에서 독특한 역할을 수행한다는 점이다. 성서 안에 들어 있는 인간의 언어와 교회의 선포를 통해 우리에게 말하는 것, 그리고 우리를 성육신하신 그분과 연합시킴으로써 더욱 인간이 되게 하는 것은 로고스, 즉 육신이 된 하나님의 영원한 말씀이다.[7]

---

5   Robert W. Jenson, *Systematic Theology*, vol. 2, *The Works of God* (New York: Oxford
     University Press, 1999), 35-36; *legomena* 이후의 인용 부호들은 원문에는 없다.
6   보다 나은 접근법을 위해서는 개혁신학자 G. C. Berkouwer를 보라. 그는 하나님에 대한
     직관(*visio Dei*)이라는 문제를 다루면서 "듣기와 보기 사이에 (마치 인간이 듣기를 통
     해 하나님께 직접 접근할 수 있는 것처럼) 인류학적 구분이 있을 것"을 부인한다. 그러
     나 그는 신적 언어가 "그 관계에 만연한 것—하나님의 주도권, 즉 그분의 뜻을 드러나게
     하는 그분의 음성, 곧 그분의 말씀(참조. 민 7:89; 신 4:12, 15)을 가리킨다"는 것을 인정
     한다(*The Return of Christ*, trans. James Van Oosterom, ed. Marlin J. Van Elderen [Grand
     Rapids: Eerdmans, 1972], 363).
7   오리게네스가 영원한 말씀의 세 가지 "성육신"에 대해 말한 것은 유명하다. 영원한 말
     씀은 동정녀 마리아 안에서, 성서 안에서 그리고 우리 자신의 영혼 안에서 성육신한다.
     Hans Boersma, *Scripture as Real Presence: Sacramental Exegesis in the Early Church* (Grand
     Rapids: Baker Academic, 2017), 111-18을 보라.

"인간의 조건을 초월하는 것은 말로 표현되지 않는다"

단테 알리기에리(Dante Alighieri, 1265-1321)는 자신이 14세기 초에 쓴
「천국편」(*Paradiso*)에서 놀라운 프로젝트를 시작한다. 그것은 단테가 하
늘들을 통과해 올라가면서 점차적으로 삼위일체 하나님의 살아 있는 빛
으로 변해가는 구원의 여행에 대해 묘사한다.[8] 그의 순례의 목표는 바로
단테 자신이 고안해낸 이탈리아어 신조어를 사용해 말하자면 "인간의
조건을 초월하는 것"(trasumanar)이다.

> 인간의 조건을 초월하는 것(trasumanar)은
> 말로(per verba) 표현되지 않는다.
> 은총이 그런 경험을 허용하는 자들에게는
> 이 예로써 충분할 것이다.[9]

「신곡편」에 등장하는 최초의 신조어가 **트라수마나르**(trasumanar, 인간
의 조건을 초월하다)인 것은 적절해 보인다.[10] 이것은 시인이 활용할 수 있

---

8   나는 과연 시인 단테가 실제로 신비로운 직관을 경험했는지에 대한 판단을 내리지 않는
     다. 요점은 시인으로서 그가 그런 경험을 했던 어떤 이의 관점을 취하고(이것은 특히 33
     곡에서 분명하게 드러난다), 신비 문학의 오랜 전통을 따라서 상승과 최종적인 신비 경
     험 자체를 모두 묘사한다는 것이다. 그러기 위해 그는 한 가지 문학적 효과로서 천상계
     들을 통한 여행을 만들어낸다.

9   Par. 1.70-72. 이후로 이 작품의 참조 번호는 본문의 괄호 안에 제시될 것이다. 인
     용문은 Dante, *Paradiso*, trans. Jean Hollander and Robert Hollander, ed. Robert
     Hollander(New York: Doubleday, 2007)에서 가져왔다.

10   Peter O'Leary, "Imparadising, Transhumanizing, Intrining: Dante's Celestial Vision,"
     Postmed 6 (2015): 154-64에 실려 있는 "낙원화하다"('mparadisa, Par. 28.3)와 "노래하
     다"(s'interna, 28.120)를 포함해 이 신조어에 관한 연구를 참조하라. 단테는 몇 가지 다
     른 연관된 신조어들을 만들어낸다. 그는 "하나님께 가까이 있는"(s'india) 세라핌 천사

는 말(verba)이 그의 일, 즉 하나님에 대한 성인들의 지복직관과 하나님의 임재 안으로 사로잡혀가는 그 자신의 경험을 묘사하는 일에 적합하지 않다는 사실에 대한 겸손한 인정을 의미한다. 단테가 활용할 수 있는 말은 그가 말해야 하는 영광에 어울리지 않는다. 따라서 그는 동시에 그 여행의 초인간적인 목표와 시인의 초인간적인 과업을 암시하는 신조어를 사용하여 순례의 목적을 표현한다. 내가 이 장에서 분명하게 밝히고자 희망하는 것은 「천국편」에서 지복직관을 향한 단테의 순례 역시 신성화—인간성의 자연적 한계 너머에 이르는 상승—의 여행이며[11] 그런 것으로서 그것이 그를 언어의 영역 너머로 이끈다는 점이다. 신성화에서 말은 직관에 굴복한다.

단테에게 언어는 임시적인 역할을 할 뿐이다. 우리는 그것을 "성례전적"이라고 부를 수 있을 것이다. 성례전적인 것으로서 말은 그가 하나님을 대면해서 본다는 초자연적 목표에 이르는 수단이다. 그러나 성례전적 실재 자체는 말보다는 직관이라는 은유를 통해 훨씬 더 잘 표현된다. 결국 말이라는 성례전적 은사(*sacramentum*)는 하나님과의 관조적 연합에서의 직관이라는 실재(*res*)를 위한 길을 열어준다. 단테는 가장 높은 하늘인 엠페레오에서 일어나는 언어로부터 직관으로의 성례전적 전환을 다음과 같이 간결하게 설명한다.

_____

(*Par.* 4.28), "그분 안에 있는"(s'inluia, 9.73) 마르세이유의 폴코, 빛줄기 안에 "들어 있는"(m'inventro, 21.84) 페트루스 다미아누스, 그리고 빛이 타오르는 점에 의해 "진리에 더 가깝게 있는"(s'invera, 28.39) 세라핌에 대해 말한다.

11   단테는 "신성화"라는 말을 많이 사용하지 않지만, 그의 신조어들은 이것이 그가 염두에 두고 있는 것임을 분명하게 밝혀준다. 또한 그는 생 빅토르의 리샤르가 관조에 있어서 "인간 이상"(più che viro)이었다고 말한다(*Par.* 10.132). 가장 중요하게 단테 자신이 빛으로 변한 것—나는 그것에 대해 아래서 논할 것이다—은 오직 영광의 빛 안에서와 그 빛에 의해서 신성화되는 과정으로서만 이해할 수 있다.

이때부터 나의 능력은

말의 능력을 넘어섰다.

말은 그런 광경에서 소용이 없고,

기억도 그런 엄청난 것에는 소용이 없다(*Par.* 33.55-57).

단테는 인간의 조건을 초월하는 그 과정의 정점에서 직접 하나님의 존재의 빛 속을 응시한다. 그리고 이 지점에서 말은 그가 경험하는 것을 전하지 못한다. 그의 말은 "그런 직관을 표현하지 못한다."

단테는 자신의 독자들에게 언어의 부적절성과 임시적 성격을 반복해서 상기시킨다. 항성천에 도달한 단테는 그곳에서 아담을 만나는데, 아담은 자기가 타락했을 때 잃어버렸던 지식의 직접성을 되찾았다고 말한다.

이어서 그 목소리가 말했다.

"네가 나에게 말하지 않아도

나는 너의 뜻을 네가 확실히 알고

묘사할 수 있는 것보다 더 잘 알 수 있네.

왜냐하면 나는 그것들을

다른 어디에서도 비치지 않으나

다른 모든 것을 비추는

진실의 거울을 통해 볼 수 있기 때문이네"(26.103-8).

하늘에서 말은 더 이상 필요하지 않다. 아담은 직접적인 방식으로("네가 나에게 말하지 않아도") 단테의 생각에 접근한다. 그 이유는 단테의 생각이 하나님의 마음이라는 "진실의 거울"에 비치기 때문이다.[12] 아담의 지복직관은 그가 하나님의 마음 안에서 모든 창조된 실재—거기에는 그의 세상에서 온 방문자의 생각까지 포함된다—를 즉각 볼 수 있음을 의미한다.[13]

마지막 곡(canto)에서 단테 자신이 하나님을 직관할 때, 그 역시 즉각적인 방식으로 하나님의 마음 안에서 모든 창조된 실재에 대한 앎에 이른다.

오 넘치는 은총이여,
그 덕택에 나는
내 모든 시각이 소진될 때까지
영원한 빛에 나의 눈을 고정시켰도다.

그 깊음 안에서 나는 보았노라.
사랑에 의해
온 우주에 흩어져 있던 쪽들이
한 권의 책으로 묶여 있음을.

실체들과 우연들 그리고 그것들의

---

12   Robert Hollander는 pareglio라는 단어가 아마도 실질적인 것으로서 "환일"(parhelion) 혹은 "무리해"(mock-sun)를 의미하며 따라서 pareglio는 태양의 반사라고 설명한다.
13   성인들과 천사들이 하나님의 마음 안에서 인간의 생각을 읽을 수 있다는 개념은 *Par.* 9.21; 11.19-21; 15:55; 20.79-80; 22.35-36; 26.95-96, 103-4에서도 나타난다.

상호작용이 너무 멋지게

융합되어 있어서

내가 하는 말은 한 줄기 빛에 불과하다(33.82-90).

단테는 하나님의 영원한 빛이라는 깊음 안에서 피조물의 흩어져 있던 많은 쪽이 한 권의 책으로 묶여 있음을 본다. 시간에 속한 많은 말이 하나의 영원한 말씀 안에서 연합한 것이다. 이제 단테는 창조세계(그리고 아마도 또한 역사)를 단 한 권의 책으로 읽을 수 있다. 왜냐하면 창조세계라는 책에 실려 있는 수많은 말이 더는 온 우주에 흩어져 있지 않기 때문이다. 이제 그것들은 하나님의 마음 안에서 하나로 묶여 있다.[14] 지복직관에서 개별적이고 흩어진 쪽들을 읽는 것은 하나님 안에서 모든 창조된 것들을 묶어서 직관에 길을 내준다.[15] 단테에게 그렇게 연합된 이해가 가능한 것은 그가 영원한 빛에 자신의 눈을 고정시켰기에(ficcar lo visio)

---

14 흩어진 쪽들이 사랑에 의해 한 권의 책으로 묶이는 것에 관한 단테의 언급은 이중적 의미를 갖는 어구일 가능성이 크다. 그것은 섭리 일반에 대한 언급이다(시간에 속한 모든 것이 영원한 말씀 안에서 연합되어 있다). 그러나 그것은 또한 그리스도를 통해 나타나는 하나님의 섭리가 단테의 시로까지 확대된다는 단테의 겸손한 인정이기도 하다. 왜냐하면 그것의 많은 쪽들이 그 안에서 모든 것이 하나가 되는(비교. 골 1:17) "참된 저자"(verace autore, *Par.* 26.40)에 의해 한 권의 책 안으로 요약되기 때문이다. 따라서 단테의 시는 "알파와 오메가"(Alfa e O, Par 26.17)인 영원한 말씀 안에 그 닻을 내리고 있다. 그분은 자신 안에 "가능한 모든 단어들을 결합하고 생성할 수 있는 알파벳의 글자들의 경계"를 지니고 계신다(Giuseppe Mazzotta, *Dante, Poet of the Desert: History and Allegory in the Divine Comedy* [Princeton: Princeton University Press, 1987], 11). 나는 이 문제에 대해 나에게 개인 이메일을 보내 의견을 준 Dominic Manganiello에게 감사 드린다.

15 Christian Moevs는 다음과 같이 말한다. "단테는 모든 지각하는 사람들과 모든 지각되는 것들이 궁극적으로 하나의 무한하고 차원이 없는 실재에 대한 제한적인 투사 혹은 반영이라는 것을 경험했다"(*The Metaphysics of Dante's Comedy* [Oxford: Oxford University Press, 2005], 78).

이제 말이 직관에 굴복하기 때문이다.

　단테의 경험은 성 바울이 고린도후서 12:3-4에서 말하는 바로 그 경험이다. 거기서 그는 자신이 "낙원으로 끌려갔다", "사람이 표현할 수 없는 말을 들었다"고 말한다.[16] 단테는 자신이 낙원의 여러 영역 안에서 성인들과 더불어 행하는 순례(peregrinatio)와 그 뒤에 이어진 번개를 맞는 것과 같은 경험을 바울이 경험했던 붙잡혀감(raptus)에 기초해서 정형화시킨다. 이것은 단테가 하나님을 직관하는 복을 누릴 뿐 아니라 또한 그 형언할 수 없는 경험을 말로 표현해야 하는 바울의 딜레마에 직면하고 있음을 의미한다. 이 딜레마는 시가 진행됨에 따라 단테가 행성의 영역들을 통과해 위로 올라가 마침내 원동천(primum mobile)과, 이어서 그 영역들을 넘어서 지고천(the Empyrean) 자체에 이르면서 점점 더 긴급해진다.

"그런 이유로 성서가 자신을 낮춘다"

시인 단테가 마주한 어려움은 그 자신과 자신의 독자들이 모두 성례전적 수단(sacramenta)에 묶여 있는 상황에서 하늘의 현실(res)을 어떻게 묘

16　단테는 고후 12:2("몸 안에 있었는지 몸 밖에 있었는지 나는 모르거니와")를 언급하면서 다음과 같이 쓴다.

　　오 하늘을 다스리는 사랑이여,
　　당신의 빛으로 나를 끌어올리셨으니
　　내가 당신이 마지막에야 만드신
　　그 부분에 있었는지는 당신만이 아십니다(Par. 1.73-75).

사할 것이냐 하는 것이었다. 이 딜레마가 특히 신랄한 까닭은 순례자 단테가 자신의 여행을 육체를 가진 인간으로서 수행하는 반면, 그가 행성 구역에서 여행 중에 만나는 영혼들은 육체로부터 분리되어 있고 그 상태에서 신적 본질을 보기 때문이다. 비록 단테가 (달에서 시작해서 원동천의 마지막 구역에서 끝나는) 9개의 천국의 영역들을 차례로 통과하면서 여행하지만, 그가 각각의 연속적인 영역에서 만나는 성인들은 사실상 이미 가장 높은 하늘 자체에 존재한다. 그들은 결국 특정한 영역들에 있지 않다. 줄곧 그들은 지고천의 장미꽃밭 안에 그들의 자리를 차지하고 있다.[17] 바울의 방식으로 천국에 갔다가 돌아오면서 단테는 그가 본 현실 (res)을 언어적 성례(sacramentum)로 환원시키는 어려운 과업에 직면한다. 그리고 그는 이 과업을 천국의 영역들을 통과하는 순례를 고안함으로써, 그리고 하늘의 성인들이 그들의 다양한 영역들에 자리를 차지하는 것처럼 가장함으로써 수행한다. 단테는 그가 낙원의 현실을 어떤 식으로든 묘사할 수 있게 해주는 시적 허용을 사용한다.

달에 도착했을 때 단테는 성인들이 실제로 그곳에 거처를 갖고 있지 않음을 즉각 알아차리지 못한다. 베아트리체는 영혼들이 죽으면 그들 자신의 별로 돌아간다는 단테의 플라톤주의적 개념을 고쳐줄 필요가 있었다(Par. 4.22-24). 그녀는 단테에게 그가 그 영역들에서 직관을 세상

17　Jeffrey Burton Russell은 다음과 같이 말한다. "신학적으로 말하자면, 하나님, 천국 그리고 하늘에 있는 성인들은 행성들 위나 어떤 영역들에 있는 것이 아니라, 그것들 너머 지고천에, 우주 자체 너머 가장 높은 천국에 있다. 시인 단테는 자기를 맞이하기 위해 그 하늘에 있는 성인들이 지고천으로부터 그들의 삶에 적절한 영역들로 내려오는 것처럼 말한다. 전사들은 화성으로, 관조가들은 태양으로"("The Heavenly Paradise," in *A History of Heaven: The Singing Silence* [Princeton: Prineton University Press, 1997], 166). 또한 Erich Auerbach, *Dante: Poet of the Secular World*, trans. Ralph Manheim (1929; rev. ed., New York: New York Review of Book, 2007), 116을 보라.

의 방식으로 생각해서는 안 된다고 강조해서 경고한다.

하나님과 가장 가까이 있는 세라핌,
모세, 사무엘 혹은
당신이 좋아하는 요한이라고 할지라도,
그리고 내가 말하는데 심지어 마리아조차도

다른 하늘에 그들의 자리를 갖고 있지 않고
당신이 방금 본 영혼들 역시
다른 곳에 자리를 갖고 있지 않습니다.
그들의 복된 세월은 길거나 짧지도 않습니다.

아닙니다, 모두가 그 가장 높은 천구를 꾸미고
서로 다른 정도로 감미로운 삶을 즐기며
하나님의 영원한 숨결을
더 느끼거나 덜 느끼거나 할 뿐입니다.

그 영혼들이 이곳에 나타난 것은
그들이 이 영역에 할당되었기 때문이 아니라
하늘에서 그들이 지니고 있는
덜 고양된 지위에 대한 표시입니다.

이것이 당신의 능력에 어울리는 것은
그것은 오직 감각을 통해서만 이해하고

그렇게 이해한 것을 지성에

적합한 것으로 만들기 때문입니다(4.28-42).

베아트리체는 천사들과 하늘의 성인들이 "가장 높은 천구를 꾸민다"는 것과 그들이 실제로는 "이 영역들에 할당된 것"이 아니라는 것, 그 이야기의 다양한 영역들에 그들이 배치된 것은 성인들이 하늘에서 다양한 지위를 지닌다는 것에 대한 상징적인 묘사라는 것을 분명하게 밝힌다.[18] 다시 말해 행성 영역 전체에서 성인들이 허구적인 위치를 가져야 하는 이유는 단테처럼 육체를 가진 인간은 감각적 관찰에 의존하기 때문이며, 시적 담화는 그런 감각적 관찰이 발생하는 시공간적 우주에 의존하기 때문이다. 낙원 전체를 통한 여행이 가리키는 실재(res)는 단테의 이해에 따르면 순전히 지적이다. 「천국편」의 모든 시적 이야기는 그러므로 시적 적용의 형태를 취한다.

그 결과 단테는 자신의 시적 과업을 성서에서 하나님이 인간의 한계에 적용하시는 것과 유사한 것으로 간주한다. 베아트리체는 단테에게 그가 달에서 보는 성인들은 실제로는 그곳에 있지 않다고―왜냐하면 그들은 이미 지고천에서 하나님과 함께 있기 때문이다―털어놓은 후 4곡(canto)에서 그에게 낙원을 통한 여행은 감각에 대한 적용이라고 말한다.

---

18 단테가 항성천에 도달할 때, 승리한 교회 전체가 지고천으로부터 내려와 그를 맞이하면서 환영한다(Par. 23.19-21). Robert Hollander는 함축적으로 다음과 같이 말한다. "단테는 전에 이런 영혼 중 일부를 본 적이 있다. 만약 이제 그들 모두가 내려온다면, 그들의 수에는 그가 이미 이전의 여러 하늘들에서 보았던 피카르다 이후의 모든 영혼이 포함될 것이다"(in Dante, Paradiso, 635). 그러므로 단테는 그 성인 중 일부를 세 차례에 걸쳐 본다. 그는 그들 중 일부를 낙원의 낮은 영역 중 하나에서 만난다. 그는 그들을 다시 항성천에서 만난다. 그리고 그들은 지고천 안 장미꽃밭에 그들의 자리를 영원히 갖고 있다.

그런 이유로 성서는

당신의 능력에 적응해

하나님께 손과 발을 부여하지만

사실은 다른 것을 의미합니다.

그리고 당신을 위해 거룩한 교회는

가브리엘과 미카엘을

인간의 얼굴을 지닌 것으로 묘사하고

토비아를 회복시켜준 다른 천사 역시

그렇게 합니다(4.43-48).

단테가 베아트리체와 함께 하늘들 위로 솟구쳐 올라가는 이야기 전체는 독자들의 환경에 자신을 맞춘 것인데, 독자들은 오직 물질적 이미지와 다양한 말들을 통해서만—다시 말해 성례전적 수단을 통해서만—지적인 지고천의 현실을 포착할 수 있다. 제프리 러셀(Jeffrey Russell)이 말하듯이 "자기가 본 것이 인간의 언어를 넘어선다는 것을 아는 시인 단테는 하나님이 그에게 적응하시듯 묘사를 넘어서는 것을 묘사하기 위해 언어를 사용해 그리고 심지어 신조어로 그것을 밀고 나가면서 자신의 독자들에게 적응해야 한다."[19] 단테는 표현할 수 없는 것을 표현하는 인간의 언어를 사용해 낙원 전체를 통과하는 그의 여행에 관한 길고 장황한 설명을 제시하는 방식으로 자신을 자신의 독자들에게 맞춘다.

---

19   Russell, "The Heavenly Paradise," 165.

"욕망으로 가득 차고 소망 속에서 만족을 찾는 사람"

우리는 천국의 영역들에 대한 단테의 설명을 보다 문자적으로 취하려는
유혹을 받을 수 있다. 그런 읽기에 의하면, 우리는 하늘의 성인들이 천
국의 여러 영역에 고루 퍼져 있는 것을 사후에도 계속되는 그들의 순례
를 묘사하는 것으로 여길 수 있다. 하늘의 성인들은 연옥을 거친 후에 계
속해서 다양한 정도로 점증하는 행복의 단계들을 통과해 하나님에 대한
최종적인 대면 직관에 이른다. 그런 읽기에 의하면, 연옥의 마지막은 즉
각적으로 하늘에서 이루어지는 하나님의 본질에 대한 지복직관으로 이
어지지 않는다. 오히려 연옥과 하나님에 대한 최종적 직관 사이에는 다
양한 정도의 행복의 단계들이 실제로 존재한다. 다시 말해, 단테는 하늘
의 성인들이 연옥으로부터 천국으로 이동한 후에조차 신성화의 과정에
서 전진이 일어나도록 허용한다.

비록 「천국편」에 대한 그런 식의 읽기가 부정확하다고 할지라도
그것은 내세에 대한 보다 앞선 신학적 이해와 부합한다. 그러므로 흔
히 생각되는 바에 따르면, 천국에서 성인들은 아직은 그들이 언젠가 그
렇게 하게 될 것만큼 하나님을 분명하고 직접적으로 보지 못한다. 심판
의 날에, 즉 몸과 영혼이 재결합하게 될 때, 성인들은 그들이 중간 상태
(intermediate state)에서보다 훨씬 더 분명하게 하나님을 보게 될 것이다.[20]

---

20 Nicholas Constas는 교부 신학자들과 비잔틴 신학자들이 중간 상태를 (종종 꿈과 같은)
종말을 위한 추가적인 준비의 상태로 다뤘음을 분명하게 밝힌다. 그리고 그는 이렇게
말한다. "비잔틴 사람들은 오직 종말의 명료하게 하는 빛 안에서만 결정적인 안도감과
해결을 지닌 참되고 지속적인 인간이 나타날 것이라고 믿었다"("'To Sleep, Perchance
to Dream': The Middle State of Souls in Patristic and Byzantine Literature," *DOP* 55
[2001]: 119). 내가 이 논문에 관심을 갖게 해준 Sarah Coakley에게 감사드린다.

하나님에 대한 직관의 완전함에 등급이 있다는 이런 개념은 단테가 죽은 후 10년이 지난 1330년대에 강렬한 논쟁의 주제가 되었다. 교황 요한 22세(John XXII, 1316-1334)는 1331년에 『영혼의 영광에 관하여』(De gloria animarum)라는 책에서 그 주제에 관해 썼다. 거기에 그는 네 편의 설교를 덧붙여 믿음이 직관에 길을 내주는 것은 오직 최후의 심판 때이며, 성인들은 그 후에야 비로소 그리스도를 그분의 인성의 측면에서뿐 아니라 그분의 신성의 측면에서도 보게 될 것이라고 주장했다.[21] 교황 요한 22세는 임종의 자리에서 자신의 견해를 철회했다. 그리고 그것은 그의 후계자인 베네딕토 12세(Benedict XII)에 의해 공식적으로 금지되었는데, 그는 1336년에 「복되신 하나님」(Benedictus Deus)이라는 헌장을 반포했다. 거기서 교황은 "신적 본질은 즉각 그 자신을 그들[즉 성인들]에게 평이하고 분명하고 공개적으로 드러내며 이 직관에서 그들은 신적 본질을 즐긴다"고 주장했다.[22] 「복되신 하나님」은 지복직관을 향한 단계가 있는 진보를 결정적으로 배제했다.

교황 요한 22세의 견해—그는 그것을 아우구스티누스와 클레르보의 베르나르두스(Bernard of Clairvaux)에게 호소했다—는 1330년대에는

---

21   그 설교들과 논쟁에 관해서는 다음을 보라. Marc Dykmans, *Les Sermons de Jean XXII sur la vision béatifique*, Miscellanea Historiae Pontificiae 34 (Rome: Presses de l'Université Grégorienne, 1973); John E. Weakland, "Pope John XXII and the Beatific Vision Controversy," *AnM* 9 (1968): 76-84; F. A. van Liere, "Johannes XXII en het conflict over de visio beatifica," *NedTT* 44 (1990): 208-22; Christian Trottmann, *La Vision béatifique des disputes scolastiques à sa définition par Benoît XII*, Bibliothèque des écoles françaises d'Athènes et de Rome 289 (Rome: École française de Rome, 1995); William Duba, "The Beatific Vision in the Sentences Commentary of Gerald Odonis," *Vivarium* 47 (2009): 348-63.

22   Pope Benedict XII, "Benedictus Deus," January 29, 1336, in Xavier LeBachelet, "Benoît XII," in *Dictionnaire de Théologie Catholique*, vol. 2, pt. 1, cols. 657-58 (Paris: Letouzey et Ané, 1932), http://www.papalencyclicals.net/Ben12/B12bdeus.htm.

억압될 수 있었을지 모르나 그것은 지복직관에 대한 보다 이른 시기의 교부들의 입장을 되풀이했다. 우리가 앞서 보았듯이 초기 교회에서 많은 신학자—그들 중 가장 유명한 이로 니사의 그레고리오스가 있다—가 **에펙타시스**(*epektasis*), 즉 하나님의 무한한 삶을 향한 성인들의 영원한 진보라는 개념을 유지했다.[23] 이런 교부적 (그리고 훗날의 정교회적) 개념과 대조적으로 교황 요한 22세의 견해는 다소 열의가 없어 보인다. 결국 에펙타시스에 대한 믿음은 다음과 같은 여러 가지 필연적인 신학적 결과를 낳는데, 요한 22세는 그중 어느 것도 자신의 것으로 택하려고 하지 않았다. (1) 에펙타시스는 계속해서 의지(아마도 욕구하는 의지)에 의해 추동되는 하나님의 삶속으로 보다 깊이 들어가는 영원한 "여행"을 의미했다. (2) 영원한 진보는 그 근거를 하나님의 무한성에 두고 있기 때문에 그것은 하늘의 성인들이 하나님을 직관하는 일에서 그들이 하늘에 들어간 때로부터 최후의 심판 때까지만이 아니라 내세 이후에도 계속해서 진보하리라는 것을 의미했다. (3) 이 영원한 진보라는 교리는 일반적으로 변용을 따라 정형화된 지복직관에 대한 기독론적 (현현적) 이해를 의미했다. 성인은 결코 하나님을 직접 보지 못하고 단지 그리스도 안에서와 그리스도를 통해서만 볼 뿐이다. (4) 이 모든 것은 하나님의 본질 안에서의 영원한 휴식을 불가능하게 한다. 하나님의 본질은 영원히 닿지 않는 곳에 남아 있기 때문이다. 교황 요한 22세는 영원한 진보라는 교리의 이런 함의 중 어느 것도 취하지 않았다. 그는 신적 본질에 대한 직접적이고 직관적인 조망은 (성인들에게) 죽음 직후나 (우리 중 나머지에게) 연옥 직후에

---

23   에펙타시스(*epektasis*)라는 용어는 이 책의 3장 중 "『모세의 생애』: 영속적인 욕구로서의 직관" 부분을 보라.

일어나지 않고 최종적인 심판 때까지 연기된다고 단언하는 일에 자신을 국한시켰다. 그럼에도 중간 상태에 대한 그의 이해가 보다 이른 시기의 입장에 대한 흔적을 포함하고 있음은 분명하다.

낙원에 대한 단테의 묘사는 이런 보다 이른 시기의 견해들과의 유사성을 분명하게 밝힌다. 그러나 만약 우리가 성인들이 천국의 다양한 영역에 존재하는 것을 단테가 에펙타시스에 대한 보다 이른 시기의 교부들의 이해나 1336년에 정죄되었던 입장을 포함하는 것으로 해석한다면, 그것은 「천국편」을 잘못 읽는 일이 될 것이다. 분명히 천국을 통과하는 단테의 여행은 욕구에 의해 추동된다. 그리고 그가 그 과정에서 만나는 다양한 성인들 역시 하나님의 빛에 대한 자신들의 욕구를 표현한다. 이에 기초해서 리노 페르틸레(Lino Pertile)는 「천국편」을 에펙타시스 교리를 반영하는 것으로 읽는다.[24] 그는 제23곡으로 돌아서는데 거기서 단테는 항성천에서 "태양이 덜 서두르는 것처럼 보이는 하늘의 지역"("la plaga/ sotto la quale il sol mostra men fretta")을 욕구하며 찾고 있는 베아트리체를 발견한다(23.12). 베아트리체는 새끼들과 함께 둥지 위 횃대에 앉아 있는 새처럼 보인다.

> 새끼들의 눈과 부리를 보기를 욕망하면서
> 또 그들을 먹일 먹이를 찾으려 했다.
> 그것은 비록 어려운 일이지만
> 그녀에게 기쁨을 주는 일이기도 했다.

---

24   Lino Pertile, "A Desire of Paradise and a Paradise of Desire: Dante and Mysticism," in *Dante: Contemporary Perspectives*, ed. Amilcare A. Iannucci (Toronto: University of Toronto Press, 1997), 148-63.

이제 탁 트인 가지 위에서

그때를 기대하고

태양이 떠오르기를 열렬하게 기대하면서

새벽이 밝기를 뚫어지게 바라본다(23.4-9).

그리스도의 모습을 보고자 하는 베아트리체의 욕구는 단테 안에서 유사
한 욕구를 불러일으킨다.

그러므로 나는 기대하며 몰입해 있는

그녀를 바라보면서

욕구로 가득 차고 소망 속에서

만족을 찾는 사람이 되었다(23.13-15).[25]

단테는 비록 자신이 욕구하는 대상을 보지는 못하지만 그럼에도 만족한
다. 이와 같은 욕구의 만족을 소망의 연속으로 해석함으로써 그는 욕구
를 계속되는 진보의 동력으로 삼는 것처럼 보인다. 따라서 이해할 만하
게도 페르틸레는 다음과 같이 말한다. "시인이 묘사하는 것은 무시간적
인 결실로서의 낙원이 아니라 욕구의 낙원, 곧 시간 속에 존재하는 낙원
이다. 그곳에서 욕구는 동시에 계속해서 존재하며 또한 계속해서 성취
의 확실성으로 인해 만족된다."[26] 페르틸레에 따르면, 단테는 욕구라는
낙원의 우주를 통과해 여행한다.

---

25   이곳 *Par.* 23.4와 23.14에서 나타나는 "욕구"라는 단어는 조금 뒤인 23.39와 23.105에
      서 다시 나타난다.
26   Pertile, "Desire of Paradise," 149.

페르틸레는 에펙타시스에 대한 단테의 묘사가 그로 하여금 토마스 아퀴나스에게 동의하지 않도록 만든다고, 또한 그것은 그가 『향연』(*Convivio*, 1304-1307)에서 보여주었던 그 자신의 앞선 이해와 모순되기도 한다고 주장한다.[27] 아퀴나스에게 영혼은 정확하게 하나님의 본질을 보는 행복을 얻음으로써 쉼을 얻는 반면,[28] 단테에게 (적어도 페르틸레의 이해에 의하면) 행복은 점점 더 늘어나는 하나님에 대한 더 큰 욕구 안에서 만족을 얻는 것을 의미한다. 페르틸레는 단테의 사상을 보다 이른 시기의 교부 전통과 부합하는 것으로 묘사하면서 이것이 그를 아퀴나스의 그것과는 다른 신학적 궤적 위에 올려놓는다고 결론짓는다.[29]

페르틸레는 단테의 여행의 역동적 과정과 그 과정에서 욕구가 수행하는 핵심적 역할을 옳게 지적한다. 또한 적어도 어느 의미에서 낙원 자체가 단테에게 욕구의 장소가 되는 것 역시 사실이다. 단테 자신과 하늘의 성인들은 모두 『신곡』의 세 번째 편 전체에서 그들의 욕구를 표현한다. 실제로 우리는 "단테의 낙원이 시적으로 묘사되고 「천국편」이 하나

---

27 Pertile, "Desire of Paradise," 153.

28 *ST* I-II, q. 3, aa. 4, 8.

29 이곳은 단테의 토마스주의적이고 프란치스코적인 성향을 살피기에 적절한 장소가 아니다. 그러나 넓게 말해 그의 신학적 패러다임은 프란치스코적인 신학적 견해보다는 토마스주의와 더 잘 어울린다. 비록 Francis de Capitain이 『신곡』(*Divine Comedy*)을 "운문으로 된 『신학대전』(*Summa*)"이라고 묘사하면서 너무 멀리 가기는 했지만 말이다 ("Dante's Conception of the Betific Vision," *ACQR* 27 [1902] 418). 여러 경우에 단테는 천사 박사의 그것과 부합하지 않는 입장을 제시한다. Kenelm Foster는 단테가 (1) 하나님이 제1물질을 먼저 창조했다고 주장하면서 물질과 형상의 동시적 창조를 거부하고, (2) 아퀴나스보다 천체들을 통해 이 세상을 형성하는 일에서 천사들이 보다 실질적인 역할을 했다고 여기며, (3) 몸-영혼 관계와 인간의 생성의 과정에 대해 아퀴나스와는 다른 이해를 견지하고, (4) 인간의 죽을 본성과 불멸하는 본성에 상응하는 두 가지 최종적 목표를 상정하는 반면, 아퀴나스는 하나의 초자연적인 목표에 대해서만 말하고, (5) 본질과 실존을 구분하는 일을 거의 하지 않는다고 설명한다(*The Two Dantes and Other Studies* [Berkely: University of California Press, 1977], 57, 60-61).

의 시로서의 역할을 하는 것은 단테가 그것을 욕구와 성취 사이의 긴장이라는 측면에서 상상하고 구조화하기 때문이다. 그 순례자 안에 욕구가 존재하는 것은 그 시인으로 하여금 자신의 상승을 역동적인 진전으로 묘사할 수 있게 해준다"라는 페르틸레의 주장을 되풀이하는 데까지 나아갈 수 있다.[30] 단테의 언어 사용은 역동적 진전의 느낌을 주는데, 이어서 그것은 욕구가 다양한 천체의 영역들에서 어떤 계속되는 역할을 하도록 허락한다.

그러나 이 중 아무것도 단테가 욕구를 문학적으로 끝이 없는 것으로 간주한다는 것을 의미하지 않는다. 오히려 그는 궁극적 진리에 대한 자연적 욕구가 만족과 쉼을 가져오고 그런 것으로서 그것이 모든 욕구를 종식시킨다고 확언한다. 단테는 달에서 베아트리체가 하는 말을 들을 때 그 말에 응답해 다음과 같이 외친다.

> 이제 나는 진리가 그것을 비추지 않으면
> 우리의 지성은 결코 충족되지 않으며
> 진리는 결코 지성의 경계 너머로 확장되지
> 않는다는 것을 압니다.
> 욕구는 일단 그곳에 도착하면
> 그 진리 안에서 마치 굴속의 짐승처럼 쉽니다.
> 그것은 그렇게 할 수 있는데,
> 그렇지 못하면 그것의 모든 바람은 헛것이 될 것입니다(4.124-29).[31]

---

30 Pertile, "Desire of Paradise," 156.
31 Christopher Ryan, *Dante and Aquinas: A Study of Nature and Grace in the Comedy*, ed. John Took (London: Ubiquity Press, 2013), 118-20에 나오는 이 구절에 관한 논의를

단테에게 모든 진리는 하나로, 즉 궁극적 진리로 이어지는데 그것은 지성이 만족을 얻고(sazia) 쉼을 얻게(posasi) 해준다.

비슷하게 토성에서 그는 누르시아의 베네딕토에게 그의 얼굴을 가리지 말고─즉 그 수도사의 육체적 모습으로─자기를 보아달라고 청하는데, 그때 베네딕토는 그를 꾸짖는다. 왜냐하면 그런 직관은 이 단계에서는 가능하지 않기 때문이다.

그러자 그가 답했다.
"형제여, 당신의 높은 소원은
나의 것을 포함해 모든 욕구가 성취되는
가장 높은 곳에서 성취될 것이오.

오직 그곳에서만 우리가 바라는 모든 것이
완벽하게 되고, 무르익으며, 완전해질 것이오.
각각의 요소들이 제 자리에 영원히 머무는 것은
오직 그곳에서만 가능하다오"(22.61-66).

일곱 번째 영역에서 단테는 아직 베네딕토의 민얼굴을 보지 못한다. 베네딕토는 단테의 이런 욕구(disio)가─다른 모든 욕구와 함께─오직 가장 높은 영역에서만 성취될 것이라고 명확하게 주장한다.

베르나르두스가 단테를 지고천으로 이끈 후 그를 대신해서 마리아에게 기도를 드릴 때 비로소 욕구의 역할이 끝난다.

———
참조하라.

내가 모든 욕구의 끝을 향해 다가갔을 때,

나는 당연히 그래야 했지만,

내 속에서 욕구의 열정이 한계에

이르렀음을 알았다(33.46-48).

이곳 지고천에서 단테는 하나님의 임재 안에서 자신의 욕구의 끝에 도달한다. "끝"(fine)이라는 용어는 욕구가 목표로 하는 목적으로서 목적론적으로 이해되어야 한다. 하나님은 단테의 모든 욕구의 목적 혹은 목표다. 반면에 "끝"이라는 단어는 또한 욕구가 그것의 목적을 이룰 때 그것이 그친다는 것을 의미한다.[32] 아마도 단테는 일단 자신의 영혼의 욕구가 정점에 도달하고 나면 그것은 종말을 맞이하고 최종적 휴식으로 이어진다고 말하는 것처럼 보인다.

따라서 단테는 에펙타시스에 대한 보다 이른 시기의 종말론적 견해들을 되찾지 않는다. 물론 하나님의 빛을 보려는 욕구는 단테의 천국 여행에서 중요한 요소다. 그러나 만약 우리가 욕구에 대한 이런 표현들을 하늘의 성인들과 단테 자신 편에서 볼 때 영원 속에서 성인들의 실제적인 진보를 반영하는 것으로 여긴다면, 우리는 문자주의에 빠지는 셈이 될 것이다. 천국을 통과하는 여행 전체—거기에는 단테가 다양한 영역들에서 하늘의 성인들과 만나는 것이 포함되어 있다—는 단테의 독자들을 위한 겸손 혹은 적응의 표현이다.[33] 에펙타시스에 대한 그의 설명은

---

32   단테는 그가 욕구가 하나님의 임재 안에서 계속된다고 여긴다는 그 어떤 암시도 하지 않는다. 그리고 나의 전반적인 해석은 여기서 "끝"이라는 단어를 욕구가 계속되는 것을 허용하는 것으로 여기는 것에 반대한다. 이에 대한 다른 해석은 Hollander, in Dante, *Paradiso*, 923을 보라.

33   John Freccero의 말을 참조하라. 「천국편」이 존재하는 한…그것은 적응, 즉 침묵을 벗

그의 시적 적응의 일부이자 한 조각이다. 그런 설명은 단테가 말이 적절하게 전할 수 없는 무언가를 말로 표현해야 하는 딜레마를 다루는 방식이다. 다시 말해 단테에게 욕구는 성례전이 여전히 그것의 자리를 차지하고 있는 세상의 두 번째 실재와 관련이 있다. 나의 개인적 확신은 단테보다는 니사의 그레고리오스의 보다 앞선 견해와 일치한다. 그레고리오스의 에펙타시스는 아퀴나스와 단테의 신적 본질에 대한 직관보다 하나님의 무한성(그리고 창조주-피조물의 구분)을 훨씬 더 공정하게 다룬다. 그러나 나로서는 단테의 경우에 일단 우리가 지복직관의 실재(*res*)에 도달하면—즉 일단 우리가 지고천에서 하나님과 대면하면—욕구가 그치고 우리가 소망 안에서가 아니라 우리 욕구의 대상인 하나님 자신의 신성한 본질 안에서 만족을 얻는다는 결론이 불가피해 보인다.[34]

어난 타협이다.…그 시인의 막대한 업적은 그가 불가해함이나 침묵 속으로 떨어지지 않으면서 표현할 수 없는 것(non-representation)을 표현한다는 점이다. 그 이야기 안에서 이런 적응은 그 순례자의 배타적인 유익을 위해 하늘에 거주하는 성인들의 영혼 모두가 수행하는 '어전 연극'(command performance)의 형태를 취한다"("An introduction to the *Paradiso*," in *Dante: The Poetics of Conversion*, ed. Rachel Jacoff [Cambridge, MA: Harvard University Press, 1986], 211). 나는 내가 이 구절에 관심을 갖게 해준 Dominic Manganiello에게 감사드린다.

34 마지막 곡의 마지막 4행시에서 단테가 섬광을 맞아 성육신의 신비를 직감한 직후에, 우리는 다시 한번 단테의 욕구에 대해 읽는다.
    여기서 나의 고귀한 직관은 소진했으나
    이제 움직임 없이 회전하는 바퀴와 같은 나의 의지와 욕구는
    태양과 다른 모든 별을 움직이는 사랑 덕분에
    여전히 움직이고 있었다.
    (33.142-45)
    나로서는 이 마지막 연이 단테가 지복직관을 경험한 후에도 계속되는 에펙타시스적인 욕구에 관해 말하는 것처럼 보이지 않는다. 그런 식의 읽기는 (1) 직관이 "소진되는" 것이 어떻게 가능한지를 적절하게 설명하지 못한다. 왜냐하면 아마도 지복직관은 의지와 욕구와 더불어 계속되기 때문이다. (2) 그리고 그것은 욕구가 지복직관에서 종결된다는 단테가 거듭 표현했던 견해와 충돌한다. 그리고 (3) 그것은 이 시점에서 단테가 이미 천국에서 최종적 지복직관을 위해 성인들과 연합해 있는 것처럼 보이게 하는데, 그것은

"지복 자체는 보는 행위에 근거한다"

욕구가 그저 두 번째 역할을 할 뿐이라는 이런 식의 이해는 지복직관에 대한 단테의 전반적인 주지주의적 이해에 부합한다.[35] 단테는 성인들이 하나님의 본질을 볼 것이고 하나님의 본질에 대한 이런 직관이―이어지는 그것에 대한 즐김보다― 참된 행복을 구성할 것이라고 확신했다. 중세 스콜라 신학을 배경으로 단테의 지복의 교리를 신중하게 연구했던 타마라 폴락(Tamara Pollack)은 단테가 직관을 행복을 형성하는 원인으로 여긴다는 것을 분명하게 밝힌다. 지복을 지복으로 만드는 것은 직관― 혹은 지식―이다. 폴락은 제28곡에 나오는 잘 알려진 구절에 호소한다. 베아트리체는 진리를 꿰뚫고 있는 가장 높은 세 등급의 천사들에 대해 말하면서 다음과 같이 말한다.

단테가 자신의 시를 쓰기 위해 지상으로 돌아왔던 점을 무시한다. 요약하자면, 그런 식의 읽기는 단테가 실제로 지고천에서 영원한 지복직관에 참여한다고 가정하는데, 나는 그것이 틀렸다고 생각한다. 그보다 훨씬 더 가능성이 있는 것은 단테가 자신의 경험을 고후 12:3-4에 실려 있는 바울이 낙원으로 붙들려갔던 것(*raptus*)을 본떠서 지어내고 있기에, 여기서는 그 시인이 자신의 신비로운 경험을 한 후에 세속적 현실로 돌아온 것을 아우구스티누스가 자신의 『고백록』에서 동일한 경험을 묘사했던 것과 같은 방식으로 묘사하고 있다는 점이다(참조. 이 책의 4장 중 "성령의 첫 열매" 부분을 보라). 단테가 의지와 욕구가 이제 태양과 별들을 움직이는 사랑과 함께 움직이는 것으로 묘사하는 것은 그의 관조적이고 신비로운 경험이 그것의 뒤를 잇는 나날의 활동적인 삶에 대해 갖는 지속적인 영향을 묘사하는 것일 수 있다.

35 　지복직관에 대한 주지주의적 견해는 직관의 행복(지복)을 신적 본질을 이해하는 지적 행위와 동일시한다. 예컨대 토마스 아퀴나스는 다음과 같이 주장한다. "행복의 본질은 지성의 행위로 구성된다. 그러나 행복으로부터 나오는 기쁨은 의지와 관련된다"(*ST* I-II, q. 3, a. 4). 단테에게 (의지의 행위로서의) 욕구는 지복직관의 행복으로 이어지는데, 그것은 엄격하게 지성의 행위다. 지성과 의지의 관계에 관한 더 많은 논의는 앞장에 실려 있는 보나벤투라와 니콜라우스 쿠자누스에 대한 논의를 보라.

그리고 당신은 그들 모두가

그들의 시각이 진리를 꿰뚫을 수 있는 정도의

깊음 속에서, 즉 모든 지성이 쉼을 얻는 곳에서

기쁨을 얻는다는 것을 알아야 해요.

이로부터 알 수 있는 것은

지복 자체는 보는 행위에 의존하는 것이지

그후에 따라오는 사랑의 행위에

의존하지 않는다는 것이에요(28.106-11).

베아트리체는 지성이 진리 자체 안에서 "쉼을 얻는다"(queta)고 말할 뿐 아니라 행복이 보는 행위에 의존한다는 것도 분명하게 확언하고 이 행복이 사랑의 행위로 구성된다는 것을 부인한다. 그러므로 사랑의 행위는 그것의 결과로서 직관의 행위를 **뒤따른다**. 그뿐만 아니라 이 점이 더 중요한데, 행복을 구성하는 것은 사랑보다는 지식이다. 폴락은 다음과 같이 말한다. "내 의견으로 이 구절을 통해 분명해지는 것은 단테가 단순한 선례라는 더 약하고 일반적으로 논쟁의 여지가 없는 의미에서보다는 '더 많은 원칙'이자 영혼의 결합력을 구성한다는 보다 강력한 의미에서 직관이 사랑보다 우선한다고 생각했다는 점이다.…요약하자면, 단테는 기욤 도세르(William of Auxerre, 1140/50-1231)과 아퀴나스처럼 영혼이 하나님과 직접 연결될 수 있는 최고의 능력은 지성이며 지복의 본질은 직관의 행위를 구성한다고 생각한다."[36] 단테가 지성이 진리 자체 안으

---

36   Tamara Pollack, "Light, Love and Joy in Dante's Doctrine of Beatitude," in *Reviewing*

로 들어가면 욕구가 끝난다고 말하는 이유는 정확하게 그의 이런 주지주의적인 입장―즉 그가 지복직관을 의지보다는 지성의 행위로 다루는 것―때문이다.

그 결과 단테는 토마스 아퀴나스처럼 궁극적 현현으로서의 지복직관에 대한 보다 이른 시기의 접근법을 포기했다. 단테에게 지성은 진리 자체에 도달한다. 혹은 신학적 용어로 말하자면 그것은 하나님의 본질을 얻는다. 폴락은 1241년과 1244년의 정죄―그것은 천사들과 하늘의 성인들이 신적 본질을 보는 데 실패한다는 견해를 금했다―가 지복직관에 대한 보다 이른 시기의 신현적 이해를 거부하는 전통이 교회 안에 단단히 자리 잡게 했다고 설명한다. 그녀는 그 정죄된 견해를 다음과 같이 묘사한다. "문제가 되는 입장은 후기 그리스 교부들의 부정 신학과의 만남, 접근 불가능한 신비, 오직 자신의 현현이나 현시만을 통해 자신의 피조물에게 알려지실 수 있는 하나님의 초월적인 알 수 없음에 대한 그들의 강조와의 만남에 의해 고무되었다."[37] 다시 말해 그 파리의 주교에 의한 정죄에 따르면, 하나님은 최고로 알려지실 수 있으며 그런 까닭에 내세에서 성인들은 신적 본질 자체를 보게 될 것이다. 하나님에 대한 대면 직관은 영광의 빛(*lumen gloriae*)에 의해 가능해진다. 그 빛은 지성을 강화시켜 그것이 신적 본질을 볼 수 있게 한다. 폴락은 다음과 같이 말한다. "그 정죄 이후에 그리고 주로 알베르투스 마그누스(Albertus Magnus, 1200-80)를 통해서 영광의 빛(*lumen gloriae*)이라는 교리는 지성을 강화시켜 하나님을 볼 수 있게 하는, 조명하는 은혜(illuminating grace)로 상술되

Dante's Theology, vol. 1, ed. Claire E. Honess and Matthew Treherne, Leeds Studies on Dante (Oxford: Lang, 2013), 294-95.

37   Pollack, "Light, Love and Joy," 304.

었다. 이것은 사실상 신현을 통한 직관이라는 그리스적 개념인데, 이제 영혼을 하나님의 형상으로 변화시키는 내적인 혹은 내재적인 매개물로 재정의되었다."[38] 따라서 영광의 빛은 지복직관 교리를 위한 해석적 원리로서 신현의 자리를 차지하면서 신학자들이 지복은 신적 본질을 보는 것으로 구성된다고 확언할 수 있게 해준다.[39]

폴락은 단테가 11세기의 베네딕토회 수도사이자 추기경인 페트루스 다미아누스(Peter Damian)를 만나는 것을 지적한다. 단테가 다미아누스에게 어째서 그가 자기를 환영하기 위해 토성으로 보내졌느냐고 묻자 다미아누스는 지식에 대한 강력한 주장을 무지의 탄원과 결합시키는 매혹적인 답을 제시한다.

그러자 그 안에 있던 사랑[즉, 빛]이 말했다.
"하나님의 빛이 나를 비추며
나를 자궁처럼 품고 있는 빛을
꿰뚫으십니다.

그 힘은 나의 시각과 합쳐져
나를 나 자신 위로 들어 올리시기에
나는 가장 높으신 분의 본질,

---

38   Pollack, "Light, Love and Joy," 304-5.
39   1241년과 1244년의 결정에 관한 추가적인 논의는 다음을 보라. H.-F. Dondaine, "L'Object et le 'medium' de la vision béatifique chez les théologiens du XIIIe siècle," *RTAM* 19 (1952): 60-99; Trottmann, *La Vision béatifique*, 115-208; 그리고 Tamara Pollack, "Light and Mirror in Dante's *Paradiso*: Faith and Contemplatiion in the Lunar Heaven and the *Primo Mobile*" (PhD diss., Indiana University, 2008), 19-21.

즉 그 힘이 거기로부터 흘러나오는 근원을 볼 수 있습니다.

그리고 이것은 내 안의 기쁨을 자극해

내가 불타오르게 하고

나는 나의 시각의 밝음 속에서

나의 불꽃의 밝음과 일치합니다.

그럼에도 하늘에서 가장 계몽된 영혼도,

그의 눈을 하나님께 고정시키고 있는 스랍들조차도

당신이 제기한 질문에는

답하지 못합니다.

왜냐하면 당신이 묻는 것은

하나님의 영원한 법의 심연 속 깊이 숨겨져 있고

따라서 그분이 창조하신 존재의 시각은

그것에 미치지 못하기 때문입니다"(21.82-96).

토성의 영역에서 페트루스 다미아누스를 "자궁처럼 품고 있는" 광선은 "신성한 빛"(luce divina)—영광의 빛(lumen gloriae)이라는 스콜라적 개념에 대한 언급—에 의해 관통된다. 바로 이 빛이 다미아누스를 그 자신 위로 들어 올려 신성한 본질(la somma essenza)을 볼 수 있게 한다.[40] 하늘에

---

40   단테는 구체적으로 "영광의 빛"이라는 구절을 사용하지 않는다. 그러나 그의 설명은 이것이 그가 염두에 두고 있었던 것임을 분명하게 밝혀준다.

그 힘은 나의 시각과 합쳐져

나를 나 자신 위로 들어 올리시기에

나는 가장 높으신 분의 본질,

서의 뒤늦은 깨달음이라는 유익을 얻은 다미아누스는 13세기의 지복직
관의 발전이 옳았음을 분명하게 밝힌다. 그 발전이란 영광의 빛의 초자
연적 은사 덕분에 하나님의 본질을 볼 수 있다는 것이다. 폴락이 적절하
게 요약하듯이 「천국편」에서 다미아누스의 진술은 1241년에 확립된
기준에 따르면 흠잡을 데 없는 정의다."[41]

한편 다미아누스는 이 모든 것을 단지 서문으로서만 진술한다. 그
의 말의 요점은 자기가 아는 것을 적극적으로 확언하는 것(혹은 자기가 하
나님의 본질을 본다고 주장하는 것)이 아니라 자신의 무지를 고백하는 것이
다. 그는 어째서 다른 이가 아니라 그가 토성에서 단테를 맞이하기 위해
보냄을 받았느냐는 단테의 질문에 답하지 못한다. 이 질문에 대한 답은
"하나님의 영원한 법의 심연 속 깊이 숨겨져 있고" 따라서 다미아누스는
그것을 보지 못한다는 것이다. 단테는 토마스 아퀴나스가 하나님의 본
질을 "얻는 것"(*attingere*)과 "이해하는 것"(*comprehendere*)을 구별함으로써
표명했던 것을 시적 용어로 말하는 것처럼 보인다.[42] 엄격하게 말해서 아
퀴나스는 신적 본질에 대한 이해가 불가능하다고 주장함으로써 하나님
에 대한 이해 불가능성으로 창조주-피조물의 구분을 보호했다.

요약하자면 단테는 욕구가 지복직관을 향한 여행에서 중요한 역할
을 감당한다고 여기는 감정적인 시인이었던 반면, 그의 신학은 특성상

즉 그 힘이 거기로부터 흘러나오는 근원을 볼 수 있습니다(*Par.* 21.85-87).
41 Pollack, "Light, Love and Joy," 305. 유사하게 항성천에서 단테는 사도 요한에게 응답하
면서 진리를 보는 모든 이의 마음이 사랑에 의해 움직여야 한다고 진술한다.
그 본질(l'essenza)에 대해 말하자면,
그것은 그것 밖의 모든 선이 그것의 광선을 반영하는
빛에 불과할 정도로 모든 선을 갖고 있습니다(*Par.* 26.31-33).
42 *ST* I, q. 12, a. 7. 참조. *ST* I-II, q. 4, a. 3.

궁극적으로 지성적이었다. 이것은 어째서 그가 욕구를 끝이 없는 것으로 여기지 않는지를, 그리고 어째서 그가 보다 앞선 신학자들과 다르게, 특히 동방의 신학자들과 다르게 영혼이 하나님의 삶 속으로 영원히 진보한다는 것을 주장하지 않았는지를 설명해준다. 단테에게는 일단 마음이 하나님의 진리 안에서 쉼에 이르면 영혼은 모든 욕구의 초자연적인 종말, 즉 하나님의 본질에 이르는 셈이 된다. 단테는 그런 비전에 미치지 못하는 것들을 은총이라는 성례전적 수단에 내재된 한계들을 극복하지 못한 실패로 여겼을 것이다.

"본 것을 그려내지 못하는 말의 능력"

우리는 시인 단테가 고의적으로 언어를 겸손 혹은 적응의 형태로 사용하는 것을 살펴보았다. 그는 어떤 의미에서도 순례자 단테가 만나는 성인들이 실제로 하늘의 다양한 영역 안에 그들의 자리를 갖고 있다고 암시하지 않는다. 또한 그는 욕구에 의해 추동되는 그들이 계속해서 하나님의 무한한 삶 속으로 더 깊이 전진한다고 암시하지도 않는다. 낙원에 대한 그의 묘사 전반에서 단테는 우리가 성인들이 사실은 이미 하늘에서 그들의 목적지에 도달했으며 천사들과 함께 하나님 자신에 대한 지복직관을 누리고 있음을 기억하기를 바란다.

그러나 가능한 한 단테는 자신의 독자들에게 신비로운 황홀경을 통해 하나님을 보는 것이 무엇과 같은지를 넌지시 알리고 싶어 한다. 그러나 하나님에 대한 그런 직관을 말로 적극적으로 묘사하기보다는―그것은 본질적으로 불가능한 그 무엇이다―직관과 관련해서 언어(와 기억)

의 역할을 상대화시킨다. 우리가 여기서 중요하게 유념해야 할 것이 하나 있다. 그것은 단테의 여행에서 말이 중요한 역할을 한다는 점이다. 비록 그가 첫 번째 곡의 두 번째 3행 연구에서 이미 시의 패배를 인정하고는 있으나—"그곳으로부터 내려오는 이는 그가 본 것을 알지도 말하지도 못한다"[43]—단테는 그럼에도 자기가 자신이 본 것을 묘사하려고 시도할 것이라고 주장한다.

> 그럼에도 나는 그 거룩한 왕국에서
> 많은 것을 내 마음속에
> 보물처럼 쌓아둘 수 있었고
> 이제 그것들이 나의 노래의 주제가 될 것이다(1.10-12).

실제로 단테는 자신의 신비로운 경험을 표현하려고 **시도**할 뿐 아니라 그가 "나의 노래의 주제"라고 부르는 것은 최소한 33개의 곡들로 바뀐다. 단테는 자신이 "거룩한 왕국"에서 본 것을 설명하는 일에서 말이 부족하지 않다. 그는 자신이 순례 과정에서 만나는 다양한 성인들과 나눴던 대화를 때때로 아주 세밀하게 묘사한다.

실제로 단테는 세상의 사람들에게 하늘의 현실을 전달하는 일에 대해 예언자적 부담을 느낀다. 그가 자신의 천국 여행에서 만나는 성인들은 여러 차례 그에게 그가 듣고 본 것을 사람들에게 전하라고 요구한다. 그가 항성천에서 만난 베드로는 단테에게 교황과 성직자들의 학대가 곧 섭리를 불러일으키게 될 것이라고 말한다. 그리고 이어서 베드로는 다

---

43   "E vidi cose che ridire / né sa né puo chi di là sù discende"(*Par.* 1.5-6).

음과 같은 말을 덧붙인다.

> 그리고, 나의 아들아, 너는 너의 죽을 몸 때문에
> 다시 저 아래로 내려가야 할 것이다.
> 너는 입을 열어 내가 숨기지 않고 말한 것을
> 숨기지 말고 말해 사람들이 듣게 하여라(27.64-66).[44]

시인 단테는 자신의 신비로운 황홀경 경험의 결과로서 예언자적 과업과
마주하는데, 그는 그것이 초자연적으로 부과된 것이기에 그 과업을 진
지하게 수행한다. 그로 인한 결과는 긴 송가(cantica)로 나타나는데, 거기
서 단테는 언어라는 성례전적 수단이 아직 지복직관의 실재에 굽히지
않고 있는 세계를 여행하는 것처럼 보일 수 있다.

　　그러나 사실상 단테의 시적 담화는 낙원의 세계에 잘 어울리지 않
는다. 단테는 자신의 첫 번째 곡에서 직접 그 문제에 대해 언급한다.

> 나는 그분의 빛을 더 많이 받는
> 하늘에 있었다.
> 그곳으로부터 내려온 사람은
> 그가 본 것을 알 수도 말할 수도 없다.
>
> 왜냐하면 욕망하는 것에

44　　*Purg.* 32.103-5; 33.52-57; *Par.* 17.124-42에서 단테에게 전해졌던 유사한 지시들을
　　참조하라.

가까이 다가가는 지성은

그것에 깊숙이 빠져서

기억이 그것을 따라갈 수 없기 때문이다(1.4-9).

단테는 여기서 독자들에게 인간의 지성이 그것이 바라는 빛 속으로 더 깊이 들어갈수록 기억이 그것을 따라가기가 더 어려워진다고 말한다. 유사하게 태양 안으로 들어간 단테는 자신의 시적 능력이 그것의 빛의 밝음과 겨룰 수 없다고 고백한다.

내가 재능, 기교 그리고 숙련을 불러낼지라도

나는 이것이 어떠한지를 말할 수 없다.

독자들은 훗날 스스로 그것을 보게 될 것을

믿고 바라는 것으로 만족해야 할 것이다(10.43-45).

항성천에서 불꽃이 나타날 때―그것은 사도 베드로임이 밝혀진다―그 불꽃은 베아트리체 주변에서 춤을 춘다. 그러자 단테가 외친다.

그것이 세 차례 베아트리체 주변을 돌았다.

그 노래는 하늘의 기쁨으로 가득 찼는데

나의 상상력으로는

그것을 되풀이할 수 없다.

그리고 나의 펜 역시 그러해서

나는 그것을 기록하지 못한다.

우리의 상상력은 우리의 말만큼이나 조잡해서

지복의 주름의 미묘한 색깔을 그려내지 못한다(24.22-27).

단테의 환상 혹은 상상의 능력은 베드로가 부른 노래의 가사와 비교되지 않는다. 그 결과 그의 말은 실패한다. 단테는 자기가 들은 노래의 내용을 전하려는 시도조차 하지 못한다.

원동천에 들어간 단테는 점점 더 언어가 그 황홀경 경험의 실재를 표현하는 데 적절치 않음을 깨닫는다. 수정천 영역의 빛이 베아트리체를 너무 변화시켰기 때문에 단테가 자신의 눈을 돌려 그녀를 보았을 때 그녀의 아름다움은 그가 표현할 수 있는 정도를 넘어섰다.

이 지점에서 나는 희극이나 비극 작가가

자기가 다루는 주제에 압도당하는 것 이상으로

패배했음을 인정했으니,

태양 빛이 가장 약한 눈을 아찔하게 하듯

그 감미로운 웃음에 대한 기억은

나를 망연하게 하였다(30.22-27).

베아트리체의 감미로운 미소는 그의 정신력으로는 감당하기 어려울 정도였다. 그래서 단테는 다음과 같은 말을 덧붙인다.

그러나 이제 나는 나의 추구를,

즉 말로 그녀의 아름다움을 묘사하는 일을

그만두어야 한다. 한계에 이른 모든 예술가가

마땅히 그렇게 해야 하는 것처럼(30.31-33).

단테는 시적 담화를 통해 베아트리체의 아름다운 미소를 그려내려는 시도를 포기한다. 원동천의 빛은 너무 엄청나서 그는 그 일을 감당하지 못한다.

단테가 지고천 안으로 들어갔을 때―따라서 순전하게 지적인 영역 안으로 이동했을 때[45]―말은 전적으로 실패하고 시각에 의해 대체된다. 단테는 지고천에서 그의 새로운 안내자인 베르나르두스의 지시를 따라 위를 올려다본다. 그리고 그의 시각이 더 높아지고 순도가 커졌을 때, 단테는 우리가 앞서 지적했던 인식에 도달한다.

그때로부터 나의 능력이 초과되었다.
말의 능력은 기억이 그 풍성한 것을
기억하지 못하듯이
본 것을 그려내지 못한다.

꿈꾸는 자가 꿈에서 깬 후
꿈이 불러일으킨 감정 때문에
아직도 동요할 때,
그는 그 꿈의 나머지를 떠올리지 못한다.
내가 그와 같다. 내가 본 것은

---

45   Pollack은 지고천이 순전히 지성적인 곳이고 사실상 지복 그 자체와 동일하다고 주장함으로써 단테가 물질적인 것으로서의 지고천에 대한 중세의 일반적인 이해를 거부한다고 지적한다("Light, Love and Joy," 265).

나의 마음에서 거의 사라졌다.

반면에 나의 마음속에는 그것에서 태어난

감미로움이 여전히 남아 있다(33.55-63).

단테의 시각은 그의 말의 능력을 초과한다. 필립 맥네어(Philip McNair)
가 말하듯이 "궁극적 실재를 바라보는 그의 시각은 그의 말의 능력을 초
월한다. 왜냐하면 등장인물 단테(Dante-the-character)는 시인 단테(Dante-
the-poet)가 표현할 수 있는 것 이상을 보기 때문이다."[46] 인간의 담화는
「천국편」의 결론 부분에서 하나님에 대한 직관이라는 실제적 경험에서
종결된다.[47] 단테는 따라서 삼위의 세 원을 본 후에 다음과 같이 인정한
다.

오, 말은 얼마나 빈약한가.

나의 생각을 표현하기에는 너무 약하다.

내가 여전히 기억하는 것에 비하면

나의 말은 너무 희미해서

그것을 "조금"이라고 부르는 것조차

---

46   Philip McNair, "Dante's Vision of God: An Exposition of *Paradiso* XXXIII," in *Essays in Honour of John Humphrey's Whitefield: Presented to Him on His Retirement from the Serena Chair of Italian at the University of Birmingham*, ed. H. C. Davis et al. (London: St. George's Press, 1975), 20.

47   참조. *Par.* 33.106-7.
      지금 나의 말은 내가 여전히 기억하는 것에
      훨씬 미치지 못하며,
      엄마의 젖가슴에 혀를 적시는
      갓난아이의 그것만도 못하다.

그것을 아주 많이 찬양하는 셈이 된다(33.121-23).

단테는 말이 구원의 여행에서 그저 두 번째 역할을 할 뿐이라는 자신의 주장을 더할 나위 없이 강조했다.

말의 이런 제한된 범위는 기억의 한계와 밀접하게 연결되어 있다. 위에서 인용한 구절 중 몇 개에서 단테는 자기가 자신이 본 것을 기억할 수 없다고 말한다. 낙원에서 기억력은 폐기되는 것처럼 보인다. 확실히 그곳에서 죄의 잘못은 기억되지 않는다(9.103-5). 그러나 또한 베아트리체의 아름다움 역시 단테의 기억에서 벗어난다(14.79-81; 30:25-27). 반복해서 그는 독자들에게 자기가 본 것을 기억하기 위한 자신의 분투와 그것을 떠올리지 못하는 자신의 실패에 대해 털어놓는다(23.43-45, 49-51; 33.94-96). 그는 자기가 지고천의 빛 속에서 보았던 것 중 일부를 기억해내기를 몹시 원한다(33.67-69).

물론 단테의 기억은 그의 언어적 능력보다 훨씬 잘 기능한다. 은하수의 별들이 화성 안에서 십자가 표시를 만드는 것처럼 보였을 때, 단테는 다음과 같이 외친다.

여기서 나의 기억이 나의 재능을 앞선다.
그 십자가의 불꽃이 그리스도를 수놓았는데,
나는 그것에 합당한 예를 찾을 수 없기 때문이다(14.103-5).[48]

단테는 자신이 십자가를 보았던 것을 기억한다. 그러나 그는 자신의 기

---

48   또한 앞의 각주에서 인용된 *Par.* 33.106-7을 보라.

억을 표현하기에 적절한 말을 발견하지 못한다. 유사하게 단테는 비록 그것을 말로 표현할 수는 없으나 자신이 원동천에서 베아트리체의 미소를 본 것이 자신에게 지속적인 인상을 남긴 것에 대해 설명한다(30.25-27).[49] 어떤 의미에서 기억은 말을 능가하는 것처럼 보인다. 그럼에도 단테의 설명으로부터 나타나는 전반적인 그림은 하나님에 대한 직관―그리고 그런 직관으로부터 유래하는 사랑과 기쁨과 함께―만이 남고 기억은 사라져야 한다는 것이다. 단테는 하나님의 빛과의 이런 궁극적인 만남의 현실 안에서 너무 크게 변화되기에―인간의 조건을 초월해 하나님의 삶 속으로 들어가기에―언어와 기억이라는 성례전적 은사들은 하나님에 대한 직관이라는 실재에 굴복한다.

"나는 좀 더 담대해졌고, 나의 응시를 계속했다"

인간의 언어가 지고천의 영원성에 적합하지 않다고 부정적으로 말하는 것만으로는 충분치 않다. 우리는 또한 다음과 같이 물을 필요가 있다. 말이 할 수 없는 것을 직관이 어떻게 할 수 있는가? 단테는 직관이 인간의 언어가 표현할 수 없는 무언가를 볼 수 있는 자연적인 능력을 갖고 있다고 주장하지 **않는다**. 점차 빛의 근원 가까이로 여행하면서 단테는 자주 그의 평범한 시각이―인간적 담화와 마찬가지로―부족하다는 사실을 상기한다. 단테는 자주 자신의 응시가 자기가 보는 빛을 견디지 못한다고 말한다(3.128-29; 4.139-42; 5.1-3, 133-39; 14.78; 21.7-12; 25.25-27, 136-

---

49   앞서 인용한 제30곡의 베아트리체 부분을 보라.

39; 28.16-18; 30.79-81). 그것은 반복해서 그로 하여금 보지 못하게 한다 (10.64; 25.118-23; 26.1-15). 그러나 한편으로 그 빛은 변화시키는 능력을 갖고 있다. 그가 달로 올라가 베아트리체를 바라볼 때, 단테는 "내적으로 변화된다"(*dentro mi fei*)(1.67). 그가 "인간의 조건을 초월하게 되는 것"은 정확하게 그 빛이 그의 시각을 극복할 때다. 어느 지점에서 베아트리체는 단테에게 자신의 빛이 그의 시각을 극복하는 것은 "완벽한 직관의 결과"("ché ciò procede / da perfetto veder")라고 말한다(5.4-).[50] 계속해서 단테는 은총에 의해 그의 능력이 견딜 수 있는 정도를 넘어서는 직관에 노출된다. 그러므로 반복해서 그는 자신의 시선을 돌리거나 빛에 의해 눈이 멀거나 해야 한다. 그럼에도 매번 빛과의 이런 만남은 그의 시각을 강화시킨다. 그래서 그는 여행의 끝에서 지고천의 "살아 있는 빛"(luce viva) 속을 들여다 볼 수 있게 된다(30.49).[51]

　　단테는 지고천에서 일어나는 일에 대해 생각하면서 급속하게 인간의 조건을 초월하게 하는 혹은 신성화하는 빛의 효과를 강조한다. 베아

50　　참조 26.76-78.
　　　베아트리체는 천 마일이나 먼 곳에서도
　　　볼 수 있는 그녀 자신의 빛으로
　　　내 눈에서 모든 티끌을 거두어주었다.

51　　단테에게 눈멂은 단지 직관의 반대가 아니다. 오히려 그것은 직관을 위한 수단이다. 단테는 항성천에서 사도 요한을 보려고 시도했다가 눈이 먼다. 그래서 그는 눈길을 돌릴 때 베아트리체를 보지 못한다. 하지만 요한이 곧 그에게 그의 눈멂은 단지 일시적일 뿐이라고 확신시켜준다.
　　　"당신을 이 거룩한 곳으로 이끄는 그 여인은
　　　그녀의 눈길 속에
　　　아나니아의 손이 가졌던 능력을 갖고 있기 때문이다"(26.10-12).
　　베아트리체에게 아나니아의 역할을 부여함으로써 요한은 단테를 바울의 위치에 올려놓는다. 행 9:10-19에 나오는 바울의 회심 이야기에 따르면, 아나니아는 바울이 겪은 눈멂을 치유해주었다. 그러므로 아나니아에 대한 언급은 단테의 눈멂이 그의 시각의 치유에 관한 초자연적 과정 안에서 발생한 하나의 에피소드라는 개념을 강화시켜준다.

트리체가 그에게 자기들이 지고천에 들어갔다고 말할 때, 단테는 하늘의 빛을 보는데 그것이 그를 변화시킨다.

이 몇 마디의 말들이 나의 마음에 와닿자마자
나는 내가 자신의 능력 너머로
들어 올려지는 것을 느꼈다.

그리고 내 안에서 새로운 시각이 불타올랐기에
나의 눈이 그것의 밝음을 견디지 못할 만큼
생생한 빛은 존재하지 않았다(30.55-60).

단테는 우리가 3행으로 이루어진 이 마지막 연을 진지하게 다루기를 원한다. 이 지점에서 그의 자연적 능력은 아주 강해져서 그의 "새로운 시각"(novella vista)은 무슨 빛이든 견딜 수 있게 된다. 그의 눈은 변화되어서 그는 "순전한 빛"(pura luce)(30.39), "지적인 빛"(luce intellecttüal)(30.40) 그리고 "살아 있는 빛"(luce viva)(30.49)의 하늘을 본다.[52]

영광의 빛(*lumen gloriae*)의 존재에도 불구하고, 이 지점에서 우리는 여전히 제30곡 단계에 있을 뿐이다. 그리고 다음의 몇 곡은 위로부터 쏟아져 내려오는 광선(raggio)에서 유래하는 빛, 그리고 단테의 눈이 점차적으로 그것을 응시하면서 그 자신이 빛으로 변모하는 빛의 보다 큰 광

---

52 이 세 구절 모두는 영광의 빛(*lumen gloriae*)을 묘사하는 동의어처럼 보인다. 단테는 *Par.* 21.83에서 그것을 거룩한 빛(luce divina)으로 부른다(각주 40을 참조하라). 거룩한 빛으로부터 흘러나와서 단테를 변화시켜 그가 보다 분명하게 볼 수 있게 하는 것은 바로 이 빛이다.

채를 묘사한다. 그가 "강물처럼 흘러내리는 빛"(lume in forma di rivera)(30,61)—함께 모인 하늘의 성인들에 대한 은유—을 볼 때, 베아트리체는 비록 그의 시각이 아직 이것에 적합할 만큼 충분히 강력하지 않음을 인정하면서도(30,81) 그에게 그 강물을 마시라고 격려한다. 단테가 그 강물을 마시기 위해—"나의 눈을 더 좋은 거울로 만들기 위해"("per far migliori spegli / ancor de li occhi")(30,85-6)—몸을 굽힐 때, 그의 눈꺼풀은 그 물을 마시고 그는 성인들을 알아본다(30,94-96). 그 후에 그는 이제 백장미의 꽃잎으로 표현되는 하늘의 성인들의 무리와 친숙해진다.

어느 지점에서 베아트리체로부터 단테의 마지막 안내자의 자리를 떠맡은 베르나르두스가 그의 시각을 훨씬 더 완벽하게 만들면서 그에게 충고한다.

이 동산을 그대의 눈으로 날아보라.
그것을 직관하면 그대의 눈이
거룩한 빛의 줄기와 함께 높이 오르도록
준비시켜줄 것이다(31,97-99).

그 동산을 응시하는 것만으로는 충분치 않다. 그것을 보는 것은 단지 단테가 거룩한 빛의 "줄기"(raggio)와 함께 더 높은 곳으로 올라가도록 준비시켜주는 수단일 뿐이다. 베르나르두스는 단테에게 특히 그가 마리아의 밝음을 바라봄으로써 그의 시각이 그리스도의 모습을 견딜 수 있을 만큼 강해질 것이라고 주장한다.

이제 그리스도와 가장 닮은

얼굴을 보아라.

오직 그 밝음만이

그대가 그리스도를 바라볼 수 있게 해줄 것이다(32.85-87).

가브리엘이 〈아베 마리아〉(*Ave Maria*)를 부르고 천사들의 합창대가 거룩한 노래로 그것에 화답할 때, 그들의 얼굴은 훨씬 더 밝게 빛난다(32.94-99). 베르나르두스는 단테에게 장미꽃밭에서 마리아 가까이에 앉은 성인 중 몇 사람의 신원에 대해 설명해준 후 단테에게 그의 시각을 강화하기 위해 다음 단계를 밟으라고 말한다.

우리의 눈을

최초의 사랑으로 돌려보자.

그분을 바라보면서 할 수 있는 한

그분의 광채를 꿰뚫어보라(32.142-44).

마리아를 향한 베르나르두스의 열정적인 탄원 후에(33.1-39), 먼저 그 동정녀가 그리고 이어서 단테가 그들의 눈을 돌려 하나님 자신을 바라본다(33.43-45, 49-54).

단테가 빛의 줄기(raggio)를 통해 더 높은 곳으로 올라갈 때, 그의 시각은 마침내 그의 말의 능력을 능가한다(33.55-56). 그는 자신의 직관을 포기하기를 거부한다. 그는 "살아 있는 빛 줄기"(vivo raggio)를 통해(33.76-78) 계속해서 하나님을 바라보고 마침내 자신의 직관의 목적지에 도달한다.

그리고 나는 이런 까닭에

내가 점점 더 담대해지고

무한한 선에 이를 때까지 나의 응시를

계속했던 것을 기억한다.

오 넘치는 은총이여, 덕택에 나는

나의 눈을 나의 시각이

그것에 소진될 때까지

영원한 빛에 고정시켰도다!(33.79-84)

그의 시각은 강화되었고 그로 인해 그는 "영원한 빛"(*luce etterna*)에 그의 눈을 고정시킬 수 있었으며 우주의 모든 쪽이 사랑에 의해 한 권의 책에 묶이는 것을 본다(33.85-87). 이런 식으로 단테는 우리가 앞서 지적했듯이 말씀의 통합을 우주의 다양성을 아우르는 것으로 인식한다.

말은 그가 하나님의 영원한 빛을 보고 기억하는 것을 표현하지 못한다. 그리고 단테는 즉각 이 "살아 있는 빛"(vivo hume)이 변화를 겪지 않는다고 덧붙이는데, 그 이유는 "그것이 언제나 그러했던 것이기 때문이다"("che tal è sempre qual s'era davante")(33.111). 오히려 단테는 자기가 변화된 사람이라는 것과 따라서 자신의 시각이 증진되었다는 것을 인정한다.

그러나 나의 시각은

내가 바라볼수록 강해지고 있었고,

그 유일한 것 역시, 내가 변화됨에 따라

나의 눈에 다양하게 변화되었던 것이다(33.112-14).

이제 그 빛에 대한 그의 주관적 인식("나의 눈에")이 충분히 변화되었기에, 단테는 마침내 삼위일체 하나님의 세 원을 바라볼 준비가 되었다(33.115-20).

"빛을 발하는 것, 그것이 모든 선의 근원이다"

우리는 단테의 천국에서의 상승 과정에서 직관이 언어를 능가하는 이유를 보다 깊이 살펴볼 필요가 있다. 단테의 자연적 시각이 하늘의 빛을 바라볼 수 없다는 점은 말할 것도 없다. 단테는 최종적 행복에 대한 자연적 욕구를 믿을지 모르나, 그는 지복직관이라는 초자연적 목표가 우리가 우리의 자연적인 능력으로 얻을 수 있는 그 무엇이라고 생각하지 않는다. 단테가 보기에 사람을 초자연적으로 변화시켜 그가 자신을 감싸고 있는 빛 안에 계신 하나님을 볼 수 있게 하는 것과 단테 자신을 변화시키는 것은 (공덕을 포함하는) 은총이다. 직관이 언어가 하지 못하는 방식으로 하나님께 **자연적으로** 가닿는 것 같지는 않다. 우리가 보는 것에 관한 담화를 사용하든 혹은 듣는 것에 관한 담화를 사용하든 하나님은 초자연적으로 그리고 은혜롭게 우리를 변화시키실 것이 분명하다.[53]

---

53   G. C. Berkouwer는 다음과 같이 말하면서 이와 동일한 통찰을 분명하게 표현한다. "마치 히브리인들을 하나님이 손으로 하신 모든 일과 그분의 영광 가운데 자신을 보이신 것을 보기 위해서 자신들의 눈을 사용하지 않고 오직 귀만 사용하는 백성으로만 묘사하는 일은 옳지 않다"(*The Return of Christ*, 364).

그럼에도 헬레니즘 전통과 기독교 전통은 모두 종종 말보다 시각을 높이 평가해왔다. 플라톤은 자신의 작품 『티마이오스』(*Thimaeus*)에서 다음과 같이 말한다. "제 생각에는 확실히 시각이야말로 우리의 가장 커다란 유익함의 원인으로서 생겨난 것입니다. 왜냐하면 별도 태양도 볼 수 없었다면, 우주에 관해 이루어지고 있는 지금의 설명들 가운데 어떠한 것도 결코 논의될 수 없었을 테니까요."[54] 플라톤에게 시각은 감각 중 가장 중요하다. 왜냐하면 그것이 우리에게 우주에 대한 지식을 주기 때문이다. 따라서 직관은 우리를 우주 전체와 연결시킨다.[55] 성 아우구스티누스는 직관에 대한 이런 평가에서 플라톤을 따랐다. 그는 지식이 조명의 결과라고 믿었기 때문에 직관을 지식에 이르는 가장 참된 길로 여겼다. 리스 고세이(Lise Gosseye)가 말하듯이 "아우구스티누스의 인식론에서 보는 것은 지식과 묶여 있기에—믿음이 들음으로써 얻어지듯이—우리가 보다 분명하게 보도록 돕는 신적 조명은 결국 우리가 보다 온전하게 알도록 도울 것이다."[56] 그 결과 아우구스티누스는 다음과 같이 쓴다. "눈

---

54   *Tim.* 47a (in *Timaeus and Critias*, trans. Robin Waterfield, ed. Andrew Gregory [Oxford: Oxford University Press, 2008]). 또한 플라톤은 다음과 같이 말한다. "'그럼 당신은 일찍이 하던 일을 멈추고 다음과 같은 생각을 해본 적이 있는가?' 하고 내가 물었다. '감각을 지은 제작자가 보는 것과 보이는 것의 영역을 제작했을 때 얼마나 관대하셨는가?' 라고.… '그럼에도 내 생각에 감각 기관 중 눈이 태양을 가장 많이 닮은 것일세'"(*Rep.* 507c, 508b, in *Republic*, trans. and ed. Robin Waterfield [Oxford: Oxford University Press, 1998]). 유사하게, 아리스토텔레스는 다음과 같이 쓴다. "우리가 말하자면 다른 모든 것보다 시각을 택하는 것은 행동을 목적으로 해서일뿐 아니라 또한 무언가를 할 의도를 갖고 있지 않을 때이기도 하다. 그 이유는 시각은 특히 우리 안에서 인지를 낳고 사물들의 여러 구별되는 특징들을 밝혀 주는 감각이기 때문이다"(*Metaph.* 980a25-28, in *Metaphysics*, trans. and ed. Hugh Lawson-Trancred, rev. ed. [London: Penguine, 2004]).

55   Suzanne Conklin Akbari, "Illumination and Language," in *Seeing through the Veil: Optical Theory and Medieval Allegory* (Toronto: University of Toronto Press, 2004), 3.

56   Lise Gosseye, "Salutary Reading: Calvinist Humanism in Constantijn Huygens'

의 증거를 선호하며 사용하자. 이것이 신체의 감각 중 가장 탁월하기 때문이다. 또한 종류의 측면에서 그것이 드러내는 모든 차이는 정신적 시각과 가장 큰 유사성을 갖고 있다."[57] 아우구스티누스에게 시각은 말이 결여하고 있는 실재에 접근할 수 있는 능력을 갖고 있다.

아우구스티누스는 언어 자체에 대해 반대하지 않았다. 그는 그것을 높이 평가했다. 그러나 언어는 아우구스티누스의 마음속에서 직접 성례성과 묶여 있었다. 언어는 많은 말(words)로 구성된다. 그리고 상징들로서 그것들의 목적은 우리를 하나의 말씀(one Word)으로 이끄는 것이다. 우리는 다수성에서 단일성으로 나아가야 한다. 말들―특별히 성서―은 우리를 영원한 로고스로 이끌어간다. 아우구스티누스에게 이것은 말들이 고양된 역할을 수행하지만 제한된 기능을 갖고 있음을 모두 의미한다. 한편으로 말들은 마음에 직접 제시되지 않는 실재(res)를 대표하는 기표(signa)로서 불가결하다. 그런 것으로서 기표들은 그것들이 가리키는 실재와 우리를 연결시키는 데 도움이 된다.[58] 따라서 기표들은 성례전적 기능을 지닌다. 그것들은 우리 밖에 있는 실재들을 우리에게 중재하고 현존하게 한다. 그리고 이것이 없다면 하나님께로 돌아가는 것은 불가능할 것이다.[59]

Ooghentroost," in *The Turn of the Soul: Representations of Religious Conversion in Early Modern Art and Literature*, ed. Lieke Stelling, Harald Hendrix, and Todd Richardson, Intersections: Interdisciplinary Studies in Early Modern Culture 23 (Leiden: Brill, 2012), 236.

57   *Trin.* 11.1.1 (WSA I/5:304).

58   특히 아우구스티누스가 *Doctr. chr.* 2.1.1-2.7.11에서 펼쳤던 유명한 주장을 보라.

59   Corine Boersma는 "A Comparative Analysis of Sacramentality in Augustine and Dionysius"(MA thesis, Regent College, 2016)에서 아우구스티누스 안에서 언어적 기표들이 수행하는 성례전적 기능에 대해 묘사한다.

다른 한편으로, 말의 중재적 혹은 성례전적 역할은 또한 그것들의 한계를 나타낸다. 사실 직관은 적어도 세 가지 측면에서 언어적 이해보다 우호적으로 비교된다. 첫째, 직관이라는 은유는 말이라는 은유보다 종말이라는 영원한 영역에 훨씬 더 적합하다. 아우구스티누스가 인정하듯이 이곳 세상에서 우리는 시간을 측정한다. 또 우리는 그것들의 시간적 연장 때문에 말을 측정한다.

> 이 방법으로 우리는 시를 행들의 숫자로, 행들을 운각의 숫자로, 운각을 음절의 숫자로, 그리고 장모음을 단모음으로 재지, 쪽수로 재지 않습니다(왜냐하면 그것은 우리에게 시간이 아니라 공간에 대한 수치를 제공할 것이기 때문입니다). 기준은 말들이 암송될 때 차지하는 시간입니다. 그래서 우리는 다음과 같이 말합니다. " '저 시는 길다. 그것이 많은 행을 갖고 있기 때문이다. 그 행들은 길다. 그것들이 많은 운각으로 이루어져 있기 때문이다. 그 운각은 많은 음절을 포괄하기에 길다. 그 음절은 길다. 왜냐하면 그것은 짧은 음절보다 두 배로 길기 때문이다.' "[60]

언어의 확대는 우리의 시간적 세계를 위해서는 적합하다. 그러나 평범한 언어는 하나님의 삶의 영원한 현존을 위해서는 적합하지 않다.

말에는 시간이 소요되는 반면, 직관은 순간적이다. 내가 어느 강연을 들을 경우, 어쩌면 내가 그 강연의 핵심적 메시지를 이해하는 데는 한 시간이 걸릴 수도 있다. 그럴 경우 느리지만 확실하게 그 논의의 다양한

---

60   *Conf.* 11.26.33, in *Confessions*, trans. Henry Chadwick (Oxford: Oxford University Press, 1991).

구성 요소들이 펼쳐진다. 그리고 나는 그것들을 내 마음으로 하나로 묶어서 연사가 설명하려는 것에 대한 이해에 이른다. 대조적으로, 내가 어떤 물체를 볼 경우 나는 그것 전체를 이해한다. 내 눈앞에 전체적인 전망이 제시되고 나는 그 모습을 즉시 받아들인다. 물론 나는 그 물체의 특정한 측면에 집중하느라 얼마간의 시간을 쓸 수도 있다. 하지만 그것은 내가 한번 흘끗 보는 것으로 그 대상 전체를 받아들인다는 것을 부정하는 게 아니다. 천국에 대한 단테의 아우구스티누스적 이해에 따르면, 시각의 은유가 말의 은유보다 천국의 영원한 현실에 훨씬 더 적합했다.

마가렛 마일즈(Margaret Miles)는 직관을 하나님과 우리의 종말론적 관계에 대한 은유로서 말보다 더 적합하게 만들어주는 직관의 두 가지 추가적인 측면들에 주목한다. 그녀는 성 아우구스티누스가 직관의 "역학"을 어떻게 이해하는지를 묘사하면서, 그의 조명 이론에 따르면 광선이 우리의 눈으로부터 빛나서 우리가 무엇을 보든 그것에 가닿는다고 설명한다. 이것은 보는 사람 편의 활동적인 역할을 의미한다. 직관은 특정한 대상을 눈을 사용해 수동적으로 받아들이는 것이 아니다. 오히려 영혼이 그 대상을 향한다. 그리고 보는 사람이 직관을 주도한다. 직관이 그렇게 적극적인 반면 듣는 것은 훨씬 더 수동적이다. 그것은 "귀에 자신을 부과하는 대상에 의해 주도된다. 귀는 무력하기 때문에 주변에 그런 것이 있을 경우 귀를 때리는 소리를 듣지 않을 수 없다."[61] 비록 아우구스티누스가 여러 면에서 말의 신학자이고 말의 성례전적 기능을 하찮게 여기지 않지만, 그에게 직관은 그것이 보는 이 편의 적극적인 역할을

---

61   Margaret Miles, "Vision: The Eye of the Body and the Eye of the Mind in Saint Augustine's *De Trinitate* and *Confessions*," *JR* 63 (1983): 127.

요구한다는 이점을 갖고 있다.

　마지막으로 그리고 가장 중요하게 직관은 말이 전하지 못하는 하나님과 우리의 관계의 즉각성을 암시한다. 마일즈는 아우구스티누스에게 직관은 실제로 보는 사람과 보는 대상을 연합시킨다고 설명한다. 사실 보는 사람과 대상 및 그들을 연합시키는 의지는 거의 하나가 된다. 따라서 마일즈는 다음과 같이 말한다. 직관은 "아우구스티누스에게 분명하게 양방향 도로다. 영혼이 '그 자신의 실체로부터'(*substantiae suae*) 감각적인 것들의 형상을 만들어낸다. 그러나 그 결과는 마음 자체가 그것이 형성하고 전달하는 바로 그 형상들에 의해 형성된다."[62] 직관은 영혼을 그것의 대상에 연결시키고 그로 인해 그 대상은 영혼을 형성한다.[63] 우리는 직관에는 보는 이와 대상 사이의 즉각성이 뒤따른다고 말할 수 있다. 그것은 청자와 화자 사이에서는 같은 방식으로 관련되지 않는 그 무엇이다. 혹은 달리 말하자면, 아우구스티누스에게 직관은 성례전적 수단(*signum*) 너머에 이른다. 왜냐하면 영혼의 응시는 직접 그것을 그것이 목표로 하는 대상(*res*)과 연결시키기 때문이다. 그런 것으로서 영적인 직관은 종말에 신과 인간의 관계를 위한 은유로서 영적 듣기보다 훨씬 더 적합하다.

62　Miles, "Vision," 128.
63　Miles, "Vision," 129.

결론

단테는 하나님과 지신이 맺는 관계의 점증하는 직접성에 대해 강력하게 묘사한다. 이 지점에서 분명해지는 것은 단테의 이해에 의하면 하나님의 빛이 지고천으로부터 세상의 현실 속으로 폭포처럼 떨어진다는 것이다. 어느 의미에서 모든 창조된 현실은 그 거룩한 빛에 참여한다. 단테는 자신의 「천국편」을 다음과 같은 고백으로 시작한다.

> 모든 것을 움직이는 그분의 영광은
> 온 우주에 스며들지만
> 어느 곳에서는 많이 비추고
> 다른 곳에서는 적게 비춘다(1.1-3).

어느 의미에서 단테(와 우리 모두)는 우주를 통해서 하나님을 볼 수 있는데, 그것은 우주가 다양한 정도의 강렬함으로("어느 곳에서는 더 많이 그리고 다른 곳에서는 적게") 그분의 영광에 참여하기 때문이다.[64] 단테가 천국에서 경험한 상승은 하나님의 은총이 — 베아트리체, 베르나르두스, 마리

---

64   참조. *Par.* 13.55-69. 또한 단테가 그의 독자들에게 보내는 이런 초청을 참조하라.
      그러므로 독자여,
      나와 함께 당신의 눈을 높이 들어
      하나의 움직임과 다른 움직임이 교차하는
      쪽을 똑바로 바라보자.
      그리고 그곳으로부터 황홀경에 싸인 채로
      장인의 작품을 바라보자.
      그는 그 작품을 너무 사랑해서
      그것에서 절대로 눈을 떼지 않으신다(10.7-12).

아 그리고 수많은 다른 성인들의 중재와 함께―그가 하나님을 우주에서 뿐 아니라 직접적으로 대면해서 볼 수 있는 능력을 초자연적으로 강화시키는 여행이다.

하나님이 천국의 다양한 영역을 통해 세상을 "내려다보실 때", 그분은 자신의 광선을 내보내신다. 목성천에서 독수리는 하나님의 선한 뜻이 무엇이 옳은지를 결정한다고 설명한다.

> 오직 그것에 일치하는 것만이 정의로우니,
> 그것은 피조물에게 끌리지 않고
> 그것의 빛을 내보내는데,
> 바로 그것이 모든 선의 근원이다(19.88-90).

하나님의 의지가 그분의 광선을 내보내시고 무엇이 선한지를 결정하신다.

베아트리체는 동일한 조명이 천사들에게도 영향을 준다고 설명한다. 그녀는 단테와 함께 수정천 영역에 있을 때 그에게 천사들에 관해 다음과 같이 말한다.

> 그들 모두를 비추는 최초의 빛은
> 그것과 연결된 광채들의 숫자만큼이나
> 많은 방식으로
> 그들에 의해 받아들여집니다(29.136-38).

천사들을 비추는 그 "최초의 빛"(prima luce)은 영원한 영광의 빛이다. 그들 역시 다양한 정도의 광채로 하나님의 빛을 받는다.

따라서 단테의 이해에 의하면, 하나님의 진리와 선 그리고 아름다움의 빛이 다양한 정도로 피조물의 진리와 선 그리고 아름다움을 구성하는 것은 그 빛의 내려비춤—하나님의 나가심(*exitus*)—을 통해서다.[65] 인간은 위를 올려다봄—인간의 돌아감(*reditus*)—을 통해서, 그리고 이 하나님의 빛을 더 깊게 바라봄으로써 하나님의 초자연적인 은총으로 이 빛을 견디고 그 빛줄기 속으로 더 높이 올라가는 것을 배운다. 교리적으로 우리는 하나님의 섭리적 돌봄(그분의 얼굴의 빛)이 우발적인 창조 질서를 존재하게 한다고 말할 수 있다. 그 창조 질서는 (하나님의 얼굴빛을 구하는) 이 동일한 창조주 하나님에 대한 예배와 숭배를 통해 구원의 목표에 도달한다. 단테는 인간이 하나님께로 돌아가는 것을 다양한 천국의 영역들을 거쳐 가장 높은 곳에 있는 지고천 자체에 도달하는 자신의 여행을 묘사함으로써 설명한다.[66] 단테는 거룩한 광선 속으로 더 깊이 들어가고 마침내 그 빛이 그가 하나님의 본질을 보도록 준비시킨다.[67] 그의 이

---

65 Diego Fasolini가 말하듯이, "순례자 단테는 빛이신 하나님을 바라보면서 자신을 빛에 의해 응시되는 사람, 바라봄을 당하고 있는 바라보는 개인, 이미 알려진 알고 있는 사람으로 해석한다"("'Illuminating' and 'Illuminated' Light: A Biblical Theological Interpretation of God-as-Light in Canto XXXIII of Dante's *Paradiso*," *L&T* 19 [2005]: 297).

66 보다 상세한 교리적 설명은 이 책의 13장에 나오는 "니콜라우스 쿠자누스와 조나단 에드워즈의 교육과 섭리" 부분을 보라.

67 비록 그것이 이 장의 범위를 넘어서는 것이기는 하나 만약 내가 단테에게 성육신이 나감(*exitus*)과 돌아감(*reditus*) 사이의 중심축을 형성한다는 것을 덧붙여 말하지 않는다면, 그것은 태만한 일이 될 것이다. 그것은 그가 "우리의 형상으로 그려진"(pinta de la nostra effige; *Par.* 33.141-42) 삼위일체의 두 번째 원을 보는 때다. 그리스도가 그렇게 마지막 곡에서 차지하고 있는 중요한 자리에도 불구하고, 아퀴나스에 대한 나의 비판은 단테에게도 적용된다. 그것은 두 사람 모두에게 지복직관은 그리스도를 넘어서 하나님의 본질에 도달한다는 것이다.

해에 의하면, 그것이 직관이 말을 넘어서는 분명한 이유다. 즉 우리의 소망의 대상이신 하나님이 우리 안으로 들어와 우리가 우리의 인간적인 조건을 초월하도록 만드신 것은 그분에 대한 우리의 직관을 통해서다.

3부
·
개혁파
사상에서의
지복직관

9장

적응과 직관

하나님을 대면하여 보는 것에 대한 칼뱅의 주장

칼뱅과 지복직관?

장 칼뱅(John Calvin, 1509-64)은 자신의 저작 중 어느 곳에서도 지복직관 교리와 관련해 그 어떤 종류의 확대된 논의도 제공하지 않는다. 보다 앞선 전통에 속한 많은 이들과 달리 칼뱅은 그 주제에 대한 논문을 쓰지 않았다. 그는 중세 시대에 일반적이었고 훗날 청교도 사상에서 되살아났던 지복직관으로 이어지는 영적 단계들을 분석하는 종류의 경건 신학에 관한 글을 쓰지 않았다. 그러니 아무도 그 주제에 대해 칼뱅이 어떤 이해를 가졌는지를 상세하게 쓰지 않은 것은 놀랄 일이 아니다. 그리고 그러하기에 우리는 그가 그 주제에 대해 할 말이 거의 혹은 전혀 없었다고 결론지으려는 유혹을 받을 수 있다. 우리가 그 종교개혁가를 지복직관 교리의 핵심성이 쇠퇴하는 원인으로 지적하고 또한 그의 태만이 서구 영성의 내세성이 쇠퇴하는 데 기여했다고 여기는 것은 당연하다. 그의 태만이 전반적인 문화가 내세적 관심에서 세속적 관심으로 이동하도록 만들었기 때문이다.

칼뱅의 영성 신학에 대한 이런 해석은 정당한 이유가 없는 것이 아니다. 나는 칼뱅의 작품들에서 지복직관에 대한 그 어떤 확대된 논의도 나타나지 않는 것이 부지 중에 초월적 목표의 결과적인 폐색(occlusion)과 또한 서구 문화의 세속화에 기여했을지도 모른다는 주장에 동의한다. 찰스 테일러(Charles Taylor)는 개혁주의 기독교 안에서 나타난 "일상의 성화", 즉 초월로부터 내재적인 목적으로의 변화가 "우리의 문명을 형성하는 데 굉장한 영향"을 주었다고 지적한다.[1] 그리고 그가 종교개혁이 궁극적으로 인간의 목적을 내재적이고 세속적인 (주로 경제적인) 번영으로 환원시켰던 커다란 사슬 안에 있는 하나의 고리였다고 주장하는 것은 정당하다.[2] 나는 종교개혁에 중세 후기의 유명론(nominalism)으로부터 근대성의 세속주의로 이어지는 보다 넓은 궤적 안에서 한자리를 부여하는 근대성의 족보에 대해 크게 공감하는 편이다.[3] (종교개혁 전통의

---

1   Charles Taylor, *A Secular Age* (Cambridge, MA: Belknap Press of Harvard University Press, 2007), 179.

2   James K. A. Smith는 Taylor의 분석을 유용하게 분석하면서 영원한 목적(최종적 심판, 지복직관 등을 포함하는)이 어떻게 이 세상에서의 "평범한" 번영으로 대체되는지를 설명한다. Smith는 그런 추세를 다음과 같이 요약한다. "우리의 유신론조차 인간화되고 내재화된다. 그리고 하나님의 섭리적 관심의 목적은 내재성 안에 제한된다. 그리고 이것은 '정통' 신자들에게도 해당된다. '정통 신앙을 견지하는 사람들조차 이런 인간화의 추세에 의해 영향을 받았다. 종종 그들의 신앙의 초월적 차원은 딜 핵심적인 것이 되었다'([Secular Age,] p. 222). 영원이 잠식되기에 세속성이 확대되고 모든 것을 삼키려고 위협한다"(*How (Not) to Be Secular: Reading Charles Taylor* [Grand Rapids: Eerdmans, 2014], 49-50).

3   또한 다음을 보라. Louis Dupré, *Passage to Modernity: An Essay in the Hermeneutics of Nature and Culture* (New Haven: Yale University Press, 1993); Brad S. Gregory, *The Unintended Reformation: How a Religious Revolution Secularized Society* (Cambridge, MA: Belknap Press of Harvard University Press, 2012); Thomas Pfau, *Minding the*

어떤 흐름 안에서) 지복직관의 교리적 위치가 주변화된 것은 이런 역사적 발전에 부합한다.

그러나 이런 이야기는 아무리 타당하다고 할지라도 그림 전체를 보여주지는 않는다. 이 책은 근대성의 내재화하는 경향을 겨냥한다. 그리고 나는 이 장에서 (3부의 다른 장들에서처럼) 개신교 종교개혁 안에서 근대성의 이런 세속적 지평의 환원주의와 맞서는 자료들을 찾아보려 한다. 종교개혁 신학은 단순히 지복직관 교리를 도매금으로 포기하지 않았다. 그리고 칼뱅의 신학은 우리가 마땅히 되찾아야 할 내세성이라는 특징을 지닌다. 특히 우리는 그가 그의 주석 중 많은 곳에서 지복직관에 대해 언급하는 것을 간과해서는 안 된다. 지금까지 대부분의 칼뱅 연구가들은 칼뱅이 전통적인 지복직관 교리를 분명하게 포기했다고 주장해 왔다.[4] 이 장은 그런 견해에 대해 문제를 제기할 것이다. 다시 말하지만, 이것은 어떤 식으로도 칼뱅이 중세의 종말론과의 이별을 대표했다는 사실을 부정하는 것이 아니다. 지복직관이 칼뱅의 신학 전체에서 차지하는 **위치**는 확실히 대단치 않다. 그리고 이것은 그 자체가 숙고할 만한 가치가 있는 견해다. 그러나 마찬가지로 숙고할 만한 가치가 있는 것은 우

Modern: Human Agency, Intellectual Traditions, and Responsible Knowledge (Notre Dame: University of Notre Dame Press, 2015).

4   Richard A. Muller는 개혁파 스콜라주의 학자들이 지복직관에 관한 그들의 신학을 중세의 스콜라적 체계로부터 이끌어낸 것은 종교개혁가들이 "그 주제에 대해 논의하지 않았기" 때문이라고 주장했다(Post-Reformation Reformed Dogmatics: The Rise and Development of Reformed Orthodoxy, ca. 1520 to ca. 1725, 4 vols. [Grand Rapids: Baker Academic, 2003], 1:260). Suzanne McDonald는 유사하게 "칼뱅은 『기독교강요』에서 그것에 대해 직접 할 말이 아무것도 없었다"고 말한다("Beholding the Glory of God in the Face of Jesus Christ: John Owen and the 'Reforming' of the Beatific Vision," in The Ashgate Research Companion to John Owen's Theology, ed. Kelly M. Kapic and Mark Jones [Burlington, VT: Ashgate, 2012], 141n1).

리가 그의 주석들 전반에서 흩어진 채 나타나는 언급들에서 발견하는 것처럼 그가 지복직관에 대해 실제로 이해한 **내용**이다. 칼뱅은 지복직관을 세상에서의 순례의 목표로 다루었고, 그의 주석들은 그가 이 목표를 신학적으로 표현할 방법에 대해 신중하게 살폈음을 보여준다.

칼뱅을 향해 비난의 손가락질을 하는 것은 소용이 없다. 첫째, 우리는 칼뱅 자신의 신학과 그것이 후대의 개혁주의와 복음주의 사상에 끼친 영향을 혼동하지 말아야 한다. 이 장은 비록 지복직관이 칼뱅의 『기독교강요』(Institutes)에서 단지 작은 자리만 차지했을 뿐이지만 그럼에도 그가 오직 하나님만이 우리의 최종 목표이고, 따라서 우리가 그분을 뵙는 것만이 참된 행복을 제공한다고 확신했음을 분명하게 밝힐 것이다.[5] 더 나아가 우리가 보게 되겠지만, 칼뱅의 주석들은 그가 그 주제에 대해 신중하고 창의적인 사고를 했음을 보여주는 증거를 제공한다. 후대의 개혁주의 신학자들이 일반적으로 지복직관에 대한 표현을 얻기 위해 칼뱅에게로 돌아서지 않았던 것은 사실일 수 있다. 하지만 그것은 그가 그런 주장을 하지 않았기 때문이 아니다. 훨씬 더 그럴 듯한 설명은 이 특정한 교리에 대한 칼뱅의 이해가 어떤 것인지를 판단하기 위해서는 얼마간의 연구 작업이 필요하다는 것이다. 우리는 그의 주석들을 좀 더 상세하게 살펴보아야 한다. 이 장의 목적 중 일부는 바로 그 일을 정확하게

---

5   Nicholas Wolterstorff는 다음과 같이 잘못 제안한다. "칼뱅이 인간 존재의 참된 목표를 삶에서 하나님을 시인하는 것으로 공식화한 것이 이 세상을 향한 중대한 전환과 회피적 종교에 대한 거부를 나타낸다는 것은 분명하다"(*Until Justice and Peace Embrace: The Kuyper Lectures for 1981 Delivered at the Free University of Amsterdam* [Grand Rapids: Eerdmans, 1983], 14). 칼뱅의 신학은 어느 정도 "이 세상을 향한 전환"을 대표한다. 하지만 이 장은 칼뱅에게 "인간 존재의 참된 목표"가 이 세상에 대한 관심이 아니라 오히려 하나님 자신에 대한 영원한 관조―다시 말해 Wolterstorff의 용어로 "회피적"(avertive) 종교―였음을 밝힐 것이다.

하는 것이고 그로 인해 칼뱅이 우리가 우리의 궁극적 행복을 찾는 것은 지복직관에서라고 믿었음을 분명히 밝히는 것이다. 따라서 오늘날의 개혁주의 신학자들이 지복직관을 무시하거나 폄훼하는 것은 그 주제에 대한 그 종교개혁가의 태도로부터 떠나는 처사가 될 것이다.

둘째, 비록 칼뱅 자신이 지복직관 자체를 상세하게 다루지는 않았을지는 모르나, 그것은 지복직관이 개혁주의 전통 전반에서 낯선 것임을 의미하지 않는다. 이어지는 장들―거기서 나는 존 던, 여러 명의 청교도 저자들, 조나단 에드워즈 그리고 아브라함 카이퍼 등을 다룰 것이다―은 지복직관이 개혁주의 전통의 중요한 요소들에 대한 교리적 이해에서 두드러지는 역할을 했음을 분명하게 밝힌다. 내가 3부에서 다루는 신학자들은 기형적인 인물들이 아니다. 16세기 말과 17세기에 수많은 스콜라적 개혁주의 신학자들이 칼뱅주의 종교개혁의 독특한 가르침을 지지하기 위해 중세 신학으로 돌아섰다.[6] 그 결과 그들은 결국 지복직관 교리에 대한 갱신된 이해를 얻게 되었다. 개혁파 정통주의 신학자들은 자신들의 교리적 신학의 다양한 신학적 맥락에서, 특히 신학의 본질과 신적 속성(하나님의 복되심) 및 종말론 등에서 그 주제를 다뤘다.[7]

---

6   개혁파 스콜라주의(Reformed scholasticism)에 대해서는 Muller, *Post-Reformation Reformed Dogmatics*를 보라. 또한 William J. van Asselt, *Introduction to Reformed Scholasticism*, trans. Albert Gootjes(Grand Rapids: Reformation Heritage, 2010); Herman J. Selderhuis, ed., *A Companion to Reformed Orthodoxy*(Leiden: Brill, 2013)를 보라.

7   개혁파 학자들 사이에서 지복직관에 대한 이해는 더 많은 연구가 필요한 주제다. 그 교리는 Franciscus Junius, Sibrandus Lubbertus, Amandus Polanus, Bartholomäus Keckermann, Antonius Walaeus, William Ames, Johannes Alsted, Johannes Wollebius, Franciscus Gomarus, Edward Leigh, Francis Turretin, Johannes Braunius, Petrus van Mastricht 그리고 Hermann Witsius 등에 의해 얼마간 상세하게 다뤄진다. 나는 이 주제와 관련해 Joshua Schendel(Saint Louis University)의 박사 과정 연구에 많은 빚을 졌다. John Owen이 Franciscus Junius의 주장을 사용하는 것에 초점을 맞추는 최초의 연구는

마지막으로, 비록 지복직관이 현대의 개혁주의와 복음주의 신학 안에서 쇠퇴를 겪은 것은 사실이지만 이 문제는 칼뱅주의 사상에만 독특한 것이 아니다. 이 책의 1장에서 나는 의도적으로 개혁주의 신학자인 헤르만 바빙크(Herman Bavinck)와 로마 가톨릭 신학자인 한스 우르스 폰 발타자르(Hans Urs von Balthasar)를 지복직관 교리를 열외시켰던 이들로 지목했다. 현대 신학과 서구 문화가 일종의 세상을 경멸하는(*contemptus mundi*) 영성을 회피하고 대신에 인간의 행복을 내재화하기 때문에—의문의 여지 없이 우리의 궁극적 목표로서 하나님 자신에게 집중하는—지복직관 교리는 소멸하게 되어 있다. 그것이 현대와 서구의 전체적인 신학적 지향과 맞지 않기 때문이다. 이것은 종교개혁이 그 과정에서 역사적으로 수행한 역할이 무엇인지와 상관없이 현대의 개신교와 로마 가톨릭 사상에 모두 해당하는 문제다.[8]

그중 어느 것도 칼뱅이 어째서 지복직관을 상세하게 다루지 않았는지를 묻는 것을 부적절하게 만들지 않는다. 나는 그가 그 주제에 대해 이렇게 주목하지 않았던 다양한 이유가 있다고 추측한다. 하지만 무엇보다도 우리는 그것에 대한 칼뱅 자신의 언급에 귀를 기울일 필요가 있다. 그는 하나님에 대해 부당한 추측을 하는 것은 잘못된 길로 빠질 수 있다

Sebastian Rehnman, *Divine Discourse: The Theological Methodology of John Owen* (Grand Rapids: Baker Academic, 2002), 57-71을 보라.

8   이 점을 강조하기 위해서 나는 사회학자인 Christian Smith의 작품을 언급한다. 그는 "도덕주의적 치유적 유신론"이 로마 가톨릭과 개신교 젊은이들 모두 사이에서 널리 공유되고 있는 종교적 접근법이라고 지적했다. 다음을 보라. Christian Smith with Melinda Lundquist Denton, *Soul Searching: The Religious and Spiritual Lives of American Teenagers* (New York: Oxford University Press, 2005)와 Christian Smith with Patricia Snell, *Souls in Transition: The Religious and Spiritual Lives of Emerging Adults* (New York: Oxford University Press, 2015).

는 불안감 때문에 자신이 그 교리를 상세하게 논할 수 없었다고 말한다. 칼뱅은 『기독교강요』에서 종말에 관해 논의하던 중에 우리의 정신적 능력이 우리가 하나님을 영원토록 즐거워하는 신비의 "가장 낮은 뿌리들"에도 미치지 못한다는 것을 우리에게 상기시킨다.[9] 그는 다음과 같은 주의를 준다. "따라서 우리는 우리 자신의 한계를 잊고 더 담대하게 높이 날아오르려 하다가 하늘의 영광의 밝음에 의해 제압되지 않으려면 더욱 더 절제(sobrietas)를 유지해야 한다."[10] 그는 미래의 삶에 관한 "사소하고 해로운 질문들"에 대해 경고하면서 자기가 "쓸모없는 문제들에 대한 불필요한 탐구"를 삼가는 이유를 설명하는 단락 하나를 덧붙인다.[11] 그의 주석들은 유사하게 부적절한 종말론적 사색에 맞서라는 조언들로 가득 차 있다.[12] 칼뱅은 적극적인 성서의 계시라는 울타리 안에 머물기를 바랐고 대체로 성서가 분명하게 다루지 않는 종말론적 질문들에 대해 숙고하기를 주저했다.

---

9   *Inst.* 3.25.10; 인용문은 John Calvin, *The Institutes of the Christian Religion*, trans. Ford Lewis Battles, ed. John T. McNeill, Library of Christian Classics 20(Philadelphia: Westminster, 1960)에서 가져옴.

10   *Inst.* 3.25.10.

11   *Inst.* 3.25.11.

12   출 33:18; 겔 1:25-26; 요일 3:2에 관한 주석들. 이 장에서 언급되는 주석들에 관해서는 다음을 보라. *Calvin's Commentaries*, 45 vols. (Edinburgh: Calvin Translation Society, 1846-1851).

교육적 적응

물론 성서는 수많은 곳에서 지복직관이라는 주제를 다룬다. 그러므로 칼뱅은 비록 과도한 신학적 추측에 대해 경계하기는 했으나 그 주제 자체를 다루기를 주저하지 않았다. 그 결과 그는 반복해서 자신의 주석에서 그 주제를 다룬다. 사실 그는 매우 자주 이 주제를 다루기 때문에 그가 그것에 대해 보였던 아주 일관된 교리적 접근법을 묘사하는 것이 가능할 정도다. 나는 그 접근법을 특성상 교육적(pedagogical)이라고 주장할 것이다. 칼뱅이 보기에 하나님은 우리가 자신을 대면하여 보도록 훈련시키기 위해, 즉 부활 후에 우리가 하나님의 위엄(혹은 본질)의 실재를 직접 혹은 공개적으로 볼 수 있게 하시기 위해 구원사를 통해 그리스도 안에서 자신을 성례전적으로 나타내신다.

칼뱅의 교육적 접근법은 그가 하나님을 "대면하여" 보는 것이 단계를 고려한다고 주장할 때 표면화된다. 하나님에 대한 직관은 구원사를 통해 점점 더 분명해진다. 혹은 우리가 그렇게 말할 수 있다면, 하나님은 자신의 백성을 외적 성례전(sacramenta)을 통해 그들이 자신을 보다 분명하게 볼 수 있는 방식으로 훈련시키신다. 야곱이 브니엘에서 하나님과 씨름했을 때 그 족장은 아직 하나님 자신의 현존이라는 실재(res), 즉 칼뱅이 종종 그렇게 부르는 것처럼 하나님의 "위엄"을 볼 만큼 영적으로 성숙하지 않았다. 칼뱅은 하나님이 야곱에게 자신의 이름을 알리기를 거부하셨던 이유(창 32:29)는 야곱이 아직 그것을 위한 준비가 되어 있지 않았기 때문이라고 주장한다. "야웨께서는 마침내 완전한 밝음이 그 안에서 빛나는 의의 태양이신 그리스도께서 나타나시기 전까지 그들[즉, 족장들]에게 자신을 단계적으로(gradatim) 드러내셨다. 이것이 그분

이 자신을 모세에게 훨씬 더 두드러지게 나타내셨던 이유인데, 그럼에
도 모세는 그분의 영광을 뒤에서 볼 수 있었을 뿐이다. 그러나 그가 족
장들과 사도들 사이에서 중간적 위치에 있었기에 그는 그들과 비교해서
(*prae illis*) 조상들에게 감춰지셨던 하나님을 대면해서(*facie ad faciem*) 보았
다고 말해진다."[13] 여기서 칼뱅은 "대면" 만남이라는 말을 (고전 13:12에서
처럼) 단지 지복직관의 궁극적인 성례전적 실재를 나타내기 위해서가 아
니라 하나님과의 **모든** 종류의 친밀함을 묘사하기 위해 사용한다. 그가
보기에 친밀한 방식으로 하나님과 관계하는 모든 이는 그분을 대면하여
본다. 이것은 다양한 정도를 허용하는 매우 상대적인 문제다. 따라서 칼
뱅은 하나님에 대한 "대면" 직관이 구원사를 통해 명료함의 측면에서 점
증하는, 즉 야곱과 다른 족장들로부터 모세를 거쳐 사도들에 이르는 그
무엇이라고 주장한다.[14] 복음의 빛과 비교할 때, 야곱과 모세가 하나님을
보았던 것은 단지 "불꽃 혹은 모호한 광선과 같다."[15] 회막의 휘장에 관

---

13   *Comm.* Gen. 32:29. 참조. *Comm.* Exod. 33:20. "모세가 태어나기 오래전에 야곱은 '내
     가 하나님을 대면하여(*facie ad faciem*) 보았다'라고 말했다(창 32:30) 그리고 내가 최근
     에 밝힌 것처럼 모세에게는 여전히 더 분명한 직관이 허용되었다. 그러나 이제 그는 더
     낫고 더 훌륭한 무언가를 얻는다. 그러나 아직 그것은 하나님을 있는 그대로(*qualis in
     se est*) 완전하게가 아니라 인간의 마음이 견딜 수 있는 정도만큼 보는 것이다. 왜냐하면,
     비록 천사들이 인간보다는 훨씬 더 탁월한 방식으로 하나님의 얼굴을 본다고 말해지지
     만, 여전히 그들은 그것에 의해 그들이 흡수될 그분의 영광의 막대한 완전함을 이해하
     지 못하기 때문이다. 그러므로 하나님은 정당하게 자신이 죽을 인간에게 보여질 수 없
     다고 선언하신다. 왜냐하면 우리는 우리가 그분과 같아질 때까지(요일 3:2) 그분을 있
     는 그대로(*sicuti est*) 보지 못할 것이기 때문이다." Cf. *Comm.* Exdo 33:11.
14   Arnold Huijen의 말을 참조하라. "그러므로 비록 모세가 가장 높은 자리를 차지하고
     는 있으나 칼뱅은 무조건적으로 모세가 하나님과 대면해서 보았다고 여기지 않는다.
     모세가 대면 직관을 했다는 것은 '그들(믿음의 조상들)과 비교해서'일 뿐이다"(*Divine
     Accommodation in Calvin's Theology: Analysis and Assessment*, Reformed Historical
     Theology 16 [Göttingen: Vandenhoeck & Ruprecht, 2011], 217).
15   *Comm.* Gen. 32:30.

해 말하면서 칼뱅은 "복음의 빛에 비추어 우리는 당시에 그 고대인들의 눈에 덮개 아래에서(고후 3:14) 멀리 보이던 것을 '대면하여' 보았다"고 말한다.[16] 신자들이 오늘날 경험하는 대면 직관은 모세의 그것보다 훨씬 더 뛰어나다.[17]

이에 부합하게 칼뱅은 요한복음 1:8("본래 하나님을 본 사람이 없으되 아버지 품 속에 있는 독생하신 하나님이 나타내셨느니라")과 관련해 하나님은 지금 "그리스도의 얼굴에서 공개적으로(palam) 보이신다"고 말한다. 또 그는 우리와 비교해 믿음의 조상들은 "겨우 참된 빛의 작은 불꽃만" 갖고 있었을 뿐이라고 주장한다. 이어서 칼뱅은 "만약 어떤 이가 그때에도 하나님이 **대면하여** 보이셨다(창 32:30; 신 34:10)는 데 반대한다면, 나는 그때의 직관은 우리의 그것과 비교될 수 없다고 주장한다. 그러나 하나님이 당시에 자신을 모호하게, 이를테면 멀리서 보이시기 위해 적응하셨기에 그분이 보다 분명하게 자신을 나타내셔서 그분을 본 이들은 자기들이 **그분을 대면하여 보았다**고 말한다. 그들은 그들 자신의 시대와 관련해 그렇게 말한다. 그러나 그들은 여러 형태와 의식들에 싸여 있는 것과 다른 방식으로는 **하나님을 보지 못했다.**"[18] 따라서 칼뱅에게 야곱, 모세, 오늘날의 신자들—그리고 물론 내세의 성인들[19]—은 모두 하나님을

---

16   *Comm*. Exod. 26:31. 참조. *Comm*. Heb. 7:25.
17   이 책의 마지막 장에서 나는 지복직관에 대한 교육적 접근법을 제시할 것인데, 그런 접근법은 부분적으로 하나님을 "대면하여" 보는 것에 관한 이런 등급화된 성서적 사용에 기초를 두고 있다.
18   *Comm*. John 1:18.
19   *Comm*. 1 Cor. 13:12. "오늘 우리가 그분의 말씀을 통해 갖고 있는 하나님에 대한 지식은 실제로 확실하고 참되며 그 안에 혼란스럽거나 당혹스럽거나 어두운 것이 아무것도 없으나 상대적으로 모호하게 말씀되었다. 왜냐하면 그것은 우리가 바라는 분명한 표현에 훨씬 미치지 못하기 때문이다. 그때가 되면 우리는 대면하여 보게 될 것이다."

대면하여 보지만, 그것은 명확성이 점증하는 방식으로 그렇게 하는 것이다.[20]

대면 직관이 다양한 정도의 광휘를 고려하는 이유는 간단하다. 하나님은 "우리가 견딜 수 있는 얼굴을 취하신다(*faciem induit quam possimus ferre*)."[21] 아르놀트 하위헌(Arnold Huijgen)의 표현을 사용하자면, 그것은 "교육으로서의 적응"이다.[22] 하나님은 아버지와 교사로서 자기 백성과 관계하신다. 그리고 이것은 그분이 그들에게 적응하시는 것을 요구한다. "하나님의 적응은 변화하는 시간과 상황과 관련된다. 따라서 그것은 또한 나름의 역사를 지닌다. 그 역사 안에서 그것은 하나님의 백성으로 하여금 하나님에 대한 더 많은 지식을 향해 나아가도록 들어 올리는 교육적 목적을 향해 전진한다."[23] 그러므로 하나님의 교육 프로그램은 칼뱅에 의하면, 하나님이 휘장(*velum*)을 통해 자신을 나타내시는 것을 필요로 했다. 반면에 한편으로 하나님은 점증하는 친밀성을 지닌 이런 교육 프로그램 안에서 자기 백성과 관계하시고 자신을 그들에게 더욱더 분명하게 보여주신다.[24]

휘장—사람들이 구원사에서 **그것을 통해** 하나님을 보는 다양한 창

---

20   참조. Randall C. Zachman, *Image and Word in the Theology of John Calvin* (Notre Dame: University of Notre Dame Press, 2007), 127.

21   *Comm*. Exod. 33:20.

22   Huijgen, *Divine Accommodation*, 155.

23   Huijgen, *Divine Accommodation*, 208. 또한 적응에 대한 칼뱅의 이해를 위해서는 다음을 보라. Cornellis van der Kool, *As in a Mirror: John Calvin and Karl Barth on Kowing God—a Diptych*, trans. Donald Mader, Studies in the History of Christian Traditions 120 (Leiden: Brill, 2005), 41-57.

24   칼뱅의 교육적 적응의 함의 중 하나는 모세가 결코 신성한 본질은 보지 못했다는 것이다. 그의 직관은—비록 "대면"이기는 했으나—우리의 그것보다는 덜 뛰어난 것이었고 (칼뱅의 이해에 의하면) 우리는 오늘날 하나님의 본질을 보지 못한다.

조된 실재들―은 단지 하나님에 대한 직관을 억제하기만 하는 것이 아니다. 휘장은 그 목적(하나님의 백성이 그 빛의 광채로 인해 파괴되지 않게 하는 것)을 위해 나름의 역할을 하기는 하나, 하나님에 대한 직관을 **가능케 하는** 바로 그것이기도 하다. 하나님은 자기 백성에게 휘장을 제공하심으로써만 자신을 그들에게 나타내실 수 있고, 그들은 그것을 통해서만 그분의 임재를 식별할 수 있다. 표징(혹은 성례전)은 하나님의 임재에 대한 휘장이 쳐진 표현이다. 로널드 월리스(Ronald Wallace)가 설명하듯이 "하나님이 어떤 표징을 주실 때, 그분은 사람들 사이에 임재하기 위해 몸소 그곳으로 오신다. 따라서 표징은 그분이 인간사의 장면에서 자신의 임재를 숨기시기 위한 휘장이다."[25] 다시 말해 칼뱅에게 하나님은 표징들(혹은 휘장들)을 통해 자신을 숨기기도 하시고 드러내기도 하신다.

인간이신 예수 그리스도 역시 우리가 약한 방식으로 하나님을 볼 수 있게 하는 휘장의 역할을 하신다. 칼뱅은 예수가 이사야의 예언을 성취하시는 것에 대해 언급하면서 "그리스도의 신성의 영광은 덜 존경받아서는 안 된다. 그것은 연약함의 휘장 아래서 나타났기 때문이다. 의심할 여지없이 이것은 성령께서 그 예언자의 눈이 보도록 하신 바로 그 대상이다"라고 주장한다.[26] 칼뱅은 유사하게 그리스도의 몸 혹은 눈으로 볼 수 있는 그의 모습을 그의 "육신이라는 휘장"이라고 표현한다.[27] 그리스도의 영광 혹은 신성은 그의 육신이라는 "휘장" 아래에 감춰졌으나 그 휘장은 동시에 하나님의 위엄에 가닿기 위한 수단이었다.[28] 월리스는 칼

25   Ronald S. Wallace, *Calvin's Doctrine of the Word and Sacrament* (1953; reprint, Eugene, OR: Wipf and Stock, 1997), 75.

26   *Comm.* Matt. 12:17.

27   *Inst.* 2.13.2.

28   *Comm.* Isa. 52:14; *Comm.* Matt. 17:9.

뱅의 접근법을 다음과 같은 말로 잘 요약한다. "신약성서에서…인성은 하나님이 자신을 계시하기 위해 자신의 위엄을 그 뒤에 감추시는 휘장과 같다."[29]

하나님이 자신을 휘장에 싸인 방식으로 혹은 성례전적인 방식으로 드러내시는 것은 교육적 요령 혹은 지혜의 문제다. 그 종교개혁가는 종종 하나님이 우리의 연약함, 우리의 수용력 혹은 그분을 이해하는 우리의 능력에 자신을 맞추신다고 주장한다. 예컨대 이것은 하나님이 불붙은 떨기나무에서 모세에게 "야웨의 사자(천사)"(출 3:2)로 나타나셨을 때 분명하게 드러난다. "그분이 눈에 보이는 형태를 취하시는 것(induere), 그분이 모세에게 그분의 본질(essentia)로서가 아니라 인간 마음의 연약함(infirmitas)이 이해할 수 있는 형태로 보이셨던 것은 필요한 일이었다. 따라서 우리는 하나님이 종종 그분이 옛날에 거룩한 족장들에게 나타나셨던 것처럼 모종의 방식으로 그분의 위엄에서 내려오신다는 것과 그들에게 유용한 만큼, 그리고 그들의 이해력의 범위 내에서 자신을 계시하신다는 것을 믿어야 한다."[30] 하나님은 모세에게 천사로, 즉 눈에 보이는 형태로 나타나셨다. 그것은 모세가 여전히 하나님의 본질의 광휘를 견딜 수 없었기 때문이다.[31] 유사하게 성서가 70명의 장로는 "이스라엘의 하나님을 뵈었다"(출 24:10)고 말할 때, 칼뱅은 그들이 "그분의 모든 실재와

---

29 Wallace, *Calvin's Doctrine*, 12-13.
30 *Comm*. Exod. 3:2.
31 그 주석의 후반부에서 칼뱅은 하나님이 모세에게 맞추는 방식으로 자신을 계시하신 것에 관해 언급한다. "비록 하나님이 특별한 방법으로 모세에게 자신을 계시하셨으나, 여전히 그분은 그분의 영광의 온전함으로 나타나지 않으셨고, 오직 인간의 연약함이 견딜 수 있는 선에서 그렇게 하셨을 뿐이다. 왜냐하면 이 표현[즉, '대면하여']에는 함축된 비교, 곧 아무도 모세와 동등하지 않았거나 혹은 그런 위엄의 경지에 도달하지 못했다는 비교가 포함되어 있기 때문이다"(*Comm*. Exod. 33:11).

위대함 속에 계신 그분을 뵌 것이 아니라 그분이 생각하기에 최선의 방식에 맞춰서, 즉 그분이 인간의 능력에 적응하시는(*attemperauit*) 방식으로 보았던 것이다"라고 말한다.[32] 하나님이 이생에서 우리에게 자신을 계시하실 때, 그분은 우리가 감당할 수 있는 모습을 취하신다. 즉 그분은 우리의 피조물적이고 영적인 능력의 연약함에 자신을 성례전적으로 맞추신다.[33]

기독론적 적응

칼뱅은 이런 신적 적응을 일관성 있게 기독론적 방식으로 해석한다. 즉 우리는 하나님이 자신의 신성을 먼저 다양한 피조된 수단들을 통해서 드러내시고 오직 시간이 충만하게 찼을 때에야 그리스도의 인성을 통해서 드러내셨다고 상상해서는 안 된다. 칼뱅에게 그리스도는 나중에 덧붙여진 것이 아니다.[34] 오히려 하나님은 역사를 통해 언제나 예수 그리스

---

32   *Comm*. Exod. 24:9. 유사한 진술은 *Comm*. Isa. 6:1; *Comm*. Ezek. 1:25-26; *Comm*. 2 Cor. 3:18; *Comm*. Heb. 11:27; *Comm*. 1 John 3:2을 보라.

33   잘 알려진 것처럼 칼뱅은 종종 초월적인 하나님이 자신을 인간에게 계시하시는 방식을 설명하기 위해 "적응"이라는 개념에 의지한다. Arnold Huijgen은 칼뱅이 데시데리우스 에라스무스를 통해 요안네스 크리소스토모스로부터 그 개념을 취했다고 설명한다("Divine Accommodation in Calvin: Myth and Reality," in *The Myth of the Reformation*, ed. Peter Opitz, Refo500 Academic Studies 9 [Göttingen: Vandenhoeck & Ruprecht, 2013], 252-53). J. Todd Billings는 옳게도 적응이라는 개념을 신적 계시 속에서 하나님을 보는 것에 관한 칼뱅의 이해와 연결시킨다(*Union with Christ: Reframing Theology and Ministry for the Church* [Grand Rapids: Baker Academic, 2011], 70-75).

34   물론 칼뱅에게 성육신은 죄로 인해 발생했다. 그리고 그런 의미에서 칼뱅의 기독론은 타락후선택론(infralapsarian)이다. 그러나 Edwin Chr. van Driel이 지적하듯이 칼뱅에게 하나님의 말씀은 타락과 관계 없이 신적 영광의 중보자 역할을 했다. 그래서 그

도(혹은 하나님의 말씀) 안에서 스스로 적용하신다. 그 교육 프로그램 전체
는 특성상 기독론적이다.[35] 토드 빌링스(Todd Billings)가 말하듯이 "그들
[즉, 이스라엘 백성]이 하나님과의 이런 언약적 유대를 경험했던 한 그
들은 중보자 그리스도에게 참여했다. 그리스도는 '언제나 하나님과 인
간 사이의 유대의 끈이었다.' '하나님은 아들을 통해서가 아닌 다른 방
식으로는 결코 인간에게 자신을 드러내지 않으셨다.' 하나님과의 교제
는 중보자이신 그리스도를 떠나서는 불가능하기 때문이다."[36] 칼뱅에게
그리스도는 율법의 실체였다. 그리고 족장들은 오직 말씀을 통해서만
하나님께 묶여 있었다.[37]

그와 비슷하게, 칼뱅은 구약성서의 신현을 삼위일체의 제2격인 성
육신 이전의 말씀의 현현으로 해석한다.[38] 칼뱅은 "야웨의 사자(천사)"가
그리스도에 대한 언급이라고 주장한다. 왜냐하면 그는 중보자로서 그의

는 기독론적 중개라는 보다 넓은 개념과 관련해 타락전선택론자(supralapsarian)였
다. 칼뱅에게 하나님의 말씀은 처음부터 하나님과 피조물 사이의 "매개체"였다(" 'Too
Lowly to Reach God without a Mediator': John Calvin's Supralapsarian Eschatological
Narrative," *ModTh* 33 [2017]: 275-92). 비슷한 맥락에서 Kees van der Kooi는 옳게도
다음과 같이 제안한다. "하나님을 일시적인 세상 위로 높이기 위해서는 특정한 형태의
중보가 필요하다. 그러므로 적응의 필요성 자체가 발견되는 것은 죄에서가 아니다"(*As
in a Mirror*, 42-43). 한편으로 우리가 보게 되겠지만 칼뱅이 지복직관을 신적 본질에
대한 직관으로 이해하는 것은 그가 이런 적응이 예수의 재림 때 끝날 것이라고 믿었다
는 것을 의미한다.

35 물론 Edwin van Driel이 나에게 옳게 지적했듯이, 우리가 칼뱅이 말하는 교육 프로그램
전체를 "기독론적"이라고 부를 수 있는 것은 우리가 그 표현이 성육신과 별도로 존재하
는 말씀의 중보를 포함하는 것으로 해석함으로써만 가능하다.

36 J. Todd Billings, *Calvin, Participation, and the Gift: The Activity of Believers in Union
with Christ* (Oxford: Oxford University Press, 2007), 159. Billings가 인용하는 두 문장
은 각각 *Inst.* 4.8.5.와 *Comm.* Gen. 48:16으로부터 가져온 것이다.

37 *Inst.* 2.9.4; 2.10.7. Cf. Billings, *Calvin, Participation, and the Gift*, 160.

38 칼뱅의 견해에 대한 Huijgen의 말을 참조하라. "그러므로 구약성서에서 모든 신현 혹은
하나님의 임재는 중보자인 그리스도를 통해서 발생했다"(*Divine Accommodation*, 238).

직무에 있어서 천사들의 우두머리인데, "그는 처음부터 그 직무를 비유적으로(figuram) 짊어지셨기 때문이다."[39] 칼뱅은 다음과 같이 설명한다. "그리고 바울은 이 신비를 우리에게 충분하게 설명한다. 그는 그리스도가 광야에서 그분의 백성의 지도자였다고 분명하게 단언한다(고전 10:4). 그러므로 비록 그때, 적절하게 말하자면(proprie loquendo), 그가 아직 그의 아버지의 사자(messanger)가 아니었다고 할지라도 그때조차 그가 그 직책에 미리 임명된 것은 이런 효과를 가져왔고, 그로 인해 그는 족장들에게 자신을 드러내고 그런 특성으로 알려지게 되었다. 실제로 성도들은 그 약속된 중보자를 통하지 않고서는 하나님과의 그 어떤 교제도 맺지 못했다."[40] 유사하게 비록 칼뱅이 야웨에 대한 이사야의 직관(사 6:1)을 그리스도에 대한 직관에 **한정하고자** 하지는 않지만, 그럼에도 그는 요한복음 12:41("이사야가 이렇게 말한 것은 주의 영광을 보고 주를 가리켜 말한 것이라")은 그 대상이 그리스도였다고 말한다고 주장한다. 그리고 칼뱅이 올바로 그렇게 주장하는 까닭은 "하나님은 그분의 영원한 말씀과 유일한 아들 안에서가 아니면 결코 자신을 조상들에게 계시하지 않으셨기 때문이다."[41] 비록 이사야가 "주"(אֲדֹנָי)라는 일반적인 단어를 사용하기는 하나 칼뱅은 이 구절에서 그리스도의 영광이 암시된다고 주장한다. 왜냐하면 그때 그리스도는 눈에 보이지 않으시는 하나님의 형상이셨기 때문이다(참조. 골 1:15).[42]

---

39   *Comm*. Exod. 3:2.

40   *Comm*. Exod. 3:2. Cf. 또한 *Comm*. Exod. 14:9.

41   *Comm*. Isa. 6:1.

42   *Comm*. Isa. 6:1. 칼뱅은 겔 1:25-26에 대해 주석 할 때 유사하게 요 12:41을 인용하면서 이사야와 에스겔이 모두 "그리스도를 통해 마침내 드러난 신비"를 "희미하게 보았다"고 주장한다. 그러나 그는 야웨라는 이름은 단지 그리스도만 언급하는 것이 아님

칼뱅은 오늘날에도 우리가 하나님을 오직 그리스도 안에서만 본다고 주장한다. 오늘날 우리가 모세를 포함해 구약 시대의 그 누구보다도 분명하게 하나님을 대면하여 보는 이유는 이제 말씀이 인간의 육신을 취했기 때문이다. 하나님은 그리스도 안에서 우리에게 자신을 계시하셨다. 요한복음 1:18("본래 하나님을 본 사람이 없으되 아버지 품 속에 있는 독생하신 하나님이 나타내셨느니라")에서 복음서 저자는 "복음서를 통해 우리에게 임하신 하나님의 현현을 찬송함으로써 우리를 우리의 조상들과 구별하고 우리가 그들보다 높음을 보인다. 또한 바울은 고린도후서 3장과 4장에서 그것에 대해 보다 충분하게 설명한다. 그는 율법 아래에 존재했던 그 어떤 휘장도 이제 더는 존재하지 않으며 하나님은 그리스도의 얼굴에서 공개적으로(palam) 보이신다고 주장한다."[43] 비록 성부가 "있는 그대로의 위엄으로" 보이시지는 않을지라도 "그분은 오직 그리스도 안에서 우리에게 계시되시고, 그로 인해 우리는 거울을 통해 보듯 그분을 볼 수 있다."[44] 물론 "공개적으로"(palam)라는 용어는 "대면하여"(facie ad faciem)라는 표현처럼 정도를 허용한다. 그리고 우리가 보게 되겠지만 그리스도 안에서 나타나는 하나님의 계시조차 칼뱅에게는 궁극적인 것이

을 분명하게 밝힌다. "여기서 하나님의 본질 전체가 이해된다." 여전히 우리가 본질보다 위격에 대해 말할 때, 우리는 "그리스도의 고유한 속성이 드러난다"고 말해야 한다. 참조. John T. Slotemaker, "'*Fuisse in Forma Hominis*' Belongs to Christ Alone': John Calvin's Trinitarian Hermeneutics in His *Lectures on Ezekiel*," *SJT* 68 (2015): 421-36. 칼뱅이 신현을 성육신 이전의 그리스도의 출현으로 주해하는 것은 사실상 아우구스티누스 이전의 이해로 되돌아가는 것이다. 이 책의 4장 중 "삼위일체론과 기독론 논쟁" 부분을 참조하라.

43   *Comm.* John 1:18. 칼뱅은 다른 곳에서 그리스도가 우리의 지혜이시기에(고전 1:30) "성부는 우리가 그리스도 외에 다른 어떤 것도 알기를 바라지 않게 하시기 위해 그분 안에서 우리에게 자신을 온전히 계시하셨다"고 말한다(*Comm.* 1 Cor. 1:30).

44   *Comm.* Col. 1:15.

아니다. 그럼에도 그는 그리스도 안에서 나타나는 하나님의 계시의 공개성은 그때까지는 전례가 없는 것이었다고 여긴다. 실제로 "그분[즉, 그리스도] 외의 다른 무언가를 알고자 하는 것은 미친 짓이다. 성부께서 그분 안에서 자신을 온전히 드러셨으므로 그리스도만으로 만족하지 않는 사람은 하나님과 별도로 현명해지려는 것이다."[45]

또한 칼뱅의 교육적 접근법은 그가 중간 상태(intermediate state)를 다룰 때 표면화된다. 그는 지복직관을 배타적으로 부활 이후의 하나님 나라의 온전함과 연결시킴으로써 서양의 앞선 전통으로부터 떠난다. 즉 중간 상태에 있는 세상을 떠난 복된 자들은 아직은 지복직관의 행복을 누리지 못한다. 그의 가장 이른 시기의 신학 작품인 『영혼의 깨어 있음에 관하여』(Psychopannychia, 1534)에서 칼뱅은 교황 요한 22세(1316-34)와 당대의 재세례파들에 맞서서 영혼이 하나의 실체이며 육체의 죽음 후에 그것이 감각과 이해를 부여받은 상태에서 계속해서 살아간다는 입장을 옹호한다.[46] 칼뱅은 죽음이 신자들의 평화를 증진시킨다고 주장하는데, 그것은 죽을 때 그들이 세상의 싸움에서 떠나기 때문이다. 칼뱅은 새로운 평화의 장소에서 "하나님을 보는 일에 온전하게 집중하는 그들은 자

---

45   *Comm.* Col. 2:3; 참조. *Comm.* Heb. 1:3.
46   John Calvin, *Psychopannychia*, in Tracts, trans. Henry Beveridge, vol. 3 (Edinburgh: Calvin Translation Society, 1851), 419-20. 칼뱅은 교황 요한 22세가 영혼이 중간 상태에서 잠을 잔다고 가르쳤다고 잘못 생각했다(*Psychopannychia*, 415). 사실 요한 22세는 영혼이 죽을 운명이라는 것도 중간 상태에서 잠을 자리라는 것도 믿지 않았다. 오히려 그는 육체적 죽음 후에 복된 영혼은 단지 그리스도의 인성을 본다고, 즉 그것은 부활 후에야 비로소 그리스도의 신적 본성을 보게 될 것이라고, 또한 그러므로 영혼의 행복은 그때까지는 불완전하다고 생각했다. Joseph N. Tylenda의 그 주제에 관한 탁월한 논문은 칼뱅이 아마도 신념을 갖고서 교황 요한의 가르침에 대한 일반적인 오해를 받아들였을 것임을 분명하게 밝힌다("Calvin and the Avignon Sermons of John XXII,: *ITQ* 41 [1974], 44-45).

신들의 눈을 그리로 돌리거나 자신들의 욕구를 그리로 향하게 할 만한 더 좋은 아무것도 갖고 있지 않다"고 설명한다.[47] 그러나 칼뱅은 하나님에 대한 이런 사후의 직관이 아직 완전한 행복을 제공하지 않는다는 점을 분명하게 밝힌다. 하나님에 대한 직관(visio Dei)은 죽은 자의 부활 때까지 어설픈 상태로 남아 있다.

> 그러나 그들이 보기를 바라는 것, 즉 그들이 늘 욕구하는 하나님의 완전하고 완벽한 영광은 결여되어 있다. 비록 그들의 욕구가 성급한 것은 아니지만, 그들의 쉼은 여전히 온전하거나 완전하지 않다. 왜냐하면 자기가 원하는 곳에 있는 자가 쉰다고 말해지기 때문이다. 그리고 욕구의 한도는 그것이 원하는 곳에 도달하기 전까지는 끝이 없기 때문이다. 그러나 만약 선택된 자의 눈이 그들의 최종적 선으로서의 하나님의 최고의 영광을 본다면 그들의 욕구는 하나님의 영광이 완전해질 때까지 계속해서 전진하고, 이 완전함은 심판의 날을 기다린다. 그 후에야 다음과 같은 말의 정당함이 입증될 것이다. "나는 의로운 중에 주의 얼굴을 뵈오리니 깰때에 주의 형상으로 만족하리이다"(시 17:15).[48]

칼뱅에게 하나님에 대한 지복직관은 우리의 궁극적인 목표다. 오직 하나님만이 완벽한 쉼과 평화를 주신다. 한편, 그분의 영광은 부활 때까지 불완전한 상태로 남아 있기에 그분에 대한 우리의 욕구는 (비록 사악한

---

47   Calvin, *Psychopannychia*, 435–36.
48   Calvin, *Psychopannychia*, 436.

"조급증"은 없을지라도)[49] 중간 상태에서 계속되어야 한다.[50] 칼뱅의 입장—
그가 그의 이후의 활동에서 유지했던 입장[51]—은 신자들이 부활 때에야
비로소 하나님 나라의 온전한 영광 속에서 그분을 뵈리라는 것이었다.

임시적 적용

칼뱅은 표징(혹은 휘장)의 중요성을 인정하면서도 종종 독자들에게 표징
을 장애물로 만들지 말라고 경고한다. 표징은 그것들 너머를 가리킨다.
오늘날 이미 이런 교육 도구들이 가진 엄격하게 부차적인 역할은 분명

---

49 칼뱅은 죽음 후에 영혼이 "평화 속에" 있다고 주장한다(*Psychopannychia*, 467).

50 어느 지점에서 칼뱅은 클레르보의 베르나르두스를 인용한다. "베르나르두스는 만성절
   (Feast of All Saints)에 행한 두 편의 설교에서 이 문제를 자청해서 다루면서 '몸을 빼앗
   긴 성도의 영혼은 쉼을 허락받았으나 아직 영광에는 이르지 못한 상태로 여전히 주님의
   궁정에 서 있다. 그들은 우리 없이는 그리고 그들 자신의 몸이 없이는 가장 복된 처소 안
   으로 들어가지 못할 것이다'라고 말한다. 즉 다른 신자들 없는 성도도 육신이 없는 영도
   그리고 다른 많은 것들도 동일한 목표에 이르지 못할 것이다"(*Psychopannychia*, 469).
   Tylenda는 비록 칼뱅이 그것을 인식하지는 않으나 중간 상태에 관한 그의 가르침은 그
   가 자신의 논문에서 반대하고 있다고 생각하는 바로 그 사람인 교황 요한 22세의 그것
   과 거의 동일하다고 지적한다. 요한 22세와 같이 칼뱅은 자신의 입장을 지지하도록 베
   르나르두스를 소환했다("Calvin and the Avignon Sermons," 46-47).

51 훗날 칼뱅은 다음과 같이 말한다. "비록 온전한 직관이 그리스도의 날까지 연기될지라
   도, 하나님을 더 가까이 뵙는 일은 죽음 직후부터 누리게 될 것이다. 그때 몸에서 풀려난
   우리의 영혼은 더는 외적 사역이나 다른 내적 도움을 필요로 하지 않을 것이다"(*Comm.
   1 Cor.* 13:12). 칼뱅은 자신의 『기독교강요』에서 세상을 떠난 신실한 자들의 영혼에 대
   해 다음과 같이 말한다. "성서는 그리스도가 그들과 함께 계시고 그들을 낙원으로 받아
   들이신다고 말씀하는 것 이상으로 나아가지 않는다"(*Inst.* 3.25.6). 여기서 칼뱅은 성서
   는 그리스도가 오실 때까지 "영광의 면류관"을 연기한다고 주장하고, "경건한 영혼은
   그들의 싸움의 수고를 마치고 나면 복된 안식에 들어가 그곳에서 기쁜 기대 속에서 약
   속된 영광을 누릴 것을 기다린다. 따라서 모든 것은 구속자이신 그리스도께서 나타나실
   때까지 미결 상태에 있다"고 말한다(3.25.6).

하다. 예컨대 성막이라는 물리적 대상은 보다 큰 무언가에 대한 표징이
다.

> 내가 여호와께 바라는 한 가지 일
>
> 그것을 구하리니,
>
> 곧 내가 내 평생에 여호와의 집에 살면서
>
> 여호와의 아름다움을 바라보며
>
> 그의 성전에서 사모하는 그것이라(시 27:4).

칼뱅은 위의 시편 27:4을 숙고하면서 성소에서 추방된 것에 대한 다윗
의 슬픔과 고통에 대해 가상의 이의를 제기한다. "'확실히' 어떤 이는 다
음과 같이 말할 수 있을 것이다, '그는 성전의 경내 너머에서 하나님을
부를 수 있었을 것이다. 그가 추방자로서 어느 곳에서 헤맬지라도, 그는
그와 함께 하나님의 귀한 약속을 가져갔다. 그러므로 그는 외적 건물을
보는 것에 그렇게 큰 가치를 부여할 필요가 없었다. 그는 어떤 거친 상
상이나 다른 것으로 인해 하나님이 나무와 돌에 둘러싸일 수 있다고 가
정하는 것처럼 보인다.'"[52] 비록 그가 이런 이의에 동의하는 것은 아니지
만, 칼뱅은 눈에 보이는 성소로부터 그것의 영원한 모델을 지적한다.

> [다윗의] 목적은 단순히 그것이 아무리 값질지라도 고귀한 건물과 그것의
> 장식들을 보는 것과는 완전히 달랐다. 실제로 그는 성전의 아름다움에 대해
> 말한다. 하지만 그는 그 아름다움을 눈으로 볼 수 있는 우수함이 아니라 그

---

52 *Comm. Ps.* 27:4.

것이 모세에게 보였던 하늘의 양식을 지니고 있는 것에서 찾았다. 출애굽기 25:40에는 이렇게 기록되어 있다. "너는 삼가 이 산에서 네게 보인 양식대로 할지니라." 성전의 양식은 인간의 지혜를 따라 이루어진 것이 아니라 영적인 것들의 형상이었는데 그 예언자는 그의 눈과 모든 감정을 이 대상으로 향하게 했다.[53]

우리는 칼뱅에게 성막은 단순히 **성례전**(*sacramentum*)이 아니었다고, 또한 다윗은 이런 외적 아름다움이 아니라 외적 성막이 그것을 따라 지어졌던 영적 실재(*res*)에 대해 생각하고 있다고 말할 수 있을 것이다.[54]

아마도 지금까지의 칼뱅의 주장은 우리가 눈에 보이는 성막이 어떤 긍정적인 역할을 하는지 궁금하게 여기도록 만들 것이다. 그러나 그는 계속해서 교회 건물—그 안에서 수행되는 예전적 예배는 물론이고—이 어떤 중요한 기능을 한다고 주장한다. 왜냐하면 하나님은 "그분의 백성을 확실한 질서 아래에서 보존하시기" 때문이다. 그로 인해 성전은 "여전히 그것의 아름다움을 가지며" 또한 그럼으로써 우리의 "감정과 욕망"을 끌어낼 것이다. 유사하게 우리는 "말씀, 성례전, 공적 기도 그리고 그와 같은 종류의 다른 도움들"을 감히 무시하지 말아야 한다. 왜냐하면 하나님은 "마치 거울이나 형상 안에서처럼" 그것들 안에서 자신을 "현시하시기"(*repæsentat*) 때문이다.[55] 칼뱅에게 이 모든 신성한 수단들은 "휘장"과 같다. 그것들은 비록 하나님을 감추기는 하나 또한 그분이 임재하

---

53   *Comm.* Ps. 27:4.
54   칼뱅은 재빨리 "성전의 장식 중 계수될 만한 가치가 있는 것보다는 모든 거룩한 것의 순수함을 더럽히는 똥과 오물 같은 그림과 형상들을 위해 이 자리를 탈취하는" 사람들에 맞서는 논쟁적인 언급을 덧붙인다(*Comm.* Ps. 27:4).
55   *Comm.* Ps. 27:4.

시도록 만들기도 한다.[56] 어느 의미에서 성막의 물리적 구조가 아주 중요하지는 않으나 그럼에도 하나님이 그것을 사용해 다윗에게 그것의 영원한 모형을 가리키셨던 것처럼, 하나님은 자신을 자신이 사용하시는 성례전적 수단들과 엄격하게 동일시하지는 않으시나 또한 그럼에도 그것들은 하나님이 우리를 그분에게로 이끄시기 위한 불가결한 의식들이다.

종말에는 성례전적 수단들의 임시적인 특성이 더욱 분명하게 드러날 것이다. 칼뱅은 그 교육 프로그램의 결론 부분에서—즉 그리스도의 재림 때—모든 교육 도구가 뒤에 남겨질 것이라고 주장한다. 혹은 보다 신학적으로 말하자면, 성례전적 수단은 그것들이 목표로 하는 실재에 길을 내주게 될 것이다. 비록 우리가 아직 그 지점에 이르지는 않았으나 우리는 그것을 기대한다. "우리는 지혜의 완전함에 아직 이르지 못했다. 그러므로 그 완전함은 어느 의미에서 영적 나이의 성숙이 될 것이고 교육과 그것에 따르는 부수적인 것들을 종식시킬 것이다."[57] 모든 위계적 구조와 권위의 행사는 그리스도의 재림 때 그칠 것이다. 모든 "계급상의 구별"이나 "위엄의 질서", 천사들의 모든 "지배"와 "주교들, 교사들 및 예언자들"의 직무까지도 종결될 것이다.[58] 우리는 역사의 종말에 모든 **성례전**(*sacramenta*)이 그것들이 가리켰고 휘장에 가려진 방식으로 그것들이 임재하게 했던 **실재**(*res*)에 굴복하게 될 것이라고 말할 수 있다. 따라서 그리스도의 통치조차 단지 일시적이거나 임시적이다. 그리고 부활

---

56   Zachman은 이스라엘에 대한 하나님의 임재의 다양한 상징이 칼뱅에게 어떻게 작용하는지에 관한 그의 확대된 논의에서, "성막은 참으로 하나님의 임재의 상징이다. 하나님은 참으로 그것을 통해 하나님의 백성 가운데 거하신다고 말해질 수 있다"고 말한다 (*Image and Word*, 211).

57   *Comm.* 1 Cor. 13:11.

58   *Comm.* 1 Cor. 15:24.

이후에는 그분의 중보 역시 그치게 될 것이다. 하나님을 보는 일에서 중보자로서의 그의 직무는 더는 필요하지 않게 될 것이다. 그 교육 훈련이 완료되면 성도는 직접 하나님의 위엄을 **참모습 그대로**(*sicuti est*, 참조. 요일 3:2) 볼 수 있을 것이다. 요약하자면 그리스도 안에서의 하나님의 적응은 단지 일시적이거나 혹은 임시적인 대책일 뿐이다. 우리는 위대한 성례전으로서 중보자이신 그리스도가 하나님이 우리를 당신께로 이끄시는 궁극적인 성례전 의식의 역할을 해오셨다고 말할 수 있다. 칼뱅이 보기에 지복직관의 실재가 나타날 때 그런 성례전적 중보는 더는 필요치 않게 될 것이다.

칼뱅은 고린도전서 15:28 — "만물을 그에게 복종하게 하실 때에는 아들 자신도 그때에 만물을 자기에게 복종하게 하신 이에게 복종하게 되리니 이는 하나님이 만유의 주로서 만유 안에 계시려 하심이라" — 에 대해 숙고하면서 그리스도의 중보의 임시성에 관해 얼마간 상세하게 말한다. 『기독교강요』와 그 구절에 대한 그의 주석 모두에서 칼뱅은 비록 하나님 아들의 나라가 끝나지 않으리라는 것은 분명하지만 그리스도의 중보자로서의 역할은 부활 때 **끝날 것**이라고 설명한다. 이것은 그리스도의 주권이 일시적임을 의미한다. 그는 세상의 통치자로서의 자신의 역할을 성부께 되돌려 드릴 것이다. "하늘의 영광의 참여자로서 우리가 하나님을 있는 모습 그대로 보게 될 때, 중보자로서의 직무에서 해방된 그리스도는 그분의 아버지의 대사가 되기를 그칠 것이고, 그분이 세상이 창조되기 전에 누렸던 영광으로 만족할 것이다."[59] 그러므로 성 바울

---

59 *Inst.* 2.14.3. 참조. *Comm.* John 14:28. "그러므로 그는 그 나라를 어떤 방식으로 제쳐둘 것인가? 왜냐하면 지금은 오직 그리스도의 얼굴에서만 보이는 신성(*divinitas*)이 그때는 그 자체로(*palam in se*) 공개적으로 보일 것이기 때문이다.…그는 우리의 안내자로,

이 종말에 성자가 종속되는 것에 대해 언급한 것은 그분의 신성에 대해 (혹은 실제로 그분의 인성에 대해) 말하는 것이 아니다. 칼뱅에 의하면, 그것은 그분의 주권을 포함하는 그분의 중보자로서의 직무에 대한 언급이었다.[60] 그리스도의 중보는 종결될 것이다.

부활 때 그리스도가 중보자로서의 역할에서 물러나시는 것은 지복직관에 대해 직접적인 함의를 갖는다. 칼뱅은 "그때 휘장이 제거되면, 우리는 그분의 위엄 속에서 통치하시는 하나님을 공개적으로(palam) 보게 될 것이고 그때 그리스도의 인성은 더 이상 우리가 하나님을 보다 가까이 뵙지 못하게 하는 방해 거리가 되지 않을 것이다"라고 주장한다.[61] 그리스도의 주권(혹은 칼뱅이 자신의 주석에서 말하듯이 그분의 인성)은 지금 하나의 휘장으로서 기능하고 있다. 그리고 일단 그것이 제거되면, 우리는 "신성에 대한 직접적인 직관(præsenti…aspectu)을 누리게" 될 것이다.[62] 실제로 그리스도가 중보자로서의 그의 직무에서 해방되는 것은 우리가 "하나님을 있는 모습 그대로" 보게 해줄 것이다. 칼뱅은 그리스도의 주권이 "우리가 그분의 신적 위엄을 대면하여 볼 때까지"만 기능한다고 말한다. 그는 계속해서 다음과 같이 말한다. "그 후에는" "그분이 주권을

즉 단지 우리를 달이나 태양의 영역으로 높이기 위해서가 아니라 우리가 성부 하나님과 하나 되게 하기 위해 임명을 받으셨다."

60   칼뱅은 바울의 이 구절을 이해하는 핵심은 "중보자의 직무에 해당하는 일들이 신적 본성이나 인간의 본성 어느 하나에만 속하는 것으로 말해지지 않는다"는 것이라고 주장한다(*Inst.* 2.14.3). 그러므로 그는 다음과 같이 주장한다. "'주님'이라는 이름은 오직 그것이 하나님과 우리 사이의 중간 정도를 대표하는 한에서만 그리스도의 위격에 배타적으로 속한다"(*Inst.* 2.14.3). 고전 15:27에 관한 그의 주석에서 칼뱅은 그리스도의 중보자 직분보다는 그분의 두 본성에 보다 직접적으로 초점을 맞추면서 그리스도는 "어떤 의미에서(*quodammodo*) 그것[즉, 하나님 나라]을 그의 인성으로부터 그의 영광스러운 신성으로 옮기실 것"이라고 주장한다.

61   *Comm.* 1 Cor. 15:29.

62   *Inst.* 2.14.3.

성부께 돌려드릴 것이고, 그리하여-그 자신의 위엄이 감소되는 일 없이-그것은 더욱 밝게 빛날 것이다. 그때 또한 하나님은 그리스도의 머리가 되시기를 그치실 것이다. 왜냐하면 그때에는 그리스도 자신의 신성이 비록 아직은 휘장에 가려져 있으나 그 자체로 빛을 발할 것이기 때문이다."[63] 요약하자면 중보자로서의 그리스도의 역할의 종결은 궁극적으로 신적 본질에 대한 지복직관을 가능케 할 것이다.

칼뱅은 그리스도의 인간적 본성(혹은 그의 체현)이 종말에 사라질 것이라고 주장하는 데까지 나아가지는 않는다.[64] 이것은 구현된 부활에 대한 그의 일반적인 주장과 부합하지 않는 것처럼 보인다.[65] 칼뱅이 제안하는 것은 하나님에 대한 모든 적응된 방식의 접근이 부활 때 종결되리라는 점과 그 결과 성육신하신 그리스도가 더는 하나님에 대한 우리의 직관을 중재하지 않으시리라는 점이다. 칼뱅은 이것을 고린도전서 15:27-28에 대한 자신의 주석에서뿐 아니라 다른 곳에서도 주장한다. 오늘 우

---

63   *Inst.* 2.14.3.

64   Heinrich Quistorp는 칼뱅이 보기에 부활 이후의 그리스도의 인성은 배경 속으로 "멀어진다"고 주장했다(*Calvin's Doctrine of the Last Things*, trans. Harold Knight [London: Lutterworth, 1955], 169). 이것은 특히 고전 15:27에 관한 주석과 관련해서는 어느 정도 사실이다. 하지만 칼뱅은 일차적으로 중보자로서의 그리스도의 역할을 염두에 두고 있다. 따라서 종말에 그리스도의 인성은 더는 우리를 신적 본질로부터 분리시키는 휘장으로서 기능하지 않을 것이다. Quistorp에 의존하면서 Jürgen Moltmann은 칼뱅이 "기능적 기독론"을 갖고 있었고 또한 그리스도의 인간적 본성이 마지막 날에 종식될 것이라고 믿었다-이 모든 것은 칼뱅에게 성육신은 엄격하게 죄에 의해 야기되었기 때문이다-는 주장으로 이 경우를 과장한다(*Crucified God: The Cross of Christ as the Foukndation and Criticism of Christian Theology*, trans. John Bowden [Minneapolis: Fortress, 1993], 257-58). 이 문제에 관한 추가적인 논의는 Richard A. Muller, "Christ in the Eschaton: Calvin and Moltmann on the Duration of the Munus Regium," *HTR* 74 (1981): 31-59; Billings, *Union with Christ*, 82-83을 보라.

65   육체적 부활에 관한 칼뱅의 강조에 대해서는 *Inst.* 3.25.7-8을 보라. 참조. Quistorp, *Calvin's Doctrine*, 133-43의 논의.

리는 여전히 주님과 따로 있기에(참조. 고후 5:6) 그분을 대면하여 보지 못한다. 다시 말해, 지금 칼뱅은 다음과 같이 주장한다. "하나님은 우리에게 공개적으로(palam) 보이지 않으신다."[66] 그는 반복해서 우리의 믿음의 이런 상대적 어둠을 미래에 있을 하나님에 대한 지복직관의 직접성과 비교한다. 칼뱅은 이 미래의 직관을 "하나님 자신의 직접적인 임재"라고 부른다.[67] 그는 하나님이 그때 "우리에게 자신을 공개적으로(palam) 보여주실" 것이라고 주장한다.[68] 그것은 "온전한 직관"이 될 것이다. 즉 그때 "우리는 하나님—그분의 형상이 아니라 그분 자신—을 보게 될 것이고 그리하여 어느 의미에서 서로 보게 될 것이다."[69]

칼뱅은 종말에 하나님의 본질(essentia)를 보는 것에 대해 전문적인 신학 용어를 사용해 말하지 않는다. 내가 아는 한 유일한 예외가 하나님을 "있는 모습 그대로"(요일 3:2) 보는 것에 대한 그의 논의에서 발생한다. 거기서 그는 다음과 같이 말한다. "사도가 우리가 그분을 있는 모습 그대로 보게 되리라고 말할 때, 그는 지금은 우리가 누리지 못하는 새롭고 형언할 수 없는 방식으로 그분을 보게 되리라고 암시하고 있다. 왜냐하면 우리가 믿음으로 살아가는 동안 우리는 바울이 우리에게 가르치듯이 그분으로부터 멀어져 있기 때문이다. 그리고 그분이 조상들에게 나타나셨을 때, 그것은 그분의 본질로서(in sua essentia)가 아니라 상징 아래에서(sub symbolis) 보이셨던 것이다. 따라서 지금은 숨겨져 있는 하나님의 위엄은 그때, 즉 이 죽을 운명과 부패할 수밖에 없는 본성의 휘장이 제거

---

66   *Comm.* 2 Cor. 5:7.

67   *Comm.* Ps. 17:15.

68   *Comm.* Ps. 27:8. 여기서 다시 우리는 칼뱅에게 하나님을 "대면하여"(*facie ad faciem*) 혹은 "공개적으로"(*palam*) 보는 것이 정도의 문제라는 것을 볼 수 있다.

69   *Comm.* 1 Cor. 13:12.

될 때 비로소 있는 모습 그대로 보이게 될 것이다."[70] 여기서 칼뱅은 아주 분명하게 우리가 부활 후에 하나님의 본질(하나님의 위엄)을 보게 될 것이라고 진술한다. 그러므로 칼뱅이―중세의 전성기 이후 서구의 주류 전통을 따라서―지복직관의 대상이 거룩한 본질이라고 믿었다는 것은 분명해 보인다. 이것은 또한 과연 칼뱅이 신성화를 주장했느냐에 관한 논쟁에도 빛을 비춘다.[71] 그가 종말에 우리가 그리스도의 중보 없이 하나님의 본질을 볼 것이라고 믿었기에 또한 그가 하나님(혹은 성부) 자신과의 신성화하는 연합을 기대했다는 결론은 불가피해 보인다.[72]

---

70   *Comm.* 1 John 3:2.

71   칼뱅에 있어서의 신성화에 대한 최근의 논쟁에서 어떤 이들은 그가 그 가르침을 지지한다는 입장을 옹호했다. Carl Mosser, "The Greatest Possible Blessing: Calvin and Deification," *SJT* 55 (2002): 36-57; Julie Canlis, "Calvin, Osiander and Participation in God," *IJST* 6 (2004): 169-84; J. Todd Billings, "United to God through Christ: Assessing Calvin on the Question of Deification," *HTR* 98 (2005): 315-34; Van Driel, "Too Lowly to Reach God," 275-2. 다른 이들은 칼뱅의 사상 안에 신성화라는 개념이 있음을 부정한다. Jonathan Slater, "Salvation as Participation in the Humanity of the Mediator in Calvin's *Institutes of the Christian Religion*: A Reply to Carl Mosser," *SJT* 58 (2005): 39-58; Bruce L. McCormack, "Union with Christ in Calvin's Theology: Grounds for a Divinization Theory?," in *Tributes to John Calvin: A Celebration of His Quincentenary*, ed. David W. Hall (Phillipsburg, NJ: Presbyterian and Reformed, 2010), 504-29. Yang-Ho Lee는 중간 입장을 취한다. "Calvin on Deification: A Reply to Carl Mosser and Jonathan Slater," *SJT* 63 (2010): 272-84; A. J. Ollerton도 그러하다. "Quasi Deificari: Deification in the Theology of John Calvin," *WTJ* 73 (2011): 237-54.

72   이런 결론은 *Comm.* 2 Peter. 1:4에서 가장 유명하게 표면화된다. 거기서 칼뱅은 다음과 같이 주장한다. "복음의 목표는 결국 우리를 하나님께 순응하도록 하는 것과 만약 우리가 그렇게 말할 수 있다면, 우리를 신성화하는(*quasi deificari*) 것이다." 칼뱅은 유사하게 그리스도가 우리의 중보자가 된 것은 "우리를 하나님과 연합시키기" 위해서라고 (*Inst.* 1.13.24), 그리스도는 신자들을 모아서 "성부에게 참여하게" 하고(*Inst.* 1.13.26), 인간의 행복의 완전함은 "하나님과 연합하는 것"이며(*Inst.* 1.15.6), 그리스도는 우리를 "하나님과의 확고한 연합"으로 이끄시고(*Inst.* 2.15.5) 그리스도가 우리에게 내려오신 것은 "우리를 하나님과 연합시키기 위해서"라고(*Comm.* John 14:28; 참조. *Comm.* Jer. 31:34; *Comm.* 1 John 4:15) 주장한다. 참조. Van Driel, "Too Lowly to Reach God," 290n65.

대부분의 경우에 칼뱅은 신성한 본질을 보는 것과 신성화에 대한 명확한 말을 사용하는 것을 피하는데, 아마도 그것은 창조주-피조물의 구분이 사라지리라는 인상을 주지 않기 위함일 것이다.[73] 그러므로 요한 1서 3:2에 관한 동일한 주석에서 칼뱅은 자신의 독자들에게 문제를 과장하여 말하지 말라고 경고한다. "영광의 완전함은 우리가 하나님의 모든 것을 이해할 수(comprehendat) 있을 정도로 크지는 않을 것이다. 왜냐하면 우리와 그분 사이의 거리는 그때에도 아주 클 것이기 때문이다."[74] 그 제네바의 종교개혁가는 여기서 하나님을 이해하는 우리의 능력과 관련해서 전통적인 신중함에 동의한다. 그리고 이 동일한 신학적 동기가 그로 하여금 대체로 신성한 본질(essentia)을 보는 것에 대해 말을 피하게 했던 것은 당연하다. 비록 이 경우에 그가 서방 교회의 전통에서 일반적으로 수용**되었던** 말을 피하기는 했지만 말이다. 그러나 그가 사용했던 말이 무엇이든 칼뱅의 지복직관에 관한 가르침의 **내용**은 이 점에서 서방 교회의 주류 전통의 그것과 완전하게 일치한다. 그리스도는 더는 중보자로서 끼어들지 않으실 것이기에 종말에 우리는 직접 하나님의 본질을 보게 될 것이다.

---

73   신성화라는 말을 사용할 때 칼뱅은 즉시 다음과 같은 말을 덧붙인다. "본성이라는 단어는 여기서 본질이 아니라 양을 의미한다." 그리고 그는 "우리가 그분의 본성이 우리의 그것을 삼키도록 하나님의 본성 안으로 건너간다고 상상하는 광신자들"에 맞서 경고한다(*Comm.* 2 Pet. 1:4).

74   *Comm.* 1 John 3:2.

결론

칼뱅의 종말론은 엄격하게 신 중심적이다. 그는 인간 삶의 최종 목표인 지복직관을 내다보면서 인간의 행복이 하나님과 연합하는 것으로 이루어진다고 확신했다. 혹자는 어째서 그 종교개혁가가 지복직관에 대한 그의 성찰을 오직 성서 본문이 그에게 요구할 때만 그 주제를 다루면서 주로 그의 성서 주석에 국한시켰는지 물을 수 있을 것이다. 나로서는 칼뱅 자신이 **절제**(*sobrietas*)에 호소했던 것은 그가 지복직관을 논하는 것에 그런 한계를 두었던 것을 정당화하기에는 불충분해 보인다. 절제와 인식론적 겸손은 단지 지복직관에 관한 성찰에만이 아니라 모든 교리적 성찰에 적용되어야 한다.[75] 절제와 확장된 신학적 논의가 함께 갈 수 없는 아무런 이유가 없다. 만약 칼뱅이 확신했듯이 지복직관이 인간의 최종 목표라면, 확실히 그것은 기독교 신앙에 관한 교리적 설명에서 자랑스러운 자리를 차지해야 한다. 그러므로 나는 『기독교강요』에 지복직관에 관한 설명이 상대적으로 결여되어 있음을 변명할 생각이 없다. 그럼에도 이 문제에 근시안적으로 초점을 맞출 경우, 우리는 우리가 그의 성서 주석들 역시 신중하게 살필 때만 드러나는 칼뱅의 종말론의 중요한 측면을 보지 못하게 될 수 있다. 그런 주석들은 지복직관이 우리의 궁극적 목표를 이룬다는 그의 확고한 믿음을 드러내며, 칼뱅의 종말론의 완전한 그림은 이 문제에 관한 그의 깊은 믿음을 정당화해줄 것이다.

---

75   물론 칼뱅 자신은 이것을 날카롭게 의식하고 있었다. 예컨대 그것은 하나님의 신비, 특별히 예정의 신비라는 "미궁"에 대한 반복적인 경고를 통해 잘 드러난다. Richard A. Muller, *The Unaccommodated Calvin: Studies in the Foundation of a Theological Tradition* (New York: Oxford University Press, 2000), 81-85.

이것이 아주 중요한 이유는 칼뱅의 주석에 수록된 지복직관에 관한 언급들이 놀라운 신학적 통찰력을 드러내기 때문이다. 비록 그가 대체로 지복직관에 관한 그 이전의 신학자들의 작품들을 언급하지 않기는 하나 분명히 그는 보다 넓은 신학적 전통의 한계 내에서 움직이며, 이것은 특히 지복직관의 대상에 관한 그의 견해와 관련해서 분명하게 드러난다. 우리가 하나님의 위엄(혹은 본질)을 보게 될 것이라는 그의 의견은 중세의 서방 기독교의 폭넓은 합의와 일치한다. 그와 동시에 (특히 본질[essentia]이라는 용어와 관련해) 칼뱅이 사용하는 조심스러운 어휘는 그가 단순히 그 교리에 대한 과거의 표현을 앵무새처럼 되풀이하지 않았음을 의미한다. 더 나아가 그가 하나님의 임재를 둘러싼 질문들을 "표징"과 "휘장" 안에서와 그것들을 통해서 탐색하는 방식은 미래의 직관의 목표가 어느 면에서 이미 구원사 안에 현존한다는 그의 날카로운 의식을 보여준다. 다시 말해 지복직관에 대한 칼뱅의 가르침은 그것에 대한 보다 앞선 성례전적 이해와 일치했다. 칼뱅이 보기에 하나님은 역사를 통해 자신을 드러내시고, 우리는 오늘 우리가 그분의 임재를 식별할 때마다, 그리고 그 임재를 식별하는 모든 곳에서 지복직관을 예견한다.

칼뱅이 "대면하여"(*facie ad faciem*)와 "공개적으로"(*palam*)라는 용어들을 사용하는 것은 특별히 매력적이다. 칼뱅에게 하나님에 대한 대면 직관은 지복직관의 동의어에 불과한 것이 아니었다. 오히려 그는 하나님에 대한 대면 직관을 하나님과 인간 사이의 친밀함에 대한 표현, 즉 어느 정도의 강도를 허용하는 그 무엇으로 이해했다. 그러므로 칼뱅이 **"대면하여"**와 **"공개적으로"**라는 말을 사용하는 것은 구원사와 하나님의 교육을 강조한다. 2세기의 이레나이우스(Irenaeus)를 제외하고 그 어떤 신학자도 칼뱅만큼 하나님에 대한 직관을 하나님의 교육 프로그램과 밀접하게 연결시킨 이는 없다.[76] 여러 가지 점에서 이것은 그가 보다 앞선 전통으로부터 떠나도록 만들었다. 하나님의 교육은 교부 시대와 중세 전통에서 일반적이었던 것보다 훨씬 더 구원사에 대한 강조를 의미했을 뿐 아니라 또한 특정한 성서의 내러티브들에 대한 다른 주해로 이어졌다. 칼뱅은 하나님의 교육 프로그램의 일부로서 그분이 점차 시간이 흐름에 따라 휘장을 들어 올리셨다는 자신의 확신에 강하게 집착했기에─보다 앞선 서방 교회의 전통 안에서 거의 만장일치로 합의되었던─모세가 하나님의 본질을 보았다는 개념을 더는 받아들일 수 없었다. 칼뱅은 모세의 "대면" 직관이 성 바울이 고린도후서 3장과 4장에서 묘사하는 것과 같은 새 언약 아래에서의 "대면" 직관과 같은 그 무엇이 아니었다고 확신했다. 그리고 그는 후자를 종말에 있을 하나님에 대한 "대면" 직관에 비해 훨씬 못한 것으로 다뤘다.

칼뱅의 독립적인 정신은 또한 그가 더 수용할 만하다고 여겼던 보다 앞선 견해를 되찾아오기 위해 고착된 의견으로부터 기꺼이 떠나려 했던 것에서 잘 드러난다. 그런 한 가지 예가 그가 중간 상태를 다루는 방식이다. 비록 그가 자신의 후기의 신학적 저작들에서 그 주제에 대해 상세하게 논하지는 않았으나, 그는 『영혼의 깨어 있음에 관하여』에서 표현되었던 그의 앞선 확신, 즉 중간 상태에서 하나님에 대한 직관은 부활 이후에 성도들의 그것보다 열등하다는 확신에 계속해서 머물러 있는 것처럼 보인다. 토마스 아퀴나스와 교황 베네딕토 12세가 1336년에 반포했던 「복되신 하나님」이라는 헌장(constitutio)은 죽음 직후에 성도의 영

---

76   이레나이우스가 그 문제를 다룬 방식에 관한 논의는 이 책의 13장에 있는 "교육과 구원사" 부분을 보라.

혼이 신성한 본질을 즉각적이고 직관적으로 본다는 신학적 입장을 굳혔다. 그러나 칼뱅은 그보다 앞선 신학자들에게 호소하면서—거기에는 클레르보의 베르나르두스가 포함되어 있다—다른 길을 만들었다. 칼뱅은 죽음 이후에조차 하나님에 대한 직관은 단계에 종속된다고 주장함으로써 적어도 부분적으로는 앞선 교부적(그리고 동방적) 견해로 돌아갔는데, 그것은 죽음 이후에 영혼이 하나님에 대한 더 분명한 직관을 계속해서 욕구한다는 것을 강조했다.

유사하게 구약 시대의 신현이 하나님의 영원한 아들의 현현이었고 또한 그런 것으로서 성육신을 예시했다는 칼뱅의 주장은 훨씬 앞선 전통에 대한 주목할 만한 회복을 대표했다. 아우구티누스의 『삼위일체론』(De Trinitate) 이후에도 이 견해는 종속주의(subordinationism)에 대한 두려움 때문에 거부되어왔었다.[77] 비록 칼뱅이 자신의 기독론에서 어떤 의미에서도 종속론자가 아니었음에도, 그는 하나님이 역사 속으로 몸을 낮춰 들어오실 때 그분은 언제나 그리스도 안에서 그렇게 하신다고 확신했다. 신현에 대한 니케아 이전의 읽기로 돌아가는 이와 같은 회귀는 나에게는 주해의 역사 속에서 중요한 순간이었던 것으로 보인다. 역사 속에 나타난 하나님의 모든 계시가 기독론적이라는 칼뱅의 견해는 그의 성서 읽기에 중요한 반마르키온적(anti-Marcionite) 요소를 주입했을 뿐 아니라 또한 구약 시대에 그리스도의 성례전적 임재를 강조하는 역할도 했다. 우리는 칼뱅이 구약성서 안에 감춰진 그리스도의 성례전적 임재를 인정했다고 말할 수 있는데, 그것은 자연과 초자연의 분리에 대한 중요한 해독제다. 왜냐하면 그것은 우리에게 역사적 실재가 오직 그리스

---

77   이 책의 4장인 "삼위일체론과 기독론 논쟁" 부분을 보라.

도의 빛 안에서만 적절하게 이해될 수 있음을 알려주기 때문이다.

물론 칼뱅은 그의 기독론적 논의를 그가 할 수 있는 데까지 확대하지 않았다. 특히 그는 하나님을 있는 모습 그대로 대면하여 본다는 종말론적 약속(참조. 고전 13:12; 요일 3:2)이 하나님의 위엄 **그 자체**(*in se*)에 대한 직관을 수반한다는 중세의 합의를 채택했다. 칼뱅에게 이것은 모든 중보가 종결된다는 것과 종말에 우리가 더는 하나님을 그리스도 안에서 보지 않으리라는 것을 의미했다. 다행히도 우리가 이어지는 장들에서 보게 되겠지만, 아이작 암브로즈(Isaac Ambrose), 토마스 왓슨(Thomas Watson) 그리고 존 오웬(John Owen) 같은 청교도 신학자들은 이 점에서 칼뱅을 따르지 않았고 또한 조나단 에드워즈(Jonathan Edwards) 역시 지복직관에 대해 보다 일관성 있게 기독론적 접근법을 취했다. 칼뱅에게 그리스도의 인성이 종말에 어떤 의미 있는 역할을 한다는 결론을 피하기는 어렵다. 칼뱅은 신성한 본질에 대한 직관을 그리스도의 인성에 대한 직관과 분리함으로써 도전적인 딜레마, 즉 신성한 본질 자체를 보는 우리의 능력에 비추어 창조주-피조물의 구분을 어떻게 유지할 것인가 하는 딜레마에 직면하는 것으로 끝났다. 나로서는 종말에 (기독론적) 적응을 거부하는 것이 이 구분을 설득력 있게 표명하는 것을 어렵게 만드는 것처럼 보인다. 그러나 이 점에서도 우리는 칼뱅이 우리의 최종적 목표를 묘사하기 위해 사용했던 어휘의 측면에서도 주목할 만한 **절제**(*sobrietas*)를 유지했음을 상기해야 한다. 비록 그는 우리가 하나님의 본질을 볼 것이고 그 과정에서 우리가 신성화할 것이라고 확신했으나 칼뱅의 언어는 늘 하나님의 초월성에 대한 깊은 경외심을 드러냈다.

10장

근대성과 직관

존 던의 "하늘과 땅의 교류"의 회복

순수한 자연에 대한 던의 거부

영국의 시인이자 설교가인 존 던(John Donne, 1572-1631)은 거대한 사회
적·문화적 격변의 시기를 살았다. 16세기에 종교적 분열은 교회를 갈가
리 찢어놓았다. 그리고 스튜어트 왕조의 잉글랜드는 성공회가 로마 가
톨릭과 비국교도(nonconformists, 성공회의 법령에 따르지 않았던 자들에 대한
통칭—역자 주) 사이에서 중도를 모색했기에 계속해서 후유증을 겪어야
했다. 프랜시스 베이컨(Francis Bacon)의 신철학—아마도 그것은 1520년
에 나온 그의 작품『신기관』(*Novum Organum*)을 통해 가장 유명하게 표현
되었을 것이다—은 근대 과학의 기초인 경험적 연구로 돌아섰는데, 그
것은 많은 이들에게 목적의 문제를 배제하고 대신 자연 세계에 대한 인
간의 지배에 초점을 맞추는 것으로 보였던 접근법이었다. 베이컨의 접
근법에 부응하면서 윌리엄 길버트(William Gilbert)는 아리스토텔레스

의 철학을 공격하고 스콜라주의의 방법론을 경험 과학으로 대체했다. 유럽의 다른 곳에서는 갈릴레오 갈릴레이(Galileo Galilei)와 요하네스 케플러(Johannes Kepler)가—태양이 우주의 중심에 있다는 코페르니쿠스(Copernicus)의 주장을 지지한 것은 물론이고—새로운 별과 행성들을 발견한 것이 과학계를 뒤흔들었다. 한편으로는 니콜로 마키아벨리(Niccolò Machiavelli)의 실용주의적 정치 철학이 공동선에 관한 전통적 개념들을 훼손했고 그의 책 『군주론』(*The Prince*, 1532년에 그가 죽은 후에 출간되었다)은 선과 악의 도덕적 기반 자체를 바꾸는 것처럼 보였다.

종교와 과학 및 정치학의 분야에서 이루어진 이와 같은 발전들은 모두 하늘과 땅의 관계를 중심으로 이루어졌다. 중세 로마 가톨릭주의의 성례전적 시스템은 영적 경험의 중심에 말씀이 놓이는 개신교적 접근법에 자리를 내주었다. 지구 중심의 우주에서는 행성체들이 참된 조화를 이루어 지구 주위를 순환하면서 지구에서 일어나는 삶에 영향을 주었지만, 눈부신 새로운 배열의 행성과 별들의 발견은 그런 조화가 사라졌고 지구가 더는 그 주변의 구체들의 양육하는 영향에 의존할 수 없음을 의미하는 것처럼 보였다. 정치적 영역에서는 왕들의 신적 권리가 공격을 받았을 뿐 아니라 정치 이론가들은 정치적 권위가 위로부터가 아니라 아래로부터 나온다는 사상을 기꺼이 받아들이고 있었던 것으로 보인다. 이런 분야들 각각에서 하늘과 땅은 점차 분리된 영역으로 다뤄졌다. 이런 발전이 18세기 이신론 사상에서 정점에 이르기까지는 얼마간의 시간이 필요하기는 했으나, 던이 허버트 가문과 나눴던 교제는 그를 에드워드 허버트(Edward Herbert)와의 긴밀한 교제로 이끌었는데, 에드워드가 1624년에 쓴 『진리에 관하여』(*De veritate*)는 계시 종교의 종말

의 시작을 알렸다.[1]

우리가 보게 되겠지만, 던의 저작들―그의 설교들은 물론이고 그의 시들―은 17세기 초 영국에서 점점 넓어지고 있던 하늘과 땅 사이의 간격에 대해 깊은 의혹을 드러낸다. 던은 근대의 종교적·과학적·정치적 발전을 떠받쳤던 순수한 자연이라는 형이상학―모든 목적론적 관심을 고려의 대상에서 제외했던 자연 세계에 대한 접근법―때문에 괴로워했다.[2] 그는 근대 초기가 점점 더 물리적 감각들을 통한 경험적 관찰을 그것들의 궁극적 목표인 하나님에 대한 지복직관과 분리시킴으로써 보는 것의 의미를 왜곡시킨다고 여겼다.[3] 이것이 던에게 특별히 진지한 문제가 되었던 이유는 그가 성 아우구스티누스를 따라서 시각을 감각 중 가장 고귀한 것으로 다뤘기 때문이다.[4] 던은 사람들이 자기들이 보는 것의

---

1   던이 에드워드 허버트에게 시 한 편을 바쳤던 것은 아주 유명하다. "To Sir Edward Herbert, at Jylyers"(1610).

2   "순수한 자연"(*pura natura*)―그것의 자연적 종말이 지복직관의 초자연적 종말과 분리된 세상―이라는 개념은 스페인의 스콜라 신학자였던 Francisco Suárez의 작품을 통해 존 던의 시대에 주목을 받았다. Henri de Lubac, *Augustinianism and Modern Theology* (New York: Crossroad/Herder and Herder, 2000), 145-81을 보라. 또한 Louis Dupré, *Passage to Modernity: An Essay in the Hermeneutics of Nature and Culture* (New Haven: Yale University Press, 1993), 174-81을 보라.

3   Charles Monroe Coffin은 던이 "새로운 세계"로 인해 괴로워했다고 묘사하는데, Coffin은 그 세계를 "데카르트가 상술했던 것처럼 정신과 물질의 완전한 이원론을 예견하는 분리된 우주"로 묘사한다(*John Donne and the New Philosophy*, Columbia University Studies in English and Comparative Literature 126 [New York: Columbia University Press, 1937], 22). 신철학이 "물리적 영역과 형이상학적 영역 사이에 균열"을 가져왔다고 확신했던 던은 중세의 신적 세계와의 친밀함이 붕괴되고 있으며, 그로 인해 자신이 "사람들이 그것들에 대해 해체하는 칼과 측량하는 자들을 휘두르고 그것들을 자신들의 안경을 통해 바라보는 사실과 경험의 뒤죽박죽"을 경험하고 있으며, "하늘과 땅의 오랜 교통이 끊겼고, 아름다움의 요소들인 조화와 색채가 소진되었다"고 믿었다(Coffin, 285).

4   예컨대 Donne, *FirAn* 353; *Sermons* 9.16.352; 7.13.346; 8.9.221을 보라(*The Sermons of John Donne*, ed. George R. Potter and Evelyne M. Simpson, 10 vols. [Berkeley:

범위를 이 세상을 관찰할 수 있는 경험적 자료에 국한시킴으로써 자기들의 세상을 천상의 지평과 차단하고 있다고 확신했다.

그러므로 던은 자신의 시를 통해 동시대인들에게 세상에 대한 경멸(*contemptus mundi*)과 죽음의 기술(*ars moriendi*)이라는 전통적 주제를 다시 소개하면서 그들이 현세에 부적절하게 관심을 기울인다면 결국 그들은 그들의 일상에서 하나님을 배제하고 초자연적인 것을 분리된 위층의 영역으로 추방하는 것으로 끝나고 말 것이라고 경고했다. 그 결과는 하늘과 땅, 그리고 자연과 초자연의 분리가 될 수밖에 없었다. 더 나아가 던은 지복직관에 대한 자신의 설교를 통해 실재에 대한 성례전적이고 참여적인 이해를 제안했는데 그런 이해에서 하늘과 땅은 서로 밀접하게 연결되어 있다. 그리고 그는 이 세상에서 하나님을 보는 것과 내세에서 하나님을 보는 것의 성례전적 연관성을 강조했다. 요약하자면 던은 그가 순전하게 자연적이고 물질적인 세상의 음울함으로 여겼던 것과 맞서기 위해, 그리고 이 점이 가장 중요한데, 자신의 동시대인들을 다시 그들의 유일하고 참되며 최종적인 목표인 하나님께로 돌리기 위해 지복직관 교리로 돌아섰다.

University of California Press, 1953-1962]; 위치 번호는 각각 권, 설교 그리고 쪽수를 나타낸다). 참조. Edward W. Tayler, *Donn'e Idea of a Woman: Structure and Meaning in The Anniversaries* (New York: Columbia University Press, 1991), 40-42.

기일: "모든 것이 조각났고, 모든 일관성이 사라졌다"

던의 "기일들"(*Anniversaries*)만큼이나 잘못 이해되는 시는 달리 없어 보인다. 그 두 편의 긴 시들은 분명히 형이상학적 시인이라는 저자의 명성을 정당화해준다. 던의 부유한 후견인이었던 로버트 드루리 경(Sir Robert Drury)의 딸 엘리자베스(Elizabeth)가 1610년에 14살의 나이로 죽은 것을 추모하기 위해 각각 1611년과 1612년에 쓰인 그 두 편의 "기일들"은 던이 만나본 적이 없던 소녀 엘리자베스를 너무도 명백히 과장되게 칭송하고 있기에, 만약 우리가 그것들을 아무런 형이상학적 의미 부여 없이 문자적으로 다룬다면, 아마도 그것은 그 시들을 터무니없는 것으로 만들 것이다. 던의 동시대인으로 유명한 극작가이자 시인이었던 벤 존슨(Ben Jonson)은 다음과 같은 유명한 말을 남겼다. "던의 '기일들'은 불경하며 신성모독으로 가득 차 있다. 만약 그것이 성모 마리아를 추모하기 위해 쓰인 것이라면, 그것은 굉장한 일이었을 것이다."[5] 아마도 그렇게 가혹한 평결을 내린 이가 존슨 하나만은 아니었을 것이다.

　만약 그 시들이 엄격하게 엘리자베스 드루리에 관한 것이라면, 존슨의 판단은 상당히 정당화되었을 것이다. "첫 번째 기일"(*The First Anniuersarie*)과 "두 번째 기일"(*The Second Anniuersarie*)에서 모두 그 어린 소녀에 대한 던의 찬양은 아주 분명하게 바보 같아 보일 정도로 지나치게 과장되어 있다. 엘리자베스는 "여왕"(*FirAn 7*),[6] "축복받은 하녀"(*FirAn*

5 　자주 인용되는 이 진술은 William Drummond가 Ben Jonson과 가졌던 대화에 관한 보고로부터 나온다. R. F. Patterson, ed., *Ben Jonson's Conversation with William Drummond of Hawthornden* (London: Blackie, 1923), 5.

6 　이 장 전체에서 나는 *The Variorum Edition of the Poetry of John Donne*, vol. 6, *The Anniversaries and the Epicedes and Obequies*, ed. Paul A. Parrish (Bloomington: Indiana

443), "은총으로 가득 찬"(*SecAn* 465) 이였다. 그녀는

고대인들이 예언했던 것처럼 보이는 이(였다).
그때 그들은 덕을 그녀의 이름으로 일컬었다(*FirAn* 175-76).

덕의 모델로서 그녀는 그녀의 마음에 하나님의 형상을 간직했기 때문에 "부패가 자라난 것은/ 그녀 자신의 잘못이 아니라/ 그녀의 최초의 조상들의 잘못이었다"(*SecAn* 458). 그녀의 아름다움은 그녀가 "모든 조화의 기준"이 되었을 정도다(*FirAn* 310). 실제로 그녀의 "풍부한 아름다움은/ 다른 이들에게 아름다움의 각인(mintage)을 빌려주었다"(*SecAn* 223-34). 그녀는

전에 이 세상이 줄 수 있었던 것을 갖고 있지 않을 수 없었다.
왜냐하면 그녀는 그것을 살아 있게 하는 형상이었기 때문이다(*SecAn* 71-72).

이런 구절들은 던이 그 어린 엘리자베스에게 부여했던 풍성한 찬양의 수많은 예 중 일부에 불과하다. 우리는 그 시들이 로버트 경에게 어떻게 받아들여졌을지 궁금해할 수 있다. 그는 자신의 피후견인이 과장하여 묘사한 글에서 자신의 딸을 알아보기 어렵다는 점을 알아차렸을 것이다.

University Press, 1995), 5-37에 재수록되어 있는 *FirAn*과 *SecAn*의 1611년과 1612년 원문을 인용할 것이다.

하지만 그 시들은 단지 엘리자베스 드루리에 관한 것만이 아니다. 던 자신은 벤 존슨의 비판에 대해 그 시들은 "그녀의 생전의 모습이 아니라 여성의 원형"(the Idea of a Woman)을 묘사한다고 말함으로써 대응했다.[7] 그 시들은 엘리자베스를 결코 이름으로 언급하지 않는다. 그리고 던은 자신의 시 "첫 번째 기일"에서 무명의 여성 등장 인물의 죽음을 한탄하는 내용을 전면에 부각시킨다.

당신은 당신이 갖고 있던 이름을 잊었다.
당신은 그녀였을 뿐이다. 그리고 그녀의 당신은 이미 지나갔다.
어린아이가 오래 기다렸던 왕자가 와서 의식을 치르기 전까지
세례반(font)에서 떨어져 있듯이,
당신은 이름이 불리지 않은 채로 놓여 있었다.
그녀가 와서 당신이 그녀의 궁전을 만들지 않았더라면 말이다.
그녀의 이름이 당신을 규정했고, 당신에게 형상과 틀을 제공했다.
그리고 당신은 당신의 이름을 축하하는 것을 잊었다(31-38).

던은 독자들에게 직접 그들 자신이 "여성의 원형"이라고 말한다("당신은 그녀였을 뿐이다"; "그녀의 이름이 당신을 규정했다"). 독자들은 아리스토텔레스 식으로 말하자면 자신의 정체성을 얻기 위해 형상을 부여받아야 하는 물질과 같다. 엘리자베스가 태어난 것이 정확하게 그 일을 했다. 그녀의 이름이 그의 동시대인들에게 "형상과 틀"을 제공했다. 혹은 다시 말하지만 그들은 세례 때 이름이 불릴 수 있기 전에 왕자의 도착을 기다려

---

7   Patterson *Ben Johnson's Conversations*, 5.

야 하는 어린아이와 같다. 엘리자베스(왕자)가 도착했을 때, 그녀는 그들에게 그들의 이름을 주었다. 그 이름은 그녀의 것과 같았다("그녀의 이름이 당신을 규정했다"). 따라서 던의 동시대인들은 엘리자베스가 사는 궁전이 되었다. 요약하자면 던의 독자들은 그들의 이름과 정체성을 엘리자베스로부터 얻었다. 그러므로 그들이 자신들의 이름과 정체성을 잊는 것("당신은 당신의 이름을 잊었다")은 던의 과장된 찬양의 주제인 그 이상화된 여인의 이름과 정체성을 잊는 것과 같다.

물론 어떤 단계에서 "기일들"은 엘리자베스 드루리에 관해 말한다. 그것들은 로버트 드루리 경의 요청에 따라 그의 딸의 죽음을 기린다. 그럼에도 보다 깊은 단계에서 우리는 피터 루드니츠키(Peter Rudnytsky)가 말하듯이 "그 시들에 등장하는 이름 없는 '그녀'를 **어느** 특정한 인물과 동일시하려는 유혹에 맞서야" 한다.[8] 따라서 진짜 문제는 어째서 던이 "여성의 원형"을 제시할 필요를 느꼈는가와 어째서 그가 자신의 청중을 그들의 참된 자아를 잊은 위치에 놓았는가다. 이 질문에 대한 답은 아마도 던이 엘리자베스를 가장 완벽한 정도로 "이 세상에서/ 하늘을 아는 기술을 갖고 성장한 그녀"(*SecAn* 311-12)로 묘사하는 것을 통해, 그리고 그가 "그녀가 하늘로 갔다"고 시인하는 것을 통해 제공될 것이다.

그녀는 이 세상을 얼마간 하늘로 만들었다.
그리고 이곳에서 우리 모두에게 (우리의 기쁨이 인정하듯이)
본질적인 기쁨이 되었다(*SecAn* 467-70).

---

8   Peter L. Rudnytsky, "'The Sight of God': Donne's Poetics of Transcendence," *TSLL* 34 (1982): 195.

엘리자베스는 이곳 땅 위에서 하늘을 아는 지식을 습득했고 이 세상을 천국처럼 만들었다. "기일들" 전체에서 던은 하늘과 땅의 관계에 몰입한다. 근대 세계가 하늘과 땅을 갈라놓았다고 확신했던 그는 자신의 독자들이 "하늘과 땅의 교류"를 회복하도록 돕고자 했다(*FirAn* 399). 그리고 엘리자베스는 그 둘 사이의 관계를 적절하게 이해하기 위한 그의 "암호"가 된다.[9] 루드니츠키가 그것에 대해 잘 설명하는데, 그는 "'첫 번째 기일'에서 '하늘과 땅의 이런 교류'의 붕괴 때문에 한탄의 대상이 되었던 것은 '두 번째 기일'에서 영혼이 '하늘과 땅 사이로 순식간에 파송될'(II. 188-89) 때 수정된다"고 말한다.[10]

던은 "첫 번째 기일"에 붙인 긴 부제에서 자신의 시를 "이 모든 세상의 연약함과 부패가 표현되는 세상에 대한 해체"(*An Anatomie of the World. Wherein the frailtie and the decay of this whole World is represented*)라고 부른다. 얼마간 으스스하게도 던은 엘리자베스 드루리의 죽음을 그녀의 몸이 아닌 세상—자신의 정체성을 잊었을 뿐 아니라 엘리자베스와 함께 쇠약해

---

9   Tayler는 정신(혹은 던의 은유로 망루)은 세상의 지식의 높이를 상징하지만, 또한 그것은 서양 철학에서 습관적인 방식으로 하늘과 땅을 매개한다고 설명한다(*Donne's Idea of a Woman*, 65). 엘리자베스를 "암호"라고 말함으로써 내가 의미하는 것은 던이 엘리자베스와 그녀가 대표하는 것 사이의 연관성을 미약한 것으로 혹은 자의적인 것으로 다룬다는 것이 아니다. Tayler는 던에게 엘리자베스가 전적으로 무관한 무언가에 대한 "상징"이 아니라고 옳게 주장한다. 오히려 시인과 독자들은 감각을 통해 그녀의 실제 인물됨에 주목함으로써 지적 추상을 통해 그녀의 실제 형태 혹은 본질에 이를 수 (혹은 그것들과 하나가 될 수) 있다. Tayler가 엘리자베스가 대표하는 "사상"을 타락 이전의 무구함과 덕의 '풍성함'과 동일시하는 것은 바로 이런 의미에서다"(65). 우리는 여전히 타당하게 엘리자베스를 그렇게 취급하는 것이 그녀의 죽음에 대한 기림으로써 얼마나 적절한 것인지 물을 수 있을 것이다. 나는 여기서 던의 형이상학적 공상을 옹호하려는 것이 아니라 그저 그것에 주목하려는 것일 뿐이다.

10   Rudnytsky, "The Sight of God," 200. 던의 "기일들"에 대한 나의 읽기는 Rudnytsky의 통찰력 있는 논문에 많은 빛을 지고 있다.

지고 죽었으며 그가 거듭해서 "시체"라고 부르는(*FirAn* 439; *SecAn* 55-56, 60)[11] 세상—에 대해 해체를 수행하는 계기로 삼는다. 해체를 수행한 후에 던은 "두 번째 기일"의 부제를 통해 여기서 자신이 "이번 생에서 영혼의 불편함과 다음 생에서 그것의 고양"(*the incommodities of the Soule in this Life and her exaltation in the next*)에 대해 생각하면서 "영혼의 진보"(*The Progres of the Soule*)에 대해 개략할 것임을 선언한다. 그는 독자들에게 명령한다.

> 이 썩은 세상은 잊어라. 그리고 너희에게
> 너의 자신의 시간이 옛 이야기처럼 되게 하라(*SecAn* 49-50).

몇 줄 후에 그는 같은 정서를 되풀이한다.

> 이 세상을 잊어라. 그것에 대해 자주 생각하지 말라.
> 그것을 1년 전에 벗어버린 옷처럼 여기라(*SecAn* 61-62).

대신에 던은 우리를 다음과 같이 격려한다.

> 위를 보라. 행복한 상태에 있는 그녀를 보라.
> 이제 우리는 한탄하지 않고 오히려 축하한다(*SecAn* 65-66).

"해체"(*Anatomie*)가 땅과 하늘의 균열을 폭로하는 반면, "진보"(*Progres*)는 그런 분할을 치유하는 것을 목표로 삼는다. 혹은 성례전적 용어를 사용

---

11   던은 *FirAn* 56-58에서도 유사하게 말한다.

해 말하자면, "해체"가 성례전(*sacramentum*)과 실재(*res*)의 분리를 분석하는 반면, "진보"는 성례전적 우주의 회복을 가리킨다.[12]

던이 자신의 해체를 수행하는 방식에서 과학적 정확성을 찾으려 하는 것은 실수일 것이다. 그의 시적 감수성은 그런 정밀성을 고려하지 않는다. 던은 그가 넓게 (경험적 연구에 초점을 맞추면서 인식론적 확신을 잃어버리는) 17세기의 철학적·과학적 발전 및 사회 안에서의 덕의 상실과 연결시키는 불안감을 불러일으키려 한다. 이 모든 것은 "그녀, 그녀가 죽었다. 그녀가 죽었어"라는 반복되는 한탄을 통해 포착된다(*FirAn* 193, 237, 325, 369, 427). 엘리자베스의 죽음은 던이 자신이 자기 주변의 모든 것을 통해 목격하고 있다고 믿었던 종교적·철학적·과학적·사회적 붕괴를 상징한다.[13]

익살스럽게도 던은 인간의 수명이 단축되고 신장이 줄어드는 것— "우리는 정오에 우리의 조상들의 그림자가 드리워지는 것을 두려워한다"(*FirAn* 144)—이 시대의 쇠퇴를 증언하는 것으로 여긴다. 근원적인 문제는 천문학자들이 새로운 행성을 발견하고 천체들의 운동에 대한 전통적 이해에 의문을 제기할 때처럼 "신철학이 모든 것을 의심스럽게 한다"(*FirAn* 205)는 점이다. 던은 그로 인한 결과가 파편화되는 세상이라고

---

12   Catherine Gimelli Martin은 중세의 성례전적 세상을 잃어버린 던이 중도(*via media*)를 찾았다고 주장해왔다. 던이 심정적으로 개신교도였다고 인정하면서도 Martin은 던이 자연의 비신성화와 더불어 싸우는 것이 그로 하여금 중세의 중재의 형태의 상실에 대한 개신교적 대안을 찾도록 이끌었다고 주장한다. 그래서 엘리자베스 드루리가 하늘과 땅을 중재하는 길이 된다("Unmeete Contraryes: The Reformed Subject and the Triangulation of Religious Desire in Donne's *Anniversaries* and *Holy Sonnets*," in *John Donne and the Protestant Reformation: New Perspectives*, ed. Mary Arshagouni Papazian [Detroit: Wayne State University Press, 2003], 193–220).

13   참조. Rudnytsky, "The Sight of God," 186.

주장한다.

> 그리고 사람들은 이 세상이 끝났다고 자유롭게 고백한다.
>
> 그들이 행성들과 궁창에서 아주 많은 새로운 것을 찾을 때
>
> 그들은 이 세상이 다시 그의 원자들로 부서지는 것을 본다.
>
> 모든 것이 조각났고 모든 일관성이 사라졌다.
>
> 모든 공정한 공급과 모든 관계가.
>
> 왕, 백성, 아버지, 아들이 잊힌 존재가 되었다.
>
> 모든 사람은 각자 자신이 불사조가 되었다고 여긴다.
>
> 그러나 그런 존재는 있을 수 없다.
>
> 그럼에도 그들은 자신들을 그런 존재로 여긴다(*FirAn* 209-18).

프랜시스 베이컨과 다른 이들의 "신철학"은 새로운 발견들로 이어질 수 있을 것이다. 그러나 던은 이런 과학적 발견이 자연 세계가 원자화되는 것에 입각해 있다고 확신했다.[14] 천문학자들이 새로운 행성을 발견할 때, 그들 자신의 세계가 파편화되고, "다시 원자들로 부서진다."[15] 보편적인 것들에 대한 유명론적 부정은 사람과 사물 사이의 실제 관계에 대한 무시를 의미한다. 자연 세계가 그것의 개별적 부분들로 해체되듯이 사람

---

14   "신철학"에 대한 던의 태도에 관한 2차 문헌들에 관한 포괄적인 논의는 Parrish, *Variorum Edition*, 403-11을 보라.

15   던은 천문학 분야의 책들을 광범위하게 읽었고 특히 케플러, 갈릴레이 및 길버트의 작품에 익숙했다. Coffin, *John Donne and the New Philosophy*, 88-159을 보라. 신철학에 대한 던의 깊은 모호성은 그가 단지 코페르니쿠스적 혁명의 태양중심주의를 거부했다는 것을 의미하지 않는다. 그는 그것의 비가역성을 인식했으나 그것의 함의 때문에 괴로워했다. Alyia Shahnoor Ameen, "The Response of John Donne to the New Philosophy," *ASA* University Review 5 (2011): 285-95을 보라.

들 사이의 관계도 무시된다. 그러는 동안 모든 사람은 자신을 과거의 재로부터 일어서는 고립된 불사조로 여긴다.

"기일들" 전반에서 던은 특별히 천문학의 발전에 관심을 기울이는데, 그것은 오래된 우주론의 조화로운 질서는 천체들이 인간의 세속적인 일에 영향을 준다고 가정했었기 때문이다. 던에 따르면 문제는 "신철학"의 지지자들이 별들이 가졌던 것과 비교할 만한 권능을 갖고 있지 않다는 점이다.

> 지금 예술가가 감히 자랑하는 것은
> 자기가 하늘을 이리로 가져오고
> 무엇으로든 별자리를 만들 수 있다는 것이며,
> 그로 인해 별들의 영향력이 약초나 부적 혹은
> 나무에 갇히게 할 수 있다는 것이다.
> 별들이 할 수 있는 모든 것을 접촉을 통해서 한다고?
> 예술은 사라지고 교신도 사라진다.
> 하늘은 적게 제공하고 땅은 더 적게 받기 때문이다.
> 그리고 인간은 하늘과 땅의 교류와 목적에 대해 알지 못한다.
> 만약 하늘과 땅의 이런 영적 교섭이 막힌 것이 아니라면,
> 모든 뒷거래가 완전히 잊힌 것이다.
> 그러므로 우리가 죽음을 안타까워하는 그녀가
> 우리에게 더 완전하고 강력하게 작용할 것이다(*FirAn* 391–402).

한때 별들이 멀리서 자연 세계에 영향을 주는 것처럼 보였던 반면, 경험적 "접촉"은 더 이상 "하늘을 이리로 가져오지" 못한다. 하늘과 땅 사이

에 이루어지던 교신의 상실은 최근에 천문학이 발전한 결과 "하늘은 적게 제공하고 땅은 더 적게 받는다"는 던의 고발을 통해 간결하게 포착된다. 하늘과 땅은 따로따로 해체되었다.[16]

던은 당대의 과학이 하늘을 통제하려는 시도에서 한도를 넘어선 것 때문에 괴로워했다. 그 결과 우주의 구체들은 그것들의 비례성을 잃었고 또한 그것들이 이뤄내는 조화의 아름다움도 잃어버렸다. 그렇게 된 까닭은 그런 구체들이 더 이상 프톨레마이오스(Ptolemy)가 상상했던 방식으로 순환 여행을 하는 것처럼 보이지 않았기 때문이다. 태양조차 이제는 "그의 발걸음을 지켜보는"(FirAn 265) 다른 별들에 둘러싸여 나타났기 때문에 더는 "원을 완성시키지" 못한다(FirAn 269). 유사한 비례성의 부족이 모든 별을 괴롭힌다.

그러므로 자기들이 여전히 원을 그리고 달린다고 자랑하는 별 중

자기가 시작한 곳에서 끝나는 것은 아무것도 없다(FirAn 275-76).

던은 우리가 우주를 지배하려고 시도하는 것에 문제가 있다고 주장한다.

자오선과 평행선에 대해 말하자면,

인간은 그물을 엮어 짰고 하늘에 그 그물을 던졌다.

---

16 Barbara Kiefer Lewalski는 다음과 같이 말한다. "분명히, 교신의 붕괴 때문에 그것들이 공존하는 동안에도 은총의 질서는 그런 자연의 질서에 상대적으로 영향을 거의 끼치지 않을 수 있고 그녀가 행사할 수 있었던 제한된 영향력조차도 그녀가 모든 자연에 스며 있는 죽음의 지배를 받고 있음이 드러났을 때 영구적인 효과를 박탈당했다"(Donne's Anniversaries and the Poetry of Praise: The Creation of a Symbolic Mode [Princeton: Princeton University Press, 1973], 261).

그리고 이제 그것들은 인간의 것이 되었다.

언덕 위로 오르기를 혹은 하늘로 올라가기를

싫어하는 우리는 하늘이 우리에게 내려오게 한다(*FirAn* 278-82).

던은 "하늘에 던져진 그물"을 매우 의심스러워했다. 그는 그 결과 하늘과 땅이 참된 "교류"를 하기보다는 오히려 우주가 파편화되어 하늘이 인간의 통제에 굴복하게 될 것이라고 확신했다.[17]

근대 세계는 보편적 형상의 실재를 부정할지 모른다. 하지만 그것들은 존재한다. 적어도 던의 이해에 따르면 그러하다. 그런 형상들 중의 형상을 의인화하는 존재가 바로 엘리자베스 드루리다. 우리는 이미 "그녀의 이름이 당신을 규정했고, 당신에게 형상과 틀을 제공했다"는 것을 보았다(*FirAn* 37). 사회에 질서를 제공하는 이런 형상이 없다면 모든 것이 무너지고 말 것이다.

그녀 이후 우리가 어떤 형상을 보든

그것은 불화 속에 있고 조야한 부조화 속에 있다.

그녀, 그녀는 죽었다. 그녀는 죽었다. 당신이 이 사실을 알 때,

당신은 이 세상이 얼마나 추한 괴물인지 알게 된다(*FirAn* 323-26).

엘리자베스에 비하면 다른 모든 형상은 "불화" 곧 "조야한 부조화"일 뿐이다. 실제로 그녀의 아름다움은 다른 모든 아름다움의 원인이었다.

---

17 Rudnytsky의 말을 참조하라. "던의 '초월에 관한 시학'은 본질적으로 과학의 발전에 직면해서 종교적 믿음의 근거를 회복하기 위한 지연 작전이었다"("The Sight of God," 197).

그녀에게는 이 세상이 줄 수 있는 것이 부족할 수 없었다. 그녀가 형상이었기에 그것이 세상을 살아 있게 만들었다(*SecAn* 71-72).[18]

던에 따르면 형상이 존재하기에—그리고 특히 엘리자베스가 계속해서 하늘에서 살아 있기에—모든 것이 상실되지 않는다. 비록 세상은 "시체"일 수 있으나, 엘리자베스는 더 나은 시절에 대한 "기억"(*FirAn* 74)을 남기고 갔다.

> 그녀의 영혼이 걷는다. 즉 반짝이는 빛,
> 덕과 선에 대한 희미하고 약한 사랑이 말이다(*FirAn* 70-71).

그리고 이 세상의 죽은 시체라는 물질로부터 새로운 세상이 나올지도 모른다(*FirAn* 75-77). 사실 그 새로운 세상은 던이 죽음을 애도하는 낡은 세상보다 나은 것으로 밝혀질지도 모른다.

> 옛 세상의 위험과 질병에 대해 듣는 것을 감안할 때
> 이 새로운 세상은 더 안전할 수 있다(*FirAn* 87-88).[19]

---

18   참조. *SecAn* 223-24:
      그녀의 풍부한 아름다움이 다른 이들에게 아름다움의 각인을 빌려주었다.
      그들은 그녀와 같아지는 데까지만 나아갈 수 있었기 때문이다.
19   따라서 던은 훗날 "해체"(*Anatomie*)에서 "약초와 뿌리들이 죽음으로써 모든 것을 잃지는 않는다"고 말한다. 그리고 이어서 다음과 같이 외친다.
      그러나 그들, 즉 재들 역시 약효가 있다.
      죽음은 그녀의 덕을 끌 수 없었다.
      오히려 그것은 (비록 추종되지는 않을지라도) 놀라움의 대상이 될 것이다(*FirAn* 403-6).

던은 옛 세상의 덕들이 새로운 세상에서 다시 번성할 수 있을 거라고 믿었다.

엘리자베스가 그저 죽은 시체만 남기고 하늘로 떠났더라면, 던의 시들은 실패하고 말았을 것이다. 그러나 실제로는 아름다움과 덕의 영원한 형상들이 여전히 남아서 세상에 영향을 준다. 비록 그것들을 인식하거나 추종하는 이는 거의 없을지라도 말이다. 던은 대체로 회의적인 청중을 향해 말하면서 시적 영감을 얻기 위해 모세에게로 향한다. 하나님은 모세에게

모두에게 그 노래를 전하라(고 말씀하셨다).
그분은 그들 모두가 다음과 같이 하리라는 것을 아셨기 때문이다.
율법, 예언자들 그리고 역사도 넘어지게 하겠지만,
그 노래는 여전히 그들의 기억 속에서 간직되게 하리라는 것을 말이다
(*FirAn* 463-66).

던의 동시대인들은 이스라엘 백성과 다르지 않았다. 하나님의 백성이 성서—"율법, 예언자들 그리고 역사"—를 버리리라는 것을 알았던 모세는 그들에게 노래(신 32:1-43)를 제공했다. 그 노래에서 그는 그들의 신실하지 못함을 한탄하면서도 또한 새로운 미래에 대한 희망을 내비쳤다.[20] 던은 자신을 모세의 위치에 놓으면서 하늘과 땅이 다시 연결되는 시간을 내다보았다.

---

20   참조 P. G. Stanwood, "Essentiall Joye' in Donne's Anniversaries," *TSLL* 13 (1971): 230.

"진보"(*Progres*)에서 던은 하늘과 땅의 분리가 어떻게 극복되고 우주에 대한 성례전적 이해가 어떻게 회복될 수 있는지를 보이는 과업을 떠맡는다. 그의 처방은 상대적으로 간단했다. 또한 던의 시절에 "신철학"을 지지했던 이들이 너무나 단순하다며 그러한 처방을 불쾌하게 여겼던 것처럼 오늘날에도 불쾌한 것이 될 수 있다. 던은 세상에 대한 경멸(*contemptus mundi*)과 죽음의 기술(*ars moriendi*)의 조합을 제안했다. 우리는 이미 던이 우리에게 "이 썩은 세상을 잊으라"고 주장하는 것을 살펴본 바 있다(*SecAn* 49). 그는 세상의 문제들을 무시하는 일에서 움츠리지 않는다.

이 세상은 파편화된 쓰레기에 불과하다.
당신은 그것이 일고의 가치도 없음을 안다(*SecAn* 83-84).

던은 몸을 감옥으로(*SecAn* 173), 그리고 지구를 "감옥들의 감옥"(*SecAn* 250)과 "살아 있는 무덤"(*SecAn* 252)으로 부른다.[21] 그는 육체적 아름다움과 명예가 모두 덧없다고 주장한다. 전자는 그것이 지속되지 않기 때문이고("너희는 유동적이고 어제 이후로 변화되었다"[*SecAn* 393]), 후자는 "모든 명예는 열등한 것으로부터 나오기"(*SecAn* 407) 때문이다. 던은 이 모든 것은 단지 "임시적인 행복"만을 제공할 뿐이라고 주장한다(*SecAn* 412).

물론 세상에 대한 던의 경멸은 절대적이지 않았다. 펠리시아 맥더피(Felicia McDuffie)와 레이미 타르고프(Ramie Targoff)는 모두 던의 신학

---

21   던은 엘리자베스의 몸을 예외로 삼는다. "그녀의 아름다운 몸은 그런 감옥이 아니었다"(*SecAn* 221).

에서 몸이 행하는 일관성 있고 적극적인 역할에 주목했다.[22] 타르고프는 "기일들"에 대한 그녀의 읽기에서 던이 몸과 영혼을 서로에게 속해 있는 것으로 다룬다는 점을 분명하게 밝힌다. 그녀는 "두 번째 기일"에서 영혼이 몸과 헤어질 때 커다란 어려움을 겪는다는 점을 보여준다.[23] 그 이유는 그것들의 분리가 던에게는 자연스럽지 않았기 때문이다. 타르고프는 "그 시에 세상에 대한 경멸(contemptus mundi)과 헛됨(vanitas)이라는 전통이 침투해 있음에도…던이 영혼이 육체로부터 해방되는 것을 기뻐하며 기대하는 것으로 표현하지 않기로 한 것"은 「두 번째 기일」의 "핵심적 모순"이라고 결론짓는다.[24] 몸의 죽음은 **단지** 영혼의 해방으로부터 유래하는 축복이 아니다.[25]

그러나 던은 자신의 독자들을 세상에 대한 관심으로부터 하늘에 대한 관심으로 이끌고자 한다. 그는 반복해서 그들에게 하늘로 올라가라고 요구한다.

> 위로, 위로 올라가라, 나의 졸린 영혼이여,
>
> 그곳에서 너의 새로운 귀는
>
> 천사들의 노래 속에서 불협화음을 듣지 않게 될 것이다(SecAn 339-40).

---

22 Felicia Wright McDuffie, "To Our Bodies Turn We Then": *Body as Word and Sacrament in the Works of John Donne* (New York: Continuum, 2005); Ramie Targoff, *John Donne, Body and Soul* (Chicago: University of Chicago Press, 2008).

23 Targoff는 다음과 같이 말한다. "비록 '두 번째 기일'의 선포되지 않은 주제이기는 하나, 몸에 대한 영혼의 애착은 실제다. 그 애착은 던의 가장 덜 알려져 있기는 하나 초기 현대 시에 끼친 가장 중요한 공헌 중 하나를 대표한다"(*John Donne*, 90).

24 Targoff, *John Donne*, 103. Targoff는 던의 접근법 안에 있는 이런 모순에 적절하게 주목한다. 하지만 나는 그것이 던에게 독특한 것이라고 확신하지는 못한다.

25 Targoff, *John Donne*, 81.

던이 그의 영혼에게 하늘의 무리를 향하도록 고무할 때 위를 향한 부름은 점점 더 커진다.

> 그리스도를 기대하며 오래 앉아 있던
> 그리고 이제 그를 즐기고 있는 족장들에게 올라가라.
> 이제 즐겁게 그를 보고 있는 예언자들에게 올라가라.
>
> 그들의 예언은 역사가 되었다.
> 태양보다 더 밝은 빛으로 태양의 길을
> 용감하게 달려온 사도들에게로 올라가라.
> 사도들의 등잔에 기름을, 그들의 씨앗에 이슬을 조용히
> 흘려보냈던 순교자들에게로 올라가라.
> 만약 자기들이 누군가에게 그분의 성전을 제공해야 한다면
> 자기들이 성령과 연합할 것이라고 다짐했던
> 동정녀들에게로 올라가라(*SecAn* 345-55).

던의 영성은 틀림없이 영적이거나 위를 향하고 있었다. 영혼은 하늘의 무리를 향해 돌아서야 한다.

따라서 죽음은 환영받아야 할 그 무엇이다. 이 세상에서의 삶은 하찮거나 보잘것없는 것이 아니다. 오히려 삶의 주된 목적은 삶 자체 너머에 있다. 왜냐하면 삶은 죽음을 위한 준비이기 때문이다.

> 그러므로 나의 영혼아, 죽음은 단지 신랑에 불과하다고 여기라.
> 그 신랑은 바깥쪽 방으로 작은 초를 가져간다.

거기서 너는 먼저 반짝이는 작은 불빛을 알아차린다.

그리고 이어서 그것을 당신의 시야 가까이 가져온다.

그렇게 함으로써 죽음에서 천국이 만들어지기 때문이다(*SecAn* 85-89).

던은 죽음을 손에 등불을 들고 방 안으로 들어가서 영혼을 위해 하늘의 방에 불을 밝히는 신랑으로 상상한다. 던은 이 구절 이후에 자신의 영혼에게 자신의 임종의 자리에 누워서 떠남을 준비하는 모습을 상상하라고 말하면서 긴 훈계를 늘어놓는다(*SecAn* 85-120).

던이 세상에 대한 경멸과 죽음의 기술 전통을 취한 것은 세속의 문제들이 그에게 관심거리 자체가 되지 않는다는 의미가 아니다. 우리는 이미 "기일들" 배후의 원동력이 "하늘과 땅의 교류"를 회복시키려는 던의 시도라는 것과 그가 그 둘의 이원론적 구분 때문에 근대의 경험주의를 공격한다는 것을 살펴보았다. 이런 전통적인 신학적 모티프의 이유는 인간의 목표가 일시적인 문제들에 있지 않기 때문이다. 성례전 신학에서 파생된 용어를 사용해 말하자면, 외적 성례전은 불가결하지만 던은 자신의 독자들을 내적 실재 자체를 위해 준비시키는 것을 목표로 삼았다. 그리고 그는 오직 이런 식으로만 그들이 세속의 문제들에 대한 적절한 견해에 도달할 것이라고 확신했다.

던의 이해에 따르면 삶의 목표는 지복직관이다. 던은 우리가 이곳에서 누리는 "우연한 기쁨들"을 천국에서 우리의 것이 될 "본질적인 기쁨"과 비교하면서 영혼에게 지복직관이라는 최종적 목표를 향하라고 명령한다.

그러므로 영혼아, 너의 처음 위치로 다시 올라가라.

원이 포함하는 모든 선을 알라.

일단 그 선들이 중심에 이르면,

그것들은 원주를 두 번 건드린다. 그러면 너는 그런 존재가 된다.

하늘에서는 땅에서의 너의 생각의 두 배가 사용된다.

모두가 봉사하지는 않을 것이다. 오직 하나님을 온전하게

본 자만이 그것에 대해 생각할 수 있다.

그것은 대상이자 지혜다.

이것은 본질적인 기쁨이다. 그곳에서는 그도

그리고 우리도 감소를 견디지 못한다.

이것은 완전하며 충만한 선이다.

만약 천사들이 그분을 보았다면, 그들은 일어섰을 것이다(*SecAn* 435-46).

지름은 원의 중심을 한 번만 가로지른다. 반면에 그것은 원주를 두 번 가로지른다. 던에게 이것은 우리가 세속에 대한 관심과 천국에 대한 관심을 다루는 방식에 대한 유익한 유비의 역할을 한다. "하늘에서는 땅에서의 너의 생각의 두 배가 사용된다." 대상과 지혜가 일치하는, 말로 표현하기 어려운 지복직관의 실재는 "본질적인 기쁨"이다.[26] 근대의 경험주의가 우주의 순환적 조화를 왜곡했던 반면, 하늘에는 완전한 원이 존재하며 더 나아가 우리의 목표는 그것에 참여하는 것이다. 던에게는 오늘

---

26 하늘과 땅을 서로 밀접하게 연결시키는 것에 관심을 가졌던 던은 하늘에 "우연한 기쁨들"이 있음을("하늘에서는 우연한 기쁨들이 자란다"[*SecAn* 382]), 그리고 본질적인 기쁨이 땅에서 발견될 수 있음을(왜냐하면 엘리자베스가 "우리 모두에게 [우리의 기쁨이 인정하듯이] 본질적인 기쁨이 되었기에"[*SecAn* 469-70]) 분명하게 밝힌다. 던이 우연한 기쁨과 본질적인 기쁨을 구분하는 것에 관한 상세한 논의는 Stanwood, "Essentiall Joye"를 보라.

이미 하늘에서의 생각을 두 배로 늘리는 것 이상으로 지복직관을 준비하는 더 나은 방법이 존재하지 않았다.

던의 이해에 따르면 어떤 의미에서는 모든 사람이―근대의 경험주의자들조차―영적(상향적)이다.

> 바벨탑을 세우려 했던 이들은
> 그런 효과를 위해 이 모든 견고한 땅이
> 충분한 재료를 허락하지도 공급하지도
> 못할 것으로 생각했을지도 모른다.
> 그리고 그의 중심은 그런 장소를 세우기에는
> 너무 작아서 기지가 될 수 없었다.
> 이 세상은 한결같이 참된 기쁨을 세울 만한
> 터를 제공할 수 없었다(417-24).

던에 의하면, 그 자신의 바벨탑을 세우려 했던 근대의 시도(창 11:1-9)―탁월한 영적 프로젝트―는 실패할 수밖에 없다. 왜냐하면 땅은 충분한 자원을 갖고 있지 않으며 그런 탑에 합당하지 않은 아주 작은 터를 제공할 뿐이기 때문이다. 따라서 세상의 재화들은 "참된 기쁨을 세우기에는" 불충분하다.

던은 우리에게 인간의 상승은 하나님의 하강에 근거한다는 것을 상기시킨다.

> 이 사람, 하나님이 구애하셨고 사람이 올라올 때까지
> 기다리기를 싫어하셨던, 그래서 결국 사람에게로 내려오셨던

이 사람은 너무나 위대하기에 모든 것이 그의 것이다.

오 그러나 그는 얼마나 사소하고 가련한 존재인가!(*FirAn* 167-70)

하나님은 "사람이 올라올 때까지" 기다리지 않으셨고 오히려 "사람에게로 내려오셨다." 성육신에 대한 던의 완곡한 언급은 그가 자기 힘으로 천국에 이르려는 모든 자율적 시도를 거부한다는 것을 암시한다.[27] 인간의 신성화는 오직 하나님의 낮아지심 때문에만 가능하다.[28]

세상에 대한 경멸과 죽음의 기술이 "신철학"에 대한 적절한 해독제를 제공한다는 사실을 보여주는 궁극적인 증거는 죽음의 순간에 하늘과 땅 사이에서 실현되는 즉각적인 교류다. 던은 영혼이 천국에 들어가는 속도를 과장해서 강조한다. 몸에 묶여 있는 우리의 "느린 속도의 영혼"(*SecAn* 185)은 하루에 약 30km에서 50km를 이동하는 반면에 영혼은

하늘과 땅 사이로

순식간에 파송된다(*SecAn* 188-89).

영혼은 행성 중 하나에서―그것이 달이든, 금성이든, 수성이든, 태양이든 혹은 화성이든―지체하지 않는다(*SecAn* 189-204).[29]

---

27   던은 우리가 "정복을 가장할 수 있다"는 것을 인정한다. "왜냐하면/ 천국은 폭력을 당하는 것에 만족했기 때문이다"(*SecAn* 151-52; 참조. 마 11:12). 그러나 던에게 이 "폭력"은 성육신에 근거해 있다. 그리고 그것은 오직 죽음을 통해 우리를 천국으로 이끌 수 있을 뿐이다(*SecAn* 156).

28   던의 권면을 참조하라. "인간 이상이 되라. 그렇지 않는다면 당신은 개미보다도 못할 것이다"(*FirAn* 190).

29   베아트리체와 단테가 천국의 영역들을 여행하는 기간을 고려한다면, 단테의 「천국편」(*Paradiso*)에 대한 던의 반론은 이 지점에서 명백해진다. 어느 매력적인 논문에서

그러나 그녀가 궁창에서 그리고 동시에

궁창을 통해서 어떻게 갔는지에 대해 생각할 수 있다(*SecAn* 205-6).

따라서 천국은 물리적으로 멀리 떨어진 곳이 아니다. 영혼이 이곳에서 그곳으로 순식간에 비행하는 모습은 우리가 전적으로 다른 차원 속으로 들어간다는 것을 분명하게 밝혀준다. 그러므로 던은 죽음이 근대성의 문제에 대한 참된 해답이라고 결론짓는다. 왜냐하면 하늘과 땅이 재결합되는 것은 죽음을 통해서이기 때문이다.

> 척수가 우리의 몸이 느슨해지지 않도록
> 목과 등의 뼈들을 단단하게 묶듯이
> 죽음은 영혼을 통해 하늘과 땅을 묶는다.
> 우리의 영혼이 이와 같은 세 번째 출생을 즐길 때
> (창조가 첫 번째이고, 은총이 두 번째였다)
> 하늘이 가까이 있고 그녀의 얼굴에 임재한다.
> 작은 촛불들이 오면
> 전에는 어둠이 있던 방 안에
> 색깔들과 물체들이 나타난다(*SecAn* 211-18).

죽음은 영혼이 땅으로부터 하늘로 즉각 상승함에 따라 그 둘을 하나로 묶는다.

Raymond-Jean Frontain은 던의 "기일들"이 단테의 「천국편」에 대한 개혁주의적 대안이라고 주장한다("Donne's Protestant *Paradiso*: The Johannine Vision of the *Second Anniversary*," in Papazian, *John Donne and the Protestant Reformation*, 113).

우리는 던의 "기일들"이 보여주는 내세적 영성이 근대성의 인식론적 문제—하늘과 땅의 유명론적 단절—에 대한 답이 될 수 없다고 반대할 수도 있을 것이다. 다시 말해, 우리는 던이 세상에 대한 경멸과 죽음의 기술이라는 주제를 전통적이고 기독교적인 방식으로 다루는 것은 베이컨의 방법이 우리에게 밝혀준 감당하기 어렵고 논쟁의 여지가 없는 사실들로부터의 향수 어린 탈출에 불과한 것 아니냐고 물을 수 있다. 비록 우리가 던이 "해체"(*Anatomie*)에서 근대 시대에 맞서 제기한 고발에 동정적이라고 할지라도, "영혼의 진보"에 대한 그의 묘사가 어떤 식으로든 해독제를 제공해주는가? 이런 반대는 어느 정도 타당할 수 있다. 그것의 모든 문제에도 불구하고 베이컨의 방법은 자연으로부터 수많은 진리를 얻어냈다. 우리는 다른 방식으로는 그것들을 우리 마음대로 얻어내지 못했을 것이다. 결국 자연은 상대적인 자율성을 갖고 있는 셈이다.

그러나 나는 던이 이 중 무언가를 부정한다고 확신하지 못한다. 그는 "신철학"이 새롭고 사실적인 지식을 제공한다는 것을 논박하지 않는다. 그러나 그는 순전하게 자연적인 지식에 관심이 없다. 왜냐하면 그런 지식—그것은 최종성에 관한 모든 질문을 의도적으로 생략한다—은 지복직관에 어떻게 이르는지와 하늘과 땅을 어떻게 연결하는지에 관한 질문을 다루지 못하기 때문이다. 베이컨의 프로젝트가 목적에 관한 질문을 배제하고 시작하는 반면, 던은 정확하게 존재의 목적에서 시작한다. 그의 프로젝트는 그것의 출발점을 인간 존재의 목적인 하나님에 대한 직관으로 잡는다. 그 직관에서 "대상과 지혜"가 일치한다. "신철학"과의 충돌은 불가피하다. 목적에 대한 질문을 빠뜨림으로써 근대 시대는 세속적 실재들을 파편화시키고 고립시키는 것으로 끝났다. 던은 근대의 실험적 시대의 이런 불안정성으로 인해 상처를 입기는 했으나 시간을 초월하는 신학적 응답을 제시했다. 그에게는 오직 지복직관만이 "하늘과 땅의 교류"를 참으로 회복시킨다.

"성금요일, 1613년": "하나님이 죽는 것을 보는 것"

던의 시 "성금요일, 1613년. 서쪽으로 말 달리기"(*Goodfriday, 1613. Riding Westward*)는 "기일들"보다는 덜 성공적이었던 것처럼 보일 수 있다. 후자가 지복직관이 하늘과 땅 사이의 간격에 다리를 놓을 수 있다는 희망을 제공하는 반면, "성금요일, 1613년"에서는 그 거리가 넓어지는 것처럼 보일 뿐이다. 석양 속으로 말을 달리는 시인은 십자가 위에서 치유를 제공하는 이를 마주 보기 위해 동쪽으로 돌아서지 못한다. 그리고 그 시는 패배를 인정하는 것처럼 보이는 탄원으로 끝난다.

> 당신의 은총으로 당신의 형상을 회복하소서.
> 그러면 당신이 나를 아실 것이고, 나는 나의 얼굴을 돌리리이다(41-42).[30]

말을 탄 이는 자기가 돌아설 수 있기를 바라지만 그렇게 하지 못한다. 그는 하나님의 선행하는 은총에 의지하기 때문이다. 던이 런던으로부터 웨일즈에 있는 몽고메리성(그곳에서 그는 허버트 가문의 집을 방문할 계획

---

[30]   이 단락 전체에서 나는 *John Donne: Selections from Divine Poems, Sermons, Devotions, and Prayers*, ed. John Booty (Mahwah, NJ: Paulist, 1990), 100-1에 실려 있는 시를 인용할 것이다. 행 번호는 그 본문에 적혀 있는 것이다.

이었다)[31]으로 여행하는 것은 그가 하나님께로 돌아서지 못하는 것에 대한 은유가 된다. 따라서 테레사 디파스칼레(Theresa DiPasquale)는 "화자는 은총에 전적으로 항복하거나 그 자신의 시적 작품이 지닌 '성사의 사효성'[opus operatum] 대신 하나님께 의존하지 못한다"고 주장했다.[32] 소네트의 중반에 등장하는 십자가 처형 장면에 관한 감동적인 묘사에도 불구하고 결국 던은 여전히 십자가에 등을 돌린 채 서쪽으로 말을 달린다.

던의 시를 이런 식으로 읽는 것은 실제로 잘못된 것이 아니다. 던은 자신을 하나님의 은혜에 맞추려고 애썼다. 그리고 혼란스러운 그의 마음은 아마도 던이 대표하는 칼뱅주의적 영성에서 이례적인 것이 아니었을 것이다. 분명히 그 시는 어떤 중요한 의미에서 여전히 하나님의 응답을 기다리는 기도로 끝난다. 그럼에도 나는 그 말 탄 이가 자신의 말을 돌려 십자가를 바라보지 못하는 것이 그리스도 안에 있는 하나님의 우주적 은총이라는 보다 넓은 범위 안에 조심스럽게 싸여 있다고 주장하고자 한다. 다시 말해 그 시에서 던이 지적하는 것은 비록 그가 자기가 바라는 것처럼 그리스도를 바라보지는 못할지라도, 그럼에도 그는 자신을 (그리스도에 대한 자신의 직관보다는) 자기에 대한 그리스도의 직관이라는 자비에 맡긴다. 왜냐하면 후자는 하나님의 권능과 사랑이라는 우주적 범위 안에 속하기 때문이다.

던은 그 시의 처음부터 자신의 영적 투쟁을 보다 광범위한 우주적 맥락 안에 위치시킨다.

---

31   던의 일정에 관한 상세한 (개정된) 논의는 Margaret Maurer and Dennis Flynn, "The Text of *Goodf* and John Donne's Itinerary in April 1613," *TC* 8 (2013): 50-94을 보라.

32   Theresa M. DiPasquale, *Literature and Sacrament: The Sacred and the Secular in John Donne*, Medieval and Renaissance Literary Studies (Pittsburgh: Duquesne University Press, 1999), 119.

인간의 영혼을 하나의 영역으로 여기라.

그 안에서 움직이는 지성인 헌신은 다른 영역들처럼,

성장해서 낯선 움직임에 굴복하고, 그들 자신을 잊으며,

매일 다른 것들에 의해 서두르면서

그들의 자연적 형태에 일 년에 한 번이라도 복종하는 경우가 드물다.

우리의 영혼은 기쁨이나 용무 같은

그것들을 최초로 움직였던 존재에게 복종하고

그것에 의해 휘둘린다(1-8).

"기일들"에서처럼 여기서도 던이 묘사하는 우주의 행성들은 자기 길을
벗어나 길을 잃었다. 그리고 우주의 영역들은 "낯선 움직임들"에 의해
서두르는 유일한 것들이 아니다.[33] 이 성금요일에도 영혼은 헌신이 부족
하다. 영역 중 하나로서 영혼은 그것의 "자연적인 형태"에 순종하지 못
하고 오히려 그것을 움직이는 첫 번째 존재인 기쁨이나 용무에 의해 휘
둘린다.[34] 던의 형이상학적 자부심은 영혼을 어느 우주적 영역에 대한 은
유로 다루는데 그로 인한 결과는 던으로서는 아주 혼란스럽다.

---

33 Helen Gardner는 프톨레마이오스의 우주에서 행성들의 자연스러운 움직임은 서쪽에
    서 동쪽으로 향하지만, 원동천은 매일 그들의 방향을 돌렸다고 설명한다. 다른 힘들 역
    시 구체들의 적절한 움직임의 방향을 바꿀 수 있었다(*John Donne: The Divine Poems*,
    ed. Helen Gardner, 2nd ed. [Oxford: Clarendon, 1978], 98).

34 Cf. Marian F. Sia and Santiago Sia, *From Suffering to God: Exploring Our Images of God
    in the Light of Suffering* (New York: St. Martin's Press, 1994), 41. Robert H. Ray는 천
    사나 지성이 영역들의 움직임을 통제한다고 믿어졌던 것처럼 "던은 '헌신'을 인간의 영
    혼의 움직임을 통제하는 지성으로 여긴다고 말한다(*A John Donne Companion* [1990;
    reprint, New York: Routledge, 2014], 147).

그러므로 나의 영혼의 형상이 동쪽을 향하는 이날,

나는 서쪽으로 이끌려간다(9-10).

그의 영혼의 자연적 성향은 동쪽을 향할 수 있으나 (영적으로) 그의 열정과 (물리적으로) 그의 말은 그 방향으로 가는 데 실패한다. 오히려 그것들은 그를 서쪽으로 데려간다. 동쪽으로 가려는 던의 영혼의 자연적 성향에도 불구하고 그를 서쪽으로 데려가는 말의 이미지는 던의 무력함을 강조한다. 그는 말을 타는 사람일 수는 있지만 자신이 타고 있는 말을 거의 통제하지 못한다.

그러나 42행으로 된 그 시의 중앙 부분은 비록 영혼과 영역들의 불안정성이 그것들을 길에서 벗어나게 할지라도, 그럼에도 십자가는 우주적 변덕조차 포용하며 구속한다는 것을 분명하게 보여준다.

내가 극들(poles)에 걸쳐 있고 동시에 모든 영역을 조율하는

구멍들이 뚫린 손들을 볼 수 있을까?(21-22)

던은 그리스도가 양팔을 펼친 이미지를 사용해 그를 우주적 구속자로 묘사한다. 그의 구멍 뚫린 손들은 동쪽과 서쪽으로만 펼쳐진 것이 아니라—그리고 여기서 시인은 전통적 이미지를 의도적으로 왜곡한다—또한 "극들에 걸쳐 있고" 그로 인해 북쪽과 남쪽에도 닿는다. 던은 십자가를 우주의 가장 먼 곳들까지 포괄하는 그리스도의 사랑의 "너비와 길이와 높이와 깊이"(엡 3:18)를 대표하는 것으로 여기는 교부적 이해를 염두

에 두었을 수 있다.[35] 우주를 포괄하는 그의 손은 그것을 조율하며, 그 과정에서 의심할 바 없이 던의 영혼 역시 조율한다.[36] 우주적이고 개인적인 부조화의 위협이 아무리 클지라도 던에게 그것은 언제나 이미 그리스도의 구속의 사랑이라는 보다 큰 조화에 의해 조심스럽게 싸여 있다. 던은 십자가를 행성들의 모든 잘못된 방향을 바로잡는 것으로 묘사할 뿐 아니라, 또한 그리스도를 그중 하나로 제시한다. 던은 자신의 영혼이 그것의 본래적인 동쪽을 향하는 성향에도 불구하고 서쪽으로 가고 있음을 한탄하면서 이렇게 덧붙인다.

> 거기서 나는 태양이 뜨고 짐으로써
> 무수한 날들이 낳아지는 것을 볼 것이다.
> 그러나 이 십자가 위의 그리스도가
> 일어서고 넘어짐으로써
> 죄가 영원히 저물었다(11-14).

던은 태양이 뜨는 것에 대해 말하면서 3중의 뜻을 전하려 한다. 태양을 하나님의 아들로 해석하는 것—그것은 초기 기독교의 해석이며 영어에서는 "태양"(sun)과 "아들"(Son) 간의 언어적 유사성으로 인해 더욱 용이해진다—은 던이 그리스도가 십자가 위에서 일어서는 것을 태양이 뜨는

---

35 엡 3:18에 대한 이런 해석은 Irenaeus, *Dem*. 34(ACW 16:69-70)까지 거슬러올라간다. 또한 Justin Martyr, *First Apology* 60을 참조하라. 이 장 전체에서 나는 흠정역(KJV)을 인용할 것이다.

36 교부들의 사상에서 우주의 조화와 영혼의 조화 사이의 연관성에 관해서는 Hans Boersma, *Scripture as Real Presence: Sacramental Exegesis in the Early Church* (Grand Rapids: Baker Academic, 2017), 131-58을 보라.

것과 비교할 수 있게 해준다. 다음으로 그 시는 태양이 뜨고 지는 것—그리스도가 십자가로 올라가는 것은 그의 죽음으로 이어졌다—에 대해 말하고 이런 뜨고 짐을 그분이 무수한 날을 낳는 것과 연결시킨다. 여기서 나타나는 미묘하지만 과감한 성적 이미지는 무시하기 어렵다. 그리스도의 죽음은 무수한 날을 낳는 결혼의 행위다. 실제로 이 뜨고 짐 속에 함축된 친밀성은 던이 그것을 지켜보는 것을 부적당하게 만든다.

> 나는 내가 너무 무거운 광경을
> 보지 못하는 것을 기뻐할 뻔했다(15-16). [37]

그러나 그가 보지 못하는 것과 상관없이 새날은 태양의 뜨고 짐을 통해 시작되었고 그러하기에 십자가형은 우주적 사건으로서의 그리스도의 구속 행위를 극적으로 보여준다.

던은 땅이 뒤흔들리고 태양이 숨게 한 것이 충격적이고 우주적인 십자가의 현실 때문임을 의심하지 않는다(참조. 마 27:45; 28:2). 그 시의 가장 기억할 만한 몇 줄에서 던은 다음과 같이 노래한다.

> 그 자체가 생명이신 하나님의 얼굴을 보는 자는 죽어야 한다.
> 그렇다면 하나님이 죽는 것을 보는 것은 어떤 죽음일까?
> 그것은 그분 자신이 지으신 세상을 움츠러들게 만들었다.
> 그것은 그분의 발판에 금이 가게 하고 태양이 점멸하도록 만들었다(17-20).

---

37   참조. DiPasquale, *Literature and Sacrament*, 123.

던은 자신의 독자들에게 지복직관이라는 위대한 수수께끼를 상기시킨다. 즉 그가 보기에 인간 존재의 목표는 인간이 가닿을 수 있는 범위 밖에 있는 것처럼 보인다. "나를 보고 살 자가 없음이니라"(출 33:20). 던은 그 모순을 아주 분명하게 밝힌다. 생명을 보는 것이 죽음을 낳는다. 그러나 만약 우리가 하나님의 비가시성이 단지 그분의 초월성 때문이라고 여긴다면(딤전 1:17; 6:16), 던은 하나님의 생명보다 훨씬 더 심원하게 눈에 보이지 않는 것이 하나 있다는 것을 분명하게 밝힌다. 그것은 바로 그분의 죽음이다. "하나님이 죽는 것을 보는 것은 어떤 죽음일까?" 그 모습 앞에서는 땅이 갈라지고 태양이 숨는다. 던은 하나님의 죽음이 우주의 영역들을 두려움에 떨게 만든다고 담대하게 주장한다. 그것들의 변덕스러운 일탈은 최종적인 결정권을 갖지 못한다. 우주적 사건인 하나님의 죽음은 모든 것을 능가한다.

또한 던은 스스로에게 그가 서쪽을 바라보는 것이 처음도 아니고 마지막도 아님을 상기시킨다. 물론 그는 자신이 그리스도를 바라볼 수 있는지에 대해 의문을 품는다. 그것은 그분이 십자가에 달리셨기 때문이며("구멍 뚫린 손") 또한 성육신을 통해 낮아지셨기 때문이다("우리 아래로 낮아지셨다"). 던은 자신의 구주의 살과 피를 바라볼 용기를 갖고 있지 않다.

> 내가 우리에게는 극치이고 우리의 정반대이며
> 우리 아래로 낮아지신
> 그 끝없는 높이를 바라볼 수 있을까?
> 혹은 그분의 것은 아니더라도 우리의 영혼의 자리이고
> 먼지를 흙으로 만든 그 피를 바라볼 수 있을까?

혹은 해어지고 찢어진 그분의 의복이 되기 위해

하나님이 입으신 그 살을 바라볼 수 있을까?(23-28)

십자가 위에 있는 그리스도의 몸에서 떨어지는 피는 먼지를 흙으로 만든다. 단지 십자가의 발치의 먼지만이 아니라 또한 그리스도 자신의 몸의 먼지도 말이다(참조. 창 2:7). 반면에 하나님이 입으신 살은 "해어지고 찢어졌다." 던은 그리스도의 몸 혹은 그분의 피를 바라보는 것이 두려웠다.

던의 독자들은 흘린 피와 찢긴 살이 성찬식에 현존하는 실재라는 사실을 거의 피해갈 수 없다.[38] 따라서 자기가 감히 동정녀 마리아를 볼 수 없다고 고백한 후에("만약 내가 감히 이런 것들을 볼 수 없다면/ 감히 내가 나의 눈에 비친 그분의 불행한 어머니를 바라볼 수 있을까?/ 이곳에서 하나님의 파트너였고/ 우리를 구속한 그 희생의 절반을 제공했던 그녀를?"[29-32]),[39] 던은 자신의 기억 속에 있는 이런 희생적 실재들의 임재에 관해 말하는데(참조. 눅 22:19; 고전 11:24), 그것은 그 시의 이 부분이 갖고 있는 성찬적 경향을 강화시킨다.

비록 내가 말을 타고 갈 때 이런 것들이 나의 눈에서 멀어졌으나

그것들은 여전히 나의 기억 속에 남아 있다.

---

38 Theresa DiPasquale가 한 말을 참조하라. "이 행들[즉 23-28행]은 본질적으로 성례전적 신비를 반영하면서 그리스도 안에서의 하나님과 인간의 위격적 연합뿐 아니라 인간과 신성 사이의 성례전적 접촉점인 성찬식의 실체, 즉 예수의 피와 몸에 관해 숙고한다"(*Literature and Sacrament*, 124).

39 여담으로, 우리는 던이 마리아를 공동 구속자로 묘사하는 것이 17세기 초 개신교 사상 안에서 두드러진다는 점에 주목해야 한다.

나의 눈이 그것들을 보고, 당신이 나를 보시기 때문이다.

오 구주시여, 마치 당신이 나무에 매달리신 것처럼(33-36).

던은 자신과 십자가 사이의 거리를 좁히기 위해 감히 동쪽으로 방향을 돌려 직접 십자가를 바라보지는 못한다. 그러나 그는 자신의 기억 속에 그리스도가 계심을 시인한다. 그는 그리스도를 믿음으로 바라본다. 그리고 던은 자신의 구주가 줄곧 자기를 바라보고 계신다는 사실을 이런 기억을 응시하면서 발견한다. 35행에서 표현된─"나의 눈이 그것들을 보고 당신이 나를 보시기 때문이다"─상호 응시는 그것이 무엇이든 던이 그 시 전체에서 표현하는 머뭇거림이나 두려움을 넘어선다. 그가 성찬을 통해 그리스도에게 참여하는 것─"이를 행하여 나를 기억하라"─은 던과 그의 구주 사이의 상호 응시가 이루어지는 순간이다. 살과 피를 기억하는 것은 그리스도가 줄곧 그 외로운 기수를 바라보고 계셨다는 점을 보여준다.

상호 응시라는 이 절정의 순간에 비추어 그 시의 나머지는 기도로 변한다("오 구주시여"). 마지막 6행 연구에서 던은 자신의 구주가 자신을 바라보고 계심을 인식하면서 주님을 향한 참회 안에서 자신의 마음을 활짝 열어 보인다.

나는 교정을 받기 위해 등을 돌려 당신을 향합니다.

당신의 자비가 당신더러 떠나라고 할 때까지

오 내가 당신의 분노를 받아 마땅하다고 생각하시고, 나를 벌하소서.

나의 녹과 나의 기형을 불살라 없애소서.

당신의 은총으로 당신의 형상을 크게 회복하소서.

그리하여 당신이 나를 알아보신다면

나는 나의 얼굴을 돌릴 것입니다(37-42).

서쪽을 향해 가던 기수는 더 이상 방랑하는 기수가 아니다. 그의 영혼을 움직이는 첫 번째 요소는 더 이상 "기쁨이나 용무"가 아니다. 성찬을 통한 믿음의 "기억" 속에서 자신을 바라보고 있는 구주의 시선을 마주한 던은 마침내 변화된다. 그러므로 그는 "교정"을 받기 위해 등을 돌려 그리스도에게로 향하고, 그가 "채찍"을 맞음으로 인해 우리가 치유를 얻는 (사 35:5)[40] 구주와 하나가 된다. 그는 십자가에 달리신 주님께 정화를 탄원한다. 그는 "분노", "벌하다" 그리고 "태우다" 같은 단어들을 회피하지 않는다. 왜냐하면 그의 영혼이 적절한 형상을 회복하기 위해서는 그것만이 유일한 방법이기 때문이다.

던은 구주의 구멍 뚫린 손의 자비에 자신을 맡긴다. 그리스도의 징계가 자신을 정화시킬 것이고 하나님에 대한 직관이라는 최종적 목표로 이끌어갈 것을 알기 때문이다. "그리하여 당신이 나를 알아보신다면 나는 나의 얼굴을 돌릴 것입니다." 이런 희망의 표현은 성 바울의 확신에 찬 희망의 표현을 상기시키지 않을 수 없다. "지금은 내가 부분적으로 아나 그때에는 주께서 나를 아신 것 같이 내가 온전히 알리라"(고전 13:12). 던은 자신의 구주께 종말에 대면하는 직관을 위해 자신을 준비시켜달라고 청한다. 던에게 지식과 직관은 의심할 바 없이 동일하다. 그리고 그리스도가 그를 아시는 것은 또한 그리스도가 그를 보시는 것이다.

---

40   제네바 성서(Geneva Bible)와 흠정역은 모두 *burah*라는 히브리어를 "채찍"으로 번역한다.

따라서 던이 서쪽으로 말을 달림에도 불구하고 그리스도는 그를 지복직관을 위해 준비시키신다. 그리스도는 지속적으로 그를 "아시는 것"을 통해서―그 서부행 기수를 벌하시고 정화하시는 것을 통해서―던이 최종적으로 방향을 돌려 동쪽을 향하고 그의 구주를 대면하여 보도록, 즉 지복직관을 하도록 준비시키신다. 그리스도의 "교정"조차 "하늘과 땅의 교류"를 회복하는 것을 목표로 한다.

결말은 놀랍기 그지없다. 첫째, 우리는 이 결말을 그 시 전체를 배경으로 읽을 때만 적절하게 해석할 수 있다. "성금요일, 1613년"은 던과 그의 구주가 서로 대면하여 눈으로 볼 수 있다는 희망과 기대로 가득 차 있다. 우주적 사건으로서의 그리스도의 구속은 던의 영혼을 어지럽히는 방해들을 포함해서 모든 우주론적 방해들을 능가하고 교정한다. 더 나아가 십자가에서 그리스도가 서쪽을 바라보시는 것이 던의 눈을 사로잡는다. 비록 그가 그의 주님에 대해 등을 돌렸음에도 말이다. 최초의 상호 응시는 그 시의 끝부분에서 종말론적 희망의 방식으로 언급되지 않고 성찬식의 추모 행사에서 경험된다. 우주론적으로 그리고 성례전적으로 볼 때, 던의 서부행은 십자가형에 비견되지 않는다. 그리스도는 그를 아실 것이고 그는 그의 얼굴을 돌릴 것이다.

둘째, 그 시의 결론부가 보여주는 아름다움은 그것이 정확하게 지복직관의 대상으로서의 십자가에 달리신 주님께 초점을 맞춘다는 데 있다. 우리는 이미 던에게 "하나님이 죽는 것을 보는 것"이 "생명 자체이신 하나님의 얼굴"을 보는 것보다 더 무서운 것이었음을 지적한 바 있다. 십자가형―십자가 위에서 일어난 하나님의 죽음―은 문자적으로 우주론적 조화에서 일어난 사건이었고, 하나님의 죽음을 직관하는 것은 그분의 생명을 직관하는 것보다 훨씬 더 혼란스러운 일이었다. 던은 마무리 행에서 지복직관에 대한 이런 그리스도 중심적인 접근법을 반복해서 말한다. 그의 위대한 종말론적 희망―특히 그가 여기서 시적으로 표현하는 바[41]―은 그와 그의 구주가 서로를 보는 것이다. 그 시의 희망적 결구는 "나는 나의 얼굴을 돌릴 것입니다"이다. 던은 자신과 자신의 독자들에게 죽임을 당한 것처럼 보이는 이(계 5:6)를 보는 것에 대한 종말론적 희망을 상기시킨다. 던의 "성금요일, 1613년"의 경우 기수와 십자가 사이의 거리에 다리가 놓이고 "하늘과 땅의 교류"가 회복되는 것은 우리가 "하나님이 죽는 것을 볼" 때, 즉 두려움을 불러일으키는 동시에 지복을 입게 하는 광경을 볼 때다.

설교들: "그의 눈이…우리를 그 자신으로 만든다"

"성금요일, 1613년"을 쓰고 거의 2년 뒤 던은 영국 성공회에서 사제 안수를 받았다. 비록 어느 의미에서 그의 역할이 극적으로 변화하기는 했으나―특히 그가 1621년에 런던에 있는 성 바울 대성당의 주임 사제로 임명된 후에―그럼에도 던은 그가 자신의 시에서 했던 것처럼 설교를 통해서도 유사한 주제들을 강조했고 그의 설교 스타일은 그의 시적 배경을 반영했다. 데이비드 에드워즈(David Edwards)는 다음과 같이 말한다. "물론 설교자 던 박사는 그 안에 시인 잭 던을 갖고 있었다. 그리고 그는 재치 있게 말하는 것을 멈출 수 없었다.…그는 복음을 설교하라는

---

41   이 장의 뒤에서 분명하게 밝혀지겠지만, 던의 설교들은 신적 본질에 대한 직관을 주장한다. 따라서 지복직관에 대한 그의 교리적 이해는 그의 경건한 시가 지적하는 것처럼 보이는 것보다 훨씬 더 전통적인 토마스주의적 노선을 따른다.

부름을 받았다. 하지만 그는 거룩한 사도들이 어부 노릇을 그만두라는 부름을 받았을 때 '그들은 자신들의 그물을 버려두기는 했으나 그것들을 태워버리지는 않았다'고 지적했다."[42] 던은 복음을 설교하는 일에 그가 여러 해 동안 시를 쓰면서 습득한 수사학적 기술들을 사용했다.[43]

그러나 시인 던과 설교자 던 사이의 연속성을 두드러지게 하는 것은 그의 글쓰기 능력만이 아니었다. 보다 근본적으로 그는 자신의 기본적인 임무가 바뀌지 않았다고 여겼다. 다만 그는 이 점에서 설교가 시보다 훨씬 더 효과적일 수 있다고 확신하게 되었다.[44] 이 장의 나머지 부분은 던이 자신의 설교를 통해 지복직관에 대한 자신의 이해에 대해 밝혔을 때 그가 자신의 회중에게 하늘과 땅의 재통합에 대한 자신의 바람을 넌지시 비쳤음을 밝혀줄 것이다. 우리는 (1) 던이 하나님의 직관을 섭리적인 것인 동시에 신성화하는 것으로 강조했던 것(시 32:8에 관한 설교에서), (2) 그의 참여적 존재론, 그리고 (3) 그가 이생에서의 하나님에 대한 직관과 내세에서의 그것 사이의 연속성을 강조했던 것(이 두 가지 요소는

---

42   David L. Edwards, *John Donne: Man of Flesh and Spirit* (London: Continuum, 2001), 117. 그 인용문은 *Sermons* 2.13-285에 나온다. 이 단락의 인용문들은 *The Sermons of John Donne*, ed. Potter and Simpson으로부터 가져왔다.

43   Jeanne Shami는 그의 수사학적 기술이 "아마도 던의 설교의 가장 인상적인 특징"이었을 것이라고 말한다("The Sermon," in *The Oxford Handbook of John Donne*, ed. Jeanne Shami, Dennis Flynn, and M. Thomas Hester [Oxford: Oxford University Press, 2011], 332).

44   Jeanne Shami는 던에게 시와 설교의 관계는 외경과 정경의 관계와 같았다고 지적한다. 그는 둘 모두가 "그들의 청중의 '교화'를 위해, 즉 강력한 삽화를 찾는 데 사용될 수 있다. 그러나 오직 '정경'만이 '토대'로서, 즉 진리의 견고하고 의문의 여지가 없는 기초로서 사용될 수 있다"고 주장했다("Anatomy and Progress: The Drama of Conversion in Donne's Men of a 'Middle Nature,'" *UTQ* 53 [1984]: 222). Shami는 "Donne's Decision to Take Orders," in Shami, Flynn, and Hester, *Oxford Handbook of John Donne*, 523-36에서 던의 직업적 선택의 복잡한 특성에 대해 논한다.

고전 13:12에 관한 설교에서 나타난다)에서 자연과 초자연의 관계에 대한 보다 성례전적인 이해를 회복하려는 시도를 발견할 수 있다. 비록 우리가 하나님의 본질을 보게 될 것이라는 토마스주의적 확신이 이 점에서 상쇄하는 힘으로 작용하기는 할지라도 말이다.

진 샤미(Jeanne Shami)는 "기일들"처럼 시편 32편에 대한 던의 8편의 설교 시리즈—아마도 그것들은 1624-25년 겨울에 행해졌을 것이다— 역시 하늘과 땅의 "교류"를 재건하는 것을 목표로 했다고 지적한다.[45] 샤미는 다음과 같이 주장한다. 이 설교들은 "이미 "기일들"에서 관찰되던 것과 유사한 패턴을 따르면서 죄인이 무기력증에서 점차적으로 깨어나는 것, 자기에 대한 하나님의 무거운 손길을 느끼는 것, 점점 더 자신의 책임과 잠재성에 대해 인식하는 것, 그리고 자기와 하나님 사이에 새로 확립된 교류를 기뻐하고 확신하면서 축하하고자 하는 그의 결단이라는 드라마를 보여준다."[46] 그 유명한 참회시에 관한 여덟 편의 설교들을 추적하면서 샤미는 그것들이 우리의 영적 상태에 대한 "해체"로부터 점차 이곳 땅 위에서 이미 살아내는 하늘의 삶을 향한 영혼의 "진보"에 대한 설명으로 옮겨간다는 것을 보여준다. "하늘과 땅의 교류"를 재건하려는 던의 바람은 이 설교 시리즈에서도 계속해서 그의 목표가 되었다.

이 시리즈 중 여섯 번째 설교가 특히 중요하다. 여기서 던은 "내가 네 갈 길을 가르쳐 보이고 너를 주목하여 훈계하리로다"(시 32:8)라는 시편 저자의 말에 대해 숙고한다.[47] 그 구절의 마지막 부분이 특히 던의 관

---

45   Shami, "Anatomy and Progress," 229.

46   Shami, "Anatomy and Progress," 230.

47   나는 흠정역에 대한 던 자신의 인용문을 사용한다. 흠정역을 사용하는 동안 던은 히브리어 본문에 대해 스스로 신중하게 본문 비평을 행하고 언어적 연구를 수행했던 문헌학자였다. Chanita Goodblatt, "The Penitential Psalm 32: The Sacred Philology of Sin," in

심을 사로잡았다. 그것은 그 부분이 그에게 하나님에 대한 우리의 직관에 앞서는 우리에 대한 하나님의 직관의 중요성을 되풀이하며 말했기 때문인데, 우리가 보았듯이 그것은 "성금요일, 1613년"에서도 핵심 역할을 한다. 던은 시편 32:8을 가지고 설교할 때 그가 앞선 시에서 그랬던 것만큼이나 하늘과 땅을 재결합시키는 것이 직관이라는 것을 분명하게 밝히는데, 던의 관점에서 중요한 것은 그 재결합이 우리에 대한 하나님의 직관으로부터 시작된다는 점이다.

던은 자신의 설교를 다윗이 믿음의(de credendis), 행위의(de agendis), 그리고 희망의(de sperandis) 문제들에 대해 교훈을 제공한다고 설명함으로써 시작한다.[48] 그가 시편 저자의 "길"(de via)이 무엇이며 그 길에서(in via) 무엇이 이루어져야 하는지에 대해 질문을 제기할 때, 던은 하나님이 우리의 길을 주목하신다고 설명한다. "그가 우리의 길을 보신다. '**나의 모든 행위가 주 앞에 있음이니이다**'라고 **다윗**이 말한다[시 119:168]. 그리고 그는 마치 그것들이 자기에게 속하지 않은 것처럼 본다. 왜냐하면 그는 그것들을 생각하면서 '**그가 내 길을 살피지 아니하시느냐, 내 걸음을 다 세지 아니하시느냐?**'[욥 31:4]라고 묻기 때문이다. 그는 그것들을 보면서 또한 그것들 안에 있는 우리의 치료할 수 없는 위험을 본다. '**두려움과 함정과 올무가 네게 이르렀나니**'[사 24:17]"(9.16.362). 던에 의하면, 도덕성에 관한 그 어떤 논의도 하나님이 우리의 길을 내려다보신다는 인식에 근거한다.

이런 하나님의 직관이 던으로 하여금 이제 우리가 어떻게 그것을

The Christian Hebraism of John Donne (Pittsburgh: Duquesne University Press, 2010), 77-107.

48   Sermons 9.16.352. 이후로 이 작품의 참조 번호는 본문의 괄호 안에 제시될 것이다.

인식할 수 있는가라는 질문을 하도록 이끈다. 그는 출애굽기 33장을 가리킨다. 거기서 모세에게는 백성들에 앞서 천사를 보내시겠다는 하나님의 약속(출 23:20)이 더 이상 충분치 않다. "하나님은 그에게 천사에 대해 말씀하셨다. 하지만 그것은 **모세**를 만족시키지 못했다. 그는 무언가를 보아야 한다. 그는 자신의 안내자를 보아야 한다." 모세가 하나님께 그분의 영광을 보여달라고 탄원하자(출 33:18) 하나님은 그의 요구에 귀를 기울이신다. "우리가 무엇이라도 보게 될까? 그들은 하나님이 계신 기둥을 보았고, 그분의 임재이신 그 기둥이 길을 보여주었다. 우리에게는 교회가 그 기둥이다. 하나님은 그 안에서 우리에게 우리의 길을 보여주신다"(9.16.362). 던은 언어적 연상을 통해 구름기둥과 불기둥 안에 계신 하나님의 임재(출 13:21-22)로부터 진리의 기둥으로서의 교회(딤전 3:15)로 옮겨간다. 왜냐하면 그는 하나님이 구약과 신약의 기둥들 안에 임재하시고 그 두 기둥 모두를 통해 자신의 백성을 이끄신다고 확신하기 때문이다.

하나님의 길로 계속 걸으라는 추가적인 도덕적인 권면을 한 후에 던은 "그 본문의 마지막 말, "내가 네 갈 길을 가르쳐 보이고 **너를 주목하여 훈계하리로다**"에 이른다(9.16.366). 던은 하나님의 눈과 그분의 은혜롭고 강력한 섭리에 대한 이런 동일시를 다양한 방식으로 강화한다.[49] 우리가 희망을 추정과 혼돈하지 말아야 한다고 짧게 경고한 후 그는 한 예로서 베드로의 회개에 대한 이야기로 전환한다.

---

49   Jeffrey Johnson은 던이 직관이라는 주제를 강조하고 특히 하나님의 보심에 관해 말하는 여러 가지 예들을 대조한다(*The Theology of John Donne* [Cambridge: Brewer, 1999], 66-67).

우리는 타격에 관한 말을 듣지 못했고 그분이 베드로를 꾸짖으셨다는 말을 듣지 못했지만, 기록된 모든 것은 **"주께서 돌이켜 베드로를 보셨다"**[눅 22:61]는 것뿐이다. 그리고 그는 자기의 경우를 기억했다. 주님의 눈이 그의 어둠을 밝혀주었다. 주님의 눈은 그가 자신의 주님을 세 번 부인했을 때 그의 마음 위로 자라났던 세 겹의 얼음 껍질을 녹였다. 촛불은 사람들뿐 아니라 소음도 일깨운다. 주님의 눈은 그분의 손만큼이나 선한 영혼에 작용한다. 그리고 그는 이런 생각 때문에 크게 영향을 받는다. 주님은 나를 보시며 이로써 나를 치신다(*Sermons* 9.16.366).

눈이 가진 힘에 대해 숙고할 때 던은 대플리니우스(Pliny)의 『자연사』(*Natural History*)에 대해 생각하지 않을 수 없다. 거기에서 그는 어떤 이들에 따르면, 거북이들이 "자기들의 눈으로 그것들을 바라봄으로써 알들을 품는다"는 것을 읽었다.[50] 그 관찰은 던으로 하여금 말참견을 하게 한다. "하나님의 눈이 우리 안에서 낳고 부화시키지 못하실 것이 무엇인가?"

계속해서 던은 하나님이 우리를 보실 때 그것은 승인을 통한 것(*visio approbationis*)이라고 주장한다. **"네 하나님 여호와께서 돌보아주시는 땅**

---

50 Pliny, *Natural History*, vol. 3. trans. H. Rackham (1940; reprint, London: Heinemann, 1967), 9, 12, 37 (p. 189). 던은 다음과 같이 쓴다. "우리는 『자연사』에서 자기들의 알을 오직 그것들을 바라봄으로써 부화시키는 어떤 생물들에 관해 읽는다"(*Sermons* 9.16.366). 던은 그 이야기를 기억에 기초해 언급하는 것일 수 있다. 그는 그것이 거북이에 관한 것이라고 말하지 않는다. 그리고 (아마도 그가 자신의 청중에게 자기가 인용하고 있다고 여기도록 만들기 위해 고안해낸) 라틴어는 대플리니우스의 원문에서 크게 벗어나 있다. 다른 곳에서 던은 주님의 눈길의 따스함을 "앉지 않은 채 어린 타조를 부화한다고 전해지는" "타조의 눈"과 비교한다(*Sermons* 7.5.152). 여기서 던은 타조와 거북이에 대한 대플리니우스의 논의들을 뒤섞고 있는 것처럼 보인다.

이라. 연초부터 연말까지 네 하나님 여호와의 눈이 항상 그 위에 있느니라"(신 11:12)(9.16.366). 실제로 던은 야웨의 눈이 빛을 비춘다고 쓴다. 그것은 "한밤중을 정오로, 성녀 루치아의 축일을 성 바나바의 축일로, 염소자리를 게자리로, 그리고 동지를 하지로 만든다"(9.16.367).[51] 던은 성서가 종종 승인의 표시로서 하나님의 눈에 대해 말한다면서 다양한 성서 구절들을 인용한다(스 5:5; 시 32:8; 창 1:31). 더 나아가 던은 하나님의 **얼굴**(교회 일반을 위한 그분의 규례)과 신자들에 대한 그분의 "인격적 섭리"로서의 그분의 **눈**, 즉 "그분이 그것의 작용을 통해 늘 그분의 규례에 수반하는 은총이 우리에게 효과적인 것이 되게 하시는 그분의 복된 영"을 구별한다(9.16.367).[52] 따라서 하나님은 자신의 백성을 자신의 눈에서 나오는 빛(성령)으로 이끄시고 돌보신다.

던은 특별히 하나님의 섭리적인 눈이 갖고 있는 두 가지 효과, 즉 회심과 연합이라는 효과에 대해 설명한다. 회심에서 하나님의 "눈은 우리의 눈을 돌려 자신을 바라보게 하신다." 던은 하나님의 눈과 인간의 눈이 서로를 부르도록 만든다. 설교의 본문을 사용해 말하자면, 하나님은 다음과 같이 외치신다. "보라, **야웨의 눈이 그를 두려워하는 모든 이들에게 임한다.**" 그러자 인간의 눈이 "즐거운 기꺼움"을 지니고 화답한다. "보십시오, **상전의 손을 바라보는 종들의 눈같이 우리의 눈이 여호와 우**

---

51   던 시대의 영국에서 여전히 사용되던 율리우스력(Julian calendar)에서 성녀 루치아의 축일은 한 해 중 낮이 가장 짧은 날인 동지(12월 13일)와 일치했고 별자리 중 염소자리와 연관이 있었다. 성 바나바 축일은 한 해 중 낮이 가장 긴 하지(6월 11일)와 일치했고 게자리와 연관이 있었다.

52   Jeffrey Johnson은 이 설교에 대한 그의 생각을 설명하면서 다음과 같이 말한다. "던에게…세상의 공동체, 특히 교회 안의 공동체와 하늘의 공동체 사이의 교류를 낳는 이는 성령이다"(*Theology of John Donne*, 87).

리 하나님을 바라보며 우리에게 은혜 베풀어주시기를 기다리나이다[시 123:2]"(9.16.367). 던은 초상화 한 장을 취해서 이런 상호 응시의 예로 삼는다. "그러므로 잘 만들어진 그림이 언제나 그를 바라보듯이 그것이 방향을 돌려서 우리의 영혼 안에 있는 이 하나님의 형상을 바라볼 때, 우리가 그분의 임재 앞에서 어떤 나쁜 짓이나 부적절한 일을 하는 것은 불가능하다"(9.16.368).[53] 하나님이 영혼의 방향을 바꿔 자신을 바라보게 하시는 한, 회심자의 삶은 불가피하게 그분의 임재 안에 있음을 반영하게 될 것이다.[54]

던은 우리가 하나님을 향해 눈을 돌리는 것이 우리의 삶 전체를 돌리는 것을 의미한다는 점을 강조하기 위해 시편 25:15("내 눈이 항상 여호와를 바라봄은 내 발을 그물에서 벗어나게 하실 것임이로다")을 인용하면서 수사학적 역량을 사용해 독자들을 이끈다.

"내 눈이 항상 야웨를 바라본다라는 **다윗**의 이 말에 마치 그것에 반대라도 하듯이 당신의 발은 어떻게 되는가?"라고 질문한다. 당신의 모든 관심은 눈에 있는 것인가? 당신의 발은 어찌되는가? 당신은 하나님을 알기 위해, 하나님을 기쁘게 해드리기 위해 당신의 믿음은 물론 당신의 발걸음과 당신의

---

53 비록 던이 여기서 니콜라우스 쿠자누스를 염두에 두지는 않았을지라도, 그의 *De visione Dei*(1454)는 유사하게 성상에서 그리스도가 각각의 수도사들을 응시하는 것을 신적 섭리의 징표로 삼는다. 이 책의 13장에 나오는 "니콜라우스 쿠자누스와 조나단 에드워즈의 교육과 섭리" 부분을 보라.

54 온건한 칼뱅주의자였던 던은 계속해서 회심에서 하나님의 주도권의 우선성과 인간이 회심할 때 하나님께 돌리는 요구를 모두 강조한다. 던의 칼뱅주의는 Daniel W. doerksen, "Polemist or Pastor? Donne and Moderate Calvinist Conformity," in Papazian, *John Donne and the Protestant Reformation*, 12-34, 그리고 Jeanne Shami, "'Speaking Openly and Speaking First': John Donne, the Synod of Dort, and the Early Stuart Church," in Papazian, *John Donne and the Protestant Reformation*, 35-65에서 논의된다.

삶을 살피는가?" 그리고 그는 "그분이 그것을 벗어나게 해주실 것"이라고 답한다. 나의 발에 대해서는 하나님이 명령하실 것이다. 즉 내가 그것들을 다스리도록 도우실 것이다. 만약 그분의 눈이 나에게 머물고, 나의 눈이 그분에게 머문다면(오 복된 반사작용이여! 오 행복한 보답이여! 오 강력한 대응이여!), 비록 내가 그물에 걸려 곤란한 상황에 처해 있을지라도 그분이 **내 발을 그물에서 벗어나게 하실 것이다.** 그분이 나를 불에서 낚아채시고 유혹에서 건져내실 것이다(9.16.368).

던에 따르면, 자신의 발로부터 시선을 돌려 야웨를 바라보는 것은 자기가 어디로 발을 내디딜 것인지 걱정할 이유가 되지 않는다. 우리의 눈이 묵상 속에서 방향을 바꿔 야웨의 응시를 바라볼 때 행위의 삶이 조화되지 않은 채로 남아 있는 것은 불가능하다. 회심에는 언제나 도덕적 변화가 따른다.

던에 따르면, 하나님의 인도하시는 응시의 두 번째 결과는 훨씬 더 놀랍다. 그것은 바로 하나님과의 연합이다. 하나님이 우리를 "눈동자"처럼 보호하신다는 것(시 17:8; 참조. 신 32:10; 슥 2:8)은 우리가 그분의 일부가 된다는 것을 의미한다(9.16.368). 만약 회심이 하나님의 눈이 "우리를 그분 자신**에게** 돌리는 것"을 의미한다면, 연합은 그분의 눈이 "우리를 그분 자신**으로** 만드는 것"을 의미한다(9.16.368[강조는 덧붙여진 것임]). 던은 이 다음 단계가 신성화를 의미한다고 설명한다. 그는 "우리는 단지 그분의 것일 뿐 아니라 그분이다. 우리 모두 안에 있는 모든 박해자에게 그분은 이렇게 말씀하실 것이다. '네가 어째서 나를 박해하느냐?'"(행 9:4) 아우구스티누스의 열렬한 독자였던 던이 교부들이 그리스도와 그분의 교회의 연합에 대해 말하기 위해 이 본문을 빈번하게 사용했던 것을 몰랐을 리 없다.[55] 던에게 하나님의 눈과 인간의 눈의 만남의 궁극적 결과는 하나님이 우리를 신처럼 만드시는 것이다.[56] 이런 식으로 던은 하늘과 땅을 밀접하게 연결시킨다. 직관이라는 은유는 하나님이 신자들의 길을 섭리적으로 살펴보시는 것에서 시작해 신자들이 회심과 믿음 안에서 그분의 응시에 응하는 것을 거쳐 신성화를 통해 하나님과 최종적으로 연합하는 것에 이르는 믿음의 전 과정을 포괄한다. 따라서 우리는 던에게 신성화는 하늘과 땅이 재결합하는 방법이라고 말할 수 있을 것이다.

고린도전서 13:12("우리가 지금은 거울로 보는 것 같이 희미하나 그때에는 얼굴과 얼굴을 대하여 볼 것이요. 지금은 내가 부분적으로 아나 그때에는 주께서 나를 아신 것 같이 내가 온전히 알리라")이라는 전통적인 구절에 대한 설교를 준비하는 것이 던에게 지복직관에 대해 보다 체계적으로 숙고할 기회를 제공했다.[57] 실제로 1628년 부활절에 행해진 이 설교 이상으로 지복직관에 대한 던의 견해를 알 수 있게 해주는 설교는 달리 없다. 여기서 그가 자신의 회중에게 천국의 마음가짐을 주입시키려 했던 것은 분명하다. 그리고 그는 청중이 이 세상에서의 직관과 내세에서의 직관 사이의 연속성을 주목하도록 강조함으로써 그렇게 한다. 그러므로 또한 이 설교에서 던은 우리가 앞서 보았던 것처럼 "기일들"과 "성금요일, 1613년"

---

55   Michael Fiedrowicz가 *Enarrat, Ps. 1-32*(WSA III/15:53-54)에 붙인 서문을 참조하라. Katrin Ettenhuber는 던이 그의 시 32:8과 고전 13:12에 관한 설교에서 아우구스티누스의 작품을 사용하는 것에 대해 논한다. "'The Evidence of Things Not Seen': Donne, Augustine, and the Beatific Vision," in *Donne's Augustine: Renaissance Cultures of Interpretation* (Oxford: Oxford University Press, 2011), 205-24.

56   하지만 다시 말하지만 던은 도덕적 권면을 할 생각이 없다. 그는 설교를 희망이 추정으로 이어져서는 안 된다는 경고로 마무리한다. 희망에는 적절하게도 두려움이 따른다. 왜냐하면 하나님은 악을 행하는 자들에게 얼굴을 드시고(시 34:16) 우리에게 얼굴을 감추실 수 있기 때문이다(신 32:20[*Sermons* 9.16.369]).

57   Shami, "The Sermon," 339-42에 실려 있는 이 설교에 관한 논의를 참조하라.

모두에서 그의 관심의 초점이었던 "하늘과 땅의 교류"를 되살리는 데 몰두하고 있음을 보여준다.

바울의 그 유명한 본문을 가지고 설교할 때, 그는 다음과 같은 네 개의 범주 혹은 단계들을 중심으로 구성한다. (1) 이곳에서 "안경" 혹은 거울로 하나님을 보는 것(*in speculo*), (2) 이곳에서 "희미하게" 혹은 "부분적으로" 하나님을 아는 것(*in ænigmate*), (3) 하늘에서 "얼굴과 얼굴을 대하여" 하나님을 보는 것, 그리고 (4) 하늘에서 "주께서 나를 아신 것 같이" 하나님을 아는 것. 이 4중의 구조는 던으로 하여금 완전한 봄과 앎을 향한 여행의 진행을 묘사할 수 있게 한다(비록 우리가 보게 되겠지만, 그 말끔한 구조가 또한 얼마간의 단점을 갖고 있지만 말이다). 던은 두 종류의 봄과 두 종류의 앎을 구별한다. 하지만 그의 설명은 그 네 단계가 모두 직관이라는 보다 큰 범주 아래에 포괄될 수 있음을 분명하게 밝힌다. 던은 그 네 단계 각각에 대해 그것과 연관된 직관의 종류를 분석하면서 직관의 위치(place), 우리가 그것 안에서 혹은 그것을 통해서 보는 매체(medium)와 우리가 그것을 통해 볼 수 있는 빛(light)에 대해 논한다. 표 1은 던이 하나님에 대한 직관의 다양한 형태들을 어떻게 구분하는지를 밝혀준다.

표 1: 고린도전서 13:12에 대한 던의 개요

	위치	매체	빛
이곳에서 하나님을 봄	온 세상	창조라는 책	자연의 빛
이곳에서 하나님을 앎	교회	하나님의 규례	믿음의 빛
하늘에서 하나님을 봄	하늘	하나님의 자기 계시	영광의 빛
하늘에서 하나님을 앎	하나님	하나님	하나님

마지막 열이 분명하게 밝혀주듯이 던은 토마스 아퀴나스가 빛을 3중으로, 즉 자연의 빛(*lumen naturae*), 은총의 빛(*lumen fidei*) 그리고 영광의 빛(*lumen gloriae*)으로 구분한 것에 네 번째 도식을 덧붙인다.[58] 그는 성서 본문에 기초를 두고 있기 때문에 세 종류의 빛이 아니라 네 종류의 빛을 가정한다.

던이 자연계 안에서 하나님을 보는 것에 대해 말할 때 그의 참여적 존재론(participatory ontology)이 전면에 등장한다. 그는 아퀴나스가 우리가 그 안에서 하나님을 보는 극장을 "온 세상"으로 부른다고 설명한다(*Sermons* 8.9.223). 던은 시편 139편에 길게 호소하면서 하나님이 세상 모든 곳에 계신다고 주장한다. "다윗은 세상을 순회하며 모든 곳에서 하나님을 발견하고 마침내 다음과 같이 말한다. **'내가 주의 영을 떠나 어디로 가겠습니까? 내가 하늘에 올라갈지라도 당신은 거기에 계십니다'**"(시 139:7-8). 다윗이 139:8에서 분명하게 밝히듯이, 하나님은 심지어 지옥에도 계신다. 그러나 던은 하나님께서는 "그 어떤 위로의 빛도 발산하지 않으시면서" 그곳에 계신다고 덧붙인다. 어떤 피조물이 얼마나 작든 혹은 얼마나 크든 상관없이 그것은 자신의 창조주를 선포한다. "만약 날아다니는 모든 모기가 대천사라면, 그것이 나에게 말해줄 수 있는 모든 것은 하나님이 계신다는 것이다"(8.9.223). 어떤 피조물이 다른 것보다 더 나은 거울이 되지는 않는다. 던은 다음과 같이 말한다. "존재하는 모든

---

58 욥 19:26에 관한 그의 설교(1620년 5월)에서 던은 고전 13:12에 관한 간략한 보충 설명을 하는데, 거기서 그는 오직 세 단계만 구분한다. (1) 거울을 통해(*per speculum*) 하나님을 보는 것: 그것은 피조물을 통해 우리에게 창조주가 계심을 알려준다; (2) 교회 안에서와 성례전 안에서 부분적으로(*in ænigmate*); (3) 하나님 자신을 보는 것, 그렇게 그분을 보는 것을 통해 우리의 모든 문제와 수수께끼가 해소될 것이다(*Sermons* 3.3.111).

것은 동등하게 아무것도 아님으로부터 제거된다. 그리고 존재를 갖는 것은 무엇이든 바로 그 존재로 인해 우리가 그것을 통해 모든 존재의 뿌리이자 근원이신 하나님을 보는 안경이다. 자연의 틀 전체는 극장이고, 피조물 전체는 안경이며, 자연의 빛인 이성은 또 다른 환경인 우리의 빛이다"(8.9.224). 던에게 모든 피조물은 그들의 존재를 존재의 근원이신 하나님으로부터 얻는다.

그러므로 이성이라는 자연의 빛은 모든 사람이 창조 질서 안에서 하나님을 볼 수 있게 한다. 던은 모든 사람이 이 빛에 의해 계몽된다고 주장하면서 요한복음 1:9 - "참 빛 곧 세상에 와서 각 사람에게 비추는 빛이 있었나니" - 과(8.9.224) 특별히 크리소스토모스, 아우구스티누스 및 키릴로스가 이 구절에 대해 행한 해석들에 호소한다(8.9.224-25). 던에 따르면 그 결과 "하나님은 어떤 사람에게도 안락함, 즉 무신론의 거짓된 안락함을 제공하지 않으신다. 그분은 무신론을 가장하는 자가 하나님이 없다고 진지하게 생각할 정도까지 우쭐댈 수 있는 힘을 허락하지 않으신다. 그는 자신의 눈을 뽑고 아무런 피조물도 볼 수 없기 전까지는 자기가 하나님이 없다는 것을 안다고 말할 수 없다. 그는 인간이기를 포기하고 자신의 합리적인 영혼을 잃어버리기 전에는 하나님이 없다고 말할 수 없다"(8.9.225). 하나님이 자연 세계에 임재하신다는 것은 던에게는 인간이 합리적으로 하나님이 계신다는 결론을 내릴 수 있음을 의미한다.

믿음의 빛은 하나님의 규례(성서와 설교 및 성례전)라는 매체를 통해 교회 안에서 빛을 비추기에 던은 자신의 청중에게 교회의 중요성을 상기시킨다. 대학에 가지 않고 학자가 되는 것이 불가능하지 않을 수도 있으나, "학위를 얻기 위한 일반적인 장소는 대학이며 하나님에 대한 지식을 위한 조명을 얻기에 적합한 일반적인 장소는 교회다"(8.9.226). 던은 우리는 교회가 전하는 말을 들어야 한다고 주장한다. 그러므로 그는 "사적인 비밀 집회, 사적인 성령 및 사적인 의견"을 격렬하게 비난하면서 교회가 사람들을 파문할 권위를 갖고 있다고 경고한다(8.9.227). 비록 교회가 성서보다 위에 있는 것은 아니지만(8.9.228), 성서는 그것의 자리를 교회 안에 갖고 있다(8.9.227).

던은 교회를 우리가 신앙에 이르는 곳으로 여기기 때문에 우리가 그것을 통해 믿음에 이르는 매체로서 설교와 성례전을 강조한다. 또 그는 믿음이 정도에 있어서 다양하며 영광의 빛과 비교할 때 희미하다는 것을 강조한다. 우리의 본문은 믿음의 지식이 그저 수수께끼처럼 (*in ænigmate*) 희미하고 모호할 뿐이라고 전한다. 믿음의 지식은 "자연적인 인간의 측면에서 보자면 분명하지만, 우리가 하늘에서 얻게 될 하나님에 대한 지식의 측면에서 보자면 모호한 것에 불과하다. 왜냐하면 사도가 말하듯이 '**우리가 주와 따로 있는 줄을 아노니 이는 우리가 믿음으로 행하고 보는 것으로 행하지 않기**' 때문이다[고후 5:6-7]. 믿음은 복된 임재이지만, 하늘에서의 직관과 비교할 때, 그것은 부재에 불과하다"(8.9.229). 성서는 "**내가 등불을 가지고 예루살렘을 샅샅이 뒤질 것이다**"(습 1:12)라고 예언한다. 그리고 이 말은 "기독교 교회 안에 있는 최고의 사람들"을 가리키므로 그들 안에서조차 얼마간의 어둠이 발견되리라는 것은 분명하다(8.9.230). 그리고 사도가 "**이제는 너희가 하나님을 알 뿐 아니라 더욱이 하나님이 아신 바 되었거늘**"(갈 4:9)이라고 쓰고 있으므로 우리는 "이곳에서 우리가 믿음으로라도 하나님에 대해 갖는 최고의 지식은 그분이 우리를 아신다는 것, 그후에 우리가 그분을 안다는 것 정도다"라고 결론지어야 마땅하다. 따라서 던은 믿음이 우리가 하늘에게 얻게 될 대면 직관보다 "무한히" 열등하다고 결론짓는다(8.9.230).

던은 하늘에서 하나님을 보는 것을 논하면서 이 직관이 일어날 장소가 창조되지 않은 하늘의 "영역"이라고 설명한다. 왜냐하면 하나님의 아들은 영원히 그곳에 계시기 때문이다. 던은 "그곳에는 궁창의 별들보다 훨씬 더 많은 태양들이 있고(모든 성도는 태양이므로) 다른 태양, 곧 의의 태양, 영광의 아들, 하나님의 아들 안에는 훨씬 더 밝은 빛이 있다. 그리고 그 모든 것 안에서 6천 년 전이 아니라 수십 억 년 이전부터 그리고 그이전에 다시 수십 억 년 전부터, 즉 영원 속에서 창조되지 않은 하늘에서 빛나기 시작했던 영광의 빛의 조명과 발산과 방사 속에서 우리는 하나님을 보게 될 것이다"라고 외친다(8.9.231). 하늘을 영원히 비추는 것은 하나님의 아들의 빛이다. 그리고 우리가 하나님을 보는 것은 그곳에서다.

던은 우리가 하늘에서 하나님을 볼 때 필요한 매체에 관해서는 간략하게 말한다. 그는 그것을 "**자기 표출**(*patefactio sui*), 즉 하나님이 자기를 열어 보이심, 우리에 대한 그분의 현시, 계시, 자신을 내어주심"이라고 부를 뿐이다. 그리고 던은 거기에 하나님의 본질을 보는 것이 포함된다는 것을 분명히 한다(8.9.231).[59] 던의 담론—그것은 그것의 간략함 때문에 두드러진다—은 모호하고 어쩌면 이상하기까지 하다. 그는 하늘에

---

59   또한 던은 마 5:8에 대한 자신의 성촉절(candlemas) 설교(아마도 1627년)에서 다음과 같이 말한다. "이곳에서 주로 의도된 하나님 보기는 지복직관(*Visio beatifica*), 즉 그 보는 것이 보는 사람을 복되게 만드는 하나님 보기다. 사람들이 복을 받는 것은 그들이 하나님을 보기 때문이다. 그리고 그것은 하나님의 본질과 본성을 보는 것(*Videre essentiam*)이다"(*Sermons* 7.13.341). 던은 고전 13:12과 요일 3:2에 호소한다. 그는 신자들이 죽자마자 하나님의 본질을 볼 것이라고 주장했다(*John Donne*, ed. Gardner, 114-17).

서 하나님의 본질을 보는 것과 관련해 계속해서 "매체"에 대해 말한다. 그러나 그는 이 매체에 관해 설명할 때 그리스도를 언급하지 않고—우리가 다음 장에서 보게 되겠지만, 청교도 중 일부와 조나단 에드워즈는 그렇게 했다—단지 하나님의 자기 표출에 대해 언급할 뿐이다. 분명히 던은 하늘에서의 그리스도의 영원한 빛에 관해 이미 우아하게 말한 바 있다. 그러나 그것은 직관의 **위치**에 관한 그의 논의 과정에서 나온 말이었다. 그는 직관의 매체로서의 그리스도에 관해서는 말하지 않는다.

아마도 던이 말하는 하늘에서의 그리스도의 자기 노출은 하늘에서 영원히 빛나는 의의 태양이 비추는 것을 의미할 것이다. 하지만 그는 그렇게 명시적으로 말하지 않는다. 그리고 우리가 하나님의 본질을 보게 되리라는 그의 주장은 그것에 불리하게 작용하는 것처럼 보인다. 실제로 우리는 어째서 던이 먼저 하나님을 보기 위한 매체에 관해 말하는지 의아하게 여길 수 있다. 왜냐하면 그는 하나님의 자기 현시를 그분이 우리에게 자신의 본질을 직접 보여주시는 것으로 여기기 때문이다. 어쩌면 던의 전체적인 개요—각 단계에서의 위치, 매체 그리고 빛—의 요구가 그렇게 강제하는 것일지도 모른다. 그리고 어쩌면 그는 우리가 "매체"라는 말을 액면 그대로 취하는 것을 원치 않을지도 모른다. 어느 경우든, 만약 우리가 하늘에서 즉각 하나님의 본질을 본다면 매체에 대한 언급은 과다한 것이거나 적절해 보이지 않는다.

만약 우리가 이성의 빛으로 자연 안에 계신 하나님을 보거나 믿음의 빛으로 성서와 성례전 안에 계신 그분을 본다면, 우리가 하늘에서 하나님의 자기 표출을 보는 것은 영광의 빛을 통해서다. 던은 이 빛이 창조된 것인지 그렇지 않은지에 대해 논하지 않는다. 그는 그것과 그리스도의 관계에 대해서도 상세하게 말하지 않는다. 그러나 그는 그것에 최고의 찬양을 부여한다. "이 영광의 빛에 비하면 명예의 빛은 반딧불이에 지나지 않는다. 위엄 자체는 황혼에 지나지 않는다. 케루빔과 세라핌은 촛불에 지나지 않는다. 사도가 영광스러운 복음이라고 부르는 복음 자체는 하찮은 별에 지나지 않는다"(8.9.232-33). 던은 우리가 그것을 통해 하나님을 보게 될 "이 빛을 어떻게 불러야 할지" 자신도 "모른다"고 고백한다(8.9.233).[60]

아마도 던의 설교에서 가장 눈에 띄는 특징은 그가 아퀴나스의 3중의 패턴(자연과 믿음 및 영광의 빛)에 4중의 구조를 부과하는 것이리라. 그는 하늘에서 하나님에 대한 대면 직관이라는 세 번째 단계—우리가 보았듯이 거기에는 신적 본질에 대한 직관이 포함된다—너머에 나타날 것이 더 있다고 주장함으로써 아퀴나스를 앞지른다. "나는 하나님을 **대면하여 볼 것이고**, 그뿐 아니라 그분을 **알며**(이것은 우리가 그동안 보아왔듯이 보는 것을 넘어선다), **그분을 내가 그분에게 알려진 것처럼 알 것이다**"(8.9.233). 표 1에서 분명하게 드러나듯이 이 네 번째 단계에서 하나님은 위치이자 매체이자 동시에 빛이시다. 던은 이런 주장을 고린도전서 15:28을 언급하면서 뒷받침한다. 그때에는 "하나님이 만유 안에 계실 것이다." 그때는 더 이상 규례가 존재하지 않을 것이다. 하나님 자신이 "예배와 음악과 시와 성례전과 모든 것이 되실 것이기 때문이다. **우리는 말씀에 의지해 살아갈 것이나 한마디 말씀도 듣지 못할 것이다**(*Erit vita de verbo sine verbo*). 우리는 말씀이시나 육이 되신 하나님의 영원한 아들에 의

---

60   하나님에 대한 직관이라는 신비 앞에서 얼마간의 과묵함은 적절한 것일 수 있다. 그러나 던이 영광의 빛과 관련해 상술하지 않는 것은 적절해 보이지 않는다. 우리는 하나님이 하늘에서 영혼에게 부여하실 것이 하나님의 본질인지, 하나님의 아들의 영원한 빛인지 아니면 어쩌면 창조된 선물인지 궁금해하지 않을 수 없다.

지해 살아갈 것이다."던은 (스스로 만물을 보시는) 하나님을 보는 것이 우리 역시 만물을 보게 되리라는 것을 의미하지 않는다고 경계한다. "왜냐하면 그럴 경우 우리는 사람들의 생각을 보아야 하기 때문이다." 오히려 그것은 우리가 이 세상에서 믿었던 모든 것을 보게 되리라는 것을 의미한다(8.9.233).

또한 던은 하늘에서 얻게 될 하나님에 대한 지식이 그리스도의 인성에 대한 견고한 직관이 아닐 것이라고 경계한다.[61] 요한1서 3:2에 따르면, 우리는 하나님을 "그분의 모습 그대로"(sicuti est) 보게 될 것이다 (8.9.234). 세상에서만 하나님은 때때로 "그 모습으로 출현할 물질적인 것들"을 취하신다(8.9.234). "그러나" 던은 다음과 같이 설명한다. "하늘에는 취해야 할 물질적인 것이 존재하지 않는다. 그리고 만약 하나님이 그곳에서 대면하여 보이신다면, 그분은 그분의 본질로 보이실 것이다"(8.9.235). 물론 던은 신과 인간의 구별이 남아 있으리라는 것을 즉각 인정한다. 그는 아퀴나스를 인용하면서 우리는 신적 본질을 **이해하지** 못할 것이라고 주장한다. "그것은 하나님에 대한 포괄적 지식이 될 수 없다. 이해한다는 것은 어떤 사물을 안다는 것일 뿐 아니라 그것이 알려질 수 있다는 것이다. 그리고 우리는 하나님을 그런 식으로는 결코 알 수 없다. 그러나 하나님이 그분 자신을 더 잘 아시리라는 것은 알 수 있다.…그러나 하나님이 나를 아시듯 나 역시 하나님을 알게 될 것이다. 그러나 나는 하나님이 나를 아시는 것만큼 그분을 알지는 못할 것이다. 그

---

61 던은 욥 19:26과 마 5:8에 대한 그의 설교에서 육체적 부활을 강조해서 주장한다 (*Sermons* 3.3.112와 7.13.342-46). 그는 성 토마스를 따라서(*ST* I-II, q. 4, a. 5) 영혼은 육체와 다시 결합하는 것을 기뻐할 것이라고 주장한다(*Sermons* 3.3.112). 그러나 던은 이 나중 설교에서, 특히 아우구스티누스가 포르투나티아누스에게 보낸 유명한 서신 *Ep.* 148에 호소하면서 우리가 육체의 눈으로 하나님을 보게 되리라는 것을 부정한다.

것은 많이(*quantum*) 아는 것이 아니라 참으로(*sicut*) 아는 것이다. 불이 참으로 빛나듯이 태양이 빛을 비추듯이 말이다. 그러나 그것은 그렇게 멀리까지 그렇게 많은 목적을 위해서 빛나지는 않는다"(8.9.235).[62] 우리는 신적 본질을 이해하지 못할 수도 있을 것이다. 그러나 던은 하늘에서 우리가 하나님을 계속 보고 아는 것조차 그보다 더 큰 무언가에 의해 능가될 것이라고 주장한다. "하나님에 대한 이런 봄과 이런 앎이 하늘에서조차 다른 모든 기쁨과 영광에 면류관을 씌우듯이 이 면류관에 면류관이 씌워진다. 이로부터 더 높은 영광이 자라난다. 즉 **우리는 하나님의 본질을 공유하게 될 것이다**(*participes erimus Divina natura*[벧후 1:4], 이것은 **루터**가 한 말인데 신약성서와 구약성서 어느 것도 이것과 동일한 문장을 제공하지 않는다). 우리는 성부처럼 불멸하고, 성자처럼 의로우며, 성령처럼 모든 위로로 가득 차게 될 것이다"(8.9.236). 여기서 던은 "성금요일, 1613년"과 시편 32:8에 관한 그의 설교에서처럼 신성화를 지복을 제공하는 여행의 면류관으로 다룬다.[63]

---

62 아퀴나스는 *ST* I, q. 12, a. 7; I-II, q. 4, a. 3에서 신적 본질을 이해하는 것에 대해 유사한 유보를 표현한다.

63 고전 13:12에 관한 던의 설교의 요소들, 특히 하나님에 대한 직관의 네 단계에 대해 비판적이 되는 것은 어렵지 않다. 마지막 두 단계 사이의 구별은 잘 유지되지 않는다. 하늘에서 "하나님을 보는 것"이 "하나님을 아는 것"과 어떻게 다른지를 알기는 어렵다. 던은 그 둘 모두에서 성도가 하나님을 대면하여 본다고, 그리고 그 둘 모두에서 그들이 하나님의 본질을 본다고 주장한다. 던은 그 둘을 구별함에도 불구하고 그 마지막 두 단계에 대해 적어도 부분적으로는 동일한 서술을 제공한다. 유사하게, 신성화가 하나님의 본질을 보는 것보다 "더 높은 영광"이라고 주장하는 것도 이상해 보일 수 있다. 어쩌면 우리는 설교자 던이 늘 시인 던으로 남아 있다는 것을 염두에 둘 필요가 있을지 모른다. 그 4 중의 구조는 그것이 제공하는 균형에 비추어볼 때 던에게는 저항할 수 없는 것이었을 수 있다. 신성화가 지복직관의 면류관에 덧붙여지는 면류관이 되리라는 개념은 수사학적 화려함의 절정에 불과한 것일 수도 있다.

결론

직관과 지식의 네 가지 형태에 관한 던의 개요에는 문제가 없지 않다. 그러나 그것은 이생에서의 직관(및 지식)과 내세에서의 그것의 연속성을 강조하는 역할을 한다. 고린도전서 13:12에 대한 던의 설교는 참여적 존재론의 증거가 된다. 그리고 그 설교자는 우리가 (자연의 빛으로) 창조 안에서와 (믿음의 빛으로) 교회 안에서 하나님을 보는 오랜 삶을 통해 절정의 지복직관을 위한 준비를 한다고 지적하고자 애쓴다. 직관의 존재가 이런 다양한 단계를 하나로 연결시킨다. 그 결과 던은 다음과 같이 말할 수 있었다. "오늘날 이 성서 전체가 당신들이 듣는 가운데서 성취된다[참조. 눅 4:21]; 지금 (이 설교를 듣고 있는 지금) 당신들은 얼마간 본다. 그리고 그때 (우리가 처음으로 이날을 축하하는 날이 올 때) 당신들은 모든 것을 완전하게 보게 될 것이다"(*Sermons* 8.9.219-20). 일요일 예배는 우리가 이미 하나님에 대한 직관에 참여하고 있음을 축하한다. 유사하게 던은 마태복음 5:8을 가지고 설교할 때 다음과 같이 말한다.

마음이 청결한 자에게 이 세상과 다음 세상은 두 집이 아니라 두 개의 방, 같은 집에 있어서 서로 연결되어 있는 현관과 머물러 쉬는 거실이다. 그 둘은 모두 예수 그리스도라는 하나의 지붕 아래에 있다. 전투하는 교회와 승리한 교회는 두 개의 교회가 아니다. 하나는 예수 그리스도라는 같은 머리 아래에 있는 같은 교회의 현관이고 다른 하나는 강단이다. 따라서 이곳에서 마음이 청결한 자가 누리는 기쁨과 구원에 대한 감각은 하늘의 기쁨과 단절된 기쁨이 아니라 이곳에서 우리 안에서 시작되는 기쁨이고, 지속되며, 그곳까지 우리와 동행하고 그곳에서 흘러나와 무한히 확장된다(마치 어느 기차에서 화약 한쪽에 불을 붙이면 그 기차가 도시 전체로 불을 실어가듯 그것은 처음부터 하나이고 동일한 불이었다[7.13.340]).[64]

전투하는 교회와 승리한 교회가 하나의 교회이기에, 던은 마음이 청결한 자의 직관과 기쁨이 둘 모두에서 하나이자 동일하다고 확신했다.

분명히 던은 내세에서 우리가 하나님의 본질을 보는 반면 이생에서는 아무도 그것을 볼 수 없다고 주장함으로써 오늘 우리가 경험하는 하나님에 대한 직관과 내세의 그것 사이의 연속성에 대한 이런 의식을 약화시킨다. 이 점에서 던은 대부분은 단순하게 토마스 아퀴나스를 따른다.[65] 이것은 이생에서의 하나님에 대한 직관과 내세의 그것 사이의 유감스러운 분열을 의미한다. 그리고 그것은 다른 곳에서 던이 내비쳤던 생각과 긴장을 이룬다. 이 점에서 던의 토마스주의는 그의 전체적인 성례전적 접근법을 진척시키는 역할을 하지 못한다. 어느 면에서 하늘의 미래는 이 세상의 삶에 별 도움이 되지 않으면서 분리된 상태로 남아 있다.

그러나 전체적으로 던은 이생에서의 직관과 내세에서의 직관, 즉 땅에서의 직관과 하늘에서의 직관 사이의 연속성을 강조하기 위해 애쓴다. 이 연속성은 그의 참여적 존재론에 근거하는데 그것에 따르면 하나

64　던은 또한 다음과 같이 말한다. "우리가 하늘에서 경험할 하나님에 대한 직관은 이곳에서 동이 터야 한다. 만약 우리가 그곳에서 그분의 얼굴을 보게 될 것이라면, 우리는 이곳에서 얼마간의 빛 속에서 그것을 보아야 한다"(7.13.346).

65　던은 아무도—심지어 에덴 동산의 아담과 시내산 위의 모세와 변화산 위의 사도들과 삼층천으로 붙잡혀 갔던 바울 혹은 오스티아에서 직관을 경험했던 아우구스티누스조차—세상에 있는 동안에는 하나님의 본질을 보지 못했다고 주장함으로써 이생에서 우리가 하나님의 본질을 볼 수 있음을 단호하게 부인한다(*Sermons* 8.9.231–32). 비록 그가 아퀴나스에게 호소하기는 하나, 이 점에서 던은 실제로는 그 천사 박사를 넘어선다(참조. *ST* I, q. 12, a. 11; II–II, q. 175, a. 3).

님은 창조 질서 전반에 임재하신다. 그 결과 신자의 순례 전체는 직관이라는 규례(rubric)에 속한다. 그 여행은 순례자의 길을 지켜보시는 하나님의 섭리적 눈에서 시작한다. 신자가 지금 이곳에서 하늘에서 있을 하나님에 대한 지복직관을 준비할 때, 그는 회심과 연합을 통해 이런 하나님의 직관에 응답하는 것을 배운다. 지복직관의 신성화하는 특성은 던에게는 하늘과 땅이 분리된 채 남아 있을 수 없음을 의미한다. 따라서 그의 시와 설교 모두에서 나타나는 지복직관에 대한 던의 신학 전체는 "하늘과 땅의 교류"의 회복에 대한 그의 열렬한 욕구를 보여준다.

11장
그리스도와 직관

지복직관에 대한 청교도와 네덜란드 개혁주의의 설명

청교도주의와 신칼뱅주의

영국의 청교도와 네덜란드의 신칼뱅주의자들은 많은 것을 공유하지 않는 것처럼 보일 수 있다. 개혁주의 사상의 그 두 흐름을 서로 대립시키는 것은 쉬운 일이다. 청교도는 내향적이었고 신칼뱅주의자들은 외향적이었다. 청교도는 영혼을 다뤘고, 신칼뱅주의자들은 몸을 다뤘다. 청교도는 관조적 삶에 집중했고 신칼뱅주의자들은 활동적 삶에 초점을 맞췄다. 청교도는 우리의 세속적인 삶과 하늘에서의 미래 간의 차이를 강조했고, 신칼뱅주의자들은 이생과 새 하늘과 새 땅 간의 연속성을 강조했다. 그러므로 우리는 청교도는 지복직관을 기대했던 반면 신칼뱅주의자들은 그 가르침을 의심하며 다뤘다고 가정하려는 유혹에 빠질 수 있다. 물론 이런 설명은—그것으로부터 나오는 가설들은 물론이고—나름의 장점을 갖고 있다. 그럼에도 나는 이 장에서 그 두 종류의 사상의 흐름이 우리가 예상하는 것보다 훨씬 더 많은 것을 공유하고 있다고 주장할 것이다.

칼뱅주의 전통 안에서도 지복직관 교리가 가장 크게 번성한 곳이 청교도 안에서였다는 것은 사실이다. 청교도들은 그 주제에 관한 스콜라적 신학—그것은 중세의 것이기도 하고 여러 종류의 칼뱅주의의 것이기도 하다—을 읽었고 그것을 자신들의 것으로 삼았다. 게다가 그들의 실천적이고 관조적인 관심 때문에 그들은 또한 그 교리에 관한 영감을 얻기 위해 중세의 신비주의와 동시대 이냐시오 영성(Ignatian spirituality)을 향해 돌아섰다.[1] 그 결과 청교도 신학자들은 종종 지복직관을 논하면서 그것을 자신들의 매일의 영성의 실천—가장 두드러지게 묵상과 관조—과 긴밀하게 연결시켰다.[2] 이런 접근법은 지복직관에 대한 그들의 이해에 독특한 영향을 주었고 특별히 그것에 대한 그들의 이해가 갖고 있는 그리스도 중심성을 강화시켰다. 그들은 매일 그리스도와 그의 사역 및 그의 영광에 대해 묵상했다. 따라서 그리스도가 하나님에 대한 궁극적 직관에 대한 그들의 이해에서도 중심이 된 것은 놀랄 일이 아니다. 결국 그리스도에 대한 매일의 묵상은 천국을 위한 준비였다. 아이작 암

---

1   아래서 나는 이 두 종류의 흐름의 영향 모두를 상세하게 논할 것이다.
2   이 장에서 논의되는 청교도들이 지복직관을 다뤘던 유일한 사람들이었던 것은 결코 아니다. Tom Schwanda는 그들에 더하여 다음과 같은 이들을 언급한다. Robert Bolton, *Mr. Boltons last and learned worke of the foure last things, death, iudgement, hell, and heauen. With an assise-sermon, and notes on Iustice Nicolls his funerall. Together with the life and death of the authour*, ed. Edward Bagshaw (London, 1632; STC [2nd ed.] 3242); John Howe, *The blessednesse of the righteous discoursed from Psal. 17, 15* (London, 1668; Wing H3015); 그리고 William Bates, *The four last things viz. death, judgment, heaven, hell, practically considered and applied in several discourses* (London, 1691; Wing B1105), 285-342. Tom Schwanda, "The Saints' Desire and Delight to Be with Christ," in *Puritanism and Emotion in the Early Modern World*, ed. Alec Ryrie and Tom Schwanda (New York: Palgrave Macmillan, 2016), 78n55을 보라.

브로즈가 말하듯이 **"예수를 바라보는 것**이 천국의 일임을 생각하라.…
만약 우리가 이 일을 좋아하지 않는다면, 천국에서는 어떻게 살아가겠
는가?"[3] 그러므로 비록 청교도가 종말에 우리가 그리스도 안에서 하나
님을 볼 것을 인정하는 일에서 독보적이지는 않을지라도 기독론과 지복
직관 사이의 연관성이 청교도들 사이에서보다 심원하게 유지되는 곳이
달리 없다는 것은 아주 분명하다.

아브라함 카이퍼의 신칼뱅주의의 상속자들은 종종 청교도주의와
연관된 신비주의적 경건에 대해 조심스러워했고 지복직관 교리를 무시
하는 경향을 보였다.[4] 어느 의미에서 이것은 놀랄 일이 아니다. 카이퍼의
신학은 결국 그 출발점을 다음과 같은 그의 유명한 말에서 취한다. "우
리 인간 삶의 모든 영역에서 만유의 주재이신 그리스도께서 '나의 것이
다!'라고 외치지 않는 영역은 한 치도 없다!"[5] 카이퍼의 신칼뱅주의는 삶
의 모든 측면에 대한 그리스도의 지배를 분명하게 단언했고 20세기의
전환기에 네덜란드의 보통 사람들(kleine luyden)로 하여금 사회적·문화적
일들, 정치와 경제적 삶 그리고 예술과 과학에 개입하도록 만들었다.[6] 그
럼에도 카이퍼는 또한 분명하게 신비주의적인 성향을 갖고 있었고, 앞

---

3   Isaac Ambrose, *Looking unto Jesus a view of the everlasting Gospel, or, the souls eying of
     Jesus as carrying on the great work of mans salvation from first to last* (London, 1658;
     Wing A2956), 1.3.7.
4   Herman Bavinck가 가장 분명한 사례다. 이 책의 1장 중 "'용해하는 연합'은 없다: 헤르
     만 바빙크" 부분을 보라.
5   Abraham Kuyper, "Sphere Sovereignty," in *Abraham Kuyper: A Centennial Reader*, ed.
     James D. Bratt (Grand Rapids: Eerdmans, 1998), 488.
6   문화와 공적 신학에 대한 Kuyper의 견해는 John Bolt, *A Free Church, a Holy Nation:
     Abraham Kuyper's American Public Theology*(Grand Rapids: Eerdmans, 2001); Vincent E.
     Bacote, *The Spirit in Public Theology: Appropriating the Legacy of Abraham Kuyper*(Grand
     Rapids: Baker Academic, 2005)를 보라.

선 청교도들만큼이나 지복직관을 성도가 가장 크게 욕구해야 하는 대상으로 계속해서 강조했다.

이것은 영국의 청교도와 네덜란드의 신학자들이 지복직관에 관해 결국 동일한 것을 가르쳤다는 뜻이 아니다. 가장 분명하게 나는 지복직관에서 그리스도의 지위가 내가 논의할 청교도들—아이작 암브로즈, 존 오웬, 리처드 백스터 그리고 토마스 왓슨—과 아브라함 카이퍼 사이의 주된 차이점을 이룬다고 주장할 것이다. 이런 청교도들이 대체로 지복지관을 그리스도에 대한 영원한 직관으로 보았던 반면, 카이퍼는 성도가 미래에 그리스도와 나누는 교제를 중간 상태에 국한시켰다. 또 청교도들은 우리가 일반적으로 어느 시점에서 하나님의 본질을 보게 되리라는 개념과 상관하기를 원치 않았던 반면(혹은 그들은 그 개념을 다뤘을 때 그리스도와의 연관성을 분명하게 했다), 카이퍼는 하나님의 본질을 보는 것이 부활 후에 신자들의 궁극적 행복을 구성하게 되리라고 주장했다. 그 결과 청교도들은 결국 지복직관에 보다 지속적으로 "성례전적인" 접근법을 보이게 되었다. 내가 이 장에서 논하는 청교도들은 예수 그리스도 안에서의 하나님의 자기 계시와 무관한 하나님에 대한 그 어떤 직관도 거부했다. 그것은 특히 아이작 암브로즈와 존 오웬에게서 분명하게 드러나는데, 나는 이 장의 다음 두 부분에서 그것에 대해 설명할 것이다. 그들은 지금 우리의 관조와 미래의 하나님에 대한 직관 모두에서 우리가 그분을 오직 그리스도 안에서만 본다고 주장했다. 대조적으로 카이퍼의 영성은 비록 어느 면에서 그리스도에게 크게 집중하기는 하나 결국 오늘 하나님에 대한 (계시를 통한) 간접적인 직관과 종말에 그분의 본질에 대한 직접적인 직관을 구별하는 것으로 끝났다.

예수를 바라봄: 아이작 암브로즈

가스탕의 장로교 목사였던 아이작 암브로즈(Isaac Ambrose, 1604-1664)가 심각한 질병으로부터 치유된 것을 감사하면서[7] 『예수를 바라봄』(*Looking unto Jesus*, 1658)이라는 방대한 책을 출간했을 때, 그는 히브리서 12:2에서 단서를 얻었다. "믿음의 주요 또 온전하게 하시는 이인 예수를 바라보자." 암브로즈는 2권에서 "예수의" 영원한 출생과 그리스도 안에서의 우리의 선택에서 시작해 5권에서 심판 때 그분의 재림으로 결론을 지으면서 그 책의 대부분을 기독론에 할애했다. 암브로즈는 그리스도를 보는 것에 초점을 맞추면서도 자신을 종말에 있을 지복직관을 다루는 데 국한시키지 않았다. 그는 더 직접적인 목표, 즉 자신의 독자들에게 다른 모든 대상들로부터 눈을 돌려 예수를 바라보도록 고무한다는 목표를 갖고 있었다.[8]

그럼에도 "예수를 바라보는 일"의 실천은 내세에서 그 정점에 이른다. 오직 예수를 바라보는 것만이 우리를 진정으로 행복하게 만든다. "교만한 자는 자신의 명예를 자랑하고, 용맹한 자는 자신의 용기를 자랑할지라도 그리스도인은 자신이 행복하다고 선언한다. 그는 그리스도를 바라보고, 그리스도를 가지며, **예수를 바라볼** 때만 행복하고, 참으로 행복

---

7   Ambrose, *Looking unto Jesus*, 시문.『예수를 바라보라1, 2』(부흥과개혁사 역간). 참조.
     Tom Schwanda, *Soul Recreation: The Contemplative-Mystical Piety of Puritanism* (Eugene,
     OR: Pickwick, 2012), 148. Schwanda의 책은 암브로즈의 신비주의 영성에 관한 최고의
     입문서다.

8   암브로즈는 히 12:2에서 "바라보다"에 해당하는 그리스어(ἀφορῶντες εἰς)가 두 개의
     전치사(ἀπό와 εἰς)를 포함한다고 설명한다. 전자는 "다른 모든 대상으로부터 눈을 돌
     리는 것"을 의미하고, 후자는 "어떤 대상에 눈을 확실하게 고정시키는 것"을 의미한다
     (*Looking unto Jesus*, 1.2.11).

하며, 완전하게 행복하다."[9] 재림에 관한 암브로즈의 성찰은 이런 전반전인 기독론적 견해와 일치한다. 그는 그리스도와 그의 성도의 미래의 만남에 대한 아름다운 서술을 다음과 같은 말로 시작한다.

> 그들은 바라보고, 응시하며, 그들의 광선을 비춘다. 그리고 서로에게 자신들의 영광을 비춘다. 오 그 소통이여! 오 그리스도와 그의 성도들 사이의 광선의 비춤이여! 존경할 만한 두 사람, 두 연인이 서로 만날 때처럼 그들의 눈은 반짝이고 그들은 서로 바라본다. 마치 서로를 꿰뚫어 보듯이. 그리고 바로 그것이 이런 바라봄의 효과다. **모세**가 하나님과 함께 있었을 때 그의 얼굴이 빛나지 않았는가? 그리스도께서 그들을 바라보실 때 선택된 자들의 얼굴 또한 반짝거리고 빛나지 않겠는가? 그것으로 그치지 않는다. 그들이 그리스도에 의해 빛날 때, 그들의 빛남이 그리스도에게 비추고 그리스도께 영광을 돌릴 것이다. 그리고 나는 이것을 사도가 "그날에 그가 강림하사 그의 성도들에게서 영광을 받으시고"[참조. 살후 1:10]라고 말했을 때 의미했던 것으로 여긴다. 오직 그분에게서만이 아니라 그의 성도들에게서도다. 그들의 영광이 그분으로부터 오듯이 그것은 또한 그분에게 미친다. "이는 만물이 주에게서 나오고 주로 말미암고 주에게로 돌아감이라"[참조. 롬 11:36] (5.1.4).

그리스도와 그분의 성도들의 상호적인 관조는 상호적인 영화(glorification)로 이어진다. 성도들은 "그리스도 안에서 제시된 하나님의 아름다우심"

---

9   Ambrose, *Looking unto Jesus* 1.3.6. 이후로 이 작품의 참조 번호는 본문의 괄호 안에 제시될 것이다.

을 보고 "예수 그리스도 안에서 성부의 빛과 영광이 실질적으로 반영되고 있음"을 보고서 놀랄 것이다. 그 결과 그리스도와 그분의 성도들은 서로 안에서 기뻐하고 즐거워할 것이다(5.1.4).

암브로즈는 그리스도와 성도들 사이의 이런 만남 이후에 최후의 심판이 있을 거라고 설명한다. 그리고 그 후에 성도들은 그리스도와 천사들을 따라 행진해 최고천 안으로 들어갈 것이다. 그때 지구는 불에 탈 것이고 성도들은 "하늘의 하늘이자 영광의 장소"인 새 하늘과 새 땅(참조. 벧후 3:13)에 거주하게 될 것이다(5.1.6-7). 그때 그리스도가 선택된 자들을 그분의 성부께 바치실 것이고 그로 인해 이 시점에서 중재자로서 그의 사역이 끝날 것이다. 실제로 **모든** 중재 사역은 이제 종결된다. "**천국에는 태양이나 달이 필요하지 않다.** 즉 어떤 이들이 해석하듯이 설교나 예언이나 말씀이나 성례가 필요하지 않을 것이다. **어린양이 등불이 되실 것이기 때문이다**[참조. 계 21:23]. 그리스도가 선택된 자들이 갖게 될 모든 소통의 유일한 수단이 될 것이다"(5.1.8). 그리스도가 그분의 왕국을 성부께 바치시고 더는 중재자로서 기능하지 않으시리라는 의미에서 그는 성부께 굴복하실 것이다(참조. 고전 15:28). "그날에 그의 중재자직이 그칠 것이다. 그리고 그 결과, 그의 중재자직이라는 측면에서 혹은 그의 인성이라는 측면에서 그는 그날 성부에게 종속되실 것이다"(5.1.8). 그러므로 암브로즈는 중재자로서의 그리스도의 역할(그것은 재림 때 끝날 것이다)과 "소통의 수단"으로서의 그의 기능(그것은 영원히 계속될 것이다)을 구분한다.

"하나님이 만유의 주로서 만유 안에 계시려 하심이라"(고전 15:28)라는 바울의 말에 대해 성찰하면서 암브로즈는 하나의 섹션 전체를 성도가 하나님을 누리는 것에 할애하는데, 그것은 정면으로 하나님의 본질에 초점을 맞추는 논의다(5.1.9). 암브로즈는 바울의 구절이 "수단을 통해서"라기보다 "직접 하나님을 누리는 것"에 관해 말한다고 주장한다. 또한 그는 고린도전서 13:12과 요한1서 3:2 같은 유명한 본문들을 하나님에 대한 직관을 가리키는 것으로 설명한다. "우리는 그분을 보되 거울을 통해서 희미하게 본다. 그러나 그가 우리의 **모든 것**이 되실 때, 우리는 그를 **대면하여** 볼 것이고, 그때 우리는 하나님을 그분의 모습 그대로 분명하게 그리고 직접적으로 보게 될 것이다"(5.1.9 [강조는 덧붙여진 것임]). 우리는 그분을 "직접" 즐길 뿐 아니라 또한 그분을 "완전하게" 누릴 것이다. "우리가 하나님을 누리는 것은 이곳에서는 유아적 상태일 뿐이다. 그곳에서 우리는 그분을 완전하게 누릴 것이다. 이곳에서는 물방울이 떨어지는 것처럼 누리지만 그곳에서는 바다처럼 누릴 것이다. 이곳에서 우리는 하나님의 등만 볼 뿐 그 이상은 볼 수 없지만 그곳에서 우리는 그분의 얼굴을 보게 될 것이다. (어떤 이들이 구별하듯이) 믿음으로 누리는 그분의 영광과 은혜로서의 그분의 두 번째 얼굴이 아니라 그분의 첫 번째 얼굴, 곧 봄으로써 누리는 그분의 본질로서의 얼굴을 보게 될 것이다. 그러나 나는 지금 한낱 피조물인 영혼이 이해할 수 없는 하나님의 본질 전체를 이해할 수 있음을 의미하지 않는다. 그것은 영혼이 그보다 아주 조금이라도 더 받거나 그런 것을 욕구할 수 없게 됨을 의미하는 것처럼 영혼이 하나님으로 가득 차게 될 것이고 그렇게 되어야만 한다는 것을 의미한다"(5.1.9). 암브로즈에게 지복직관은 하나님의 본질 자체에 대한 직관이다. 그리고 이 본질이 무한하기 때문에 우리가 그것을 이해하지 못하리라는 단서는 물론 전적으로 전통적인 것이다.

이것은 현저하게 비기독론적인 접근법처럼 보일 수 있다. 그러나 암브로즈는 즉각 그런 인상을 정정한다. 그는 자신의 주장이 기독론적으로 불충분하게 보일 수 있다는 반대를 예상하면서 다음 섹션인 5.1.10 전체를 성도의 "모든 것"으로서의 그리스도에 대한 직관에 할애한다. 여기서 그는 부활 후에 그리스도를 보는 것은 곧 영화된 인성을 입고 있는 그리스도를 보는 것이라고 설명한다. 암브로즈는 종말에 "그의 신성의 빛"이 그의 인성을 통해 빛날 것이고 그로 인해 "어떤 피조물이라도 그를 볼 수 있는 것만큼 우리가 육체의 눈으로 그를 볼 수 있을 것"이라고 설명한다.[10] 한편 성도는 또한 그리스도의 "본질적인 신적 영광"을 보게 될 것이다. 그러나 암브로즈는 우리가 그리스도의 신성을 보기 위해서는 먼저 죽어야 한다고 주장한다(참조. 출 33:20). "이생에서는 아무도 못한다. 그는 먼저 죽어야 하고 변화되어야 한다. 그후에야 그는 거룩한 위엄의 특별한 계시를 얻게 될 것이다. 그때 그는 **그를 있는 그대로 보게** 될 것이다. 그러나 그것이 어떻게 가능한지에 대해서는 나는 알지 못한다." 따라서 비록 중간 상태에서 성도가 "그리스도의 본질적 영광을" 그들이 세상에서 했던 것보다 "더 직접적이고 온전하게 볼" 것이지만, "마지막 심판의 때에" 그리스도의 신성에 대한 직관은 훨씬 더 영광스러울 것이고, 그 후에 그리스도의 영광의 현현은 이전 그 어느 때보다 훨씬 더 밝게 나타날 것이다(5.1.10).

암브로즈는 자신이 성도가 부활 후에 그리스도의 신성한 본질을 어

---

10 암브로즈는 그리스도의 영화된 인성을 이처럼 "눈으로 보는 것"이 가능한 이유가 (1) 우리의 눈이 영화될 것이고, (2) 그 눈이 영화된 육체 안에서 활동할 것이며, (3) 그것들이 영화된 영에 따라 행동할 것이기 때문이라고 주장한다(5.1.10). 보다 앞서 암브로즈는 "내 눈으로 그를 보리니"(욥 19:27)라는 욥의 주장뿐 아니라, 또한 요일 3:2과 고전 13:12 — 그 시점에 그는 그것들이 천국에서의 예수에 대한 지복적이고 육체적인 관조를 가리킨다고 해석했었다 — 을 언급하면서 우리가 천국에서 얼마간 "시각을 사용하게 될 것"이라고 주장한 바 있다(*Looking unto Jesus*, 1.3.1).

떻게 보게 될 것인지 안다고 주장하지 않는다.[11] 그러나 그는 그리스도의 "얼굴", 즉 그의 거룩한 본질을 보는 것이 무엇을 의미하는지에 대해 길게 논한다. 암브로즈에 따르면 그리스도의 얼굴을 보는 일에는 다음과 같은 여섯 가지의 구별된 요소들이 포함된다. 삼위일체의 각 위 사이의 영원한 관계를 보는 것, 그리스도를 모든 창조된 선의 최초의 존재 혹은 원리로 보는 것, 그가 영원부터 영원까지 행하는 모든 것 안에서 그리스도를 보는 것, 그리스도를 특별히 우리의 행복을 위해 이 모든 것을 행하는 분으로 보는 것, 그리스도를 있는 그대로 직접 보는 것, 그리고 그리스도를 아무런 간섭 없이 영원히 보는 것(5.1.10). 따라서 암브로즈에게 하나님에 대한 직관은 그리스도에 대한 직관과 마찬가지다. 신적 본질을 보는 것과 관련해서조차 그것은 **그리스도**의 본질에 대한 직관과 마찬가지다. 따라서 암브로즈는 신적 본질을 예수 그리스도의 위격과 분리해서 생각하기를 거부한다. 그로 인해 그는 지복직관을 단순하게 그리스도에 대한 직관으로 다룬다. 암브로즈에게 행복은 오직 처음부터 끝까지 "그리스도를 바라봄" 안에서만 발견된다.

---

11   암브로즈는 하나를 택하기를 거부하면서 다음 네 가지 가능성을 언급한다. (1) 그리스도의 신성이 그의 인성을 통해 알려질 것이다. (2) 그리스도의 거룩한 본질이 어떤 구별된 종에 의해 표현될 것인데, 그 종은 영광의 빛이 그것을 고양시킬 것이기에 오성으로 볼 수 있게 될 것이다. (3) 그리스도의 거룩한 본질이 (어떤 구별된 종에 의해서라기보다는) 오성을 고양시키는 영광의 빛을 통해서 직접 보이게 될 것이다. (4) 그리스도의 거룩한 본질이 오성에 직접적으로 표현될 것이고, 거룩한 은혜가 그것을 볼 수 있게 할 것이다(*Looking unto Jesus*, 5.1.10).

그리스도의 영광스러운 신비: 존 오웬

비국교도 신학자인 존 오웬(John Owen, 1616-1683)은 1679년에 출간한
『기독론』(*Christologia*)의 부제에서 그 표현을 사용하면서 그리스도의 "영
광스러운 신비"(glorious mystery)를 옹호하기 시작했다.[12] 특별히 그는 "그
의 탁월함을 선포하고 그의 영광의 대의를 주장하며 그의 명예를 입증
하고, 그가 인간의 영혼의 유일한 휴식과 보상임을 증언하는 것"을 목표
로 삼았다.[13] 그 책의 마지막 두 장에서 오웬은 현재 그리스도가 천국에
서 맡은 역할, 즉 그의 영광의 상태(19장)와 그의 직무의 수행(20장)에 대
해 모두 다룬다. 따라서 어느 의미에서 오웬이 지복직관을 다룰 때 나타
나는 그리스도 중심성은 그 마지막 두 장을 포함해서 그 작품의 전체적
인 주제에 의해 보장되어 있는 셈이다.

　그러나 오웬에 따르면 우리는 여전히 그리스도가 지복직관과 관
련하여 **어떤** 역할을 하는지를 주목하는 것에서 실패해서는 안 된다. 먼
저 그는 그리스도를 성도가 죽음 직후에 또한 그의 재림 이후에 천국에
서 경험할 직관의 대상으로서 다룬다. 비록 이 핵심적 통찰에 더 정교한

12　John Owen, *Christologia, or, A declaration of the glorious mystery of the person of Christ,
　　God and man with the infinite wisdom, love and power of God in the contrivance and
　　constitution thereof...*(London, 1679; Wing O762). 『기독론』(처음과나중 역간). 오웬
　　의 기독론에 관한 논의는 Alan Spence, *Incarnation and Inspiration: John Owen and the
　　Coherence of Christology*(New York: T. & T. Clark, 2007)를 보라. 오웬의 전체적인
　　신학에 대해서는 다음을 보라. Sebastian Rehnman, D*ivine Discourse: The Theological
　　Methodology of John Owen* (Grand Rapids: Baker Academic, 2002); Kelly M. Kapic,
　　Communication with God: The Divine and the Human in the Theology of John Owen
　　(GrandRapids: Baker Academic, 2007); Carl R. Trueman, *John Owen: Reformed
　　Catholic, Renaissance Man* (2007; reprint, New York: Routledge, 2016).
13　Owen, *Christologia*, 서문. 이후로 이 작품의 참조 기호는 본문의 괄호 안에 제시될 것이
　　다.

표현(과 미묘한 표현)이 필요하기는 할지라도, 우리는 그의 『기독론』 읽기를 마칠 즈음에 오웬이 그리스도에 대한 직관을 내세를 위한 전망으로 제공한다는 압도적인 인상을 얻을 수밖에 없다.[14] 예컨대 이것은 그가 지복직관에 대해 제공하는 두 가지 정의와 유사한 설명(definition-like descriptons)에서 분명하게 나타난다. 그는 19장에서 그리스도의 인간적 본성이 어떻게 그가 승천하신 후 하늘에서 영화롭게 되는지에 관한 문제에 초점을 맞추면서 첫 번째 설명을 제공한다. 오웬은 그리스도의 인간적 본성이 하나님의 아들의 위격 안에 존재한다는 전통적인 칼케돈 신조의 확신을 다시 언급하면서 시작한다(319-20). 오웬은 성도는 죽어서 하늘의 예배에 참여하며 그곳 하늘에서 이 성육신의 신비의 영광을 본다고 주장한다. "천국을 누리는 것은 보통 **지복적 직관**(Beatifical Vision)이라고 불린다. 즉 특히 그리스도 안에서 나타나는 하나님과 그분의 영광에 대한 그런 즉각적인 견해와 이해 및 조망은 우리를 영원히 **복되게** 만들어줄 것이다"(320). "우리의 복됨의 큰 부분"은 이 성육신의 신비를 관조하는 것으로 이루어질 것이라고 오웬은 주장한다(320). 죽음 직후에 시작되는 지복직관의 초점은 성육신의 신비에 대한 관조에 있는 것으로 보인다.

둘째, 다음 장에서 오웬은 현재 천국에서 성도 사이에서 발생하는 예배를 묘사하면서 이 예배가 육체적인(마치 천국의 예배가 우리가 우리의 마

---

14   참조. Kyle Strobel, "Jonathan Edwards' Reformed Doctrine of the Beatific Vision," in *Jonathan Edwards and Scotland*, ed. Kelly Van Andel, Adriaan C. Neele, and Kenneth P. Minkema (Edinburgh: Dunedin, 2011), 164-66; Suzanne McDonald, "Beholding the Glory of God in the Face of Jesus Christ: John Owen and the 'Reforming' of the Beatific Vision," in *The Ashgate Research Companion to John Owen's Theology*, ed. Kelly M. Kapic and Mark Jones (Burlington, VT: Ashgate, 2012), 141-58.

음 안에서 "**이미지들**의 틀을 짜는" 방식과 부합하는 것처럼) 것은 아니지만 또한 단지 정신적인(마치 그것이 "각 개인의 고요한 생각"으로 이루어지는 것처럼) 것도 아니라고 말한다(345). 성서가 천국에서의 음성과 자세 및 몸짓에 관해 말할 때, 그것은 비록 우리가 그것이 무엇인지 분명하게 알지는 못하지만 실제적인 무언가를 묘사한다. 오웬은 하늘의 성전에서 드리는 예배에 대한 성서의 묘사를 요약한다. 그곳에서는 (인성을 입고 계신) 그리스도가 하나님 앞에 있는 그의 보좌에 앉아 계시고 그 주변에 천사와 성도들이 둘러 서 있다(346). 이어서 오웬은 "모든 축복받은 이들이 그리스도 안에 있는 하나님의 영광, 인류를 향한 그분의 지혜와 은혜의 결과에 관해서 **아주 분명한 이해**를 갖고 있음"에 대해 말한다(347). 이 짧은 묘사에서도 오웬은 지복직관이 **그리스도 안에 있는** 하나님의 영광에 대한 이해라고 되풀이해서 말한다. 이번에 그는 성육신의 신비 그 자체가 아니라 보다 넓게 그리스도의 구원 사역에 초점을 맞춘다. 직관의 대상이 위격적 연합이든 혹은 그리스도의 중재 사역이든 간에, 오웬이 보기에 성도가 천국에서 이미 누리는 지복직관이 단지 그들이 영혼의 눈으로 예수를 바라보는 것으로 이루어지지 않는다는 점은 분명하다. 오히려 그들은 그리스도 안에 있는 하나님의 구원, 즉 그의 성육신과 그 후의 구속 사역에 대해 관조한다. 따라서 오웬의 이해에 따르면 신자들이 죽어서 하늘의 예배 모임에 참여할 때 그리스도에 대한 그들의 관조가 지복직관을 구성한다.

또한 그리스도는 성도가 부활 후에 관조하는 대상이다. 이것은 오웬이 죽은 후에 출간된 책인 『그리스도의 영광에 대한 묵상과 담화들』

(*Meditations and discourses on the glory of Christ*, 1684)에서 분명하게 드러난다.[15] 오웬은 이 작품의 마지막 3장을 바울이 신앙과 직관을 구별하는 것(고후 5:7)에 할애한다. 오웬은 ("이생에서의") 신앙과 ("오는 세상에서의") 봄은 모두 그리스도의 영광을 그 대상으로 갖는다고 설명한다. 오웬은 처음부터 지복직관이 그리스도에 대한 직관임을 분명하게 밝힌다. 이어서 그는 신앙과 직관의 네 가지 차이에 대해 논한다. 첫째, 고린도전서 13:12에 따르면 신앙은 "수수께끼, 비유, 모호한 말 같은 **거울을 통해서**" 그리스도를 본다(174). 바울의 이런 표현은 그리스도의 영광이 복음을 통해, 즉 반사적으로, 모호하게 그리고 "난해한 말"(비교. 시 78:2)을 통해 우리에게 오는 방식을 가리킨다(174-76). 대조적으로 "우리가 천국에서 그리스도의 영광"을 보는 것은 "**즉각적이고, 직접적이며, 직관적이고** (intuitive), 또한 그러하기에 **안정적이고**, 한결같으며, 지속적이다"(179). 부활 후 그리스도에 대한 직관에 대한 이런 묘사와 관련해서 두드러지는 것은 단지 그것의 기독론적 내용만이 아니라 또한 오웬이 그것을 묘사하기 위해 사용하는 형용사들 곧 "즉각적인", "직접적인" 또한 "직관적인"이다. 이것들은 서구 신학에서 전통적으로 축복을 얻은 자들이 하나님의 본질을 직관하는 것을 묘사할 때 사용되는 형용사들이다. 여기서 오웬은 그 형용사들을 그리스도에 대한 성도의 직관을 묘사하는 데 사용하며, 그렇게 함으로써 그가 하나님의 본질에 대한 직관을 내세에 있을 그리스도에 대한 직관으로 대체한다는 인상을 강화한다.[16]

---

15   John Owen, *Meditations and discourses on the glory of Christ, in his person, office, and grace with the differences between faith and sight: applied unto the use of them that believe* (London, 1684; Wing O769). 이후로 이 작품의 쪽 번호는 본문의 괄호 안에 제시될 것이다.

16   이런 인상은 우리가 내세에 보는 것이 "우리의 마음의 내적 힘의 행위"이고 그로 인해

둘째, 우리가 신앙의 빛을 통해 경험하는 직관은 "자주 그것이 작동할 때 방해를 받고 간섭을 받는" 반면(199), 우리가 "천국에서 그리스도의 영광"을 보는 봄은 **"동등하고, 안정적이며, 언제나 같고, 중단이나 전환이 없다"**(228). 셋째, 신앙은 그리스도의 영광의 요소들을 **"성서의 여러 부분에서 하나씩 하나씩"** 모은다(234). 하나님은 이를테면 그리스도의 영광을 그분의 계시를 통해 우리에게 "분배하셨고", 그로 인해 우리의 마음이 그것에 "압도되지" 않게 하셨다(235). 이것은 우리가 부활 후 하늘에서 그리스도를 보는 것에 변화를 일으킬 것이다. "그곳에서 그리스도의 모든 영광은 **단번에** 그리고 **언제나** 우리에게 제시될 것이고, 우리는 영광의 빛의 한 행동으로 그것을 이해할 수 있게 될 것이다"(237). 다시 말하지만, 오웬이 앞선 전통을 수정하는 것은 주목할 만하다. 오웬은 "이해"에 관한 담론은 물론이고 "신앙의 빛"과 "영광의 빛"에 대한 전통적인 토마스주의적 구분을 사용하면서 그것을 하나님의 본질이 아니라 그리스도의 영광에 적용한다. 영광의 빛은 우리가 (어떤 식으로든) 그리스도의 영광을 지속적이고 간섭받지 않는 방식으로 이해하게 해줄 것이다.[17]

우리가 그리스도를 "대면해서, 그분의 있는 모습 그대로, 그분의 영광에 대한 직접적인 이해 속에서" 볼 수 있게 될 것이라는 구절을 읽을 때 강화된다(*Meditation*, 230). 여기서 오웬은 "직접적인 이해"라는 말을 (전통적으로 그래왔던 것처럼) 하나님의 본질이 아니라 그리스도의 영광에 적용했다. 이 점에서 『기독론』(*Christologia*)에서 오웬이 "절대적 이해"가 가능한가라는 질문에 대해 논하는 것은 흥미롭다. 토마스 아퀴나스가 이 질문을 하나님의 본질에 대한 직관과 관련해 다루는 반면(*ST* I, q. 12, a. 7; I-II, q. 4, a. 3), 오웬은 그것을 성육신의 신비와 관련해서 말한다. 그리스도의 영광에 관해 말하면서 그는 비록 신앙이 보는 것에 의해 대체될지라도 "그 어떤 유한한 피조물도 무한한 것을 절대적으로 이해하는 것은 불가능하다. 우리는 결코 전능자를 그분의 무한한 지혜의 역사 안에서 완전하게 찾을 수 없을 것이다"라고 주장한다(*Christologia*, 320).

17   Owen, *Meditation*, 185-87에 실려 있는 영광의 빛에 대한 논의를 참조하라. 오웬은 영광의 빛이 죽을 때 비출지 아니면 부활 때 비출지에 대해서는 분명하게 말하지 않는다.

마지막으로 오웬은 직관의 효과가 신앙의 효과와 다를 것이라고 주장한다. 그는 신앙이 우리를 얼마간 변화시킨다는 것을 인정한다. 그러나 그것이 일으키는 변화는 점진적이고 부분적일 뿐이다(242-44). 대조적으로 우리가 하늘에서 경험하는 직관은 "완전하고 절대적으로 **변화시키는 것이 될 것이다. 그것은 우리를 그리스도의 형상으로 완전하게 바꾼다. 우리가 그를 볼 때, 우리는 그의 모습 그대로 될 것이다. 우리는 그와 같아질 것이다. 왜냐하면 우리가 그를 볼 것이기 때문이다**(요일 3:2)"(238). 오웬은 요한1서 3:2을 하나님의 본질이 아니라 그리스도에 대한 언급으로 해석하면서 절대적인 변화가 영혼과 몸 모두에 영향을 준다고 주장한다.[18] 죽을 때 영혼은 즉각 그것과 몸의 연합에 의해 야기되었던 "약함, 무능, 어둠, 불확실성과 두려움"에서 해방된다(238). 부활 때 몸 역시 영광을 위해 준비될 것이다. 몸은 "더는 영혼에 대해 문제와 짐이 아니라 영혼이 작동하는 일에서의 조력자와 영혼의 복됨에 대한 참여자가 될 것이다. 우리의 눈은 **우리의 구속주를 보도록**, 그리고 우리의 다른 감각들은 각각의 능력에 따라서 그에게서 인상을 받도록 만들어졌다"(241). 요약하자면, 그 변화는 죽을 때 영혼이 그리스도처럼 완

토마스주의적 표현은 전자를 암시한다. 그러나 그가 그 질문을 다루는 두 경우 모두에서(*Meditations*, 15-87과 237) "영광의 빛"이라는 그의 표현의 맥락은 부활 후의 지복직관이다. 그리고 오웬은 이 영광의 빛이 그리스도의 영광에 대한 즉각적인 이해를 위해 필요하다고 주장한다. 그리고 그는 후자를 분명히 부활과 연결시킨다. 어쩌면 오웬이 영광의 빛을 부활과 연결시키는 것이 분명하게 주목을 끌지 못하는 까닭은 보다 앞선 전통이 오히려 그것을 하나님에 대한 분리된 영혼들의 직관과 연결시켰기 때문이었을 수도 있다.

18   아퀴나스가 요일 3:2을 하나님의 본질을 가리키는 것으로 해석하는 것은 *ST* I, q. 12, a. 1; Suppl. 92.1을 보라. 이 성서 구절에 대한 아퀴나스의 읽기에 대한 옹호는 Simon Francis Gaine, *Did the Saviour See the Father? Christ, Salvation, and the Vision of God* (London: Bllomsbury T. &. T. Clark, 2015), 26-29을 보라.

벽해질 것이라는 의미와 부활 때 몸이 그리스도를 육체적으로 보기 위한 적절한 도구가 되리라는 의미에서 절대적이다.[19]

따라서 오웬에게 지복직관은—죽음 직후와 부활 후 모두에서—의도와 목적 두 측면에서 모두 영광 중에 있는 그리스도에 대한 직관이다. 부활 후에 신앙의 빛으로부터 영광의 빛으로의 변화가 포함되는 이 직관은—우리가 또한 그렇게 말할 수 있다면—직접적인 혹은 즉각적인 직관이 될 것이다(비록 몸의 부활 후에 거기에는 육체적 조망이 포함될 것이지만 말이다). 여러 가지 점에서 오웬의 접근법은 분명히 전통적인데, 아마도 그는 그것을 토마스 아퀴나스에게서 직접 취했을 것이다. 한 가지 주된 차이는 오웬이 이런 신학적 틀을 하나님의 본질에 대해서보다 그리스도(그의 성육신과 구속의 영광)에 대한 성도의 지복직관에 대해 말하기 위해 사용한다는 것이다.[20] 오웬에게 성도가 그리스도를 "있는 모습 그대로"(*sicuti est*) 보리라는 요한의 약속은 지복직관에 대한 전망을 제공한다. 하지만 오웬은 이 약속과 지복직관 자체를 변경해서 그것들이 영광 중에 있는 그리스도에 대한 직관을 가리키도록 만든다.

오웬이 설명한 그리스도 중심적인 지복직관 이해는 그가 천국에서 그리스도와 성도가 모두 성부 하나님과 어떻게 관계한다고 믿었는지에 관한 질문을 불러일으킨다. 오웬은 그 문제를 상세하게 다루지는 않는다. 하지만 그는 그것을 두 곳에서 짧게 다룬다. 그는 『기독론』에서 그

---

19 오웬은 그리스도의 영광에 대한 직관이 지닌 변화시키는 본성에 대한 그의 성찰을 그것이 "지복적"(beatifical)이라고, 즉 "완벽한 휴식과 복됨"을 제공하는 직관이라고 설명하는 것으로 맺는다(*Meditations*, 244).

20 오웬은 옥스퍼드에서 토마스 발로우(Thomas Barlow) 밑에서 아퀴나스(와 보다 넓게 스콜라주의)에 대한 훈련을 받았다(Rehnman, *Divine Discourse*, 31-39; Trueman, *John Owen*, 9-12).

리스도가 현재 영광 중에 있는 상황에 대해 논하면서 먼저 한 가지 단서를 단다. 천국에서 계속되고 있는 그리스도의 중재 사역이 언젠가는 끝나리라는 것이다. 오웬은 고린도전서 15:24-27을 인용하면서 "이 세대의 끝에 그[즉, 그리스도]가 나라를 하나님 곧 성부께 바치시거나 혹은 자신의 중재자로서의 지위와 권능에 대한 관리를 중단하실 것이다"라고 설명한다.[21] 중재자로서의 그리스도의 역할은 죄 때문에 필요했다. 따라서 그것은 그 적이 완전히 제압당할 때 끝날 것이다(315-16). 오웬은 미래의 상황을 다음과 같이 설명한다. "그때에는 하나님이 **모든 것**이 되실 것이다. 그분 자신의 헤아릴 수 없는 본성과 복되심 안에서 그분은 **본질적으로** 그리고 **인과적으로 모든 것**이 되실 뿐 아니라 또한 **모든 것 안**에 계실 것이다. 그분은 우리 안에서와 우리에게 **즉각 모든 것**이 되실 것이다"(316). 계속해서 오웬은 오늘 우리는 이에 대한 충분한 이해에 이를 위치에 있지 않으며 따라서 자신은 자신의 논의를 인간적 본성 안에 있는 그리스도의 하늘의 영광에 국한시킬 것이라고 말한다.

『기독론』의 끝부분에서 오웬은 그리스도가 성부께 나라를 바치신 후에 성도가 경험하게 될 "즉각 하나님을 누림"이라는 개념에 대해 다시 짧게 언급한다. 오웬은 하나님이 그리스도가 승천하신 후에도―충분한 속죄가 이미 이루어졌음에도―하늘에서 그의 중재 사역을 계속하도록 명령하신 이유 중 하나가 그리스도의 사역이 세상에 있는 신자들에게 격려를 제공하기 때문이라고 설명한다(353-54, 366-67). 오웬은 설명을 통해 다음과 같이 주장한다. "우리에게 하나님의 본질의 헤아릴 수 없음 외에 다른 아무것도 제시되지 않는다면, 우리는 그것에 어떻게 접근해

---

21   Owen, *Christologia*, 315. 이후에 이 작품의 쪽 번호는 본문의 괄호 안에 제시될 것이다.

야 할지 알지 못할 것이다"(367). 따라서 한동안 그리스도는 천국에서 중재자로서 그의 사역을 계속하신다. 한편으로 오웬은 자신의 독자들에게 이 사역이 그리스도가 성부께 나라를 넘기실 때 끝날 것이라는 자신의 앞선 주장을 상기시키는데, 그때는 "모든 것이 하나님 자신에 대한 즉각적인 누림에서 나올 것이다"(368).

이 지점에서 오웬은 하나님에 대한 "즉각적인 누림"이라는 표현을 사용하는데, 아마도 **"하나님의 본질의 헤아릴 수 없음"**에 관한 그의 언급은 언젠가 우리가 그 본질 자체를 보게 되리라고 주장하기 위함일 것이다. 그러나 즉각 오웬은 그가 그리스도의 **중재 사역**이 종결되는 것과 관련해 오직 여기서만 말하는 한 가지 중요한 필요조건을 덧붙인다. 반면에 다른 세 가지 기독론적 요소는 영원히 계속될 것이다. (1) 인간적 본성을 입은 그리스도는 언제나 영화된 창조세계의 직접적인 우두머리가 되실 것이다. (2) 그리스도는 영원히 하나님과 성도 사이의 소통의 수단과 길이 되실 것이다. (3) 인간적 본성을 입은 그리스도는 거룩한 영광, 찬양과 예배의 영원한 대상이 되실 것이다. 관조는 찬양으로 이어질 것이다(368-69).[22] 그런 모호함에도 불구하고 오웬은 천국을 우리가 하나님의 본질을 위해 그리스도를 버릴 장소로 여기지 않았다.

앞서 언급한 요소 중 두 번째 것, 즉 그리스도가 언제나 하나님과 성

---

[22] 오웬은 *Meditations*, 192에서도 유사한 모호성을 드러낸다. 거기서 그는 다음과 같이 쓴다. "성부에 의해 그에게 주어진 그리스도의 영광을 이렇게 보는 것은 사실상 하나님의 본질에 대한 궁극적 직관에 종속된다. 그것은 우리가 잘 이해할 수 없는 것이다. 오직 우리는 마음이 청결한 자가 하나님을 보리라는 것만을 알 뿐이다. 그러나 그것은 그것과 직접적인 연관성을 맺고 있고 그것에 종속되어 있기에 그것이 없이는 우리는 우리의 영혼의 객관적 축복인 하나님의 얼굴을 결코 보지 못한다. 왜냐하면 그분은 영원토록 하나님과 교회 사이의 유일한 소통의 수단이시기 때문이다."

도 사이에 이루어지는 소통의 수단이 되실 것이라는 개념은 특별히 흥미롭다. 비록 오웬이 간략하게 말하기는 하지만, 그럼에도 그는 아이작 암브로즈만큼이나 아주 분명하게 중재자로서의 그리스도와 수단으로서의 그리스도를 구분한다. 그리스도의 중재 사역은 죄가 완전히 정복되면 종결될 것이다. 중재자로서의 그리스도의 직무는 타락하고 사악한 상태에 엄격하게 묶여 있다. 그러나 오웬에게 이것은 결국 우리가 그리스도와 별도로 성부를 보게 되리라는 것을 의미하지 않는다. 하나님이 우리에게 (부활 후에) 영원히 주시는 복들이 무엇이든, 오웬은 "그것들 모두가 성자의 위격과 그 안에 있는 인간적 본성 안에서 그리고 그것을 통해서 제공될 것이다. 그 **성막**은 결코 접히지 않을 것이고 결코 쓸모없이 방치되지 않을 것이다"라고 주장한다(*Christologia*, 368).[23] 오웬은 마치 반대를 예견이라도 하는 듯 계속해서 다음과 같이 말한다.

> 그리고 나는 하나님이 그리스도를 통해 영광 중에 있는 그분의 성도와 영원히 소통하시는 길과 방식을 선포할 수 없다고 말해야 한다면, 나는 내가 하나님이 은혜 가운데서 그리스도를 통해 이 세상에 있는 사람들의 영혼과 소통하시는 길과 방식을 선포할 수 없지만 그럼에도 그것을 믿는다고만 말할 것이다. 우리는 아직도 이해하기 어려운 이런 일들에서 오직 믿음의 증거만으로 우리 자신을 훨씬 더 만족시켜야 한다. 우리가 사랑과 기쁨으로 하나님께 **매달리는 것**은 언제나 그리스도를 통해 이루어질 것이다. 하나님은 영원 속에서 이해되실 것인데 그분이 스스로 행하신 현현에 따라 자신 안에서

---

23   Suzanne McDonald는 오웬이 이 지점에서 "투쟁한다"고 옳게 지적한다("Beholding the Glory of God," 150n27). 실제로 성도가 직접 하나님의 본질을 보리라는 것과 그리스도 안에서 그리고 그리스도를 통해서 하나님을 보리라는 것은 거의 불가능하다.

그렇게 하실 것이고 달리 되지는 않으실 것이다(368-69).

오웬은 우리가 그리스도의 인간적 본성(그의 "장막")을 결코 우회할 수 없으며 하나님은 오직 그리스도 안에서만 보이실 것이라고 확신했다. 그의 작품 전체에서 한두 번 오웬이 이런 그리스도 중심적 접근법에 대해 의문을 던졌던 것은 사실이다. 아마도 그는 자기를 완전하게 만족시킬 만한 결론에 도달하지 못했을 수도 있다. 그럼에도 오웬이 제공하는 전체적인 인상, 즉 위에 인용한 글과 그가 지복직관을 다루는 전체적인 방식은 모두 그가 지복직관을 예수 그리스도 안에서 이루어지는 하나님에 대한 영원한 직관으로 믿었다는 것이다.[24]

"관조적·신비적 경건"(1): 리처드 백스터와 아이작 암브로즈

아이작 암브로즈와 존 오웬 같은 청교도 신학자들이 계속해서 지복직관의 대상으로서의 예수 그리스도께 초점을 맞췄던 이유는 모두 그들의 영성과 관련이 있다. 만약 그리스도가 오늘 우리가 믿는 대상이라면, 그는 또한 우리가 내세에서 보게 될 대상이어야 한다. 혹은 성례전적 용어를 사용해 말하자면, 우리가 이곳 세상에서 성례전적 형태로 만나는 분

---

24 Simon Francis Gaine("Thomas Aquinas and John Owen on the Beatific Vision: A Reply to Suzanne McDonald," *NB* 97 [2016]: 436)은 그리스도에 대한 직관이 하나님의 본질에 대한 직관에 "종속된다"는 오웬의 말(*Meditations*, 192)을 인용하면서 아퀴나스와 오웬의 차이를 경시한다. 그러나 이것은 (하나님의 본질보다) 그리스도에 대한 신자의 직관에 관한 오웬의 저작들에서 나타나는 확고부동한 초점을 간과하면서 그의 전반적인 사고와 잘 부합하지 않는 오웬의 사소한 말 하나를 부적절하게 높이 평가하는 것이다.

은 우리가 영원 속에서 실제로 만나게 될 분과 같은 분이시다. 비록 그들이 분명하게 성례전적 용어를 사용하지는 않으나, 청교도들은 거듭해서 우리가 오늘 이미 그리스도와의 연합을 경험할 필요가 있음에 대해 말한다. 그 논리는 단순하지만 설득력이 있다. 만약 우리가 오늘 어떤 형태로든 그리스도에 대한 직관을 경험하지 못한다면, 어떻게 우리가 내세에서 영광 중에 계신 그분을 보리라고 기대할 수 있겠는가?

그런 까닭에 청교도들은 지복직관의 신학을 순전히 지적인 문제로 다루지 않았다. 오히려 다음 두 부분이 분명하게 밝혀주듯이 청교도들에게 이 교리는 언제나 경험적인 혹은 신비로운 목표를 위해 봉사했다. 톰 슈완다(Tom Schwanda)는 유용하게도 이것을 청교도주의의 "관조적·신비적 경건"(contemplative-mystical piety)이라고 부른다. 슈완다에게 이 용어는 하나님과의 의식적인 연합과 교제 속에서 살고자 하는 깊은 욕구를 전하는, 삼위일체 하나님을 응시하는 기본 원리에 기초한 태도와 의식을 의미한다.[25] 슈완다는 옳게도 청교도들 사이에서 다음 두 요소, 곧 직관의 기본 원리와 하나님과의 연합에 대한 욕구의 조합을 찾아낸다. 지복직관이라는 종말론적 목표가 세상의 신자들의 신비로운 욕구를 결정한다. 청교도들이 성결(holiness)이라는 외적 삶에 관해 혹은 감정(affection)이라는 내적 삶에 관해 말할 때, 그것은 거의 일관되게 지복직관과 그리스도 안에서 하나님을 누림이라는 미래의 목표를 조금이라도 실현하는 것을 목표로 삼고 있었다.

이런 감정적 경건은 유명한 키더민스터의 설교자인 리처드 백스터(Richard Baxter, 1615-91)가 쓴 방대한 학술서적인 『성도의 영원한 안

---

25   Schwanda, *Soul Recreation*, 18.

식』(*The saints everlasting rest*, 1649) 전반에서 드러난다. 지복직관은 그 책의 초점이 아니다. 하지만 백스터는 자신과 자신의 독자 모두에게 반성과 묵상의 실천을 통해 천국을 준비하는 것의 중요성을 알리기 위한 보다 광범위한 시도의 일환으로 그 주제를 간략하게 다룬다.[26] 제임스 패커(James. I. Packer)는 백스터가 저술한 책의 원대한 목표를 다음과 같이 설명한다. "이 첫 번째 책『성도의 영원한 안식』은 그가 자신이 임종의 자리에 있다고 생각했을 때 자신의 생각을 위로 향하게 하려는 목적으로 쓰기 시작한 책인데, 그는 이 책으로 큰 성공을 거두었다. 그것은 단지 이 책이 그가 그것을 위해 살고 가르쳤던 성결, 즉 마음을 강건하게 해주는 영광에 대한 소망에서 늘 중심적이었던 것에 정직하게 초점을 맞추기 때문만이 아니라 또한 그의 숭고한 수사적 능력이 그때까지 청교도 문장가들이 이룬 모든 것을 넘어섰기 때문이다(1649)."[27] 15살 때 에드먼드 버니(Edmund Bunny)의 『결심』(*Resolution*) — 예수회 작가인 로버트 파슨스(Robert Parsons)가 두 해 앞서 출판한 것을 청교도 목사가 1584년에 개정해서 펴낸 아주 인기 있었던 책[28] — 을 읽고 회심한 백스터는 늘 천국에 대한 관조를 위해서는 상상력과 감정이 중요하다고 확신했다. 버니의 『결심』이 반성 및 묵상과 관련된 백스터의 훗날의 가르침을 위한

---

26   백스터의 자서전의 현대판은 *The Autobiography of Richard Baxter*, ed. J. M. Lloyd Thomas and N. H. Keeble, Everyman's University Library 863(Totowa, NJ: Rowman and Littlefield, 1974)을 보라. (존 오웬의 신학과 관련해) 백스터의 전체적인 신학은 Tim Cooper, *John Owen, Richard Baxter, and the Formation of Nonconformity*(Burlington, VT: Ashgate, 2011)를 보라.

27   J. I. Packer, *A Quest for Godliness: The Puritan Vision of the Christian Life* (Wheaton, IL: Crossway, 1990), 61.

28   이에 대한 상세한 논의는 Robert McNulty, "The Protestant Version of Robert Parsons' *The First Book of the Christian Exercise*," *HLQ* 22 (1959): 271-300을 보라.

토대를 어느 정도나 형성했는지는 모호한 상태로 남아 있다. 그러나 백스터의 영성이 중요한 측면들에서 로욜라의 이냐시오(Ignatius of Loyla, 1491-1556)의 그것과 유사하다는 것은 분명하다.[29]

백스터의 『성도의 영원한 안식』은 미래에 대한 소망을 주로 직관보다는 안식이라는 표제 아래서 다룬다. 그러나 기본 사항은 동일하다. 그것은 하나님 자신이 성도의 최종적 목표라는 것이다. 백스터는 "안식"을 다음과 같이 정의한다. "안식은 [움직임의 종결과 완성]이다. 여기서 문제가 되는 성두의 안식은 [그의 노정의 끝에 이른 그리스도인이 얻는 가장 복된 상태]다."[30] 인간 존재의 움직임에 참으로 안식을 줄 수 있는 유일한 종결은 하나님이시다. 따라서 "첫 번째 참된 구원의 행위는 우리의 종결과 행복을 위해 하나님을 택하는 것이다"(1.3.2).[31] 백스터는 이런 행복의 완성에는 몸과 영혼이 모두 포함된다고 주장한다. 몸은 하나님의 성취에 참여할 것이다. 그러나 백스터는 우리의 변화된 육체의 눈이 하

---

29   E. Glenn Hinson은 이냐시오의 영성과 백스터의 묵상에 대한 접근법 사이의 유사성에 주목하면서 백스터가 이냐시오의 『영성 훈련』(*Spiritual Excercises*)을 읽었을 가능성은 거의 없고 그 예수회와 청교도 작가들이 동일한 중세의 자료에 의존했다고 추측한다 ("Ignatian and Puritan Prayer: Surprising Similarities; A Comparision of Ignatius Loyola and Richard Baxter on Meditation," *TMA* 20 [2007]: 89). Charles E. Hambrick-Stowe 역시 로마 가톨릭과 프로테스탄트의 유럽 전역에서 경건 매뉴얼이 공통적이었다고 주장하면서 다음과 같이 덧붙인다. "청교도 작가들은 장르를 고안하기보다는 로마 가톨릭의 영적 저작들에 들어 있는 잘 확립된 전통에 의존하면서 고전적 관습들을 채택하고 심지어 로마 가톨릭의 자료들을 불법 복제해 프로테스탄트화시켰다"("Practical Divinity and Spirituality," in *The Cambridge Companion to Puritanism*, ed. John Coffey and Paul C. H. Lim [Cambridge: Cambridge University Press, 2008], 196). 참조. Schwanda, *Soul Recreation*, 130-31.

30   Richard Baxter, *The saints everlasting rest, or, A treatise of the blessed state of the saints in their enjoyment of God in glory...* (London, 1651; Wing B1384), 1.2.1 [괄호는 원래의 것임]. 이후로 이 작품의 참조 번호는 본문의 괄호 안에 제시될 것이다.

31   참조. John Casey, *After Lives: A Guide to Heaven, Hell, and Purgatory* (New York: Oxford University Press, 2009), 313-14.

나님을 보도록 준비되리라는 개념에 대해서는 의문을 제기한다(1.4.5). 대신 자신의 책 전체에서 그 키더민스터의 목사는 지적 관조에 초점을 맞춘다.

백스터에 따르면 믿는 영혼은 그리스도를 누리는 것을 추구한다. 참된 신자는 이곳 세상에서 이미 자신의 이해를 하나님의 진리와 연합시키고자 한다. 참으로 관조적인 사람은 "때때로 자신의 영혼과 예수 그리스도 사이의 보다 달콤한 포옹을 느끼는데, 그것은 보다 열등한 모든 진리는 결코 제공하지 못하는 것이다"(1.4.6).[32] 백스터는 이런 관조적인 사람에게 직접 호소한다.

그리스도인이여, 당신은 때때로 오래도록 하늘을 바라본 후 그리스도를 흘끗 보았을 때 삼층천에서 몸 안에서든 밖에서든 바울과 함께 말로 표현할 수 없는 것을 본 것 같지 않은가? 당신은 **베드로**와 함께 자기가 무슨 말을 하는지도 모르면서 이렇게 말하려 하지 않는가? **"주님, 이곳에 있는 게 좋습니다. 오 제가 이 산에 머물게 하소서!** 오 제가 지금 보는 것을 영원히 보게 하소서!" 당신은 하나님의 놀라운 영광으로 눈이 부실 때까지 그분의 태양을 오래도록 바라본 적이 있지 않은가? 그리고 다시 땅을 내려다 보았을 때 그 영광의 찬란함이 이 세상의 모든 것을 검고 어둡게 만들지 않았던가? (1.7.5)

---

32 백스터는 자기가 중재자로서의 그리스도의 직분과 부활 후의 하나님에 대한 직관 사이의 관계 문제를 일부러 제쳐두고 있다고 말한다(1.7.5). 그러나 그는 하나님에 대한 우리의 대면 직관의 직접성을 강조한다. "그때 우리는 성례전 없이 성찬을 받게 될 것이다. 그때에는 그리스도가 우리와 함께 새 포도주를 마시실 것이다. 즉 그의 성부의 나라에서 즉시 열매를 맺는 위로의 포도주로 우리를 새롭게 하실 것이다"(1.7.5).

백스터는 관조의 실천이 감정과 욕구를 재조정함으로써 그리스도인들이 하늘의 영광에 적합해지게 한다고 주장한다. 그런 관조적 준비에는 신자들이 베드로와 바울과 함께 하늘의 영광을 미리 맛보는 신비로운 경험이 포함될 수도 있다.

따라서 비록 백스터가 하늘에서의 안식과 지복직관을 미래에 맛볼 소망의 대상으로 제시하기는 하나, 그는 이런 미래에 대한 전망을 현재 관조의 실천과 밀접하게 결합시킨다. 그는 독자들에게 감각을 천국에 이르는 수단으로 사용하도록 촉구한다. 결국 이것은 성서 자체가 하는 일이다. "그리고 성령이 성서 구절에서 사물을 감각의 영역으로 가져오면서 어떻게 자신을 낮추시는지, 어떻게 감각의 대상으로부터 빌려온 말들로 영적인 것들의 탁월함을 나타내시는지, 그리고 어떻게 사람들에게 인기가 있는 표현으로 새 예루살렘의 영광을 묘사하시는지는 아주 중요하다"(4.11.1). 백스터가 보기에 감각에서 취한 설명들은 우리를 하늘로 데려가는 은유들이다.

백스터는 독자들에게 천국의 실재에 관해 구체적으로 묵상하라고 촉구하면서 다음과 같이 말하는데, 그것과 이냐시오의 영적 실천 사이의 유사성은 놀라울 정도다. "그러나 당신이 할 수 있는 한 그 실재에 대한 가장 생생한 그림을 마음속에 그려보라. 마치 당신이 그동안 내내 그것들을 보고 있었던 것처럼, 그리고 마치 당신이 그것들에 관해 생각하는 동안 **할렐루야** 소리를 듣고 있었던 것처럼 그것들에 대해 묵상하라"(4.11.2). 또한 백스터는 독자들에게 "감각의 대상들과 신앙의 대상들을 비교하라"고 말한다(4.11.3). 그는 불법적인 기쁨들—술에 취함, 매춘, 도박 등(4.11.3)—로부터 시작하여 계속해서 정도를 높이면서 보다 큰 기쁨들로 옮겨간다. 그 과정에서 그는 독자들에게 먹고 마시는 기쁨

(4.11.4), 자연 지식(4.11.5), 도덕성과 자연적 감정(4.11.6), 창조세계의 작품들(4.11.7), 하나님의 섭리(4.11.8), 이생에서 경험하는 하나님의 특별한 궁휼들(4.11.9), 거룩한 규례들(4.11.10), 과거의 성도들이 천국에 대해 경험했던 다양한 미리 맛봄(4.11.11),[33] 교회와 자기를 낮추신 그리스도의 영광(4.11.12), 성화의 삶(4.11.13), 그리고 우리 자신이 오늘 천국에 대해 경험할 수도 있는 미리 맛봄(4.11.14)을 "위에 있는 기쁨"과 비교하라고 요청한다. 이런 것 중 어느 것도 천국의 영광과 기쁨 자체에는 미치지 못한다. 따라서 역설적으로 백스터는 세상의 영광과 천국의 영광 사이에 있는 비유사성에 초점을 맞춤으로써 그가 소망하는 대로 독자들이 오늘 이미 하늘의 영광에 참여할 수 있게 해줄 관조적 실천을 권장한다.

계속해서 백스터는 자신과 하늘을 분리시킬 수 있는 간격을 좁히려고 한다. 그는 묵상을 가로막는 여러 가지 방해물에 대해 한탄한다. "그러므로 깨어나라, 나의 졸리운 영혼이여! 빛 속에서 살라는 부르심을 받을 때 올빼미나 두더지 외에 누가 이 세상의 불편한 어둠을 사랑하겠는가?"(4.14.2) 얼마간 길게 관조의 기쁨을 칭찬한 후 백스터는 갑자기 이런 말로 논의를 중단시킨다. "그러나 아아, 나는 묵상 중에 얼마나 당황하는가! 나는 도달하려고 애쓰는 동안 나의 마음이 모든 것을 가졌다고 여겼다. 하지만 나는 사정이 그렇지 않다는 것을 안다." 그러나 그는 이런 잘못된 상태에 대해 체념하기를 거부한다. "그보다는 다시 뒤로 달려가, 이 게으르게 빈둥거리는 마음을 살피고, 찾으며, 꾸짖자." 백스터는

---

33   여기서 백스터는 바울(고후 12:2-4), 베드로(마 17:4), 모세(출 34:29-35) 그리고 밧모섬의 요한의 환상들에 대해 숙고한다. 백스터는 다음과 같이 말한다. "나는 이런 것들이 모두 비범한 미리 맛봄이었지만, 그것들은 완전한 지복적 직관에는 미치지 못한다"는 것을 고백한다(*Saints everlasting rest*, 4.11.11).

이해하지 못하는 상황 속에서 주님께로 돌아선다. "주님, 이 일이 그처럼 잘못된 것은 무슨 까닭입니까?"(4.14.2) 그는 자신이 자기 영혼을 일깨워 적절하게 하나님을 관조하도록 하지 못하는 것에 대해 좌절한다. 백스터는 자신의 육신의 삶과 관련해서 다음과 같이 말한다. "이 육체는 일으켜야 할 생명을 갖고 있으나 일어나려고 하지 않습니다. 그것은 다리를 갖고 있으나 날개를 원합니다. 연약한 어린아이가 부드러운 어머니에게 하듯이 이 육체는 당신을 바라보고, 손을 뻗으며, 기꺼이 당신에게 취해지고자 합니다. 비록 나는 자유롭게 [나의 마음이 당신과 함께 있습니다. 나의 영혼이 당신을 욕망합니다]라고 말하지 못하지만, 여전히 나는 내가 그런 갈급한 마음을 욕망한다고 말할 수 있습니다"(pt. 4, concl. [괄호는 원래의 것임]). 백스터의 관조적 경건에서 욕망은 중요한 요소다.[34] 백스터는 이곳 세상의 신자들을 하늘의 영광으로부터 자주 분리시키는 틈에 대해 무지했던 것은 결코 아니지만, 그럼에도 만약 우리가 오늘 천국에 익숙하다면 우리는 미래에 그곳에서 살 준비를 하게 될 것이라고 확신했다. 백스터가 자신의 독자에게 했던 결론적 탄원 중 하나는 "**새 예루살렘**에서 매일 한 걸음씩 걸으라!"였다(pt. 4, concl.).[35] 혹은 그가 또한 말하듯이 어느 그리스도인이 그의 고백에 대해 진실하다면 "그는 모세가 죽기 전에 느보산으로 올라갔던 것처럼 이 관조의 산으로 올라가 믿음으로써 자신의 안식에 대해 살펴보아야 한다"(pt. 4, concl.).[36]

---

34   Belden C. Lane의 말을 참조하라. "백스터가 생각하기에 욕망은 청교도적 인식론에서 절대적으로 근본적인 것이었다"("Two Schools of Desire: Nature and Marriage in Seventeenth-Century Puritanism," *CH* 69 [2000]: 383).

35   백스터의 간결하지만 함축적인 격려의 말을 참조하라. "지금 사랑에 신물이 나게 하라. 그곳에서 사랑과 잘 지낼 수 있도록"(4.14.2).

36   모세에 관해 숙고하는 유사한 구절—"모세는 가나안을 보았으나 그리로 들어가지 못

아이작 암브로즈가 1658년에 쓴 『예수를 바라봄』은 독자들의 감정에 초점을 맞춘다는 점에서 동등하게 관조적이다. 암브로즈는 그리스도의 구원 사역의 다양한 단계에 대해 설명하면서 다음 9개의 표제를 통해 그것들 각각을 신자들에게 적용한다. 알기, 생각하기, 바라기, 소망하기, 믿기, 사랑하기, 기뻐하기, 기도하기 그리고 순응하기.[37] 그러므로 그 9개의 측면은 그 책 전반에서 다시 나타난다. 왜냐하면 그것들은 신자가 그리스도의 구속 사역의 다양한 단계를 자신의 것으로 만드는 방법들이기 때문이다. 이런 구성의 결과 암브로즈가 자신의 독자들에게 계속해서 그들이 예수의 인격과 사역의 특정한 측면을 "바라볼" 수 있는 방식이 무엇인지 묻도록 강요한다. 예수의 구속에 대한 직관은 언제나 우리가 그것을 알고, 그것에 대해 생각하며, 그것을 바라는 것 등과 묶여 있다.

예컨대 암브로즈는 성육신의 신비를 전유하는 처음 8가지 방식에 대해 논한 후 마지막으로 우리가 그리스도의 성육신에 "순응하는 것"에 대해 논한다. 그는 만약 우리가 성육신하신 그리스도를 바라본다면 우리는 변화되어 그와 같이 될 것이라고 주장한다.[38] 그는 자신이 사실이라고 믿는 다양한 방법을 상세하게 설명한다. 그리스도가 마리아의 태에서 잉태되었던 것처럼 그는 또한 우리 안에서 잉태되셔야 한다(4.2.9). 그리스도가 마리아의 태에서 성화되었던 것처럼 우리 역시 스스로 성화되

했다"―은 Thomas Watson, *A body of practical divinity consisting of above one hundred seventy six sermons on the lesser catechism composed by the reverend assembly of divines at Westminster...* (London, 1692; Wing W1109), 486을 보라.

37　Schwanda는 암브로즈의 9중 분류의 가능한 출처로 Smuel Rutherford와 Thomas Hooker를 지적한다(*Soul Recreation*, 49-50).

38　Ambrose, *Looking unto Jesus* 4.2.9. 이후로 이 작품의 참조 번호는 본문의 괄호 안에 제시될 것이다.

어야 한다. 그리스도가 본래 하나님의 아들이셨던 것처럼 우리 역시 은혜로 하나님의 아들들이 되어야 한다. 그리스도가 사람의 아들이 되셨고 그렇게 자신을 낮추셨던 것처럼 우리 역시 자신을 낮춰야 한다. 그리고 그리스도의 두 본성이 한 인격 안에서 밀접하게 연합했던 것처럼 우리의 본성과 인격 역시 "그리스도께 밀접하게 연결되고 연합되어야 하며 그럼으로써 하나님께도 그렇게 되어야 한다." 왜냐하면 우리와 그리스도의 "영적이고 신비로운 연합"은 "위격적 연합"을 본떠 이루어지기 때문이다. 그러므로 그리스도와 그의 성도 사이에 "유비적 부분"이 존재하기에 그들의 삶은 그분의 삶을 본받아 이루어진다(42.9). 그리스도의 삶은 처음부터 끝까지 신자들의 삶을 감싸는 모형 혹은 틀이 된다.

암브로즈에게 우리가 그리스도의 구속을 자신의 것으로 만드는 것은 순전히 지적인 문제가 결코 아니다. 암브로즈의 책 전반에서 12세기의 신비주의자 클레르보의 성 베르나르두스가 그의 관조적 경건의 모델 역할을 한다.[39] 어느 지점에서 암브로즈는 다음과 같은 말로 그 시토 수도회의 대수도원장에게 호소한다. "『예수를 들여다 봄』이 하늘의 작품임을 생각하라. **그것은 이생에서 시작된다**(라고 베르나르두스가 말한다). **그러나 그것은 오는 생에서 완전해진다.** 천사들뿐 아니라 성도들이 영광 중에 영원히 하나님과 그리스도의 얼굴을 뵙는다. 그러므로 만약 우리가 이 일을 좋아하지 않는다면, 우리가 어떻게 하늘에서 살겠는가? 이 **의무**를 싫어하는 것은 우리가 천국에 들어가는 것을 가로막는 장애물이다. 왜냐하면 축복의 삶은 직관의 삶이기 때문이다. 확실히 만약 우리가 이것을 기뻐하지 않는다면, 하늘은 우리를 위한 장소가 아니다"(1.3.7).

---

39   Schwanda, *Soul Recreation*, 38-40.

암브로즈는 베르나르두스를 정확하게 이해한다. 왜냐하면 그는 그의 중세기의 옹호자와 마찬가지로 그리스도가 우리의 관조의 실천 속에서 우리에게로 오실 때, 그가 어떤 방식으로든 미래를 우리의 시야에 현존하게 하신다고 확신하기 때문이다.

암브로즈는 눈으로 보는 것과 정신으로 보는 것 사이의 구별에 관해 논할 때, 후자를 한편으로는 "개념적이고 이론적인" 직관으로, 그리고 다른 한편으로는 "실천적이고 경험적인" 직관으로 세분한다(1.3.1). 개념적 혹은 이론적인 직관은 단순히 "우리의 이해에 대한 계몽"인 반면, 실천적인 혹은 경험적인 직관에서 우리는 영적인 것들을 보는 것을 통해 영향을 받고 그로 인해 "우리는 그것들을 욕망하고, 사랑하며, 믿고, 즐거워하며, 포용한다." 이것은 암브로즈에 따르면 바울이 원했고 베르나르두스가 "모든 바라봄보다" 선호했던 바라봄이다. 이 지식은 "그리스도에 대한 피상적인 지식이 아니라 그리스도의 내적 역사를 마음으로 느끼는 것이다. 그것은 그리스도에 대한 머릿속의 개념이 아니라 이런 내적 바라봄에 내포된 그리스도를 향한 마음을 다한 움직임이다"(1.3.1). 그러므로 암브로즈가 이 9가지 전유의 방식을 그리스도의 구속 사역의 각 단계와 연결시키는 이유는 이 9가지 활동이 예수에 대한 우리의 실제적이고 경험적인 바라봄을 구성하기 때문이다. "바라봄은 행위다. 그러나 어떻게 그것이 행위가 되는가? 그것은 그것이 이 모든 행위, 즉 예수를 **알기, 생각하기, 바라기, 소망하기, 믿기, 사랑하기, 기뻐하기, 기도하기 그리고 순응하기**를 포함하는 바라봄이기 때문이다. 그것은 마음속에서 감정을 동요시키고 그로 인해 우리의 삶에 어떤 결과들을 불러일으키는 바라봄이다. 그것은 영혼을 자극하고 살아 움직이게 하는 바라봄이다. 그것은 우리를 따뜻한 감정, 고양된 결의, 거룩하고 올바른 대화로 이끌어가는 바라봄이다. 간략하게 말해, 그것은 내적이고 경험적인 **예수를 바라봄**이다"(1.3.2). 암브로즈는 결코 "개념적인" 혹은 "이론적인" 바라봄을 무시하지 않는다. 그의 『예수를 바라봄』은 베르나르두스와의 친밀성뿐 아니라 아퀴나스와 다른 중세 작가들과의 친밀성에 대한 증거를 제공한다. 암브로즈의 저작은 그가 박식한 신학자이자 신중한 사상가였음을 보여준다. 그럼에도 그에게 정말로 중요했던 것은 "실천적인" 혹은 "경험적인" 지식이었다. 신자가 예수와 연합하는 9가지 방법은 무엇보다도 그의 감정과 거룩의 실천과 관련이 있다.

"관조적·신비적 경건"(2): 토마스 왓슨과 존 오웬

청교도 설교가 토마스 왓슨(Thomas Watson, 1620-1686)은 백스터와 암브로즈만큼이나 자신의 독자들의 감정과 욕구를 자극하고자 했다. 왓슨은 암브로즈처럼 성 베르나르두스의 신부 신비주의(bridal mysticism, 그리스도와 신자의 관계를 신랑과 신부의 관계로 여기는 방식의 신비주의—역자 주)에 의해 깊은 영향을 받았다.[40] 따라서 우리는 오직 베르나르두스와 다른 중세 신비가들을 배경으로 해서만 왓슨의 감정적 경건을 제대로 이해할 수 있다. 톰 슈완다가 말하듯이 "감정의 역사라는 보다 넓은 관점에서 보자면 왓슨의 말은 로마 가톨릭의 신비주의 전통과 공명한다."[41] 그의 경험적 신비주의의 결과로 왓슨은 지복직관 교리를 그리스도인의 신비적이

---

40   Tom Schwanda, " 'Sweetnesse in Communion with God': The Contemplative-Mystical
      Piety of Thomas Watson," *JHRP* 1, no. 2 (2015): 34-63.
41   Schwanda, "Saint' Desire," 77.

고 도덕적인 삶과 연결시켰다. 그는 신자가 마주한 오늘의 삶을 하나님을 본다는 미래의 목표와 연결시키는 데 관심이 많았다.

1660년 왓슨이 런던에 있는 성 스티븐 월브룩에서 교구 목사로 사역했을 때 출간된 마태복음 5:8("마음이 청결한 자는 복이 있나니 그들이 하나님을 볼 것임이요")에 관한 설교에서 그는 우리의 청결함을 하나님의 그것과 직접 연결시킨다. "하나님 안에는 원래 그리고 본질적으로 마치 태양 안에 빛이 존재하듯 존재하는 **원초적인** 청결함이 존재한다." 그리고 우리의 청결함의 모범은 하나님의 청결함이다. "하나님은 모든 거룩함의 모범이시고 원형이시다."[42] 왓슨에 따르면, "복음적 청결함"은 "은혜가 어떤 죄와 섞일 때" 나타난다(223). 우리는 이런 은혜의 섞임을 통해 하나님의 거룩하심을 공유한다. 실제로 왓슨은 "하나님께서는 청결한 마음을 사랑하신다. 왜냐하면 그분은 그곳에 그려진 자신의 모습을 보시기 때문이다. 거룩함은 하나님의 광선이고, 천사의 영광이다"라고 주장한다(227). 왓슨의 설교는 마음을 세밀하게 해체하면서 무엇이 그것의 청결함을 구성하는지를 정확하게 지적한다(238-48).

청결함에 대한 이런 설명은 "마음의 청결함"이 필수적인 것이 되는 9가지 이유에 대한 논의로 이어진다(248-53). 그것 중 하나는 직접 지복직관과 연결된다. "청결한 마음은 천국을 위한 길을 연다. **마음이 청결한 자는 하나님을 볼 것이다**"(252). 왓슨은 이것을 다음과 같이 설명한다. "행복은 다름 아닌 거룩함의 본질이다. 마음의 청결함은 인간 안에서 시작된 천국이다"(252). 왓슨은 이런 식으로 청결함을 지복직관과 연결시

---

42   Thomas Watson, *The beatitudes: or A Discourse upon part of Christs famous sermon on the Mount...* (London, 1660; Wing [2nd ed.] W1107), 222. 이후로 이 작품의 쪽 번호는 본문의 괄호 안에 제시될 것이다.

킬 뿐 아니라, 실제로 마음의 청결함이 지복의 최초의 단계를 구성한다고 주장한다. 그러므로 우리는 또한 왓슨에게 미래의 실재는 어떤 식으로든 오늘 이미 현존한다고 말할 수 있을 것이다.

왓슨은 지복직관 자체와 관련해 간략한 개요를 제시하는 것에서 시작한다. 그는 지복직관을 "하늘의 하늘"로 묘사하고 그것을 "행복의 정수"로 여긴다(259). 지복직관은 부분적으로는 지적인 것이 될 것이고(그것은 분리된 영혼들이 하나님을 보도록 허락한다), 또한 부분적으로는 우리가 예수 그리스도를 육체의 눈으로 보게 되리라는 의미에서 육체적인 것이 될 것이다. 이어서 왓슨은 욥기 19:26을 인용해서 우리의 눈이 하나님을 볼 것이라고 말하는 것이 어떻게 가능한지에 대해 간략하게 성찰한다. "유리의 뒷면에 강철을 대보라. 그러면 당신은 그 안에서 얼굴을 보게 될 것이다. 그렇게 그리스도의 인성은 이를테면 우리가 그것을 통해 하나님의 영광을 볼 수 있는 강철로 된 뒷면이다[참조. 고후 4:6]"(260).[43] 왓슨은 부활 후에 그리스도의 인간적 본성이 그리스도를 우리가 그 안에서 하나님 자신의 영광을 볼 수 있는, 우리를 위한 거울로 변화시킬 것이라고 주장하는 것처럼 보인다.

이어서 왓슨은 얼마간 상세하게 지복직관의 특징을 이루는 9가지의 "탁월함"에 대해 말한다(260-64). 그것은 투명하고, 초월적이며, 변화시키고, 기쁨을 주며, 만족스럽고, 싫증 나지 않으며, 유익하고, 영속하며, 신속할 것이다. 이 목록의 기능 중 일부는 단지 지복직관이 어떤 것이 될지 알려주는 특정한 세부 사항을 기입하는 것이다. 예컨대 왓슨에게는 암브로즈와 오웬의 경우처럼 그리스도가 하나님에 대한 우리의 대

---

43   왓슨은 *A body of practical divinity*, 474에서 이 말을 되풀이한다.

면 직관의 수단이 되리라는 것은 아주 분명하다.[44] 또한 왓슨의 견해에 따르면 성도가 하나님의 본질에 참여하지 않으리라는 것 역시 주목할 만하다.[45] 그 직관 자체는 이해와 의지를 모두 포함한다.[46] 그리고 하나님에 대한 성도의 욕구는 (하나님의 본질이 무한하기에) 끝이 없을 것이다.[47]

지복직관에 대한 왓슨의 찬양의 노래는 단지 독자들을 가르치려고 하는 것을 넘어서 그들의 상상력의 방향을 정하고 그럼으로써 그들의 욕구에 영향을 줄 뿐 아니라 또한 그들에게 그리스도 안에서 하나님을 보고자 하는 욕구를 심어주기 위해 고안되었다. 예를 들어 왓슨은 독자들에게 단지 지복직관의 영광이 초월적인 것이 되리라고 **설명할** 뿐 아니라 또한 그들에게 그것에 대해 **상상할** 것을 요구한다.

우리와 같은 인간적 본성의 옷을 입고 계신 그리스도를 보는 것, 그리고 그

---

44   Watson, *Beatitudes*, 260. "그러나 그리스도를 통해 우리는 아주 뛰어난 방식으로 하나님을 보게 될 것이다."

45   Watson, *Beatitudes*, 261-62. "성도는 하나님의 영광의 밝음을 봄으로써 그들에게 임하는 영광의 흔적을 갖게 될 것이다. 이것은 그들이 하나님 자신의 본질에 참여하리라는 뜻이 아니다. 철이 불 속에서 불이 되지만 여전히 철로 남아 있듯이, 성도는 하나님의 빛나는 엄위를 봄으로써 영광스러운 피조물이 될 것이나 그럼에도 여전히 피조물로 남아 있을 것이다."

46   아퀴나스가 지복직관의 공식적 근거(*formalis ratio*)가 이해(직관)의 행위라고 믿었던 반면 오컴은 그것을 의지(실현)의 행위라고 믿었다고 언급한 후, 왓슨은 다음과 같이 말한다. "그러나 분명히 진정한 축복은 그 둘 모두를 포함한다"(*Beatitudes*, 263).

47   Watson, *Beatitudes*, 263-64. "하나님의 본질이 무한하기에, 매순간 새롭고 신선한 기쁨이 하나님으로부터 나와서 영화된 영혼에게로 들어갈 것이다. 영혼은 하나님을 욕구하지 않게 될 것이나 여전히 충만하게 될 것이다. 그렇게 충만하지 않을지라도 여전히 욕구하게 될 것이다. 하나님은 너무나 감미롭기에 성도가 하나님을 보면 볼수록 그들은 더욱더 욕구와 기쁨으로 황홀하게 될 것이다." 왓슨은 다른 곳에서 니사의 그레고리오스를 직접 인용한다. 따라서 그는 그레고리오스로부터 영속적인 욕구(*epektasis*)에 대한 이해를 얻었을 가능성이 있어 보인다. 이 책의 3장 중 "모세의 생애: 영속적 욕구로서의 직관" 부분을 참조하라.

본성이 영광 중에 천사들 위에 좌정하고 있는 것을 보는 것이 얼마나 복된 직관이 될 것인지 상상해보라. 만약 하나님이 이곳 세상에서 그분의 규례, 말씀, 기도, 성례전에서 그렇게 아름다우시다면, 만약 우리가 신앙의 눈으로 약속이라는 장래의 안경을 통해 그분을 볼 때 그분 안에 그런 탁월함이 있다면, 우리가 그분을 **대면하여** 볼 때 그것은 얼마나 대단하겠는가! 그리스도가 산 위에서 변화되셨을 때, 그분은 영광으로 가득 차 계셨는데(마 17:2), 만약 이런 **변화**가 그토록 영광스러웠다면, 그분의 **취임**은 얼마나 더하겠는가? **모르드개**와 관련해 성서는 그가 "조복을 입고 큰 금관을 썼다"고(에 8:15) 말씀한다면, 우리가 성부 앞에 계신 그분을 볼 때 그것은 얼마나 영광스러운 시간이 되겠는가?…**과장법**을 넘어서는 영광이 있을 것이다. 설령 태양이 그것보다 1만 배 더 밝을지라도, 그것은 이 영광에 그늘이 지게 할 수조차 없다. 천국의 지평선에서 우리는 최고의 광도와 고도를 지닌 아름다움을 보게 될 것이다. 그곳에서 우리는 **영광 중에 계신 왕을 보게** 될 것이다[사 33:17]. 그 영광스러운 직관과 비교한다면, 모든 빛은 단지 빛의 소멸일 뿐이고, 아펠레스(Appelles)의 연필은 그것에 얼룩이나 만들고 천사들의 말은 그것을 폄하할 뿐이다.[48]

이 구절은 왓슨이 자신의 목회적·신학적 목표를 위해 수사학을 사용하는 방식을 잘 보여주기 때문에 전체를 인용할 만한 가치가 있다. 왓슨은 일련의 비교, 즉 복음의 약속과 변화 및 태양을 비교하면서 자신의 독자들에게 더 위대한 영광을 상상하라고 권한다. 그렇게 해서 상상은 독자

---

48   Watson, *Beatitudes*, 261. 기원전 4세기에 필리포스와 알렉산드로스 대제의 궁중 화가였던 아펠레스는 고대 그리스에서 가장 유명한 화가였다. 아주 유사한 구절은 Watson, *Body of practical divinity*, 474을 보라.

들의 정신과 마음을 위에 있는 지복직관 자체로 향하도록 이끄는 기능을 한다. 왓슨은 "아펠레스의 연필"과 "천사들의 말"을 언급하면서 자신의 독자들에게 지복직관이 형언하기 어려울 만큼의 영광스러운 것이 되리라고 확신시킨다.

우리는 존 오웬에게서도 신자의 경건과 거룩에 대해 지복직관 교리가 갖는 직접적인 중요성을 발견한다. 비록 청교도들 사이에서도 지적인 거인이었던 오웬이 예를 들어 리처드 백스터나 아이작 암브로즈보다는 훨씬 더 완화된 방식으로 자신의 신학에 있는 실천적 경향을 표현하기는 했지만 말이다.[49] 오웬은 자신의 『기독론』에서 그리스도의 영화된 인성이 성도의 영광과 어떻게 다른지를 설명하면서 다음과 같이 말한다. 모든 신자는 "이런 것들에 더 가까이 **다가가고** 또한 그것들을 누리고자 하는 열망과 기대와 욕구를 지니고 그것들에 정통한 자들이거나 그렇지 않다면 정통해야 하는 자들이다. 만약 그렇지 않다면, 우리는 **세속적**이고 육적이며 영적이지 않은 것이다. 이런 틀의 결여, 즉 이런 의무에 대한 무시야말로 많은 고백자가 그들의 마음에서 그토록 **육적**이고 그들의 대화에서 그토록 세속적이 되는 유일한 이유다."[50] 오웬에게 그리스도의 영광에 대한 묵상은 모두 거룩한 삶과 관련이 있다.

우리는 이미 오웬이 자신의 『묵상과 담화』(*Meditations and discourses*, 1684)의 마지막 세 장을 그리스도의 영광을 믿음으로 보는 것과 시각으

---

49   오웬의 저술 스타일에 관한 Packer의 말을 참조하라. "자신의 견해를 제시할 때 그가 신중하게 고려해 드러내 보이는 스타일에 관한 무관심, 즉 그 시대의 자의식적인 문학적 자세에 대한 양심적인 항거는 피상적인 독자들에게 그들의 공통의 분명성과 직접성을 감춘다. 그러나 오웬은 피상적인 독자들을 위해 쓰지 않았다"(*A Quest for Godliness*, 193).

50   Owen, *Christologia*, 326.

로 보는 것의 차이에 초점을 맞춰 썼던 것을 살펴본 바 있다. 전제가 되는 가정은 믿음과 시각이 모두 어떤 식으로든 그리스도를 보는 것과 상관이 있다는 것이다. 따라서 그리스도는 비록 우리가 그를 단지 모호하게 볼지라도 신자들에게 이미 임재해 있다. 우리를 그에게로 몰아가는 것은 그리스도에 대한 우리의 바라봄이 가진 바로 그 모호한 특성 때문이라고 오웬은 주장한다. 벽 뒤에서 창과 창살을 통해 우리를 바라보시는 그리스도(비교. 아 2:9)의 위치는 우리 안에 깊은 욕구를 불러일으킨다. 그 벽은 우리가 그리스도를 "있는 모습 그대로" 볼 수 있기 전에 철거되어야 하는 우리의 죽을 수밖에 없는 상태다.[51] 한편, 우리는 그를 그의 법규라는 "창"을 통해 본다. 그 법규는 "믿는 자들의 영혼을 상쾌하게 하기 위한 것들로 가득 차 있다." 그러나 오웬은 다음과 같은 말을 덧붙인다. 이런 견해는 "불완전하고, 일시적이며, 변함없지 않다. 대부분 우리는 아주 빨리 우리가 잃어버린 것을 한탄하는 상태에 빠진다." 또한 우리는 "창틀"—복음에 대한 설교—을 통해 그리스도를 본다. 그러나 신자들이 그리스도의 "바람직한 아름다움과 영광"을 "보고서" 얼마나 "황홀하게 되든"[52] 우리는 여전히 그를 "부분적으로 불안정하고 고르지 않게" 볼 뿐이다.[53] 말씀의 선포와 성례전의 기념은 우리에게 그리스도에 대한 참된 직관을 제공한다. 그리스도는 실제로 신자들에게 임재한다. 그러나 동시에 그 사랑하는 자에 대한 이런 바라봄은 단지 그리스도에 대한 안정되고 영속적인 직관에 대한 욕구를 심화시킬 뿐이다.[54]

---

51   Owen, *Meditations*, 177.
52   Owen, *Meditatains*, 177.
53   Owen, *Meditations*, 178.
54   다른 곳에서 오웬은 그리스도의 영광의 현현의 세 단계를 구별한다(1).

아브라함 카이퍼가 말하는 지복과 영광

네덜란드의 신칼뱅주의의 창시자인 아브라함 카이퍼(Abraham Kuyper, 1837-1920)는 중요한 측면에서 우리에게 현저하게 다른 신학과 영성을 소개한다.[55] 다작을 했던 목회자이자, 신학자이자, 저널리스트이자 수상이었던 카이퍼는 마음의 내적 움직임보다 그리스도인이 정치적이고 경제적이며 다른 문화적인 일들에 개입하는 것에 초점을 맞추는 전통을 세웠다. 신칼뱅주의는 창조 질서의 선함에 대한 견고한 수용과 그 안에 있는 것은 아무것도 예수 그리스도의 주권에서 벗어나지 않는다는 주장으로 알려져 있다. 그러므로 신칼뱅주의 세계관은 모든 생명을 구속하고 그리스도를 섬기기 위해 그 모든 것을 요구하는 세계관이다.[56] 우리가 이 책의 1장에서 보았듯이 신칼뱅주의 전통에 속한 많은 이들이 이 모든 적극적인 개입은 만약 그것이 종말에 갑자기 중단되고 지복직관 상태에서 영원히 하나님을 관조하는 것에 길을 내준다면 의미 없는 것이 된다

---

[55] Kuyper의 작품은 온라인 kuyper.ptsem.edu.에서 얻을 수 있다. 영어로 된 Kuyper의 핵심적 저술들의 최고의 모음집은 *Abraham Kuyper: A Centennial Reader*, ed. James D. Bratt(Grand Rapids: Eerdmans, 1998)다. Kuyper의 작품에 대한 모든 번역은 달리 지적하지 않는 한 나 자신의 것이다. Kuyper의 저작에 대한 탁월한 참고문헌 목록은 Tjitze Kuipers, *Abraham Kuyper: An Annotated Bibliography, 1857-2010*, trans. Clifford Anderson with Dagmare Houniet, Brill's Series in Church History 55(Leiden: Brill, 2011)을 보라. Kuyper에 관한 2차 문헌들의 참고문헌은 온라인 kyperbib.ptsem.edu에서 얻을 수 있다.

[56] 기독교 "세계관"(*wereldbeschouwing*)에 대한 Kuyper의 이해는 단지 네덜란드에서만이 아니라 북미에서도, 특히 그의 실용주의적인 책 *Lectures on Calvinism: Six Lectures from the Stone Foundation Lectures Delivered at Princeton University*, 8th ed.(Grand Rapids: Eerdmans, 1987)을 통해 아주 큰 영향을 끼쳤다. 『아브라함 카이퍼의 칼빈주의 강연』(다함 역간). 참조. Peter S. Heslam, *Creating a Christian Worldview: Abraham Kuyper's Lectures on Calvinism* (Grand Rapids: Eerdmans, 1998).

고 결론지었다.

어느 의미에서 이런 신칼뱅주의의 후계자들은 카이퍼 자신의 신학에 옳게 호소한다. 여러 곳에서 카이퍼는 새 하늘과 새 땅의 세속적인 특성을 강조한다. 모두 네 권으로 이루어진 『완성에 관하여』(*Van de voleinding*)는 기독교 전통 안에 있는 영성화하려는 경향을 거듭해서 비판한다.[57] 카이퍼에게 창조 질서의 다양한 요소들—자연 세계, 삶의 다양한 영역들, 우주의 수많은 행성들—은 최종적 완성을 향한 공통의 여행 중에 있다.[58] 그럼에도 카이퍼는 영적인 혹은 신비적인 측면도 갖고 있는데 그것은 그의 신학적 저작들의 여러 곳에, 특히 그의 묵상—학자들이 최근에야 얼마간 깊이 있게 탐구하기 시작한 것이다—안에 골고루 스며들어 있다.[59] 카이퍼는 그의 저작들 전반에서 지복직관이라는 주제를 다룬

---

57   Kuyper는 때때로 영원 속에서 우리는 단지 찬송시들만을 노래할 것이라는 개념에 대해 비판한다("In het huis mijins Vaders zijn vele woningen," in *In Jezus ontslapen: Meditatiën* [Amsterdam: Höveker & Wormser, 1902], 36; *Dictaten Dogmatiek*, vol. 5, *Locus de Consummatione Saeculi*, 2nd ed. [1892; reprint, Kampen: Kok, 1913], 320). 그럼에도 Kuyper에게는 하나님에 대한 직접적인 예배가 우리의 궁극적인 목표다. 예컨대 그는 우리가 세속에서 드리는 예배에서 사용하는 악기의 소리가 하늘의 영역들에 파고든다고 말한다. "그곳에서는 천사들이 영원토록 황금 수금을 타고 모든 것이 하나님의 보좌 주변에 있는 예배의 대양 속으로 흘러 들어간다"("Looft Hem met snarenspel en orgel," in *Nabij God te zijn*, 2 vols. [Kampen: Kok, 1908], 2:30).

58   Kuyper, *Van de voleinding*, ed. H. H. Kuyper, 4 vols. (Kampen: Kok, 1929-1931), 1:351-52.

59   몇몇 학자들이 1908년부터 묵상에 관한 Kuyper의 두 권의 책을 분석해왔다. *Nabij God te zijn* (*To Be Near unto God*): Kick Bras, *Een met de ene: Protestantse mystiek van Abraham Kuyper tot Maria de Groot* (Vught, Neth.: Skandalon, 2013), 17-42; Ad de Bruijne, "Midden in de wereld verliefd op God: Kuypers aanzet tot een neocalvinistische spiritualiteit," in *Godsvrucht in geschiedenis: Bundel ter gelegenheid van het afscheid van prof. dr. Frank van der Pol als hoogleraar aan de Theologische Universiteit Kampen*, ed. Erik A. de Boer and Harm J. Boiten (Heerenveen, Neth.: Groen, 2015), 441-53; George Harinck, "'Met de telephoon onzen God oproepen': Kuypers meditaties uit 1905 en 1906," in Boer and Boiten, *Godsvrucht in geschiedenis*, 454-65.

다. 그리고 그것이 상대적으로 두드러지는 것은 그가 그 주제에 단순히 일시적인 관심 이상을 갖고 있었음을 분명하게 보여준다.

따라서 나는 이 장의 두 번째 부분에서 우리가 "신비주의적인 카이퍼"(mystical Kuyper)라고 부를 수 있는 것에 독자들의 주의를 환기시키고자 한다. 나는 우리가 그의 정치적이고 문화적인 저작들을 넘어 그의 신학—그의 교리적 작품과 그의 수많은 묵상[60]—을 보다 폭 넓게 살펴볼 때 나타나는, 카이퍼가 교회의 위대한 전통을 따라 지복직관을 그리스도인의 순례의 궁극적 목적으로 여겼던 인물이었음이 분명하게 밝혀지기를 바란다. 카이퍼가 보기에 우리의 미래는 다름 아닌 하나님 자신에게 달려 있다. 그러므로 이 부분의 목적은 그동안 대체로 저평가되었고 종종 아예 알려지지 않았던 카이퍼의 한 측면을 되찾는 것이다.

동시에 우리는 지복직관에 대한 카이퍼의 가르침이 우리가 방금 살폈던 청교도의 그것과 상당히 다르다는 것을 보게 될 것이다. 한편으로 카이퍼는 오늘 이미 우리가 지복직관을 미리 맛본다는 확신을 앞선 청교도들과 공유했다. 다른 한편으로 카이퍼는 성도가 죽음 직후에 얻는 지복(zaligheid)과 몸의 부활에 뒤따르는 영광(heerlijkheid)을 날카롭게 구별했다. 전자는 그리스도와의 교제라는 특징을 지니는 반면, 후자는 하나님 자신의 영원한 존재(Eeuwige Wezen)에 대한 지복직관이라는 특징을

---

60   Kuyper는 지복직관을 자신의 묵상에서뿐 아니라 교리 신학에서도 다룬다. 비록 그가 보통 자신의 출처를 인정하지는 않으나 그가 순례자의 지식(*theologia stadii* 혹은 *viatorum*), 그리스도의 지식(*theologia unionis*) 및 지복적인 직관의 지식(*theologia visionis* 혹은 *patriae*)을 구분할 때 그가 개혁주의 스콜라학자들에게 빚을 지고 있음이 분명하게 드러난다(*Dictaten Dogmatiek*, vol. 1, *Locus de Deo*, 2nd ed. [1891; reprint, Kampen: Kok, 1910], pt. 1.75-76; *Encyclopadie der heilige godgeleerdheid*, vol. 2 [Amsterdam: Wormser, 1894], 190-96). 개혁파 스콜라주의 안에서 나타나는 신학에 대한 이 3중의 구분에 관한 논의는 Rehnman, *Divine Discourse*, 57-71을 보라.

지닌다. 그 결과 유감스럽게도 지복직관이 기독론으로부터 고립된다. 카이퍼에게 그리스도는 우리가 그 안에서 (혹은 그를 통해서) 영원토록 하나님을 보는 존재가 아니다.

카이퍼에게 지복(zaligheid)은 성도의 상태(staat)와 관련이 있는 반면, 영광(heerlijkheid)은 그들의 지위(stand)와 상관이 있다.[61] 카이퍼는 우리가 죽을 때 지복을 얻는 반면, 영광—훨씬 더 우월한 그 무엇—은 그리스도가 돌아오고 우리의 영혼이 몸과 재결합할 때에야 비로소 우리의 것이 된다고 말함으로써 그 둘을 구별한다. 유감스럽게도 이런 구분이 늘 적절하게 인식되지는 않는다. 카이퍼는 자신이 소속된 교회의 신앙고백문인 하이델베르크 교리문답(Heidelberg Catechism)이 부활에 대해 말하면서 "영광에 대해 완전하게 침묵한다"고 비난한다. "그 신조의 내용은 엄격하게 영적인 방식으로 설명되고 죽음 직후에 뒤따르는 지복에 국한된다. 그러나 **지복**과 **영광**은 같은 것이 아니다. 지복은 영적 삶과 관련이 있는 반면, 영광은 영원한 문제들에서 우리를 위해 준비된 행복의 상태를 목표로 한다. 따라서 지복은 죽음 직후에 누릴 수 있는 반면, 영광은 오직 몸의 부활 이후에야 누릴 수 있다."[62] 카이퍼에 따르면 그 교리문답은 중간 상태의 영적 지복에만이 아니라 또한 재림 이후에 있을 우리의 세속적이고 구체적이며 공동의 미래의 영광에도 초점을 맞췄어야

---

61   Kuyper, *Dictaten Dogmatiek*, 5:316. zaligheid라는 네덜란드어에 대한 번역은 어렵다. 나는 주로 그것을 "지복"(beatitude)으로 번역하는데, 그 네덜란드어와 영어 단어는 모두 행복을 의미하며 또한 그 용어가 지복직관의 신학과 직접 연관되어 있기 때문이다. 한편 Kuyper는 자주 zaligheid—혹은 특히 그것에 대한 과도한 집중—를 죄로부터 해방되는 것에 대한 경건한 집중과 연결시킨다. 그리고 "구원"(salvation)이라는 단어가 "지복"보다 이것의 의미를 더 잘 전달한다.

62   Kuyper, *Van de voleinding*, 1:220.

했다.[63] 오직 우리 자신의 지복에만—다소 이기적이고 인간 중심적인 접근[64]—초점을 맞추는 대신 우리는 무엇보다도 하나님의 명예와 영광에 유념해야 한다.

그러므로 카이퍼에게 분리된 영혼들의 지복은 아직 **완전한** 축복이 아니다. 그는 거듭해서 독자들에게 제단 아래에서 계속해서 "어느 때까지입니까?"(계 6:10)라고 부르짖는 영혼들에게 주의를 환기시킨다.[65] 그들은 아직 완전한 영광을 얻지 못했다. 유사하게, 그가 현재의 부분적인 지식과 미래의 완전함에 대한 바울의 대조(고전 13:9-10)에 대해 숙고할 때, 카이퍼는 우리가 죽음 직후에 이 완전한 지식을 얻게 되리라고 상상해서는 안 된다고 설명한다. "바울은 부분적인 것[τὸ ἐκ μέρους]이 우리가 죽을 때 사라질 것이라고 말하지 않는다. 아니다, 그것은 죽음 이후에도 남아 있다. 그 상태는 완전한 것[τὸ τέλειον]이 올 때까지 계속될 것이다. 그것은 그때가 되어서야 사라질 것이다."[66] 카이퍼에 따르면 중간 상태는 더 큰 영광과 완전에 대한 욕구라는 특징을 지닌다. 따라서 그는 사랑뿐 아니라 소망도 영원한 삶 속으로, 즉 지금 복된 상태에 있는 이들이

---

63   참조. Kuyper, *Van de voleinding*, 1:309. "예수는 자신의 나라와 관련해 자기가 새 포도
       주를 마실 식사에 대해 말씀하신다. 우리는 계속해서 단지 영적이거나 내적인 것이 아
       니라 또한 외적이고 육적인 것이 될 삶에 대한 그림을 얻는다. 심지어 우리는 미래의 영
       광과 관련해 우리에게 무엇이 계시되었든 그것은 외적으로 물리적 형태로 관찰될 것들
       과 관련이 있다고 말할 수 있다. 지복은 영적이지만, 영광은 외부로부터 인간에게 온다.
       따라서 두 개의 구별된 요소가 있다. 이스라엘의 메시아는 세상을 위해 오며 온 세상을
       목표로 삼는다." 참조. 1:244-45; 1:333.
64   Kuyper, *Van de voleinding*, 1:246; 1:333.
65   가령 Kuyper, "Overkleed te worden," in *In de schaduwe des doods: Meditatien voor de
       krankenkamer en bij het sterfbed* (Amsterdam: Wormser, 1893), 285; "Nu ken ik ten
       dele," in In Jezus ontslapen, 174; *E voto Dordraceno: Toelichting op den Heidelbergschen
       Catechismus*, vol. 2 (Amsterdam: Wormser, 1893), 230.
66   Kuyper, *Dictaten Dogmatiek*, 5:318.

영광스럽게 되는 부활 때까지 계속될 것이라고 결론짓는다.[67]

지복으로부터 영광으로의 변화는 단지 몸과 영혼의 재결합 이상이다. 부활 후에 하나님과 우리의 교제는 직접적인 것이 될 것이고, 따라서 더는 그리스도를 통해 중재되지 않을 것이다. "죽음부터 부활 때까지 하늘에 있는 복된 영혼들은 삼위일체 하나님과 직접적인 교제가 아니라 중재자이신 그리스도를 통한 교제만 누린다. 고린도전서 15:24-28에 따르면, 그때 그리스도는 부왕[viceroy]이 되기를 그치실 것이고 나라를 성부 하나님께 바치실 것이다. 이어서 성자 자신도 모든 것을 자신에게 복속시키셨던 분에게 복속될 것이다. 그때 우리는 삼위일체 하나님과 직접 교제하게 될 것이고, 그로 인해 '하나님(자신)이 모든 것이 되실 것이다.'"[68] 우리는 암브로즈와 오웬이 유사하게 이 구절을 사용해 중재자로서의 그리스도의 역할이 그의 재림 때 종결될 것이라고 주장했던 것을 살펴본 바 있다. 그러나 그들은 모두 그리스도가 영원히 성도가 그를 통해 하나님을 보는 "수단"으로서의 역할을 하신다고 주장했다. 반면에 카이퍼는 그리스도와 지복직관을 그런 식으로 연결시키지 않는다. 대신 그는 그리스도의 왕권의 종결에 대해 논한 후 성도의 "영원한 존재"(het Eeuwige Wezen)와의 영원하고 직접적인 교제와 삼위일체 하나님에 대한 직관과 누림(visio et fruition Dei Triunius)에 대해 말한다.[69] 그러므로 카이퍼에 따르면 복을 얻은 자들은 부활 때 구원이 증대되는 것을 경험하는데, 그것은 단지 몸과 영혼이 재결합될 것이기 때문만이 아니라 그것들이

---

67 Kuyper, "Overkleed te worden," 285. "그러므로 사랑뿐 아니라 소망 역시 그들을 따라 죽음과 무덤을 통과해 영원에 이르렀다."
68 Kuyper, Dictaten Dogmatiek, 5:315.
69 Kuyper, Dictaten Dogmatiek, 5:315.

처음으로 하나님 자신을 보고 누릴 것이기 때문이다.

카이퍼가 지복과 영광을 날카롭게 구분하는 것은 신자가 이중으로 욕구하는 것에 상응한다. 한편으로 신자는 죽을 때 그리스도와 교제하길 고대한다. 다른 한편으로 그들은 그의 재림과 그 후에 있을 지복직관을 기대한다. 그러므로 신자들은 죽을 때 무엇보다도 예수와 함께 있기를 바란다. 그러나 카이퍼는 이것이 예수에 대한 **직관**을 의미하는 것이 아님을 분명하게 밝힌다. 왜냐하면 죽음 후에 영혼은 그들의 몸에서 분리될 것이기 때문이다.[70] 오히려 카이퍼의 주장에 따르면 죽은 자들은 그 중재자와 "활발한 교제"를 맺는다.[71] 그러므로 비록 그들이 중간 상태에서 예수를 **보지**는 못할지라도 그들은 그와 영적 **교제**를 나눈다. 그러하기에 카이퍼가 볼 때 사도 바울이 죽은 후에 그리스도와 함께 있기를 바랐던 것은 아주 적절한 일이다(참조. 빌 1:23).

더 나아가 비록 우리가 죽은 직후에 예수를 보지는 못할지라도 우리는 그가 재림할 때 그를 보게 될 것이고, 이때 그는 영광의 상태를 인도할 것이다. 카이퍼는 이런 의미에서 우리가 예수에 대한 실제적 직관을 갈망**한다**고 주장한다. 카이퍼는 1891년에 출간된 그의 『찔레 대신 화석류』(*A Myrtle for a Brier*)에서 고린도전서 13:12에 관해 묵상하면서 우리의 욕구는 선포된 말씀을 넘어 예수 자신에게 이른다고 주장한다. 카이퍼는 말씀의 연약한 비춤과 천국 자체의 온전한 광휘 사이의 "측량하기 어려운 거리"(onmetelijken afstand)에 대해 언급한다.[72] 또 그는 그 차이를

---

70 Kuyper가 한 말을 참고하라. "죽음 후에 천국에 있는 영혼은 몸을 가진 예수를 보지 못한다. 그러나 그와 교제할 수는 있다"(*Dictaten Dogmatiek*, 5:317).

71 Kuyper, *E voto Dordraceno*, 2:228.

72 Kuyper, "Door een spiegel in een duistere rede," in *Voor een distel een mirt: Geestelijke overdenkingen bij den Heiligen Doop, het doen van belijdenis en het toegaan tot het Heilig*

"**초상화**와 **실제 인물** 사이의 병치"에 비교한다. "말씀을 지속적으로 응시하는 것은 당신의 영혼 안에서 **예수 자신**에 대한 욕구를 자극한다. 그때 당신은 더는 예수에 관해 **읽는 것**을 원치 않고, **예수** 자신을 소유하기를 바란다. 그때 당신은 더는 불타오르는 **신앙** 안에서조차 안식을 찾지 못하고 **보기**를 갈망한다."[73] 역설적으로 말씀은 그 자체에 대한 불만족을 야기한다. 왜냐하면 그것이 말씀에 의해 선포된 실재로서의 예수를 소유하려는 우리의 욕구를 불러일으키기 때문이다.

영원한 존재에 대한 직접적인 지식

그러나 어느 의미에서 카이퍼가 독자들에게 예수를 보려는 욕구를 불러일으키는 것은 이상하다. 왜냐하면 예수의 재림 후에 성도가 보고 누릴 것은 더 이상 예수가 아니라 하나님의 본질이기 때문이다. 카이퍼에 따르면 마지막 날에 우리는 거울로부터 하나님의 완전함이라는 "실제적 존재"(wezen zelf)로 돌아설 것이다.[74] 비록 카이퍼가 자기가 하나님의 "영원한 존재"(Eeuwige Wezen)를 보는 것에 관해 말할 때 염두에 둔 것이 무엇인지를 설명하지는 않으나, 그가 그 말로 의미하는 것이 하나님의 본질을 보는 것임에는 의문의 여지가 없다. 이것은 하나님에 관한 교리를 다루는 논의에서 그가 "하나님의 본질"을 다룰 때 분명하게 드러난다.[75]

———

       Avondmaal (Amsterdam: Wormser, 1891), 9.

73   Kuyper, "Door een spiegel," 9-10.

74   Kuyper, "Nu ken ik ten deele," 178.

75   Kuyper, *Dictaten Dogmatiek*, vol. 1, pt. I. 124-58.

그 섹션의 표제인 "하나님의 본질에 관하여"(De essentia Dei)는 그가 베젠(wezen)이라는 네덜란드어를 에센티아(essentia)라는 라틴어에 상응하는 것으로 다루고 있음을 보여준다.[76] 따라서 카이퍼에게 영원한 존재(Eeuwige Wezen)를 보는 것은 곧 하나님의 본질을 보는 것을 의미한다. 이 지점에서 카이퍼는 성 아우구스티누스를 따르는 서방 교회 전통에 속한 많은 이들과 일치한다.

카이퍼는 유한한 피조물이 어떻게 하나님의 무한한 존재를 볼 수 있다고 여겼던 것일까? 적어도 한 곳에서 그 네덜란드의 신학자는 하나님의 본질에 대한 직관은 하나님을 "이해하는" 능력을 의미하지 않음을 분명하게 밝힌다. 그는 하이델베르크 교리문답이 삼위일체 교회를 다루는 것에 대해 논하면서 삼위일체의 신비는 우리가 그것의 일부조차 이해할 수 있는 게 아니라고 경고한다. 이어서 그는 하나님을 이해하는 것(begrijpen)과 아는 것(kennen)을 구분한다. 하나님의 본질을 이해하는 것은 종말에도 가능하지 않다.[77] 우리는 영원한 삶 속에서 하나님을 **알게** 될 것이다. 그러나 우리는 그분을 **이해하지는** 못할 것이다.[78] 우리로서는

---

76 "영원한 자"(de Eeuwige)와 "영원한 존재"(het Eeuwige Wezen)라는 용어들에 대한 Kuyper의 편애가 그의 저작 안에 하나님의 "본질"을 보는 것에 관한 말이 없음을 설명해준다는 것은 분명해 보인다. 그러므로 우리는 카이퍼가 부활 후에 우리가 하나님의 본질(그는 그것을 하나님의 영원한 존재와 동일하게 여긴다)을 보게 되리라는 믿음을 지녔다고 결론지을 수 있을 것이다.

77 Kuyper, *E voto Dordraceno*, 1:145.

78 이 지점에서 Kuyper의 주장은 난관에 부닥친다. *Encyclopædie*의 제2권에서 그는 내세에서 하나님에 대한 관조적(비논리적) 직관에 반대하면서 하나님에 대한 우리의 종말론적 지식은 논리적인 것이 될 것이고(하나님이 논리적이시기에) 하나님의 지식과 우리의 지식 사이에는 점진적인 차이(gradueel verschil)가 있을 뿐일 것임을 분명하게 지적한다!(*Encyclopædie*, 2:194) Kuyper가 우리가 갖게 될 것이라고 주장하는 이런 종말론적인 논리적 지식은 그가 하이델베르크 교리문답에 관한 그의 주석에서 비판하는 지적인 "이해"와 같은 것처럼 보인다.

아마도 카이퍼가 여기서 단지 지성주의 일반에 대해 경계했을 뿐 아니라 또한 창조주와 피조물의 구분을 지키려 했다고 말하는 것이 옳을 것이다. 내세에서 우리가 하나님을 **이해할**(understand)—혹은 그 전통에 속한 다른 이들이 말해왔듯이 **충분히 알아볼**(comprehend)—수 있게 되리라고 주장하는 것은 피조물을 창조주의 위치에 놓는 처사가 될 것이다. 그러므로 카이퍼가 지복적 지식이 하나님의 본질에 대한 지식이라고 주장했을 때 그는 하나님의 초월성을 전복시키려고 했던 것이 아니다.[79] 하나님의 본질을 보거나 아는 것은 그것을 이해하는 것과 같지 않다.

우리는 하나님을 이해하지 못할 수도 있다. 그러나 그분에 대한 우리의 지복적 지식은 카이퍼에 따르면 그럼에도 특성상 직접적인 혹은 즉각적인 것이다. 하나님이 언제나 우리의 본질을 알고 계시듯 우리 역시 그분의 본질을 알게 될 것이다. 바울은 미래에 하나님에 대한 우리의 지식은 우리에 대한 그분의 지식에 입각해서 얻어질 것임을 분명하게 밝힌다. "지금은 내가 부분적으로 아나 그때에는 주께서 나를 아신 것 같이 내가 온전히 알리라"(고전 13:12). 카이퍼에게 거울을 통해 희미하게 보는 것(그리고 부분적인 지식을 갖는 것)으로부터 온전하게 아는 것으로의 변화는 비록 우리의 지적 능력이 동일하게 남아 있을지라도 우리의 세

---

79 그럼에도 Kuyper는 다시 문제에 직면한다. 그가 우리는 하나님의 본질을 이해하게 되리라는 것을 부인할 때, 이것은 우리가 하나님의 본질을 충분히 알수 있을까?"라는 문제를 제기한다. Kuyper는 하나님의 본질에 대한 우리의 지복적 지식이 어떻게 그분의 초월성과 관계하는지를 설명하는 데 실패한다. 적어도 토마스 아퀴나스는 하나님의 본질을 얻는 것과 충분히 이해하는 것을 구별함으로써 이것을 설명하려고 한다(*ST* I, q. 12, a. 7; I-II, q. 4, a. 3). Kuyper는 우리가 하나님의 본질에 대한 직접적인 지식을 얻게 되리라는 주장을 입증하지 못한다. 범신론에 빠지는 것을 피하기 위해 Kuyper는 최소한 아퀴나스의 노선을 따라 모종의 "보호 장치"를 마련해야 할 것이다(혹은 내 견해로는 그게 더 나아 보이는데 그는 하나님의 본질에 대한 직관을 기독론적으로 해석할 수도 있을 것이다).

속적인 지식이 "파괴되리라"(vernietigd)는 것, 그래서 우리의 새로운 지식의 **방식**이 현재 우리의 앎의 방식과는 아주 다른 것이 되리라는 것을 의미한다.[80] 실제로 우리의 앎의 방식은 그런 변화를 통해 하나님이 우리를 아시는 방식을 닮게 될 것이다. 고린도전서 13:12에 의하면, "우리의 지적 능력은 하나님의 지식이 작동하는 방식과 유사하게 구사될 것이다."[81]

카이퍼는 종말에 우리가 방향을 바꿀 것이라고, 즉 거울로부터 돌아서서 하나님 자신을 대면할 것이라고 말함으로써 바울이 말하는 거울 이미지를 설명한다. "이것은 우리의 지적 능력이 제거되고 다른 것이 나타나리라는 뜻이 아니다. 그보다는 인간이 방향을 바꿔 그의 등을 거울로 돌리고 그의 얼굴을 그 위격으로 향할 것이다."[82] 그 결과 우리는 영원한 존재를 직접적으로 혹은 즉각적으로 볼 것이다. 우리가 하나님의 본질을 알게 될 때 모든 중재는 사라질 것이다.[83] 카이퍼는 지복직관을 하나님의 본질에 대한 직접적인 직관으로 다룬다.

이렇게 직접성을 강조한 결과 유감스럽게도 카이퍼는 그리스도를 하나님에 대한 직관으로부터 분리시킨다. 암브로즈와 오웬처럼 그 역시 중재자—예언자, 제사장 그리고 왕—로서의 그리스도의 역할을 배타적으로 우리의 타락 이후의 상황과 연결시킨다. 카이퍼는 아담과 하

---

80 Kuyper, *Dictaten Dogmatiek*, vol. 1, pt. III.11-12. 유사하게 Kuyper는 *Encyclopædie*, 2:194에서도 우리의 지적 능력이 동일하게 남아 있을 것이라고 주장한다.

81 Kuyper, *Dictaten Dogmatiek*, vol. 1, pt. III.12. Cf. vol. 1, pt. I.166.

82 Kuyper, *Dictaten Dogmatiek*, vol. 1, pt. III.12. 거의 동일한 표현(거울로부터 그 위격으로 방향을 바꾸기)은 *De gemeene gratie*, vol. 1 (Leiden: Donner, 1902), 480: "Nu ken ik ten deele," 178을 보라.

83 Cf. Kuyper, "Nu ken ik ten deele," 176.

와의 예언자적·제사장적·왕적 역할은 중재 없이 **직접** 기능했다고 주장한다.[84] 그리고 일단 모든 죄가 뒤에 남겨지면, 우리의 3중 직무는 다시 한번 중재 없이 기능하게 될 것이다.[85] 카이퍼는 다음과 같이 말한다. "직관 상태에서 은총을 입은 자들은 수단을 통해 얻은 지식이 아니라 수단 없이 도달한 지식—직접적인 지식, 그 사도가 말하듯이 대면하여 [πρόσωπον πρὸς πρόσωπον] 보는 것을 통한 지식—을 얻는다."[86] 암브로즈와 오웬과 달리 카이퍼는 "중재"와 "수단"을 구분하지 않는다. 일단 중재자로서의 그리스도의 역할이 끝나면, 그로 인한 결과는 하나님에 대한 직접적인 접근이다. 카이퍼에게 지복직관은 하나님의 본질에 대한 직접적인 직관인데, 그것은 그리스도를 뒤에 남긴다.

비록 하나님에 대한 직관이 직접적이거나 즉각적인 것이 될지라도, 이것은 카이퍼가 그것을 감각을 우회하는 직관적(intuitive)이고 관조적인 직관이 되리라고 여긴다는 의미는 아니다. 우리는 이미 그가 신자들이 죽은 후에 그리스도를 볼 것이라고 여기지 않는다는 점을 살펴본 바 있는데, 그것은 그 상태에서는 영혼이 몸과 분리되어 있기 때문이다. 카이퍼는 분리된 영혼들이 (이를테면, 영적 직관으로) 하나님을 보는 것에 대해 결코 말하지 않는다. 카이퍼는 분리된 영혼들이 사후에 그리스도와 나누는 **교제**에 대해 말하지만, 이런 교제를 그리스도(혹은 하나님)에 대한

---

84 Kuyper, *E voto Dordraceno*, 1:287.

85 Kuyper, *E voto Dordraceno*, 1:288. Kuyper는 고전 13:12; 요 16:26 그리고 고전 15:28에 호소한다. 분명히 적어도 한 곳에서 Kuyper는 미래에 성부가 우리에게 "그리스도 안에서" 보이실 것이라고 주장한다("Hetgeen onze oogen gezien hebben: Het sacrament en ons oog," in *Voor een distel een mirt*, 15).

86 Kuyper, *Dictaten Dogmatiek*, vol. I, pt. I.76. 유사하게 Kuyper는 *Encyclopædia*, 2:194에서도 종말에 있을 직접적인 지식에 대해 말한다.

직관과 동일시하지는 않는다. 카이퍼에게는 분리된 영혼에게는 지복직관이 존재하지 않는 듯 보인다. 적어도 그는 그런 직관에 대해 결코 언급하지 않는다.

카이퍼의 주장에 따르면 분리된 영혼들 가운데 이런 직관이 존재하지 않는 아주 그럴듯한 이유는 지복직관이 몸과 영혼 모두의 직관이 될 것이기 때문이다. 그의 『교의학』(*Dictaten Dogmatiek*) 중 적어도 한 곳에서 카이퍼는 다소 분명하게 (그리고 아우구스티누스 전통으로부터 이탈해서) 하나님에 대한 이런 직관과 누림이 단지 영혼뿐 아니라 또한 몸의 행위가 될 것이라고 주장한다. 즉 그것은 전인의 행위가 될 것이다. 카이퍼는 "우리가 그를 그의 참모습 그대로 볼 것"이라고 전하는 요한1서 3:2에 호소한다. 또 그는 이것이 "영적 직관을 제외하는 것이 아니라 육체의 눈으로 직접 보는 것"을 가리킨다고 주장한다. "왜냐하면 완전의 상태에서 영혼의 눈과 몸의 눈이 기능하는 행위는 하나이기 때문이다."[87] 카이퍼는 독자들에게 모세가 하나님의 등을 보았던 것도 이와 동일한 방식의 바라봄이었음을 상기시킨다(출 33:20-23). 비록 그가 즉각 하나님은 몸을 갖고 있지 않으신다고 덧붙이지만, 그럼에도 카이퍼는 계속해서 다음과 같이 말한다. "하나님은 피조물의 방식으로 호렙산에 강림하셨고, 그로 인해 감각의 외적 능력이 하나님의 현존(*praesentia Dei*)의 징조가 있음을 인식했다." 유사한 방식으로 카이퍼는 우리가 그리스도의 재림 때 그 중재자의 광휘와 위엄 속에서 하나님의 현존을 볼 것이라고 주장한다.[88] 카이퍼가 하나님의 본질에 대한 이런 육체적 직관을 실제로 어

---

87   Kuyper, *Dictaten Dogmatiek*, 5:317.

88   Kuyper, *Dictaten Dogmatiek*, 5:317. 두 쪽 앞에서 Kuyper는 부활 후에 우리는 더는 그 중재자를 통해 하나님을 보지 않을 것이라고 말했다. 비록 그가 여기서 중재자로서의

느 정도나 주장하려 했던 것인지는 분명치 않다. 내가 알기로 그는 다른 어느 곳에서도 그것에 대해 언급하지 않았다. 또 그는 육체적 조망과 영적 조망이 지복직관에서 연합한다고 믿는 **방식**에 대해서도 설명하지 않는다. 그러나 그가 전통 안에서 지복에 주어진 과도한 집중에 대해 비판하는 것을 고려할 때, 나는 그가 몸과 영혼이 영광의 상태에서 다시 연합하고 그 영화된 상태에서 하나님의 본질을 보게 되는 그 영광의 상태를 염두에 두고 있었던 것이 아닌가 추측한다.

"마음의 신비주의": 경험적 경건

개혁주의 신학자로서 카이퍼는 하나님의 계시에 대한 모든 우회에 대해 강력하게 반대했는데, 그런 우회는 그가 특히 동방 교회가 성자 안에 있는 하나님의 계시로부터 성령의 사역을 고립시키는 것[89]과 중세의 관조라는 관행[90]에서 관찰한 문제였다. 카이퍼는 이런 문제들에 대해 논의할 때마다 신속하게 독자들에게 계시의 중요성을 상기시키면서 그것을 우

그리스도에 관해 말하는 것이 여전히 이상하기는 하지만, 나는 Kuyper가 지금 우리가 중재자를 통해서 하나님을 보게 될 것이라고 주장하는 게 아니라 오히려 우리가 그리스도의 신적 본성을 직접(육체적이고 영적으로) 볼 수 있게 되리라고 주장하고 있는 것이 아닌가 의심한다.

89 Kuyper, *Drie kleine vossen* (Kampen: Kok, 1901), 47-48. 또한 74쪽에 실려 있는 러시아의 "열광주의"(dweperijen)를 비판하는 날카로운 말을 참조하라.

90 Kuyper는 자신의 책 *Encyclopædie*(1:80-81)에서 생각(*cogitatio*)으로부터 묵상(*meditatio*)을 거쳐 관조(*contemplatio*)로 이동하는, 또한 "육신의 눈"(*oculus carnis*), "지성의 눈"(*culus rationis*) 그리고 "관조의 눈"(*oculus contemplationis*)을 구별하는 성 빅토르의 위그(Hugh of Saint Victor)를 거칠게 비판한다. Kuyper는 위그 안에서 인간의 이성이 지성(kenvermogen)의 보다 높은 형태인 관조에 의해 초월되고, 그로 인해 관조가 이성이 떠난 곳을 인수하는 것에 반대한다.

회하려는 모든 시도에 반대한다. "그것이 묵상이라 불리든 관조라 불리든 혹은 다른 무엇으로 불리든, 그것은 늘 계시된 수단들로부터 분리된 엄위하신 하나님의 본질(wezen)을 꿰뚫어 보려고 시도한다. 그것은 하나님이 오직 계시의 휘장을 통해서만 발견된다는 것을 받아들이지 못한다. 그것은 그 휘장 혹은 커튼을 옆으로 밀쳐두려 하고, 또한 이제 그것이 직접적이고 즉각적이며 그 어떤 중간적인 작용 없이 하나님을 소유하고, 보며, 누린다는 환상에 이를 때까지 멈추지 않는다."[91] 백스터, 암브로즈와 왓슨 같은 청교도들이 묵상과 관조라는 중세의 관행을 전유했던 반면, 카이퍼는 그것들에 대해 의혹을 품었고 계시라는 거룩하게 제정된 수단과 별도로 직접 하나님께 접근하려는 시도에 대해 우려했다.

이 모든 것은 카이퍼가 그런 신비주의에 반대했다는 뜻이 결코 아니다. 그는 거짓된 신비주의(mysticisme)와 참된 신비주의(mystiek)를 구분했다.[92] 그는 전자를 동방 정교회와 중세의 관조적 실천에서 감지했고, 후자를 그가 베이스트에 있던 자신의 첫 번째 회중을 통해 알게 된 칼뱅주의의 경험적 신비주의에서 관찰했다. 그와—독일 낭만주의에 대한 그의 지적 전유는 물론이고—경험적 칼뱅주의와의 만남의 결과,[93] 카

---

91   Kuyper, *Drie kleine vossen*, 59.

92   Kuyper, *Drie kleine vossen*, 47. 우리는 신비주의(mysticisme)가 Kuyper에게 늘 부정적인 의미를 가졌다는 것에 주목해야 한다. 영어는 mystiek와 mysticisme를 위한 두 개의 구별된 용어를 갖고 있지 않기에, 나는 "참된 신비주의"(true mysticism)와 "거짓된 신비주의"(false mysticism)라는 표현들을 사용한다. Kuyper가 1901년에 출간한 『작은 세 마리의 여우들』(*Drie kleine vossen*)은 영적 삶에 내포된 지성주의(intellectualisme), 신비주의(mysticisme) 그리고 행동주의(practicisme)라는 세 가지 위험을 다룬다.

93   Kuyper의 영성은 확실히 베이스트에 있던 그의 회중(1863-67)의 경건하고 경험적인 (bevindelijke) 칼뱅주의에 의해 형성되었던 반면, 피체 발투스(Pietje Baltus)라는 이름을 가진 여성이 그에게 끼쳤다는 전설적인 영향은 아마도 과장되었을 것이다. 우리는 카이퍼가 대학에서 받았던 훈련을 통해 얻은 독일의 낭만주의와 이성주의의 영향을 간과하지 말아야 한다. 다음을 보라. J. Vree, "More Pierson and Mesmer, and Less

이퍼는 지적 지식(kennen)이 영적 재능(kunnen)을 대체할 수 없다고 확신하게 되었다.[94] 성서를 참으로 자신의 것으로 삼으면 "마음의 신비주의"(mystiek van ons hart)가 나온다.[95] 카이퍼는 그것을 다음과 같이 말한다. "그리스도가 존재한다는 것, 과거의 그와 지금의 그, 그가 행한 일과 당한 일, 그가 지금 하늘에서 살면서 우리를 위해 기도하는 방식—이러한 것들이야말로 말씀이 그리고 오직 말씀만이 당신에게 가르치는 것이다. 그러나 당신과 그리스도의 유대, 곧 그와 당신의 인격적인 유대는 말씀이 아니라 마음의 신비주의에 의해 발생하는데 이것은 칼뱅이 신비적 연합(unio mystica), 즉 그리스도 안으로의 통합이라고 불렀던 것이다."[96] 경험적 칼뱅주의의 경건(bevindelijkheid)에 의해 깊은 영향을 받은 카이퍼는 복음의 객관적(voorwerpelijk) 진리를 위해 신앙의 주관적(onderwerpelijk)이고 신비적인 요소를 놓아버리는 것을 거부했다. 카이퍼에게 그 두 요소는 항상 함께했다.[97]

그러므로 카이퍼의 영성은 어떤 긴장을 특징으로 갖고 있었다. 한편으로 그는 하나님은 우리가 그분을 직접 관조하기 위해 신적 계시를 우회하는 것을 허락하지 않으신다고 믿었다. 다른 한편으로 그는 하나님과의 인격적 유대와 마음의 신비주의에 깊은 관심을 기울였다. 그 긴

Pietje Baltus: Kuyper's Ideas on Church, State, Society, and Culture during the First Years of His Ministry (1863-1866)," in *Kuyper Reconsidered: Aspects of His Life and Work*, ed. Cornelis van der Kooi and Jan de Bruijn, VU Studies on Protestant History 3 (Amsterdam: VU Uitgeverij, 1999), 299-310. 또한 James D. Bratt, *Abraham Kuyper: Modern Calvinist, Christian Democrat* (Grand Rapids: Erdmans, 2013), 32-35.

94   Kuyper, *Drie kleine vossen*, 33.
95   Kuyper, *Drie kleine vossen*, 67.
96   Kuyper, *Drie kleine vossan*, 67-68.
97   Kuyper는 자주 의도적으로 이 두 요소를 하나로 묶는다. 가령 Kuyper, *Drie kleine vossen*, 29, 35-36, 67, 70을 보라.

장은 그가 묵상 중에 하나님과 맺는 경험적 교제의 세부 사항들을 논할 때 특별히 날카로워진다. 두 권으로 이루어진 그의 기념할 만한 책인 『하나님께 가까이』(Nabij God te zijn, 1908)의 첫 번째 묵상에서,[98] 카이퍼는 시편 73:28("하나님께 가까이 함이 내게 복이라")에 대해 묵상하는데, 그는 그것을 "하나님에 대한 사랑을 갖는 것"과 "하나님을 사랑하는 것"을 구별하는 것으로 시작한다.[99] 우리가 하나님 자신에게 이르고 그 영원한 분과의 "교제"(gemeenschap)─하나님과의 "숨겨진 교제"(verborgen omgang)─에 도달하는 것은 오직 "하나님을 사랑하는 것"을 통해서다.[100] "하나님을 사랑함" 안에서 하나님의 존재가 우리에게 인격적인 것이 되고, 그로 인해 우리는 그분을 만나고 그분을 친밀한 교제 속에서 알게 된다.[101]

카이퍼는 하나님에 대한 이런 사랑은 눈이 그분을 보는 것과 마음이 그분을 의식하는 것, 그래서 하나님과의 모든 분리가 사라지는 것을 의미한다고 주장한다.[102] 카이퍼는 그 신비로운 경험을 다음과 같이 표현한다.

당신은 두 가지 방법 중 하나로 하나님께 "가까이" 갈 수 있다. 하나는 당신이 하늘로 이끌린다고 느끼는 것이고, 다른 하나는 하나님이 하늘로부터 내

---

98 이 묵상은 다음 책에서 재출간되었다. M. E. Brinkman and C. van der Kooi, eds., *Het calvinisme van Kuyper en Bavinck*, Sleutelteksten in godsdienst en theologie 22 (Zoetermeer, Neth.: Meinema, 1997), 31-35.

99 Kuyper, "Het is mij goed nabij God te wezen," in *Nabji God te zijn*, 2 vols. (Kampen: Kok, 1908), 1:1.

100 Kuyper, "Het is mij goed," 1:2.

101 Kuyper, "Het is mij goed," 1:2.

102 Kuyper, "Het is mij goed," 1:4.

려오셔서 당신이 있는 곳, 즉 당신이 경험한 쓸쓸함, 당신의 십자가 혹은 당신의 기쁨들 속에서 당신을 찾으시는 것이다. 그런 "가까움"은 당신을 하나님으로부터 분리시키는 것이 아주 많다는 것을, 당신을 고립시키고 그래서 당신의 하나님이 당신을 다시 떠나셨기에 혹은 당신이 하나님으로부터 멀어졌기에 당신이 외롭고 버려졌다고 느끼게 하는 것들이 아주 많다는 것을 가리킨다. 그러나 "가까움"은 또한 이것이 당신을 쉬지 못하게 만든다는 것, 당신이 그것을 통제할 수 없다는 것, 그래서 그런 분리를 만들어낸 것이 다시 사라질 때까지 모든 것이 당신을 다시 그분에게로 이끈다는 것을 의미한다. 그때 갱신된 만남이 나타난다. 그때 그분이 다시 당신에게 **가까이** 오시고 당신은 당신이 다시 하나님께 **가까이** 있다는 것을 안다. 그때 축복(dat zalige)이 돌아오는데, 그것은 다른 어느 것보다 낫다. 그러므로 당신의 하나님께 가까이 가는 것은 다시 **좋은** 일이다. 무엇보다도 **좋은** 일이다. 우리가 이곳에서 이런 축복을 누리는 것은 특정한 순간뿐이다. 그러나 이 세상 너머에서 당신을 기다리고 있는 것은 영원한 삶이라는 행복한 축복(gelukzaligheid)이다. 그때는 "**하나님께 가까이**" 함은 언제나 당신의 것이 될 것이다. 당신은 성부의 집에서 영원히 그분과 함께 있을 것이다.[103]

신비로운 삶에 대한 이런 설명은 아우구스티누스가 그의 『고백록』(*Confessions*)에서 말했던 이야기 중 하나, 즉 그가 오래 지속할 수 없었던 오스티아에서의 짧은 신비 경험을 상기시키지 않을 수 없다.[104] 카이퍼는 그 아프리카 주교와 제휴하는 것처럼 보인다. 그의 삶에서 지복직관

---

103   Kuyper, "Het is mij goed," 1:4.
104   *Conf.* 9.10.23.

에 대한 신비로운 기대는 아주 짧게 지속될 뿐이다. 왜냐하면 모든 경험 후에 우리는 다시 일상적 삶으로 돌아가기 때문이다. 카이퍼는 여전히 세상에 있으면서 하나님에 대한 그런 가까움을 경험하는 것은 신자를 야곱과 모세, 다윗 및 바울과 나란히 놓는다고 주장한다.[105] 따라서 비록 그의 말이 완화되어 있기는 하나—아마도 그것은 그가 하나님에 대한 직접적인 직관을 경험하지 못해서일 것이다—그의 가장 신비로운 순간에 카이퍼는 신자들이 하나님과의 직접적이고 신비로운 만남을 경험할 수 있을 것이라고 암시하는 것처럼 보인다.

이에 부합하게 카이퍼의 묵상 중 몇 가지는 분명하게 하나님이라는 영원한 존재(Eeuwige Wezen)와의 인격적이고 친밀한 접촉에 대해 언급한다. 예컨대 카이퍼는 영혼과 영원한 존재 사이의 "접촉"(aanraking)에 관해 말한다.[106] 카이퍼는 계속해서 우리의 마음에서 일어나는 하나님의 역사는 "영적이고 직접적인 인식"을 통해 개인적으로 식별되고, 발견되며, 심지어 느껴져야 한다고 말한다.[107] 이런 식으로 하나님이 존재하신다는 것을 "당신 자신으로부터 직접"(rechtstreeks uit u zelf) 아는 것이 가능하다.[108] 카이퍼는 시편 73:23에 실려 있는 아삽의 말, 즉 "그럼에도 내가 항상 주와 함께하니"라는 말에 대해 숙고하면서 흥미로운 삽입구 같은 말을 한다. "우리가 극도로 조심한다면, 침묵 기도의 유익 중 하나는 우리가 우리 자신을 잃고 무한한 존재에 대한 영적 묵상에 빠져들 수 있다

---

105   Kuyper, "Het is mij goed," 1:5.
106   Kuyper, "Uw naam worde geheiligd," in *Nabij God te zijn*, 1:297.
107   Kuyper, "Uw naam worde geheiligd," 1:297.
108   Kuyper, "Uw naam worde geheiligd," 1:298. 이 구절에 대해서는 또한 Bruijne, "Midden in de wereld," 444-45을 보라.

는 것이다."[109] 이것은 신비로운 관조에 대해서 꽤 직접적으로 긍정하는 것처럼 보인다. 분명히 어떤 이들은 이생에서 이미 하나님의 존재와 직접적인 접촉을 경험한다.[110] 그의 가장 신비로운 순간에 카이퍼의 영성을 청교도들 가운데서 나타나는 관조적·신비적 경건과 구별하는 일은 어려운 일이다.

분명히 카이퍼의 신비주의와 묵상과 관조에 대한 그의 날카로운 비난 사이에는 얼마간 긴장이 존재한다. 그러나 그 긴장은 노골적인 모순으로 이어지지 않는다. 카이퍼가 하나님의 존재(wezen)에 직접 혹은 즉각 도달하려는 잘못된 시도들에 대해 말할 때, 그가 분노하는 직접적인 대상은 하나님의 계시에 대한 무시다(상대적으로 덜 하기는 하나, 하나님 자신과의 직접적이고 즉각적인 교제에 대한 욕구도 그 대상이다). 카이퍼의 신비주의는 이생에서 이미 경험하는 하나님의 존재와의 인격적이고 친밀한 접촉을 허용하고 심지어 고무한다. 확실히 그는 독자들을 하나님 자신과의 인격적인 접촉 속으로 이끄는 데 도움을 주기 위해 그의 묵상집을 고안했다.

---

109 Kuyper, "Ik zal dan gedurig bij U zijn," in *Nabij God te zijn*, 2:5.

110 Kuyper는 신성한 위격들의 내적·삼위일체적 작용에 대해 논하면서 유사한 주장을 한다. 그는 이것이 교리적 추론을 통해서가 아니라 "오직 관조와 묵상이라는 신비로운 길을 따라 영원한 존재와 교제하는 것을 통해서만" 가장 잘 접근할 수 있는 주제라고 주장한다(*Dictaten Dogmatiek*, vol. 2, *Locus de Creatione*, 2nd ed. [1891; reprint, Kampen: Kok, 1911], pt. I.15).

결론

어느 의미에서 지복직관에 대한 카이퍼의 신학은 아주 전통적이었다. 그는 지복직관을 하나님이라는 영원한 존재(Eeuwige Wezen)와의 직접적인 만남으로 여겼는데, 그가 그것으로 의미했던 것은—비록 그가 하나님의 본질이라는 전통적인 용어를 사용하지는 않으나—우리가 하나님의 본질을 보게 되리라는 것이었다. 카이퍼는 또한 모세와 바울이 하나님의 본질을 보았다고 확언하면서 서구 사상의 폭넓은 전통을 따르는 것처럼 보인다. 카이퍼는 비록 묵상과 관조라는 서구의 중세적 치료법뿐 아니라 러시아 정교회의 신비주의에 대해서도 날카롭게 비판하기는 했으나, 그럼에도 관조의 가치를 인정했다. 특히 그가 전통적인 칼뱅주의의 경험적 경건(bevindelijkheid), 즉 청교도주의의 관조적 신비주의와 유사한 감정적 경건에서 그것을 목격했을 때 그러했다. 따라서 그의 보다 신비로운 순간에 카이퍼가 의지할 수 있었던 앞선 전통의 영성 속에는 많은 것이 있었다.

카이퍼는 지복직관에 대한 앞선 전통의 집중을 단순히 다른 시대에서 유래한 내세적이고 플라톤주의적인 잔존물로 일축하기에는 신학적 전통 안에 너무 깊이 뿌리를 내리고 있었고 또한 너무 신중한 사상가였다. 많은 점에서 최근의 신칼뱅주의자들은 카이퍼를 단순히 그들 자신의 이미지로 다시 만들면서 그가 세속적인 변화에 가장 많은 관심을 기울였고, 그리고 종말론적 미래에 관해 생각할 때도 주로 문화적 변혁을 염두에 두었다고 주장하고 있다. 종말론에 대한 카이퍼의 이해는 흔히 인식되는 것보다 훨씬 더 교회의 위대한 전통과 일치했다. 앞선 전통과 마찬가지로 카이퍼에게도 하나님 자신이 우리의 최종 목표를 구성한다.

그리고 만약 그 목표가 수단을 결정한다면, 지복직관이 우리의 신학과 영성에 형태를 주어야 한다.

한편 지복직관에 대한 카이퍼의 가르침은 어느 의미에서 특이하다. 분명히 그는 지복—영혼이 죽은 직후에 얻는 구원—이 많은 사람의 매일의 영성에서 큰 역할을 하는 것을 불쾌하게 여겼다. 따라서 서방 교회 전통이 대체로 성도가 죽음 직후에 지복직관—하나님의 본질에 대한 직접적이고 직관적인 이해—을 얻게 되리라고 주장했던 반면, 카이퍼는 중간 상태와 관련해 **그 어떤 종류의** 지관에 대해서도 말하지 않았다. 그는 신자가 죽음 후에 하늘의 지복을 갈망하는 것이 적절하다고 여겼다. 하지만 카이퍼의 생각에 이것은 그리스도에 대한 **직관**이 아니라 그리스도와의 **교제**와 관련되어 있었다. 그는 영혼이 사후에 몸과 분리된 상태를 묘사하기 위해 직관이라는 말을 결코 사용하지 않았다. 카이퍼의 설명에 따르면, 지복직관은 영광(heerlijkheid)이라는 부활 이후의 삶을 위해 유보되어 있다. 오직 그때에야 우리는 하나님의 "영원한 존재"를 보게 될 것이다. 카이퍼가 중간 상태에서의 하나님에 대한 그 어떤 종류의 직관도 부인한 것은 그를 교회의 보다 큰 전통과 불화하게 했다.

지복직관에 대한 카이퍼의 가르침에는 우리가 성례전적이라고 특징지을 수 있는 요소들이 들어 있다. 특히 마음의 신비주의(mystiek)를 위한 적절한 역할을 인정함으로써 그는 종말론적 지복직관의 실재가 이생에서 미리 경험될 수 있음을 인식했다. 우리는 카이퍼에게는 하늘에서의 미래가 세상에 이미 현존한다고 말할 수 있다. 이런 의미에서 우리는 카이퍼가 전통적인 네덜란드의 칼뱅주의의 경험적(bevindelijk) 신비주의를 발견한 것이 그를 네덜란드의 청교도로 만들었다고 말할 수 있을 정도다. 한편 우리가 논했던 청교도 작가들은 우리의 사후 존재의 모든 국면에서 기독론이 수행하는 역할에 대해 카이퍼보다는 훨씬 더 잘 적응했다. 암브로즈와 왓슨 및 오웬 같은 신학자들은 만약 그리스도와의 연합이 천국에 대한 미리 맛봄이라면, 천국에서 지복직관이 그를 뒤에 남기는 것은 불가능하다고 인식했다. 오늘날 우리 마음의 신비주의가 기독론적으로 형성되어 있다면—우리가 하나님과 연합하는 것은 그리스도와의 연합 안에서와 그것을 통해서 가능하다—마지막에도 우리는 오직 그리스도 안에서 그리고 그를 통해서만 하나님과 연합할 것이다.

확실히 암브로즈와 오웬 같은 청교도들이 고린도전서 15:24-28에 호소하면서 마지막 때 그리스도가 나라를 성부께 넘길 것이고 그로 인해 중재자로서의 그리스도의 역할이 종결되리라고 주장하는 것은 전적으로 옳았다. 그리고 오직 이 세상에서만 성례전이 우리를 지복직관으로 이끄는 역할을 한다는 것을 인식하는 것은 중요하다. 그리스도가 부활 후에는 더 이상 우리의 중재자가 되지 않을 것처럼 그의 성례전적 역할 역시 종결될 것이다. 그러나 이것은 그리스도 자신 역시 뒤에 남으리라는 것을 의미하지 않는다. 그리스도는 단지 성례전(*sacramentum*)일 뿐 아니라 또한 실재(*res*)이기도 하다. 그러므로 청교도들은 하나님을 대면하여 보는 것의 궁극적 실재는 그리스도를 보는 것과 마찬가지라고 옳게 주장했다.

청교도 신학자들은 자주 종말에 우리가 하나님의 본질을 보게 되리라고 단언하는 일에서 신중했다. 부분적으로 이것은 하나님에 대한 직관이 언제나 그리스도에 대한 직관이라는 그들의 인식 때문이다. 암브로즈와 왓슨 및 오웬은 모두 하나님의 본질을 보는 것에 관해 상세하게 말하기에는 그들의 접근법의 측면에서 지나치게 기독론적이었다. 카이퍼의 경우와 달리(그리고 칼뱅과 달리),[111] 청교도들에게 그리스도는 지금이나 언제나 하나님에 대한 우리의 직관을 위한 "수단"이다. 이 점에서는 청교도들이 심원한 통찰을 했던 것으로 보인다. 그리스도는 그의 성례전적 역할을 내려놓을 때 무대 뒤로 사라지지 않는다. 또한 종말에 우리가 하나님을 보는 것은 그리스도의 위격을 보는 것을 통해서다. 청교도들이 하나님의 본질에 대한 지복직관을 인정하기를 꺼리는 것은 또한 계속되는 창조주-피조물 구분에 대한 그들의 깊은 의식과 상관이 있는데, 그것은 우리가 하나님의 무한한 삶 속으로 영원히 전진하리라는 왓슨의 확신에서 특별히 두드러지게 나타난다. 따라서 우리가 그리스도 안에서 그리고 그를 통해서 하나님을 보리라는 인식은 동시에 우리가 유한한 피조물로서 무한하신 하나님에게 참여한다는 인식이기도 하다.

---

111   이 책의 9장 중 "임시적 적용" 부분을 보라.

12장

중재와 직관

토마스 아퀴나스에 대한 에드워즈의 수정

신플라톤주의자 에드워즈

청교도 신학자 중 뉴잉글랜드의 목회자이자 철학자이자 신학자였던 조나단 에드워즈(Jonathan Edwards, 1703-58)만큼 지복직관을 면밀하게 살폈던 이는 달리 없다. 지복직관에 대한 그의 이해는 1336년에 나온 베네딕토 12세의 「복되신 하나님」(*Benedictus Deus*이라는 헌장)―이것은 지복직관에 대한 날카로운 논쟁의 결과였다―을 통해서뿐 아니라 토마스 아퀴나스의 신학에서 표현된 아리스토텔레스 인간론의 발흥을 통해 서방 교회에서 주류가 된 견해에 대한 주목할 만한 수정이라는 특징을 지닌다. 에드워즈의 설명은 몸의 부활을 인간을 신성화시키는 하나님에 대한 직관에 중요한 것으로, 심지어 불가결한 것으로 다룬다.[1] 또한 그것은 하나

---

1   비록 에드워즈가 "신성화"(deification) 혹은 "신성시"(divinization)라는 용어들을 사용

님을 보는 일(*visio Dei*)의 "웅장한 매체"(grand medium)인 그리스도를 하나님의 완성된 신현적 출현으로 여긴다. 또한 마지막으로 그것은 이생에서 시작하여 중간 상태에서 계속되고, 부활 후 영원까지 계속되는 하나님에 대한 직관의 무한한 진보를 진지하게 다룬다. 이런 방식 각각에서 에드워즈는 그가 케임브리지의 플라톤주의자들과 따라서 간접적으로 동방의 교부들로부터 물려받은 신플라톤주의적 형이상학에 의존했다.[2]

에드워즈는 지복직관에 대한 자신의 이해를 특성상 성례전적인 것으로 말하지 않는다. 그럼에도 이 장에서 내가 그의 입장을 성례전적인 것으로 표현하는 것은 유용한 발견적 장치(heuristic device)인데, 그 이유는 그것이 지복직관에 관한 그의 견해에서 하늘과 땅 혹은 자연과 초자연을 밀접하게 연결시키는 그의 성향을 가리키기 때문이다. 에드워즈의 신플라톤주의적 성향은 잘 알려져 있다. 그리고 아마도 그런 성향은 무엇보다도 그의 유심론적 혹은 관념론적 형이상학에서 가장 분명하게 드러날 것이다. 에드워즈에게는 유일하게 그리고 참으로 존재하는 하나의 실체, 즉 하나님 자신, "존재들의 존재"(*ens entium*) 외에는 그 어떤 실체

───

하지는 않으나, 그의 사고 안에는 그런 신학적 개념이 아주 분명하게 들어 있다. Michael J. McClymond and Gerald R. McDermott, *The Theology of Jonathan Edwards*(New York: Oxford University Press, 2012), 410-23을 보라.

2   이전의 학자들은 에드워즈와 그레고리오스 팔라마스(Gregory Palamas)뿐 아니라 에드워즈와 고백자 막시무스(Maximus the Confessor) 사이의 유사성에 주목했었다. Michael Gibson, "The Beauty of the Redemption of the World: The Theological Aesthetics of Maximus the Confessor and Jonathan Edwards," *HTR* 101 (2008): 45-76; Michael J. McClymond, "Salvation as Divinization: Jonathan Edwards, Gregory Palamas and the Theological Uses of Neoplatonism," in *Jonathan Edwards: Philosophical Theologian, ed. Paul Helm and Oliver Crisp* (Burlington, VT: Ashgate, 2003), 139-60을 보라. 더 나아가 우리가 이 장에서 보게 되겠지만 에드워즈의 종말론은 니사의 그레고리오스의 그것과 주목할 만한 유사성을 갖고 있다.

도 존재하지 않는다.[3] 에드워즈의 이해에 따르면, "존재한다는 것은 인식된다는 것이다"(*esse est percipi*)라는 관념론적 개념만으로도 토마스 홉스(Thomas Hobbes)와 다른 이들의 유물론, 즉 눈에 보이지 않고 영적인 실재들로부터 독립된 물질의 독립적이고 자율적인 영역을 의미하는 유물론의 해로운 영향에 적절히 대응하기에 충분했다.[4] 에드워즈에게 하나님에 대한 직관은 피조물이 그분의 영원한 존재에 참여하도록 만든다.[5] 이런 성례전적 존재론—그것에 따르면 창조된 것들은 영원한 실재에 성례전으로서 참여한다—은 에드워즈의 전체적인 형이상학의 특징을 이룰 뿐 아니라 또한 지복직관에 대한 그의 이해로 이어진다.

---

3   Jonathan Edwards, "Of Atoms," in *WJE* 6:215. 나는 이 책의 13장, "니콜라우스 쿠자누스와 조나단 에즈워즈의 교육과 섭리"라는 부분에서 에드워즈의 유심론을 상세하게 설명할 것이다.

4   홉스가 유명론 철학에 의존하는 것에 관해서는 Hans Boersma, *Scripture as Real Presence: Sacramental Exegesis in the Early Church* (Grand Rapids: Baker Academic, 2017), 6-8을 보라. 또한 Matthew Levering, *Participatory Biblical Exegesis* (Notre Dame: University of NotreDame Press, 2008), 108-18, 그리고 Scott W. Hahn and Benjamin Wiker, *Politicizing the Bible: The Roots of Historical Criticism and the Secularization of Scripture, 1300-1700* (New York: Herder and Herder/Crossroad, 2013), 285-393을 보라.

5   Oliver D. Crisp는 에드워즈의 신플라톤주의는 그가 범재신론자(panentheist)였음을 의미한다고 설득력 있게 주장한다. 왜냐하면 "그가 말하는 것은 결국 하나님의 존재가 온 우주를 포함하고 관통한다는 것, 따라서 모든 우주의 부분은 비록 그분의 존재가 창조에 의해 소진되지는 않으나 어느 의미에서 그분 '안에' 있다는 주장과 같은 무언가가 되기 때문이다"(*Jonathan Edwards on God and Creation* [New York: Oxford University Press, 2012], 142).

지복직관과 체화

언뜻 보기에 이 장의 기조를 이루는 가정은 전혀 예상치 못했던 것일 수 있다. 에드워즈의 유심론적 형이상학과 그가 기독교적 플라톤주의에 의존하는 것이 어떻게 성례전주의(sacramentalism)와 일치할 수 있는가? 그의 유심론적 형이상학과 플라톤주의적 성향은 성례전적 형이상학을 훼손시킬 가능성이 더 크지 않은가? 만약 우리의 몸과 우리의 감각 대상이 모두 엄격하게 하나님 자신의 직관(*esse est percipi*) 덕분에 존재하는 것이라면, 종말론적 축복을 하나님의 본질에 대한 영혼의 지속적인 응시─그것을 위해서는 몸과 그 어떤 외적인 피조물도 요구되지 않는다─로 여기는 것이 논리적이지 않은가? 역으로, 만약 우리가 물질적 존재의 독립성과 의미를 긍정한다면, 우리는 종말에 물질의 지속성을 긍정할 가능성이 더 크지 않겠는가? 그러므로 에드워즈의 신플라톤주의를 육체적 부활에 대한 견고한 긍정과 중재가 지복직관과 관련해서도 계속되리라는 그의 개념과, 그리고 하나님에 대한 직관의 진보가 이미 이생에서 (구약의 하나님의 신현적 출현에서는 물론이고) 시작되고 종말에도 영원히 계속되리라는 사상을 연결시키는 것은 직관에 반하는 것 아닌가? 그럼에도 에드워즈는 이런 신학적 의견들(theologoumena) 각각을 긍정할 뿐 아니라 사실상 강조했다. 그리고 내가 주장하는 것은 중재에 대한 이런 긍정과 그것이 의미하는 전반적인 성례전적 견해는 어떤 식으로도 에드워즈의 성향에 반대되지 않는다는 점이다. 오히려 이런 예들 각각에서 에드워즈는 지복직관에 대한 비성례전적 접근법과 결별한다(나는 그러한 비성례전적 접근법이 부분적으로 13세기의 아리스토텔레스주의에 대한 전유를 통해 서방 교회 신학 안으로 들어왔다고 생각한다).

캐롤라인 워커 바이넘(Caroline Walker Bynum)의 탁월한 『서방 기독교에서 몸의 부활, 200-1336년』(*The Resurrection of the Body in Western Christianity, 200-1336*)은 기독교적 플라톤주의 전통의 몸-영혼 이원론이 몸에 대한 일반적인 무시로 이어졌다는 너무 흔하고 너무 손쉬운 비난이 잘못된 것이었음을 밝히는 데 크게 기여했다. 그녀는 플라톤주의가 교회사의 많은 기간 동안 기독교 신학을 장악했던 것이 일반적으로 말해서 사람들이 육체적 부활을 무시하거나 경시하도록 만들지 않았음을 분명하게 밝힌다.[6] 바이넘의 이해에 따르면, 그녀가 초기 시작 단계에서부터 14세기까지 추적하는 그 이야기는 아주 다르게 말해져야 한다. 그녀는 서방 교회의 전통 대부분은 이생과 내세 사이의 "물질적이고 구조적인 연속성에 대한 깊은 관심"을 보였다고 주장한다.[7] 그녀는 심지어 "유물론"에 관해서도 말하는데, 그녀는 그것이 중세 전체를 통해 서방 교회 종말론의 특징을 이뤘고,[8] "(인간은) 몸과 영혼으로 이루어졌다는

---

6   유사하게, Adrian Pabst는 플라톤주의가 창조된 실재들에 대한 평가절하로 이어지지 않는다고 주장한다. "참여"(μέθεξις)라는 플라톤주의적 개념은 눈에 보이는 실재와 눈에 보이지 않는 실재(자연과 초자연)의 밀접한 연관을 의미한다. 눈에 보이는 실재들에 대한 이원론적 명예훼손은 자연과 초자연이 참여를 통해 연결된 성례전적 형이상학과 함께 일어날 가능성이 없다. Adrian Pabst, *Metaphysics: The Creation of Hierarchy*(Grand Rapids: Eerdmans, 2012)를 보라.

7   Caroline Walker Bynum, *The Resurrection of the Body in Western Christianity, 200-1336*, Lectures on the History of Religions 15 (New York: Columbia University Press, 1995), 11.

8   Bynum은 "유물론"이라는 용어를 일반적 의미로, 즉 창조된 실재의 체화된 특성을 긍정하는 접근법으로 사용한다. 그녀는 그 용어를 오직 물질만이 참된 존재를 갖는다는 개념ㅡ그것은 (플라톤주의적 형이상학과 제휴하는) 유심론이나 관념론에 정면으로 반대한다ㅡ을 표현하기 위해 전문적이고 형이상학적인 의미로 사용하지 않는다. "유물론"이라는 용어의 일반적 용법과 전문적 용법 사이의 구분은 이 장에 아주 중요하다. 왜냐하면 우리는 에드워즈의 종말론이 Bynum의 일반적 의미(그것은 내세의 체화적 특성을 강하게 긍정한다)에서 유물론적인 반면 그가 전문적 의미에서는 철학적 관념론자나 유심론자였음을 보게 될 것이기 때문이다.

이원론뿐 아니라 자아는 정신과 신체의 통합을 의미한다고까지 표현했다"고 주장한다.[9] 바이넘에 따르면, "육체와 정욕에 대한 일반적인 의혹"에도 불구하고 "서방 기독교는 몸을 증오하거나 무시하지 않았다."[10] 요약하자면 바이넘의 입장—내가 동의하는 입장이다—은 플라톤주의적 형이상학이 그리스도인들로 하여금 육체의 부활을 경시하도록 만들지 않았다는 것이다.

한편 바이넘은 몸의 부활에 관한 교리가 발전하는 과정에서 발생한 균열을 지적하는데, 그녀는 그것의 기원을 13세기의 성 토마스 아퀴나스에게까지 추적하고 또한 그것이 1336년에 반포된 교황 헌장인 「복되신 하나님」을 통해 강화되었다고 주장한다. 토마스 아퀴나스는 인격의 동일성이 종말에도 연속적으로 이어진다는 점을 몸보다는 영혼에서 찾는다. 바이넘은 아퀴나스의 아리스토텔레스적 질료형상론(hylomorphism)에서 인간의 동일성을 유지하는 것, 따라서 내세에 인격적 동일성에 기여하는 것은 질료(즉 몸)가 아니라 형상(즉 영혼)이었다고 설명한다.[11] "형상적 동일성"(형상이 동일성을 유지한다는 뜻)에 대한 아퀴나스의 견해는 성도의 영혼이 중간 상태에 들어간 직후에 완전한 지복직

---

9   Bynum, *Resurrection*, 11.

10   Bynum, *Resurrection*, 11.

11   Bynum, *Resurrection*, 238-39. 이것은 아퀴나스의 질료형상론에서 인간이 적절하게 몸(질료)과 영혼(형상)으로 구성된다는 것을 부정하려는 것이 아니다. 그것은 단지 아퀴나스가 동일성의 지속에 있어 수적으로 동일한 질료의 연속성 요건에 대해 명확한 입장을 보이지 않는다는 뜻이다(*ST* I, q. 119, a. 1. resp. 5). 물론 "형상적 동일성"에 대한 아퀴나스의 강조에도 불구하고, 그의 신학은 "질료적 동일성"이라는 측면도 취한다. 그것에 따르면 육체가 부활할 때 현재 몸과 동일한 질료를 취할 것이다. Silas Langley, "Aquinas, Resurrection, and Material Continuity," *PACPhA* 75 (2001): 135-47; Antonia Fitzpatrick, "Bodily Identity in Scholastic Theology" (PhD diss., University College, London, 2013).

관을 얻는다는 것을 의미한다.[12] 결국 몸이 인간의 동일성을 나타내는 일부가 아니라면 몸이 없어도 지복직관은 완성될 수 있다.[13] 따라서 아퀴나스는 『이교도 대전』(*Summa contra Gentiles*)에서 다음과 같이 말한다. "몸으로부터의 영혼의 분리가 그 영혼이 신을 직관할 수 있게 만든다. 또 영혼이 부패하기 쉬운 몸과 연합해 있을 때에는 그런 상태에 도달할 수 없었다.…따라서 인간의 영혼은 몸으로부터 분리된 후 즉시 '그 몸으로 행한 것을 따라'(고후 5:10을 보라) 그것에 합당한 보상이나 징벌을 받는다."[14] 아퀴나스의 인간학은 인간의 형상적 동일성을 영혼 안에 둠으로써 육체적 부활에 관한 보다 앞선 플라톤주의적 견해에 타격을 가했다. 그 견해는 중간 상태는 아직 지복직관의 궁극적 완성을 구성하지 않는다고 보았다. 이러한 완전한 행복은 몸과 영혼의 재결합을 요구하기 때문이다.[15]

---

12   물론 아퀴나스는 영혼과 몸이 서로에게 속하며 그 결과 어느 의미에서 영혼이 중간 상태에서 행복의 결여를 경험한다는 것을 분명하게 밝힌다. 각주 20에 실려 있는 더 진전된 논의를 보라.

13   Phillip Blond는 아퀴나스에게 질료 자체는 지복에 대한 방해물이었다고 옳게 말한다. 이것은 "아리스토텔레스의 인식적 유산으로부터 유래하는" 입장으로 "거기서는 인간의 종국이 보통 제1원인에 대한 순전히 지적인 관조로 간주된다. 지적 인식은 질료들의 개체화로부터 보편자를 추상화함으로써 정의되기에 보편자에 대한 인식은, 만약 보편적 형상들이 물질적 본성 안에 얽힌 채 남아 있다면, 발생할 수 없다. 그리고 만약 이것이 모든 감각적 형상에 해당된다면, 그것은 모든 형상들의 형상으로서 궁극적인 초월적 보편자이신 하나님 자신에는 얼마나 더 해당되겠는가"(The Beatific Vision of St. Thomas Aquinas," in *Encounter between Eastern Orthodoxy and Radical Orthodoxy: Transfiguring the World through the Word*, ed. Adrian Pabst and Christoph Schneider [Burlington, VT: Ashgate, 2000], 198).

14   SCG 4.91.2, in *Summa Contra Gentiles*, trans. Anton C. Pegis et al., 5 vols. (1956; reprint, Notre Dame: University of Notre Dame Press, 1975). 참조. Bynum, *Resurrection*, 266-67.

15   나는 아퀴나스가 또한 플라톤적 범주들에 의해 깊은 영향을 받았다는 것을 안다. 그는 그것을 부분적으로는 디오니시오스로부터 물려받았고, 우리는 아퀴나스의 신학에서 작동하고 있는 전반적인 참여적 형이상학을 인식해야 한다. 그럼에도 그의 인간학에 대한 아리스토텔레스의 영향은 신학자들이 몸-영혼 관계를 고찰하는 방식과 관련해 나타

인간에 대한 아퀴나스의 질료형상론적 설명은 1270년대 내내 보다 전통주의적인 신학자들로부터 지속적인 공격을 받았다. 이런 신학자들—헨리쿠스 간다벤시스(Henry of Ghent), 라 마레의 기욤(William de la Mare), 요하네스 페캄(John Peckham) 그리고 다른 이들—은 만약 개인의 동일성이 엄격하게 몸의 형상인 영혼과 연결되어 있다면 몸이 지복직관에서 대수롭지 않게 여겨질 것을 우려했다.[16] 다시 말해, 전통적인 기독교 플라톤주의자들은 부활을 위해 몸의 중요성을 주장함으로써 그 즈음에 떠오르고 있던 아리스토텔레스적 견해에 반대했다.[17] 그러나 우리로서는—교황 베네딕토 12세가 1336년에 반포한 헌장인—「복되신 하나님」이 아퀴나스와 다른 이들이 서방 교회의 종말론에 도입하기 시작한 견해의 정당성을 입증해주었다고 말해도 무방할 것이다. 베네딕토 12세가 선포한 교황령은 교황 요한 22세가 표현한 견해에 반대하면서 성도의 영혼이 죽음 직후에 하나님의 본질을 있는 **그대로**(*nude*), **분명하게**(*clare*) 그리고 **공개적으로**(*et aperte*) 볼 것이고, 이 직관은 참된 지복과 휴식(*requies*)이 될 것이며, 또한 그러하기에 성도가 이 지복직관을 누리게 되면 믿음과 소망의 행위는 중단될 것이라고 주장했다.[18] 체화

난 주목할 만한 변화를 의미한다.

16   Bynum, *Resurrection*, 271-78.

17   Bynum은 1330년대에 지복직관을 둘러싸고 벌어진 논쟁은 "어떤 관점에서 보면 몸의 열렬한 지지자들이 시도했으나 성공하지 못한 지연 작전으로 보일 수 있다"고 말한다. "그러나 보다 깊은 의미에서 그것은 분리된 영혼이 (라 마레의 기욤이 제안했듯이) 보다 앞선 논의들이 몸에 위치시켰던 경험의 특수성과 능력을 얼마나 많이 포함했는지에 대한 지적이었다. 1336년에 반포된 헌장 「복되신 하나님」에서 정의된 영혼은 몸이 그것의 완성이나 거처이거나 의복인 자아가 아니라 몸이 그것에 대한 표현(*abundantia* 혹은 *refluentia*)인 자아였다"(*Resurrection*, 278).

18   Pope Benedict XII, "Benedictus Deus," January 29, 1336, in Xavier LeBachelet, "Benoît XII," in *Dictionnaire de Théologie Catholique*, vol. 2, pt. 1 (Paris: Letouzey et Ané, 1932), cols. 657-58: "Ac post Domini nostri Jesu Christi passionem et mortem viderunt et

(embodiment)는 지복직관에 필요하지 않은 것처럼 보였고 하나님의 본질에 대한 지복직관은 성도의 분리된 영혼이 죽음 직후에 단박에 얻는 그 무엇이었다.[19] 그 결과 부활 시에 지복직관이 보다 큰 행복의 상태를 영혼이 중간 상태에서 경험한 것 이상으로 진전시킬 수 있다고 주장하는 것이 더 어려워졌다.[20] 이 중 아무것도 아퀴나스나 「복되신 하나님」이

---

vident divinam essentiam visione intuitiva et etiam faciali, nulla mediante creatura in ratione objecti visi se habente, sed divina essentia immediate se nude, clare et aperte eis ostendente, quodque sic videntes eadem divina essentia perfruuntur, necnon quod ex tali visione et fruitione eorum animae, qui jam decesserunt, sunt vere beatae et habent vitam et requiem aeternam, et etiam illorum, qui postea decedent, eamdem divinam videbunt essentiam ipsaque perfruentur ante judicium generale." 참조. Bynum, *Resurrection*, 285. *Benedictus Deus*의 영어 번역은〈http://www.papalencyclicals.net/Ben12/B12bdeus. htm〉을 보라.

19 지복직관과 육체적 부활에 대한 아퀴나스의 견해에 관한 논의는 Matthew Levering, *Jesus and the Demise of Death: Resurrection, Afterlife, and the Fate of the Christian* (Waco: Baylor University Press, 2012), 109-25을 보라.

20 분명히 「복되신 하나님」은 과연 육체적 부활이 지복직관에 대한 확장적인 혹은 집중적인 증가를 수반하는가 하는 곤란한 질문에 관해 무언가를 선포하지는 않았다. 그럼에도 아퀴나스는 롬바르두스(Lombard)의 『명제집』(*Sentences*)에 관한 초기의 주석에서 "몸을 위한 욕구 때문에 [분리된 상태에 있는] 영혼은 그것의 모든 의도와 함께 [지복이라는] 가장 높은 선 속으로 들어가지 못한다"는 말로 집중적인 증가를 주장하면서 둘 모두를 사실로 가정했다(*Sent.* IV, d. 49, q. 1, a. 4, qa. 1; Aquinas, *On Love and Charity: Reading from the Commentary on the Sentences of Peter Lombard*, trans. Peter A. Kwasniewski, Thomas Bolan, and Joseph Bolin, ed. Peter A. Kwasniewski [Washington, DC: Catholic University of America Press, 2008], 380). 그러나 *Summa theologiae*에서 그는 지복직관의 강도 측면에서의 증가를 거부하면서 자신의 입장을 바꿨다. "분리된 영혼의 욕망은, 욕망했던 것과 관련해 전적으로 휴식 상태에 있다. 왜냐하면, 정확하게 말해서 그것은 자신의 욕구를 충족시켜 주는 것을 갖고 있기 때문이다. 그러나 지금 그것은 욕망하는 자와 관련해서는 완전하게 휴식을 취하고 있지는 않다. 왜냐하면 그것은 모든 면에서 그것이 소유하기를 바라는 선한 것을 갖고 있지 않기 때문이다. 그 결과 몸이 다시 회복된 후에 행복은 강도가 아니라 범위의 측면에서 증대된다"(*ST* I-II, q. 4, a. 5; 인용문들은 Thomas Aquinas, *Summa Theologica*, trans. Fathers of the English Dominican Province, 5 vols.[1948; reprint, Nortre Dame: Christian Classics, 1981]에서 가져왔다. 더 나아가 Peter Dillard, "Keeping the Vision: Aquinas and the Problem of Disembodied Beatitude," *NB* 93 (2012): 397-411; Blond, "Beatific Vision of St.

육체적 부활을 약화시켰다고 주장하는 것은 아니다. 분명히 어느 쪽도 그렇지 않았다. 그럼에도 그 두 가지는 모두 지복직관의 가르침이 육체적 부활을 계속 유지할 수 있는 타당한 근거를 없애는 것처럼 보이게 만들었다.

에드워즈는 중간 상태에서 이루어지는 하나님에 대한 직관과 몸의 부활 후에 있을 하나님에 대한 직관을 조심스럽게 구분한다. 1735년에 행한 로마서 2:10("선을 행하는 각 사람에게는 영광과 존귀와 평강이 있으리니 먼저는 유대인에게요 그리고 헬라인에게라")에 관한 설교에서 에드워즈는 그 둘을 차례대로 다룬다.[21] 주목할 만하게도 에드워즈는 성도가 "그들의 몸으로부터 분리된 상태에서" 누리는 행복과 관련해[22] 하늘에 존재하는 공간과 몸의 특수성을 강조한다. 천사들은 신실한 자들이 죽을 때 그들의 영혼(참조. 눅 16:22)을 공중과 별이 총총한 하늘을 지나 낙원 혹은 새 예루살렘이라고도 불리는 "삼층천"(고후 12:2)으로 이끄는데, 에드워즈는 그곳이 실제로 존재하는 장소라고 주장한다(L 15r-16r)("그리스도의 몸이 있는 하늘이 장소가 아니라고 주장하는 것은 터무니없다"[L 15v]). 그리스도는 자신의 영화롭게 된 몸이 있는 곳에 현존하시는데 그곳에는 에녹(창 5:24)

Thomas Aquinas," 195-96을 보라.

21 이 설교에 관한 통찰력 있는 분석은 Kyle C. Strobel, *Jonathan Edwards's Theology: A Reinterpretation*, T. & T. Clark Studies in Systematic Theology 19 (London: T. & T. Clark, 2013), 137-43을 보라.

22 에드워즈가 1735년 12월 17일에 롬 2:10을 본문으로 한 설교, L 14v. 나는 예일 대학교 조나단 에드워즈 센터 소장 Ken Minkema가 나에게 그 설교의 새로운 필사본(transcription)을 제공해준 것에 감사드린다. 나는 전적으로 그 필사본에 의존한다. 가독성을 위해 인용문에 사소한 편집(괄호와 생략부호)을 행했다(원서에는 그런 편집을 나타내는 기호들이 있으나 이 번역에서는 생략한다—역자 주). *WJE* 50의 온라인 버전에는 L 11v-20v이 빠져 있다. 이후로 이 설교에 대한 참조 번호는 본문의 괄호 안에 제시될 것이다.

과 엘리야(왕하 2:1-12) 같은 성인들도 몇 있다(L 15v). 죽을 때 성도는 그리스도께 인도되는데, 그리스도는 그들을 "자신의 사랑을 온전하게 누리는 상태로" 환영해 들이신다(L 16v). 그리스도는 그들과 대화를 나누시고 또한 그들을 성부께 바치신다. 에드워즈가 일깨우는 장면은 생생하고 여러 면에서 물리적이다. 심지어 그는 몸이 없는 영혼들이 그들의 눈에서 눈물을 닦는 것으로(계 21:4)(L 17v), 또한 "흰옷을 입고 손에 종려 가지를 들고" 있는 것으로(계 7:9) 묘사하기까지 한다(L 17v). 우리로서는 에드워즈의 분리된 영혼이 캐롤 잘레스키(Carol Zaleski)의 표현을 빌려 말하자면 "육체적 형태의(somatomorphic) 영혼", 즉 체화된 존재의 특성 중 많은 것을 취하는 영혼이라고 말하는 것이 옳을 것이다.[23] 그 영혼은 "달콤한 즐거움과 기쁨 및 즐거움의 거주지 안에" 거할 것이고 그리스도의 구속 사역 안에서 자신들을 향한 하나님의 사랑을 관조할 것이다. 더 나아가 그들은 "그리스도의 아름다움과 탁월함을…대면하여 볼 것이고 심지어 그들이 알려진 것처럼 알게 될 것이다(고전 13:12)"(L 18r).

비록 중간 상태에서의 지복직관이 몸이 없이 이루어진다고 할지라도—그때는 영혼이 몸으로부터 분리되어 있기에—그럼에도 영혼이 도달하는 곳은 실제적인 장소(별이 총총한 공중의 하늘보다 높은 곳에 있는 삼층천)이고, 이 하늘의 도시에서는 체화된 존재들(그리스도, 에녹 그리고 엘리야)이 살고 있다. 어느 의미에서 에드워즈는 어쩌면 단순히 성서 이야기의 특정한 설명들에 의존하고 있는 것일 수도 있다.[24] 그럼에도 그 이야

---

23   Carol Zaleski는 중세 시대에는 직관과 다른 세계로의 여행에서, 분리된 영혼이 수많은 육체적 특성들을 가졌다고 지적힌다(*Otherworld Journey: Accounts of Near-Death Experience in Medieval and Times* [New York: Oxford University Press, 1987], 51). 또한 Bynum, *Resurrection*, 279-317을 보라.

24   특히 에드워즈가 분리된 영혼들에 관해 말하고 있음을 감안할 때, 이미 죽은 상태에서

기에 대한 그처럼 생생하고 구체적인 읽기가 어떻게 몸에서 분리된 영혼과 어울리는가라는 질문을 억누르기는 어렵다. 전반적으로 에드워즈는 중간 상태에 대한 현저하게 "체화된"(혹은 육체적 형태를 취한[somato-morphic]) 이해를 갖고 있다.

성도가 삼층천에서 마주하는 영광에도 불구하고, 그것은 여전히 그들이 몸의 부활 때 누리게 될 궁극적인 행복의 직전 단계에 불과하다. 중간 상태에서 성도는 "부활 때 경험할 보다 충만하고 완전한 축복에 대한 즐거운 기대" 속에 있다(L 20r).[25] 몸이 영혼과 재결합하는 것은 부활 때다. 그러나 에드워즈는 고린도전서 15:42-44에 호소하면서 "몸은 더 이상 예전과 같은 모습으로 일어나지 않을 것이다. 거기에는 굉장한 차이가 있을 것이다"라고 경고한다(L 22v). 그것은 더 이상 선천적인 몸이 아닐 것이다. 그것은 아주 영광스러운 영적인 몸이 될 것이다.

지금 우리는 [그런 영광에 대해] 상상하지 못한다. 그것은 지금처럼 무디고 무거운 틀로 찍어낸 것이 되지 않을 것이다. 그것은…영화롭게 된 몸이 사용하기에 적합한 불꽃처럼 활동적이고 활기찬 것이 될 것이다. 그것은 영혼에 대한 방해나 장애가 되지 않을 것이다. 그것은…이제 단지…모든 면에서 영광스럽게 된 영혼이 사용하기에 적합한 기관에 불과하다. 그것은…지금 연약함 속에 뿌려진 자들에게 그런 것처럼 연약하고 부서지기 쉬운 것이 되지 않을 것이다. 그것은 권능 속에서 일어선다.…지금 몸은…그것을 소생

---

25 성도가 그들의 눈물을 닦고 흰옷을 입는다는 관찰을 문자적으로 받아들이기는 어렵다. 이 "즐거운 기대"는 영혼이 몸과 재결합을 예상하는 결과에 불과한 것이 아니다. 그것은 또한 구속 사역의 역사가 세상에 있는 이들뿐 아니라 분리된 영혼들을 위해서도 펼쳐진다는 사실과 상관이 있다.

시키기 위해 계속해서 음식과…잠을 필요로 한다. 하지만 그때에는 사정이 달라질 것이다. 지금 몸은…피곤함과 질병에…굴복한다. 하지만 그때는 사정이 달라질 것이다. 지금…만약 하나님이 거룩한 빛의 그 어떤 위대한 물질이라도…영혼 안으로 들어오게 하신다면, 몸은 그 아래로 기꺼이 가라앉을 것이다. 그러나 그때는 사정이 달라질 것이다. 그때 영화롭게 된 몸은…정신의 가장 강력한 운동으로 인해…부서지거나 시들지 않을 것이다.…지금은 그 어떤 사람도 하나님을 보고 살 수 없다. 그럴 경우 몸은 즉시 가라앉고 용해될 것이다. 하지만…그때 몸은…직접 하나님을 보고도…결코 무너지지 않을 것이다.…지금 성도들은…거의 아무것도 견디지 못한다. 하나님이 자신을 나타내시는 경우는 아주 드문데…하나님이 때때로 그렇게 하실 때 성도들은 그분께 자기들이 그것을 견딜 수 있도록 자신들을 강화해 달라고 혹은 자신의 손을 잡아달라고 간청할 수밖에 없다. 그러나 그때 몸은…아주 활발하고 영적으로 되어서 하나님의 영광에 대한 지속적이고 영구적인 바라봄이 어떤 식으로든 그것을 극복하거나 넘어지게 하지 않을 것이다(L 22v-r).

에드워즈는 자연적인 몸과 영적인 몸의 차이점을 강조하면서 부활의 영광은 아주 놀라운 것이기 때문에 우리로서는 그때 몸이 어떤 것이 될지 적절하게 상상할 수 없다고 주장한다.

에드워즈는 성도의 몸이 하나님에 대한 "직접적인 바라봄"을 견딜 수 있을 만큼 강해질 뿐 아니라 또한 놀랍도록 아름답게 변화될 것이라고 주장한다(L 23v). 그것은 그리스도의 영화롭게 된 몸과 같아질 것이기에(빌 3:21) "그것의 얼굴의 특징과 부분들 및 몸의 부분들이 가장 사랑스러운 비율"을 얻게 될 것이고, 정신의 탁월함을 반영하게 될 것이다. 에드워즈는 변화산에서 모세의 얼굴과 그리스도의 얼굴이 빛났던 것에 호소하면서 우리가 의인이 빛을 "발한다"는 표현(단 12:3; 마 13:43)을 문자적으로 취해야 하며, 따라서 그들의 몸이 실제로 빛으로 옷을 입을 것이라고 여겨야 한다고 주장한다(L 23v).

마지막 심판 후에 성도들은 "영화롭게 된 몸을 입고서" 이 세상을 떠날 것이다(L 27r). 그들은 지고천으로 올라갈 것인데 그날은 그리스도의 첫 번째 승천의 날보다 훨씬 더 즐거운 날이 될 것이다(L 27r-v). 이어서 에드워즈는 이것이 어떻게 "궁극적이고 완전한" 행복의 순간이 되는지에 대해 설명한다. 그는 이 행복의 순간을 앞서 있었던 모든 것—거기에는 중간 상태의 직관이 포함된다—을 넘어서서 두드러지게 만드는 일곱가지 측면들을 지적한다. 첫째, 몸과 영혼의 재통합은 성도가 "전인 안에서 행복해지는 것"을 의미한다. 에드워즈는 몸과 영혼의 이런 연합이 인간의 영혼에게 "자연스러운" 것이라고 주장한다. 둘째, 완전한 상태에 있는 그리스도의 몸의 모든 지체와 함께 교회가 "완벽하고 완전해질" 것이다(L 27v). 그 결과 "자신의 신비로운 몸을 완전하게 지닌" 그리스도가 "즐거워하실 것이고 그의 모든 성도가 그와 더불어 즐거워할 것이다. 그리스도는 자신의 교회의 완전함을 즐거워하실 것이고, 교회는 자신의 완전함을 즐거워할 것이다"(L 28v). 셋째, 이제 그리스도와 성도가 그들의 적들에 대해 온전하게 승리했기에 구속 사역 전체가 완성될 것이다. 넷째, 이제 "섭리의 모든 바퀴"가 이 최종 목표를 이루기 위해 어떻게 공모해왔는지를 분명히 드러낼 것이고, 그것이 성도들에게 큰 행복을 가져다줄 것이다(L 29r). 다섯째, 바로 이때에 어린양의 결혼식이 시작될 것이기에 이제 교회는 그녀의 남편을 위한 신부로 나타날 것이고 그로 인해 그녀는 스스로 결혼 예복을 갖춰 입고 "이전 그 어느 때보다 그리스도와의 더 영광스러운 결합"을 즐기게 될 것이다(L 29v). 여섯째, 그리스도가 자신의 통치의 열매인 교회를 성부께 바치실 것이다(히 2:13; 고전 15:24). 그리고 마지막으로 그리스도가 성부께 나라를 바치실 것이고 하나님과 그분의 아들의 영광이 "이전 그 어느 때보다 더 풍성한 방식으로" 과시될 것이다(L 30v). 이 모든 것에서 에드워즈는 굳이 어째서 하늘에 있는 성도가 부활 이후 이전보다 더 큰 행복을 얻게 되는지에 대해 말한다. 그 이유 중 하나—사실상 에드워즈가 말하는 첫 번째 이유—는 몸과 영혼이 재결합할 것이기 때문이라는 것이다.[26] 행복이 증대되는 다른 이유들 각각은 오직 이때에야 그리스도 안에서 하나님의 구속의 계획이 완성된다는 사실과 관련이 있다. 성도는 하나님이 구원을 그것의 절정의 충만함에 이르게 하시는 여러 방식에서 행복을 찾을 것처럼 보인다. 에드워즈는 몸의 부활이 가져오는 행복의 커다란 증진에 대해 상술한다.

지복직관과 그리스도

지복직관에 관한 에드워즈의 가르침은 그것이 지닌 현저한 그리스도 중심성 때문에 두드러진다. 그리스도는 지복직관의 핵심적 대상이다. 이런 견해는 에드워즈에게서만 독특하게 나타나는 것이 아니다. 우리가 보았듯이 니사의 그레고리오스, 보나벤투라 그리고 니콜라우스 쿠자누스 같

---

26 이 점에서 에드워즈와 아퀴나스 사이에는 거의 아무런 차이가 없다. 또한 아퀴나스는 영혼이 "몸과 연합하려고 하는 본래적 성향과 재능"을 갖고 있다고 확언한다(*ST* I, q. 76, a. 1).

은 보다 앞선 신학자들 역시 하늘에서 그분 안에서 하나님이 보이시는 분으로서의 그리스도에게 초점을 맞췄다. 17세기의 청교도들 역시 지복 직관에 관한 그리스도 중심적인 논의들을 제시했다. 그럼에도 에드워즈 는 기독론을 특별히 유망한 방식으로 지복직관과 연결시킨다. 그 노스 햄튼의 설교자는 그리스도를 지복직관의 "웅장한 매체"(grand medium) 로 다룸으로써 종말론적인 육체적 직관 자체의 중요성뿐 아니라 육체를 가진 대상인 예수 그리스도를 육체의 눈으로 보는 것의 중요성도 재확 인했다.

1730년에 에드워즈가 여섯 번째 지복―"마음이 청결한 자는 복이 있나니 그들이 하나님을 볼 것임이요"(마 5:8)―에 관해 설교했을 때, 그 는 하나님 자신이 그보다 앞서 시내산에서 그러셨던 것처럼 지금 여기 서 말씀하고 계신다고 이야기하면서 자신의 설교를 시작했다. 그러나 하나님의 이런 출현은 시내산의 그것과는 다르다. 지금 하나님은 성육 신 상태이고 그분의 얼굴은 모든 사람이 자유롭게 볼 수 있으며 그분의 음성은 두려움을 불러일으키지 않고 하나님은 자신이 전에 이스라엘 백 성에게 하셨던 것보다 자신의 마음을 보다 분명하고 보다 완벽하게 계 시하신다.[27] 이런 언급으로 에드워즈는 예수가 팔복에 관해 설교할 때 하 나님에 대한 직관은 단지 **언급**되기만 하는 것이 아니라 실제로 **발생**하 기도 한다고 암시한다. 제자들은 모세가 시내산에서 하나님을 보았을 때 그랬던 것처럼 그 산 위에서 예수를 봄으로써 하나님에 대한 보다 명 확한 직관을 경험했다.

에드워즈는 즉시 계속해서 하나님을 보는 것이 무엇을 의미하는지

---

27   Edwards, "Pure in Heart Blessed," *WJE* 17:59.

를 분명하게 밝힌다. 처음에 그는 전통적인 토마스주의적 접근법을 취하면서 하나님을 보는 것이 육체의 눈으로 보는 것이 아니라고 설명하는 것처럼 보인다. 에드워즈는 "영혼의 [참된] 축복은 그 문으로 들어오지 않는다"라고 설명한다.[28] 또 그는 하나님의 비가시성을 단언하는 성서 구절들(히 11:27; 골 1:15; 딤전 1:17)에 호소한다.[29] 토마스 아퀴나스는 유사하게 "하나님이 시각을 통해 혹은 그 어떤 다른 감각이나 민감한 힘을 지닌 능력에 의해 보이는 것은 불가능하다"고 주장했다.[30] 계속해서 에드워즈는 성도와 천사들이 하나님을 볼 때 그것은 비육체적인 방식으로 발생한다고 분명하게 설명한다.[31] 에드워즈는 하나님에 대한 이런 비육체적인 봄을 구약의 신현적 현현들과 대조하는데, 그때 하나님의 백성은 "야웨의 영광"(출 19:17-19; 33:9-10)을 보았고, 70인의 장로들은 하나님을 눈에 보이는 형태로 보았으며(출 24:9-11), 모세는 하나님의 등을 보았다(출 33:18-23). 그런 눈에 보이는 출현을 통해 하나님은 "교회의 유아적 상태에" 자신을 맞추셨다.[32]

에드워즈는 1735년에 행한 로마서 2:10에 관한 설교에서 지복직관이 육체적이기보다는 영적인 관조라는 자신의 의견을 다시 개진한다. 그는 "야웨에 대한 지복적 직관은 육체의 눈이 아니라 영혼의 눈으로 보

---

28 Edwards, "Pure in Heart Blessed," *WJE* 17:61(괄호는 원래의 것임). 에드워즈는 조금 후에 하나님에 대한 직관이 하나님이 그 안에서 "이해와 더불어 보이는" "지적인 관조"라고 설명한다. 또 그는 이것을 "영혼의 눈이 몸의 눈보다 훨씬 더 고귀하다"는 사실과 연결시킨다.

29 Edwards, "Pure in Heart Blessed," *WJE* 17:61-62.

30 *ST* I, q. 12, a. 3.

31 Edwards, "Pure in Heart Blessed," *WJE* 17:62.

32 Edwards, "Pure in Heart Blessed," *WJE* 17:72.

는 것이다"라고 분명하게 주장한다.[33] 에드워즈는 이런 영적 직관을 잘 알려진 성서 구절인 요한1서 3:2 및 고린도전서 13:12과 연결시킨다. 그는 거기에는 그리스도를 성부와 성자 사이에서 구속의 언약을 성취하시기 위해 "그가 영원 전부터 떠맡아오셨던 중재자로 이해하는 것"이 포함된다고 말한다.[34] 에드워즈는 하나님이 그리스도 안에서 완성하신 그분의 구원 계획 안에 들어 있는 그분의 사랑과 지혜에 관해 얼마간 길게 논한다. 성도는 그리스도의 영광스러운 인간적 본성의 아름다움뿐 아니라 그의 사역의 아름다움을 보게 될 것이다.[35] 성도들은 영혼의 눈이 가진 이와 같은 직관을 통해 "거룩한 본성을 입고 계신 그리스도의 영광"을 볼 것이고 마치 그들이 그의 친구들인 것처럼 친밀한 방식으로 그리스도와 더불어 사랑스럽고 자유롭게 대화를 나눌 것이다.[36]

　　에드워즈에 따르면, 영혼의 눈을 통한 직관은 지적인 관조다. 에드워즈는 지복직관의 지적 특성을 강조할 때 얼마간 토마스주의적인 인상을 준다. 예컨대 그는 이해를 "주요하고 선도적인 능력"으로 설명한다.[37] 그는 영혼의 눈을 통한 직관을 "지적인 관조"와 동일시한다.[38] 또 그는 다음과 같이 말한다. 그것은 "하나님이 그것에 의해 보이는 지적인 관조다. 하나님은 영적 존재시다. 그리고 그분은 이해를 통해 보이신다."[39] 보통 에드워즈는 몸의 눈과 영혼의 눈을 대조할 때 지복직관에서 지성과

33　　Edwards, sermon on Rom. 2:10, L 41r.

34　　Edwards, sermon on Rom. 2:10, L 38r.

35　　Edwards, sermon on Rom. 2:10, L 38v.

36　　Edwards, sermon on Rom. 2:10, L 39r.

37　　Edwards, "Pure in Heart Blessed," *WJE* 17:72.

38　　Edwards, sermon on Rom. 2:10, L 41r.

39　　Edwards, "Pure in Heart Blessed," *WJE* 17:63.

이해의 자리를 강조한다. 그는 신속하게 영혼의 눈을 지적인 관조와 동일시한다.

그럼에도 지복직관의 지적 특성은 에드워즈에게도 아퀴나스에게 만큼이나 명백하지는 않았다. 아퀴나스는 행복을 하나님을 보는 지적 행위와 동일시했다. 그는 "행복의 본질은 지성의 행위로 구성된다. 그러나 행복으로부터 유래하는 기쁨은 의지와 관련이 있다"라고 설명한다.[40] 에드워즈는 다소 다른 접근법을 취한다. 이것은 특별히 마태복음 5:8에 관한 그의 설교에서 두드러진다. 물론 여기서도 에드워즈는 여러 가지 점에서 토마스와 아주 흡사하다. 예컨대 에드워즈는 지복직관의 즐거움(pleasure)과 기쁨(joy)이 "지적 피조물의 본성에 적합한" 종류라고 강조한다.[41] 그는 다음과 같이 말한다. "그리고 영혼이 그런 관조 속에서 갖는 즐거움과 기쁨은 다른 능력, 즉 의지가 누리는 최상의 탁월함이다."[42] 다시 말해 두 가지 능력 모두 작동한다. 즉 지성은 하나님을 보는 일에서, 의지는 하나님을 누리는 일에서 작동한다. 따라서 에드워즈는 "영혼이 하나님을 보는 것과 그 안에서 즐거움과 기쁨을 얻는 것은 두 능력 모두의 가장 큰 탁월함이다"라고 말한다. 여기서 그는 하나님을 보는 것을 지성과 연결시키고 그로 인한 즐거움과 기쁨을 의지와 연결시킨다. 이 모든 것에서 에드워즈는 아퀴나스로부터 거의 벗어나지 않는다.

그러나 이어서 에드워즈는 다음과 같은 말을 덧붙인다. "하나님을 보는 행복은 아무것도 섞이지 않은 순전한 달콤함이다. 그 즐거움은 아무것도 섞이지 않고 그 어떤 불순물도 갖고 있지 않은 인간의 참된 행복

40　　*ST* I-II, q. 3, a. 4.
41　　Edwards, "Pure in Heart Blessed," *WJE* 17:66.
42　　Edwards, "Pure in Heart Blessed," *WJE* 17:68.

이라고 불릴 만한 최고의 자격을 갖고 있다. 그러나 하나님을 보는 기쁨도 마찬가지다. 그것은 아무런 비통함도 가져오지 않고, 아무런 고통도 겪지 않을 것이다."[43] 에드워즈가 여기서 영혼의 "행복"과 동일시하는 것은 하나님을 보는 "즐거움" 혹은 "기쁨"이다. 유사하게 그는 조금 더 나아가서 "즐거움은 인간의 참된 행복으로 여겨져도 무방하다"라고 언급한다.[44] 에드워즈에게 행복을 구성하는 것은 하나님을 보는 지성의 행위일 뿐 아니라 그것을 뒤따르는 의지의 즐거움 혹은 기쁨이기도 했다. 이 점에서 에드워즈는 토마스 아퀴나스보다 훨씬 덜한 주지주의자다.

또한 우리는 에드워즈가 지복직관의 감정적 측면에 큰 비중을 부여하는 것에 주목해야 한다.[45] 그는 지복직관의 행복에 대해 말하면서 그것이 "다른 모든 사랑보다도 영혼을 황홀하게 할 수 있다"고 지적한다.[46] 그는 우리가 하나님의 행복을 보는 것으로부터 유래하는 기쁨의 증대에 관해 상세하게 말한다.[47] 그는 지복직관의 감정적 특성에 대해 살피면서 다음과 같이 말한다. "하나님을 보는 즐거움은 아주 크고 강렬하기에 마음을 온통 사로잡는다. 그것은 마음을 차고 넘치게 하고, 그로 인해 기

---

43   Edwards, "Pure in Heart Blessed," *WJE* 17:68.

44   Edwards, "Pure in Heart Blessed," *WJE* 17:71.

45   Michael J. McClymond는 그의 탁월한 논문 "Spiritual Perception in Jonathan Edwards," *JR* 77 (1997): 211-13에서 에드워즈에게서 나타나는 영적 인식의 감정적 특성을 강조한다.

46   Edwards, "Pure in Heart Blessed," *WJE* 17:67.

47   Edwards, "Pure in Heart Blessed," *WJE* 17:70. 그가 내세에서 있을 그리스도와의 연합에 관해 묘사할 때 에드워즈의 감정적 언어가 발설된다. 그 연합은 "마음과 감정의" 연합으로, 그 안에서 "마음은 전적으로 그리고 완전하게 이끌린다"("True Saints, When Absent from the Body, Are Present with the Lord," *WJE* 25:231). 성도는 "사랑의 바다에서 헤엄을 치고 무한하게 밝고 무한하게 온유하고 달콤한 하나님의 사랑의 빛에 잠겨질 것이다"(25:233). 이 "사랑의 물줄기"는 "그리스도의 기쁨의 물줄기, 그의 무한한 즐거움의 강이다. 그는 자신의 성도가 자기와 함께 그것을 마시게 할 것이다"(25:235).

뿜에는 그 어떤 슬픔의 여지도 없을 것이며, 부정적 성격을 가지는 무언
가를 위한 여지도 없을 것이다. 그렇게 강력한 빛을 견딜 수 있는 어둠은
없다. 사람들이 하늘에서 보는 것처럼 하나님을 대면하여 보고 그분의
영광과 사랑을 그렇게 직접 보고서 그들의 마음에 슬픔이나 고통 같은
것을 지니는 것은 불가능하다."[48] 에드워즈는 토마스 아퀴나스보다 지복
직관의 감정적 측면을 훨씬 더 강조했다.

에드워즈는 지복직관의 감정적 측면을 강조할 뿐 아니라 또한 육체
의 눈이 어떤 역할을 할 것이라고 주장함으로써 하나님에 대한 지적 직
관을 보완한다. 에드워즈에 따르면, 부활 때 성도는 그리스도의 몸을 그
들의 육체의 눈으로 볼 것이다. 아퀴나스는 비록 그리스도의 부활한 몸
의 육체적 성격을 인정하기는 하나[49] 성도가 부활할 때 어떻게 그리스도
를 볼 것인가에 대해 상세하게 논하지 않는다. 대부분의 경우 그는 그들
이 마음의 눈으로 하나님의 본질을 보리라는 전통적인 주장을 하는 것
으로 만족한다.[50] 에드워즈는 부활 후에 성도의 직관에 대해 다음과 같이
말한다.

하늘에서 [성도는] 어떤 외적인 영광을 그들이 신격과 연합한 그리스도의
인성을 볼 때처럼 그것이 하나님이신 분의 몸인 것처럼 보게 될 것이다. 그
리고 의심할 바 없이 그리스도의 영화된 몸 안에는 거룩하고 아무나 흉내낼
수 없는 영광과 아름다움의 모습이 있을 것인데, 참으로 그것은 보기에 황
홀하고 복된 광경이 될 것이다.

---

48   Edwards, "Pure in Heart Blessed," *WJE* 17:71.
49   *ST* III, q. 54.
50   *ST* I, 1. 12, a. 3.

그러나 육체의 눈으로 볼 그리스도의 몸의 아름다움이 매혹적이고 기쁨을 주는 것은 주로 그것이 그분의 영적인 영광을 표현하기 때문일 것이다. 그리스도의 몸에서 나타날 위엄은 거룩한 본성의 영적 위대함과 위엄을 표현하고 드러낼 것이다. 그 빛과 영광의 순전함과 아름다움은 신적 성결의 완전함을 표현할 것이다. 그분의 얼굴의 달콤함과 황홀하게 하는 온화함은 그분의 신적이고 영적인 사랑과 은총을 표현할 것이다.

세 명의 제자가 산에서 그리스도의 변화된 모습을 보았을 때도 마찬가지였다. 그들은 그리스도의 몸에서 놀라운 외적 영광, 즉 그의 얼굴에서 나타나는 표현할 수 없는 아름다움을 보았다. 하지만 그 외적 영광과 아름다움이 그들을 기쁘게 했던 것은, 우리가 그들이 그것에 관해 말한 방식을 통해 알 수 있듯이, 주로 그것이 그의 정신이 지닌 신적 탁월함의 표현 혹은 표명이었기 때문이다. 그들을 매료시켰던 것은 그의 얼굴에서 위엄과 은혜가 달콤하게 섞여 있었기 때문이다.[51]

비록 에드워즈가 그것을 "지복직관"이라고 부르지는 않으나, 그럼에도 그는 그리스도의 몸에 대한 성도의 육체적 직관을 두드러지게 주장하며 또한 그것을 변화산에서의 직관과 비교한다.[52] 그 세 명의 제자들은 그리스도의 몸의 "외적 영광과 아름다움"을 보았다. 또 그들은 그것을 기뻐했는데, 그것은 이런 육체적 영광이 그의 정신의 신적 탁월함에 대한 "표현 혹은 표명"이었기 때문이다.

---

51   Edwards, "Pure in Heart Blessed," *WJE* 17:62–63(괄호는 원래의 것임).

52   참조. Edwards, sermon on Rom. 2:10, L 37v. "눈은 이 영광스러운 광경을 보는 일에서 결코 물리거나 싫증이 나지 않을 것이다. 그리스도가 산에서 변화되셨을 때, 베드로는 세 개의 천막을 만들려고 했다."

그리스도의 영화된 몸은 에드워즈에 따르면 신적 영광과 아름다움의 운반 장치다. 그리고 성도가 구세주의 몸을 보는 것이 "황홀하고 복된" 이유는 그의 인간적 본성(그의 몸)이 그의 신성의 영광을 보여주기 때문이다. 다시 말해, 에드워즈는 성도가 육체적 모습을 볼 수 있는 능력을 영원히 갖게 될 것이며 하나님에 대한 직관은 그리스도의 몸에 대한 물리적 조망을 통해서 온다고 굳이 강조한다. 그 두 본성의 결합이 성도가 그리스도의 인성에 대한 육체적 직관으로부터 그의 신성에 대한 인식으로 옮겨갈 수 있게 해준다. 그러므로 그리스도의 인성에 대한 육체적 직관은 성도가 신성과 접촉하도록 해줄 것이다.[53]

이 모든 것은 "육체의 눈"과 "영혼의 눈", 즉 물리적인 봄과 영적인 봄 사이의 관계에 관한 질문을 불러일으킨다. 에드워즈는 이 문제를 직접 다루지 않는다. 하지만 그는 그것을 간접적으로 다룬다. 한편으로 그는 그 둘이 아주 다르다고 암시하는 것처럼 보인다. 그는 명백하게 그 둘을 분리한다.[54] 또 그는 "지복직관"이라는 용어를 영혼의 눈으로 보는 것을 위해 유보한다. 다른 한편으로, 성도가 육체의 눈으로 그리스도를 보는 것과 영혼의 눈으로 그를 보는 것 사이에는 중대한 중첩이 존재한다. 성도가 그리스도의 신적 본성을 보고 그리스도의 중재 사역의 영광을 이해하는 것은 영혼의 눈을 통해서다. 그러나 육체의 눈이 그리스도의

---

53 에드워즈는 계속해서 이런 지적 직관—그것은 "추론"에 의해 성취되지 않는다("Pure in Heart Blessed," *WJE* 17:63-64)—이 "육체의 눈으로 보는 것처럼 분명하고 생생하게" 될 것이고(17:65), 또한 성도의 이런 직관은 그들이 "육체의 눈의 광경이 세상이 친구에게 하듯이" 그리스도와 더불어 대화할 수 있게 해줄 것이라고 주장한다(17:66).

54 이런 분리는 특히 롬 2:10에 관한 설교에서 분명하게 드러나는데, 거기서 에드워즈는 그리스도를 보는 것을 "이중의 의미로" 말하고(L 37r-v) 이어서 성도들이 그리스도를 "몸의 눈"으로 보는 것과 "영혼의 눈"으로 보는 것에 대해 논의한다.

몸을 볼 때, 그 눈 역시 그의 몸을 통해 빛나는 그리스도의 신성의 위엄을 보게 될 것이다.

에드워즈는 (영적 눈을 통한) 지복직관이 그리스도에 대한 육체적 직관을 통해 중재된다고 믿었던 것일까? 1730년대에 쓰인 모음집 (Miscellany) 번호 77("천국의 행복은 점진적이다")이 이 문제에 대해 빛을 던져준다. 여기서 에드워즈는 그리스도가 지복직관을 중재하는 문제를 얼마간 상세하게 다룬다. 그는 어떤 이의 마음에 대한 "즉각적이고 직관적인 견해"를 얻는 것은 그 사람의 마음의 사상과 작용에 대한 즉각적인 지각을 의미한다고 주장하는 것에서 시작한다. 그러므로 그런 즉각적이고 직관적인 견해는 "인격의 연합"을 수반할 것이고, 그로 인해 "모든 의도와 목적"에 있어서 그 둘은 하나의 동일한 개인이 될 것이다.[55] 흥미롭게도 비록 에드워즈가 토마스 아퀴나스나 「복되신 하나님」을 언급하지는 않을지라도 토마스와 그 작품 모두 중간 상태에서 하나님의 본질에 대해 "즉각적"이고 "직관적"인 조망을 주장한다.[56] 에드워즈는 지복직관에 대한 이런 이해를 자신의 것으로 삼지 않는다. 왜냐하면 그는 그것이

---

55   Edwards, "Happiness of Heaven is Progressive," *WJE* 18:427.

56   *ST* I, 1. 12, a. 5에서 아퀴나스는 영광의 빛(*lumen gloriae*)을 하나님에 대한 즉각적인 직관을 가능케 하기 위해 지성을 완전하게 하는 창조된 빛이라고 설명한다. "그러므로 우리는 이 빛이 하나님이 그 안에서 보이는 매체로서가 아니라 그분이 그것에 의해 보이는 매체로 묘사되어야 한다고 말할 수 있을 것이다. 그리고 그런 매체는 하나님에 대한 즉각적인 직관을 제거하지 않는다." 아퀴나스는 완전한 인간의 행복은 하나님의 본질을 보는 것을 의미한다고 주장하는데, 그 이유는 (1) 성서가 그렇게 가르치고(고전 13:12; 요일 3:2; 고전 15:24), (2) 순전한 행위로서 하나님은 비할 데 없을 만큼 알려지실 수 있으며, (3) 지복은 지성을 우리의 최고의 기능으로 사용하고, 지성은 신적 본성을 보지 않고서는 그것의 최고의 기능에 이르지 못하며, (4) 우리가 보는 만물의 제1원인이신 하나님에 대한 우리의 자연적 갈망은 공허한 상태로 남아 있을 수 없고, (5) 지성은 유한과 무한 사이에 그 어떤 엄격한 균형도 없을지라도 신적 본질에 대한 직관에 비례하기 때문이다(*ST* Suppl. q. 92, a. 1). 「복되신 하나님」은 각주 18을 보라.

하나님과 피조물 사이의 타당한 구분을 고려하지 않는다고 믿기 때문이다.

따라서 에드워즈는 다른 접근법을 취한다. 에드워즈는 하나님을 그처럼 곧바로 볼 수 있는 유일한 피조물은 "하나님의 품 안에 있는" 예수 그리스도뿐이라고 주장한다.[57] 오직 그리스도만이 하나님을 "즉각적으로" 아신다. 다른 인간 존재는 오직 "현현과 징표들"을 통해서만 하나님께 접근할 수 있다. 그리고 예수 그리스도는 하나님에 대한 그들의 지식의 "웅장한 매체"다(마 11:27; 요 1:18; 6:46).[58] 그들이 그것을 통해 하나님을 보거나 아는 "징표들"은 (1) 형상들(가령, 신현들)과 인간 예수 그리스도, (2) 마음이나 성서에 들어 있는 말과 선언들, (3) 창조와 섭리 안에서 나타나는 하나님의 역사의 결과, (4) 하나님의 존재와 완전함의 필요성으로부터의 선험적 추론 등이다.[59] 요약하자면, 하나님에 대한 모든 지식은 중재된 지식이며 그리스도는 위대한 중재자시다.

에드워즈는 이것으로부터 지복직관의 대상에 관한 놀라운 결론을 끌어낸다.

---

57   Edwards, "Happiness of Heaven is Progressive," *WJE* 18:428.

58   Edwards, "Happiness of Heaven is Progressive," *WJE* 18:428. 에드워즈는 그리스도를 하나님과 신자를 묶어주시는 존재로 가리키기 위해 자신의 저작에서 적어도 3차례 "웅장한 매체"라는 표현을 사용한다. 이 장 전체에서 나는 지복직관에 대한 그리스도의 "중재"를 확언하는 에드워즈에 대해 말하고 있다. 내가 이 표현을 사용하는 것은 에드워즈 자신이 지복직관의 "매체"로서의 그리스도에 대해 말하기 때문이다. 그러나 우리는 이 점에서 에드워즈와 보다 앞선 청교도들 사이에 중요한 차이가 존재하지 않는다는 것에 주목해야 한다. 우리가 앞 장에서 보았듯이, 아이작 암브로즈와 존 오웬 같은 신학자들은 그리스도가 "중재자"(mediator) 역할을 계속하는 것을 부정하면서도 그가 영원히 하나님에 대한 우리의 직관의 "수단"(means)이라고 확언했다. 에드워즈는 그리스도의 화해시키시는 혹은 중재하시는 사역이 완전하다는 그의 청교도 조상들의 주장에 동의한다.

59   Edwards, "Happiness of Heaven is Progressive," *WJE* 18:428-29.

따라서 성도가 하늘에서 하나님에 대해 경험하는 그 지복적 직관은 그분이 구속 사역에서 자신을 드러내시는 현현을 보는 것이다. 선험적인 것일 수 있는 하나님의 존재와 완전함에 대한 논의는 성서에서 하나님을 보는 것이 아니라 오히려 하나님이 현현을 통해 그분의 아들 안에서 자신을 계시하시는 것으로 보인다. 하나님을 아는 다른 모든 방법은 그분을 구속주이자 눈에 보이지 않으시는 하나님의 형상인 그리스도 안에서, 그의 사역 안에서 혹은 그의 구속의 완전성의 결과 및 그것의 열매들(그것들은 그의 완전성에 대한 주된 표현이거나 비춤이다) 안에서 보는 것이다. 또한 그리스도를 통해 그런 방법들과의 대화 속에서 보는 것인데, 그 대화는 주로 이 세상에서 그의 사역을 통해ー만약 우리가 하나님과 그분의 교회의 대화의 주제로 판단한다면ー이 사역 안에서 이루어지고 드러난 것들에 관한 것이다.[60]

에드워즈는 지복직관을 구성하는 것이 형상과 말씀 및 결과들(이 모든 것은 그리스도에게, 즉 그의 인격과 그의 말씀 및 그의 사역에 집중된다)을 통한 하나님의 자기 현현이라고 주장한다.[61] 아퀴나스가 "하나님의 본질은 환영이라는 수단을 통해 볼 수 없기 때문에" 영혼은 몸 없이 행복에 이른다고 주장하는 반면에,[62] 에드워즈에게는 종말에 그리스도의 인성의 형태로 이루어지는 어떤 신현적 중재가 남아 있다. 에드워즈는 보다 앞선 청교도들의 기독론적 접근법을 따르는 것처럼 보인다. 아이작 암브로즈와

---

60   Edwards, "Happiness of Heaven is Progressive," *WJE* 18:431(괄호는 원래의 것임).

61   에드워즈가 "True Saints," *WJE* 25:230에서 한 말을 참조하라. "그리고 성도의 영혼이 그리스도와 함께 있기 위해 그들의 몸을 떠날 때, 그것들은 그리스도의 위대한 구속의 역사와 그를 통한 영광스러운 구원의 방식의 놀라운 영광을 보는데, 그것은 천사들이 보기를 욕망하는 것이다."

62   *ST* I-II, q. 4, a. 5.

존 오웬만큼이나 에드워즈는 그리스도가 영원토록 우리와 하나님 사이의 소통을 위한 수단이라고 믿었다. 에드워즈에게 중재는 단지 이 세상에서의 현상이 아니다. 그것은 또한 내세에서도 하나님과 우리의 관계의 특징을 이룬다.[63]

에드워즈는 논쟁적인 "열광주의자"이자 인디언 원주민들을 대상으로 사역한 선교사였던 데이비드 브레이너드(David Brainerd)―그는 1747년에 폐결핵으로 죽기 직전에 에드워즈의 고향에서 1년간 머물렀다―의 장례식에서 했던 설교에서 유사한 접근법을 취한다. 10월 12일에 행한 고린도후서 5:8에 관한 이 설교("참된 성도는 몸에서 떠날 때 주님과 함께 있는가?")에서 에드워즈는 브레이너드처럼 주 안에서 죽은 자들은 "그리스도와 함께 있을 것이고" "그분을 즉각적이고 온전하고 지속적으로 보는 상태에 머문다"고 주장한다. 그리스도는 "하늘의 예루살렘을 비추는 태양이신데, 그 밝은 빛으로 인해 그곳에서 하나님의 영광이 빛나고 그곳의 모든 영광스러운 거주자들이 깨우침을 받고 행복에 이른다."[64] 여기서 다시 에드워즈는 하나님의 비가시성을 주장하는데, 그 결과 "아무도 성부 하나님을 즉각적으로 보지 못한다."[65]

따라서 에드워즈는―토마스 아퀴나스와는 아주 다르게―어느 의미에서 하나님 혹은 성부에 대한 "즉각적인" 직관이나 하나님의 "본질"에 대한 직관은 결코 없을 것이라고 주장한다.[66] 에드워즈에게 하나님에

---

63   William M. Schweitzer, *God Is a Communicative Being: Divine Communicativeness and Harmony in the Theology of Jonathan Edwards*, T. & T. Clark Studies in Systematic Theology 14 (London: Bloomsbury, 2012), 136.

64   Edwards, "True Saints," *WJE* 25:229.

65   Edwards, "True Saints," *WJE* 25:230.

66   물론 우리가 아래서 보겠지만, 에드워즈는 어떤 다른 의미에서 지복직관은 사실상 "즉

대한 그런 직관은 하나님과 신자들의 자연적이고 인격적인 연합을 의미하는데, 그것은 창조주와 피조물 사이의 구분을 지우는 것이다. 오직 영원히 성부의 품 안에 있는 하나님의 독생자이신 그리스도만이 하나님과 그런 자연적이고 인격적인 연합을 지닌다. 신자들에게 하나님에 대한 직관(*visio Dei*)은 언제나 중재된 직관, 즉 그리스도를 통해 중재된 직관으로 남아 있다. 인간은 피조물이기 때문에 하나님에 대한 그들의 지식을 피조된 징표들에 의존한다. 그리고 그 위대한 징표(에드워즈가 말하는 대로 하자면, "웅장한 매체")는 그리스도 자신이다.

아퀴나스와 에드워즈의 차이는 주목할 만하다. 아퀴나스의 경우 하늘의 행복에서 감각은 오직 "결과적으로"만 행복에 속하며, 육체적 감각은 영혼으로부터 어떤 "넘침"을 얻는다.[67] 에드워즈가 육체적 직관이 영적 직관을 **낳도록** 허락하는 반면, 아퀴나스가 하늘에서 감각에 기꺼이 허용하는 최대치는 결과적으로 그것들이 영혼으로부터 "넘침"을 **받으리라**는 것이다. 아퀴나스는 하늘에서 그리스도에 대한 육체적 직관을 지복직관과 연결시키지 않는다.[68]

그리스도의 중재는 에드워즈가 그리스도를 성도와 하나님 사이에

각적인" 직관이 될 것이라고 확언한다.

67 *ST* I-II, q. 3, a. 3; I-II, q. 4, a. 6.
68 어느 지점에서 아퀴나스는 종말에 있을 그리스도에 대한 육체적 직관에 대해 언급한다. 또 그는 그것을 변화산 사건과 비교하면서 "우리는 그리스도가 그분 자신의 신성을 따라 우리에게 부어주실 그분 자신의 빛이라는 선물로 인해 지적인 참여자가 될 것"이라고 덧붙인다(*De divinis nominibus*, cap. 1, lect. 2, in Harry Clark Marsh, "Cosmic Structure and the Knowledge of God: Thomas Aquinas's 'In Librum beati Dionysii de divinis nominibus expositio'"-[PhD diss., Vandervilt University, 1994], 287). 그러나, Cory J. Hayes가 지적하듯이 아퀴나스는 그리스도에 대한 이런 육체적 직관을 지복직관 자체와 동일시하지 않는다("*Deus in se et Deus pro nobis*: The Transfiguration in the Theology of Gregory Palamas and Its Importance for Catholic Theology" [PhD diss., Duquesne University, 2015], 195).

영원한 장애물로 둔다는 것을 의미하지 않는다. 그것은 하나님(성부)이 하늘에서 성도와 얼마간 거리를 두시고 그리스도는 하나님과 성도 사이에 제3자로 존재하신다는 의미가 아니다. 내세에서 그리스도에 대한 직관은 성도와 분리된 어떤 대상에 대한 직관이 아니다. 에드워즈는 성도와 그리스도의 연합에 대해 큰 깨달음에 도달해 있었다. 그는 데이비드 브레이너드를 위한 장례식 설교에서 영혼은 몸과 분리될 때 예수 그리스도에 대한 "가장 완전한 일치와 연합 속으로 들어간다"고 설명한다.[69] 모든 "기형, 부조화와 사악한 비유사성"이 폐지될 것이므로 그리스도의 빛 앞에서는 "최소한의 모호함"도 남아 있지 않게 될 것이다. 따라서 성도는 "구름 없는 상태에서 의의 태양"을 볼 것이고 그로 인해 그들 자신이 "태양처럼 빛날 것이다." 이 지점에서 에드워즈는 "성도와 그리스도의 연합은 완전해진다"고 설명한다.[70] 그는 이 연합의 완전함을 다음과 같이 감상적이고 우아하게 설명하다.

영혼이 몸을 떠날 때, [죄로 인한] 이 모든 막힌 것들과 방해물은 제거될 것이고, 모든 분리하는 벽은 부서질 것이며, 모든 장애물은 치워질 것이고, 모든 거리는 좁혀질 것이다. 마음은 그의 영광을 온전하게 봄으로써 전적이고 완전하게 이끌리고 가장 확고하고 영원히 그에게 부착되고 묶일 것이다. 그리고 바로 그때 그 중요한 연합은 완전해질 것이다. 영혼은 그리스도 안에서 그리고 그리스도를 의지해서 완전하게 살아갈 것이고, 그의 성령으로 완전하게 충만해질 것이며, 그의 활력 넘치는 영향에 의해 생기를 얻을 것이

69   Edwards, "True Saints," *WJE* 25:231.
70   Edwards, "True Saints," *WJE* 25:231.

고, 영적 죽음이나 육체적 삶의 잔여물 없이 오직 그리스도의 생명에 의해서만 살아갈 것이다.[71]

성도들과 그리스도의 연합은 그들의 거룩함의 완전함을 통해 완전해질 것이다. 성도들의 이 거룩함은 그들을 그리스도와 긴밀하게 연합시키기 때문에 그들은 **그분 안에서** 하나님의 영광을 보게 될 것이다.[72]

그리스도 안에는 인성과 신성이 서로 결합되어 있으므로 성도는 거룩함 속에 있는 그리스도의 인성에 완전하게 연합함으로써 또한 그의 신성에도 연합한다. 이것은 에드워즈에게 그리스도에 대한 직관이 참으로 하나님에 대한 직관(*visio Dei*)이라는 것을 의미한다. 신자는 정말로 하나님을 보지만, 그가 그분을 보는 것은 **그리스도 안에서**다.[73] 그리스도는 하나님에 대한 직관의 "웅장한 매체"이실 수 있으나 종말에 이 매체는 더는 성례전이 아니다.[74] 즉 비록 하나님에 대한 지식이 언제나 그리스도

---

71   Edwards, "True Saints," *WJE* 25:231-32(괄호는 원래의 것임).

72   참조. Kyle C. Strobel. "우리의 소명은 단순히 그리스도의 아름다움을 응시하고 그리스도를 아름다운 분으로 보는 것이 아니라 그 아름다움 자체에 사로잡히는 것, 그래서 우리의 전 존재가 그에게 동의하고, 우리가 성부에 대한 그의 자식으로서의 관계에 참여하는 것이다"("Theology in the Gaze of the Father: Retrieving Jonathan Edwards's Trinitarian Aesthetics," in *Advancing Trinitarian Theology: Exploration in Constructive Dogmatics*, ed. Oliver D. Crisp and Fred Sanders [Grand Rapids: Zondervan, 2014], 160-61).

73   또한 Edwards, sermon on Rom 2:10, L 44v-45r을 보라. "그들은 그리스도 안에서 그리스도에 대한 성부 하나님의 사랑에 참여하고 아들로서…성부를 알게 될 것이다. 그들은 성부 안에 있기에 그와 더불어 이를테면 그의 일부인 것처럼 그가 하나님을 보는 것에 참여할 것이다. 그는 성부의 사랑 안에서 막대한 기쁨을 누리기에 그들 모두가 성부의 사랑 안에서 동일하게 막대한 기쁨을 얻는다." 그러므로 Paul Ramsey는 에드워즈의 견해에 의하면 "하나님을 즉각적으로 보는 것은 그분을 그리스도 안에서 보는 것이다"라고 옳게 주장한다("Appendix III: Heaven Is a Progressive State," *WJE* 8:699-700).

74   에드워즈는 "매체"라는 말을 단순하게 사용한다. 성례성에 대한 담론은 덧붙여진 것이다.

의 인성을 통해 중재되기는 하나, 하늘에서 그리스도와 성도 사이의 친밀성은 아주 밀접하기 때문에 이제 그들은 그의 인성 안에서 그리고 그것을 통해서 즉시 그들이 고대해왔던 성례전적 실재(*res*)로서의 그의 구속의 영광뿐 아니라 그의 신성까지 즉각적으로 식별한다. 지복직관은 그리스도 안에서 하나님의 실제 임재를 직관하는 것이다. 그 안에서 성례전과 실재가 합류한다.

에드워즈는 그의 장례식 설교 말미에서 이 점을 분명하게 지적하는데, 거기서 그는 천국에서 성도가 그리스도와 함께 참여하는 것의 의미에 대해 살핀다. 여기서 그는 성부가 하늘에서 성자를 자신의 오른편에 앉히시는 것은 신자들 역시 성부에게 연합한다는 것을 의미한다고 주장한다. 그들과 그리스도의 연합을 통해 그들은 "어느 의미에서 성자가 어린아이처럼 성부와 맺으시는 관계에 참여한다. 그리고 그는 그렇게 그와 더불어 사도가 갈라디아서 4:4-7에서 넌지시 말하듯이 성부를 즐거워하며 누리는 행복의 상속자가 된다. 그리스도의 배우자는 하나님의 외아들과의 결혼 덕분에, 이를 테면 하나님에 대한 그의 자식으로서의 관계의 참여자이고 따라서 '왕의 딸'이 되며(시 45:13), 그로 인해 자신의 신적 남편과 더불어 그의 성부이자 자신의 성부, 그의 하나님이자 자신의 하나님을 누리는 일에 참여자가 된다."[75] 성도들은 그리스도의 신부이고 그의 신부로서 그들은 성부의 며느리이며, 따라서 그분의 임재를 누린다.

에드워즈는 이미지를 바꿔서 성자에 대한 성부의 사랑을 아들을 통해 신자들에게 도달하는 강줄기로 묘사한다. 신자들은 성부로부터 성자에게로 흐르는 그 동일한 사랑의 강줄기로부터 물을 길어 마신다. "성도

---

75   Edwards, "True Saints," *WJE* 25:234.

는 그리스도와 함께 '그의 즐거움'에 참여함으로써 즐거움을 얻을 것이고 '그의 빛'[시 36:9] 안에서 빛을 볼 것이다. 그들은 그리스도와 함께 동일한 '즐거움의 강'에 참여할 것이고 동일한 생명의 강물과 그리스도의 성부의 나라에서 '동일한 새 포도주'를 마시게 될 것이다(마 26:29).··· 하늘로 올라가셨을 때 그리스도는 성부의 오른편에서 영원한 즐거움을 얻으시고 자신의 죽음 혹은 죽음에 이르시기까지의 순종에 대한 보상으로 성부의 사랑을 누리셨다."[76] 에드워즈는 성부의 비가시성을 유지한다. 그리고 그는 하나님에 대한 직관의 "웅장한 매체"로서 그리스도의 중재적 역할을 강조하는 것을 결코 중단하지 않는다. 그럼에도 신자와 그리스도의 연합은 부활에서 완성되기 때문에 지복직관은 실제로는 성부 하나님에 대한 직관이기도 하다.[77] 그 결과 에드워즈는 이런 지복직관이 특성상 "직접적인" 것이 되리라고 확언한다.[78] 이런 확언은 그가 다른 곳에서 직접성을 부정하는 것과 모순되지 않는다. 에드워즈가 하나님에 대한 직접적인 직관을 긍정할 때, 그러한 긍정은 하나님과 성도 사이에 더는 그 어떤 장애나 벽이 존재하지 않는다는 것을 의미한다. 그리스도와의 연합은 그 둘 사이의 거리를 제거한다.[79]

---

76   Edwards, "True Saints," *WJE* 25:235.
77   참조. Strobel. "완성에 앞서는 시대에 성도는 그리스도에 의한 성부에 대한 직관을 경험한 반면, 영원 속에서 그들은 그리스도와 함께 그것을 경험한다"(*Jonathan Edwards's Theology*, 122).
78   Edwards, "Pure in Heart Blessed," *WJE* 17:64.
79   참조. Edwards, sermon on Rom 2:10, L 43r. "이것은 직접적인 조망이 될 것이다. 그것은 그분의 역사로부터 그것을 논증함으로써 이루어지는 하나님의 탁월하심에 대한 이해가 되지 않을 것이다. 또한 그것은 성도가 이 세상에서 그분의 말씀 속에서 그분을 보거나 혹은 고전 13:12의 말씀처럼 지금은 거울을 통해 희미하게 보지만 그때는 그분을 대면하여 보리라는 규례를 지키는 것과 같은 하나님에 대한 영적인 봄이 되지 않을 것이다." William W. Wainwright는 에드워즈에게 영적 아름다움에 대한 마음의 이해는 직접적이다(즉, 추리에 의한 것이 아니다)고 말한다("Jonatha Edwards," in *The Spiritual*

우리가 이미 보았듯이 에드워즈는 부활 후 지복직관에서 육체적 조망과 영적 조망이 서로 어떻게 관계하는지를 상세하게 밝히지 않는다. 그러나 분명히 몸의 눈으로 육체적 그리스도를 보는 것은 에드워즈에게 매우 중요하다. "우리는 하나님이 하늘에서 그리스도의 영광스러운 몸을 통한 것이 아닌 다른 어떤 방식으로…그분의 임재의 상징인 그 어떤 자연스러운 영광의 출현을 통해 자신을 드러내시는 것과 같은 일이 있다고 생각할 아무런 이유를 갖고 있지 않다."[80] 따라서 우리는 에드워즈가 (영적 눈을 통한) 하나님에 대한 지복직관이 그리스도에 대한 육체적 직관을 통해 중재된다고 생각했다고 확언할 수 있을 것이다. "웅장한 매체"로서의 그리스도에 대한 에드워즈의 장황한 설명과, 우리가 그리스도의 인성 안에서 그리고 그것을 통해서 하나님을 본다는 그의 주장은 적어도 부활 후의 육체적 직관이 고양된 특성을 지닐 것이고 영적 통찰력의 완성을 수반하리라는 것을 암시한다. 에드워즈에게 영혼의 눈이 지복직관을 달성할 수 있게 하는 것은 육체적 눈으로 그리스도의 몸을 보는 것이다.[81]

분명히 에드워즈는 육체를 지닌 그리스도를 육체의 눈으로 보는 것이 어떻게 중간 상태에서 분리된 영혼의 시각의 증진을 나타내는지에 대해 설명하지 않는다. 그 점에서 그는 성 토마스와 다르지 않다. 그러나

Senses: Perceiving God in Western Christianity, ed. Paul L, Gavrilyuk and Sarah Coakley [Cambridge: Cambridge University Press, 2012], 235).

80   Edwards, sermon on Rom 2:10, L 41v.

81   따라서 성도가 그리스도를 육체적으로 보는 동안, 지복직관은 성부에 대한 육체적 조망을 수반하지 않는다. 우리가 (육체의 눈으로) 그리스도를 볼 때, 그는 이를테면 우리가 그것을 통해 (영적으로) 성부를 보는 눈이 된다. 나는 이 점과 관련해 Kyle Strobel의 통찰에 빚을 졌다.

에드워즈는 아퀴나스를 넘어서 육체적 직관과 그리스도와의 연합을 모두 그의 지복직관에 관한 가르침과 통합시킨다. 그런 의미에서 나에게 에드워즈의 견해는 아퀴나스의 그것이 하지 않는 방식으로 성례전적인 것으로 보인다. 성도는 신-인이라는 "웅장한 매체"를 통해 그분의 임재의 온전한 빛 속에 계신 하나님과 연합한다. 하나님에 대한 직관은 언제나 그리스도 안에서 그리고 그리스도를 통해서 중재될 것이다. 달리 말해, 에드워즈에게 하나님에 대한 모든 직관은—심지어 내세에서조차—특성상 신현적이다. 하나님에 대한 직관은 영원히 하나님이 눈에 보이는 모습으로, 특히 예수 그리스도 안에서 성자의 성육신을 통해 우리에게 내려오시는 것에 의존할 것이다.[82] 그러므로 에드워즈는 하나님의 본질에 대한 직접적인 조망으로서의 지복직관이라는 아퀴나스의 표현을 채택할 수 없었다. 에드워즈에게 그런 표현은 내세에서 우리가 그리스도를 우회하리라는 것을 의미하며 인간이 부활 후에도 현현이나 징표에 의존한다는 근본적인 원리를 해치는 것을 의미한다.[83]

---

82 에드워즈는 하나님이 구약 시대에 "외적 모습" 혹은 "인간의 형상"으로 자신을 보이셨다고 말한다. 이것은 삼위일체의 두 번째 위격의 신적 자기 현현이었다고 에드워즈는 설명한다(sermon on Rom. 2:10, L 41v). 그러나 성육신 이후에는 하나님이 그런 외적 형상이나 모습을 취하실 필요가 없다. 오늘의 교회는 에드워즈의 주장에 의하면 보다 완전한 상태에서 살아간다. "그러나 지금 [그리스도는] 참으로 영화롭게 된 몸 안에서 살아가신다. 이런 외적 상징이나 모습들은 쓸모없고 불완전한 것으로 폐지되었다.…그러므로 이 보다 불완전한 방법은 하늘에서 영화로운 몸을 입고 있는 [그리스도]를 보는 데 필요하지 않다"(L 42r-v).
83 아퀴나스는 지성이 하나님을 이해하지 못하리라고 주장함으로써 창조주-피조물의 구분을 상정하는 것을 피하려고 했다. 피조물은 무한한 방식으로 존재하시는 하나님의 무한성을 알지 못한다(ST I, 1. 12, a. 7; cf. Sent. IV, d. 49, q. 2, a. 3). Nicholas J. Healy가 말하듯이 "피조물은 하나님의 전체를 보지만, 하나님을 전체적으로 보지는 못한다(totus sed non totaliter)"(The Eschatology of Hans Urs von Balthasar: Being as Communion [Oxford: Oxford University Press, 2005], 171).

지복직관과 점진적 행복

하나님에 대한 모든 직관의 중재적 특성은 에드워즈가 하나님에 대한 직관에서 보다 큰 친밀성을 향한 결코 끝나지 않는 전진을 가정하도록 허락한다. 에드워즈에게 하나님에 대한 직관은 구속사와 성도 자신의 삶 모두에서, 전진의 주된 지점들로서 회심과 죽음 및 육체적 부활과 함께 점차적으로 증대된다. 그리고 명확성과 친밀성의 증대는 결코 중단되지 않는다. 구약 시대의 신현들은 이미 하나님에 대한 모종의 직관을 소개했다. 그리고 이생에서 성인들이 가졌던 시각적 경험은 물론이고 지상에서 (특히 변화산 사건에서) 그리스도를 육체적으로 본 것은 우리가 내세에서 누리게 될 하나님에 대한 직관에 대한 미리 맛보기다. 그 결과 신앙과 직관 사이의 경계선이 흐릿해진다. 지금 우리는 "대면하여" 보지 못할 수 있다. 그러나 에드워즈는 "신자들이 그리스도 안에서 하나님에 대해 갖는 지식은 이 하늘에서의 봄의 불완전한 시작"[84]이며 거룩함 자체는 "하나님에 대한 복된 봄의 불완전한 시작"[85]임을 분명하게 밝힌다.

에드워즈는 로마서 2:10에 관한 설교에서 신실한 자들은 이생에서 이미 그들에게 새겨진 하나님의 형상을 지닌다고 주장한다. 그는 골로새서 3:10과 에베소서 4:23-24에 호소하면서 이런 갱신은 새로운 보는 능력을 의미한다고 주장한다. 그들은 "자신들의 눈을 떴고" 그들과 하나님의 교제는 그들의 영혼을 하나님의 영광의 형상으로 바꾼다.[86] 그 결과 그리스도의 내주를 통해 그들의 탁월함이 "단지 불꽃처럼이기는 하나"

---

84   Edwards, "Pure in Heart Blessed," *WJE* 17:75.

85   Edwards, "Pure in Heart Blessed," *WJE* 17:76.

86   Edwards, sermon on Rom 2:10, L 2v.

빛나기 시작한다. 그러나 그것은 세상에서 지금껏 발견된 그 어떤 루비나 가장 귀한 진주보다도 1만 배는 더 값진 그 무엇이다.[87] 카일 스트로벨(Kyle Strobel)이 옳게 지적하듯이 "에드워즈에게 믿음과 보는 것은 서로 모순되기보다는 영적 등기부 안에서 서로 연합해 있다."[88] 에드워즈는 (현세적 존재에 국한되는) 믿음과 소망을 (영원히 지속되는) 사랑과 대조하지 않는다.[89] 또 그는 (오늘의) 간접적인 지식과 (내세의) 직접적인 지식을 구별하지도 않는다.

에드워즈는 이에 전적으로 부합하게 성도가 이생에서 이미 특별한 황홀경적 경험을 통해 하나님을 볼 가능성을 환영한다. 그 경험 속에서 하나님은

때때로 모든 휘장을 제거하고, 막을…끌어내리며 성도에게…달콤한 조망을 제공하는 것을 즐거워하신다.…때때로 그것은 이를테면 하늘에서 열려 있는 창문 혹은…틈이다. 그리스도는 그 격자를 통해 자신을 보이신다. 그것들은 때때로…위로부터 영혼 속으로 깨치고 들어오는 달콤한 빛이었다. 하나님과…구속주는 때때로 그들에게 오시고 친절하게 그들을 방문하시며

---

87   Edwards, sermon on Rom 2:10, L 3r.

88   Strobel, *Jonathan Edwards's Theology*, 153.

89   Ramsey는 "에드워즈는 하늘에서 믿음은 (오직 형식적 믿음만 남기고) 보는 것 안에서 사라지고 소망은 (역시 오직 그것의 형식만 남기면서) 실질적인 실현과 함께 중단되는 반면, 오직 사랑만이 그것이 하나님에 대해 보는 모든 것을 즐기면서, 그리고 그것이 뜻하거나 욕망하는 모든 것을 보면서 영혼의 직접적인 활동이 된다는 견해를 공유하지 않았다"고 말한다("Appendix III," 716). 분명히 내가 알기로 에드워즈는 "소망"이라는 용어를 천국의 맥락에서 사용하지 않는다. 그리고 그는 "이제 믿음이 직관으로 그리고 소망이 결실로 바뀌게 될" 중간 상태에 관해 말한다(sermon on Rom 2:10, L 17r). 그럼에도 우리가 아래서 보게 되겠지만 내세에서 욕망이 수행하는 역할에 관한 에드워즈의 전체적인 견해는 Ramsey와 Strobel의 일반적인 판단이 옳음을 증명한다(아래의 각주 116을 참조하라).

자신을 그들에게 나타내신다. 때때로 성도는 상당히 오랜 시간 함께 빛과 기쁨의 시간을 갖고…또 때로는 좀 더 짧은 시간 동안 그렇게 본다.[90]

에드워즈에게 그런 직관은 지복직관에 대한 기대다. 그것은 큰 기쁨과 함께 온다. 즉 죄에 대한 용서, 하나님의 탁월하심과 사랑 그리고 선한 일을 하는 것을 통해 얻는 기쁨과 함께 온다.[91] 그로 인한 결과는 생명과 영속성 있는 즐거움을 제공하는 기쁨은 물론이고 "달콤한 휴식"과 만족을 동반하는 "빛으로부터 발생하는 평화"인데, 이는 마치 그것이 "별들과 태양의…지속성 있는 빛"과 같기 때문이다.[92] 그런 경험은 영혼이 모세와 스데반의 얼굴처럼 빛나도록 만든다.[93] 그러므로 에드워즈는 하나님에 대한 직관이 이곳 세상에서 이미 시작되는 그 무엇이라고 강조한다.

또한 이 점에서 아퀴나스와 에드워즈 사이에서 현저한 차이가 드러난다. 아퀴나스가 때때로 성도가 황홀경적 기쁨을 경험한다고 시인하기는 하나, 그것들은 드물고 기적적인 현상, 즉 야곱과 모세 및 바울 같은 성인들이 경험한 현상들이다.[94] 아퀴나스에게는 일반적으로 "하나님은 단순한 인간에게 그가 이 필멸의 삶에서 분리되지 않는 한 그분의 본질 상태로 보이실 수 없다."[95] 아퀴나스가 자신의 그런 주저함에 대해 제시하는 이유는 (1) 그가 지복직관을 하나님의 본질에 대한 관조로 다루기

---

90   Edwards, sermon on Rom. 2:10, L 6v-7r.

91   Edwards, sermon on Rom. 2:10, L 7r-v.

92   Edwards, sermon on Rom. 2:10, L 9r; L 10r.

93   Edwards, sermon on Rom. 2:10, L 10v.

94   *ST* I, q. 12, a. 11; II-II, q. 175, a. 3.

95   *ST* I, 1. 12, a. 11.

때문이고, (2) 몸은 그런 직관을 촉진하기보다 훼방하기 때문이다. 아퀴나스에 따르면 우리의 영혼은 "우리가 이생에서 사는 동안 물질적 존재를 취한다. 그러므로 자연스럽게 그것은 오직 물질적 형태를 가진 것 혹은 그런 형태로 알려질 수 있는 것만 안다. 이제 하나님의 본질이 물질적인 것의 본성을 통해 알려질 수 없다는 것은 분명하다."[96] 대조적으로 에드워즈에게 몸의 존재는 시각적 경험을 방해하지 않는다.[97]

그러므로 잘 알려져 있듯이 어느 지점에서 에드워즈는 자신의 아내 사라의 환상적 경험을 복음주의적 경건의 한 예로 제시한다. 그는 그녀의 영혼이 "완전하게 압도되었고 빛과 사랑과 영혼의 달콤한 위안과 쉼과 기쁨에 삼켜진 것과 같았다"고 쓴다. 그녀의 경험은 "대여섯 시간에 걸쳐 중단 없이" 계속되었고 그녀의 영혼은 "거의 몸을 떠난 것 같았다."[98] 에드워즈는 자신의 이야기를 다음과 같은 말로 결론짓는다. "이제 만약 그런 일이 열광주의이고 정신 나간 두뇌의 결실이라면, 나의 두뇌가 그 행복한 정신 나감에 더욱 사로잡히면 좋겠다!"[99] 에드워즈에게 사라가 경험한 것과 같은 환상적 경험은 종말에 있을 지복에 대한 온전한 직관을 향한 진보의 일부로서 기대되어야 하는 것이다.

직관에서의 이런 지속적인 진보는 에드워즈 자신의 말에 의하면 행복이 "점진적"이라는 것을 의미한다.[100] 에드워즈에게 이 진보는 죽음 이

---

96   *ST* I, q. 12, a. 11.

97   Phillip Blond의 주장을 참조하라. 그에 따르면, 일단 물질이 우리가 하나님을 볼 수 없는 이유가 아님을 인정한다면, "그와 같은 무한한 앎의 이동이 그것이 어떤 신비로운 사건에서 일어나는 것처럼 이생에서 일어날 수 없다는 논리적인 이유는 없다"("Beatific Vision of St. Thomas Aquinas," 199).

98   Edwards, Some Thoughts Concerning the Revival, *WJE* 4:332.

99   Edwards, Some Thoughts Concerning the Revival, *WJE* 4:341.

100   Edwards, "Happiness of Heaven is Progressive," *WJE* 18:431-32.

후의 삶과 심지어 부활 이후의 삶의 특징을 이룬다. 그는 만약 우리가 그리스도의 사역 안에서 그리고 그것을 통해서 하나님을 보는 것이 사실이라면, 그 사역이 성취될수록 하나님에 대한 직관은 그만큼 더 분명해진다. 따라서 이스라엘이 이집트에서 나와서 가나안으로 이끌렸을 때, 다윗의 왕좌가 세워졌을 때, 유대인들이 바빌로니아 포로에서 돌아왔을 때, 그리스도가 세상에 오셨을 때, 콘스탄티누스가 황제가 되었을 때, 그리고 프로테스탄트 종교개혁이 일어났을 때, 하늘에 있는 교회는 영광이 증대되는 것을 즐겼다. 그리고 에드워즈는 특히 천년 왕국의 도래가 하늘에서 위대한 영광의 시기를 이룰 것이라고 단언한다.[101] 그는 세상에서 이루어지는 교회의 이런 진전들 각각은 하늘에서 성도의 기쁨이 증대되는 것을 의미한다고 주장한다.[102] 에드워즈가 하늘의 성도가 하나님을 보는 것을 세상에서 그리스도의 사역의 진전과 매우 밀접하게 연결시키므로 지복직관에 대한 에드워즈의 이해에서는 역사가 중요한 역할을 한다. 에드워즈에게 하나님에 대한 직관(*visio Dei*)은 하나님의 본질에 대한 추상적인 관조가 아니라 주로 역사를 통한 그리스도의 구속 사

---

101 Edwards, "Happiness of Heaven is Progressive," *WJE* 18:431-32. Robert W. Caldwell 은 에드워즈에 따르면 그리스도의 승천과 최종적 완성이 역사를 나누는 두 개의 주된 시점이라고 지적한다. "에드워즈는 종종 하늘이 그것에 의해 극적으로 변화될 정도로 매우 중요한 두 개의 구속사적 사건들에 주목한다. 하나는 그리스도의 승천이고 다른 하나는 만물의 최종적 완성이다"("A Brief History of Heaven in the Writings of Jonathan Edwards," *CTJ* 46 [2011]: 55). 또한 Strobel, *Jonathan Edwards's Theology*, 109 을 보라.

102 Edwards, "Happiness of Heaven is Progressive," *WJE* 18:432. 또한 그가 롬 2:10에 관한 설교에서 그리스도가 세상 안으로 들어오셨을 때 구약 시대의 성도들이 가졌던 기쁨, 로마 제국 전체에서 기독교 신앙이 세워지는 것을 보았던 사도들과 복음 전도자들, 그리고 초기 그리스도인들과 순교자들이 가졌던, 루터, 칼뱅 및 다른 이들의 종교개혁을 기뻐했던 이전 시대의 성도들이 가졌던 기쁨에 관해 하는 말을 참조하라(L 19r-v).

역에 대한 지식이고, 또한 결과적으로 그것을 기뻐하는 것이다.[103] 이 구속사가 점진적이기 때문에 지복직관 역시 점진적일 수밖에 없다.

우리가 물어야 할 질문은 이것이다. 이런 지속적인 진보가 종말론적 완성과 휴식의 성취를 방해하는가? 에드워즈는 그것은 사실이 아니라는 점을 분명히 밝힌다. 지복직관은 "완전한 것"이 될 것이다.[104] 성도가 그리스도 안에서 하나님을 직관하는 것은 "참으로 행복하게 하는 일"이 될 것이다.[105] 하나님을 보는 것은 "즐거움"과 "기쁨"을 낳을 것이고,[106] 그것은 영혼의 "가장 높은 완전과 탁월함"이 될 것이다.[107] 이 행복은 아무런 "비통함"도 없고[108] "아무것도 섞이지 않은 순전하게 달콤한 것"이 될 것이다.[109] 그리고 사정이 그렇게 되는 가장 큰 이유는 다음과 같다.

하나님을 보는 기쁨은 아주 크고 강하기에 마음을 완전히 사로잡는다. 그것은 마음을 차고 넘치게 하기 때문에 슬픔을 위한 어떤 여지도, 어느 구석에도 기쁨에 어긋나는 성질을 지닌 무언가를 위한 여지도 없을 것이다.…그 기쁨은 모든 능력을 충만하고 완전하게 사용할 만큼 클 것이다. 하나님의 영광과 사랑을 보는 것은 너무 놀랍고 매력적이고, 마음을 완전히 사로잡을 것이며 마음의 온 힘을 그러한 일에 집중하도록 기울이게 만들 것이다. 영

103   Cf. Steven M. Studebaker and Robert W. Caldwell, *The Trinitarian Theology of Jonathan Edwards: Text, Context, and Application* (Burlington, VT: Ashgate, 2012), 216.
104   Edwards, sermon on Rom. 2:10, L 43r.
105   Edwards, "Pure in Heart Blessed," *WJE* 17:61.
106   Edwards, "Pure in Heart Blessed," *WJE* 17:66-68.
107   Edwards, "Pure in Heart Blessed," *WJE* 17:68.
108   Edwards, "Pure in Heart Blessed," *WJE* 17:68.
109   Edwards, "Pure in Heart Blessed," *WJE* 17:69.

혼이 그것에 전적으로 사로잡히고 취해질 것처럼 말이다.[110]

이런 말의 의미는 분명해 보인다. 에드워즈에 따르면, 하늘에서 성도들은 "완전한 직관"을 경험할 것이고, 그것이 그들을 "완전하게" 변화시킬 것이다.

그럼에도 에드워즈는 그것이 **"인간의 능력에 따르는** 완전한 직관"이 될 것이라고 말함으로써 완벽에 대한 이런 확언에 세밀하게 제한을 가한다. 또 그는 그것이 마치 우리의 마음이 하나님을 이해할 수 있는 것처럼 포괄적인 것이 되지는 않을 것이라고 덧붙인다. 그 직관은 단지 "그것이 아무런 의심이나 의심의 가능성 없이 완전하게 확실하리라는" 점에서 **"그 종류에 있어서** 완벽한 것"이 될 것이다.[111] 여기서 에드워즈가 하는 말은 아퀴나스의 그것을 되울린다. 그 역시 하나님의 이해 불가능성을 신중하게 인정한다.[112] 그러나 아퀴나스는 기꺼이 그럼에도 종말에는 모종의 이해가 있을 것이라고 말한다. 그는 고린도전서 9:24과 디모데후서 4:7-8에 호소하면서 하나님은 우리가 이를테면 그분에게 도달하거나 이를 수 있다는 의미에서 이해될 수 있다고 주장한다.[113] 아퀴나스가 이렇게 말하는 이유는 그에게 지복직관의 완전함은 그것이 신적 본질에 대한 직관임을 의미하기 때문이다. 따라서 우리는 (그것에 도달한

---

110 Edwards, "Pure in Heart Blessed," *WJE* 17:71.

111 Edwards, "Pure in Heart Blessed," *WJE* 17:71(강조는 덧붙여진 것임).

112 아퀴나스는 만약 우리가 그것으로 의미하는 것이 "이해되는 자를 이해하는 자 안에 포함시키는 것이라면 하나님은 이해될 수 없다"고 경계한다(*ST* I-II, q. 4, a. 3).

113 아퀴나스는 이런 이해를 "이미 존재하고 소유한 무언가를 붙잡는 것"이라고 말한다. "그러므로 다른 이를 뒤쫓는 이는 그가 그를 붙잡을 때 그를 이해한다고 말할 수 있다"(*ST* I-II, q. 4, a. 3).

다는 의미에서) 하나님의 본질을 이해한다.

에드워즈는 좀 더 조심스럽다. 직관의 대상은 이중적이다. 첫째, 그 대상은 "사랑을 유발하고 자극하는" 경향을 지닌 하나님 안에 있는 모든 것, "즉 사랑스러운…그들의 존경과 존중을 고양하는 경향을 지닌… 마음을 얻고 사랑을 받는 경향을 지닌 모든 것"이다.[114] 둘째, 직관의 대상은 "사랑을 충족시키는 하나님 안에 있는 모든 것이다. 성도들은 그 안에서…사랑이 욕구하는 모든 것을 볼 것이다. 사랑은…사랑받는 자의 사랑을 욕구하기에 영광을 입은 성도들은 자신들에 대한 하나님의 초월 적인 사랑을 보게 될 것이다. 하나님은…그들에 대한 자신의 사랑을 형 언하기 어려울 만큼 나타내실 것이다. 그들은 하나님 안에서 그들이… 열망하는 자기들을 향한 사랑을 아주 많이 보게 될 것이다.…그들은 그 이상을 욕구하지 않을 것이고…그럴 수도 없을 것이다."[115] 에드워즈에 게 하나님을 보는 것은 사랑을 자극하기도 하고 사랑을 만족시키기도 한다. 전자로 인해 에드워즈는 거의 하나님에 대한 욕구가 영원히 계속 되리라고 확언하기에 이른다.[116] 아퀴나스는 훨씬 더 과격하게 종말론적

---

114   Edwards, sermon on Rom. 2:10, L 43v.

115   Edwards, sermon on Rom. 2:10, L 44r.

116   이 특별한 설교에서 그는 비록 욕망이 중단될지라도 영혼은 "사랑에 의해 자극될 것이 고 기쁨으로 만족할 것"이라고, 따라서 "영혼은 그 이상의 것을 바라지 않게 될 것"이 라고 주장한다(sermon on Rom. 2:10, L 44r). 그러나 그는 모음집(Miscellany) 번호 822(ca. 1740-1742)에서 어쩌면 욕구는 지복직관의 완전함과 양립할 수 있을 것이라 고 조심스럽게 주장한다. 그는 "욕구의 불안은 없을 것"이라고 주장한다. "그러나 그것 은 증대에 대한 욕구를 남기지 않을 정도는 아니다. 왜냐하면 의심할 바 없이 그것들이 연구하고 숙고할 때, 그것은 지식과 그것으로부터 나오는 만족을 욕구할 것이기 때문 이다. 그러므로 우리는 천사들이 이런 것들을 들여다 보기를 욕구한다는 말을 듣는다. 그러나 그들은 그 어떤 불안한 욕구도 지니지 않을 것이다. 그들의 욕망은 단지 그들의 만족에서 기쁨을 얻기 위한 적절한 준비가 될 것이다"("Degrees of Glory. Perfection of Happiness," WJE 18:533-34).

행복에서 욕구를 배제했다. 그는 이렇게 주장한다. "인간에게 욕구하고 추구할 무언가가 남아 있는 한, 그는 완전하게 행복하지 않다."[117] 아퀴나스는 하나님의 본질을 보는 것이 우리가 바라는 휴식을 가져온다고 믿었기 때문에 하늘의 행복에서 욕구는 배제되어야 했다.

에드워즈는 우리가 역사의 종결이 영원한 지루함을 가져오지 않는다는 것을 알기 바란다.[118] 우리가 그리스도 안에서 하나님을 보는 것에 만족하고 나면 우리에게는 더 이상의 기쁨이 존재하지 않을까? 그럴 것 같지는 않다. 분명히 성도가 하나님을 보는 기쁨은 만족스러운 것이다. "그 기쁨을 제공하는 원천은 인간의 욕망과 능력에 상응한다."[119] 에드워즈는 인간의 영혼은 기쁨의 무한한 원천이신 하나님이 그것의 끝까지 채우실 수 있는 "그릇"과 같다고 설명한다.[120] 그 원천이 무한하기 때문

---

117   *ST* I-II, q. 3, a. 8. 아퀴나스는 이 점에서 갈등하고 있는 것처럼 보인다. 왜냐하면 그는 중간 상태에서 영혼이 몸이 자기와 연합하기를 욕망한다고 믿기 때문이다. 그는 이 딜레마를 분리된 영혼의 욕망은 욕망의 대상과 관련해서는 쉼을 얻지만 욕망의 주체와 관련해서는 그렇지 않다고 말함으로써 해결하려고 시도한다(*ST* I-II, q. 4, a. 5). Blond는 아퀴나스의 모호함에 관해 이렇게 말한다. 아퀴나스의 경우 "영혼은 스스로는 완전히 만족하지만 그것의 반쪽은 여전히 결핍을 경험한다. 영혼은 만족을 하던가 하지 못하던가 한다. 자명하게 아퀴나스는 그것이 만족하지 못한다고 인정한다. 하지만 그는 분리된 영혼이 평안하며 그것의 관조 상태에 충분히 잠겨 있다고 주장한다"("Beatific Vision of St. Thomas Aquinas," 195).

118   "그들이 영겁의 세월 동안 하나님의 얼굴을 보는 기쁨을 맛본 후에도 그것은 지루한 이야기가 되지는 않을 것이다"(Edwards, "Pure in Heart Blessed," *WJE* 17:73). Caldwell의 말을 참조하라. "에드워즈는…안전은 정적인 상태가 아니라 정도를 허용한다고 주장했다. 완전한 자는 단지 죄나 자연적 결함이 없는 것이 아니다. 그는 여전히 거룩에 있어서 성장과 증대의 가능성을 갖고 있다"("Brief History of Heaven," 62).

119   Edwards, "Pure in Heart Blessed," *WJE* 17:72.

120   Edwards, "Pure in Heart Blessed," *WJE* 17:72. Amy Plantinga Pauw의 말을 참조하라. "성도가 하나님에 대한 지식과 사랑에서 계속해서 성장할 때, 하나님은 더 많은 영광을 얻으신다. 이 하늘의 상호성은 결코 중단되지 않는다. 왜냐하면 하나님이 받으실 만한 영광은 무한하고, 이 영광을 인식하고 그로 인해 하나님을 찬양하는 성도의 능력은 계속해서 증진되기 때문이다"("'Heaven Is a World of Love': Edwards on Heaven and the

에 아마도 그 그릇은 그것으로부터 나오는 모든 물을 담을 수 없을 것이다. 에드워즈는 다음과 같이 말한다.

> 이해는 그것이 원하는 만큼 확장될 수 있다. 그것은 끝없는 창공 속으로 날아가고 바닥이 없는 대양 속으로 뛰어든다. 그것은 하나님의 아름다우심과 사랑스러우심을 더욱더 발견할 수 있다. 하지만 그것은 그 원천을 결코 고갈시키지 않는다. 인간이 자신의 능력을 하나님의 탁월하심의 최대치까지 확장시킬 수 있다면, 아마도 그는 대양을 삼킬 수도 있을 것이다.
>
> 그러므로 하나님을 보고 이 고갈되지 않는 원천에 이르는 자들은 얼마나 복된가! 그들은 완전한 만족을 제공하는 기쁨을 얻었다. 이 기쁨에 도달한 그들은 그 이상의 것을 욕망하지 않으며 욕망할 수도 없다. 그들은 완전히 만족한 상태로 앉아서 영원히 이 즐거움과 친해지고 아무런 변화도 욕망하지 않을 수 있다. 그들이 영겁의 세월 동안 하나님의 얼굴을 보는 기쁨을 맛본 후에도 그것은 지루한 이야기가 되지는 않을 것이다. 이 기쁨의 맛은 그 어느 때보다도 강렬한 것이기 때문에 모든 능력을 최대한 동원해야 할 만큼 충분하다.[121]

에드워즈는 하나님의 무한하심(하나님의 "고갈되지 않는 원천")은 피조물이 이 기쁨의 우물에서 영원히 물을 긷게 되리라는 것을 의미한다고 확신했다. 로버트 콜드웰(Robert Caldwell)이 말하듯이 "하나님의 무한한 충만함은 유한한 창조세계와 소통하면서 결코 고갈되지 않을 것이기 때문에

Trinity," *CTJ* 30 [1995]: 399).

121   Edwards, "Pure in Heart Blessed," *WJE* 17:72-73.

그분은 계속해서 피조물에게 그것을 더욱더 제공하시는 일을 결코 중단하지 않으실 것이다."[122]

에드워즈는 그릇이 하나님의 원천으로부터 나오는 물로 계속해서 채워지는 것에 대해 자신이 사용한 은유의 출처를 밝히지 않는다. 하지만 그것은 니사의 그레고리오스에게까지 거슬러 올라가는 긴 역사를 갖고 있는데, 결국 그레고리오스는 그것을 플라톤과 오리게네스로부터 가져왔다.[123] 오리게네스는 영혼의 영원한 추락에 관해 숙고했는데, 그것은 그가 일단 영혼이 하나님에 대한 완전한 직관에 도달하면 그것이 포만(κόρος) 상태에 이르고 더 높이 올라갈 수가 없어서 결국 하나님에 대한 이런 만족스러운 바라봄으로부터 떨어진다고 믿었기 때문이다.[124] 니사의 그레고리오스는 같은 문제로 씨름했으나, 그는 영원한 추락이라는 개념을 받아들이는 대신 영혼의 그릇이 영원히 확대됨으로써 하나님의 완전하심을 더욱더 받아들일 수 있게 되리라고 주장했다.[125] 다시 말해, 인간의 영혼이라는 유한한 그릇은 계속적인 변화를 일으키는 하나님에 대한 직관을 통해 무한하게 확대되며, 그것은 그분을 볼 수 있는 영혼의 능력을 확대시킨다.

에드워즈가 영원한 진보에 대한 그의 이해를 직접 니사의 그레고리

---

122 Cadwell, "Brief History of Heaven," 54. 또한 Ramsey가 에드워즈의 논리를 표현한 것을 참조하라. "만약 그분의 충만하심을 전달하는 것이 하나님의 모든 역사에서 그분이 목표로 하시는 것이라면, 그 전달은 그 충만함만큼이나 무한한 것이어야 한다"("Appendix III," 712).

123 Verna E. F. Harrison, "Receptacle Imagery in St. Gregory of Nyssa's Anthropology," *SP* 22 (1989): 23-27을 보라.

124 Marguerite Harl, "Recherchers sur l'origimisme d'Origène: La satiété (κόρος) de la contemplation comme motif de la chute des âmes," *SP* 8 (1966): 373-405을 보라.

125 이 책의 3장에 나오는 논의를 보라.

오스의 에펙타시스(*epektasis*)로부터 취한 것처럼 보이지는 않는다.[126] 그럼에도 성도가 그 원천을 결코 "고갈시킬 수" 없다는, 즉 하나님의 원천이 늘 그들의 욕망 및 능력과 같을 것이기 때문에 하나님의 얼굴을 보는 것이 결코 "지루해지지" 않으리라는 그 노스햄튼의 목사의 개념은 다시 그것에 대한 니사의 그레고리오스의 표현과 현저하게 유사한 방식으로 무한한 진보라는 주제로 돌아간다.[127] 유사하게 에드워즈는 하나님의 "무한한 영광" 안에는 "영원히 그리고 과잉 공급됨…이 없이 관조를 즐거워하게 하기에" 충분한 것이 존재한다고 주장한다. "그분은 또한 사랑의 무한한 원천이시다.…하나님은 사랑이시다. 그렇다…해변과 바닥이 없는 사랑의 다양이시다."[128] 영원히 진보하는 것으로서의 지복직관이라는 교부들의 이해를 자신의 것으로 삼음으로써 에드워즈는 결정적으로 우리가 언젠가는 하나님의 본질에 이르게 되리라는 중세 중기에 이루어진 합의를 거부했다.

---

126 Patricia Wilson-Kastner, "God's Infinity and His Relationship to Creation in the Theologies of Gregory of Nyssa and Jonathan Edwards," *Foundations* 21 (1978): 317을 보라 Sang Hyun Lee는 "에드워즈는…케임브리지의 플라톤주의자인 Ralph Cudworth 의 저작을 통해 동방 교회 전통과 그리고 간접적으로 니사의 그레고리오스 자신과 익숙해졌다"고 쓴다("Introduction," in *Jonathan Edwards, Writings on the Trinity, Grace, and Faith*, WJE 21:3). 또한 McClymond and McDermott, *Theology of Jonathan Edwards*, 413-14을 보라.

127 에펙타시스(*epektasis*)에 대한 니사의 그레고리오스의 이해는 이 책의 3장 중 "모세의 생애: 지속적인 욕구로서의 직관" 부분을 보라. 그레고리오스에게 에펙타시스는 계속 증대되는 욕망에 의해 추동된다. 우리가 보았듯이 에드워즈에게 계속되는 욕망의 문제는 다소 복잡하다.

128 Edwards, sermon on Rom. 2:10. L 5v.

결론

사람들은 자주 13세기에 아리스토텔레스를 발견한 것이 인간이 창조 질서에 보다 집중할 수 있는 발판을 마련했다고 말해왔다. 그것은 의심할 바 없는 사실이다. 그리고 여기서 그 문제를 재론할 필요는 없다. 그러나 창조 질서에 대한 보다 큰 집중이 반드시 그것의 성례전적 특성에 대한 인정을 의미하는 것은 아니다. 오히려 기독교 신학이 성례전적 존재론을 명확하게 표현할 수 있게 해주는 것은 자연과 초자연의 상호관련성을 시인하는 참여(μέθεξις)라는 플라톤적 개념이다. 이 장에서 내가 주장해온 것은 에드워즈가 지복직관에 관한 자신의 가르침을 표명할 때 이런 플라톤적 통찰에 의존했다는 점이었다.

구체적으로 이것은 에드워즈가 이 교리에 대한 개혁주의적 표현을 그것에 대한 근대 이전의 표현 및 동방 교회적 표현과 아주 유사하게 제시했음을 의미한다. 한편으로 에드워즈식의 접근법은 구약 시대의 현현들과 오늘의 성도들의 황홀한 직관이 이미 육체의 부활을 뒤따르는 지복직관을 참으로 예견하시는 하나님에 대한 직관의 예들이라고 주장한다. 그러므로 종말의 이 편에는 (단지 믿음이 아니라) 참된 직관이 존재한다. 다른 한편으로 에드워즈식의 견해는 또한 우리가 결코 하나님의 본질에 대한 직접적인 직관을 경험하지 못할 것이라고 주장한다. 만약 그리스도가 "웅장한 매체"시라면, 이것은 하나님에 대한 완전한 직관조차 특성상 신현적이라는 것을 의미한다. 그러므로 내세에는 하나님에 대한 지복직관이 있겠지만, 유한한 피조물인 우리는 언제나 그리스도 안에서 하나님의 무한한 영광을 더 보고자 욕망하게 될 것이다.

그리스도는 우리가 언제나 그를 통해 우리의 삶 전체를 통과하고 다시 종말로 들어가는, 또한 그뿐만 아니라 구속사 전반을 통과하고 종말로 들어가는 "웅장한 매체"시다. 지복직관에 대한 성례전적 이해는 우리가 지금 육체의 눈으로 보는 모든 것이 예수 그리스도 안에 계시는 하나님의 현현이며, 우리가 영혼의 눈으로 보게 될 모든 것 역시 예수 그리스도 안에 계신 하나님의 현현이라는 것을 인정한다. 어쩌면 지복직관에 관한 에드워즈의 신학의 가장 깊은 통찰은 이런 인식일 것이다. 우리가 눈을 돌리는 모든 곳에서 우리는 예수 그리스도 안에 계신 하나님을 본다.

4부
·
지복직관: 교리적 평가

13장

교육과 직관

견습을 통한 지복직관

교사이신 하나님

기독교 전통은 지복직관에 대해 다양한 신학적 성찰을 제공한다. 대다수 그리스도인이 지복직관을 자신들의 궁극적 소망의 대상으로 여겼기 때문에 그것은 철두철미하고 지속적인 성찰의 주제가 되었다. 그 교리의 역사에 관한 앞선 논의에서 나는 특별히 지복직관 교리와 그것을 뒷받침하는 성례전적 존재론 사이의 관계에 주목했다. 그 전체를 통해 내가 견지했던 작업상의 가정은 우리에게는 그 안에서 지복직관을 기대하는 것이 이치에 맞는 것이 되게 하는 타당성 구조(plausibility structure)로서 적절하게 구성된 목적론적 형이상학이 필요하다는 것이었다. 다시 말해 사물의 본성 안에 목적인(목표 혹은 목적)이 성례전적으로 존재하는 우리가 예수 그리스도 안에서 하나님을 대면하여 보는 것에 대한 종말론적 소망을 유지할 수 있게 해준다.[1] 지복직관에 대한 우리의 소망은 하나님께서 현재에 현시하신 것에 기초를 두고 있다. 그분이 오늘 우리에게 나타나실 때, 우리는 이미 예수 그리스도 안에서 그분의 영원한 사랑의 무언가를 본다.[2] 하나님의 사랑은 그리스도 안에서 실제로, 성례전적으로 우리에게 임재한다. 이 마지막 장에서 나는 지복직관 교리에 대한 그런 목적론적(성례전적) 접근법의 교리적 의미에 대해 설명할 것이다. 이 책의 앞 부분에서 논의되었던 몇 명의 핵심적 인물들과 대화하면서 나는 지복직관 신학의 보다 주목할 만한 몇 가지 요소들을 분명하게 설명할 것이다.

지복직관 교리에 대한 추론적 표현에서 핵심적인 것은 다음과 같은 질문이다. 우리는 성례전(*sacramentum*)으로부터 실재(*res*)로의 여행을 어떻게 이해해야 하는가? 만약 오늘 하나님에 대한 우리의 성례전적 직관이 내세에서 우리가 경험하게 될 하나님에 대한 궁극적 지복직관에 대한 예시라면, 우리는 우리를 이곳으로부터 그곳으로 데려가는 순례를 어떻게 이해해야 하는가? 이 장에서 나는 이 질문과 관련된 몇 가지 교리적 성찰을 제공할 것이다. 나는 교사이신 하나님이라는 개념을 나의 출발점으로 삼을 것이다. 2세기의 신학자 성 이레나이우스로부터 시작해 기독교 사상가들은 교사이신 하나님과 교육으로서의 신적 섭리에 대해 말해왔다.[3] 지금 나는 하나님과 인간의 관계를 설명하기 위해 이 은

---

1 이 책 1장 중 "성례전적 목적론" 부분을 참조하라.

2 교황 베네딕토 16세는 2007년에 발표된 그의 회칙 「희망으로 구원된 우리」(*Spe salvi*)에서 소망의 실재에 관한 아름다운 명상적 설명을 제공한 바 있다. 참조. Hans Boersma, "The Real Presence of Hope and Love: The Christocentric Legacy of Pope Benedict XVI," *Books & Culture* 19, no. 5 (September/October 2013): 11-14.

3 Hans Boersma, *Violence, Hospitality, and the Cross: Reappropriating the Atonement*

유를 절대화하고 싶지 않다. 먼저 우리는 교사를 일차적으로 우리에게 지식이나 정보를 제공하는 누군가로 여기는 경향이 있기 때문이다. 비록 지식이 신적 교육에 대한 이레나이우스의 이해의 한 가지 중요한 요소이기는 하나 그것은 결코 모든 것도 아니고 가장 중요한 것도 아니다. 그는 바로 자신의 영지주의적 적대자들이 구원을 (자기에 대한) 지식으로 축소시키는 것을 비난한다. 따라서 교사로서의 하나님에 대한 이레나이우스의 이해는 그보다는 그 관계를 장인과 도제의 관계로 다룬다. 하나님은 우리가 거룩한 덕―덕에 해당하는 아레테(ἀρετή)라는 그리스 단어는 "탁월함"과 "덕"이라는 우리의 개념을 결합하고 있다―에서 더 "숙련되도록", 그리고 그로 인해 더욱더 하나님처럼 되도록 우리를 "훈련시키신다."

또한 우리가 교육이라는 주제를 신중하게 다루려는 것은 교사(혹은 실제로는 명장)로서의 하나님이라는 개념이 하나님이 우리가 숙련된 견습자가 되기 위해 반드시 따라야 하는 지식이나 지시를 제공하시면서 엄격하게 외부로부터 우리와 관계하신다는 인상을 줄 수도 있기 때문이다. 그렇게 이해하면 우리는 펠라기우스주의로 빠져들 것이다. 그럴 경우 지복직관은 하나님을 보기 위해 산을 오르는 우리 자신의 노력의 결과가 된다. 그러나 하나님의 교육 프로그램은 곁에서 우리를 고무하는 코치의 그것보다 훨씬 더 강렬하다. 하나님은 자신의 성령을 통해 우리 안에 내주하시고 그로 인해 우리를 그리스도와 연합시키신다. 따라서

Tradition(Grand Rapids: Baker Academic, 2004), 127-28에 실려 있는 이레나이우스가 지식에 초점을 맞추는 것에 관한 나의 논의를 참조하라. 칼뱅이 이레나이우스처럼 "하나님의 교육"이라는 주제를 취한 것은 계시의 구속사적 진행과 그로 인해 수반되는 직관의 증대에 중점을 두었다. 이 책의 9장 중 "교육적 적용" 부분을 보라.

"내부의 교사"로서 하나님은 그리스도 안에서 구원의 과정을 통해 우리를 이끄시면서 우리가 그분의 임재에 익숙해지게 하신다.[4] 우리가 앞으로 보게 되겠지만, 이레나이우스의 핵심 통찰 중 하나는 교사이신 하나님이 우리가 그분을 보는 일에 익숙해지게 하시고 그것이 시간이 흐르면서 증진되는 직관을 낳는다는 것이다.

내가 이 장에서 발전시키는 하나님의 교육은 적어도 네 개의 요소를 갖고 있다. 첫째, 그것은 하나님의 지속적인 섭리적 돌봄에 근거를 둔다. 보는 것은 하나님과의 관계에서 우리가 주도하는 그 무엇이 아니다. 성서에 따르면 하나님이 먼저 우리를 보시는 분이시다. 그분은 빛이시고(딤전 6:16; 요일 1:5), 우리가 만물의 창조주와 유지자이신 그분에 대해 말하는 한 가지 방법은 직관이라는 은유를 사용하는 것이다. 하나님은 이 세상을 살펴보신다. 그리고 그 결과로 세상이 그분의 임재 안에서 계속해서 존재한다.[5] 모든 선한 것들은 "빛들의 아버지"로부터 온다(약 1:17). 하나님에 대한 우리의 직관은 우리에 대한 그분의 직관에 근거한다. 시편 저자의 말을 빌리자면 "우리는 주의 빛 안에서 빛을 본다"(시 36:9). 우리의 내적 교사이신 하나님은 그리스도 안에서 우리에게 우리가 그분의 거룩한 산에 위치한 성전에서 그분을 볼 수 있게 하는 조명을 제공하신다(시 43:3). 그 성전은 계속해서 새 예루살렘을 고대하는 이들

---

4   Michael Cameron은 아우구스티누스의 *De magistro*(11.38)에서 "내적 교사이신 그리스도는 영혼이 모든 징표들 배후에 있는 실재들과 익숙해지게 하신다"는 주장을 관찰한다("Sign," in *Augustine through the Ages: An Encyclopedia*, ed. Allan D. Fitzgerald [Grand Rapids: Eerdmans, 1999], 794).

5   성서는 또한 하나님의 창조 활동에 대해 말이라는 은유를 사용한다. "하나님이 이르시되…"(창 1:3, 6, 9, 11, 14, 20, 24, 26); "여호와의 말씀으로 하늘이 지음이 되었으며 그 만상을 그의 입 기운으로 이루었도다"(시 33:6). 나는 이 책의 8장에서 말과 직관의 관계를 보다 상세하게 다뤘다.

의 목표가 될 것인데, 그들은 그 안에서 전능하신 하나님과 어린양이 성전을 이루시는 도시를 보게 될 것이다(계 21:22). 이어서 요한은 다음과 같은 말을 덧붙인다. "그 성은 해나 달의 비침이 쓸데없으니 이는 하나님의 영광이 비치고 어린양이 그 등불이 되심이라"(계 21:23). 하나님의 섭리적 교육은 우리를 거룩한 삶 속으로 이끌어가고 거기서 우리는 그리스도 안에 계신 하나님의 빛을 통해 본다. 이 장의 다음 부분("니콜라우스 쿠자누스와 조나단 에드워즈의 교육과 섭리")에서 나는 이처럼 지복직관이 우리에 대한 하나님의 앞선 직관에 근거한다는 것을 보다 상세하게 설명할 것이다.

둘째, 하나님의 교육(과 섭리)은 종말을 지닌 과정을 의미한다. 만약 하나님이 우리에게 견습 생활을 하게 하시는 것이 우리가 그분을 보는 법을 배우게 하시기 위함이라면, 지복직관을 향한 모든 여행은 본질적으로 그 목표와 연관되어 있다. 구원사(*hitoria salutis*)와 우리의 개인적 순례(*ordo salutis*)를 모두 하나님이 내세에 있을 지복직관을 위해 우리를 훈련하시는 과정으로 보는 것은 유익하다. 우리는 이런 견습이 역사 전체를 통해, 하나님이 자연 안에서 자신을 계시하시는 것을 통해, 신현을 통해, 예언적 계시를 통해, 성서를 통해, 그리고 그리스도 자신 안에서 가장 완전하게 작동하고 있음을 알 수 있다. 하나님은 이런 각각의 자기 계시를 통해 자신을 드러내시고 그로 인해 우리가 그분의 얼굴의 일부를 볼 수 있게 하신다. 내가 이 장의 세 번째 부분에서 논하게 될 이레나이우스는 구원사 전체가 하나님이 자신의 사람들을 자신의 얼굴의 광휘에 익숙해지게 하시는 과정으로 간주될 수 있음을 인식했던 최초의 신학자였다. 이런 접근법의 한 가지 의미는 고대 이스라엘 백성의 하나님에 대한 직관과 새 예루살렘에서의 하나님에 대한 직관이 분리될 수 없다는 것이다. 비록 그 둘이 결코 동일하지 않으며 구별되어야 할지라도, 우리는 그 둘을 분리시키려 해서는 안 된다. 후자는 전자의 목적인(final cause)이고 또한 그러하기에 그 안에 신비하게 혹은 성례전적으로 임재한다. 그러므로 우리는 비록 교리적으로는 "지복직관"이라는 말을 그 목적인 자체―즉, 내세에서 있을 하나님에 대한 직관―를 위해 유보할 수 있을지라도, 지복직관이 보다 앞선 견습 과정과 분리된 그 자체의 범주에 속해 있다는 식의 잘못된 결론을 내려서는 안 된다. 견습은 이미 하나님의 삶에 참여하는 것이며, 그런 것으로서 그것은 이미 하나님에 대한 직관이다.

확실히 견습의 다양한 단계들은 참으로 서로 다르다. 참으로 하나님은 그분이 이전에 하셨던 것보다 성육신을 통해 그분의 성품(그분의 본질)을 더 많이 보여주신다. 성육신의 고유한(sui generis) 본성과 초월 불가능성을 인식하는 것이 중요하다. 히브리서의 첫 구절은 성육신의 존재론적 특이성에 대해 성찰하면서 "이 모든 마지막 날에" 하나님이 그분의 성자를 통해 우리에게 말씀하셨다고 주장한다(히 1:2). 히브리서는 계속해서 "이[그리스도]는 하나님의 영광의 광채시요 그 본체의 형상이시라. 그의 능력의 말씀으로 만물을 붙드신다"고 전한다(히 1:3). 그 서신 전체는 그리스도 안에서 하나님의 자기 계시의 특징을 이루는 질적 진보와 결정적인 성격에 대한 성찰이다.[6] 성육신은 그리스도가 신현들이 그렇지 않았던 방식으로 하나님이시라는 것을 의미한다. 그리스도 안에서

---

6   Luke Timothy Johnson은 다음과 같이 말한다. "하나님이 그분의 아들이신 예수 안에서 그리고 예수를 통해서 하시는 말씀의 특별하고 우월한 특성이 히브리서의 주장의 요점이다. 그로 인한 필연적 결과로서 그것은 '조상들'이 보여주었던 것보다 더 크고 더 나은 믿음의 반응을 요구한다"(*Hebrews: A Commentary*, NTL [Louisville: Westminster John Knox, 2006], 65).

드러난 하나님의 영광과 비교할 때 그런 신현들은 하나님의 성품(혹은 본질)에 대한 일시적이고 모호한 성례전적 현현에 불과했다.

더 나아가 성 바울은 오늘날 그리스도에 대한 우리의 영적 직관이 모세의 그것보다 훨씬 더 영광스럽다고 넌지시 말한다(고후 3:7-18). 그리고 하나님의 교육에서 실제로 그리스도가 우리에게 보혜사(παράκλητος; 요 16:7)를 보내실 수 있기 위해 승천하신 것은 제자들(과 우리)에게 유리하다. 제자들이 아직 예수의 가르침을 감당치 못하므로(요 16:12) 오순절의 시혜는 참된 교육적 진보를 의미하며, 반면에 성령은 오늘 우리를 "모든 진리 가운데로" 인도하시고 그때까지는 불가능했던 방식으로 그리스도를 우리에게 계시하시는 분이시다. 하나님은 유월절과 오순절을 둘러싼 사건들을 통해 신자들을 그들이 전에는 도달할 수 없었던 그리스도의 진리와 사랑에 대한 영적 통찰의 명료한 단계로 이끌어가신다. 오늘 우리는 오래전에 제자들과 다른 이들이 육체적으로 목격했던 동일한 그리스도를 믿음을 통해 본다. 그럼에도 그에 대한 우리의 직관은 더 많은 영적 진보의 결과다. 예수는 도마가 자신의 상처에 손가락과 손을 넣은 후에 그를 향해 "보지 못하고 믿는 자들은 복되도다"라고 말씀하신다(요 20:29). 믿음의 영적 직관은 세상에서 제자들이 그리스도를 직관했던 것보다 더 위대하고 더 영광스러운 특성을 갖는다.

유사하게 지복직관의 영광—그것은 지금 하늘에 있는 복된 자들을 위한 것이고 모든 성도가 부활한 후에는 더욱 그러할 것이다—은 우리가 오늘 경험하는 믿음의 직관과 비교할 때 직관이라는 측면에서 위대한 진전이 될 것이다. 하나님에 대한 앞선 직관들과 비교할 때 오늘 우리의 직관은 놀라울 정도로 영광스러운 것이 될 수 있다(그것은 특별히 하나님이 불가역적이고 추월이 불가능할 정도로 그리스도 안에서 인간의 옷을 입으셨기 때문이다). 그러나 그것은 그리스도 안에서 이루어질 하나님에 대한 최종적인 지복직관과 비교할 때는 여전히 아주 열등한 것이다. 사도 바울은 "우리는 믿음으로 행하고 보는 것으로 행하지 아니함이로라"라고 주장한다(고후 5:7). 물론 이것은 절대적인 진술은 아니다. 사람들은 견습 프로그램이 진행되는 과정에서 온갖 방식으로 하나님을 보았다. 믿음조차 일종의 직관이다. (영광의 빛[lumen gloriae]과 함께 믿음의 빛[lumen fidei]이라는 스콜라적 표현은 이에 대한 하나의 징후일 뿐이다.) 그러나 내세에 우리는 지금 우리가 하는 것보다 하나님의 진리와 사랑의 본질을 그리스도 안에서 훨씬 더 영광스럽게 볼 것이다.

그렇기는 하나 하나님의 본질을 보는 것에 관한 말을 내세에 엄격하게 국한시키는 것은 도움이 되지 않는다. 오늘의 직관과 내세에서의 직관을 구분하는 이런 방식은 몇 가지 문제로 이어진다. 한편으로 이것은 (이곳 세상에서) 계시가 하나님에 대한 직관을 중재할 때 그것은 사실상 하나님 자신에 대한 직관이 아니라는 점을 의미한다. 즉 그것은 그분의 본질에 대한 직관이 아니라는 것이다. 그러나 만약 하나님의 본질이 그분의 사랑의 성품이라면, 그때 다양한 피조물적 방식을 통해 그분을 보는 것은 참으로, 아무리 불충분하고 불완전하게라고 할지라도 그분의 존재나 본질(οὐσία)을 보는 것이다. 다른 한편으로, 하나님의 본질에 대한 직관을 내세로 유보함으로써 우리는 그때 우리가 그리스도 안에 계신 하나님의 자기 계시를 뒤에 남길 것이라고—특히 종말에 우리가 더는 하나님을 그리스도를 봄으로써 보지 않으리라는 의미에서—주장하는 것처럼 보일 수 있다. 대조적으로, 내가 여기서 개략하는 교육적 접근법에서 하나님은 언제나 그리고 오직 그리스도 안에서 자신을 계시하신다. 즉 우리가 하나님을 볼 때마다—구약성서에서든 아니면 종말에 대면해서든—우리가 그분을 보는 것은 우리가 그리스도를 보기 때문이다. 이것은 지복직관의 즉각적이고 직접적인 성격을 부정하는 것이 아니다. 왜냐하면 위격적 연합(hypostatic union)은 우리가 인간 예수를 볼 때 하나님의 아들을 본다는 것을 의미하기 때문이다. 그러므로 우리는 예수를 볼 때 하나님의 사랑의 진리 혹은 본질을 본다.[7] 종말에조차 이런 봄은 그리스도 안에서 나타나는 하나님의 사랑의 무한성에 대한 유한한 참여일 뿐이다. 따라서 "교육과 구원사"라는 단락에서 나는 출애굽기에 나타난 신적 직관의 신학에 관해 논하고 이레나이우스가 이렇게 등급이 매겨진 하나님의 교육을 구원사 전체를 포괄하는 직관의 신학에 적용하는

---

7   그리스 정교회의 팔라마스적 접근법은 (지금과 내세 모두에서) 우리는 오직 창조되지 않은 신적 활동에 참여할 뿐이라고 주장한다. Nikolaos Loudovikos는 다음과 같이 설명한다. 팔라마스에게 본질-활동의 구분은 "신적 통일성이나 단순성을 훼손하지 않는다. 왜냐하면 그것은 역설적으로 신성이 그것과 피조물의 교류 속에서 비록 존재와 교류하는 것이 신성 전체이기는 하나 철저하게 표현되지 않는다는 것을 의미할 뿐이기 때문이다. 혹은 다른 말로 하자면 하나님은 언제나 그분의 본질적 표현 이상이시라는 것을 의미할 뿐이기 때문이다"("Striving for Participation: Palamite Analogy as Dialogical Syn-Energies and Thomist Analogy as Emanational Similitude," in *Divine Essence and Divine Energies: Ecumenical Reflections on the Presence of God in Eastern Orthodoxy*, ed. Constantinos Athanasopoulos and Christoph Schneider [Cambridge: Clark, 2013], 125). 계속해서 Loudovikos는 팔라마스에게 신적 본질은 활동을 통해 자신을 표현하며, 따라서 어느 의미에서 팔라마스에게 우리가 신적 본질에 참여한다고 말하는 것은 적절하다고 주장한다(125-26). 실제로 Loudovikos는 팔라마스를 인용하면서 각 활동 안에서 "하나님의 전체성"이 "그분의 피조물 안에 임재하면서 그것들에게 자신을 나눠주고 또한 절대적으로 태양 빛이라는 형상을 따라 피조물에게 참여하는데, 그 작은 부분 안에서 우리는 태양 전체를 볼 수 있다"고 말한다(126). 요약하자면, 팔라마스가 본질-활동으로 구분하는 것은 (1) 하나님에 대한 인간의 이해가 결코 포괄적이지 않다는 것을 인정하며, (2) 하나님의 존재와 그분의 작용을 어떤 식으로든 그 둘을 분리하지 않으면서 구분하는 역할을 하는 것처럼 보인다. 이 모든 것은 나에게 유익해 보이지만, 나는 여전히 그리스도 안에서 하나님 자신(그분의 본질)을 보는 것에 관한 보다 거침 없는 말을 선호한다. 이것은 내가 우리가 하나님을 포괄적으로 이해한다고 여기기 때문이 아니라, 이런 말이 그리스도 안에서의 하나님의 자기 계시가 참으로 하나님 자신이 어떤 분이신지를 계시한다는 것을 강조하기 때문이다.

방식에 대해 설명할 것이다.

셋째, 직관에 관한 하나님의 교육은 그리스도에게 집중된다. 이것은 내가 지금까지 말해왔던 것을 통해 분명하게 드러난다. 하지만 그것은 이 책 전체의 핵심 요소 중 하나였기에 우리가 하나님의 교육의 구별된 측면으로서 이 점에 주목하는 것은 중요하다. 근대에 들어와 지복직관 교리가 의혹의 대상이 된 이유 중 하나는 하나님에 대한 직관(visio Dei)이 자주 선험적으로 하나님의 본질에 대한 직접적이고 직관적인 바라봄(a direct, intuitive vision)을 의미하며, 또한 그것이 지복직관은 우리를 그리스도를 통해 하나님 자신을 중재하는 것 이상으로 이끌어간다는 결론으로 이어진다고 가정되기 때문이다. 그러나 우리가 보았듯이 기독교 전통에 속한 많은 이들—니사의 그레고리오스, 신신학자 시므온, 그레고리오스 팔라마스, 보나벤투라, 니콜라우스 쿠자누스, 조나단 에드워즈는 물론이고 다양한 청교도 신학자들—은 지복직관을 철저하게 기독론적인 방식으로 다뤘다.[8] 나로서는 그 교리에 대한 그들의 기독론적 분석은 정확하게 성서 자체에 근거하며 또한 그런 기독론적 접근이 그 교리에 대한 성서적 설명의 필수 요소를 형성하는 것처럼 보인다. 하나님의 교육은 장인이 자신의 재능(혹은 덕)을 전달하는 교육이다. 즉 그는 자신을 전달한다. 그러므로 지복직관에 대한 이해는 성육신하신 성자 하나님과의 위격적 연합에서 시작되고 끝나야 한다. 따라서 "교육과 기독론"이라는 부분에서 나는 지복직관에 관한 몇 개의 다른 핵심적인 신약성서 구절들

---

8   이런 기독론적 집중은 또한 수많은 다른 중세 저자들 사이에서도 나타난다. Boyd Taylor Coolman, "Spiritual and Sensuous: The Christian Doctrine of the Spiritual Senses of the Soul, Eschatologically Considered," in *Sensing Things Divine: Towards a Constructive Account of Spiritual Perception*, ed. Frederick D. Aquino and Paul L. Gavrilyuk (Oxford: Oxford University Press, 출간 예정).

(가령 마 5:8; 고전 13:12; 요일 3:2)과 요한복음으로 돌아가 그리스도와 지복 직관의 관계를 보다 상세하게 논할 것이다.

마지막으로 하나님의 교육에는 변화시키는 힘이 있다. 하나님은 역사를 통해 자신의 백성을 그리스도 안에 있는 자신에 대한 보다 큰 직관에 길들게 하심으로써(그리고 우리를 인격적으로 훈련해 그리스도와 더 닮게 하심으로써) 우리를 변화시키신다. 어느 단계에서 이런 통찰은 비교적 단순하다. 오직 "마음이 청결한 자"만이 하나님을 볼 것이다(마 5:8). 따라서 거룩함이 없이는 "아무도 주님을 보지 못한다"(히 12:14). 바로 이것이 그리스도인들이 늘 우리는 오직 최종적 정화를 거침으로써만 내세에 하나님의 얼굴을 볼 수 있다고 주장해왔던 이유다. 기독교 전통들은 비록 이 최종적 정화를 이해하는 방식에서 서로 의견을 달리하기는 하나, 하나님이 우리가 죽음 후에 그분의 임재 안으로 들어가게 하시는 것은 우리를 변화시키고 변형시키심으로써라는 점에 동의한다.

그러나 하나님이 교육하시면서 일으키시는 변형적 특성은 그것이 우리를 신성한 빛으로 변형시킨다는 점에서 독특하다. 우리는 이미 하나님이 우리를 가르치실 때 그분이 단순히 우리를 외부에서 지도하지 않으신다는 점을 보았다. 오히려 그분은 우리를 계몽하시고 변화시키셔서 그리스도를 닮게 하신다. 그러므로 그분 안에서 우리는 하나님의 삶에 참여하고 하나님의 아들과 딸이 된다(참조. 롬 8:14-17; 갈 4:4-7). 신성화에 관한 이런 기독교적 가르침은 우리가 하나님의 자리를 차지한다는 것을 의미하지 않는다. 그것은 오직 우리가 하나님에 대한 포괄적 직관을 갖게 되는 경우에만 해당될 것인데, 동방이든 서방이든 그 전통에 속한 아무도 그런 주장을 할 만큼 충분히 담대했던 적이 없다. 거의 모든 이가 하나님의 비가시성(출 33:20; 요 1:18; 딤전 6:16)은 종말에도 해당된다고 인정했다. 그러나 지복직관에서 우리의 신성화는 하나님이 그리스도 안에서 자기를 계시하심을 통해 우리가 우리의 직관의 대상과 같은 모습으로 변형된다는 것을 의미한다. 즉 우리가 그리스도 안에 계신 하나님과 더욱 비슷하게 되기 위해 존재론적으로 변화된다는 것이다.

사도 바울은 이런 신성화 과정에 대해 다음과 같이 말한다. "우리가 다 수건을 벗은 얼굴로 거울을 보는 것 같이 주의 영광을 보매 그와 같은 형상으로 변화하여 영광에서 영광에 이르니 곧 주의 영으로 말미암음이니라"(고후 3:18). 하나님의 빛―나는 그것을 하나님이 성령을 통해 그리스도 안에 인격적으로 임재하시는 것으로 여긴다―이 우리를 그것 자체로 변형시킨다. 하나님의 영광이 우리의 것이 된다. 그로 인해 우리도 하나님처럼―그리고 부활하신 그리스도처럼―썩지 않음과 불멸을 입는다(고전 15:53-54). 그러므로 "신성한 성품에 참여하는 자"(θείας κοινωνοὶ φύσεως; 벧후 1:4)가 되는 것은 우리가 신성한 덕을 점차적으로 공유할 때 이 세상의 "부패"로부터 벗어나는 것을 의미한다. 성 베드로는 하나님이 우리를 그분 자신의 "영광과 덕"(δόξῃ καὶ ἀρετῇ; 벧후 1:3)으로 부르신다고 주장한다. 또 그는 우리가 신성한 성품에 참여하는 것과 부패로부터 빠져나오는 것을 언급한 직후에 신성한 성품의 이런 "영광" 혹은 "덕"이 어떻게 인간의 삶 안에 덕을 형성하는지에 대해 상세하게 설명한다(벧후 1:5-7).[9] 따라서 지복직관은 결코 창조주-피조물의 구분을 제거하지 않는 반면, 그것은 신적 영광과 덕에 대한 참여를 의미하며, 또한 그런 의

---

9   참조. James Starr, "Does 2 Peter 1:4 Speak of Deification?" in *Partakers of the Divine Nature: The History and Development of Deification in the Christian Traditions*, ed. Michael J. Christensen and Jeffery A. Wittung (Grand Rapids: Baker Academic, 2007), 81-92.

미에서 신적 본성의 공유를 의미한다.[10]

"교육과 변화: 하나님에 대한 육체적 직관" 부분에서 나는 특히 니사의 그레고리오스와 그레고리오스 팔라마스를 인용하면서 우리의 신성화에는 지성뿐 아니라 몸의 변형도 포함된다고 주장할 것이다. 사도 바울이 미래에 우리가 우리의 몸이나 지성과 연관해서가 아니라—비록 그것 또한 분명하게 참될지라도—몸과 관련해서 불멸이라는 신적 속성을 공유하는 것에 관해 말하는 것은 중요해 보인다(고전 15:53). 이것은 나로 하여금 몸의 변형이 변화된 육체적 눈을 통한 하나님에 대한 직관으로 이끌고 그로 인해 우리가 욥과 더불어 "내가 나의 육체로 하나님을 보리라"(욥 19:26)[11]고 말할 수 있게 해준다고 추측하도록 이끈다. 기독교 전통이 하나님에 대한 육체적 직관에 대해 일반적으로 경계하는 것에 비추어, 나는 이 가능성을 얼마간 두려움을 갖고서 하나의 가설로 제시한다. 그럼에도 나로서는 어쩌면 (니사의 그레고리오스와 조나단 에드워즈가 옹호하는) 유심론이 우리에게 하나님에 대한 초감각적이고 초지성적인 직관에 대해 진실성을 갖고 말할 수 있게 해주는 형이상학적 구성 요소를 제공할 수도 있는 것처럼 보인다.

---

10   신성화 교리에 관한 보다 상세한 논의를 위해서는 다음을 보라. Norman Russell, *The Doctrine of Deification in the Greek Patristic Tradition* (Oxford: Oxford University Press, 2006); Michael J. Gorman, *Inhabiting the Cruciform God: Kenosis, Justification, and Theosis in Paul's Narrative Soteriology* (Grand Rapids: Eerdmans, 2009).

11   이 어려운 구절은 다양한 방식으로 해석될 수 있다. 그리고 나는 그것 자체가 육체적 지복직관을 입증한다고 제안하는 것이 아니다. 이 구절을 지복직관과 연결시키기 위한 다양한 해석적 전략들이 흥미로운 사례 연구를 만든다.

니콜라우스 쿠자누스와 조나단 에드워즈의 교육과 섭리

1454년에 독일의 신학자 니콜라우스 쿠자누스(Nicholas of Cusa, 1401-64)는 테게른제에 있는 베네딕토 공동체의 수도사들에게 두 가지 격려의 선물을 보냈다. 새로 쓰인 그의 『하나님을 보는 것에 관하여』(*De visione Dei*)와 아마도 그리스도의 얼굴일 가능성이 있는 성상(icon) 하나가 그것이었다.[12] 그 논문의 시작 부분에서 쿠자누스는 수도사들에게 한 가지 실험을 해보라고 요청한다.

> 나는 여러분의 단체에 내가 얻을 수 있었던 모든 것을 보는 어떤 이미지를 포함하고 있는 그림 한 점을 보냅니다. 나는 그것을 하나님의 성상으로 부릅니다. 이것을 어딘가에, 아마도 북쪽 벽에 걸어두십시오. 그리고 여러 형제들과 함께 그 둘레에 서십시오. 그것으로부터 똑같이 떨어진 거리를 취하고 서서 그것을 바라보십시오. 그러면 여러분 각자는 각자 어느 곳에서 그것을 바라보든 간에 그 얼굴이 오직 당신 한 사람만 바라보고 있는 것처럼 보이는 경험을 하게 될 것입니다. 동쪽에 서 있는 형제에게 그 얼굴은 동쪽을 볼 것이고, 남쪽에 서 있는 형제에게 그것은 남쪽을 볼 것이며, 서쪽에 있는 형제에게 그것은 서쪽을 보는 것처럼 보일 것입니다. 그러므로 먼저 여러분은 그 얼굴이 여러분 모두를 그리고 동시에 여러분 각자를 보는 것이 어떻게 가능한지에 대해 놀랄 것입니다.…다음으로 동쪽에 서 있는 형제가 서쪽으로 이동하게 하십시오. 그러면 그는 그 눈길의 시선이 전에 자신이 동쪽에 있었을 때처럼 그곳에서도 자신에게 고정되어 있음을 경험할 것입

---

12   나는 이 책의 7장에서 지복직관에 관한 쿠자누스의 이해에 대해 다뤘다.

니다. 그는 그 성상이 고정되어 있고 변하지 않음을 알므로 그것의 고정된 눈길의 변화(*mutationem immutabilis visus*)에 경탄할 것입니다.[13]

니콜라우스는 어느 수도사가 그 성상과 관련해 어느 곳에 서 있는지와 상관없이 그것이 묘사하는 얼굴이 직접 그를 바라본다고 지적한다. 물론 쿠자누스와 그 베네딕토회 수도사들 모두가 인식했듯이, 실제로 그 그리스도의 모습은 어느 한 개인만이 아니라 그 수도사들 모두를, 그들이 그 성상 앞 어느 곳에 서 있든 상관없이 보고 있었다.

니콜라우스 쿠자누스가 테게른제의 수도사들에게 그리스도의 응시에 복종하라고 요구했던 것에는 그럴 만한 충분한 이유가 있다. 니콜라우스는 피조물을 존재하게 하고 그 피조된 형태로 유지하게 하는 것은 오직 그리스도 안에 있는 하나님의 응시라고 확신했다.[14] 몇 개의 서론적 성격의 장들 이후에 니콜라우스는 그의 논문을 기도 형태로 바꾼다. 그리고 (테게른제의 수도사들은 물론이고) 그를 바라보시는 하나님을 향

---

13   *DVD* pref; 이 부분의 인용문은 *Nicholas of Cusa: Selected Spiritual Writings*, trans. ad ed. H. Lawrence Bond(Mahwah, NJ: Paulist, 1997)에서 가져왔다. 여기서는 235-36.

14   하나님의 직관(혹은 지식)이 피조물의 원인이라는 쿠자누스의 개념은 기독교적 플라톤주의 전통의 핵심 내용 중 일부다. 아우구스티누스는 다음과 같은 유명한 말을 남겼다. "그들이 존재해서 그분이 아시는 것이 아니라 그분이 그들을 아시기에 그들이 존재한다는 것은 영적인 것이든 물질적인 것이든 그분의 모든 피조물에게 해당된다"(*Trin.* 15.13.22; 인용문은 Augustine, *The Trinity*, trans. Edmund Hill, ed. John E. Rotelle, 2nd ed., WSA I/5[Hyde Park, NY: New City Press, 2013]로부터 가져왔다). 토마스 아퀴나스는 이 구절을 인용하면서 다음과 같이 덧붙인다. "하나님은 그분의 지성으로 사물이 존재하게 하신다. 왜냐하면 그분의 존재는 그분의 이해의 행위이기 때문이다. 따라서 그분의 뜻이 그것과 결합되어 있는 한 그분의 지식이 사물의 원인임이 틀림없다. 그러므로 사물의 원인으로서 하나님의 지식은 일반적으로 승인의 지식(*knowledge of approbation*)이라고 불린다"(*ST* I, q. 14, a. 8; 인용문은 Thomas Aquinas, *Summa Theologica*, trans. Fathers of the English Dominican Providence, 5 vols.[1948; reprint, Notre Dame: Christian Classics, 1981]에서 가져왔다).

해 아뢴다.

> 주님, 지금 저는 당신의 이 형상 속에서 어떤 감각적 경험을 통해 당신의 섭리를 보고 있습니다. 만약 당신이 죄인 중의 괴수와 같은 저를 포기하지 않으신다면, 당신은 결코 아무도 포기하지 않으실 것입니다.…저는 당신이 제가 아닌 무언가를 저보다 더 사랑하신다고 생각하도록 허락하신다고 상상하지 않습니다. 왜냐하면 당신의 응시가 포기하지 않는 것은 오직 저뿐이기 때문입니다. 그리고 눈은 사랑이 존재하는 모든 곳에(*ibi oculus ubi amor*) 있기에, 저는 당신의 눈이 당신의 겸손한 종인 저에게 가장 주의를 기울이기에, 당신이 저를 사랑하시는 것을 경험합니다. 주님, 당신의 바라보심은 당신의 사랑입니다(*videre tuum est amare*).[15]

쿠자누스는 자신과 모든 실재에 대한 하나님의 직관에 매혹된다. 하나님의 얼굴은 그분의 "눈이 시선의 방향을 바꾸지 않고 만물에 이르는", 그리고 그 과정에서 만물을 사랑하는 얼굴이다.[16] 이런 하나님의 사랑이

---

15 *DVD* 4.9-10.
16 전형적으로 플라톤적인 방식으로 쿠자누스는 하나님이 언제나 그리고 오직 우리를 섭리적 사랑과 긍휼을 지니고 바라보시며 우리에게 불멸과 행복을 전하신다고 주장한다. 우리가 하나님의 사랑어린 눈길을 놓칠 때, 그것은 그분이 우리를 사랑스럽게 바라보지 않으셔서가 아니라 단지 우리가 우리의 자유의지로 그분의 얼굴에서 눈길을 돌리기로 결정했기 때문이다. 그러므로 니콜라우스는 하나님은 결코 그의 눈이나 응시를 바꾸지 않으신다고 말한다. "만약 당신이 은혜로운 눈으로 나를 바라보지 않으신다면, 나는 어찌할 바를 모릅니다. 왜냐하면 그때 나는 내가 당신보다 더 선호하는 다른 무언가를 향해 돌아섬으로써 당신으로부터 나 자신을 분리한 것이기 때문입니다"(*DVD* 5:14). 유사하게 니콜라우스는 다음과 같이 주장한다. "그리고 우리가 더 큰 사랑을 갖고서 당신을 바라보고자 하면 할수록, 우리는 당신의 얼굴이 더욱더 사랑스러움을 발견하게 될 것입니다. 분노를 갖고서 당신을 바라보는 그 누구라도 마찬가지로 당신의 얼굴이 분노로 차 있음을 발견하게 될 것입니다"(*DVD* 6:19).

이번에는 쿠자누스로 하여금 하나님을 사랑하도록 만든다. 그것이 그를 만족시키고 그의 욕구에 불을 붙임으로써 그가 그 안에서 "생명의 샘"이 되는 기쁨의 이슬을 마시게 한다.[17] 하나님의 바라보심의 궁극적 결과는 불멸과 따라서 "영원한 행복"이 전달되는 것이다.[18]

니콜라우스는 그의 책 제목에서 "*visio Dei*"라는 문구를 본래 주격 소유격(subjective genitive)으로, 다시말해 "하나님이 바라보심"이라는 의미로 사용한다. 그것은 모든 것에 대한 하나님의 보심, 즉 사랑과 긍휼 가운데서 이루어지는 인간에 대한 변함 없는 응시에 관해 말한다. 분명히 그 논문은 또한 하나님에 대한 우리의 직관에 대해 말한다. 그러나 니콜라우스의 이해에 따르면 하나님에 대한 우리의 직관은 언제나 그 근거를 우리에 대한 그분의 직관에 두고 있다.[19] 우리는 그분이 먼저 우리를 보심이 없이는 그분을 볼 수 없다.[20] 사실 니콜라우스는 하나님의 응시를 그분의 섭리적 사랑과 분명하게 동일시한다. 그러므로 니콜라우스가 창조세계가 오직 하나님의 사랑스러운 응시에 의해 유지되는 한에서만 존속하는 신통찮은 **계속적인 창조**(*creatio continua*)를 믿었다고 주장

---

17   *DVD* 4.12.

18   *DVD* 4.12.

19   참조. Jean-Luc Marion, "나는 내가 하나님을 본다고 말할 수 있다. 그러나 이것은 오직 숨어 계신 하나님으로 남아 있는 하나님이 나에게 그것을 허락하실 때만 사실일 수 있다. 그리고 그분은 오직 다른 누군가를 통해 자신을 자신에게 주심으로써, 그래서 그분 자신이 먼저 결국 그렇게 자신을 보게 될 이 누군가를 보심으로써 자신이 보이게 하신다. 하나님에 대한 대면 직관을 위해서는 먼저 하나님이 그분의 얼굴을 자신을 보는 이들에게 돌리셔야 한다"("Voir, se voir vu: L'Apport de Nicholas de Cues dans le *De viione Dei*," *BLE* 117, no. 2 [April 2016]" 18-19).

20   참조. Andrew R. Hay, "하나님은 객관적으로 빛나시며 스스로 빛을 발하시며 모든 개념적 개념을 완전히(*in toto*) 능가하시지만 그럼에도 은혜롭게도 자신이 지각되고 '언급될 수 있게' 하신다"(*God's Shining Forth: A Trinitarian Theology of Divine Light*, PTMS 218 [Eugene, OR: Pickwick, 2017], 18).

하는 것은 억지가 아닐 것이다.[21] 쿠자누스는 다음과 같이 고백한다. "저는 오직 당신이 저와 함께하시기에 존재합니다. 당신의 보심은 당신의 존재이기에, 당신이 저를 보시기에, 제가 존재합니다(*ego sum, quia tu me respicis*). 그리고 만약 당신이 저에게서 당신의 얼굴을 거두신다면 저는 존재하기를 그칠 것입니다."[22] 쿠자누스에게 하나님에 대한 우리의 직관은 언제나 우리에 대한 하나님의 직관에 대한 응답일 뿐이다. 제이콥 셔먼(Jacob Sherman)은 쿠자누스의 입장을 다음과 같이 옳게 설명한다. "우리는 보임을 통해 창조되고, 존재 속으로 부름을 받으며, 우리 자신의 존재로 유지된다. 이것은 어째서 숨어 계신 하나님이 우리를 보심을 통해 자신을 보이도록 내어주셨는지에 대한 존재론적 열쇠다."[23] 달리 말해 만약 세상에 대한 하나님의 직관이 하나님의 존재로부터의 창조세계의 사랑스러운 발산이라면, 그분에 대한 우리의 직관은 우리가 신성화를 통해 그분에게 돌아가는 것으로 간주된다.

우리는 우리에 대한 하나님의 직관이 우리로 하여금 그분을 보도록

---

21   Marion은 니콜라우스 쿠자누스에게 하나님의 응시는 언제나 사랑스러운 응시라고 주장한다. "[하나님의 응시의] 의도성은 '대상성'(objecthood)으로 이어지지 않고, 대상을 목표로 하지도 않으며, 오히려 사랑을 확대하고 사랑받는 이(a beloved)를 향하는데, 그 대상은 이어서 사랑하는 자(a lover)가 될 수 있다"(Voir, se voir vu," 35).

22   *DVD* 4.10. 쿠자누스는 얼마 후에 유사한 말을 한다. "당신의 보심은 당신이 생명을 가져오시는 것에 다름 아니고, 당신이 계속해서 당신의 가장 감미로운 사랑을 전하는 것에 다름 아닙니다"(*DVD* 4.12). 다시 그는 다음과 같이 진술한다. "당신은 모든 피조물에게 보이시고 모든 것을 보십니다. 당신이 모든 것을 보신다는 점에서 당신은 모두에게 보이십니다. 그렇지 않다면 피조물은 존재할 수 없습니다. 그것들은 당신의 보심으로 존재하기 때문입니다(*visione tua sunt*). 만약 그들이 보시는 당신을 보지 않는다면, 그들은 당신으로부터 존재를 받지 못할 것입니다. 피조물의 존재는 당신의 보심인 동시에 당신의 보이심입니다"(*DVD* 10.40).

23   Jacob Holsinger Sherman, *Partakers of the Divine Contemplation and the Practice of Philosophy* (Minneapolis: Fortress, 2014), 177.

훈련시킨다고 말할 수 있다. 니콜라우스는 하나님에 대한 우리 직관의 근거를 우리의 사랑 어린 응시를 끌어내는 하나님의 얼굴의 아름다움에서 찾는다. "모든 얼굴은 아름다움을 갖고 있습니다. 그러나 어느 것도 아름다움 그 자체는 아닙니다. 주님, 당신의 얼굴은 아름다움을 갖고 있습니다. 그리고 이런 소유는 곧 존재입니다. 따라서 그것은 모든 아름다움의 형상에 존재를 부여하는 형상(*forma*)인 절대적 아름다움(*pulchritudo absoluta*) 자체입니다. 오 측량할 수 없을 만큼 사랑스러운 얼굴이여, 당신의 아름다움은 그것을 보도록 허락된 모든 것이 그것을 감탄하기에 충분하지 않을 정도입니다."[24] 니콜라우스에 따르면 하나님의 얼굴은 아름다움 그 자체다. 우리는 이것을 우리 주변의 것들의 얼굴을 들여다봄으로써 휘장이 쳐진 방식으로 "대면하여"(*facies facierum*) 본다.[25] 그러나 눈은 모든 가시적 빛 너머에 있는 빛을 보기를 욕망한다. 그 결과 눈은 "그것이 무언가를 보는 동안 그것이 보는 것은 그것이 찾는 것이 아니라는 것을 안다." 오직 우리가 구름—디오니시오스를 거쳐 니사의 그레고리오스에게까지 이르는 기독교적 플라톤주의 전통으로부터 나오는 그림—속으로 들어갈 때만 우리는 하나님의 아름다움이라는 눈에 보이지 않는 빛을 본다. "그러므로 구름이 짙으면 짙을수록 우리는 참으로 그 구름 속에 있는 눈에 보이지 않는 빛에 도달합니다."[26] 니콜라우스 쿠자누스에게 "눈에 보이지 않는 빛"이라는 개념은 오직 우리가 기꺼이 구름 속으로 들어가고 그렇게 함으로써 쿠자누스가 "반대되는 것들의 동시 발생"(*coincidentia oppositorum*)이라고 부르는 것을 인식할 때만 하나님

---

24   *DVD* 6.20.
25   *DVD* 6.21.
26   *DVD* 6.21.

을 발견할 수 있다는 인식을 보여준다. 그 구름의 모호성이 깊으면 깊을수록 우리는 하나님의 얼굴빛의 광휘를 보다 분명하게 본다.[27] 일단 우리가 구름 속에 있으면, 신적 섭리의 교육은 그것의 목표에 이른다. 왜냐하면 그때 우리는 하나님의 눈으로부터 빛나는 사랑 그 자체를 응시하기 때문이다.

18세기의 개혁주의 철학자이자 신학자였던 조나단 에드워즈는 니콜라우스 쿠자누스의 그것과 유사한 신학적·형이상학적 접근법을 갖고 있었다. 확실히 나는 에드워즈가 지복직관에 대한 쿠자누스의 논문에 익숙했다는 증거를 갖고 있지는 않다.[28] 그럼에도 만약 그가 쿠자누스의 『하나님을 보는 것에 관하여』(De visione Dei)를 읽었다면, 나는 그가 그 중세 후기의 독일 신학자와 어떤 유사성을 느꼈을 것이라고 추측한다. 에드워즈의 신학적 접근법은 쿠자누스의 그것처럼 기독교적 플라톤주의

---

27   참조. Nicholas, "나는 어둠이 빛이고, 무지가 지식이며, 불가능한 것이 필요하다는 것을 인정한다.···따라서 우리는 반대되는 것들의 동시 발생(coincidentiam contradictorum)을 인정하는데, 그 위는 무한한 것이 있다. 그러나 이런 동시 발생은 모순이 없는 모순이고, 끝이 없는 끝이다"(DVD 13.53). 니콜라우스에게 하나님에 대한 이런 직관은 심원하게 삼위일체적이고 기독론적인 방식으로 제시된다. 그리고 여기서 그는 분명히 디오니시오스를 넘어선다. 구름 속으로(혹은 반대되는 것들의 동시 발생이라는 벽 너머로) 움직이면서 신자는 낙원으로 들어가는데, 그는 그곳에서 생명나무인 예수를 만난다. 니콜라우스는 다음과 같이 쓴다. "오 예수여, 당신은 기쁨의 낙원에 있는 생명나무이십니다. 아무도 당신의 열매가 아니고는 욕망하는 생명을 얻지 못합니다.···모두가 당신에게 묶여 있기에, 오 예수여, 우리 자신과 당신에게 공통되는 인간적 본성으로 인해, 우리는 또한 하나의 성령 안에서 당신에게 묶여 있어야 합니다. 그래야 예수여, 당신과 공통되는 우리의 본성 안에서, 우리가 낙원에 계시는 성부 하나님께로 가까이 갈 수 있습니다. 그러므로 성부 하나님과 그분의 성자이신 예수 당신을 보는 것은 곧 낙원과 영원히 계속되는 영광 안에 있는 것입니다. 낙원 밖에서 우리는 그런 직관을 경험하지 못합니다. 성부이신 하나님도 그리고 예수 당신도 낙원 밖에서는 발견될 수 없기 때문입니다. 그러므로 행복을 얻는 모든 인간은 지체가 그것의 머리와 연합되어 있듯이 오 예수여, 당신과 연합되어 있습니다"(DVD 21.92).

28   에드워즈의 지복직관 신학에 대한 상세한 논의는 이 책의 12장을 보라.

전통에 깊이 뿌리를 내리고 있는데, 아마도 그것은 그가 케임브리지의 플라톤주의자들의 책을 읽어서였을 것이다. 그로 인해 에드워즈 역시 지복직관을 우리에 대한 하나님의 사랑 어린 응시에 사로잡히는 것으로 여겼다. 에드워즈에게 지복직관은 쿠자누스에게 그랬던 것처럼 우리가 하나님의 얼굴빛 안으로 보다 영광스럽게 들어가는 것을 의미했다.[29]

특히 쿠자누스의 진술 하나가 에드워즈에게 큰 호소력을 지녔다. "당신이 모든 것을 보신다는 점에서 당신은 모두에게 보이십니다. 그렇지 않다면 피조물은 존재하지 못할 것입니다. 그것들은 당신의 직관을 통해(*visione tua sunt*) 존재하기 때문입니다."[30] 에드워즈에게 피조물은 쿠자누스에게처럼 오직 하나님의 직관을 통해서만 존재한다. 쿠자누스처럼 에드워즈도 창조된 실재가 존재를 얻는 것은 오직 하나님의 인식 안에서 그리고 그것을 통해서만 가능하다고 확신했다. 그러므로 에드워즈는 그의 "지식과 존재에 관한 메모"(Notes on Knowledge and Existence)라는 글에서 토마스 홉스(Thomas Hobbes)의 유물론에 반대하면서 다음과 같은 글을 썼다. "모든 존재는 인식이다. 우리가 몸이라고 부르는 것은 인식의 특별한 형태에 불과하다. 그리고 우리가 영이라고 부르는 것은 인식의 한 구성 요소 혹은 시리즈 혹은 그런 놀라운 방법과 법칙들에 의해

---

29   이것은 에드워즈와 쿠자누스의 명백한 (그리고 중요한) 차이를 부정하는 것이 아니다. 에드워즈에게 구속사는 쿠자누스에게보다 훨씬 더 중요하다. 직관에 대한 에드워즈의 신학은 부정 신학 전통(apophatic tradition)의 "구름" 언어를 사용하지 않는다(그리고 그것의 역설적 언어로 흥청거리지도 않는다). 우리가 이 책의 12장에서 보았듯이, 에드워즈에게 지복직관은 쿠자누스에게서와 달리 특성상 단지 영적이기만 하지 않고 또한 육체적이기도 하다. 더 나아가 에드워즈의 기회원인론(occasionalism)은 그가 자유의지에 대해 주저하게 만드는 반면, 쿠자누스에게 우리가 하나님에 대한 직관으로부터 돌아서서 비존재 속으로 빠져들게 만드는 것은 정확하게 자유의지다.

30   *DVD* 10.40.

연결된 공존하고 연속하는 인식들의 우주에 불과하다."[31] 요약하자면, 에드워즈에게 창조세계는 하나님의 인식의 결과로서 존재한다. 존재한다는 것은 인식된다는 것이다(*esse est percipi*).

에드워즈에 따르면 그 말의 의미는 오직 하나의 실체 곧 하나님 자신만이 참으로 존재한다는 것이다. 에드워즈는 "원자에 관하여"(Of Atoms)라는 자신의 글에서 다음과 같이 말한다. "몸이라는 실체는 마침내 아무것도 아닌 것이 되거나 하나님이 적합하다고 여기시는 공간의 부분들에서 그런 특별한 방식으로 활동하는 신성이 되거나 할 뿐이다. 따라서 가장 엄격하게 말하자면 하나님 자신 외에는 그 어떤 적절한 실체도 존재하지 않는다(지금 우리는 오직 몸에 관해서만 말하고 있다). 그러므로 그분이 존재들의 존재[*ens entium*]라고 불리는 것은 얼마나 적절한가."[32] 만약 물질이 오직 하나님의 사랑 어린 응시가 그분의 마음의 생각에 대해 명령한다는 의미에서만 존재한다면(그래서 우리가 감각으로 지각하는 속성들의 기저를 이루는 기층이 존재하지 않는다면), 그때 우리는 에드워즈에 따르면 참으로 존재하는 유일한 실체는 하나님이며 다른 그 어떤 실체도 존재하지 않는다고 결론지어야 한다.[33]

물질에 대한 에드워즈의 이해는 중요한 형이상학적 의미를 갖는다.

---

31   Edwards, "Notes on Knwledge and Existence," *WJE* 6:378.
32   Edwards, "Of Atoms," *WJE* 6:215.
33   에드워즈의 유심론 혹은 관념론에 관해서는 다음을 보라. Oliver D. Crisp, *Jonathan Edwards on God and Creation* (New York: Oxford University Press, 2012), 33-36; Michael J. McClymond and Gerald R. McDermott, *The Theology of Jonathan Edwards* (New York: Oxford University Press, 2012), 112-15; Leon Chai, *Jonathan Edwards and the Limits of Enlightenment Philosophy* (New York: Oxford University Press, 1998), 56-71. 그리고 Joshua R. Farris, Mark Hamilton, and James S. Spiegel, eds., *Idealism and Christian Theology*, Idealism and Christianity 1(New York: Bloomsbury Academic, 2016)에 실려 있는 여러 논문들도 에드워즈의 관념론을 다룬다.

그는 창조세계가 매 순간 오직 인식됨으로써만 존재한다고 주장했기에, 그에게 창조 질서는 독립된 안정성을 갖고 있지 않다. 그는 창조된 존재들은 계속해서 유동적이라고 믿었다. 셍콩 탄(Seng-Kong Tan)은 에드워즈에게 창조는 "계속적인 무로부터(*ex nihilo*)의 작업"이었다고 설명한다.[34] 창조된 것들은 오직 하나님의 지속적인 창조(*creatio continua*)에서만, 즉 그분이 계속해서 그것들을 인식하심을 통해서만 그들의 존재를 갖는다. 올리버 크리스프(Oliver Crisp)는 에드워즈의 접근법을 기회원인론자(occasionalist)의 접근법이라고 부르는데, 그것은 하나님이 "계속해서 매 순간 세상을 무로부터(*ex nihilo*) 창조하신다"는 점과 "하나님이 세상의 유일한 원인론적 행위"이시고 그러하기에 "피조물의 '행위'는 단지 하나님의 행동의 '기회'일 뿐"이라는 점을 의미한다.[35] 크리스프는 에드워즈가 말하는 하나님의 계속적인 창조를 영화를 보는 것에 비교한다.

영화관에서 영화를 볼 때 우리는 은막 위에 투사된 이미지들로 표현된 행위들이 연속적으로 일어나는 것을 보는 것처럼 느껴진다. 그러나 실제로 그 이미지들은 동작이나 행동이라는 환상을 제공하기 위해 빠르게 돌아가는 스틸 사진들의 묶음이다. 기회원인론 역시 이와 유사하다. 세상은 시간을 통해 지속하는 것처럼 보이지만, 사실 그것은 그렇지 않다. "세상"(여기서 그것은 창조된 우주를 의미한다)은 이를테면 하나님이 하나님의 마음이라는 은막 위에서 상영되도록 순서대로 가져오시는 일련의 창조된 "스틸 사

---

34   Seng-Kong Tan, "Jonathan Edwards's Dynamic Idealism and Cosmic Christology," in Farris, Hamilton, and Spiegel, *Idealism and Christian Theology*, 239.

35   Oliver D. Crisp, "Jonathan Edwards's Ontology: A Critique of Sang Hyun Lee's Dispositional Account of Edwardsian Metaphysics," *RelS* 46 (2010): 10.

진들"—즉, 일들의 완전하고 최대치인 그러나 순간적인 상태—에 대한 약
칭일 뿐이다.[36]

에드워즈는 자신의 유심론을 그의 칼뱅주의적 기회원인론과 밀접하게
연결시킴으로써 그 자신의 독특한 형이상학을 고안해냈는데, 그는 그것
을 토마스 홉스의 영향력 있는 유물론과 유명론에 대처할 수 있는 유일
하게 적절한 해독제로 믿었다.

에드워즈의 칼뱅주의는 지속적인 창조(*creatio continua*)라는 개념의
근거를 하나님의 뜻에 두었다. 에드워즈에 따르면, 창조된 대상들의 지
속성과 우리 주변 세상의 안정성과 신뢰성을 허용하는 것은 오직 하나
님의 뜻뿐이다. 에드워즈는 다음과 같이 말한다. "내가 이것을 임의적인
구조(arbitrary constitution)라고 부르면서 의미하는 것은 그것이 오직 하
나님의 뜻에 달린 구조라는 것이다. 그 **하나님의 뜻**은 오직 **하나님의 지
혜**에만 의존한다. 이런 의미에서 자연의 전 과정은 그것에 속한 모든 것,
그것의 모든 법칙과 방법, 항구성과 정규성, 지속성과 절차와 함께 하나
의 **임의적인 구조**다."[37] 에드워즈의 "임의적인 구조"라는 개념은 불안하
게 만드는 것일 수 있다. 분명히 이 점에서 그의 용어는 그의 칼뱅주의적
확신의 결과다. 그러나 에드워즈에게 하나님의 이런 "임의성"은 자연과
초자연의 유명론적 분리에서 유래하지 않는다. 오히려 그는 그것을 특
성상 철저하게 참여적인 형이상학과 연결시킨다. 브루스 힌드마시(Bruce
Hindmarsh)는 다음과 같이 말한다. "에드워즈의 형이상학적 비전 안에서

---

36   Crisp, "Jonathan Edwards's Ontology," 10.
37   Edwards, Original Sin, *WJE* 3:403. 참조. Tan, "Jonathan Edwards's Dynamic Idealism,"
      241.

는 하나님의 현존을 멀리서가 아니라 세상 그 자체 안에서 식별하는 것이 가능했다."[38] 에드워즈에 따르면, 하나님의 교육은 세상에 대한 하나님의 사랑 어린 응시에서 시작한다. 그리고 인간 존재들을 하나님에 대한 직관이라는 그들의 초자연적 목표로 이끌어가는 것도 바로 이 사랑 어린 응시다.

교육과 구원사

2세기의 신학자 리옹의 이레나이우스(Irenaeus of Lyons, 130-202)는 그리스도 안에서 하나님에 대한 종말론적 직관이 이미 그것에 앞서는 계시적 기대(혹은 성례전)를 통해 우리에게 주어진다는 것을 분명하게 인식하고 있었다. 그 리옹의 주교는 창조 질서와 구약성서가 전하는 고대 이스라엘에 관한 이야기 모두에 대한 영지주의와 마르키온파의 평가절하를 거부했다. 이레나이우스는 하나님은 그분의 로고스를 통해 그 둘 모두 안에서 자신을 계시하셨기 때문에 우리는 그 둘 모두를 통해 그럭저럭 하나님을 관조할 수 있다고 주장했다. 성 이레나이우스는 창조 질서의 물질성에 대해 높은 관점을 갖고 있었다.[39] 그는 창조의 기원에 관해 말하면서 의도적으로 피조물(*plasma*), 제작(*plasmatio*), 육체(*caro*), 말의 예술

---

38 D. Bruce Hindmarsh, *The Spirit of Early Evangelicalism: True Religion in a Modern World* (New York: Oxford University Press, 2018), 134.

39 이런 입장은 영지주의와 대조되는데, 그들에게 물질적 실체는 "무지와 슬픔 그리고 두려움과 당혹"에서 유래했다(*Haer.* 1.2.3. 인용문은 *Irenæus against Heresies*, in *ANF* 1, ed. Alexander Roberts and James Donaldson [Buffalo: Christian Literature Co., 1885]에서 가져왔다).

가(*artifex Verbum*), 형성하다(*plasmare*) 그리고 만들다(*fabricare*) 같은 세속적인 어휘들을 사용했다.[40] 이레나이우스는 "한 분 하나님이⋯말씀과 지혜로 만물을 창조하고 배열하셨다"[41]고 보면서 구속주와 창조주를 한 분의 동일한 하나님으로 간주했다. 따라서 그에게 종말에 있을 하나님에 대한 직관은 창조 자체와 더불어 시작된 하나님의 현현의 완성을 의미했다.

이레나이우스는 이런 확신을 다음과 같은 말로 표현했다. "하나님의 영광은 살아 있는 인간이다. 인간의 삶은 하나님을 보는 것으로 구성된다. 만약 창조를 통해 이루어진 하나님의 현현(*ostensio*)이 세상의 모든 살아 있는 것들에게 생명을 제공한다면, 말씀을 통해 오는 성부의 계시(*menifestatio*)는 하나님을 보는(*qui vident Deum*) 사람들에게 생명을 더 많이 제공한다."[42] 이레나이우스가 생각하기에 우리는 먼저 하나님을 창조 세계 안에서 보며, 따라서 지복직관으로 이어지는 과정은 창조세계 안에서의 그분의 자기 현현과 더불어 시작된다. 우리는 이레나이우스에게 창조 질서는 모종의 방식으로 하나님이 임재하시게 하는 신현의 기능을 하며, 따라서 그곳에서 그분을 보는 것―그리고 창조세계를 그에 따라 다루는 것―은 하나님을 관조하는 것에 개입하는 것이라고 말할 수 있다.[43]

---

40   J. T. Nielsen, *Adam and Christ in the Theology of Irenaeus of Lyons: An Examination of the Function of the Adam-Christ Typology in the Adversus Haereses of Irenaeus, against the Background of the Gnosticism of His Time* (Assen, Neth.: Van Gorcum, 1968), 16-17. 또한 John Behr, *Asceticism and Anthropology in Irenaeus and Clement* (Oxford: Oxford University Press, 2000), 38.

41   *Haer.* 4.20.4.

42   *Haer.* 4.20.7.

43   동방 신학은 종종 "지성적 관조"(θεωρία φυσική)를 이런 관련성으로 말한다. Bruce

그 리옹의 주교는 자신의 『이단 반박』(*Against Heresies*) 4권에서 하나님이 천천히 그러나 확실하게 자신의 인간 피조물들이 자신을 볼 수 있게 하시기 위하여 그들에게 도제 살이를 시키시는 교육 과정에 대해 개괄한다. 구원사 전체는 하나님이 그분의 자녀들의 손을 붙잡고 교육적 기술을 통해 그들을 성숙에 이르도록 하시는, 그래서 결국 그들이 그분의 나라에서 하나님을 볼 수 있게 하시는 이야기다.[44] 이레나이우스에 따르면 이런 하나님의 교육적 접근법은 세 개의 연속적인 단계를 통과하며 진행된다. 예언자들은 **예언자의 직관**으로 성령을 통해 하나님이 육신을 입고 오시는 것을 미리 보았다. 그때 그분은 자신의 위대함과 영광을 따라서가 아니라 "그분의 사랑과 친절하심과 그분의 무한한 능력과 관련하여" 보이실 것이다.[45] 다음으로 하나님은 **양자의 직관**으로 자신의 성자를 통해 오늘 우리에게 자신을 보여주신다. 마지막으로 **아버지의 직관**은 성부에 대한 궁극적 직관, 즉 종말에 인간을 부패하지 않는 존재로 만들어줄 정도의 광휘에 대한 직관이다. 이레나이우스는 직관에서의 이런 점진적인 증대를 다음과 같이 요약한다. "빛을 보는 자들이 빛 안에 있고 그 빛의 광휘(*claritatem*)에 참여하듯이 하나님을 보는 자

V. Folz, *The Noetics of Nature: Enviornmental Philosophy and the Holy Beauty of the Visible*(New York: Fordham University Press, 2014)을 보라.

44 이레나이우스는 하나님이 아담과 하와를 처음부터 완전하게 창조하실 수 있었으나 그렇게 하지 않으신 것은 그들이 유아들에 불과했기 때문이라고 주장한다. 그리스도 안에서 하나님이 만물을 총괄갱신하실 때조차, 그분은 자신의 영광을 입고 오지 않으시고 단지 "우리가 그분을 볼 수 있는 정도로 오셨을 뿐이다. 그분은 쉽게 자신의 불멸의 영광을 입고 우리에게 오실 수 있었을 것이다. 하지만 그럴 경우 우리는 그 영광의 위대함을 견디지 못했을 것이다"(*Haer.* 4.381.1). Cf. *Haer.* 3.22.4; *Dem.* 14.

45 *Haer.* 4.20.5. 이런 진술은 하나님의 본질과 활동에 대한 동방 교회의 구분으로 이어졌다. 이레나이우스는 이런 전문적인 용어를 사용하지 않는다. 따라서 우리는 그 진술 안에 우리가 하나님의 무한하신 삶 전체를 파악하거나 이해할 수 없다는 인식 이상의 것을 집어넣어 읽어서는 안 된다.

들은 하나님 안에 있으며 그분의 영광(*claritatem*)을 얻는다. 그러나 [그분의] 영광은 그들에게 생명을 제공하고 그로 인해 하나님을 보는 자들은 생명을 받는다. 그리고 이런 이유로 그분은 [비록] 이해 너머에 계시고 (*incomprehensibilis*) 어디에도 구속되지 않으시며 눈에 보이지도 않으실지라도 그분 자신을 보이게, 이해될 수 있게(*comprehensibilem*), 그리고 믿는 자들의 능력 안에 계시게 하심으로써 믿음을 통해 그분을 받고 보는 자들이 생명을 얻게 하신다."[46] 이레나이우스에게 구원사는 하나님의 광휘(*claritas*)의 빛에 대한 점증하는 인식의 과정인데, 그것은 우리에게 이 빛과 따라서 하나님의 삶에 대한 참여를 가능케 한다.[47]

　그 세 단계는 마치 성도가 각 단계에서 서로 다른 대상을 보기라도 하는 것처럼 서로 분리되어 있지 않다. 오히려 이레나이우스에 따르면, 그들은 각 단계에서 동일한 하나님을 본다. 존재론적으로 그리고 인식론적으로 그 단계들은 중요한 방식으로 서로 다르다. 특히 오직 그리스도 안에서만 하나님이 인간의 육신을 입으신다는 점에서 그러하다.[48] 블라디미르 로스키(Vladimir Lossky)는 각 단계는 "결국 다른 것 안에 포함되어 있고", 그런 까닭에 "'성부의 영광의 형상'에 대한 예언자들의 직관은 이미 나중에 실현될 완전한 직관을 위한 선행 조건을 포함한다"고 말

46　　*Haer.* 4.20.5(괄호는 원저자의 것이다).

47　　참조. Mary Ann Donovan, "Alive to the Glory of God: A Key Insight in St. Irenaeus," *TS* 49 (1988): 288-89.

48　　비록 이레나이우스가 로고스가 구약의 신현적 출현과 직관에 이미 임재한 것으로 묘사할지라도(*Haer.* 4.20.11), 그는 구약의 신현과 예언자들의 직관을 로고스의 비육체적인 현현으로, 그리고 그러하기에 성육신을 통해 드러난 하나님의 물리적 자기 현현보다 못한 것으로 간주했다(Jackson Jay Lashier, "The Trinitarian Theology of Irenaeus of Lyons" [PhD diss., Marquette University, 2011], 144-50).

한다.[49] 달리 말해 이레나이우스가 보기에는 비록 예언자들이 하나님의 실제 얼굴을 보지는 못했을지라도, 그 최종적 목표는 신비로운 방식으로 하나님의 자기 현현의 시작 때부터 현존했다. 지복직관에 대한 이레나이우스의 이해는 그가 종말론적 실재가 어떤 방식으로든 이미 그것에 이르는 각 단계 모두에 현존했다고 믿었다는 점에서 성례전적이었다.[50]

그러므로 구원사에 대한 이레나이우스의 이해는 연대기적으로 단순하게 창조로부터 타락을 거쳐 구속과 완성으로 진행되지 않는다. 오히려 그 주교는 이 역사를 그리스도의 점진적 계시로 이해하는데, 그리스도는 초기에 어설픈 방식으로나마 언제나 이미 존재하셨다.[51] (구약)성서와 복음 사이의 관계와 관련해 존 베어(John Behr)는 다음과 같이 말한다.

> 이레나이우스는 이것을 "신약"의 새로운 단계에까지 계속되는 "구약" 안에 기록된 역사라는 측면에서, 우리가 그렇게 하기를 원한다면, 그 사이에서

---

49 Vladimir Lossky, *The Vision of God*, trans. Asheleigh Moorhouse, 2nd ed., Library of Orthodox Theology 2 (1963; reprint, Leighton Buzzard, UK: Faith Press, 1973), 34. 이레나이우스는 에스겔서에 나오는 "야웨의 영광의 유사성"(겔 1:28)이라는 표현을 취한다(*Haer*. 4.20.11). 에스겔은 실제로는 "야웨의 영광의 형상의 모양"에 관해 말한다(참조. *Haer*. 4.20.10). 이레나이우스에게 이런 소유격을 사용한 표현은 거리를 지적한다. 예언자들은 성부 자신을 보지 못했다. 그분은 보이지 않은 채 남아 계셨다.

50 이레나이우스는 "그러므로 이런 식으로 그들은 또한 하나님의 성자를 인간에게 정통한 사람으로 보았던 반면, 그들은 아직 오지 않으신 분이 **현존하신다**고 예언하면서 상처를 입지 않으시는 분을 고통을 당하시는 분으로 선언하고, 하늘에 계셨던 분이 죽음의 먼지 속으로 **내려오셨다**고 선포했다"고 말하면서 특별히 이 점을 분명하게 밝힌다(*Haer*. 4.20.8 [강조는 덧붙여진 것임]).

51 John Behr가 "구원사"라는 용어와 관련해 했던 경고의 말을 참조하라. "성서에서 '구원사'는 분명하게 하나의 이야기로서 펼쳐진다. 우리가 창세기의 첫 구절들부터 읽어나갈 때 그러하다. 그러나 이 이야기를 '구원사'로 읽는 것은 그럼에도 이런 성서가 그리스도의 빛 안에서 어떻게 소급해서 나타나는지에 대한 진술이다"(*The Mystery of Christ: Life in Death* [Crestwood, NY: St. Vladimir's Seminary Press, 2006], 88).

우리가 대응 혹은 "예표"와 연속성을 식별할 수 있는 두 개의 문학 작품으로 이해하지 않는다. 오히려 **성서와 복음서 사이에는 엄격한 동일성**이 존재하는데, 그 둘은 모두 그리스도 안에서의 하나님의 "단 한 번의" 사역에 관해 말한다. 한편으로는 상세하고 통시적으로 성서의 다양한 인물들을 통해서 말한다. 다른 한편으로는 간략하게 성서에 의존하면서 복음서 안에서 함께 그리고 공시적으로 반복한다.[52]

베어가 말하는 엄격한 동일성은 그리스도가 단지 예시되었을 뿐 아니라 성서 자체 안에 이미 존재했음을 가리킨다. 하나님의 교육의 다양한 단계들 사이의 차이는 그분이 자신을 드러내시는 점증하는 명확성이다. 좋은 선생님처럼 하나님은 계속해서 자신을 학생들의 능력에 맞추신다.

하나님에 대한 직관(*visio Dei*)으로 이어지는 교육 프로그램과 유사한 것은 전체적인 구원사만이 아니다. 우리가 이 역사의 좁은 한 조각, 즉 출애굽기 하나만 고립시켜 살필 경우 우리는 여기서도 하나님이 자신을 개인적으로 모세에게 그리고 집단적으로 이스라엘 백성에게 점진적으로 드러내시고 보다 친밀하게 임재하시는 것을 보게 된다. 비록 우리가 다양한 성서 구절들을 살필 수 있을지라도, 출애굽 이야기는 특별히 교훈적이다. 왜냐하면 그것은 우리가 내세에 하나님을 대면하여 보게 되리라는 바울의 약속(고전 13:12)의 배경을 형성하기 때문이다.[53] 따라서 아마도 우리는 그것이 어떻게 종말에 있을 하나님에 대한 대면 직

---

52   John Behr, *Irenaeus of Lyons* (Oxford: Oxford University Press, 2013), 139(강조는 덧붙여진 것임).

53   신현을 통한 하나님의 점진적인 자기 현현의 신학은 창세기에서 시작한다. 여기서 나는 출애굽기에서 부각되는 몇 가지 내용에 초점을 맞출 것이다.

관을 예견하는지 (그리고 성례전적으로 예시하는지) 알기 위해 출애굽기를 살펴볼 필요가 있다. 그 이야기는 하나님이 처음부터 자신을 자신의 백성에게 계시해 오셨음을, 따라서 지복직관은 성례전적으로 구원사의 아주 이른 단계 안에 이미 자리를 잡고 있었음을 분명하게 밝혀준다. 처음부터 하나님의 성자는 밭에 감추인 보화셨고(참조. 마 13:44) 볼 눈을 가진 자들에게 식별되실 수 있었다.[54]

그렇다면 출애굽기는 구체적으로 하나님을 어떻게 자기 백성을 영광스러운 지복직관으로 이끌어가는 신적 교사로 묘사하는가? 모세는 먼저 불타는 떨기나무 가운데 계신 하나님을 만난다(출 3:1-6). 비록 그때 하나님 자신이 떨기나무로부터 모세를 부르시기는 했으나(출 3:4), 실제로 모세에게 "나타난"(אֵרָא) 존재는 "야웨의 사자"였다(출 3:2). 자기 조상들의 하나님의 출현으로 놀란 모세는 "하나님 뵈옵기를(מֵהַבִּיט) 두려워하여 그의 얼굴(פָּנָיו)을 가렸다"(출 3:6). 하나님이 피조물의 형태로서ー불타는 떨기나무 속에 있는 야웨의 사자로서ー나타나신 사건은 자기 백성을 위한 하나님의 구속적 사랑이라는 맥락에서 일어난다. 그 이야기는 하나님이 들으시고, 보시며, 기억하시고, 아시는 것에 관한 표현들로 괄호에 묶이는데(출 2:24-25; 3:7), 이것은 자신의 억압받는 백성에 대한 그분의 세심한 관심을 보여준다. 그 신현적 경험은 하나님이 모세에게 그 백성의 지도자가 되라고 요청하시는 소명 이야기를 열어준다.

모세가 이집트에서 이스라엘 백성을 이끌고 나와 시내산에 도착했을 때, 하나님이 두 번째로 그에게 나타나신다. 그분은 모세에게 백성들

54　이레나이우스가 성서에 대한 성례전적 읽기를 지원하기 위해 마 13:44을 사용하는 것에 관해서는 *Haer.* 4.26.1을 보라. 참조. Hans Boersma, *Scriptures as Real Presence: Sacramental Exegesis in the Early Church* (Grand Rapids: Baker Academic, 2017), 16-17.

을 성별하기 위해 옷을 빨게 하라고 지시하신다. 그분이 "온 백성의 목전에서(לְעֵינֵי)" 시내산에 강림하실 것이기 때문이다(출 19:11). 분명히 그들은 이미 그들의 여정을 통해 하나님의 임재를 경험했다. 그분은 구름기둥과 불기둥 속에서 계속해서 그들과 함께 동행하셨다(출 13:21-22).[55] 그러나 정화에 대한 요구는 그분이 보다 직접적인 방식으로 자신을 드러내실 것을 암시한다. 그럼에도 이번에도 하나님의 자기 계시는 베일에 싸여 있고 "우레와 번개와 빽빽한 구름이 산 위에 있고 나팔 소리가 매우 크게 들리는" 방식을 취한다(출 19:16). 그로 인해 산에 "연기가 자욱하니 여호와께서 불 가운데서 거기 강림하셨기 때문이다"(출 19:18). 야웨는 모세에게 백성이 "밀고 들어와 나 야웨에게로 와서 보려고(לִרְאוֹת) 한다면" 멸망할 것이라고 경고하신다(출 19:21). 하나님은 이스라엘 백성에게 언약 책을 주신 후에(출 20:1-23:33) 모세, 아론, 나답 그리고 아비후를 70명의 장로와 함께 "멀리서 경배하도록" "야웨께로 올라오라"고 초청하신다(출 24:1). 그들이 올라갔을 때, 이 지도자들은 백성의 나머지가 목격했던 것보다 훨씬 더 친밀한 하나님과의 만남을 경험한다. "이스라엘의 하나님을 보니(וַיִּרְאוּ) 그의 발 아래에는 청옥을 편 듯하고 하늘 같이 청명하더라. 하나님이 이스라엘 자손들의 존귀한 자들에게 손을 대지 아니하셨고 그들은 하나님을 뵙고(וַיֶּחֱזוּ) 먹고 마셨더라"(출 24:10-11). 그 본문은 백성의 지도자들이 하나님을 보았음에도 멸망하지 않았음을 강조해서 언급한다. 오히려 그들은 하나님의 임재 앞에서 교제의 음식을 즐겼다.[56] 모세와

---

55   Carl Friedrich Keil과 Franz Delitzsch는 "우리는 구름을 불의 덮개로 상상해야 한다. 그것은 태양 빛과 대조되는 어두운 구름으로 보였으나 밤에는 불타는 광채로 보였다"고 주석한다(*Commentary on the Old Testament*, vol. 1 [Peabody, MA: Hendrickson, 1996], 346).

56   여기서 음식은 일반적으로 언약의 음식으로 해석된다. 역사-비평적 성찰에 근거한 대

여호수아가 그 산 위로 더 높이 올라갔을 때, 일곱째 날에 모세는 구름에 접근하고 실제로 그 안으로 들어간다(출 24:18). 그와 하나님과의 두 번째 만남은 그렇게 모세가 하나님의 임재의 장소 안으로 들어가는 것으로 결론이 난다. 이번에 그 모습에 대한 묘사가 없는 것은 확실히 그 경험의 형언할 수 없을 만큼 영광스러운 특성을 드러내는 것이다.

이어서 하나님은 자신의 유랑하는 백성 가운데 더 영구적으로 임재하시기 위한 준비를 하신다. 그분은 성막 건축을 위한 상세한 지침을 제공하신다(출 25-31). 그리고 출애굽기는 그것의 실제 공사에 대한 묘사로 끝난다(출 35-40장). 이 두 부분 사이에서 우리는 금송아지 이야기와 그것을 뒤따르는 하나님에 대한 모세의 세 번째 직관과 그가 자신이 그 백성의 여정에 동행할 수 있게 해달라고 하나님께 간청하는 것에 관한 이야기를 발견한다. 금송아지 사건 후에 하나님은 처음에는 자신이 그들보다 앞서 자신의 사자를 보낼 것을 지적하시면서 이런 청을 허락하기를 꺼리신다(출 33:2). 그 백성을 향한 하나님의 이런 태도는 모세에 대한 그분의 입장과 날카롭게 대조된다. 모세는 입구에 구름기둥이 서 있는 회막에서 야웨와 이야기를 나눈다(출 33:9). 그 만남의 친밀성은 그때까지는 달리 비할 바가 없다. "사람이 자기의 친구와 이야기함 같이 여호와께서는 모세와 대면하여(פָּנִים אֶל־פָּנִים) 말씀하셨다"(출 33:11). 이어지는 구절에서 하나님은 결국 자신의 얼굴(פָּנַי)이 이스라엘 백성과 동행할 것을 약속하시면서 말씀을 맺으신다(출 33:14).

그러나 모세는 계속해서 과연 하나님이 실제로 이 약속을 지키실지

안적 견해는 E. W. Nicholson, "The Interpretation of Exodus xxiv 9-11," *VT* 24 (1974): 77-97을 보라.

에 대해 우려하면서 다음과 같이 외친다. "원하건대 주의 영광(כָּבֹד)을 내게 보이소서"(출 33:18). 야웨의 응답은 하나님의 얼굴의 빛을 견디는 인간의 능력—그것이 모세의 능력일지라도—에는 한계가 있음을 분명하게 밝힌다.

> "내가 내 모든 선한 것을 네 앞으로 지나가게 하고 여호와의 이름을 네 앞에 선포하리라. 나는 은혜 베풀 자에게 은혜를 베풀고 긍휼히 여길 자에게 긍휼을 베푸느니라." 또 이르시되 "네가 내 얼굴(פָּנֶה)을 보지 못하리니 나를 보고 살 자가 없음이니라." 여호와께서 또 이르시기를 "보라, 내 곁에 한 장소가 있으니 너는 그 반석 위에 서라. 내 영광(כָּבֹד)이 지나갈 때에 내가 너를 반석 틈에 두고 내가 지나도록 내 손으로 너를 덮었다가 손을 거두리니 네가 내 등(אָחוֹר)을 볼 것이요 얼굴(פָּנֶה)은 보지 못하리라"(출 33:19-23).

하나님은 자신의 영광스러운 특성을 계시하시지만, 자신의 이름(과 자기 자신의 정체성)에 대한 이런 계시에도 불구하고 어느 의미에서는 여전히 베일 속에 남아 계실 것이라고 밝히신다.[57]

많은 신학자가 이 구절에 대해 심사숙고했다. 왜냐하면 하나님이 모세에게 자신의 얼굴 보여주기를 거부하시는 것(출 33:20, 23)은 모세가

---

57 참조. Walter Brueggemann, "이 장의 정점은 하나님에 대한 직관이다(vv. 22-23). 그러나 그것은 정확하게 우리가 이 장 전체를 통해 보았던 긴장과 병치를 구현하는 직관이다. 모세는 하나님을 보기에 이르지만 하나님의 얼굴을 보지는 못한다. 모세의 '봄'(seeing)은 명예로운 것이지만 완전하지는 않다. 모세는 바울을 예견한다. '우리가 지금은 거울로 보는 것 같이 희미하나 그때에는 얼굴과 얼굴을 대하여 볼 것이요'(고전 13:12)"("The Book of Exodus: Introduction, Commentary, and Reflections," in *The New Interpreter's Bible*, ed. Leander E. Keck [Nashville: Abingdon, 1994], 1:942-43).

이미 하나님을 대면하여 보았다는 보다 앞선 진술(출 33:11)과 완전히 모순되는 것으로 보이기 때문이다. 이레나이우스적 (그리고 칼뱅주의적) 렌즈가 우리가 이 퍼즐을 이해하도록 도울 수 있을 것이다. 정확히 말하자면, 나에게는 하나님이 자신을 점증하는 명확성을 지니고 계시하시면서 모세를 교육하고 계시는 것처럼 보인다.[58] 야웨는 먼저 불타는 떨기나무에서 모세에게 나타나신다(출 3:1-6). 다음으로 그분은 시내산에서 모세에게 자신을 보이시는데, 모세는 처음에는 다른 지도자들의 무리 안에서, 그 후에는 구름 안에 홀로 있다(출 24:9-18). 마지막으로 하나님은 회막에서 모세와 "대면하여" 말씀하신다. 그리고 모세는 하나님이 지나가시는 것을 보도록 허락받는다. 그때 모세는 바위틈에서 그 모습을 본다(출 33:7-23). 이처럼 점증하는 직접적이고 친밀한 접촉 과정 안에서 "나를 보고 살 자가 없음이니라"(출 33:20)라는 하나님의 경계의 말씀은 하나님이 모세를 그분의 친구처럼 대면하여 만나신 것이 창조주-피조물의 구분을 없애지 않았음을 보여준다. 어느 의미에서 하나님은 이렇게 놀라우리만큼 개인적이고 친밀한 만남에서조차 여전히 베일 속에 남아계신다. 모세가 하나님의 자비로우신 성품을 본 것(출 33:19; 34:6-7)은 이제 그가 하나님을 이해한다는 것을 의미하지 않는다. 본질상 하나님의 자비는 무한하며 인간이 보는 것으로 인해 고갈될 수 없다.

하나님의 존재의 이런 고갈되지 않음이야말로 니사의 그레고리오스가 모세가 시내산 위로 올라가는 것에 관해 성찰하면서 염두에 두었던 것이다. "그[모세]는 영광으로 빛난다. 그리고 비록 그런 숭고한 경험

---

58   하나님의 교육이 대면 직관과 어떻게 연관되는지에 대한 칼뱅의 이해에 관해서는 이 책의 9장 중 "교육적 적용" 부분을 보라.

을 통해 고양되기는 했으나 그는 여전히 더 많은 것에 대한 욕망 때문에 만족하지 못한다. 그는 자신을 계속해서 최대한으로 채워주었던 것을 여전히 욕망한다. 또 그는 마치 자기가 한 번도 그것을 경험한 적이 없었던 것처럼 하나님이 자기에게 나타나 주시기를—자신의 경험할 수 있는 능력을 따라서가 아니라 하나님의 참된 존재(ὡς ἐκεῖνός ἐστι)를 따라서 그렇게 해주시기를—간청하면서 그런 경험을 얻고자 한다."[59] 그레고리오스는 하나님에 대한 우리의 직관의 친밀성과 상관없이 우리는 결코 그분의 존재의 무한성을 포착하거나 이해하지 못할 것이라고 옳게 가정한다. 하나님은 종말에조차 계속해서 우리를 무한히 초월하신다. 우리가 하나님의 생명 안으로 진보하는 일은 영원히 계속될 것이다. 이것은 장 다니엘루(Jean Daniélou)가 **에펙타시스**(*epektasis*), 즉 하나님의 생명 안으로의 영원한 확장이라고 불렀던 것에 대한 가르침이다.[60] 하나님에 대한 관조는 지복직관이라는 종말론적 현실에서조차 끝없이 진행된다.[61]

비록 하나님이 모세에게 놀라울 정도로 높은 관조에 이르도록 허락하셨을지라도, 그 이야기 중 어느 것도 그가 그런 환상적인 경험에 관심을 가졌던 것으로 묘사하지 않는다. 오히려 모세는 계속해서 자기 백성

---

59 *Vit. Moys.* 2.230.1-6. ET: *The Life of Moses*, trans. and ed. Abraham J. Malherbe and Everett Ferguson (New York: Paulist, 1978), 114.

60 Jean Daniélou, *Platonisme et théologie mystique: Doctrine spirituelle de Saint Grégoire de Nysse*, rev. ed., Théologie 2 (Paris: Aubier, 1944), 291-307. 나는 이 책의 3장에서 에펙타시스(*epektasis*)라는 개념에 대해 상세하게 논했다.

61 지복직관에 대한 이런 에펙타시스적 이해에 대한 가장 무게 있는 반대는 그것이 욕구의 완전한 만족과 영원성의 평안을 주는 특성을 정당하게 다루지 않는다는 것이다. 이에 대해 나는 조나단 에드워즈의 입장을 따르면서 만족은 우리의 점증하는 능력과 보조를 맞추기 때문에 언제나 완전하다고, 또한 영원한 진보는 문자적 운동이 아니라 휴식이라는 개념과 상충하지 않는다고 답할 것이다. 이 책 12장의 "지복직관과 점진적 행복" 부분을 참조하라.

에 대해 염려한다. 그는 하나님의 얼굴이 그들과 함께 여행하기를 바란다("나와 주의 백성이 주의 목전에 은총 입은 줄을 무엇으로 알리이까. 주께서 우리와 함께 행하심으로 나와 주의 백성을 천하 만민 중에 구별하심이 아니니이까"; 출 33:16). 아마도 출애굽기의 가장 놀라운 측면은 그것의 결말일 것이다. 그것은 한 번 더 하나님의 임재에 대해 설명하는데, 이번에는 성막 건축을 마친 후다. 이 시점에서 야웨의 영광이 성막을 가득 채운다(출 40:34). 그리고 하나님은 계속해서 그들 가운데 임재하심으로써 자신의 백성과 함께 여행하신다. "낮에는 여호와의 구름이 성막 위에 있고 밤에는 불이 그 구름 가운데에 있음을 이스라엘의 온 족속이 그 모든 행진하는 길에서 그들의 눈으로(לעיני) 보았더라"(출 40:38). 그 책은 모세의 신현 경험 중 하나로 끝나지 않는다. 오히려 그것은 하나님이 자기 백성 가운데 임재하시는 것으로 끝나는데, 그것은 우리에게 관조가 결코 고립된 행위가 아님을 상기시켜준다. 모세가 경험한 다양한 신현들은 그 너머의 무언가를 가리킨다. 그는 백성 전체에게 하나님에 대한 직관을 중재한다. 하나님은 약속의 땅에 있는 자신의 성전에서 이루어질 궁극적인 하나님 뵙기(*visio Dei*)를 향한 그들의 여행 과정에서 눈에 보이는 것으로 그들에게 임재하실 것이다(비교. 15:17).

교육과 기독론

하나님에 대한 직관을 다루는 가장 매력적인 성서 구절 중 하나는 예수가 자신의 제자들에게 행한 고별 담화에서 나타난다(요 13-17장). 예수가 자신이 그들을 위해 처소를 예비하러 간다고 설명하시면서 그들을 격려

하시자("내 아버지 집에 거할 곳이 많도다"; 요 14:2) 도마와 빌립이 그와 더불어 토론을 벌인다. 도마는 자신이 예수의 말을 이해하지 못했음을 드러낸다. 그는 예수가 어디로 가는지 알지 못한다. 그곳에 어떻게 이르는지는 말할 것도 없다. 예수는 그 말에 답하시면서 자신을 가리키신다. "내가 곧 길이요 진리요 생명이니 나로 말미암지 않고는 아버지께로 올 자가 없느니라"(요 14:6). 어느 의미에서 성부는 목적지이시고 예수는 우리가 그곳에 이르는 수단이신 것처럼 보인다. 그러나 이어서 예수는 이런 이해를 복잡하게 만드는 말을 덧붙인다. 그는 성부와 성자의 관계의 영원한 신비를 지적한다. "너희가 나를 알았더라면 내 아버지도 알았으리로다. 이제부터는 너희가 그를 알았고 또 보았느니라"(요 14:7).[62] 그러므로 예수는 우리가 그를 볼 때 이미 성부도 보는 것이라고 지적하신다. 적어도 믿음의 눈으로 보는 이들에게는 성부를 성자로부터 갈라놓는 거리는 존재하지 않는다.

영적 직관이라는 이런 은사는 빌립에게는 부족해 보인다. 그는 요점을 짚는다. "주여, 아버지를 우리에게 보여주옵소서. 그리하면 족하겠나이다"(요 14:8). 빌립은 요한복음의 여러 다른 이들처럼 비난받을 만한 무지를 드러낸다. 예수는 방금 우리가 자신을 보고 앎으로써 또한 성부를 안다고 지적했다. 그러나 빌립은 여전히 성부를 보여달라고 청한다.

---

62 성서학자들은 일반적으로 이 구절이 무엇보다도 성자의 사명을 가리키고 오직 부차적 의미로만 성부와 성자의 존재론적 연합에 관해 말한다고 주장한다(가령, Raymond E. Brown, *The Gospel according to John XIII-XXI*, Anchcor Bible 29A [Garden City, NY: Doubleday, 1970], 632; Andrea J. Köstenberger, *John*, Baker Exegetical Commentary on the New Testament [Grand Rapids: Baker Academic, 2004], 431). 나는 우리가 경륜을 통해 내적 삼위일체의 삶에 대해 안다는 것을 염두에 둔다면 이런 평가에 동의한다. 우리는 전자를 위해 후자를 경시할 필요가 없다. 우리는 그리스도 안에서 자신을 나타내시는 하나님의 자기 계시 안에서 그리고 그것을 통해서 하나님의 참 모습을 안다.

그가 예수에게 이런 요청을 했을 때 그가 들은 답은 (문자적으로) 예수의 얼굴을 보라는 것이었다. 예수를 관조할 때 우리는 성부를 관조하는 것이다. 성부와 성자는 하나이므로(참조. 요 10:30; 12:45; 13:20), 예수를 놔두고 성부를 구하는 것은 이치에 맞지 않는다. 예수가 성부에게 이르는 수단이라는 것이 사실일지라도 예수 뒤에 또 다른 신적 존재가 숨어 있다고 주장하는 것은 잘못된 일이 될 것이다. 그러므로 예수는 이것을 빌립에게 설명하기 위해 문제를 가능한 한 명확하게 지적한다. "빌립아, 내가 이렇게 오래 너희와 함께 있으되 네가 나를 알지 못하느냐. 나를 본 자는 아버지를 보았거늘 어찌하여 아버지를 보이라 하느냐. 내가 아버지 안에 거하고 아버지는 내 안에 계신 것을 네가 믿지 아니하느냐"(요 14:9-10). 예수가 도마와 빌립과 나누신 대화에 따르면, 예수는 성부에게로 가는 길이시다. 그리고 그 이유는 성부와 성자가 하나이시기 때문이다. 성자를 보는 것은 필연적으로 성부를 보는 일을 낳는다.

이 대화로부터 끌어낼 수 있는 핵심적 교훈 중 하나는 하나님에 대한 관조가 성육신한 그리스도에게 집중된다는 것이다. 우리가 생명(혹은 행복, 지복)을 얻는 것은 육신을 입은 그리스도를 보는 것을 통해서, 그리고 믿음의 눈으로 그분 안에서 영원한 "나는 ~이다"(I am)를 인식함으로써다. 우리는 그것을 훨씬 더 강하게 말할 수도 있다. 믿음의 눈으로 그리스도를 보는 것은 지복으로 **이어질** 뿐 아니라 그 자체가 지복**이다.** 그리스도를 볼 때 우리는 하나님을 본다. 전통에 속한 많은 이들이 하나님에 대한 직관에 대해 그리스도 중심적 접근법을 취했던 것은 그럴 만한 충분한 이유가 있어서다. 이를 위한 기초는 예수가 삼위일체와 성육신 교리를 언급하는 것에 있다. 그가 도마에게 하셨던 "내가 곧 길이요 진리요 생명이다"(요 14:6)라는 말—요한복음서에서 일곱 차례 등장하는

"나는 ~이다"(I am) 중 여섯 번째—은 자신과 성부의 동일성에 대한 주장이다. 예수가 자신이 바로 그 "나는 ~이다"(ἐγώ εἰμι)라고 진술하실 때, 그는 자신을 "나는 스스로 있는 자이니라"(I AM WHO I AM, 출 3:14)라는 이름으로 불타는 떨기나무에서 모세에게 자신을 드러내셨던 "나는 ~이다"(I am)와 동일시하신다.

따라서 요한복음 서문이 예수를 "참 빛"과 동일시할 때(요 1:9), 그 복음서의 저자는 예수 안에서 하나님 자신의 임재의 영광이 그분의 백성과 함께하기 위해 왔음을 주장하는 것에 불과하다.[63] 하나님이 성막과 성전에서 구름기둥 안에 있는 불의 모습으로 내려오셨던 것처럼(출 33:9; 40:34-51; 왕상 8:10-11), 그분은 이제 또한 인간의 살과 피를 입은 그리스도의 모습으로 내려오셨다. "말씀이 육신이 되어 우리 가운데 거하시매(ἐσκήνωσεν) 우리가 그의 영광을 보니 아버지의 독생자의 영광이요 은혜와 진리가 충만하더라"(요 1:14). 우리를 참으로 행복하게(beatus라는 라틴어는 영어로 "happy"를 의미한다) 만들어주는 직관—혹은 요한복음이 말하듯이 참으로 행복을 제공하는 직관(요 1:4; 8:12)—은 살과 피를 취한(요 3:16; 6:50-54) 하나님의 영원한 아들이신 예수 그리스도에 대한 직관이다. 하나님에 대한 직관은 언제나 하나님의 아들로 식별되는 인간 예수 안에서 그리고 그를 통해서 이루어지는 직관이다. 우리는 오직 그 안에서 그리고 그를 통해서만 성부를 알게 된다. 그러므로 미래의 지복직관은 그리스도에 대한 직관 너머에 있는 어떤 단계가 아니다(비록 우리가 지복직관 상태에서 이전의 그 어느 때보다도 그리스도 안에 계신 하나님을 훨씬 더 분

---

63   요 8:2에 나오는 예수의 말을 참조하라. "나는 세상의 빛이니 나를 따르는 자는 어둠에 다니지 아니하고 생명의 빛을 얻으리라."

명하게 보기는 할지라도 말이다). 오히려 우리는 우리가 예수와의 연합과 교제를 통해 하나님의 성육신하신 성막 안에 거주할 때 하나님 자신—하나님의 본질—을 본다. 그 안에서 성례전과 실재가 일치한다. 하나님의 본질은 그리스도의 뒤나 너머에 있지 않다. 오히려 믿음의 눈을 가진 자들은 그리스도의 위격의 일치 안에서 하나님의 본질을 볼 수 있다.

비록 그 구절이 하나님에 대한 종말론적 직관에 대해 직접 언급하지는 않으나, 요한복음에서 예수가 도마와 빌립과 나눈 대화는 지복직관을 이해하는 열쇠다. 그 주제를 명시적으로 다루는 성서 구절들이 분명히 가장 중요하지만(그리고 그런 것들은 꽤 많이 있다), 우리는 그것들을 우리가 성서 전체에서 끌어낸 하나님을 보는 것(과 하나님에 대한 관조)에 관한 보다 폭 넓은 신학 안으로 통합시킬 필요가 있다. 예수는 하나님의 참되고 궁극적인 계시이시므로(히 1:2), 그는 앞선 그 어떤 현현으로도 견줄 수 없고 미래의 모든 계시로도 비할 데 없는 방식으로 자신을 드러내신다. 예수는 하나님의 아들 안에 있는 신적이고 인간적인 본성의 위격적 연합 안에서 그리고 그것을 통해서 현존하시는 하나님의 참되고 궁극적인 성례전적 신현이다. 우리는 믿음의 눈으로 우리가 복음과 성례전 안에서 보는 그리스도께 눈을 돌림으로써 지복직관에 대해 안다.[64]

---

64 Herbert McCabe는 다음과 같이 말한다. "예수의 이야기는 하나님의 참된 삶이 우리의 역사에 투사된 것 혹은 우리의 역사 안에서 성례전적으로 시행되어 이야기가 된 것에 지나지 않는다"("The Involvement of God," in *God Matters* [London: Continuum, 1987], 48). McCabe는 계속해서 다음과 같이 쓴다. "말하자면 예수의 이야기를 보면서 우리는 삼위일체의 행진을 본다.…그것은 단지 반영이 아니라 성례전이다. 그것은 그것이 가리키는 실재를 포함하고 있다. 예수의 사명은 성자의 영원한 발생에 다름 아니다"(48-49). 나는 John Behr 덕분에 이 인용문을 알게 되었다. "최초의 성례전"(oersacrament)에 관해서는 E. Schillebeeckx, *Christ the Sacrament of the Encounter with God*, trans. Paul Barrett(Lanham, MD: Sheed and Ward/Rowman and Littlefield, 1963)를 보라.

따라서 종말론적 장벽에도 불구하고 우리는 미래의 지복직관이 무엇을 수반할지에 대해 신뢰할 만한 통찰을 갖고 있다. 그 이유는 그리스도 안에서의 하나님의 자기 현현이 우리를 잘못 인도하지 않기 때문이다. 우리가 믿음 안에서 예수를 바라볼 때, 우리는 하나님 자신과 대면한다. 실제로 사도 바울은 그리스도 안에 있는 새 언약이 옛 언약보다 훨씬 더 영광스럽다고, 또한 우리가 모세와 같은 방식으로 믿음 안에서 그를 향해 돌아서면(ἐπιστρέψῃ) 베일(κάλυμμα)이 벗겨진다고 주장한다(고후 3:16). 바울은 우리에게 "주님"을 향해 돌아서라고 명령하면서 분명하게 예수를 하나님의 위치에 놓는다. 모세 역시 베일을 벗은 얼굴로 하나님께 돌아섰다(출 34:34). 사도는 그리스도 안에 계신 하나님에 대한 우리의 직관에 대한 그의 성찰을 다음과 같은 말로 마무리한다. "우리가 다 수건을 벗은 얼굴로 거울을 보는 것 같이 주의 영광을 보매 그와 같은 형상으로 변화하여(μεταμορφούμεθα) 영광에서 영광에 이르니 곧 주의 영으로 말미암음이니라"(고후 3:18). 이런 말은 친밀성에 관한 놀라운 주장인데, 특히 모세가 출애굽기 34장에서 하나님의 세 번째 신현을 경험했을 당시에 그의 대면 직관이 이미 그가 불타는 떨기나무에서 하나님을 처음 뵈었을 때의 그것보다 훨씬 더 영광스러웠음을 고려한다면 더욱 그러하다.[65] 출애굽기에 나오는 모세의 계속적인 변화 이야기를 배경으로 할 때, 변화를 초래하는 그리스도에 대한 직관에 관한 바울의 말은 충격적이다.

지복직관 교리를 기독론적으로 해석하는 것은 우리가 분명하게 지

---

65 고후 3장에 관한 설교는 Hans Boersma, *Sacramental Preaching: Sermons on the Hidden Presence of Christ* (Grand Rapids: Baker Academic, 2016), 183-95을 보라.

복직관을 언급하는 많은 성서 구절을 읽는 방식에 대해서도 함의를 갖는다. 그런 성서 구절들 모두를 철저하게 다루지 않을지라도 핵심적인 구절 몇 가지에 관해 논하는 것만으로도 도움이 될 수 있다. 예수가 선포하셨던 여섯 번째 지복은 "마음이 청결한 자는 복이 있나니 그들이 하나님을 볼 것이다"였다(마 5:8). 조나단 에드워즈는 1730년에 행한 그 구절에 관한 설교에서 하나님이 전에 시내산에서 이스라엘 백성에게 말씀하셨던 것처럼, 그분은 또한 여기서도 산 위에서 자신의 제자들에게 말씀하신다는 것을 분명하게 밝힌다. 그러나 이번에 하나님은 성육신하신 그리스도 안에서 그분이 전에 시내산에서 하셨던 것보다 훨씬 더 분명하고 완전하게 자신을 계시하신다.[66] 그리스도 안에서 하나님은 다시 한 번 임재하신다. 그러나 이번에는 훨씬 더 영광스러운 방식으로 그렇게 하신다. 내가 앞 장에서 주장했듯이, 에드워즈에게 이것은 하나님에 대한 직관이 단지 **언급되는** 것이 아니라 지복에 관한 예수의 가르침 안에서 **실제로 일어나는** 것을 의미한다.[67] 제자들은 그리스도 안에서 고대 이스라엘 백성에게는 배척되었던 방식으로 하나님을 본다. 혹은 만약 우리가 그것을 성례전적 용어를 사용해 말하고 싶다면, 시내산에서 숨겨진 방식으로 이미 존재했던 하나님에 대한 종말론적 직관이라는 목표의 실재가 예수의 산상수훈에서 훨씬 더 영광스럽게 나타난다. 제자들의(그리고 세상에서 예수와 상호작용하는 다른 이들의) 눈은 그의 신적 영광의 충만함을 보지 못할 수 있다. 그러나 그럼에도 그것은 예수의 지상 생애 내내 그러했듯이 이곳에 존재한다. 성육신―하나님이 인간의 몸을 취하시는

---

66   Edwards, "The Pure in Heart Blessed," in *WJE* 17:59.
67   이 책 12장의 "지복직관과 그리스도" 부분을 보라.

것—은 자기 백성을 자신의 영광의 광휘에 익숙해지게끔 하시는 하나님의 견습 프로그램의 지속이자 정점이다.

따라서 나의 이해에 따르면, 지복(특히 마음이 청결한 자에게 하나님에 대한 직관을 제공하는 지복)은 그것의 초점을 예수에게 맞추고 있다. 예수는 자신을 (약속된 대상인) 하나님과 (마음이 청결한 자가 되라는 말을 듣는) 자신의 청중 사이에 서 있는 제3자로 여기지 않으신다. 그는 다른 이들에게 하나님을 보기 위한 외적 조건(마음의 청결함)을 부과하는 외부자가 아니다. 오히려 하나님을 보는 것(*visio Dei*)에 관한 지복과 관련해, 예수는 자신을 자신의 말의 첫 번째와 두 번째 부분과 관련해서 주어로 제시하신다. 첫 번째 부분에서 예수는 "마음이 청결하게 되는 것"의 의미에 대한 정의 자체이신 것이 분명해 보인다. 우리는 오직 예수의 청결함에 참여함으로써만 청결함을 얻는다. 우리는 오직 그리스도와 연합함으로써만 하나님의 삶—그분의 청결함—에 참여한다. 예수의 말씀의 두 번째 부분은 이런 마음의 청결함이 우리가 **예수 안에서** 하나님이 어떤 분이신지 식별할 수 있게 해준다는 것을 분명하게 밝힌다. 만약 예수가 하나님의 참된 계시이시라면, 그때 우리는 그 안에서 하나님의 성품이나 존재를 본다. 그러므로 예수의 말씀은 제자들에게 그 자신과의 보다 큰 친밀함에 이르는 길을 제시한다. 지복의 이 두 부분은 모두 그가 화해시키시는 두 당사자(하나님과 인간)로부터 멀리 떨어져 있다거나 그 둘 사이에 서 있다는 그 어떤 개념도 불식시킨다. 우리가 하나님은 물론이고 우리 자신을 알게 되는 것은 하나님의 아들의 위격적 연합 안에서다. 예수는 단순히 이런 지복을 선포만 하는 것이 아니다. 오히려 그 자신이 지복의 주체다. 그는 우리가 그 안에서 복을 얻는 존재이며("마음이 청결한 자는 복이 있다") 또한 그 약속의 내용이다("저희가 하나님을 볼 것이다"). 따라서 다시 한번 예수 안에서 수단과 목표가 수렴한다. 삼위일체의 삼위는 세 명의 개체가 아니라 하나의 본체이기 때문에 예수 그리스도 밖에서 성부를 보는 것은 불가능하다.

사도 바울은 사랑에 관한 그의 찬가(고전 13:1-13)에서 하나님에 대한 대면 직관이라는 이 동일한 약속을 제공하면서 "우리가 지금은 거울로 보는 것 같이 희미하나 그때에는 얼굴과 얼굴을 대하여 볼 것이다"(고전 13:12)라고 말한다. 그는 이 지복직관에서 부분적인(ἐκ μέρους) 지식(고전 13:9, 12)이 우리에 대한 하나님의 온전한 지식에 상응하는 온전한 지식(ἐπιγνώσομαι)(고전 13:12)에 길을 내어줄 것이라고 설명한다.[68] 따라서 바라봄이라는 측면과 지식이라는 측면 모두에서 종말은 더 영광스러운 미래로의 변화를 나타낸다. 청교도 신학자 존 오웬은 자신의 유작『그리스도의 영광에 대한 묵상과 담화들』(*Meditations and discourses on the glory of Christ*, 1684)에서 이런 전환에 대해 상술한다.[69] 우리가 단지 믿음으로만 그리스도의 영광을 보는 한, 우리는 "모호하고 어두우며 분명하지 않고 반응-적인"[70] 따라서 불안정하고 불균등한 견해를 가질 뿐이다.[71] 대조적으로 천국에서 그리스도의 영광에 대한 우리의 직관은 "즉각적이고 직접적이며 직관적(intuitive)이고" 따라서 "안정적이고 한결같으며 지속적

---

68   비록 바울이 "부분적으로" 아는 것을 "온전히 아는 것"(ἐπιγινώσκω)과 비교하기는 하나, 우리는 그 동사에서 사용된 전치사 ἐπι에 너무 많은 의미를 부여하지 말아야 한다. Rudolf Bultmann은 ""ἐπιγινώσκειν은 자주 의미상의 차이 없이 γινώσκειν 대신 사용되며(("γινώσκω"in *TDNT* 1:703) 또한 "고린도전서 13:12에서도 그런 대체는 순전히 수사적이다"(1:704)라고 주장한다.

69   지복직관에 관한 오웬의 견해는 이 책의 11장을 보라.

70   John Owen, *Meditations and discourses on the glory of Christ, in his person, office, and grace with the differences between faith and sight: applied unto the use of them that believe* (London, 1684; Wing O769), 174.

71   Owen, *Meditations*, 178.

이다."[72] 이어서 오웬은 다음과 같이 말한다. "그리스도 자신이 그의 모든 영광과 함께 계속해서 우리와 함께 우리 앞에 계실 것이고 우리에게 제시되실 것이다. 우리는 더는 어떤 형상, 복음서에 들어 있는 그의 영광에 관한 묘사와 같은 그에 관한 표상을 갖지 않을 것이다. 우리는 바울의 말처럼 그를 **대면하여 볼 것이다**(고전 13:12). 바울은 그것을 우리가 **거울로 보는 것 같이 희미하게** 보는 것과 대조하는데, 그것은 믿음이 도달할 수 있는 최상의 것이다."[73] 여기서 오웬은 그 구절에 대한 자신의 기독론적 읽기의 이유를 설명하지 않는다. 아마도 그런 읽기를 추동하는 것은 하나님이 그리스도 안에서 자신을 온전하게 계시하신다는, 또한 우리는 오직 하나님이 그리스도 안에서 우리를 받아들이실 때만 "온전하게 알려질" 수 있다는 그의 확신 때문일 것이다. 오웬에 따르면 그리스도는 영원히 하나님과 그분의 성도 사이의 소통을 위한 수단이 되실 것이다. 오웬의 신학적 입장은 아주 옳아 보인다. 항상 있는 사랑의 덕(고전 13:13)은 성도가 그리스도 안에서 하나님을 규정하는 사랑, 즉 하나님의 성품이나 본질에 영원히 참여하는 것이다. 그리스도 안에서—지금 세상에서든 아니면 내세에 천국에서든—하나님을 아는 것은 하나님의 성품이나 본질(의 무언가)을 아는 것이다. 하나님에 대한 다른 직관은 존재하지 않는다.

고린도전서 13:12이 오늘의 부분적 지식(ἐκ μέρους)을 내세의 "온전한 지식"(ἐπιγνώσομαι)과 대조하듯이, 요한의 첫 번째 서신 역시 미래의 대면 직관의 형언할 수 없는 특성을 강조한다. "사랑하는 자들아, 우리

---

72   Owen, *Meditations*, 179.
73   Owen, *Meditations*, 179.

가 지금은 하나님의 자녀라. 장래에 어떻게 될지는 아직 나타나지 아니하였으나, 그가 나타나시면 우리가 그와 같을 줄을 아는 것은 그의 참모습 그대로 볼 것이기 때문이다"(요일 3:2). 이런 말의 의미가 즉각적으로 분명치는 않다. 그를 "그의 참모습 그대로" 본다는 것은 무엇을 의미하는가? 그리고 요한이 우리가 보게 되리라고 말하는 이는 누구인가? 그분은 성부인가 아니면 성자인가?[74] 또한 "그의 참모습 그대로"는 무엇을 의미하는가? 주석적 문제들은 아주 많고 복잡하다. 그러나 한 가지는 논란의 여지가 없을 만큼 분명하다. 그것은 그 종말론적 직관이 지금 우리가 관조라는 방법을 통해 경험할 수 있는 그 어떤 것도 훨씬 넘어서리라는 점이다.

우리가 "그의 참모습 그대로" 보게 될 대상이 성부라고 여기는 이들은 종종 종말에(그러하기에 지금은 아니다) 우리가 하나님의 본질 그 자체를 보게 되리라고 결론짓는다. 이것은 토마스 아퀴나스의 주장이다. 그 13세기의 도미니코회 수도사는 대면 직관(고전 13:12)은 하나님의 본질을 보는 것이라고 주장한 후에 이렇게 덧붙인다. "더 나아가 기록되기를 **'그가 나타나시면 우리가 그와 같을 줄을 아는 것은 그의 참모습 그대로**

---

74 Simon Francis Gaine은 요한이 성부를 염두에 두었다고 주장한다. 왜냐하면 (1) 요한은 방금 동일한 구절에서 우리가 "하나님의 자녀"로 입양된 것에 대해 말했고, (2) 또한 요일 2:28에서 "나타나시는" 분과 2:29에서 우리가 그에게서 나는 분으로 성부를 염두에 두고 있는 것처럼 보이기 때문이다(그 편지의 다른 곳에서 요한은 우리가 하나님에게서 태어난다는 것을 분명하게 밝힌다; 참조. 3:9; 4:7; 5:1)(*Did the Saviour See the Father? Christ, Salvation, and the Vision of God* [London: Bloomsbury T. & T. Clark, 2015], 26-29). 그러나 다른 이들은 요한이 성자를 염두에 두고 있다고 주장한다. 요일 3:5, 8에서 요한은 성자가 "나타났다"고 말한다. 그러므로 요일 2:28과 3:2에서 "그가 나타나사"의 주어 역시 성자일 가능성이 더 커 보인다(Rudolf Bultmann, *The Johannine Epistles: A Commentary on the Johannine Epistles*, trans. R Philip O'Hara, Lane C. McGaughy, and Robert W. Funt, Hermeneia [Philadelphia: Fortress, 1973], 48).

볼 것이기 때문이니'라고 했다(요일 3:2). 그러므로 우리는 그분의 본질을 보게 될 것이다."[75] 그러나 아퀴나스는 자기가 신적 본질에 대한 이런 직관을 확언하는 **방식**과 관련해서 적절하게 신중한 입장을 취한다. 어떤 중요한 의미에서 그는 하나님의 본질에 대한 이런 직관이 우리가 하나님을 이해하게 되리라는 것을 의미하지 **않는다**고 인정한다.[76] 내게는 피조물에 대한 하나님의 초월성 혹은 타자성을 보호하기 위한 이런 고정된 유보가 중요해 보인다. 우리가 하나님을 "그의 참모습 그대로" 보리라는 것이 무엇을 의미하든 상관없이 그것은 창조주-피조물의 구분이 사라지리라는 것을 의미할 수 없다.

이것은 다시 우리가 하나님의 본질을 본다는 것이 무엇을 의미하는가라는 질문을 불러일으킨다. 동방과 개신교 신학자들은 종종—비록 후자는 결코 보편적으로 그렇지는 않으나—지복직관에 하나님의 본질을 보는 것이 포함된다고 말하는 것을 피한다. 그렇게 하는 근본적인 이유는 두 전통 모두에서 동일하다. 성 토마스의 반대 주장에도 불구하고, 동방 교회와 개신교 교회 안에는 하나님의 **본질**에 관한(*per essentiam*) 종말

---

75   *ST* Suppl. q. 92, a. 1; 참조. I. q. 12, a. 1.
76   *ST* I-II, q. 4, a. 3. 아퀴나스는 여기서 하나님에 대한 우리의 종말론적 이해는 하나님(이해되는 자)이 우리(이해하는 자) 안에 포함되는 방식이 아니라고 설명한다. 오히려 여기서 이해는 "이미 존재하고 소유한 무언가를 붙잡는 것"을 의미한다. "그러므로 다른 이를 뒤쫓는 이는 그가 그를 붙잡을 때 그를 이해한다고 말할 수 있다." *ST* I, q. 12, a. 1에서 아퀴나스는 하나님은 "이해되지 않는다"고 간략하게 말한다. 그리고 *ST* I, q. 12, a. 7에서 그는 그 어떤 창조된 지성도 하나님을 무한히 알 수는 없으며, 따라서 하나님은 그분이 유한한 존재 안에 포함된다는 의미에서 이해될 수 없다고 설명한다. 성 토마스는 그러나 어느 의미에서 하나님을 이해하는 것은 가능하다고 주장한다. "누군가에게 도달하는(*attingit*) 이는 그가 그에게 도달할 때 그를 이해한다고 말해지기 때문이다"(ST I, q. 12, a. 7). 아퀴나스는 어떤 식으로든 우리가 하나님의 본질을 붙잡거나 우리의 유한한 존재 안에 포함시키지 않으면서도 그것에 닿거나 도달할 수 있다고 의미하는 것처럼 보인다.

론적 직관에 대한 전망이 하나님의 초월성에 대한 부정을 수반한다는 우려가 존재한다. 그것은 우리가 가볍게 무시할 수 없는 우려다. 우리가 지적했듯이 토마스 아퀴나스는 하나님의 본질을 보는 것에 관해 아주 많은 말을 한다. 하지만 내가 알기로 그는 그리스도에 대한 직관으로서의 지복직관에 대해 말하지 않는다. 이것은 과연 아퀴나스가 우리의 직관의 최종적 대상이 그리스도 **너머에** 있는 무언가로, 즉 하나님의 본질로 여겼는지에 대한 질문으로 이어지지 않을 수 없다.

여기서 우리가 마주하는 질문은 어렵다. 7세기의 신학자인 고백자 막시무스(Maximus the Confessor, 580-662)는 리비아의 수도사 탈라시우스(Thalassius)의 질문에 답하면서 이런 문제들에 대한 우리의 이해에 한계가 있음을 지적한다. 그는 요한이 고백하는 것처럼 보이는 무지("사랑하는 자들아, 우리가 지금은 하나님의 자녀라. 장래에 어떻게 될지는 아직 나타나지 아니하였으나"; 요일 3:2)를 바울의 지식에 대한 주장("성령은 모든 것 곧 하나님의 깊은 것까지도 통달하시느니라"; 고전 2:10)과 어떻게 함께 유지할 수 있는가라는 질문에 대해 논한다.[77] 막시무스는 비록 그 두 구절이 모두 종말론적 미래에 대해 말하기는 하나 각자 그것의 서로 다른 측면을 다룬다고 주장한다. 우리는 하나님의 목표 혹은 의도(σκοπός), 곧 우리는 우리가 신성화되리라는 것을 안다. 그러나 우리는 정확하게 그것이 무엇을 의미하는지는 알지 못한다. 즉 우리는 우리가 정확하게 **어떻게** 신성화될 것인지 알지 못한다. 노만 러셀(Norman Russell)이 말하듯이 막시무스에 따르면, "미래에 나타날 선의 형태의 실재는 아직 계시되지 않았다.

---

77   Maximus the Confessor, *Ad Thalassium*, no. 9. 참조. Russell, *Doctrine of Deification*, 284-85.

현재 우리는 믿음으로 걷는다."[78] 우리가 어떻게 신성화될 것인가 혹은 우리가 어떻게 하나님을 볼 것인가라는 질문은 이성이 적절하게 혹은 온전하게 다룰 수 있는 질문이 아니다.[79]

특별히 막시무스가 경계하는 말에 비추어볼 때, 나로서는 성 토마스가 하나님에 대한 직관(*visio Dei*)이 어떻게 가능한가라는 질문에 대해 지나치게 추측에 의존하는 답을 제공하는 것처럼 보인다.[80] 만약 그가 믿음의 빛(그것은 오늘날의 간접적인 직관을 허용한다)과 영광의 빛(그것은 우리가 내세에서 직접 하나님의 본질을 볼 수 있게 한다)을 구분하지 않았다면, 그는 이 문제를 같은 방식으로 직면하지 않았을 것이다. 만약 우리가 참으로 그리스도 안에서 하나님의 성품이나 본질(οὐσία)을 본다면, 역사 속에서 다양한 방식으로 보여왔던 그리고 내세에 우리가 영광 가운데서 보게 될 존재는 그리스도 안에 계신 동일한 하나님이시다. 하나님의 교육은

---

78   Russell, *Doctrine of Deification*, 285.

79   막시무스는 본질과 활동을 구분하면서 비록 인간은 하나님의 신적 활동에 참여할 수 있을지라도 그분의 본질은 결코 볼 수 없을 것이라고 주장한다. 그레고리오스 팔라마스는 14세기에 이런 구분을 성문화했다. John Meyendorff, *A Study of Gregory Palamas*, trans. George Lawrence (Crestwood, NY: St. Vladimir's Seminary Press, 1998), 202-207을 보라. 만약 본질-활동 구분이 단지 명목상의 구분이 아니라 실제적인 구분을 의미한다면, 하나님의 단순성을 유지하기가 어려워질 수 있다. 그리고 팔라마스가 명목상의 구분만을 염두에 두었을 가능성은 거의 없다. 나로서는 우리가 기독론에 의지해 하나님의 본질을 보는 것에 관한 팔라마스의 우려를 완화시키는 것처럼 보인다. 하나님(과 그분의 본질)에 대한 모든 직관은 이미 언제나 그리스도 안에서 하나님의 존재에 대한 부분적이고 신현적인 직관이었고 앞으로도 늘 그럴 것이다.

80   아퀴나스는 영광의 빛(*lumen gloriae*)이 자연적 이성을 고양시켜 신적 본질을 볼 수 있게 하는 창조된 선물의 역할을 할 것이라고 주장한다(*ST* I, q. 12, a. 2). 그러나 이것은 창조된 빛이 어떻게 신성화하는 효과를 낼 수 있는가라는 질문을 불러일으킨다. 하나님이 창조된 영광의 빛에 이런 신성화하는 능력을 부여하신다는 아퀴나스의 옹호는 나에게는 부적절해 보인다. 오직 하나님 자신의 능력만으로도 우리가 그분을 볼 수 있게 하기에 충분하다. 유사한 비판은 Nicholas J. Healy, *The Eschatology of Hans Urs von Balthasar: Being as Communion* (Oxford: Oxford University Press, 2005), 172을 보라.

그분이 우리의 도제 기간 중 서로 다른 시점에 자신의 서로 다른 "부분" 혹은 "측면"을 계시하심으로써 우리가 죽을 때 그 프로그램의 여전히 중요한 한 측면이 하나님의 본질에 대한 직관이 되게 하신다는 것을 의미하지 않는다. 오히려 역사 전체를 통해 하나님은 **자기** 계시를 통해 자신의 백성이 자신을 보도록 훈련시켜 오셨다. 언제나—심지어 종말에도—이 자기 현현(혹은 신적 본질의 드러냄)은 그리스도 안에서의 하나님의 현현이다.

하나님에 대한 모세의 직관과 지복직관의 차이는 모세가 이것(즉, 창조된 대상)을 보았던 반면 복을 얻는 자들은 다른 것(하나님의 본질)을 본다는 것이 아니다. 구약에서 하나님이 피조물을 수단으로 삼아 신현을 통해 나타나셨을 때 보였던 것은 (비록 그것이 육체적 모습이라는 베일을 통해 간접적으로 보였을지라도) 하나님 자신의 존재 혹은 본질이었다. 유사하게 내세에 복을 얻은 자들이 하나님의 본질을 볼 때 그들은 그것을 신현을 통해, 즉 그리스도 안에서 나타나시는 하나님의 궁극적인 자기 현현을 통해 보게 될 것이다. 물론 그 대상은 한 가지 중요한 측면에서 다른데, 그것은 모든 신현이 실제적인 성육신이 아니라는 점이다. 성 아우구스티누스가 『삼위일체론』(*De Trinitate*)에서 우리에게 상기시켜주듯이 "육신을 **입으신** 말씀과 육신**이신** 말씀은 다르다. 이것은 인간의 모습을 **취하신** 말씀과 인간**이신** 말씀이 다르다는 것을 의미한다."[81] 영원한 말씀(그분의 본질)이 불타는 떨기나무 안에 신비롭게 임재하시는 반면, 그분은 그리스도의 육신에 대해 하시는 것처럼 자신을 그것과 동일시하지 않으

---

81   *Trin.* 2.2.11 (*WSA* I/5:107).

신다.[82] 전자와 후자의 차이는 단지 인식론적이기만 한 것이 아니라 존재론적이기도 하다. 우리는 오직 성육신과 관련해서만 일의적이고 직접적인 방식으로 "말씀이 육신이 되셨다"(요 1:14)고 말할 수 있다. 하나님이 자신을 나사렛 출신 목수의 아들로 보이도록 허락하신 이유는 성육신으로 인해 도제 프로그램이 핵심적인 다음 단계로 진행되었기 때문이다.

모세에게 나타났던 그 동일한 말씀이 하늘에서 복을 얻은 자들에게도 나타나는 반면, 오직 후자만이 성육신한 그리스도를 보며(존재론적 진보), 그를 보는 그들의 능력은 극적으로 개선될 것이다(인식론적 개선). 내세의 대면 직관은 모세의 대면 직관보다 훨씬 더 강렬한데, 부분적으로 그것은 하나님의 은혜로운 교육의 결과로서 복을 얻은 이들이 (비록 우리가 그리스도 안에 있는 하나님의 사랑이나 그분의 본질을 결코 온전히 이해하거나 파악하지 못한다는 것을 염두에 두더라도) 그리스도 안에 있는 하나님의 사랑에 훨씬 더 철저하게 길들어 있기 때문이다. 우리가 미래에 영광 중에 계신 그리스도를 보는 것은 분명하게 우리를—우리의 영적 눈은 물론이고 육체적인 눈까지도—변화시킬 것이다. 그러나 그것은 보다 앞서 시작된 시복 과정의 결론이 될 것이다. 우리에 대한 하나님의 변화 혹은 변형(μεταμόρφωσις)은 다양한 정도의 강도를 허용하는 점진적인 견습 과정이다. 하나님의 교육은 점차적으로 우리를 그리스도 안에 있는 그분의 사랑에 대한 보다 온전한 조망으로 이끌어간다.

죽을 때 복을 얻은 이들의 영혼이 변화되어 그들이 세상에서 존재할 때 하지 못했던 방식으로 그리스도 안에 계신 하나님을 볼 수 있게 된

---

82   아우구스티누스에 대한 나의 읽기에 따르면, *De Trinitate*에서 그는 또한 하나님의 본체 (*substantia*)가 비록 육체의 눈으로 볼 수는 없었을지라도 구약의 신현들 안에 임재했다고 주장했다. 이 책의 4장 중 "귀속된 피조물과 성례전적 임재" 부분을 보라.

다고 생각할 만한 충분한 이유가 존재한다. 더 나아가 나는 몸의 부활로 인해 성도가 훨씬 더 많이 변화될 것이고(참조. 고전 15:37), 그리하여 그들이 변화된 몸과 영혼으로 그리스도 안에 계신 하나님의 사랑스러운 성품을 계속해서 보다 분명하게 이해하게 될 것이라고 생각한다. 아무튼, 그것이 모세가 불타는 떨기나무 가운데 계신 하나님을 보는 것이든 아니면 성도가 지고천에서 하나님을 숭배하는 것이든, 하나님의 신현적 자기 현현―변함없이 하나님 자신 혹은 본질에 대한 계시―은 다양한 방식으로 언제나 그리고 오직 그리스도 안에서의 계시다.

청교도 신학자 토마스 왓슨이 이 점에서 도움을 줄 수 있다. 그는 요한1서 3:2이 하나님에 대한 우리의 직관이 특성상 "변형적인" 것이라고 말한다고 확언하면서도 이 미래의 변화가 우리에게 새로운 능력, 즉 하나님의 본질을 보는 능력과 함께 새롭게 창조된 습관을 제공하리라고 결론짓지 않는다. 왓슨은 1660년에 나온 지복직관에 관한 그의 논문에서 성도가 "그들 안에서 빛나는 하나님의 영광의 광선을 얻게 될 것"[83]이라고 말하면서 다음과 같은 비교를 한다. "눈 속에서 구르는 사람이 눈처럼 희어지고, 태양을 반사하는 수정이 태양처럼 반짝거리며 태양처럼 보이듯, 하나님의 영광의 밝음을 보는 성도는 그들 위에 그 영광의 흔적을 갖게 될 것이다. 그러나 그들은 하나님의 본질에 참여하지는 않을 것이다. 왜냐하면 불 속의 철이 불이 되기는 하나 여전히 철로 남아 있듯이 하나님의 위엄의 광택을 보는 성도는 영광스러운 피조물이 되지만 여전

---

83 Thomas Watson, *The beatitudes: or A discourse upon part of Christs famous Sermon on the Mount...*(London, 1660; Wing [2nd ed.]: W1107), 261. 나는 이 책 11장 중 '관조적·신비적 경건'(2): 토마스 왓슨과 존 오웬" 부분에서 지복직관에 관한 왓슨의 견해에 대해 상세하게 논했다.

680 4부 지복직관: 교리적 평가

히 피조물이기 때문이다."[84] 왓슨의 말은 매력적이다. 그는 성도가 하나님 자신의 영광의 "흔적"을 갖게 되리라고 주장한다. 그리고 비록 그가 분명하게 신성화에 관한 말을 사용하지는 않을지라도 "불 속의 철이 불이 된다"고 말함으로써 그가 하는 암묵적 추론은 하나님에게 참여하는 자들이 신적 존재가 된다는 것이다. 한편, 창조주-피조물 구분을 보호하기 위해 왓슨은 이어서 우리가 하나님의 본질 자체에 참여하지는 않을 것이라고 설명한다. 내가 이미 분명하게 밝혔듯이 나는 우리가 하나님의 본질을 보는 것에 대한 말을 피할 필요가 있다고 확신하지 않는다. 구약성서에서 하나님의 신현적 출현은 그리스도 안에 계신 하나님의 성례전적 출현이었기 때문에 하나님은 처음부터 그분의 실제 모습 그대로 자신을 계시하셨다고 말할 만한 모든 이유가 존재한다. 그럼에도 왓슨의 기본적인 우려는 타당하다. 하나님의 교육은 이미 졸업한 학생에게조차 선생의 자리를 침해하는 것을 허용하지 않는다. 그리스도 안에 있는 하나님의 사랑은 무한하다. 반면에 그것을 적절하게 이해하는 우리의 능력은 언제나 유한하다.

왓슨—과 또한 18세기에 조나단 에드워즈—을 포함해 청교도들이 종종 지복직관을 내세에 그리스도를 보는 것과 연결시켰던 것은 우연이 아니다. 우리가 하나님을 보는 것은 그리스도를 보는 것 안에서 그리고 그것을 통해서 가능하다. 우리는 그리스도의 인성과의 연합을 통해 단지 **그분의** 신성을 볼 뿐 아니라 불가피하게 (영적 의미에서) 신적 위격 각각을 보게 될 것이다. 왜냐하면 그들은 한 분 하나님이시기 때문이다. 우리가 이미 보았듯이 에드워즈는 이것을 다음과 같이 아름답게 표현한

---

84   Watson, *Beatitudes*, 261-62.

다. "그리스도의 배우자는 하나님의 외아들과의 결혼 덕분에, 이를테면 그와 하나님의 관계의 참여자이고, '왕의 딸'(시 45:13)이 되며, 그로 인해 그녀의 신적 남편이 자신의 성부와 그녀의 성부, 그의 하나님과 그녀의 하나님을 누리는 일에 함께 참여한다."[85] 종말에조차 우리가 (위격적 연합 때문에) 하나님의 영원한 말씀에 그리고 삼위일체 하나님과의 연합에 도달하는 것은 인간적 본성을 입고 계신 그리스도와의 연합을 통해서다.

만약 그런 논의가 유효하다면, 즉 우리가 지복직관 교리를 그리스도에 대한 직관으로 표현해야 한다면, 이것은 우리가 세상에서 그리스도를 보는 모든 때에 그리고 그리스도를 보는 모든 곳에서 지복직관을 예견한다는 것을 의미한다. 이것은 성육신에서 가장 분명하게 드러난다. 그래서 예수는 빌립에게 "나를 본 자는 아버지를 본 것"이라고 말씀하신다(요 14:9). 우리는 그리스도에 대한 관조를 통해 또한 성부를 관조한다. 분명히 우리는 세상에 계셨던 그리스도를 보는 것을 종말에 성부를 보는 것과 구별할 수 없다. 우리가 믿음으로 그리스도와 연합할 때, 우리는 이미 예상에 의한 방식으로—성례전적으로—지복직관에 참여한다. 실제로 우리가 진리와 선과 아름다움을 볼 때마다 그리고 그것들을 보는 모든 곳에서 그것은 마치 종말이 우리의 삶 속으로 폭포수처럼 밀려오고 우리가 그리스도 안에 계신 하나님의 아름다우심을 흘끗 보는 것과 같다. 종말론적 대면 직관이 그리스도 안에서 우리를 신성화하는 하나님과의 연합의 실재(res)인 반면, 하나님의 임재의 빛으로부터 나오는 광선은 오늘 이미 우리의 삶 속에 스며들고 있다. 이 광선 속에서 하나님

---

85   Edwards, "True Saints, When Absent from the Body, Are Present with the Lord," *WJE* 25:234.

자신—바로 그분 자신—이 우리에게 나타나신다. 이런 광선은 신현(신적 출현), 즉 미래의 실재를 우리에게 임재하게 하는 성례전(*sacramenta*)이다.[86]

교육과 변화: 하나님에 대한 육체적 직관

하나님은 오직 그분이 피조물의 방식으로 우리에게 오실 때만 우리를 견습시키실 수 있다. 우리가 요안네스 크리소스토모스와 함께 신적 겸손(συγκατάβασις)[87]에 의존하든 아니면 토마스 아퀴나스와 함께 "받아들여지는 것은 받아들이는 자의 방식을 따라서 받아들여진다"[88]라는 공리에 의존하든, 우리는 하나님을 피조물의 방식으로 이해한다. 우리는 이생에서뿐 아니라 내세에서도 그렇게 한다. 이 장의 나머지에서 나는 이것이 부활의 때에 구현(과 직관)에 대해 무엇을 의미하는가라는 질문에 대해 숙고하고자 한다. 이 질문은 특별히 기독교 전통 안에서 성가신 것이었다. 한편으로 그리스도인들은 대체로 사람이 죽은 후에도 영혼은

---

86 다음과 같은 John Panteleimon Manoussakis의 말을 비교하라. "하나님에 대한 종말 이전의 직관은 정확하게 이를테면 역사 속으로 흘러들면서 다가올 그리고 언제나 다가오고 있는 종말 자체에 의해—즉 하나님 나라에 의해—회고적으로만 이루어질 뿐이다"("Theophany and Indication: Reconciling Augustinian and Palamite Aesthetics," *ModTh* 26 [2010]: 86).

87 David Rylaarsdam은 그가 "적응"(adaptation)으로 번역하는 이 개념을 하나님의 교육에 대한 크리소스토모스의 이해와 연결시킨다(*John Chrysostom on Divine Pedagogy: The Coherence of His Theology and Preaching* [Oxford: Oxford University Press, 2014]).

88 John F. Wippel, "Thomas Aquinas and the Axiom 'What Is Received Is Received according to the Mode of the Receiver,'" in *Metaphysical Themes in Thomas Aquinas II*, Studies in Philosophy and the History of Philosophy 47 (Washington, DC: Catholic University of America Press, 2007), 113-22을 보라.

계속해서 인격적이고 의식적인 존재를 가지면서 하나님에 대한 지복직관을 누릴 것이라고 주장했다. 또한 다른 한편으로 그리스도인들은 몸의 부활의 중요성을 인정했고 대개 중간 상태에서의 영혼의 분리된 존재를 불완전한 것으로 간주했다. 다시 말해 하나님에 대한 지복직관의 온전함에는 몸과 영혼의 재결합이 요구된다는 것이었다. 이런 두 측면 사이의 긴장은 명백하다. 만약 우리가 중간 상태에서 이미 하나님에 대한 직관의 행복을 누린다면, 어째서 몸과 영혼이 재결합되어야 하는가? 혹은 우리는 이렇게 물을 수도 있을 것이다. 만약 몸과의 재결합이 여전히 영혼에 덧붙여질 것이라면, 이미 분리된 영혼은 어떻게 완전한 행복을 누릴 수 있는가?

이런 질문들은 특별히 토마스주의적 전통 안에서 지속적인 관심의 대상이 되었다. 간단하게 말해서 성 토마스는 육체를 가진 것이야말로 이곳 세상에서 우리가 아직 하나님의 본질을 보지 못하는 이유 중 하나라고 주장했다.[89] 아퀴나스에 의하면 죽음이 이런 장애를 제거할 때 분

---

89 예컨대 아퀴나스는 다음과 같이 말한다. "만약 우리가 감각적 표상들(phantasms)에 대한 우리의 지성의 자연적 친밀감 때문에 이 세상에서 다른 독립된 실체를 이해하지 못한다면, 이생에서 우리는 모든 개별적 실체를 초월하는 신적 본질은 더욱이 보지 못한다. 우리는 이에 대한 징후를 우리의 마음이 영적 존재에 대한 관조로 더 높이 고양될수록 감각적인 것들로부터 더 많이 철수한다는 사실로부터도 취할 수 있다. 이제 관조가 도달할 수 있는 마지막 한계는 하나님의 본질이다. 따라서 하나님의 실체를 보는 마음은 죽음을 통해서든 황홀경을 통해서든 육체적 감각으로부터 완전히 절연되어야 한다. 그러므로 하나님을 대변하는 이가 다음과 같이 말했다 '나를 보고 살 자가 없느니라'(출 33:20)"(SCG 3.47.1-2, in Summa contra Gentiles, trans. Anton C. Pegis et al., 5 vols. [1956; reprint, Notre Dame University Press, 1975]). 아퀴나스는 우리가 세상에서 하나님을 보지 못하게 하는 것은 몸의 열정이나 죽을 운명이라고 주장하는 것을 훨씬 넘어선다. 유사하게 그는 하나님의 본질은 "감각적 표상들을 통해 보일 수 없기" 때문에 하나님의 본질을 보는 완전한 행복은 "몸에 달려 있지 않다"고 말한다(ST I-II, q. 4, a. 5). 따라서 적어도 몸의 부재가 하나님에 대한 직관과 관련해 어떤 장애가 되지는 않는다. 참조. Phillip Blond, "The Beatitifc Vision of St. Thomas Aquinas," in Encounter

리된 영혼들은 하나님에 대한 직관에서 "최종적 지복"(*ultima beatitudo*)에 이를 수 있다.[90] 명백한 후속 질문, 즉 "그러나 그렇다면 내세에서 몸의 기능은 무엇인가"라는 질문에 대해 아퀴나스는 비록 영혼이 그것의 직관의 대상과 관련해서는 완전하게(*totaliter*) 쉼을 얻지만, 영혼의 행복의 **정도**는 부활 후에도 증대될 것이라고 답했다.[91] 아퀴나스는 영혼과 몸의 재결합이 영혼의 기쁨을 확대시킬 것이라고 여기는 것처럼 보이는데, 그것은 이제 영혼이 그것의 왕년의 파트너였던 몸과 함께 즐거워하기 때문이다.[92] 그러나 나로서는 이런 해결책은 두 가지 난관에 부닥치는 것으로 보인다. 첫째, 만약 세상에서 몸이 하나님과의 연합에 장애물이었다면, 영혼의 행복이 정확하게 부활의 때에 몸과의 재결합을 통해 증대된다는 것은 이상해 보인다.[93] 둘째, 부활한 몸이 하나님에 대한 지복직

---

between Eastern Orthodoxy and Radical Orthodoxy: Transfiguring the World through the Word*, ed. Adrian Pabst and Christoph Schneider (Burtlington, VT: Ashgate, 2009), 194.

90   *SCG* 4.91.2.

91   *ST* I-II, q. 4, a. 5.

92   아퀴나스는 몸의 부재는 "행복과 모순되지 않으나 그것이 모든 면에서 완벽해지는 것 (*omnimodae perfectioni*)을 방해한다"고 말한다. "따라서 몸으로부터의 분리가 영혼이 온 힘을 다해 하나님의 본질에 대한 직관으로 향하는 것을 가로막는다고 말해진다. 영혼은 그 누림이 또한 가능한 한 몸 안으로 흘러넘치게(*per redundantiam*) 하는 방식으로 하나님을 기뻐하기를 바라기 때문이다. 또한 그러므로 그것이 몸이 교제 없이도 하나님을 즐거워하는 한, 그것의 욕망은 그것이 그런 식으로 갖고 있는 것 안에서 쉬기에 몸이 그것의 몫을 얻게 되기를 여전히 바란다"(*ST* I-II, q. 4, a. 5). 이에 대한 보다 깊은 논의는 Matthew Levering, *Jesus and the Demise of Death: Resurrection, Afterlife, and the Fate of the Christian* (Waco: Baylor University Press, 2012), 109-25을 보라.

93   물론 우리는 부활한 몸이, 변화되었을 것이고 더는 열정과 죽을 운명에 복속되지 않을 것이기에 그것이 더는 하나님에 대한 직관의 방해물이 되지 않을 것이라고 주장할 수 있다. 나는 변화된 부활체라는 개념에 아주 크게 공감한다. 하지만 우리는 이미 아퀴나스에게 몸 자체는 이생에서 하나님의 본질을 보는 것을 불가능하게 한다는 것을 살펴본 바 있다.

관 상태에서 영혼에게 제공하게 될 추가적인 유익은 만약 영혼의 직관이 이미 부활에 앞서 온전하게 지복적인 것이라면 분명히 제한적인 것처럼 보인다. 결국 나로서는 아퀴나스가 비록 하나님이 종말에 전인을 변화시키실 것이라고 예상하면서도 지복직관의 목표를 몸의 변화보다는 영혼의 변화와 더 직접적으로 연결시키는 것처럼 보인다. 다시 말해, 아퀴나스의 접근법 안에서 교육의 결과(즉, 지복직관)와 그것으로 이어지는 견습 과정 사이의 성례전적 연결은 몸보다는 영혼과 관련해서 훨씬 더 분명하게 나타난다.

이 문제에 대한 한 가지 해결책은 비록 아마도 무모한 것이 되겠지만 부활이 우리의 행복을 강화시키리라고 말하는 것이다. 부분적으로 그것은 하나님에 대한 직관이 물리적인 것이기 때문이다. 그렇다면 아마도 우리는 하나님을 육체의 눈으로 보게 되리라는 개념을 진지하게 다뤄야 할 것이다.[94] 서구 신학에서 이런 해결책은 종종 하나님의 본질을 엄격하게 영적인 직관으로 선호했기 때문에 거부되었다. 아우구스티누스가 413년 혹은 414년에 포르투나티아누스(Fortunatian) 주교에게 보낸 유명한 편지(*Ep.* 148) 이후로 줄곧 그러했다. 그 편지에서 히포의 주교는 포르투나티아누스에게 자기를 대신해 다른 주교에게 말을 전해달라고 청하는데, 그는 그 주교에게 조금 무뚝뚝하게 "이 육체의 눈은 하나님을 보지 못하며 보지 못할 것"이라고 주장했다.[95] 아우구스티누스는 그의 편지에서 자기가 그렇게 날카로운 말을 하는 것은 하나님이 몸을 갖고

---

94   육체적 조망과 영적 조망 사이의 구분은 Paul L. Gavrilyuk and Sarah Coakley, eds., *The Spiritual Senses: Perceiving God in Western Christiantiy*(Cambridge: Cambridge University Press, 2012)를 보라.

95   *Ep.* 148.1.1 (*WSA* II/2:351).

계신다고 주장하는 신인동형론자들의 견해를 배척하기 위함이라고 했다. 그리고 그는 자기가 그들의 그런 접근법에 계속해서 단호하게 반대할 것임을 분명하게 밝혔다.

그러나 아우구스티누스는 몸이 부활할 때 자기가 변화를 겪음으로써 무형의 실체를 볼 수 있게 되리라는 견해를 묵인할 수 있다고 제안함으로써 자신의 입장에 미묘한 변화를 주었다. 물론 아우구스티누스는 그런 개념에 매혹되지는 않는다. "그것들은 이 육체의 눈이 되어 그분을 보지 못할 것이다. 아니면 그분을 본다면 그것들은 이 육체의 눈이 되지 않을 것이다. 왜냐하면 그런 큰 변화로 인해 그것들은 아주 다른 육체의 눈이 될 것이기 때문이다."[96] 아우구스티누스에게 복잡한 문제들, 즉 과연 우리의 육체적인 눈이 영적 눈이 될 것인가, 그리고 과연 그것들이 영혼이 종말에 육체적인 것들을 보도록 도울 것인가 하는 문제들[97]이 남아 있기는 했으나 그의 기본적인 입장은 회의적이었다.[98] 아우구스티누스는 비록 그의 생애 말년에는 그런 가능성을 수용하는 데 조금 더 개방적이 되기는 했으나[99] 우리의 육체적인 눈이 하나님의 본질을 보리라는 것을 그다지 확신하지 않았다. 아우구스티누스가 변화된 물리적인 눈으로 하나님을 볼 가능성을 인정한 것이 얼마나 미약한 것이었든 상관없

---

96   *Ep*. 148.2.3 (*WSA* II/2:352).

97   *Ep*. 148.5.16 (*WSA* II/358-59).

98   *Ep*. 148.1.2 (*WSA* II/2:351); 2.5 (*WSA* II/2:353).

99   *Civ. Dei* 22.29에 실려 있는 그의 논의를 보라. Boyd Taylor Coolman은 아우구스티누스 뿐 아니라 성 빅토르의 위그와 리샤르, 알렉산데르 에세비엔시스 그리고 기욤 도베르뉴 같은 중세 저자들에게 의지하면서 그가 종말론적 "감각적 지복"(*sensuous beatitude*)이라고 부르는 것을 주장하는데, 거기서는 물리적이고 영적인 감각들이 서로 관통하고 함께 자신의 두 본성을 지닌 성육신한 그리스도를 향한다("Spritual and Sensuous").

이, 나는 그 개념에 대해서는 좀 더 상세한 설명이 필요하다고 여긴다.[100] 아마도 우리가 하나님을 대면하여 볼 수 있게 하는 것은 우리의 전 존재 (지성은 물론이고 물리적인 눈까지)의 변화를 통해서일 것이다. 물론 나의 이해에 따르면 하나님의 존재에 대한 직관은 계속적인 진보의 직관이라는 것을 염두에 두어야 한다. (다시 말해, 나는 어떤 식으로든 지복직관이 하나님의 본질에 대한 실제적인 이해라고 주장하지 않는다.)[101]

그레고리오스 팔라마스는 자신의 『헤시카스트를 옹호하는 3부작』 (*Triads in Defense of the Holy Hesychasts*, 1330년대 말)에서 물리적인 직관과 지적인 직관 모두의 중요성을 강조한다. 그는 하나님은 오직 초감각적이고 초이성적인 방식으로만 볼 수 있다고 반복해서 말한다. 예컨대 팔라마스는 하나님이신 "초감각적인 빛"[102]과 이 빛과의 "초지성적인 연합"[103] 및 "초지성적인"[104] 지식에 대해 말한다. 유사하게 그는 "감각을

---

100 아우구스티누스의 선도를 따라서 대부분의 서구 신학자들은 내세에 물리적인 눈으로 하나님을 본다는 개념에 저항해왔다. Herman Bavinck는 많은 루터파 스콜라 신학자들(Johann Andrea Quenstedt, David Hollatz, Johann Hülsemann, Lucas Maius 그리고 Johann Wolfgang Jäger)이 그것을 가르쳤고, 아마도 몇 사람의 개혁파 신학자들(Johann Heinrich Alsted and Gulielmus Bucanus) 역시 그것을 주장해왔다고 말한다 (*Reformed Dogmatics*, vol. 2, *God and Creation*, trans. John Vriend, ed. John Bolt [Grand Rapids: Baker Academic, 2004], 187). 보다 최근에는 신칼뱅주의 전통 안에서 G. C. Berkouwer가 하나님의 형이상학적 비가시성에 대해 보다 급진적인 의문을 제기했다 (*The Return of Christ*, trans. James Van Oosterom, ed. Marlin J. Van Elderen [Grand Rapids: Eerdmans, 1972], 359-86).

101 내가 이 장의 서론에서 말했듯이 지복직관을 엄격하게 지성적인 것으로 이해하는 전통에 비추어 나는 이하의 설명을 다소 추측에 의지해 가설이나 제안의 방식으로 그것이 추가적인 연구와 논의를 자극하기를 바라면서 제시할 것이다. 비록 내가 분명하게 그런 주장에 강력한 논리가 있다고 여기기는 하지만 말이다.

102 *Triads* 1.3.23; 인용문은 Greogry Palamas, *The Triads*, trans. Nicholas Gendle, ed. John Meyendorff(New York: Paulist, 1983)에서 가져왔다.

103 *Triads* 1.3.22.

104 *Triads* 2.3.68.

넘어서는 감각"과 "정신을 넘어서는 정신"에 대해 언급한다.[105] 팔라마스는 감각적인 인식과 지적인 인식 모두의 중요성을 인정하는 반면, 또한 하나님의 교육의 목표가 하나님에 대한 최종적 직관 안에서 그 둘 모두를 초월하는 것임을 인식한다.[106]

팔라마스는 감각에 대한 그의 적극적인 수용의 측면에서 더 앞으로 나아가—그는 동방 교회 전통 전체에 퍼져 있던 적절한 통찰을 갖고 있는 것처럼 보인다—물리적 직관이 영적 직관에 의해 대체된다기보다는 오히려 (물리적이 되는 것을 그치지 않으면서) 영적 봄으로써 변화된다고 주장한다. 예컨대 그는 물리적 감각의 "변화"(ἐναλλαγή)에 대해 말한다.[107] 또 그는 성령에 의해 "변화된"(μετασκευασθεῖσι) 눈에 대해 언급한다.[108] 따라서 직관의 물리적·육체적 특성은 관조의 실천에서 혹은 지복직관에서 단순히 무시되지 않는다. 오히려 팔라마스에 따르면 하나님이 물리적 감각과 지성 모두를 변화시키셔서 전인(entire human person)이 성령에 의해 보다 높은 단계로 고양되게 하시고 또한 그 단계에서 그들이 하나님과 황홀한 교제를 나누게 하신다. 니콜라오스 루도비코스(Nikolaos Loudovikos)가 말하듯이 "정신과 욕망 및 감정의 절대적 연합 속에 있는 몸과 영혼은 창조되지 않은 빛에 대한 이 변화시키는 심신의 직관 속에서 영원히 공존한다."[109] 팔라마스의 이해는 본질적으로 성례전적으로 보인다. 영적 감각은 물리적 감각을 대체하지 않고 오히려 그것들을 **변**

---

105 *Triads* 3.3.10.
106 이 책 5장 중 "기독교 영성과 지복직관" 부분을 보라.
107 *Hom.* 34.8.
108 *Triads* 3.1.22.
109 Loudovikos, "Striving for Participation," 130.

화시켜 더 높은 단계로 나아가게 한다.[110]

지복직관이 초래하는 육체적이고 지적인 변화는 우리의 이해를 넘어서는 신비다. 그런 변화를 이성적으로 설명하는 것은 불가능하다. 만약 그가 학습의 결과를 온전하고 적절하게 설명할 수 있다면, 학생은 교사가 될 것이다. 그러한 의미에서 이 변화에 대해 긍정적인 담화를 사용해 이성적으로 말하는 것은 가능하다. 하나님에 대한 초감각적이고 초이성적인 이해는 다른 형이상학적 이해보다는 다른 어떤 것들과 더 잘 양립한다. 유물론적 형이상학은 감각과 지성 모두의 팔라마스적 변화―혹은 그 점에 대해서는 알갱이로부터 곡물에 이르는 그 어떤 변화라도 (참조. 고전 15:37)―를 이해할 수 없는 것으로 만든다. 대조적으로 유심론적 형이상학은 내세에 물리적 눈의 변모를 허용하는데, 그로 인해 어쩌면 그것들은 그때 오늘보다 더 분명하게 그리스도 안에 계신 하나님을 보도록 구비될 것이다.

여기서 나는 4세기의 카파도키아 신학자 니사의 그레고리오스를 살펴봄으로써 내가 염두에 두고 있는 것을 예시하려 한다. 물질―과 특별히 인간의 몸―에 대한 그의 견해는 훗날 에드워즈가 발전시키게 될 유심론과 아주 유사했다. 에드워즈처럼 그레고리오스는 인간의 몸이 유동적이고 적응성이 있다고 여겼다. 니사의 그레고리오스에 따르면, 몸의 특성은 시간에 따라 변할 수 있으며 실제로 변한다. 그가 379년에 자신의 여동생인 마크리나의 임종 자리에서 자신의 감정을 제어하려고 애

---

110   John Behr는 그레고리오스 팔라마스에게 호소하면서 유사하게 결론을 짓는다. "하나님에 대한 직관과 그 직관에서의 변화는 영혼과 몸 모두에 의해 공유되어야 한다"(*The Mystery of Christ: Life in Death* [Crestwood, NY: St. Vladimir's Seminary Press, 2006], 158).

썼을 때, 그는 자신의 성스러운 여동생의 몸이 천사의 형태를 취하기 시작했다고 인식했다. "그것은 마치 어떤 신의 결정에 따라 천사가 인간의 형상을 취했던 것과 같았다. 그 천사는 육신의 생명과 그 어떤 공통점이나 유사성을 갖고 있지 않았기에 정신이 침착한 상태에 머물러 있는 것은 전혀 불합리한 것이 아니었다. 육신은 정신을 우리의 격정의 수준으로 끌어내리지 않았기 때문이다."[111] 그는 자신의 여동생이 임종 자리에서 그녀의 성별의 특성을 급속하게 잃어버리고 있었다고 주장한다. "그 이야기의 주제는 여자였다. 만약 그녀가 '여자'였다면 말이다. 이렇게 말하는 것은 나로서는 과연 그녀에게 그렇게 자연을 초월하는 성격을 지정하는 것이 적절한지 알지 못하기 때문이다."[112] 그의 여동생의 성별이 이렇게 불안정해지는 것이 그녀를 여자에서 남자로 바꾸지는 않았다. 니사의 그레고리오스는 오히려 그 두 성별 중 어느 것도 궁극적이고 종말론적인 의미를 갖지 않았다고 주장했다. 그는 자기 여동생의 덕이 크게 고양된 특성을 갖고 있다고 여겼기에 자기가 그녀 안에서 우리가 천사처럼 되리라는 주님의 약속(눅 20:35-36)의 실현을 목격했다고 여겼다. 그레고리오스에게 성별의 차이는 단지 우리의 타락 이후에 주어진 상황의 특징을 이루는 그 무엇일 뿐인데, 그것은 곧 음식과 음료, 격정, 성적 활동과 죽음의 삶이다.[113] 부활한 몸—특성상 이미 천사와 같다—은 이

---

111 *Macr.* 396.1-6. 인용문은 Anna M. Silvas, *Macrina the Younger, Philosopher of God*, (Medieval Women: Texts and Contexts 22 [Turnhout, Belgium: Brepols, 2008])에서 가져왔다.

112 *Macr.* 371.6-9.

113 물론 그레고리오스는 *On the Making of Man*에서 하나님이 낙원에서 이미 인간을 남성과 여성으로 창조하셨다고 설명한다. 하지만 그는 하나님이 그렇게 하신 까닭은 단지 그분이 타락을 미리 내다보셨고 아담과 하와가 그들의 타락 이후의 존재 방식을 위해 준비되기를 바라셨기 때문이라고 주장한다. Gregory of Nyssa, *Op. hom.* 17.4(PG

모든 것을 뒤에 남긴다.

성별의 유동성에 관한 그레고리오스의 주장은 그의 기독론 및 그것과 바로 연결된 덕에 대한 그의 이해에서 나온 직접적인 결과다. 니사의 그레고리오스는 타락 이후의 자연적 존재에게 자율권을 주기를 거부한다. 우리의 몸―그레고리오스가 반복해서 언급하는 창세기 3:21의 "가죽옷"―은 **순수 본성**(*pura natura*)이라는 우리의 현대적 개념이 암시하는 종류의 안정성을 갖고 있지 않다. 오늘 우리가 아는 몸은 타락의 결과 때문에 크게 손상되어 있다. 그리고 그것들이 하나님이 그것들에게 의도하셨던 적절한 정체성을 취하는 것은 그것들이 그리스도 안에서 형태를 바꿀 때뿐이다. 다시 말해, 그레고리오스에게 참된 성례전적 방식으로 인간 몸의 정체성을 결정하는 것은 다름 아닌 기독론적 목적이다. 얼마간 관찰 가능한 순전하게 자연적인 질서가 아닌 기독론적 종말은 우리에게 몸이 어떻게 되어야 하는지를 말해준다. 성 그레고리오스는 인간의 몸은 내세에 그리스도를 닮도록 재형성될 것이라고 주장한다. 그것은 성별의 상실을 포함하게 될 변화이지만 결단코 몸의 상실은 포함하지 않을 것이다. 몸은 비록 철저하게 변화될 것이나 그리스도의 온전함(πλήρωμα) 속에서 그것의 궁극적 운명을 발견하게 될 것이다.[114]

그레고리오스는 이런 육체적 변화가 덕의 성장에 달려 있다고 주장

44:189C-D; *NPNF* II/5, 407)를 보라. 참조. Hans Boersma, *Embodiment and Virtue In Gregory of Nyssa: An Anagogical Approach* (Oxford: Oxford University Press, 2013, 100-9).

114　그레고리오스는 그리스도의 온전함(πλήρωμα)을 하나님의 형상을 따른 "인간"의 창조(창 1:27a)와 연결시킨다. 그는 이런 보편적이고 기독론적인 "인간"을 "남성과 여성"으로서의 인간의 창조(창 1:27b)와 구분한다. *Op. hom.* 16.8-9(PG 44:181B-C; *NPNF* II/5, 405)를 보라. 참조. Boersma, *Embodiment and Virtue*, 104-5.

한다. 그가 자신의 여동생 마크리나가 여성에서 천사의 몸으로 물리적 변화를 겪었음을 인식하도록 만든 것은 그가 그녀의 거룩한 성품을 존경했다는 점이었다. 그러므로 유사하게 그는 『아가에 관한 설교들』(*Homilies on the Song of Songs*)에서 우리는 덕의 삶을 통해 더욱더 그리스도와 연계할 때 사실상 성 바울이 말하듯이 "그를 입는다"(엡 4:24; 골 3:10)고 주장한다.[115] 아가의 신부처럼 우리는 타락 이후의 가죽옷을 벗고(아 5:3) 그것을 그리스도의 옷으로 대체한다. "옛 사람을 벗고 마음의 휘장을 찢어버린 이는 누구나 말씀을 위한 입구를 연 셈이다. 그리고 말씀이 그녀 안으로 들어갈 때, 영혼은 사도의 가르침에 부합하게 그를 그녀의 옷(ἔνδυμα)으로 만든다. 왜냐하면 그는 옛 사람의 누더기를 벗어버린 사람에게 '하나님을 따라 의와 진리의 거룩함으로 지으심을 받은 새 사람을 입으라'고 명령하기 때문이다(엡 4:24). 또한 이 옷(ἔνδυμα)이 예수라고 말하기 때문이다(비교. 롬 13:14)."[116] 성 그레고리오스는 예수가 바로 하나님이 타락 이후에 인간에게 주신 가죽옷을 대신하시는 새 옷이라고 설명한다(창 3:21). 그리고 우리는 의와 거룩한 삶을 통해 그를 입는다. 그 결과 우리의 타락 이후의 육체적 구성이 변한다. 다시 말해, 그레고리오스에게 변화는 우리의 덕스러운 행위에서 관찰될 수 있을 뿐 아니라 또한 실제적인 생리적 변신을 수반한다. 그레고리오스에게 그리스도를 입는다는 것은 우리가 우리의 타락하고 감수성이 강한 삶을 그리스도와의 하나 됨 안에서, 그리고 그것을 통해서 우리의 것이 되는 종말론적인 평정한 삶으로 대체한

---

115   이에 대한 보다 상세한 논의는 Boersma, *Embodiment and Virtue*, 87-92을 보라.
116   *Cant.* 328.5-11, in *Gregory of Nyssa: Homilies on the Song of Songs*, trans. and ed. Richard A. Norris, Writings from the Greco-Roman World 13 (Atlanta: Society of Biblical Literature, 2012), p. 347.

다는 것을 의미한다. 우리가 그리스도와 하나가 될 때, 우리는 우리의 구성 혹은 체질의 측면에서 존재론적인―그리고 이것은 그레고리오스에게는 또한 물리적인 것이기도 하다―변화를 겪는다.

그레고리오스에게 이런 육체적 변화―그것은 덕의 삶을 통해 그리스도 안에서 초래된다―가 가능한 것은 그가 물질의 연속성을 가볍게 여기기 때문이다. 피터 바우테네프(Peter Bouteneff)는 다음과 같이 올바르게 말한다. 그레고리오스에게 "현재의 삶에서 몸의 상스러움과 부활의 때에 그것으로 우리의 몸을 갖게 할 '가벼운 소재'의 차이는…도덕적 영역 안에 들어 있다. 그레고리오스는 물질 자체를 유심론적인 것은 아닐지라도 본질적으로 형태가 없는 것이라고 여긴다."[117] 몇 세기 후에 에드워즈가 그랬던 것처럼 그레고리오스는 여기서 물질적 대상이 무로부터 존재가 되는 것을 가능케 하는 것으로서 하나님의 의지에 호소한다.[118] 성 그레고리오스는 물질적인 그 어떤 것도 우리가 감각으로 인식하는 대상의 특성들의 근본이 되지 않는다고 주장한다. "그러므로 만약 색깔이 이해할 수 있는 것이고 저항 역시 이해할 수 있는 것이며 양과 나머지 속성들도 그러하다면, 그리고 만약 이런 것들 각각이 토대로부터 철회되어야 한다면, 몸에 관한 모든 개념은 용해된다. 그러고 나면 우리는 그런 것들의 동시 발생을 가정할 수 있는데, 우리는 그것들의 부재가 물질적 본성을 낳

---

117   Peter C. Bouteneff, "Essential or Existential: The Problem of the Body in the Anthropology of St. Gregory of Nyssa," in *Gregory of Nyssa: Homilies on the Beatitudes; An English Version with Spupporting Studies; Proceedings of the Eighth International Colloquium on Gregory of Nyssa (Paderborn, 14-18 September 1998)*, ed. Hubertus R. Drobner and Albert Viciano, VCSup 52 (Leiden: Brill, 2000), 418.

118   *Op. hom*. 23.5 (PG 44:2212C; *NPNF* II/5, 414).

기 위한 몸의 용해의 원인임을 발견했다."[119] 그레고리오스에게 우리가 "물질"이라고 부르는 것은 단지 이해할 수 있는 구성상 물질이 아닌 특성들의 묶음의 집합에 불과하다.[120] 물질에 대한 그런 관념론적 견해는 그리스도의 성별이 없는 온전함 속에서 천사의 형태로 재구성된 얼마간 천상적인 것으로서의 몸에 대한 종말론적 견해를 허용한다.

그레고리오스는 나중에 에드워즈가 그랬던 것처럼 인간에 대한 하나님의 관조를 몸의 이런 순응성을 위한 토대로 간주하지 않았다. 덕에 대한 그레고리오스의 신인협력적 접근법 역시 에드워즈의 관념론에 대한 칼뱅주의적 기회원인론을 허용하지 않았다. 또한 비록 에드워즈는 성도가 하늘에서 감각적 인식의 가능성을 확대했다고 믿었다 해도, 그는 결코 이것을 자신의 유심론적 형이상학과 연결시키지 않았다. 이 나중의 요점과 관련해 나로서는 어째서 에드워즈가 그 둘을 적극적으로 연결시키지 않았는지가 분명치 않다.[121] 니사의 그레고리오스에 대한 우

---

119   *Op. hom.* 24.2 (PG 44:2212C; *NPNF* II/5, 414).

120   참조. James S. Spiegel, "The Theological Orthodoxy of Berkeley's Immaterialism," *FP* 13 (1996): 216-35; Richard Sorabji, *Time, Creation, and the Continuum: Theories in Antiquity and the Early Middle Ages* (1983; reprint, Chicago: University of Chicago Press, 2006), 290-91; Stephen H. Daniel, "Berkeley's Christian Neoplatonism, Archetypes, and Divine Ideas," *JHP* 39 (2001): 239-58; Kirill Zinkovskiy, "St. Gregory of Nyssa on the Transformation of Physical Elements—in Nature and Holy Eucharistic Gifts," in *The Beauty of God's Presence in the Fathers of the Church: The Proceedings of the Eighth International Patristic Conference, Maynooth, 2012*, ed. Janet Elaine Rutherford (Dublin: Four Courts Press, 2014), 150-60. 나는 또한 Lampros Alexopoulos, "The Theory of Non-Existence of Matter in Plotinus, Porphyry and Gregory of Nyssa"(미출간된 논문); George Karamanolis, *The Philosophy of Early Christianity* (London: Routledge, 2014), 101-7에서 유익을 얻었다.

121   어떤 이들은 에드워즈가 그의 관념론과 그의 종말론 사이에서 얼마간의 연관성을 보았을지도 모른다고 암시해왔다. Robert W. Caldwell은 "하늘의 '물리학'과 그곳에서 성도의 영화된 몸의 본성에 관한 에드워즈의 성찰은 그의 모든 저작 중 가장 매력적인 (비록 가장 사변적인 것은 아니지만) 성찰 중 일부로 남아 있다"고 제안한다("A Brief History

리의 보충 설명이 예시하듯이 에드워즈의 유심론은 그의 종말론적 사색을 위한 중요한 형이상학적 지지가 되었을 수 있다. 유심론은 우리가 니사의 그레고리오스 및 다른 이들의 영성화 경향과 결합하여 이레나이우스의 성육신적 접근법—그리고 따라서 그리스도의 물리적 몸이 하늘에서 성부의 오른편에 앉아 있고 우리가 그 안에서 그리고 그를 통해서 육체적으로 일어서리라는 고백—을 계속 유지하도록 허용한다. 그레고리오스의 영성화는 육체를 위에 남기지 않았다. 오히려 그의 영성화하는 접근법은 예수 그리스도의 종말론적 실재 안에서 일어나는 몸의 변화 및 완전성에 근거한다.

결론

교리적으로 말하자면, 나는 나의 가설을 다음과 같이 명시하고자 한다. 하나님의 교육은 내세에 그리스도 안에서 우리에 대한 그분의 섭리적 직관이 우리—몸과 영혼—를 변화시킴으로써 우리의 물리적이고 지적인 능력이 치유되고 변화될 때, 그리고 그로 인해 그것들이

---

of Heaven in the Writings of Jonathan Edwards," *CTJ* 46 [2011]: 66). 실제로 에드워즈는 예컨대 하늘에서 육체적 감각은 성도가 "600km 거리"에 있는 사람과 대화할 수 있게 할 것이라고 추측한다("Miscellanies" no. 263, *WJE* 13:369). 에드워즈는 성도의 몸은—비록 그것이 또한 영적 쾌락에 기여하는 방식이기는 하겠지만—모든 물리적 쾌락에 조율될 것이라고 주장한다("Misccellanies" no. 233, *WJE* 13:350-51). 이런 종말론적 묵상은 분명히 흥미로운 읽기에 기여한다. 비록 에드워즈가 어디서도 이런 종말론적 주장을 위한 형이상학적 기초를 제공하지는 않으나, 나로서는 그가 쉽게 그렇게 할 수 있었을 것으로 보인다.

눈으로 보지 못하고 귀로 듣지 못하고

사람의 마음으로 생각하지도 못하였던(고전 2:9)

정도의 관조의 능력을 얻게 될 때, 그것의 목표에 이른다.

그런 이해에 따르면, 몸은 더 이상 그리스도 안에서 하나님의 사랑 어린 응시에 의해 영향을 받지 않으면서 시간을 통해—아마도 영원토록—아무런 방해도 없이 계속된다는 현대적 의미에서 자립적이고 독립적인 실체로 인식되지 않을 것이다. 오히려 몸은 창조된 다른 모든 것들과 마찬가지로 그것의 목적인에 의해 그리스도 안에서 그리고 그리스도를 통해서 하나님의 직관에 의해 잉태되고 인식되며, 그에 대한 참여를 통해 그것의 완전함과 참된 정체성에 이르는, 이해할 수 있는 특성들의 집합체로 정의된다.

이런 이해에 따르면, 지복직관은 예수 그리스도 안에서 우리에 대한 하나님의 영원한 응시, 즉 그분의 임재 안에서 우리를 영원히 지탱해 줄 사랑 어린 응시의 종말론적 광휘로부터 비롯된다(쿠자누스, 에드워즈). 그로 인해 초래되는 변화는 지성적 시각뿐 아니라 물리적 시각도 타락 상태의 몸과 마음의 능력을 초월하는 다양한 시각적 능력으로 변화된다는 (팔라마스적) 의미에서 초감각적이고 초지성적이다. 이 모든 것은 몸의 부활의 의미를 크게 강조한다. 결국 영혼이 완전하게 재구성된 부활한 몸과 재결합하는 것이(니사의 그레고리오스) 지복직관을 그것이 중간 상태에서 그랬던 것보다 훨씬 더 영광스러운 것으로 만든다. 따라서 몸의 부활은 몸과 영혼의 영원히 진보하는 변화에 길을 내어준다. 그리고 하나님에 대한 대면 직관의 명료성과 그것에 대한 누림도 하나님의 무한한 존재 안에서 영원히 진보할 것이다.

참고문헌

Akbari, Suzanne Conklin. "Illumination and Language." In *Seeing through the Veil: Optical Theory and Medieval Allegory*, 3-20. Toronto: University of Toronto Press, 2004.

Alexopoulos, Lampros. "The Theory of Non-Existence of Matter in Plotinus, Porphyry and Gregory of Nyssa." Unpublished paper.

Allen, Michael. "The Active and Contemplative Life: The Practice of Theology." In *Aquinas among the Protestants*, edited by Manfred Svensson and David VanDrunen, 189-206. Oxford: Wiley Blackwell, 2018.

_____. *Grounded in Heaven: Recentering Christian Hope and Life on God*. Grand Rapids: Eerdmans, 2018.

Ambrose, Isaac. *Looking unto Jesus a view of the everlasting Gospel, or, the souls eying of Jesus as carrying on the great work of mans salvation from first to last*. London, 1685; Wing A2956.

Ameen, Alyia Shahnoor. "The Response of John Donne to the New Philosophy." *ASA University Review* 5 (2011): 285-95.

Annas, Julia. *Platonic Ethics Old and New*. Ithaca, NY: Cornell University Press, 1999.

Anselm. *Proslogium*. In *Basic Writings*, translated by S. N. Deane. 2nd ed. Chicago: Open Court, 1962.

Aristotle. *Metaphysics*. Translated and edited by Hugh Lawson-Trancred. Rev. ed. London: Penguin, 2004.『아리스토텔레스의 형이상학』(서광사 역간).

_____. *Physics*. Translated by Robin Waterfield. Edited by David Bostock. Oxford: Oxford University Press, 1996.『자연학 소론집』(이제이북스 역간).

Armstrong, John M. "After the Ascent: Plato on Becoming Like God." *OSAP* 26 (2004): 171-83.

Arnold, Alec Andreas. "Christ and Our Perception of Beauty: The Theological Aesthetics of Dionysius the Areopagite and Hans Urs von Balthasar." ThM thesis, Regent College, 2015.

Asselt, Willem J. van. *Introduction to Reformed Scholasticism*. Translated by Albert Gootjes. Grand Rapids: Reformation Heritage, 2010.

Auerbach, Erich. *Dante: Poet of the Secular World*. Translated by Ralph Manheim. Rev. ed. New York: New York Review of Books, 2007. Original 1929.

Augustine. *Agreement among the Evangelists*. In *The New Testament I and II*, translated by Kim Paffenroth, edited by Boniface Ramsey. WSA I/15, I/16. Hyde Park, NY: New City Press, 2014.

_____. *Confessions*. Translated by Henry Chadwick. Oxford: Oxford University Press, 1991. 『고백록』(경세원 역간).

_____. *Eighty-Three Different Questions*. Translated by David L. Mosher. Edited by Hermigild Dressler. FC 70. Washington, DC: Catholic University of America Press, 1982.

_____. *The Greatness of the Soul*. In *Augustine: The Greatness of the Soul, the Teacher*, translated by Joseph M. Colleran, edited by Johannes Quasten and Joseph C. Plumpe. ACW 9. New York: Newman, 1978.

_____. *Letters 100-155*. Translated by Roland J. Teske. Edited by Boniface Ramsey. WSA II/2. Hyde Park, NY: New City Press, 2002.

_____. *The Literal Meaning of Genesis*. Translated by John Hammond Taylor. Edited by Johannes Quasten, Walter J. Burghardt, and Thomas Comerford Lawler. 2 vols. ACW 41-42. New York: Newman, 1982.

_____. *On Christian Teaching*. Translated by R. P. H. Green. Oxford: Oxford University Press, 2008. 『그리스도교 교양』(분도출판사 역간).

_____. *The Trinity*. Translated by Edmund Hill. Edited by John E. Rotelle. 2nd ed. WSA I/5. Hyde Park, NY: New City Press, 2012. 『삼위일체론』(분도출판사 역간).

_____. *The Works of Saint Augustine: A Translation for the 21st Century*. Translated by Edmund Hill. Edited by John E. Rotelle. Hyde Park, NY: New City Press, 1990-2005.

Ayres, Lewis. *Augustine and the Trinity*. Cambridge: Cambridge University Press, 2010.

Bacon, Francis. *The New Organon*. Edited by Lisa Jardine and Michael Silverthorne. Cambridge: Cambridge University Press, 2000. 『신기관』(한길사 역간).

Bacote, Vincent E. *The Spirit in Public Theology: Appropriating the Legacy of Abraham Kuyper*. Grand Rapids: Baker Academic, 2005.

Baert, Edwart. "Le Theme de la vision de Dieu chez S. Justin, Clement d'Alexandrie et S. Gregoire de Nysse." *FZPhTh* 2 (1965): 439-97.

Balas, David L. Μετουσια Θεου: *Man's Participation in God's Perfections according to Saint Gregory of Nyssa*. Rome: Herder, 1966.

Balthasar, Hans Urs von. "Eschatology in Outline." In *Explorations in Theology*, vol. 4, *Spirit and Institution*, translated by Edward T. Oakes, 423-67. San Francisco: Ignatius, 1995.

_____. *The Glory of the Lord: A Theological Aesthetics*. Vol. 1, *Seeing the Form*. Translated by Erasmo Leiva-Merikakis. Edited by Joseph Fessio and John Riches. San Francisco, CA: Ignatius, 1983.

_____. *The Glory of the Lord: A Theological Aesthetics*. Vol. 3, *Lay Styles*. Translated by Andrew Louth et al. Edited by John Riches. 1986. Reprint, San Francisco: Ignatius, 2004.

_____. "Some Points of Eschatology." In *Explorations in Theology*, vol. 1, *The Word Made Flesh*, translated by A. V. Littledale with Alexander Dru, 255-77. San Francisco: Ignatius, 1989.

_____. *Theo-Drama: Theological Dramatic Theory*. Vol. 5, *The Last Act*. Translated by Graham Harrison. San Francisco: Ignatius, 1998.

_____. *A Theology of History*. 1963. Reprint, San Francisco: Ignatius, 1994.

Barnes, Michel Rene. "Exegesis and Polemic in Augustine's *De Trinitate* I." *AugStud* 30 (1999): 43-59.

_____. "The Visible Christ and the Invisible Trinity: Mt. 5:8 in Augustine's Theology of 400." *ModTh* 19 (2003): 329-55.

Barney, Rachel. "*Eros* and Necessity in the Ascent from the Cave." *AncPhil* 28 (2008): 357-72.

Barth, Karl. *The Epistle to the Romans*. Translated by Edwyn C. Hoskyns. Oxford: Oxford University Press, 1968.

Bates, William. *The four last things viz. death, judgment, heaven, hell, practically considered and applied in several discourses*. London, 1691; Wing B1105.

Bavinck, Herman. *Reformed Dogmatics*. Vol. 1, *Prolegomena*. Translated by John Vriend. Edited by John Bolt. Grand Rapids: Baker Academic, 2003. 『개혁교의학 1』(부흥과개혁사 역간).

_____. *Reformed Dogmatics*. Vol. 2, *God and Creation*. Translated by John Vriend. Edited by John Bolt. Grand Rapids: Baker Academic, 2004. 『개혁교의학 2』(부흥과개혁사 역간).

_____. *Reformed Dogmatics*. Vol. 3, *Sin and Salvation in Christ*. Translated by John Vriend. Edited by John Bolt. Grand Rapids: Baker Academic, 2006. 『개혁교의학 3』(부흥과개혁사 역간).

_____. *Reformed Dogmatics*. Vol. 4, *Holy Spirit, Church, and New Creation*. Translated by John Vriend. Edited by John Bolt. Grand Rapids: Baker Academic, 2008. 『개혁교의학 4』(부흥과개혁사 역간).

Baxter, Richard. *The Autobiography of Richard Baxter*. Edited by J. M. Lloyd Thomas and N. H. Keeble. Everyman's University Library 863. Totowa, NJ: Rowman and Littlefield, 1974.

_____. *The saints everlasting rest, or, A treatise of the blessed state of the saints in their enjoyment of God in glory ...* London, 1651; Wing B1384.

Behr, John. *Asceticism and Anthropology in Irenaeus and Clement*. Oxford: Oxford University Press, 2000.

_____. *Irenaeus of Lyons*. Oxford: Oxford University Press, 2013.

_____. *The Mystery of Christ: Life in Death*. Crestwood, NY: St. Vladimir's Seminary Press, 2006.

Benedict XII. "Benedictus Deus." January 29, 1336. In Xavier LeBachelet, "Benoit XII," in *Dictionnaire de Theologie Catholique*, vol. 2, pt. 1, cols. 657-58. Paris: Letouzey et Ane, 1932. ET: http://www.papalencyclicals.net/Ben12/B12bdeus.htm.

Berger, Peter L. *The Sacred Canopy: Elements of a Sociological Theory of Religion*. Garden City, NY: Doubleday, 1967.

Berkouwer, G. C. *The Return of Christ*. Translated by James Van Oosterom. Edited by Marlin J. Van Elderen. Grand Rapids: Eerdmans, 1972.

Bett, Richard. "Immortality and the Nature of the Soul in the *Phaedrus*." *Phronesis* 31 (1986): 1-26.

Billings, J. Todd. *Union with Christ: Reframing Theology and Ministry for the Church*. Grand Rapids: Baker Academic, 2011. 『그리스도와의 연합』(CLC 역간).

_____. "United to God through Christ: Assessing Calvin on the Question of Deification." *HTR* 98 (2005): 315-34.

Bintsarovskyi, Dmytro. "God Hidden and Revealed: A Reformed and an Eastern Orthodox Perspective." PhD diss., Theologische Universiteit Kampen, 2018.

Blankenhorn, Bernhard. "Balthasar's Method of Divine Naming." *NV* Eng 1 (2003): 245-68.

Blond, Phillip. "The Beatific Vision of St. Thomas Aquinas." In *Encounter between Eastern Orthodoxy and Radical Orthodoxy: Transfiguring the World through the Word*, edited by Adrian Pabst and Christoph Schneider, 185-212. Burlington, VT: Ashgate, 2009.

Bockmuehl, Klaus. *Listening to the God Who Speaks: Reflections on God's Guidance from Scripture and the Lives of God's People.* Edited by Kathryn Yanni. Colorado Springs: Helmers and Howard, 1990.

Boersma, Corine. "A Comparative Analysis of Sacramentality in Augustine and Dionysius." MA thesis, Regent College, 2016.

Boersma, Gerald P. *Augustine's Early Theology of Image: A Study in the Development of Pro-Nicene Theology.* New York: Oxford University Press, 2016.

Boersma, Hans. "Ascension of an Immaterial Body: With Contributions of Nicholas of Cusa, Jonathan Edwards, and Gregory of Nyssa." In *The Book of Acts: Theological-Ecumenical Readings*, edited by Charles Raith II. Washington, DC: Catholic University of America Press, forthcoming.

_____. "Becoming Human in the Face of God: Gregory of Nyssa's Unending Search for the Beatific Vision." *IJST* 17 (2015): 131-51.

_____. "Blessing and Glory: Abraham Kuyper on the Beatific Vision." *CTJ* 52 (2017): 205-41.

_____. *Embodiment and Virtue in Gregory of Nyssa: An Anagogical Approach.* Oxford: Oxford University Press, 2013.

_____. *Heavenly Participation: The Weaving of a Sacramental Tapestry.* Grand Rapids: Eerdmans, 2011.『천상에 참여하다』(IVP 역간).

_____. *Nouvelle Theologie and Sacramental Ontology: A Return to Mystery.* Oxford: Oxford University Press, 2009.

_____. "The Real Presence of Hope and Love: The Christocentric Legacy of Pope Benedict XVI." *Books & Culture* 19, no. 5 (September/October 2013): 11-14.

_____. *Sacramental Preaching: Sermons on the Hidden Presence of Christ.* Grand Rapids: Baker Academic, 2016.

_____. *Scripture as Real Presence: Sacramental Exegesis in the Early Church.* Grand Rapids: Baker Academic, 2017.

_____. *Violence, Hospitality, and the Cross: Reappropriating the Atonement Tradition.* Grand Rapids: Baker Academic, 2004.『십자가, 폭력인가 환대인가』(CLC 역간).

Bolt, John. *A Free Church, a Holy Nation: Abraham Kuyper's American Public Theology.* Grand Rapids: Eerdmans, 2001.

Bolton, Robert. *Mr. Boltons last and learned worke of the foure last things, death, iudgement, hell, and heauen. With an assise-sermon, and notes on Iustice Nicolls his funerall. Together with the life and death of the author.* Edited by Edward Bagshaw. London, 1632; *STC* (2nd ed.) 3242.

Bonaventure. *Itinerarium mentis in Deum*. Translated by Zachary Hayes. Edited by Philotheus Boehner. *Works of Saint Bonaventure* 2, pp. 35-39. Saint Bonaventure, NY: Franciscan Institute, 2002.

_____. *On the Reduction of the Arts to Theology*. Translated and edited by Zachary Hayes. *Works of Saint Bonaventure* 1. Saint Bonaventure, NY: Franciscan Institute, 1996.

Boring, M. Eugene. *Mark: A Commentary*. NTL. Louisville: Westminster John Knox, 2006.

Bouteneff, Peter C. "Essential or Existential: The Problem of the Body in the Anthropology of St. Gregory of Nyssa." In *Gregory of Nyssa: Homilies on the Beatitudes; An English Version with Supporting Studies; Proceedings of the Eighth International Colloquium on Gregory of Nyssa (Paderborn, 14-18 September 1998)*, edited by Hubertus R. Drobner and Albert Viciano, 409-20. VCSup 52. Leiden: Brill, 2000.

Bras, Kick. *Een met de ene: Protestantse mystiek van Abraham Kuyper tot Maria de Groot*. Vught, Neth.: Skandalon, 2013.

Bratt, James D. *Abraham Kuyper: Modern Calvinist, Christian Democrat*. Grand Rapids: Eerdmans, 2013.

Bremmer, R. H. *Herman Bavinck als dogmaticus*. Kampen: Kok, 1961.

Brinkman, M. E., and C. van der Kooi, eds. *Het calvinisme van Kuyper en Bavinck*. Sleutelteksten in godsdienst en theologie 22. Zoetermeer, Neth.: Meinema, 1997.

Brown, Raymond E. *The Gospel according to John XIII-XXI*. Anchor Bible 29A. Garden City, NY: Doubleday, 1970.

Brueggemann, Walter. "The Book of Exodus: Introduction, Commentary, and Reflections." In *The New Interpreter's Bible*, edited by Leander E. Keck, 1:942-43. Nashville: Abingdon, 1994.

Bruijne, Ad de. "Midden in de wereld verliefd op God: Kuypers aanzet tot een neocalvinistische spiritualiteit." In *Godsvrucht in geschiedenis: Bundel ter gelegenheid van het afscheid van prof. dr. Frank van der Pol als hoogleraar aan de Theologische Universiteit Kampen*, edited by Erik A. de Boer and Harm J. Boiten, 441-53. Heerenveen, Neth.: Groen, 2015.

Bucur, Bogdan G. "Theophanies and Vision of God in Augustine's *De Trinitate*: An Eastern Orthodox Perspective." *SVTQ* 52 (2008): 67-93.

Bultmann, Rudolf. *The History of the Synoptic Tradition*. Translated by John Marsh. Oxford: Blackwell, 1963. 『공관복음서 전승사』(대한기독교서회 역간).

_____. *The Johannine Epistles: A Commentary on the Johannine Epistles*. Translated by R. Philip O'Hara, Lane C. McGaughy, and Robert W. Funk. Hermeneia. Philadelphia: Fortress, 1973.

Bynum, Caroline Walker. *The Resurrection of the Body in Western Christianity, 200-1336*. Lectures on the History of Religions 15. New York: Columbia University Press, 1995.

Caldwell, Robert W. "A Brief History of Heaven in the Writings of Jonathan Edwards." *CTJ* 46 (2011): 48-71.

Calvin, John. *Calvin's Commentaries*. 45 vols. Edinburgh: Calvin Translation Society, 1846-1851.

_____. *The Institutes of the Christian Religion*. Translated by Ford Lewis Battles. Edited by John T. McNeill. Vol. 1. Library of Christian Classics 20. Philadelphia: Westminster, 1960.

_____. *Psychopannychia*. In *Tracts*, translated by Henry Beveridge, vol. 3. Edinburgh: Calvin Translation Society, 1851.

Cameron, Michael. *Christ Meets Me Everywhere: Augustine's Early Figurative Exegesis*. New York: Oxford University Press, 2012.

_____. "The Emergence of *Totus Christus* as Hermeneutical Center in Augustine's *Enarrationes in Psalmos*." In *The Harp of Prophecy: Early Christian Interpretation of the Psalms*, edited by Brian Daley and Paul R. Kolbet, 205-26. Notre Dame: University of Notre Dame Press, 2015.

_____. "Sign." In *Augustine through the Ages: An Encyclopedia*, edited by Allan D. Fitzgerald, 793-98. Grand Rapids: Eerdmans, 1999.

Canlis, Julie. "Calvin, Osiander and Participation in God." *IJST* 6 (2004): 169-84.

Canty, Aaron. *Light and Glory: The Transfiguration of Christ in Early Franciscan and Dominican Theology*. Washington, DC: Catholic University of America Press, 2011.

Capitain, Francis de. "Dante's Conception of the Beatific Vision." *ACQR* 27 (1902): 417-32.

Cary, Phillip. *Outward Signs: The Powerlessness of External Things in Augustine's Thought*. Oxford: Oxford University Press, 2008.

Casarella, Peter. "*His Name Is Jesus*: Negative Theology and Christology in Two Writings of Nicholas of Cusa from 1440." In *Nicholas of Cusa on Christ and the Church: Essays in Memory of Chandler McCuskey Brooks for the American Cusanus Society*, edited by Gerald Christianson and Thomas M. Izbicki, 281-307. Leiden: Brill,

1996.

Casey, John. *After Lives: A Guide to Heaven, Hell, and Purgatory.* New York: Oxford University Press, 2009.

Cavallera, Ferdinand. "La Vision corporelle de Dieu d'apres Saint Augustin." *BLE* 7 (1915-1916): 460-71.

Chai, Leon. *Jonathan Edwards and the Limits of Enlightenment Philosophy.* New York: Oxford University Press, 1998.

Cherniss, Harold Fredrik. *The Platonism of Gregory of Nyssa.* Berkeley: University of California Press, 1930.

Coakley, Sarah. "Gregory of Nyssa." In *The Spiritual Senses: Perceiving God in Western Christianity*, edited by Paul L. Gavrilyuk and Sarah Coakley, 36-55. Cambridge: Cambridge University Press, 2012.

Coe, John H. "Musings on the Dark Night of the Soul: Insights from St. John of the Cross on a Developmental Spirituality." *JPT* 28 (2000): 293-307.

Coffin, Charles Monroe. *John Donne and the New Philosophy.* Columbia University Studies in English and Comparative Literature 126. New York: Columbia University Press, 1937.

Constas, Nicholas. " 'To Sleep, Perchance to Dream': The Middle State of Souls in Patristic and Byzantine Literature." *DOP* 55 (2001): 91-124.

Coolman, Boyd Taylor. "Spiritual and Sensuous: The Christian Doctrine of the Spiritual Senses of the Soul, Eschatologically Considered." In *Sensing Things Divine: Towards a Constructive Account of Spiritual Perception*, edited by Frederick D. Aquino and Paul L. Gavrilyuk. Oxford: Oxford University Press, forthcoming.

Cooper, Tim. *John Owen, Richard Baxter, and the Formation of Nonconformity.* Burlington, VT: Ashgate, 2011.

Crisp, Oliver D. *Jonathan Edwards on God and Creation.* New York: Oxford University Press, 2012.

_____. "Jonathan Edwards's Ontology: A Critique of Sang Hyun Lee's Dispositional Account of Edwardsian Metaphysics." *RelS* 46 (2010): 1-20.

Cullmann, Oscar. *Christ and Time: The Primitive Christian Conception of Time.* Translated by Floyd V. Filson. Rev. ed. Philadelphia: Westminster, 1964. 『그리스도와 시간』(나단출판사 역간).

Daley, Brian E., ed. *Light on the Mountain: Greek Patristic and Byzantine Homilies on the Transfiguration of the Lord.* Crestwood, NY: St. Vladimir's Seminary Press, 2013.

Dalzell, Thomas G. *The Dramatic Encounter of Divine and Human Freedom in the Theology of Hans Urs von Balthasar*. Studies in the Intercultural History of Christianity 105. Bern: Peter Lang, 2000.

Daniel, Stephen H. "Berkeley's Christian Neoplatonism, Archetypes, and Divine Ideas." *JHP* 39 (2001): 239-58.

Danielou, Jean. "La Chronologie des oeuvres de Gregoire de Nysse." *SP* 7 (1966): 159-69.

_____. *The Lord of History: Reflections on the Inner Meaning of History*. Translated by Nigel Abercrombie. 1958. Reprint, Cleveland: Meridian/World, 1968.

_____. *Platonisme et theologie mystique: Doctrine spirituelle de Saint Gregoire de Nysse*. Rev. ed. Theologie 2. Paris: Aubier, 1944.

Dante Alighieri. *Paradiso*. Translated by Jean Hollander and Robert Hollander. Edited by Robert Hollander. New York: Doubleday, 2007.

_____. *Purgatorio*. Translated by Jean Hollander and Robert Hollander. Edited by Robert Hollander. New York: Doubleday, 2003.

Davison, Andrew. *The Love of Wisdom: An Introduction to Philosophy for Theologians*. London: SCM, 2013.

Deck, John N. *Nature, Contemplation, and the One: A Study in the Philosophy of Plotinus*. Toronto: University of Toronto Press, 1967.

de Lubac, Henri. *Augustinianism and Modern Theology*. New York: Crossroad/Herder and Herder, 2000.

Descartes, Rene. *The Philosophical Writings of Descartes*. Edited by John Cottingham, Robert Stoothoff, and Dugald Murdoch. Vol. 2. Cambridge: Cambridge University Press, 1984.

_____. *Principles of Philosophy*. Translated and edited by Valentine Rodger Miller and Reese P. Miller. Synthese Language Library 15. Dordrecht, Neth.: Kluwer Academic, 1983. 『철학의 원리』(아카넷 역간).

Dillard, Peter. "Keeping the Vision: Aquinas and the Problem of Disembodied Beatitude." *NB* 93 (2012): 397-411.

DiPasquale, Theresa M. *Literature and Sacrament: The Sacred and the Secular in John Donne*. Medieval and Renaissance Literary Studies. Pittsburgh: Duquesne University Press, 1999.

Divry, Édouard. *La Transfiguration selon l'Orient et l'Occident: Grégoire Palamas-Thomas d'Aquin vers un dénouement oecuménique*. Croire et Savoir 54. Paris: Tequi, 2009.

Doerksen, Daniel W. "Polemist or Pastor? Donne and Moderate Calvinist Conformity." In *John Donne and the Protestant Reformation: New Perspectives*, edited by Mary Arshagouni Papazian, 12–24. Detroit: Wayne State University Press, 2003.

Dondaine, H.-F. "L'Object et le 'medium' de la vision beatifique chez les theologiens du XIIIe siecle." *RTAM* 19 (1952): 60–99.

Donne, John. *John Donne: The Divine Poems*. Edited by Helen Gardner. 2nd ed. Oxford: Clarendon, 1978.

_____. *John Donne: Selections from Divine Poems, Sermons, Devotions, and Prayers*. Edited by John Booty. Mahwah, NJ: Paulist, 1990.

_____. *The Sermons of John Donne*. Edited by George R. Potter and Evelyn M. Simpson. 10 vols. Berkeley: University of California Press, 1953–1962.

_____. *The Variorum Edition of the Poetry of John Donne*. Vol. 6, *The Anniversaries and the Epicedes and Obsequies*. Edited by Paul A. Parrish. Bloomington: Indiana University Press, 1995.

Donovan, Mary Ann. "Alive to the Glory of God: A Key Insight in St. Irenaeus." *TS* 49 (1988): 283–97.

Driel, Edwin Chr. van. " 'Too Lowly to Reach God without a Mediator': John Calvin's Supralapsarian Eschatological Narrative." *ModTh* 33 (2017): 275–92.

Duba, William. "The Beatific Vision in the *Sentences* Commentary of Gerald Odonis." *Vivarium* 47 (2009): 348–63.

Dupre, Louis. "The Mystical Theology of Nicholas of Cusa's *De visione Dei*." In *Nicholas of Cusa on Christ and the Church: Essays in Memory of Chandler McCuskey Brooks for the American Cusanus Society*, edited by Gerald Christianson and Thomas M. Izbicki, 205–20. Leiden: Brill, 1996.

_____. *Passage to Modernity: An Essay in the Hermeneutics of Nature and Culture*. New Haven: Yale University Press, 1993.

Dykmans, Marc. *Les Sermons de Jean XXII sur la vision béatifique*. Miscellanea Historiae Pontificiae 34. Rome: Presses de l'Université Grégorienne, 1973.

Edwards, David L. *John Donne: Man of Flesh and Spirit*. London: Continuum, 2001.

Edwards, Jonathan. *The Works of Jonathan Edwards*. New Haven: Yale University Press, 1977–2009. Online: edwards.yale.edu.

Eglinton, James Perman. *Trinity and Organism: Towards a New Reading of Herman Bavinck's Organic Motif*. T. & T. Clark Studies in Systematic Theology 17. New York: T. & T. Clark, 2012.

Ettenhuber, Katrin. " 'The Evidence of Things Not Seen': Donne, Augustine, and the Beatific Vision." In *Donne's Augustine: Renaissance Cultures of Interpretation*, 205–24. Oxford: Oxford University Press, 2011.

Eubank, Nathan. "Ineffably Effable: The Pinnacle of Mystical Ascent in Gregory of Nyssa's *De vita Moysis*." *IJST* 16 (2014): 25–41.

Evans, Craig A. *Mark 8:27-16:20*. Word Biblical Commentary 34B. Nashville: Nelson, 2001.『마가복음 하』(솔로몬 역간).

Farris, Joshua R., Mark Hamilton, and James S. Spiegel, eds. *Idealism and Christian Theology*. Idealism and Christianity 1. New York: Bloomsbury Academic, 2016.

Fasolini, Diego. " 'Illuminating' and 'Illuminated' Light: A Biblical-Theological Interpretation of God-as-Light in Canto XXXIII of Dante's *Paradiso*." *L&T* 19 (2005): 297–310.

Ferguson, Everett. "God's Infinity and Man's Mutability: Perpetual Progress according to Gregory of Nyssa." *GOTR* 18 (1973): 59–78.

_____. "Progress in Perfection: Gregory of Nyssa's *Vita Moysis*." *SP* 14 (1976): 307–14.

Ferguson, John. "Sun, Line, and Cave Again." *ClQ* 13 (1963): 188–93.

Festugiére, A.-J. *Contemplation et vie contemplative selon Platon*. 2nd ed. Le Saulchoir: Bibliothéque de philosophie 2. Paris: Vrin, 1950.

Fiedrowicz, Michael. General Introduction to Augustine, *Expositions of the Psalms 1-32*, edited by John E. Rotelle, 13–66. WSA III/15. Hyde Park, NY: New City Press, 2000.

Fitzpatrick, Antonia. "Bodily Identity in Scholastic Theology." PhD diss., University College, London, 2013.

Foley, Richard. "The Order Question: Climbing the Ladder of Love in Plato's *Symposium*." *AncPhil* 30 (2010): 57–72.

Foltz, Bruce V. *The Noetics of Nature: Environmental Philosophy and the Holy Beauty of the Visible*. New York: Fordham University Press, 2014.

Foster, Kenelm. *The Two Dantes and Other Studies*. Berkeley: University of California Press, 1977.

Foster, M. B. "The Christian Doctrine of Creation and the Rise of Modern Natural Science." *Mind* 43 (1934): 446–68.

Franks, Angela Franz. "Trinitarian *Analogia Entis* in Hans Urs von Balthasar." *Thomist* 62 (1998): 533–59.

Freccero, John. "An Introduction to the *Paradiso*." In *Dante: The Poetics of Conversion*, edited by Rachel Jacoff, 209-20. Cambridge, MA: Harvard University Press, 1986.

Frontain, Raymond-Jean. "Donne's Protestant *Paradiso*: The Johannine Vision of the *Second Anniversary*." In *John Donne and the Protestant Reformation: New Perspectives*, edited by Mary Arshagouni Papazian, 113-42. Detroit: Wayne State University Press, 2003.

Frost, Stefanie. *Nikolaus und Meister Eckhart. Rezeption im Spiegel der Marginalien zum Opus tripartitum Meister Eckharts.* Beiträge zur Geschichte der Philosophie und Theologie des Mittelalters, n.s., 69. Munster: Aschendorff, 2006.

Fuhrer, M. "The Consolation of Contemplation in Nicholas of Cusa's *De visione Dei*." In *Nicholas of Cusa on Christ and the Church: Essays in Memory of Chandler Mc-Cuskey Brooks for the American Cusanus Society*, edited by Gerald Christianson and Thomas M. Izbicki, 221-40. Leiden: Brill, 1996.

Gaine, Simon Francis. *Did the Saviour See the Father? Christ, Salvation, and the Vision of God.* London: Bloomsbury T. & T. Clark, 2015.

_____. "Thomas Aquinas and John Owen on the Beatific Vision: A Reply to Suzanne McDonald." *NB* 97 (2016): 432-46.

Garrett, Stephen M. *God's Beauty-in-Act: Participating in God's Suffering Glory.* PTMS 196. Eugene, OR: Pickwick, 2013.

Gavrilyuk, Paul L., and Sarah Coakley, eds. *The Spiritual Senses: Perceiving God in Western Christianity.* Cambridge: Cambridge University Press, 2012.

Geljon, Albert-Kees. "Divine Infinity in Gregory of Nyssa and Philo of Alexandria." *VC* 59 (2005): 152-77.

Gerson, Lloyd P. *Plotinus: The Arguments of the Philosophers.* Edited by Ted Honderich. New York: Routledge, 1994.

Gibson, Michael. "The Beauty of the Redemption of the World: The Theological Aesthetics of Maximus the Confessor and Jonathan Edwards." *HTR* 101 (2008): 45-76.

Goodblatt, Chanita. "The Penitential Psalm 32: The Sacred Philology of Sin." In *The Christian Hebraism of John Donne*, 77-107. Pittsburgh: Duquesne University Press, 2010.

Gorman, Michael J. *Inhabiting the Cruciform God: Kenosis, Justification, and Theosis in Paul's Narrative Soteriology.* Grand Rapids: Eerdmans, 2009.

Gosseye, Lise. "Salutary Reading: Calvinist Humanism in Constantijn Huygens'

Ooghentroost." In *The Turn of the Soul: Representations of Religious Conversion in Early Modern Art and Literature*, edited by Lieke Stelling, Harald Hendrix, and Todd Richardson, 225–46. Intersections: Interdisciplinary Studies in Early Modern Culture 23. Leiden: Brill, 2012.

Grafton, Anthony, and Megan Williams. *Christianity and the Transformation of the Book: Origen, Eusebius, and the Library of Caesarea*. Cambridge, MA: Belknap Press of Harvard University Press, 2006.

Gregorios, Paulos Mar. *Cosmic Man: The Divine Presence; The Theology of St. Gregory of Nyssa (ca 330 to 395 A.D.)*. New York: Paragon, 1988.

Gregory, Brad S. *The Unintended Reformation: How a Religious Revolution Secularized Society*. Cambridge, MA: Belknap Press of Harvard University Press, 2012.

Gregory of Nyssa. *Contra Eunomium Liber II*. In *GNO*, vol. 1, edited by Wernerus Jaeger, 226–409. Leiden: Brill, 2002.

_____. *De beatitudinibus*. In *GNO*, vol. 7/2, edited by Johannes F. Callahan, 75–170. Leiden: Brill, 1992.

_____. *De perfectione*. In *GNO*, vol. 8/1, edited by Wernerus Jaeger, 173–214. Leiden: Brill, 1986.

_____. *De vita Moysis*. In *GNO*, vol. 7/1, edited by Hubertus Musurillo. Leiden: Brill, 1991.

_____. *Gregory of Nyssa: Homilies on the Beatitudes; An English Version with Supporting Studies*. Translated by Stuart George Hall. Edited by Hubertus R. Drobner and Albert Viciano. Leiden: Brill, 2000.

_____. *Gregory of Nyssa: Homilies on the Song of Songs*. Translated and edited by Richard A. Norris. Writings from the Greco-Roman World 13. Atlanta: Society of Biblical Literature, 2012.

_____. *Gregory, Bishop of Nyssa: Homilies on Ecclesiastes*. In *Gregory of Nyssa: Homilies on Ecclesiastes; An English Version with Supporting Studies*, translated by Stuart George Hall and Rachel Moriarty, edited by Stuart George Hall, 31–144. Berlin: de Gruyter, 1993.

_____. *Gregory, Bishop of Nyssa: The Second Book against Eunomius*. Translated by Stuart George Hall. In *Gregory of Nyssa: Contra Eunomium II; An English Version with Supporting Studies; Proceedings of the 10th International Colloquium on Gregory of Nyssa (Olomouc, September 15-18, 2004)*, edited by Lenka Karfiková, Scot Douglass, and Johannes Zachhuber, 59–201. VCSup 82. Leiden: Brill, 2007.

_____. *In ecclesiasten homiliae*. In *GNO*, vol. 5, edited by Paulus Alexander, 195–442.

Leiden: Brill, 1996.

_____. *The Life of Moses*. Translated and edited by Abraham J. Malherbe and Everett Ferguson. New York: Paulist, 1978.

_____. *On Perfection*. In *Saint Gregory of Nyssa: Ascetical Works*, translated by Virginia Woods Callahan, 91–122. FC 58. 1967. Reprint, Washington, DC: Catholic University of America Press, 1999.

_____. *On the Making of Man*. In *NPNF* II/5, translated and edited by H. A. Wilson, 386–427. Buffalo: Christian Literature Co., 1893.

Gregory Palamas. *Défense des saints hésychastes*. Edited by John Meyendorff. Études et Documents 30–31. 2 vols. 2nd ed. Louvain: Spicilegium Sacrum Lovaniense, 1973.

_____. *The Homilies*. Translated and edited by Christopher Veniamin. Waymart, PA: Mount Thabor Publishing, 2009.

_____. *The Triads*. Translated by Nicholas Gendle. Edited by John Meyendorff. New York: Paulist, 1983.

Grumett, David. "De Lubac, Grace, and the Pure Nature Debate." *ModTh* 31 (2015): 123–46.

Hadot, Pierre. *Plotinus, or, the Simplicity of Vision*. Translated by Michael Chase. Chicago: University of Chicago Press, 1993.

Hahn, Scott W., and Benjamin Wiker. *Politicizing the Bible: The Roots of Historical Criticism and the Secularization of Scripture, 1300-1700*. New York: Herder and Herder/ Crossroad, 2013.

Hambrick-Stowe, Charles E. "Practical Divinity and Spirituality." In *The Cambridge Companion to Puritanism*, edited by John Coffey and Paul C. H. Lim, 191–205. Cambridge: Cambridge University Press, 2008.

Hanby, Michael. *Augustine and Modernity*. London: Routledge, 2003.

Harinck, George. " 'Met de telephoon onzen God oproepen': Kuypers meditaties uit 1905 en 1906." In *Godsvrucht in geschiedenis: Bundel ter gelegenheid van het afscheid van prof. dr. Frank van der Pol als hoogleraar aan de Theologische Universiteit Kampen*, edited by Erik A. de Boer and Harm J. Boiten, 454–56. Heerenveen, Neth.: Groen, 2015.

Harl, Marguerite. "Recherches sur l'originisme d'Origene: La 'satiete' (κόρος de la contemplation comme motif de la chute des ames." *SP* 8 (1966): 373–405.

Harmless, William. "Mystic as Cartographer: Bonaventure." In *Mystics*, 79–105, 283–87. New York: Oxford University Press, 2008.

Harrison, Carol. *Rethinking Augustine's Early Theology: An Argument for Continuity.* Oxford: Oxford University Press, 2006.

Harrison, Verna E. F. *Grace and Human Freedom according to St. Gregory of Nyssa.* Lewiston, NY: Edwin Mellen, 1992.

_____. "Receptacle Imagery in St. Gregory of Nyssa's Anthropology." *SP* 22 (1989): 23-27.

Hart, David Bentley. "The Bright Morning of the Soul: John of the Cross on *Theosis.*" *ProEccl* 12 (2003): 324-44.

Hay, Andrew R. *God's Shining Forth: A Trinitarian Theology of Divine Light.* Eugene, OR: Pickwick, 2017.

Hayes, Cory J. "*Deus in se et Deus pro nobis*: The Transfiguration in the Theology of Gregory Palamas and Its Importance for Catholic Theology." PhD diss., Duquesne University, 2015.

Healy, Nicholas J. *The Eschatology of Hans Urs von Balthasar: Being as Communion.* Oxford: Oxford University Press, 2005.

Heath, J. M. F. *Paul's Visual Piety: The Metamorphosis of the Beholder.* Oxford: Oxford University Press, 2013.

Heine, Ronald E. *Perfection in the Virtuous Life: A Study in the Relationship between Edification and Polemical Theology in Gregory of Nyssa's* De vita Moysis. Cambridge, MA: Philadelphia Patristic Foundation, 1975.

Heslam, Peter S. *Creating a Christian Worldview: Abraham Kuyper's Lectures on Calvinism.* Grand Rapids: Eerdmans, 1998.

Hillebert, Jordan, ed. *T&T Clark Companion to Henri de Lubac.* London: Bloomsbury T. & T. Clark, 2017.

Hindmarsh, D. Bruce. *The Spirit of Early Evangelicalism: True Religion in a Modern World.* New York: Oxford University Press, 2018.

Hinson, E. Glenn. "Ignatian and Puritan Prayer: Surprising Similarities; A Comparison of Ignatius Loyola and Richard Baxter on Meditation." *TMA* 20 (2007): 79-92.

Hoekema, Anthony A. *The Bible and the Future.* Grand Rapids: Eerdmans, 1979.

Hoff, Johannes. *The Analogical Turn: Rethinking Modernity with Nicholas of Cusa.* Grand Rapids: Eerdmans, 2013.

Holmes, Jeremy. "Aquinas' *Lectura in Matthaeum.*" In *Aquinas on Scripture: An Introduction to His Biblical Commentaries,* edited by Thomas G. Weinandy, Daniel A. Keating, and John P. Yokum, 73-97. London: T. & T. Clark, 2005.

Hooker, Morna D. *A Commentary on the Gospel according to St. Mark*. Black's New Testament Commentaries. London: A. & C. Black, 1991.

Howe, John. *The blessednesse of the righteous discoursed from Psal. 17, 15*. London, 1668; Wing H3015.

Hoye, William J. "Die Vereinigung mit dem ganzlich Unerkannten nach Bonaventura, Nikolaus von Kues und Thomas von Aquin." In *Die Dionysius-Rezeption im Mittelalter. Internationales Kolloquium in Sofia vom 8. bis 11. April 1999 unter der Schirmherrschaft der Société internationale pour l'etude de la philosophie medievale*, edited by Tzorcho Boiadjiev, Georgi Kapriev, and Andreas Speer, 477–504. Rencontres de Philosophie Medievale 9. Turnhout, Belgium: Brepols, 2000.

Huijgen, Arnold. "Divine Accommodation in Calvin: Myth and Reality." In *The Myth of the Reformation*, edited by Peter Opitz, 248–59. Refo500 Academic Studies 9. Göttingen: Vandenhoeck & Ruprecht, 2013.

———. *Divine Accommodation in Calvin's Theology: Analysis and Assessment*. Reformed Historical Theology 16. Göttingen: Vandenhoeck & Ruprecht, 2011.

Huttinga, Wolter. *Participation and Communicability: Herman Bavinck and John Milbank on the Relation between God and the World*. Amsterdam: Buijten & Shipperheijn Motief, 2014.

Irenaeus. *Irenaus against Heresies*. In *ANF* 1, edited by Alexander Roberts and James Donaldson. Buffalo: Christian Literature Co., 1885.

———. *Proof of the Apostolic Preaching*. Translated by Joseph P. Smith. ACW 16. New York: Paulist, 1952.

Irigaray, Luce. "Sorcerer Love: A Reading of Plato's *Symposium*, Diotima's Speech." Translated by Eleanor H. Kuykendall. *Hypatia* 3, no. 3 (1989): 32–44.

Jenson, Robert W. *Systematic Theology*. Vol. 2, *The Works of God*. New York: Oxford University Press, 1999.

John of the Cross. *The Collected Works of Saint John of the* Cross. Translated by Kieran Kavanaugh and Otilio Rodriguez. Rev. ed. Washington, DC: ICS, 1991.

Johnson, Adam. "The Crucified Bridegroom: Christ's Atoning Death in St. John of the Cross and Spiritual Formation Today." *ProEccl* 21 (2012): 392–408.

Johnson, Jeffrey. *The Theology of John Donne*. Cambridge: Brewer, 1999.

Johnson, Luke Timothy. *The Gospel of Luke*. Sacra Pagina 3. Collegeville, MN: Glazier/Liturgical Press, 1991.

———. *Hebrews: A Commentary*. NTL. Louisville: Westminster John Knox, 2006.

Jorgenson, Allen G. "Martin Luther on Preaching Christ Present." *IJST* 16 (2014): 42-55. Kapic, Kelly M. *Communion with God: The Divine and the Human in the Theology of John Owen.* Grand Rapids: Baker Academic, 2007.

Karamanolis, George. *The Philosophy of Early Christianity.* London: Routledge, 2014.

Kavanaugh, Kieran. *John of the Cross: Doctor of Light and Love.* New York: Crossroad, 1999.

Keil, Carl Friedrich, and Franz Delitzsch. *Commentary on the Old Testament.* Vol. 1. Peabody, MA: Hendrickson, 1996.

Kenney, John Peter. *Contemplation and Classical Christianity: A Study in Augustine.* Oxford: Oxford University Press, 2013.

Kilby, Karen. "Hans Urs von Balthasar on the Trinity." In *The Cambridge Companion to the Trinity,* edited by Peter C. Phan, 208-22. Cambridge: Cambridge University Press, 2011.

Kirk, Kenneth E. *The Vision of God: The Christian Doctrine of the Summum Bonum; The Bampton Lectures for 1928.* London: Longmans, Green, 1932.

Kitanov, Severin Valentinov. *Beatific Enjoyment in Medieval Scholastic Debates.* Lanham, MD: Lexington, 2014.

Kittel, Gerhard, and Gerhard Friedrich, eds. *Theological Dictionary of the New Testament.* Translated by Geoffrey W. Bromiley. 10 vols. Grand Rapids: Eerdmans, 1964-1976.

Kloos, Kari. *Christ, Creation, and the Vision of God: Augustine's Transformation of Early Christian Theophany Interpretation.* Ancient Christianity 7. Leiden: Brill, 2011.

Kooi, Cornelis van der. *As in a Mirror: John Calvin and Karl Barth on Knowing God—a Diptych.* Translated by Donald Mader. Studies in the History of Christian Traditions 120. Leiden: Brill, 2005.

Köstenberger, Andreas J. *John.* Baker Exegetical Commentary on the New Testament. Grand Rapids: Baker Academic, 2004.

Krivochéine, Basil. *In the Light of Christ: Saint Symeon the New Theologian (949-1022); Life—Spirituality—Doctrine.* Translated by Anthony P. Gythiel. Crestwood, NY: St. Vladimir's Seminary Press, 1986.

Kuipers, Tjitze. *Abraham Kuyper: An Annotated Bibliography, 1857-2010.* Translated by Clifford Anderson with Dagmare Houniet. Brill's Series in Church History 55. Leiden: Brill, 2011.

Kuyper, Abraham. *Abraham Kuyper: A Centennial Reader.* Edited by James D. Bratt. Grand Rapids: Eerdmans, 1998.

_____. *De gemeene gratie.* Vol. 1. Leiden: Donner, 1902.

_____. *Dictaten Dogmatiek.* Vol. 1, *Locus de Deo.* 2nd ed. 1891. Reprint, Kampen: Kok, 1910.

_____. *Dictaten Dogmatiek.* Vol. 2, *Locus de Creatione.* 2nd ed. 1891. Reprint, Kampen: Kok, 1911.

_____. *Dictaten Dogmatiek.* Vol. 5, *Locus de Consummatione Saeculi.* 2nd ed. 1892. Reprint, Kampen: Kok, 1913.

_____. *Drie kleine vossen.* Kampen: Kok, 1901.

_____. *Encyclopadie der heilige godgeleerdheid.* 3 vols. Amsterdam: Wormser, 1894.

_____. *E voto Dordraceno: Toelichting op den Heidelbergschen Catechismus.* Vol. 2. Amsterdam: Wormser, 1893.

_____. *In de schaduwe des doods: Meditatien voor de krankenkamer en bij het sterfbed.* Amsterdam: Wormser, 1893.

_____. *In Jezus ontslapen: Meditatien.* Amsterdam: Hoveker & Wormser, 1902.

_____. *Lectures on Calvinism: Six Lectures from the Stone Foundation Lectures Delivered at Princeton University.* 8th ed. Grand Rapids: Eerdmans, 1987.

_____. *Nabij God te zijn.* 2 vols. Kampen: Kok, 1908.

_____. "Sphere Sovereignty." In *Abraham Kuyper: A Centennial Reader*, edited by James D. Bratt, 461-90. Grand Rapids: Eerdmans, 1998.

_____. *Van de voleinding.* Edited by H. H. Kuyper. 4 vols. Kampen: Kok, 1929-1931.

_____. *Voor een distel een mirt: Geestelijke overdenkingen bij den Heiligen Doop, het doen van belijdenis en het toegaan tot het Heilig Avondmaal.* Amsterdam: Wormser, 1891.

Laird, Martin. "Apophasis and Logophasis in Gregory of Nyssa's *Commentarius in Canticum Canticorum.*" *SP* 37 (2001): 126-32.

_____. "Darkness." In *The Brill Dictionary of Gregory of Nyssa*, edited by Lucas Francisco Mateo-Seco and Giulio Maspero, translated by Seth Cherney, 203-5. Leiden: Brill, 2010.

_____. *Gregory of Nyssa and the Grasp of Faith: Union, Knowledge, and Divine Presence.* Oxford: Oxford University Press, 2004.

Lane, Belden C. "Two Schools of Desire: Nature and Marriage in Seventeenth-Century Puritanism." *CH* 69 (2000): 372-402.

Langley, Silas. "Aquinas, Resurrection, and Material Continuity." *PACPhA* 75 (2001): 135-47.

Lashier, Jackson Jay. "The Trinitarian Theology of Irenaeus of Lyons." PhD diss., Marquette University, 2011.

Lee, Dorothy. *Transfiguration*. New Century Theology. London: Continuum, 2004.

Lee, Yang-Ho. "Calvin on Deification: A Reply to Carl Mosser and Jonathan Slater." *SJT* 63 (2010): 272-84.

Levering, Matthew. "Balthasar on Christ's Consciousness on the Cross." *Thomist* 65 (2001): 567-81.

_____. *Jesus and the Demise of Death: Resurrection, Afterlife, and the Fate of the Christian.* Waco: Baylor University Press, 2012.

_____. *Participatory Biblical Exegesis.* Notre Dame: University of Notre Dame Press, 2008.

Lewalski, Barbara Kiefer. *Donne's* Anniversaries *and the Poetry of Praise: The Creation of a Symbolic Mode.* Princeton: Princeton University Press, 1973.

Liere, F. A. van. "Johannes XXII en het conflict over de visio beatifica." *NedTT* 44 (1990): 208-22.

Long, Steven A. *Natura Pura: On the Recovery of Nature in the Doctrine of Grace.* New York: Fordham University Press, 2010.

Lossky, Vladimir. *The Mystical Theology of the Eastern Church.* 1957. Reprint, Cambridge: Clarke, 2005.

_____. *The Vision of God.* Translated by Asheleigh Moorhouse. 2nd ed. Library of Orthodox Theology 2. 1963. Reprint, Leighton Buzzard, UK: Faith Press, 1973.

Loudovikos, Nikolaos. "Striving for Participation: Palamite Analogy as Dialogical Syn-Energy and Thomist Analogy as Emanational Similitude." In *Divine Essence and Divine Energies: Ecumenical Reflections on the Presence of God in Eastern Orthodoxy,* edited by Constantinos Athanasopoulos and Christoph Schneider, 122-48. Cambridge: Clarke, 2013.

Louth, Andrew. *The Origins of the Christian Mystical Tradition: From Plato to Denys.* Oxford: Oxford University Press, 1981.

_____. "Patristic Mysticism and St. John of the Cross." In *The Origins of the Christian Mystical Tradition: From Plato to Denys,* 179-90. Oxford: Oxford University Press, 1981.

Maloney, George. Introduction to *The Discourses,* by Symeon the New Theologian. Translated by C. J. de Catanzaro, 1-36. New York: Paulist, 1980.

Manoussakis, John Panteleimon. "Theophany and Indication: Reconciling Augustinian and Palamite Aesthetics." *ModTh* 26 (2010): 76–89.

Marion, Jean-Luc "Voir, se voir vu: L'Apport de Nicolas de Cues dans le *De visione Dei*." *BLE* 117, no. 2 (April 2016): 7–37.

Marsh, Harry Clarke. "Cosmic Structure and the Knowledge of God: Thomas Aquinas' 'In Librum beati Dionysii de divinis nominibus expositio.' " PhD diss., Vanderbilt University, 1994.

Marshall, Bruce D. "Action and Person: Do Palamas and Aquinas Agree about the Spirit?" *SVTQ* 39 (1995): 379–408.

Martin, Catherine Gimelli. "Unmeete Contraryes: The Reformed Subject and the Triangulation of Religious Desire in Donne's *Anniversaries* and *Holy Sonnets*." In *John Donne and the Protestant Reformation: New Perspectives*, edited by Mary Arshagouni Papazian, 193–220. Detroit: Wayne State University Press, 2003.

Maspero, Giulio. *Trinity and Man: Gregory of Nyssa's Ad Ablabium*. Leiden: Brill, 2007.

Mateo-Seco, Lucas F. "Epektasis—Ἐπέκτασις" In *The Brill Dictionary of Gregory of Nyssa*, edited by Lucas Francisco Mateo-Seco and Giulio Maspero, translated by Seth Cherney, 263–68. Leiden: Brill, 2009.

———. "1 Cor 13, 12 in Gregory of Nyssa's Theological Thinking." *SP* 32 (1997): 153–62.

Maurer, Margaret, and Dennis Flynn. "The Text of *Goodf* and John Donne's Itinerary in April 1613." *TC* 8 (2013): 50–94.

May, Gerhard. "Die Chronologie des Lebens und der Werke des Gregor von Nyssa." In *Ecriture et culture philosophique dans la pensée de Grégoire de Nysse: Actes du colloque de Chevetogne (22-26 septembre 1969)*, edited by Marguerite Harl, 51–67. Leiden: Brill, 1971.

Mazzotta, Giuseppe. *Dante, Poet of the Desert: History and Allegory in the Divine Comedy*. Princeton: Princeton University Press, 1987.

McClymond, Michael J. "Salvation as Divinization: Jonathan Edwards, Gregory Palamas and the Theological Uses of Neoplatonism." In *Jonathan Edwards: Philosophical Theologian*, edited by Paul Helm and Oliver Crisp, 139–60. Burlington, VT: Ashgate, 2003.

———. "Spiritual Perception in Jonathan Edwards." *JR* 77 (1997): 195–216.

McClymond, Michael J., and Gerald R. McDermott. *The Theology of Jonathan Edwards*. New York: Oxford University Press, 2012.

McCormack, Bruce L. "Union with Christ in Calvin's Theology: Grounds for a Divinization Theory?" In *Tributes to John Calvin: A Celebration of His*

Quincentenary, edited by David W. Hall, 504-29. Phillipsburg, NJ: Presbyterian and Reformed, 2010.

McDonald, Suzanne. "Beholding the Glory of God in the Face of Jesus Christ: John Owen and the 'Reforming' of the Beatific Vision." In *The Ashgate Research Companion to John Owen's Theology*, edited by Kelly M. Kapic and Mark Jones, 141-58. Burlington, VT: Ashgate, 2012.

McDuffie, Felicia Wright. *"To Our Bodies Turn We Then": Body as Word and Sacrament in the Works of John Donne*. New York: Continuum, 2005.

McGibben, D. D. "The Fall of the Soul in Plato's *Phaedrus*." *ClQ* 14 (1964): 56-63.

McGinn, Bernard. *The Flowering of Mysticism: Men and Women in the New Mysticism—1200-1350*. Vol. 3 of *The Presence of God: A History of Western Christian Mysticism*. New York: Crossroad Herder, 1998.

_____. "God as Eros: Metaphysical Foundations of Christian Mysticism." In *New Perspectives on Historical Theology: Essays in Memory of John Meyendorff*, edited by Bradley Nassif, 189-209. Grand Rapids: Eerdmans, 1995.

_____. *The Harvest of Mysticism in Medieval Germany*. Vol. 4 of *The Presence of God: A History of Western Christian Mysticism*. New York: Herder and Herder, 2005.

_____. "Seeing and Not Seeing: Nicholas of Cusa's *De visione Dei* in the History of Western Mysticism." In *Cusanus: The Legacy of Learned Ignorance*, edited by Peter Casarella, 26-53. Washington, DC: Catholic University of America Press, 2006.

McGuckin, John Anthony. "The Luminous Vision in Eleventh-Century Byzantium: Interpreting the Biblical and Theological Paradigms of St. Symeon the New Theologian." In *Work and Worship at Theotokos Evergetis, 1050-1200: Papers of the Fourth Belfast Byzantine International Colloquium, Portaferry, Co. Down, 14-17 September 1995*, edited by Margaret Mullet and Anthony Kirby, 90-123. Belfast Byzantine Texts and Translations 6.2. Belfast: Belfast Byzantine Enterprises, 1997.

_____. *The Transfiguration of Christ in Scripture and Tradition*. Lewiston, NY: Edwin Mellen, 1986.

McMahon, Robert. *Understanding the Medieval Meditative Ascent: Augustine, Anselm, Boethius, and Dante*. Washington, DC: Catholic University of America Press, 2006.

McNair, Philip. "Dante's Vision of God: An Exposition of *Paradiso* XXXIII." In *Essays in Honour of John Humphrey's Whitfield: Presented to Him on His Retirement from the Serena Chair of Italian at the University of Birmingham*, edited by H. C. Davis et al., 13-29. London: St. George's Press, 1975.

McNulty, Robert. "The Protestant Version of Robert Parsons' *The First Book of the Christian Exercise*." *HLQ* 22 (1959): 271-300.

Meconi, David Vincent. "Heaven and the *Ecclesia Perfecta* in Augustine." In *The Cambridge Companion to Augustine*, edited by David Vincent Meconi and Eleonore Stump, 251-72. Cambridge: Cambridge University Press, 2014.

Meyendorff, John. *A Study of Gregory Palamas*. Translated by George Lawrence. Crestwood, NY: St. Vladimir's Seminary Press, 1998.

Middleton, J. Richard. *A New Heaven and a New Earth: Reclaiming Biblical Eschatology* Grand Rapids: Baker Academic, 2014.

Migne, J.-P., ed. Patrologiae Cursus Completus, Series Graeca. Paris: Migne, 1857-1866.

Milbank, John. *The Suspended Middle: Henri de Lubac and the Renewed Split in Modern Catholic Theology*. 2nd ed. Grand Rapids: Eerdmans, 2014.

_____. *Theology and Social Theory: Beyond Secular Reason*. 2nd ed. Malden, MA: Wiley-Blackwell, 2006.

Miles, Margaret. "Vision: The Eye of the Body and the Eye of the Mind in Saint Augustine's *De Trinitate* and *Confessions*." *JR* 63 (1983): 125-42.

Miller, Clyde L. "The Icon and the Wall: *Visio* and *Ratio* in Nicholas of Cusa's *De visione Dei*." *PACPhA* 64 (1990): 86-98.

Moevs, Christian. *The Metaphysics of Dante's Comedy.* Oxford: Oxford University Press, 2005.

Moltmann, Jürgen. *The Coming of God: Christian Eschatology*. Translated by Margaret Kohl. Minneapolis: Fortress, 1996. 『오시는 하나님』(대한기독교서회 역간).

_____. *Crucified God: The Cross of Christ as the Foundation and Criticism of Christian Theology*. Translated by John Bowden. Minneapolis: Fortress, 1993. 『십자가에 달리신 하나님』(대한기독교서회 역간).

_____. *God in Creation: A New Theology of Creation and the Spirit of God*. Translated by Margaret Kohl. San Francisco: Harper and Row, 1985. 『창조 안에 계신 하나님』 (대한기독교서회 역간).

Mosser, Carl. "The Greatest Possible Blessing: Calvin and Deification." *SJT* 55 (2002): 36-57.

Moutsoulas, Elie D. " 'Essence' et 'énergies' de Dieu selon St. Gregoire de Nysse." *SP* 18 (1989): 517-28.

Mulcahy, Bernard. *Aquinas's Notion of Pure Nature and the Christian Integralism of Henri de Lubac: Not Everything Is Grace*. American University Studies 7: Theology and Religion 314. New York: Peter Lang, 2011.

Muller, Richard A. "Christ in the Eschaton: Calvin and Moltmann on the Duration of the *Munus Regium*." *HTR* 74 (1981): 31–59.

_____. *Post-Reformation Reformed Dogmatics: The Rise and Development of Reformed Orthodoxy, ca. 1520 to ca. 1725*. 4 vols. Grand Rapids: Baker Academic, 2003.

_____. *The Unaccommodated Calvin: Studies in the Foundation of a Theological Tradition*. New York: Oxford University Press, 2000.

Murray, Russel. "Mirror of Experience: Palamas and Bonaventure on the Experience of God—a Contribution to Orthodox–Roman Catholic Dialogue." *JES* 44 (2009): 432–60.

Nicholas of Cusa. *On the Vision of God*. In *Nicholas of Cusa: Selected Spiritual Writings*, translated and edited by H. Lawrence Bond. Mahwah, NJ: Paulist, 1997. 『신의 바라봄』(가톨릭출판사 역간).

Nicholson, E. W. "The Interpretation of Exodus xxiv 9–1." *VT* 24 (1974): 77–97.

Nielsen, J. T. *Adam and Christ in the Theology of Irenaeus of Lyons: An Examination of the Function of the Adam-Christ Typology in the* Adversus Haereses *of Irenaeus, against the Background of the Gnosticism of His Time*. Assen, Neth.: Van Gorcum, 1968.

Noble, Ivana. "Religious Experience—Reality or Illusion: Insights from Symeon the New Theologian and Ignatius of Loyola." In *Encountering Transcendence: Contributions to the Theology of Christian Religious Experience*, edited by Lieven Boeve, Hans Geybels, and Stijn van den Bossche, 375–93. Annua Nuntia Lovaniensia 53. Leuven: Peeters, 2005.

Nye, Andrea. "The Subject of Love: Diotima and Her Critics." *J Value Inq* 24 (1990): 135–53.

Nygren, Anders. *Agape and Eros: The Christian Idea of Love*. Translated by Philip S. Watson. Chicago: University of Chicago Press, 1982. 『아가페와 에로스』(CH북스 역간).

Oakes, Edward T. "Balthasar and Ressourcement: An Ambiguous Relationship." In *Ressourcement: A Movement for Renewal in Twentieth-Century Catholic Theology*, edited by Gabriel Flynn and Paul D. Murray, 278–88. Oxford: Oxford University Press, 2012.

O'Brien, Dennis. "Plotinus on Matter and Evil." In *The Cambridge Companion to*

Plotinus, edited by Lloyd P. Gerson, 171–95. Cambridge: Cambridge University Press, 1996.

O'Leary, Peter. "Imparadising, Transhumanizing, Intrining: Dante's Celestial Vision." *Postmed* 6 (2015): 154–64.

Ollerton, A. J. "*Quasi Deificari*: Deification in the Theology of John Calvin." *WTJ* 73 (2011): 237–54.

O'Meara, Dominic J. *Plotinus: An Introduction to the* Enneads. Oxford: Clarendon, 1993.

O'Meara, John J. *The Young Augustine: The Growth of St. Augustine's Mind up to His Conversion*. 2nd ed. New York: Alba, 2000.

Origen. *Spirit and Fire: A Thematic Anthology of His Writings*. Edited by Hans Urs von Balthasar. Translated by Robert J. Daly. Washington, DC: Catholic University of America Press, 1984.

Ortlund, Gavin. "Ascending toward the Beatific Vision: Heaven as the Climax of Anselm's *Proslogion*." PhD diss., Fuller Theological Seminary, School of Theology, 2016.

Owen, John. *Christologia, or, A declaration of the glorious mystery of the person of Christ, God and man with the infinite wisdom, love and power of God in the contrivance and constitution thereof ...* London, 1679; Wing O762.

———. *Meditations and discourses on the glory of Christ, in his person, office, and grace with the differences between faith and sight: applied unto the use of them that believe*. London, 1684; Wing O769.

Pabst, Adrian. *Metaphysics: The Creation of Hierarchy*. Grand Rapids: Eerdmans, 2012.

Packer, J. I. *A Quest for Godliness: The Puritan Vision of the Christian Life*. Wheaton, IL: Crossway, 1990.

Papanikolaou, Aristotle. "Personhood and Its Exponents in Twentieth-Century Orthodox Theology." In *The Cambridge Companion to Orthodox Christian Theology*, edited by Mary B. Cunningham and Elizabeth Theokritoff, 232–45. Cambridge: Cambridge University Press, 2008.

Patterson, Paul A. *Visions of Christ: The Anthropomorphite Controversy of 399 CE*. Studies and Texts in Antiquity and Christianity 68. Tübingen: Mohr Siebeck, 2012.

Patterson, R. F., ed. *Ben Jonson's Conversations with William Drummond of Hawthornden*. London: Blackie, 1923.

Pauw, Amy Plantinga. " 'Heaven Is a World of Love': Edwards on Heaven and the Trinity." *CTJ* 30 (1995): 392–401.

Pelikan, Jaroslav. *Christianity and Classical Culture: The Metamorphosis of Natural Theology in the Christian Encounter with Hellenism.* New Haven: Yale University Press, 1993.

_____. *The Christian Tradition: A History of the Development of Doctrine.* Vol. 1, *The Emergence of the Catholic Tradition (100-600).* Chicago: University of Chicago Press, 1971.

Penkett, Robert. "Symeon the New Theologian's Visions of the Godhead." *Phronema* 15 (2000): 97-114.

Perrin, David B. "The Unique Contribution of John of the Cross to the Western Mystical Tradition." *ScEs* 51 (1999): 199-230.

Pertile, Lino. "A Desire of Paradise and a Paradise of Desire: Dante and Mysticism." In *Dante: Contemporary Perspectives*, edited by Amilcare A. Iannucci, 148-63. Toronto: University of Toronto Press, 1997.

Pfau, Thomas. *Minding the Modern: Human Agency, Intellectual Traditions, and Responsible Knowledge.* Notre Dame: University of Notre Dame Press, 2015.

Phillips, John F. "Plotinus and the 'Eye' of the Intellect." *Dionysius* 14 (1990): 79-103.

Pitstick, Alyssa. *Light in Darkness: Hans Urs von Balthasar and the Catholic Doctrine of Christ's Descent into Hell.* Grand Rapids: Eerdmans, 2007.

Plato. *Phaedrus.* Translated and edited by Robin Waterfield. Oxford: Oxford University Press, 2000.

_____. *Republic.* Translated and edited by Robin Waterfield. Oxford: Oxford University Press, 1998.

_____. *Statesman.* Translated by Robin Waterfield. Edited by Julia Annas and Robin Waterfield. Cambridge: Cambridge University Press, 1995.

_____. *Symposium.* Translated and edited by Robin Waterfield. Oxford: Oxford University Press, 1994.

_____. *Timaeus and Critias.* Translated by Robin Waterfield. Edited by Andrew Gregory. Oxford: Oxford University Press, 2008.

Plested, Marcus. *Orthodox Readings of Aquinas.* Oxford: Oxford University Press, 2012.

Pliny. *Natural History.* Vol. 3. Translated by H. Rackham. LCL 353. 1940. Reprint, London: Heinemann, 1967.

Plotinus. *Enneads.* Translated and edited by A. H. Armstrong. 6 vols. LCL 440-45. Cambridge, MA: Harvard University Press, 1966-1988.

Polanyi, Michael. *Knowing and Being: Essays by Michael Polanyi.* Edited by Marjorie Grene. Chicago: University of Chicago Press, 1969.

_____. *The Tacit Dimension.* Garden City, NY: Doubleday, 1966.

Pollack, Tamara. "Light and Mirror in Dante's *Paradiso*: Faith and Contemplation in the Lunar Heaven and the *Primo Mobile.*" PhD diss., Indiana University, 2008.

_____. "Light, Love and Joy in Dante's Doctrine of Beatitude." In *Reviewing Dante's Theology*, vol. 1, edited by Claire E. Honess and Matthew Treherne, 263-319. Leeds Studies on Dante. Oxford: Lang, 2013.

Pollard, Alfred W., and G. R. Redgrave, eds. *A Short-Title Catalogue of Books Printed in England, Scotland, and Ireland and of English Books Printed Abroad, 1475-1640.* 3 vols. Rev. ed. London: Bibliographical Society, 1976-1991.

Porphyry. *On the Life of Plotinus and the Order of His Books.* In Plotinus, *Enneads*, vol. 1, translated and edited by A. H. Armstrong, 1-87. LCL 440. Cambridge, MA: Harvard University Press, 1966.

Press, Gerald A. *Plato: A Guide for the Perplexed.* London: Continuum, 2007.

Pseudo-Dionysius. *Pseudo-Dionysius: The Complete Works.* Translated by Colm Luibheid. Edited by Paul Rorem. Mahwah, NJ: Paulist, 1987.

Pusey, Edward. "Lectures on Types and Prophecies in the Old Testament." Unpublished lectures, 1836.

Quistorp, Heinrich. *Calvin's Doctrine of the Last Things.* Translated by Harold Knight. London: Lutterworth, 1955.

Ratzinger, Joseph. *The Theology of History in St. Bonaventure.* Translated by Zachary Hayes. Chicago: Franciscan Herald Press, 1989.

Ray, Robert H. *A John Donne Companion.* 1990. Reprint, New York: Routledge, 2014.

Rehnman, Sebastian. *Divine Discourse: The Theological Methodology of John Owen.* Grand Rapids: Baker Academic, 2002.

Roberts, Alexander, and James Donaldson, eds. *The Ante-Nicene Fathers: Translations of the Fathers Down to A.D. 325.* Edited by Alexander Roberts and James Donaldson Rev. ed. A. Cleveland Coxe. 10 vols. Buffalo: Christian Literature Co., 1885-1896.

Rorem, Paul. "Dionysian Uplifting (Anagogy) in Bonaventure's *Reductio.*" FcS 70 (2012): 183-88.

Rudnytsky, Peter L. " 'The Sight of God': Donne's Poetics of Transcendence." *TSLL* 24 (1982): 185-207.

Russell, Jeffrey Burton. "The Heavenly Paradise." In *A History of Heaven: The Singing Silence*, 165-85. Princeton: Princeton University Press, 1997.

Russell, Norman. *The Doctrine of Deification in the Greek Patristic Tradition*. Oxford: Oxford University Press, 2004.

Ryan, Christopher. *Dante and Aquinas: A Study of Nature and Grace in the Comedy*. Edited by John Took. London: Ubiquity Press, 2013.

Rylaarsdam, David. *John Chrysostom on Divine Pedagogy: The Coherence of His Theology and Preaching*. Oxford: Oxford University Press, 2014.

Schaff, Philip, and Henry Wace, eds. *A Select Library of Nicene and Post-Nicene Fathers*. Second Series. 14 vols. Buffalo: Christian Literature Co., 1886-1900.

Schilder, Klaas. *Wat is de hemel?* Edited by Koert van Bekkum and Herman Selderhuis. Introduction by Barend Kampuis. 1935. Reprint, Barneveld, Neth.: Nederlands Dagblad, 2009.

Schillebeeckx, E. *Christ the Sacrament of the Encounter with God*. Translated by Paul Barrett. Lanham, MD: Sheed and Ward/Rowman and Littlefield, 1963.

Schufreider, Gregory. *Confessions of a Rational Mystic: Anselm's Early Writings*. West Lafayette, IN: Purdue University Press, 1994.

Schumacher, Lydia. *Divine Illumination: The History and Future of Augustine's Theory of Knowledge*. Malden, MA: Wiley-Blackwell, 2011.

Schwanda, Tom. "The Saints' Desire and Delight to Be with Christ." In *Puritanism and Emotion in the Early Modern World*, edited by Alec Ryrie and Tom Schwanda, 70-93. New York: Palgrave Macmillan, 2016.

_____. *Soul Recreation: The Contemplative-Mystical Piety of Puritanism*. Eugene, OR: Pickwick, 2012.

_____. "'Sweetnesse in Communion with God': The Contemplative-Mystical Piety of Thomas Watson." *JHRP* 1, no. 2 (2015): 34-63. Schwarz, Hans. *Eschatology*. Grand Rapids: Eerdmans, 2000.

Schweitzer, William M. *God Is a Communicative Being: Divine Communicativeness and Harmony in the Theology of Jonathan Edwards*. T. & T. Clark Studies in Systematic Theology 14. London: Bloomsbury, 2012.

Selderhuis, Herman J., ed. *A Companion to Reformed Orthodoxy*. Leiden: Brill, 2013.

Serran-Pagan y Fuentes, Cristobal. "Mystical Vision and Prophetic Voice in St. John of the Cross: Towards a Mystical Theology of Final Integration." PhD diss., Biola University, 2003.

Shami, Jeanne. "Anatomy and Progress: The Drama of Conversion in Donne's Men of a 'Middle Nature.'" *UTQ* 53 (1984): 221-35.

_____. "Donne's Decision to Take Orders." In *The Oxford Handbook of John Donne*, edited by Jeanne Shami, Dennis Flynn, and M. Thomas Hester, 523-36. Oxford: Oxford University Press, 2011.

_____. "The Sermon." In *The Oxford Handbook of John Donne*, edited by Jeanne Shami, Dennis Flynn, and M. Thomas Hester, 318-47. Oxford: Oxford University Press, 2011.

_____. "'Speaking Openly and Speaking First': John Donne, the Synod of Dort, and the Early Stuart Church." In *John Donne and the Protestant Reformation: New Perspectives*, edited by Mary Arshagouni Papazian, 35-65. Detroit: Wayne State University Press, 2003.

Sherman, Jacob Holsinger. *Partakers of the Divine: Contemplation and the Practice of Philosophy*. Minneapolis: Fortress, 2014.

Sia, Marian F., and Santiago Sia. *From Suffering to God: Exploring Our Images of God in the Light of Suffering*. New York: St. Martin's Press, 1994.

Silvas, Anna M. *Macrina the Younger, Philosopher of God*. Medieval Women: Texts and Contexts 22. Turnhout, Belgium: Brepols, 2008.

Slater, Jonathan. "Salvation as Participation in the Humanity of the Mediator in Calvin's *Institutes of the Christian Religion*: A Reply to Carl Mosser." *SJT* 58 (2005): 39-58.

Slotemaker, John T. "'*Fuisse in Forma Hominis*' Belongs to Christ Alone': John Calvin's Trinitarian Hermeneutics in His *Lectures on Ezekiel*." *SJT* 68 (2015): 421-36.

Smith, Christian, with Melinda Lundquist Denton. *Soul Searching: The Religious and Spiritual Lives of American Teenagers*. New York: Oxford University Press, 2005.

Smith, Christian, with Patricia Snell. *Souls in Transition: The Religious and Spiritual Lives of Emerging Adults*. New York: Oxford University Press, 2015.

Smith, J. Warren. *Passion and Paradise: Human and Divine Emotion in the Thought of Gregory of Nyssa*. New York: Herder and Herder/Crossroad, 2004.

Smith, James K. A. *How (Not) to Be Secular: Reading Charles Taylor*. Grand Rapids: Eerdmans, 2014.

Socrates. *Selected Myths*. Edited by Catalin Partenie. Oxford: Oxford University Press, 2004.

Sorabji, Richard. *Time, Creation, and the Continuum: Theories in Antiquity and the Early*

Middle Ages. 1983. Reprint, Chicago: University of Chicago Press, 2006.

Spence, Alan. *Incarnation and Inspiration: John Owen and the Coherence of Christology.* New York: T. & T. Clark, 2007.

Spiegel, James S. "The Theological Orthodoxy of Berkeley's Immaterialism." *FP 13* (1996): 216–35.

Stanwood, P. G. " 'Essentiall Joye' in Donne's *Anniversaries*." *TSLL* 13 (1971): 227–38.

Starr, James. "Does 2 Peter 1:4 Speak of Deification?" In *Partakers of the Divine Nature: The History and Development of Deification in the Christian Traditions*, edited by Michael J. Christensen and Jeffery A. Wittung, 81–92. Grand Rapids: Baker Academic, 2007.

Stathopoulos, Demetri. "The Divine Light in the Poetry of St. Symeon the New Theologian (949–1025)." *GOTR* 19 (1974): 95–111.

Stethatos, Niketas. *The Life of Saint Symeon the New Theologian*. Translated by Richard P. H. Greenfield. Dumbarton Oaks Medieval Library 20. Cambridge, MA: Harvard University Press, 2013.

Stevenson, Kenneth. "From Origen to Gregory of Palamas: Greek Expositions of the Transfiguration." *BBGG*, ser. 3, vol. 4 (2007): 197–212.

Strezova, Anita. "Doctrinal Positions of Barlaam of Calabria and Gregory Palamas during the Byzantine Hesychast Controversy." *SVTQ* 58 (2014): 177–215.

Strobel, Kyle. "Jonathan Edwards' Reformed Doctrine of the Beatific Vision." In *Jonathan Edwards and Scotland*, edited by Kelly Van Andel, Adriaan C. Neele, and Kenneth P. Minkema, 163–80. Edinburgh: Dunedin, 2011.

———. *Jonathan Edwards's Theology: A Reinterpretation*. T. & T. Clark Studies in Systematic Theology 19. London: T. & T. Clark, 2013.

———. "Theology in the Gaze of the Father: Retrieving Jonathan Edwards's Trinitarian Aesthetics." In *Advancing Trinitarian Theology: Explorations in Constructive Dogmatics*, edited by Oliver D. Crisp and Fred Sanders, 147–70. Grand Rapids: Zondervan, 2014.

Studebaker, Steven M., and Robert W. Caldwell. *The Trinitarian Theology of Jonathan Edwards: Text, Context, and Application*. Burlington, VT: Ashgate, 2012.

Studer, Basil. *Zur Theophanie-Exegese Augustins: Untersuchung zu einem Ambrosius-Zitat in der Schrift* De videndo Deo *(Ep. 147)*. SA 59. Rome: Herder, 1971.

Symeon the New Theologian. *Catecheses*. Translated by Joseph Paramelle. Edited by Basile Krivocheine. 3 vols. Sources Chrétiennes 96, 104, 113. Paris: Cerf, 1963–

1965.

_____. *Hymns of Divine Love*. Translated and edited by George A. Maloney. Denville, NJ: Dimension, 1975.

Tan, Seng-Kong. "Jonathan Edwards's Dynamic Idealism and Cosmic Christology." In *Idealism and Christian Theology*, edited by Joshua R. Farris, S. Mark Hamilton, and James S. Spiegel. Idealism and Christianity 1. New York: Bloomsbury Academic, 2016.

Targoff, Ramie. *John Donne, Body and Soul*. Chicago: University of Chicago Press, 2008.

Tayler, Edward W. *Donne's Idea of a Woman: Structure and Meaning in* The Anniversaries. New York: Columbia University Press, 1991.

Taylor, Charles. *A Secular Age*. Cambridge, MA: Belknap Press of Harvard University Press, 2007.

Tertullian. *Against Praxeas*. In *ANF* 3, translated by Peter Holmes, edited by Alexander Roberts, James Donaldson, and A. Cleveland Coxe. Buffalo: Christian Literature Co., 1885.

Teske, Ronald J. "St. Augustine and the Vision of God." In *Augustine: Mystic and Mystagogue*, edited by Frederick Van Fleteren, Joseph C. Schnaubelt, and Joseph Reino, 287-308. New York: Peter Lang, 1994.

Thomas Aquinas. *Catena Aurea: Commentary on the Four Gospels, Collected out of the Works of the Fathers*. Translated by John Henry Newman. 4 vols. Oxford: Parker, 1841-1845.

_____. *Commentary on the Gospel of Matthew*. Translated by Jeremy Holmes. Edited by the Aquinas Institute. Biblical Commentaries 34. Lander, WY: Aquinas Institute for the Study of Sacred Doctrine, 2013.

_____. *On Love and Charity: Readings from the* Commentary on the Sentences of Peter Lombard. Translated by Peter A. Kwasniewski, Thomas Bolan, and Joseph Bolin. Edited by Peter A. Kwasniewski. Washington, DC: Catholic University of America Press, 2008.

_____. *Scriptum super Sententiis: An Index of Authorities Cited*. Edited by Charles H. Lohr. Avebury, NY: Fordham University Press, 1980.

_____. *Summa contra Gentiles*. Translated by Anton C. Pegis et al. 5 vols. 1956. Reprint, Notre Dame: University of Notre Dame Press, 1975.

_____. *Summa Theologica*. Translated by Fathers of the English Dominican Province. 5 vols. 1948. Reprint, Notre Dame: Christian Classics, 1981.

_____. *Super Evangelium S. Matthaei Lectura*. In *Commentary on the Gospel of Matthew*, translated by Jeremy Holmes, edited by the Aquinas Institute. Biblical Commentaries 34. Lander, WY: Aquinas Institute for the Study of Sacred Doctrine, 2013.

Tollefsen, Torstein Theodor. *Activity and Participation in Late Antique and Early Christian Thought*. Oxford: Oxford University Press, 2012.

Torrance, Alexis. "Precedents for Palamas' Essence-Energies Theology in the Cappadocian Fathers." *VC* 63 (2009): 47-70.

Trottmann, Christian. *La Vision beatifique des disputes scolastiques a sa definition par Benoit XII*. Bibliotheque des ecoles francaises d'Athenes et de Rome 289. Rome: Ecole francaise de Rome, 1995.

Trueman, Carl R. *John Owen: Reformed Catholic, Renaissance Man*. 2007. Reprint, New York: Routledge, 2016.

Turner, Denys. *The Darkness of God: Negativity in Christian Mysticism*. Cambridge: Cambridge University Press, 1995.

_____. "Hierarchy Interiorised: Bonaventure's *Itinerarium Mentis in Deum*." In *The Darkness of God: Negativity in Christian Mysticism*, 102-34. Cambridge: Cambridge University Press, 1995.

Tylenda, Joseph N. "Calvin and the Avignon Sermons of John XXII." *ITQ* 41 (1974): 37-52.

Van Fleteren, Frederick. "Augustine and the Possibility of the Vision of God in This Life." In *SMC*, vol. 11, edited by John R. Sommerfeldt and Thomas H. Seiler, 9-16. Kalamazoo, MI: Medieval Institute/Western Michigan University, 1977.

_____. "Mysticism in the *Confessiones*—a Controversy Revisited." In *Augustine: Mystic and Mystagogue*, edited by Frederick Van Fleteren, Joseph C. Schnaubelt, and Joseph Reino, 309-36. New York: Peter Lang, 1994.

_____. "Videndo Deo, De." In *Augustine through the Ages: An Encyclopedia*, edited by Allan D. Fitzgerald, 869. Grand Rapids: Eerdmans, 1999.

Van Rossum, Joost. "Deification in Palamas and Aquinas." *SVTQ* 47 (2003): 365-82.

Vella, John A. *Aristotle: A Guide for the Perplexed*. New York: Continuum, 2008.

Veniamin, Christopher. "The Transfiguration of Christ in Greek Patristic Literature: From Irenaeus of Lyons to Gregory Palamas." PhD diss., University of Oxford, 1991.

Voegelin, Eric. *Plato*. 1957. Reprint, Columbia: University of Missouri Press, 2000.

Vree, J. "More Pierson and Mesmer, and Less Pietje Baltus: Kuyper's Ideas on Church, State, Society and Culture during the First Years of His Ministry (1863–1866)." In *Kuyper Reconsidered: Aspects of His Life and Work*, edited by Cornelis van der Kooi and Jan de Bruijn, 299–310. VU Studies on Protestant History 3. Amsterdam: VU Uitgeverij, 1999.

Waddell, Michael M. "Aquinas on the Light of Glory." *Topicos* 40 (2011): 105–32.

Wainwright, William W. "Jonathan Edwards." In *The Spiritual Senses: Perceiving God in Western Christianity*, edited by Paul L. Gavrilyuk and Sarah Coakley, 224–40. Cambridge: Cambridge University Press, 2012.

Wallace, Ronald S. *Calvin's Doctrine of the Word and Sacrament*. 1953. Reprint, Eugene, OR: Wipf and Stock, 1997.

Watson, Thomas. *The beatitudes: or A discourse upon part of Christs famous Sermon on the Mount ...* London, 1660; Wing [2nd ed.] W1107.

_____. *A body of practical divinity consisting of above one hundred seventy six sermons on the lesser catechism composed by the reverend assembly of divines at Westminster ...* London, 1692; Wing W1109.

Weakland, John E. "Pope John XXII and the Beatific Vision Controversy." *AnM* 9 (1968): 76–84.

Westhaver, George. "The Living Body of the Lord: E. B. Pusey's Types and Prophecies of the Old Testament." PhD diss., Durham University, 2012.

Whidden, David L. "The Theology of Light in Thomas Aquinas." PhD diss., Southern Methodist University, 2011.

Wilken, Robert L. *The Christians as the Romans Saw Them*. New Haven: Yale University Press, 1984.

_____. *The Spirit of Early Christian Thought: Seeking the Face of God*. New Haven: Yale University Press, 2003.

Williams, A. N. "The Doctrine of God in San Juan de la Cruz." *ModTh* 30 (2014): 500–524.

_____. *The Ground of Union: Deification in Aquinas and Palamas*. New York: Oxford University Press, 1999.

Williams, D. H. "Polemics and Politics in Ambrose of Milan's *De Fide*." *JTS* 46 (1995): 519–31.

Wilson-Kastner, Patricia. "God's Infinity and His Relationship to Creation in the Theologies of Gregory of Nyssa and Jonathan Edwards." *Foundations* 21 (1978): 305–21.

Wing, Donald Goddard, et al., eds. *A Short-Title Catalogue of Books Printed in England, Scotland, Ireland, Wales, and British America, and of English Books Printed in Other Countries, 1641-1700*. Rev. ed. 3 vols. New York: Modern Language Association of America, 1994.

Wippel, John F. "Thomas Aquinas and the Axiom 'What Is Received Is Received according to the Mode of the Receiver.'" In *Metaphysical Themes in Thomas Aquinas II*, 113-22. Studies in Philosophy and the History of Philosophy 47. Washington, DC: Catholic University of America Press, 2007.

Wirzba, Norman. "Christian *Theoria Physike*: On Learning to See Creation." *ModTh* 32 (2016): 211-30.

Wojtyla, Karol. *Faith according to St. John of the Cross*. Translated by Jordan Aumann. San Francisco: Ignatius, 1981.

Wolterstoff, Nicholas. *Until Justice and Peace Embrace: The Kuyper Lectures for 1981 Delivered at the Free University of Amsterdam*. Grand Rapids: Eerdmans, 1983.

Wright, N. T. *Simply Jesus: A New Vision of Who He Was, What He Did, Why It Matters*. London: SPCK, 2011.

_____. *Surprised by Hope: Rethinking Heaven, the Resurrection, and the Mission of the Church*. New York: HarperOne, 2008.

Zachman, Randall C. *Image and Word in the Theology of John Calvin*. Notre Dame: University of Notre Dame Press, 2007.

Zaleski, Carol. *Otherworld Journeys: Accounts of Near-Death Experience in Medieval and Modern Times*. New York: Oxford University Press, 1987.

Ziebart, Meredith. "Laying Siege to the Wall of Paradise: The Fifteenth-Century Tegernsee Dispute over Mystical Theology and Nicholas of Cusa's Strong Defense of Reason." *JMRCul* 41 (2015): 41-66.

Zinkovskiy, Kirill. "St. Gregory of Nyssa on the Transformation of Physical Elements—Nature and Holy Eucharistic Gifts." In *The Beauty of God's Presence in the Fathers of the Church: The Proceedings of the Eighth International Patristic Conference, Maynooth, 2012*, edited by Janet Elaine Rutherford, 150-60. Dublin: Four Courts Press, 2014.

인명 색인

지복직관

기독교 전통에서 나타난 하나님에 대한 관조

Copyright ⓒ 새물결플러스 2023

1쇄 발행 2023년 7월 17일

지은이 한스 부어스마
옮긴이 김광남
펴낸이 김요한
펴낸곳 새물결플러스

편 집 왕희광 정인철 노재현 이형일 나유영 노동래
디자인 황진주 김은경
마케팅 박성민 이원혁
총 무 김명화 이성순
영 상 최정호 곽상원
아카데미 차상희

홈페이지 www.holywaveplus.com
이메일 hwpbooks@hwpbooks.com
출판등록 2008년 8월 21일 제2008-24호
주 소 (우) 04114 서울특별시 마포구 신촌로28가길 29
전 화 02) 2652-3161
팩 스 02) 2652-3191

ISBN 979-11-6129-259-5 93230

책값은 뒤표지에 있습니다.